新股发行制度、技术创新与产品市场竞争的IPO决策机理研究

胡志强 等 著

WUHAN UNIVERSITY PRESS
武汉大学出版社

图书在版编目(CIP)数据

新股发行制度、技术创新与产品市场竞争的 IPO 决策机理研究/胡志强等著.—武汉：武汉大学出版社，2019.1
ISBN 978-7-307-20666-3

Ⅰ.新…　Ⅱ.胡…　Ⅲ.企业管理—研究—中国　Ⅳ.F279.23

中国版本图书馆 CIP 数据核字(2018)第 270207 号

责任编辑:唐　伟　　责任校对:李孟潇　　版式设计:马　佳

出版发行：**武汉大学出版社**　(430072　武昌　珞珈山)
(电子邮箱：cbs22@ whu.edu.cn　网址：www.wdp. com.cn)
印刷:武汉中科兴业印务有限公司
开本:720×1000　1/16　印张:32.25　字数:494 千字　插页:1
版次:2019 年 1 月第 1 版　2019 年 1 月第 1 次印刷
ISBN 978-7-307-20666-3　定价:75.00 元

本书为国家自然科学基金项目“多主体交互作用下基于随机微分博弈的 IPO 决策机理研究”(项目批准号：71471142)的研究成果。

内容提要

本书旨在探讨动态博弈环境中的企业上市决策机理，通过 IPO 决策前沿理论评述、微分博弈模型构建与实证研究等方法，对拟探讨问题进行深入研究，主要包括 IPO 制度改革、技术创新、产品市场竞争与企业 IPO 决策的关系三个部分，从制度改革方面来说，政府价格管制、供给管制以及询价制改革都会对 IPO 决策产生影响；而从行业内技术创新与产品市场竞争来说，一方面技术创新与产品市场竞争会直接对 IPO 决策产生影响，另一方面技术创新与产品市场竞争也会相互影响，进一步通过股票价格信息、IPO 时机选择等因素对 IPO 决策产生影响。本书从理论分析、模型构建以及中国数据的实证研究等方面进行了深入的探讨，对国内相关研究进行了有益的补充和拓展。本书的研究对于进一步通过 IPO 市场促进企业技术创新能力提高，实施创新驱动的发展战略，通过产品市场竞争提高企业产品质量和企业效率，促进中国经济迈向高质量发展，满足人民对美好生活的需要具有理论和现实意义。本书按以下路径展开研究：

全书包括十章。前三章从 IPO 制度改革开始，探讨了国内新股发行数次制度改革与 IPO 定价以及 IPO 决策之间的关系。其中，第 1 章以 2005 年 1 月 1 日到 2015 年 12 月 31 日在中小板首次公开发行上市的 738 个企业为样本，研究了四次询价制改革对询价机构的博弈行为及 IPO 价格形成产生的影响，通过理论分析、博弈模型推导及实证研究发现：第一，询价制下第一次、第二次及第四次改革会促使询价机构报价竞争加强，IPO 抑价率下降；而询价制下第三次改革会让询价机构报价竞争减弱，IPO 抑价率上升。第二，询价机构报价博弈行为的演化方向与取得新股配售在二级市场获取的预期收益有很大的关系，而询价机构对预期的修正会影响演化稳定策略和演化方向。第三，本章对我国未来新股发行机制和方法改革方向提出政策建议，认为注册制、市场化的改

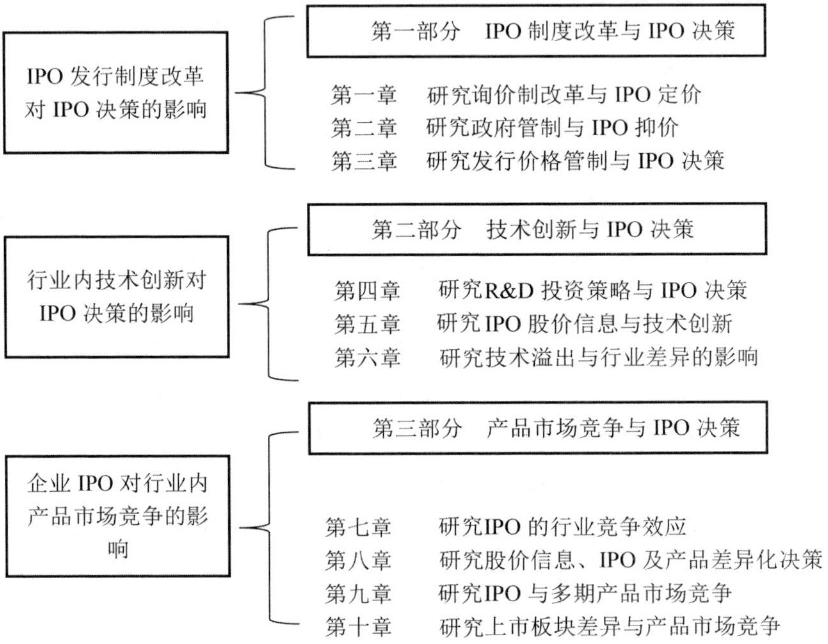

革方向会减少对新股的盲目炒作行为，健全法律体系、完善中小投资者的保护机制，以及激励询价机构在询价过程中真实披露相关信息等措施，均可以缓解我国新股发行市场出现的“三高”现象。本章的研究有助于提高我国股票市场 IPO 定价效率，促进我国资本市场健康发展。

第 2 章从政府管制视角对管制租金与 IPO 高抑价现象之间的相关性进行研究，将 A 股市场上的 IPO 抑价视为政府管制行为所导致的资源错配现象，从“新股发行制度的改革—各方参与者之间租金分配的变化—IPO 抑价率变化”的租金分配观对 IPO 抑价加以度量，对比分析政府定价管制改革前后机构投资者与中小投资者租金再分配的过程，并进一步研究新股发行过程中的企业寻租决策。基于随机前沿方法的理论分析和实证研究结果表明：第一，政府供给管制程度越高，则发行人越倾向于向投资者让渡租金，且 IPO 抑价率也越高；同时发现新股定价机制改革后机构投资者整体低报价格这一事实。第二，本章证实了政府定价机制市场化改革会影响机构投资者的议价动机，改变机构投资者与中小投资者之间租金的再分配，从而降低 IPO 抑价水平。第三，本章提出降低管制背景下 IPO 高抑价率、减少新股发行租金耗散并提高社会总福利水平的建议，对于研究我国 IPO 抑价形成原因以及发行定价制度、政府监管方式改革具有一定的借鉴意义。

第 3 章主要探讨发行价格管制因素对高新技术企业 IPO 决策的影响，借鉴 Aghamollay 和 Guttmanz(2015)的分析框架，针对中国新股发行中的价格管制这一背景，将发行价格管制因素引入并拓展了该模型，探讨自由定价与存在发行价格管制下多主体动态博弈下的三期 IPO 决策；并进行对比分析，通过模型推导得出高新技术企业在不同时期进行 IPO 的临界条件。分析结果表明：企业特质因素越高，IPO 时机越早；而前一期 IPO 所揭示的共同因素越高，后期选择上市的企业越多；上一期 IPO 表现越成功，后期 IPO 数量越多；而价格管制程度越高，企业受价格管制概率越大，企业尽快上市意愿也越强烈。本章的主要创新之处在于：构建了多主体动态博弈下的三期 IPO 决策模型，同时探讨了企业内在价值、信息不对称、投资者市场情绪与价格管制这四个因素对高新技术企业 IPO 决策的影响，将已有模型进行了拓展，使其更加符合中国的现实情况。

基于前三章从 IPO 发行制度改革的视角探讨 IPO 决策机理，接下来进一步从行业内部因素进行分析研究，第 4 至 6 章研究行业内技术创新对企业 IPO 决策的影响。

第 4 章借鉴 Thakor 和 Lo(2015)的分析框架，将 R&D 投资、产品市场竞争与企业 IPO 决策结合起来，构建企业基于 R&D 项目三期投资策略的融资决策模型，通过模型推论和理论分析，本章进一步研究了高新技术企业 IPO 后的长期投资策略。研究发现：第一，当未来预期盈利较高、道德风险程度较低时，企业会倾向于选择 IPO 为 R&D 项目进行融资，进而根据高新技术企业的特征推导得到，高新技术企业为 R&D 项目融资的最优选择是 IPO，而且 IPO 规模与企业未来 R&D 项目支出相等。第二，高新技术企业上市后，面临激烈的产品市场竞争，会选择减少现有产品投资，增加 R&D 投资，而且为避免信息泄露，企业会倾向于多持有现金以备未来 R&D 项目的资金需求。第三，本章为高新技术企业进行上市决策提供理论依据，为其上市后的投资策略提供了新的视角。

第5章从股票价格信息的角度，考虑行业规模、竞争程度等特征，对企业技术创新策略进行较为深入的研究，利用中国A股市场进行IPO的企业数据，探究IPO前后，在股票价格信息含量和产品市场竞争的双重影响下，企业的技术创新策略如何改变。研究发现：第一，股票价格信息含量增加会促进企业技术创新投资，并且在规模较大且投资盈利能力较高的行业中，这一幅度会进一步提升。第二，IPO企业数目增多会增加股票价格信息含量，同时增强行业中投资规模与企业投资盈利能力的正向反馈作用；但在竞争较为激烈、盈利能力较强且规模较大的行业中，整体创新投入反而降低。第三，企业IPO之后，股票价格信息来源更为丰富，但投资增长力度反而有所减弱。

第6章将行业划分为技术密集型行业和非技术密集型行业，分析行业内技术创新能力不同的企业在面临技术冲击时的IPO决策过程，在考虑技术溢出的前提下分析不同企业面临的均衡。借鉴Chemmanur和He(2011)的产品市场竞争模型，本章加入企业信息披露导致的技术溢出效应，分析了技术密集型和非技术密集型行业内技术创新能力不同的企业的IPO时机选择，并对技术创新能力不同的企业IPO后长期经营绩效进行研究。研究发现：第一，对于技术密集型行业，企业技术创新能力变量对热销周期虚拟变量，企业上市所处热销周期相对时间变量的回归系数均显著为正；非技术密集型行业与此相反。第二，对于技术密集型行业，企业IPO后长期经营绩效变量对热销周期虚拟变量，企业上市所处热销周期相对时间变量的回归系数均显著为正；非技术密集型行业与此相反。第三，无论是技术密集型行业还是非技术密集型行业，企业IPO时的技术创新能力对企业IPO后长期经营绩效具有持续的正向影响，这种影响的时间能够持续2至3年，并且会随着IPO后年份的增加而逐渐减弱。

从技术创新角度探讨企业IPO决策机理之后，本书第7至10章进一步从行业内产品市场竞争角度分析企业IPO决策的博弈过程及其均衡结果，将产品市场与股票市场相结合，探讨“金融服务于实体经济”的作用机理。

第7章从产品市场竞争和行业竞争效应的角度探讨了企业IPO如何

影响其经营绩效。本章首先在 Chod 和 Lyandres(2011)产品市场竞争模型的基础上研究 IPO 企业所处行业的产品市场特征，对竞争对手股票价格、企业价值、产品市场份额的影响；同时将这些短期影响长期化，分析 IPO 企业上市后对行业竞争对手长期业绩的冲击。其次，基于 Chemmanur 和 Jie He(2011)的分析框架，研究企业在产品市场竞争环境下 IPO 时机选择的动态博弈过程，拓展了行业特征与企业特征对 IPO 行业竞争效应的影响。最后，本章以 1997 年 1 月至 2014 年 12 月的共 2128 家 A 股上市企业的公开财务数据和 2002 年 1 月至 2014 年 12 月的 1529 家 IPO 企业为样本对理论假设进行实证检验，得出结论：第一，IPO 企业所处行业产品市场的竞争程度整体比较高，这种情况在高新技术行业，例如计算机、电子、医药生物行业尤为显著，且企业 IPO 会导致竞争对手在短期内股票价格下降。第二，企业 IPO 会增加自身的产品市场份额而导致竞争对手的产品市场份额下降，且产品市场竞争程度越高、规模越大并且技术创新能力越强的 IPO 企业这种效应越为明显。第三，企业 IPO 会导致竞争对手的长期经营业绩下降，产品市场竞争程度越高、技术创新能力越强的 IPO 企业这种效应越明显；但在位企业中拥有更加充足资本、更高声誉水平的企业，可以削弱 IPO 行业竞争效应的影响。

第 8 章参考 Hoberg 等（2015）和 Foucault 等(2015)的理论模型构建行业内企业差异度数据库，在此基础上研究企业 IPO 后股票价格信息对行业内产品差异化程度的影响，通过模型推导及实证检验研究上市公司、私有公司产品市场决策偏好以及这种效果的持续性，并进一步通过样本细化分类研究行业特征是否对上述 IPO 决策机理产生影响。研究结果表明：第一，公司上市后更倾向于选择差异化决策，而私有公司更倾向于同质化决策；且这种变化仅限于上市后的两年内，在长期并不显著。第二，在位企业股票价格信息含量越低，IPO 企业上市后对差异化产品市场策略的偏好越强，且集中度越高的行业这种效应越明显。第三，产品差异化降低了公司成长期权收益和对手成长期权收益之间的关联性，使得公司股票价格信息含量降低，公司上市后的产品差异化程度显著提高。

第 9 章将 Spiegel 和 Tookes(2015)的结构化参数模型拓展为多期动

态博弈模型，研究了 IPO 对我国不同行业内产品市场竞争的影响，以及这种影响背后的作用机制；同时本章还构建了顾客敏感度、市场份额的盈利转化率等指标，推导得出了公司价值的表达式。研究结果表明：第一，行业的经营业绩在 IPO 后呈现下降的趋势，主要表现在每单位市场份额的利润转化额降低。第二，IPO 后消费者在企业之间的流动性有增大的趋势，企业为了获得更多市场份额，倾向于生产受消费者青睐的产品，增加了产品市场的同质性。第三，短期来看，IPO 提升了企业的产品市场竞争地位，企业价值和盈利能力在 IPO 后均有一定提升；但是长期来看，IPO 只是行业产品市场同质化竞争趋势的一个表象，并不是引起产品市场竞争变化的原因，IPO 的作用更多的只是预示着行业产品市场会迎来一个更加同质化竞争的环境。

第 10 章借鉴 Spiegel 和 Tookes(2014)的理论模型，分别求解一般情况和 IPO 情况下的均衡状态，研究了 IPO 后产品市场异质化竞争的倾向以及竞争投入的变化，同时深入探讨不同板块中 IPO 事件后产品市场竞争变化的差异性，并进一步基于不同板块的特点，研究了 IPO 规模及 IPO 时机选择对行业竞争的影响。研究结果表明：第一，现有 IPO 信息披露含量不足以激励其他竞争对手复制 IPO 企业产品；相反 IPO 企业上市后获得的竞争优势会使得竞争对手倾向于异质化竞争来维持市场份额，结果导致 IPO 后企业在产品市场的竞争投入增加，行业内倾向于异质化竞争，表现在顾客敏感度的减小和利润转化率的增加。第二，不同板块中的 IPO 事件后行业竞争变化存在差异，主板中的 IPO 事件后产品市场的异质化竞争倾向比创业板和中小企业板中的 IPO 事件更显著；相对于主板，在创业板市场上市的以成长型及创新型企业居多，其在进行 IPO 时所强制披露的信息具有更高的参考价值，从而易吸引部分相对弱势的竞争对手复制上市企业的优势产品，抵消部分差异化竞争的倾向。第三，IPO 规模较大以及上市时间较早的 IPO 企业产品市场的同质化倾向较为明显，其具有较大的市场占有率，产品竞争优势明显，使得部分相对弱势的竞争对手对其优势产品进行复制，抵消部分异质化竞争的倾向。

目　　录

第 1 章
新股发行价格形成中询价机构报价的动态博弈研究

IPO(Initial Public Offerings)指首次公开发行股票，在有关 IPO 的研究中，IPO 价格形成问题一直是理论界和实务界关注的重点。一个成熟的股票市场，其新股发行制度应该是规范完善的，能够让 IPO 价格尽量公允地反映上市公司的内在价值和投资者对于上市公司本身的认可程度。我国股票市场还处于发展阶段，其完备程度比起发达国家还有所欠缺，IPO 定价效率不高，IPO 价格的形成机制也时常被诟病和质疑。因此，改革和完善新股发行制度，提高 IPO 定价效率，是我国股票市场健康发展的一个重要方向。

1990 年我国股票市场成立，至 2011 年之前都实行审批制，2001 年 3 月至今实行核准制；在定价方式上，1999 年前我国主要实行上网定价制度，发行市盈率相对固定，1999 年 7 月起实行上网定价和法人配售结合的制度，2001 年 11 月起实施网上累计投标询价，但存在市盈率限制，2002 年 5 月起再次回归固定价格发行，最后在 2005 年 1 月 1 日开始正式实行首次公开发行股票询价制度，并延续至今。2005 年起实行的新股询价制度，是我国的 IPO 定价体制从行政固定价格向市场化定价转变的标志，相较于以前的窗口指导、行政管制，IPO 价格形成中增加了询价机构的角色。

2005 年询价制度实施之前，我国新股发行的抑价率往往超过 100%，这与我国监管部门对新股发行数量和发行价格的行政管制和干预过多有关。理论上，询价制度实施后，询价机构由于拥有较高的信息获取能力和估值研究水平，其报价水平应与 IPO 企业的真实价值更为相符，IPO 定价效率会得到提高。但是统计 2005 年至 2015 年我国 A 股整体市场及主板、中小板、创业板市场上的股票发行数据，我们发现实施询价制后，IPO 抑价率仍然较高，尤以在创业板发行的新股为甚。从整体变化趋势来看，平均 IPO 抑价率和平均发行市盈率均经历了先上升再减少，后趋于稳定的过程，其中平均 IPO 抑价率的峰值出现在 2007 年，平均发行市盈率的峰值出现在 2010 年，而在 2010—2012 年集中出现了新股的破发情况。

IPO 价格为何随着新股发行制度改革发生这样的变化？询价机构的报价行为受到了怎样的影响？IPO 定价机制应该如何完善？2005 年新股询价制实施之后，我国的 IPO 价格是在现行询价制的规定下，经历承销商向询价机构询价的阶段而形成的，理论上询价机构的报价行为直接决定了新股发行价格，决定了 IPO 定价效率。询价制的逐步改革，包括未来新股发行制度向着注册制方向转变，都会对询价机构报价行为有一定影响，进而影响 IPO 价格的形成。

因此，本章拟分析 IPO 价格形成中询价机构的报价博弈行为，构建演化博弈模型，并分析询价制度改革和未来注册制的发展会对询价报价的博弈行为及最终 IPO 价格产生怎样的影响，最后对我国未来定价机制改革方向提出一定建议，有助于提高我国股票市场 IPO 定价效率，促进我国资本市场健康发展。

1.1　询价机构报价与 IPO 价格形成理论

1.1.1　国外成熟市场研究综述

国外主流观点认为询价制体现了一种信息收集与价格发现的过程，强调了询价机构的报价真实性对于新股价值发现的积极作用。Benveniste 和 Spindt(1989)提出了市场反馈(Market Feedback)假说，认为可以通过低价发行和配售来揭示上市公司的真实信息。在累计订单询价机制下，承销商要以询价机构的报价作为 IPO 定价的基础，询价机构的真实报价有助于承销商比较准确地确定发行价格。然而在信息不对称的背景下，询价机构具有向承销商传达不真实报价信息的可能性，以促使承销商制定一个较低的 IPO 价格，获取高额抑价收益。因此，为了保证询价机构真实报价，承销商可以通过两种方式来进行激励，一是低价发行，二是新股自主配售权，以最大限度地从询价机构的报价中挖掘对新股价值的评估信息以及需求信息，合理确定 IPO 价格，提升 IPO 定价效率，而信息优势的询价机构分配到的由于新股抑价发行而可能获得高额打新收益的新股是对其真实信息披露的补偿。Benveniste 和 Wilhelm(1990)讨论了承销商的新股自主配售权，认为承销商在实行价格和配售双重歧视时，发行人收益最高，只拥有配售歧视也能诱使投资者揭示私人信息，但发行人收入减少，而没有自主配售权时将难以实现信息收集和新股的合理定价。

那么对于在询价制下如何激励询价机构披露真实信息，进行合理的报价，大量的国外文献从承销商与询价机构关系的角度进行了研究。Cornelli 和 Goldreich(2003)的实证研究发现经常参加券商 IPO 询价的询价机构会获得更多该家券商所承销新股的配售，而承销商的这种新股自主配售权会提升 IPO 定价的效率。Sherman(2000，2002)指出，询价机构获取评估新股价值的信息是有成本的，发行人对 IPO 定价准确性的要求决定了询价机构的信息采集工作量和所需的信息补偿成本，承销商的新股自主配售权可以补偿询价机构为获取新股价值信息而支付的成本，激励具有信息优势的询价机构真实披露新股价值信息，从而实现更准确的发行定价。Bennouri 和 Falconieri(2004)发现承销商可以通过实行数量歧视影响询价机构的报价行为，激励询价机构真实披露信息，达到实现最大化发行收入的目的，而任何对承销商自主配售权的限制都会影响询价机构的报价行为，最终影响新股抑价率。

Sherman(2005)指出询价机制下的承销商的自主分配权使得发行人能够在定价准确性和信息支出成本之间权衡。而限制承销商自主分配权会削弱承销商对询价机构积极报价的激励能力，使得询价机构失去提供有价值报价信息的积极性。Maksimovic 和 Pichler(2006)对询价过程的研究表明当 IPO 配售规则不存在条件限制时(比如机构投资者最低配售比例要求等)，询价制是有效率的，发行人与承销商会利用询价制设计配售方案，完全榨取有信息投资者的信息租金，激励信息优势机构投资者真实披露他们所拥有的信息，降低新股抑价水平。

Malakhova(2007)认为在特定条件下，承销商会向具有信息优势的询价机构配售更多抑价的股票，而向不具有信息优势的询价机构配售更少抑价的股票。Jenkinson 和 Jones(2009)向英国 300 家参与询价的机构进行问卷调查，结果显示询价机构认为申购次数的增加对于能否取得新股配售具有积极作用，承销商会向与其存在业务往来的询价机构配售更多新股。Bubna 和 Prabhala(2011)通过研究印度新股发行承销商拥有自主配售权和没有自主配售权两个不同阶段时询价机构的报价信息，发现在承销商拥有新股自主配售权时新股抑价率更低，承销商获取的信息有效程度更高，相反，承销商自主配售权缺失时，新股抑价率更高，承销商获取的信息有效程度更低。这些研究的结论主要为承销商往往会青睐于与其有长期合作的询价机构，新股的抑价发行是承销商提供给询价机构的补偿，承销商的自主配售权是使询价制发挥新股价格发现功能、询价机构真实披露价格和需求信息的重要手段，承销商自主配售权的缺失会使 IPO 定价效率下降，IPO 抑价率上升。

上面的研究体现了承销商对询价机构的选择问题对于询价制下新股定价效率的重要性，而这是因为询价机构的报价行为对于 IPO 价格形成有着很大的影响，一些学者在这方面进行了研究。Aggarwal 等(2002)分析了 IPO 询价阶段的数据，发现询价机构披露的有利信息量越多，发行价格上涨的程度越高，而向询价机构的配售数额越大，IPO 短期与长期价格表现越好。Cornelli 和 Goldreich(2003)研究了询价机构的申购报价信息，认为承销商在确定新股发行价格时会在很大程度上参考询价机构的报价，尤其是那些与承销商有着长期合作关系的大型询价机构，IPO 定价效率与询价机构的报价紧密相关。Parlour 和 Rajan(2005)发现如果发行人故意导致超额申购情况出现，而机构投资者只能获得最大申购量的一部分，他们会采用更加激进的报价策略，新股的发行价格上升，IPO 抑价程度下降。Chiang 等(2010)发现，机构投资者具有信息优势且能够合理隐藏报价，个人投资者群体则表现出回报追逐行为和系统地过度报价。Jain 和 Padmavathi(2012)通过研究发现印度在 1998 年实行询价制的目的是为了减少 IPO 抑价，而在询价制下，报价由市场反馈决定，新股抑价是投资者高需求、市场高回报的结果。这些研究证实了新股询价阶段中询价机构报价对于 IPO 价格起到的决定性作用，因而影响询价机构报价行为的因素也会影响到 IPO 价格形成和 IPO 定价效率。

国外众多学者对询价制的 IPO 价格形成机理及询价机构的行为进行了多方面的探讨，多从询价制下承销商如何通过抑价发行和自主配售权等手段激励询价机构报价披露真实信息的角度来研究，认为承销商会培养与询价机构的长期关系和低价发行以促进询价机构真实报价和新股成功发行。这些研究也肯定了询价机构的报价策略会对 IPO 价格和定价效率产生决定性影响，为本书研究询价机构报价行为提供了依据。

1.1.2 基于 A 股特色询价制度的研究综述

我国在 2005 年才开始实行询价制，比起国外学者的研究，国内学者的研究往往与我国特殊的国情、中国特色的询价制度，以及新股发行制度的变动有关。

杨记军等(2006)将 1999 年到 2005 年我国实行的 IPO 定价制度对定价效率的影响进行比较研究，发现 2005 年询价制度的引入虽然提高了 IPO 公司的新股发行费用，但也显著遏制了新股高抑价现象，IPO 定价效率得以提升。沈皓(2012)研究发现我国新股定价制度的变革在询价制实施前都没有明显成效，而询价制的实施显著缓解了新股发行抑价程度。

询价制实施之后，由于此时询价机构开始参与到新股定价的过程中，我国不少学者对询价机构的报价行为进行了充分的研究。张小成等(2011)研究询价机构合谋对 IPO 抑价的影响，认为询价机构在询价时实行合谋策略，故意压低报价的行为会提高 IPO 抑价率。刘善存(2013)研究了询价机构串谋对 IPO 价格的影响，通过对中国 IPO 市场中两阶段询价制度的分析，构建了存在信息更新情况下询价机构的报价策略模型以及发行方的最优定价策略模型，分析表明询价机构串谋会对 IPO 价格形成产生影响，使 IPO 抑价程度加深。

吴文斌和李曜(2012)在中国特色询价制度下对新股询价簿记数据进行研究，得出询价机构具有识别承销商初始估值真假折扣的能力，会在报价中对真折扣给予正反馈。周孝华等(2013)研究了询价机构初步询价和累计询价阶段的均衡报价策略及最终的价格形成，认为询价机构会在初步询价时有意隐藏其需求，最终的均衡价格为初步询价后承销商确定的发行价格区间上限，且初步询价阶段询价机构需求隐藏比例越大，发行价格越小，承销商给出 IPO 发行价格区间越宽，新股定价越高。李冬昕等(2014)从机构报价意见分歧角度研究我国股票一级市场“三高”问题和二级市场上市首日及长期表现问题，发现我国机构报价过程中意见分歧严重，询价机构的报价差异性较大，并且询价机构报价差异性越大、意见分歧越严重，一级市场定价过高问题就越突出，并导致“三高”问题的出现；同时，机构报价差异性与首日收益显著负相关，与未来股价下跌幅度正相关。尹自永等(2015)基于中小板 IPO 询价簿记数据研究了询价机构在 IPO 定价市场化时期的报价行为和报价策略的合理性，结果发现询价机构的报价策略表现出小公司偏好和回报追逐行为，其报价水平、需求量、参与度和“搭便车”报价意愿显著与公司规模负相关，与询价前二级市场指数表现和已上市次新股 IPO 后市短期回报正相关；同时，它们也加强串谋以避免非理性竞价，但作用有限，报价水平仍受乐观投资者情绪驱动，IPO 后市短期回报水平低迷。上述学者的研究将询价机构报价行为与投资者情绪、意见分歧、询价机构合谋竞争问题等联系在一起。

对于怎样解决我国询价制下新股发行市场出现的问题，提升询价制下的 IPO 定价效率，一些学者从机制设计的角度出发进行了研究，分析了询价制下的各种机制设计对询价机构报价行为和 IPO 抑价率的影响。刘晓峰等(2007)构建了重复博弈的理论模型以研究询价制度，发现承销商自主配售权的缺失导致我国 IPO 定价询价机制的失效，与之相反的是，承销商自主配售权是美国股票市场成功运行的关键。邵新建等(2009)利用 1998—2008 年向法人配售的首次公开发行股票的数据，采用事件研究法进行研究，发现法人配售机制与新股锁定不能有效控制我国存在的高 IPO 抑价率问题。与邵新建的结论不同，俞红海等(2009)的研究结果则显示对询价机构持有新股锁定期的限制会遏制询价机构对新股在二级市场的炒作。王小锋等(2012)的研究将“价高者得之”“按比例配售”以及“抽签配售”三种网下配售方式进行比较，发现“价高者得之”方式的发行效率最高。Xiaoli Li(2012)研究了中国询价制度存在的问题，认为中国目前的询价制需要改革与完善，改革方向为市场化、注册制，并应让政府加强对不法行为的惩处和管制。孙恺(2013)通过询价过程中询价机构的具体报价、申购量等信息，研究询价机构报价行为和承销商定价行为，提出应该引入主承销商自主配售权作为惩罚机制。姜婷(2014)则认为应该改变我国现行询价过程中“价高者得”的新股分配规则，提高 IPO 询价效率可以通过采取“价近者得”的规则来实现。高少臣(2015)发现在新股网下询价过程中各参与主体(发行人、承销商、询价机构等)的行为均在不同程度上对 IPO 价格起到推动作用，承销商与询价机构存在合谋问题，因此单单增加询价机构数量并不能解决 IPO 定价过高的问题，同时询价阶段网下配售比例过小的状况也会削弱买方的议价能力。周孝华等(2016)假设风险规避的询价机构异质预期，发现存在一个门槛值，当大于这一门槛值时，询价机构可以获得新股配售，取得的配售数量随信号递增即更高水平的报价而增加。而当询价机构是同质预期时，门槛值会比起异质预期时更大，说明承销商通过提高获配门槛值对询价机构合谋进行惩罚。

询价制下，IPO 价格的形成与询价机构之间的博弈有关，这也是本章要研究的，因此，国内一些学者还从博弈的角度研究了询价制与询价机构的报价行为。刘晓峰等(2007)采用重复博弈的理论模型研究了我国的询价制度。詹欣等(2009)则建立了拥有新股自主分配权的承销商与极端报价询价机构间的动态博弈模型，博弈模型结果和实证研究发现，承销商的自主分配权可以通过剔除极端报价的询价机构来提高询价效率。张航和刘艳妮(2009)通过构建演化博弈模型对 IPO 询价过程中询价机构间的对称博弈行为进行研究，认为询价机构为获取新股收益，演化博弈稳定策略是都进行较高报价，导致 IPO 发行价格相对于新股的内在价值偏高。林珊(2010)认为发行人和承销商利益一致，将两者假设为一个博弈主体，建立该主体与询价机构间的不完全信息动态博弈模型，认为 IPO 价格的确定受到发行人及投资者对收益预期的影响；同时她也构建了发行人与监管部门间的静态博弈模型，认为提高发行人的包装上市成本和监管者的监管水平可以降低发行人违规的可能性。吴勇等(2013)研究认为 IPO 定价是一个复杂、变化的动态过程，各主体在给出的 IPO 初始价格之上，以自身利益最大化为驱动，利用自身拥有的信息进行相互博弈，最后确定 IPO 的发行价格；并认为由于外界条件的变化，这种复杂的多期动态博弈的最优解也是不断调整变化的，我们目前观察到的现实只是一种暂时均衡。秦天程(2014)发现国内 A

股 IPO 抑价和国外成熟市场的 IPO 抑价有所不同，表现为新股“三高”发行后仍存在 IPO 高抑价现象，对此构建了 IPO 公司和询价机构关于新股定价的信号博弈模型，认为高质量公司和低质量公司都会选择高抑价发行策略，而询价机构对此的反应是选择高报价策略。王榴等(2014)在无激励约束机制和引入惩罚机制两种情况下，对询价机构和承销商的博弈过程进行分析，发现缺乏对询价机构的惩罚措施是造成询价机构压低报价的主要原因，并提出给予承销商新股自主配售权和提高询价机构价格发现能力的政策建议。姜婷等(2015)采用演化博弈理论对询价机构群体建立单群体模仿者动态模型，认为博弈结果即询价机构的报价选择与其对新股抑价水平的先验估计密切相关，而询价机构群体存在三种不同的进化稳定策略：询价机构群体中高报价和低报价同时存在，承销商定价合理；询价机构选择高报价，承销商的定价偏高；询价机构选择低报价，承销商的定价也偏低。

我国学者主要结合我国股票一级市场低效、二级市场失衡的实际状况和我国实行的数次询价制改革，从理论和实证上研究了我国新股发行市场上 IPO 价格形成中询价机构低报价、高报价、合谋与竞争等行为的选择及其原因，以及询价机构的报价行为会对 IPO 定价效率产生怎样的影响，认为 IPO 公司本身的情况、投资者情绪、新股发行制度的变化等因素都会对询价机构的报价行为造成影响，当询价机构的行为受到这些因素的影响而选择合谋低报价或竞争高报价时，IPO 价格及抑价率也会受到很大的影响。因此，许多学者结合了询价制改革的背景，从机构报价影响 IPO 定价效率的角度，实证评述了改革效果，对于第一次询价制改革，国内学者普遍认为其提高了询价机构的竞争程度，改善了 IPO 定价效率，而对于第二次询价制改革，国内的研究认为其加剧了询价机构的竞争程度，并促进了“三高”现象的出现，对于第三次、第四次改革，文献则涉及较少。针对我国新股发行市场出现的高抑价、“三高”现象，一些学者还研究了各种机制的影响，不少学者支持引入新股自主配售权机制。在研究中，我国许多学者也用到了一些博弈的思想和模型，如重复博弈、动态博弈、演化博弈等，这给本书的研究提供了启示，但缺少我国询价制背景下，数次新股发行制度改革与 IPO 价格形成中询价机构报价博弈行为理论和实证研究的同时结合，这也是本书要进一步研究扩充的内容。

1.2　询价制改革对IPO价格形成影响的理论分析

1.2.1　中国特色询价制下IPO价格形成过程

询价制实施前，IPO价格经历了证监会定价和固定市盈率等阶段，多由政府指导确定，而现行的询价制下，IPO价格受到询价机构报价行为的影响，具有较大的灵活性，因此为了研究询价机构的互相博弈及报价行为，及其在最终IPO价格形成中产生的影响，我们重点讨论询价制下IPO价格的形成过程。中国现行的IPO询价制规定了询价对象的范围、询价过程及向网下询价机构分配的比例，其定价过程主要分为以下三个步骤：

(1)IPO公司的估值阶段。承销商根据IPO企业的相关材料和市场调研成果，与潜在投资者初步沟通，分析与IPO公司内在价值相关的信息，并结合当时股票市场行情、同期可比公司估值水平等研究评估新股价值，提供IPO企业的投资价值研究报告，确定初始报价，组织宣传，吸引询价机构踊跃参与网下询价过程。

(2)初步询价阶段。为了保证IPO询价制的实施效率，证监会对这一阶段询价机构参与数量的下限有强制要求，一般来说参与初步询价的应有不少于20家符合证监会规定的询价机构，新股发行超过4亿股的，参与初步询价的询价机构不应少于50家。初步询价阶段中承销商组织路演，并向不少于证监会规定数目的询价机构询价，从而确定初始价格区间。询价机构研究承销商的新股价值评估报告，根据自身经验分析IPO企业的经营情况和二级市场运行情况，给出对新股的报价。最后由承销商根据询价机构总体报价情况，在符合证监会要求的前提下，确定有效的IPO价格区间及市盈率区间。这一阶段询价机构只参与询价，决定价格发行区间，不涉及新股获配。

(3)累计投标询价阶段。初步询价确定了发行价格区间之后，承销商在该区间内向询价机构进行累计投标询价，并根据累计投标询价的结果确定最后的IPO发行价格。在当前中国特色询价制度下，IPO发行价格一般会确定在询价机构报价均值或者中位数附近，因此，只有高于IPO 发行价格的询价机构才属于有效申购。如果询价机构获得配售资格的意愿较强，就需要在其自身估值基础上尽可能提高报价来使其报价位于报价分布的均值或中位数之上，最终通过同比例或摇号配售方式按照IPO 发行价格获得配售，配售比例受到证监会规定限制。向询价机构配售完成后，发行人和承销商应将剩余新股以相同价格向社会公众公开发行。目前我国 A 股市场上，在中小板和创业板首次公开募股的公司可以不进行累计投标询价，仅以初步询价情况为依据确定 IPO 价格。

总的来说，中国式询价制下 IPO 的价格形成需要询价机构、承销商、监管部门各方的参与：监管部门制定询价制下 IPO 定价的相关细则并对询价过程的合法合规性进行监管，承销商是询价过程的组织者和参与者，提供 IPO 企业的价值报告，并与询价机构沟通，而询价机构负责提供 IPO 价格信息给承销商参考，由承销商最终确定发行价格。可以看出，IPO 发行价格受到询价机构报价行为的直接影响，网下询价过程中形成的询价机构报价分布决定 IPO 发行价格(刘志远等，2011)。因此，询价机构报价的准确性会影响到 IPO 定价效率，当询价机构的报价偏离新股的真实价值时，最终形成的 IPO 价格也难以在二级市场上得到认可，容易出现高抑价率或者新股破发的情况，这也是本章研究IPO 价格形成中的询价机构报价行为的原因。

我国于 2005 年开始实施新股询价制度，为了使发行定价方式不断朝着市场化方向迈进，提高 IPO 定价效率，自 2005 年到 2015 年，实施了四次询价制下的改革。因此，有必要对询价制下这四次改革的历程进行阐述，并分析这四次改革怎样影响询价机构的报价行为，进而影响IPO 价格形成，为下文博弈模型构建和实证研究奠定基础。

1.2.2　询价制改革变化阶段及其影响分析

1.2.2.1　第一阶段：询价制实施至第一次改革前

询价制度实施前，证监会一直对新股发行价格进行管控，询价制度实施后，新股发行定价的市场化程度和透明化程度得以增强，其他市场参与主体开始发挥作用。但这一阶段的制度安排仍然存在着一定限制，

IPO的价格在很大程度上还是受到行政管制的影响，没有很好地发挥询价机构报价的作用。

(1)限制发行市盈率。2005年初期刚开始实行询价制时，中国证监会将发行市盈率上限标准设定为20倍，后期逐步过渡到30倍。询价制第一次改革前，监管部门依然在IPO价格形成中占据主要角色，新股发行价格受到证监会的管控和限制，当承销商通过网下询价确定的IPO发行市盈率低于上限标准时，IPO价格为询价形成的价格，当网下询价确定的IPO发行市盈率高于上限标准时，IPO价格以发行市盈率上限标准确定。这种限制发行市盈率的情况导致询价机构的报价难以对最终发行价格起到足够的影响，降低了询价机构出于自身意愿真实报价的积极性，询价机构即使为了取得配售资格进行高报价，也不会影响询价机构取得新股的价格。这一措施会导致IPO发行价格偏低，而IPO抑价率高涨，询价机构获取巨额回报。

(2)双重申购。这一阶段询价机构可同时参与网下和网上申购。若网下申购成功，则网下配售过程即可获得高额抑价收益；若网下申购失败，则仍可以参与网上申购新股。因此，对参与网下申购的询价机构而言，为了提升获利水平，存在网下询价过程中报低价的动机，询价机构的低报价行为只是失去网下配售资格，在网上申购阶段询价机构仍可以凭借其大额资金优势获得大量新股配售，弥补因低报价没有取得网下配售的损失(俞红海等，2013)。双重申购的机制存在增加了询价机构在参与询价时合谋压低报价的可能性。

(3)网下配售比例限制。首次公开新股在4亿股以下的，对网下询价机构的配售比例不能高于20%，首次公开发行股票数量在4亿股以上的，配售比例不能高于50%，网下新股配售的限制减少了单个询价机构通过网下申购获得新股的可能数量。当询价机构获得的新股配售数量足够时，能够弥补询价机构间互相竞争高报价的行为带来的新股抑价水平减少的风险成本，而在网下新股配售比例有限时，所获的新股配售数量不足以弥补这种风险，询价机构间竞争高报价的动机会被削弱。

(4)网下询价机构获配的股份有锁定期。证监会规定，询价机构通过网下配售取得的股份存在3个月的新股锁定期，由于在前3个月不能卖出新股，询价机构持有新股的风险上升，持有新股的期权价值下降，询价机构需要一定的风险补偿，这会促使询价机构在询价中倾向于压低报价。

总的来说，询价制开始至第一次改革前这一阶段，询价制度的安排基本会促进询价机构合谋压低报价，询价机构的竞争动机不足，新股发行价格比起其实际价值偏离，提升了新股的抑价水平(见表 1-1)。

表 1-1　　询价制下第一次改革前制度特征的可能影响

制度特征	发行市盈率限制	双重申购	网下配售比例限制	股份锁定期	总体影响
机构报价	高	低	低	低	未知
IPO 价格	低	低	低	低	低
IPO 抑价率	高	高	高	高	高

1.2.2.2　询价制下第一次改革阶段

证监会在 2009 年 6 月 10 日出台了最新的改革意见，其中改革的重大举措包括如下几点：

(1)取消发行市盈率限制。发行市盈率限制的取消使得询价机构的报价行为对 IPO 发行价格真正起到了决定性的作用，询价机构真实报价的意愿增强。由于此时我国的新股首日抑价率往往很高，在一级市场取得新股配售后，很容易在二级市场出售获取巨额回报，因此询价机构可能会趋向高报价。

(2)取消双重申购机制。询价制第一次改革前，网下报价水平不在有效价格之上，以致申购失败的询价机构可以继续参加网上申购，改革后，询价机构不能同时参与网下申购和网上申购，只能选择其中的一种。询价机构压低报价的行为会使其无法在网下询价中成功申购新股，而因低报价行为以致网下申购失败的询价机构不能像第一次改革前那样先压低报价再通过网上申购的资金优势获取巨额回报。当询价机构认识到合谋压低报价的行为会导致自身无法取得新股配售、丧失新股红利时，询价机构间合谋压低发行价格的行为将得到控制。

理论上看，在询价制度第一次改革后，询价机构之间的竞争增强，询价机构的报价水平也会上升，IPO 定价效率应该有所提高。确实，IPO 抑价水平较改革前有所下降，但也是在这一阶段，IPO 发行价格水平升高，“三高”问题出现(见表 1-2)。

表 1-2 **询价制下第一次改革的可能影响**

制度特征	取消发行市盈率限制	取消双重申购	总体影响
机构报价	升高	升高	升高
IPO 价格	升高	升高	升高
IPO 抑价率	降低	降低	降低

1.2.2.3 询价制下第二次改革阶段

2010 年 10 月 23 日，证监会实施了第二次询价制改革，这一阶段可能起到显著影响的重大改革措施包括如下两点：

(1)扩大询价机构范围。这一阶段的改革充实了网下询价机构数量，并赋予承销商推荐权，鼓励承销商推荐一定数量定价能力较强并愿意长线投资的询价机构参与询价，而参与询价的机构越多，承销商获取的 IPO 需求和估值信息越多，询价机构获取的信息也更多，询价机构所需的 IPO 抑价补偿更少，因此询价机构数量越多，IPO 定价越准确，抑价水平越低(熊维勤等，2006)。除了有效信息变多外，询价机构数量的增加也会提高询价机构间的竞争激烈程度，从而提升机构报价水平，降低 IPO 抑价(俞红海等，2013)。

(2)增加信息披露程度。新的改革措施对发行人和承销商的信息披露提出了明确要求，需要披露询价机构的详细报价分布信息，新股的价值评估报告和行业可比市盈率等指标。这一新政使询价机构的报价、申购、新股定价过程及询价机构最终获配数量透明化，有助于监管部门和社会公众对询价机构报价和承销商定价进行监管，激励询价机构间相互竞争，约束询价机构的合谋行为，以充分实现询价机制的新股价格发现功能，提高 IPO 定价效率。

询价制下第二次改革的可能影响如表 1-3 所示。

表 1-3　　询价制下第二次改革的可能影响

制度特征	扩大询价机构范围	增加信息披露程度	总体影响
机构报价	升高	升高	升高
IPO 价格	升高	升高	升高
IPO 抑价率	降低	降低	降低

1.2.2.4　询价制下第三次改革阶段

2012 年 4 月 28 日，为了健全和完善新股发行体制，促使新股真实价值在其发行价格中得到充分体现，证监会进行了第三次询价制改革，其中的重要改革措施主要有以下三点：

(1)提高向网下配售的比例。第三次询价制改革前，证监会明确限制对网下询价机构的 IPO 配售比例，首次发行股票少于 4 亿股的，配售比例不得高于 20%，等于或大于 4 亿股的，配售比例不得高于 50%。改革后，提高了向网下询价机构的 IPO 配售比例，原则上不低于发行数量的 50%。这一措施会提高询价机构可能获取股份的数量，加强询价机构参与报价、积极竞争的意愿。

(2)取消股份锁定期。此次改革之前网下询价机构获得的配股会有 3 个月的持股锁定，而改革后询价机构获配的股份可在上市首日出售，持有新股的风险降低，询价机构参与报价的意愿进一步加强。

(3)加强新股发行市盈率的控制。如果新股发行市盈率水平不超过同行业可比公司平均水平的 25%，新股询价正常进行；超出这一限制时，证监会可要求询价流程再次进行，直到发行市盈率水平符合规定。证监会的这一要求相当于给新股发行市盈率水平设定上限，这一措施会使询价机构进行网下报价时的态度更为审慎，也会促使 IPO 发行价格下降。

第三阶段改革中 IPO 配售比例提升和锁定期取消的措施会提升询价机构的潜在收益，促使询价机构报价竞争，但与此同时发行市盈率的控制对IPO价格的影响更为直接，发行市盈率上限的存在会使整体IPO抑价水平上升(见表1-4)。

表1-4　　　　**询价制下第三次改革的可能影响**

制度特征	提高网下配售比例	取消锁定期	发行市盈率控制	总体影响
机构报价	升高	升高	降低	降低
IPO价格	升高	升高	降低	降低
IPO抑价率	降低	降低	升高	升高

1.2.2.5　询价制下第四次改革阶段

《中国证监会关于进一步推进新股发行体制改革的意见》在2013年11月30日出台，标志着询价制下第四次改革阶段的开始，此次改革是为了理顺询价制下发行、定价及配售环节的运行机制，加大对新股发行过程的监管，保护投资者特别是中小投资者的利益，维护市场公平。重要的改革措施包括以下几点：

(1)剔除最高报价部分。新政规定应剔除所有参与报价的询价机构中最高报价部分，被剔除申购部分应不少于总量的10%。这一措施限制了询价机构的高报价行为，询价机构在选择高报价时，和以前不同，可能会因报价过高而出现不能参与网下配售的风险。

(2)取消发行市盈率限制。第四次改革前，新股发行市盈率相对同行业可比公司过高的情况受到限制，市盈率限制的取消会使询价机构更多地表现真实报价意愿而不是受到市盈率限制，促进询价机构的竞争。

(3)承销商新股自主配售权。新政允许主承销商在提供有效报价的询价机构中自主选择询价机构进行配售，前文的文献普遍认为承销商自主配售权的引入会形成对询价机构的激励和惩罚，促使询价机构真实报价，提升IPO定价效率。但实际上新股自主配售权实行之后，我国承销商使用并不多，在我国新股普遍首日高额回报的情况下，这种新股自主配售权究竟是促进真实报价还是利益输送也值得商榷。

总的来说，询价制第四次阶段的改革进一步放开了对新股定价环节的限制，将定价权还给市场，并以剔除高报价部分的形式对盲目高报价、无法提供准确报价信息的询价机构进行惩罚。因此这一阶段询价机构的竞争动机可能会增强，但此前盲目过高报价的现象会得到遏制，机构报价水平下降，IPO 抑价率上升(见表 1-5)。

表 1-5　**询价制下第四次改革的可能影响**

制度特征	剔除高报价部分	取消市盈率限制	引入自主配售	总体影响
机构报价	降低	升高	未知	未知
IPO 价格	下降	升高	未知	下降
IPO 抑价率	上升	下降	未知	上升

1.3　询价机构报价的单群体动态博弈模型

经典的博弈理论往往假设博弈的参与方是完全理性的，参与方之间的博弈是在完全信息条件下进行的，而在现实情况中，完全理性参与方和完全信息的条件都很难达到，这些假设会在实际应用中遇到困难，包括假设缺陷、方法缺陷、实证缺陷等。于是演化博弈理论(evolutionary game theory)应运而生，它不再将人看成完全理性的博弈方，而是有限理性(bounded rationality)的，有限理性博弈方不可能准确地知道自己所处的利害状态，而是会在博弈过程中进行学习，并通过试错寻找更好的策略，把最有利的策略随着时间进程模仿下去，最终达到一种均衡状态。博弈的均衡策略不是一次性博弈的结果，而是经历不断地调整和改进，而且即使到达了均衡策略也可能因为各种原因再次偏离调整，外部因素的变化、均衡过程的某些细节都会对演化博弈均衡策略的调整和选择产生影响。比起经典博弈论，演化博弈理论不仅可以求解均衡策略，还可以解释博弈参与方是如何通过博弈及策略选择和调整向这些均衡状态演化的。

根据谢识予(2002)的介绍，演化博弈理论两个最重要的基本概念是复制动态和演化稳定策略，为了构建询价机构报价的单群体演化博弈模型，需要对这两个概念进行介绍：

（1）复制动态（replicator dynamic）。复制动态描述群体成员随机配对反复框架下，有限理性、对较优策略具有一定模仿能力的博弈方策略动态调整的状况。博弈方都是相似的，博弈是博弈位置无差异的两人对称博弈，博弈方的学习策略调整的速度可以用生物进化的动态方程表达，表现为向优势策略转变是一个渐进的过程。在初始状态下，博弈方可能有各种不同的策略，策略的效用不同，但由于群体中成员有限理性的存在，不会所有博弈方一开始就达到最佳策略，采用不同策略的博弈方的效用一方面取决于自己选择的策略，另一方面取决于随机配对遇到的对手类型，只要效用有差别，效用较低的博弈方就会改变策略，模仿效用较高策略的博弈方，因此，选择某一策略的概率是变化的，若某一特定策略的期望效用大于群体的平均期望效用水平，则群体中选择该策略概率的增长率大于0，即群体中采用效用较高策略的个体增加，各种策略的选择比例会发生变化。概率变化速度取决于博弈方学习模仿的速度，与模仿对象的比例和模仿对象效用超过平均效用的幅度成正比，用复制动态方程来表达：

$$F(X_a)=\frac{\mathrm{d}X_a}{\mathrm{d}t}=X_a(E_a-\bar{E}) \tag{1.1}$$

其中，群体中选择特定策略 a 的比例为 X_a，E_a 表示而选择特定策略 a 的期望效用，$\bar{E}$ 表示群体平均期望效用，$\frac{\mathrm{d}X_a}{\mathrm{d}t}$ 表示则群体中选择策略 a 的比例随时间的变化率。复制动态方程显示，若选择策略 a 的期望效用大于平均期望效用，X_a 会不断增加；反之，若选择策略 a 的期望效用小于群体平均期望效用，X_a 会不断减少；若选择策略 a 的期望效用等于群体平均期望效用，则策略 a 达到稳定，$F(X_a)=0$，群体中选择该策略的比例 X_a 随着时间推进不变。

复制动态体现了达尔文进化理论的淘汰与学习机制，例如市场中盈利能力、成长性、经营能力低下的企业最终会被市场淘汰，而经营水平高、利润高的企业会被其他企业模仿和学习，好的经营模式会被越来越多的企业采用。

（2）演化稳定策略（Evolutionary Stable Strategy，ESS）。演化稳定策

略用于描述演化博弈过程中群体策略选择比例的动态稳定性。演化稳定策略会在演化博弈方的策略动态调整中达成，且能够对抗偏离扰动个体的干扰，偏离扰动策略的个体会调整为演化稳定策略，任何偏离扰动策略随着时间推动都会从原来群体中消失，原来群体所选择策略的期望效用高于选择偏离该种策略的群体，这种能排除少量偏离扰动个体干扰的策略就是演化稳定策略，此时群体状态是演化稳定的，这种稳定均衡称为演化稳定状态。若用数学方程来表达，相当于除了要求特定策略 a 的比例为X_a^*，$F(X_a^*)=0$ 以外，还要求当干扰使X_a 低于X_a^* 时，$F(X_a)=\frac{\mathrm{d}X_a}{\mathrm{d}t}>0$，当干扰使$X_a$ 高于X_a^* 时，$F(X_a)=\frac{\mathrm{d}X_a}{\mathrm{d}t}<0$，也就是在稳定状态处，$F(X_a)$ 的导数小于 0，$F'(X_a^*)<0$，这就是微分方程的稳定性定理。

1.3.1　询价制下 IPO 价格形成中的博弈动机

在询价制下，询价机构的报价行为对最终的 IPO 发行价格有着重要的影响，IPO 的发行价格由询价机构的报价行为决定，因此，我们研究询价机构的报价博弈行为，观察询价机构报价的倾向性会怎样影响 IPO 的价格形成。理论上，对于首次发行股票的公司来说，参与询价且选择高报价的询价机构越多，最终形成的 IPO 发行价格应该越高；参与询价且选择低报价的询价机构越多，最终形成的 IPO 发行价格应该越低。

询价机构的报价行为体现了询价机构之间的互相博弈过程。如果普遍倾向于选择低报价，由于承销商确定的 IPO 发行价格一般会在询价机构报价的中位数或者均值附近，那么最终确定的 IPO 发行价格也会低，再对成功报价的网下询价机构以同比例配售或者采用抽签形式，以最终确定的 IPO 发行价格发行新股，此时成功报价并获得配售的网下询价机构会以低报价取得配售，获取二级市场的高额回报；如果普遍倾向于选择高报价，那么最终确定的 IPO 发行价格也会高，再对成功报价的网下询价机构以同比例配售或者采用抽签形式，以最终确定的 IPO 发行价格发行新股，此时成功报价并获得配售的网下询价机构会以高报价取得配售，获取新股的成本升高，二级市场上的可能回报空间会被压缩。很明显，如果询价机构都选择低报价并成功获得新股的网下配售，再加上我国股票市场上对新股的炒作情绪浓烈，询价机构会获得巨额的回报，询价机构显然都希望以最低的成本取得新股配售。然而当询价机构选择低报价时，若是报价过低，以至于落到承销商确定的新股发行价格之下，那么询价机构的报价就是无效的，无法取得新股的网下配售，参加询价的获益为 0，因此询价机构为了取得新股在二级市场的收益，也会有高报价的趋向。而当询价机构为了获取二级市场的巨额回报，纷纷选择高报价时，新股的发行价格会被推高，甚至高于新股本身的价值，出现破发现象，询价机构的高报价行为也存在相应风险。因此，询价机构的报价行为理应体现它们对于新股价值的预期，对于新股的 IPO 发行价格具有价格发现的作用。

在之前的许多研究中，一些学者研究了询价机构的报价行为，并从博弈论的角度出发进行了分析，但多数模型均假定参与询价的询价机构是完全理性的，而在现实中，询价机构对发行新股公司真实价值，包括公司的运行状况、未来发展潜力、未来二级市场可能的市场行情的了解程度、研究时间以及预测能力具有局限性，因此对新股的报价行为达不到完全理性的标准，而是符合演化博弈理论中有限理性的特点。尤其是我国新股询价制实施的时间不长，询价机构对我国股票一级市场和二级市场的了解程度、经验、能力都有限，询价机构的报价博弈不具备完全理性的条件，而且询价机构会参与多次博弈，新股的不断发行，会让询价机构的报价博弈行为具有演化博弈理论中所说的不断学习试错的特点，询价机构的报价策略会在不断往复的报价博弈参与过程中得到调整，也会根据外部条件(新股发行制度改革、市场情绪波动等)的变化发生改变，以适应博弈过程的变化并获得更多的收益。因此，下文将通过演化博弈模型来研究询价机构报价行为的演化路径和可能结果。

1.3.2　询价机构报价的动态博弈模型构建

1.3.2.1　模型背景假设

对于询价机构报价博弈行为的研究在单群体对称演化博弈的分析框架下进行。目前已有学者研究过询价机构的演化博弈问题，因此本节在模型设定方面参考了张航(2009)、姜婷(2015)构建的询价机构单群体的演化博弈模型，模型背景假设如下：

(1)将所有询价机构视作同类型的个体，参与网下询价过程的不同询价机构个体能够选择的报价策略集合是一样的，对称博弈中整个询价机构群体中全部的个体对于相同的信息都有相同的行动空间，收益与风险都是同质的，询价机构进行的报价博弈为在这个大群体的成员中进行随机配对的反复博弈，博弈方的博弈位置是无差异的，属于对称博弈。

(2)设 IPO 发行总量为首次公开发行新股的发行企业所确定的固定值，可做归一化的假设令发行总量为 1，向询价机构配售的数量为 $K(0 < K < 1)$。

(3)将询价机构的报价行为进行简化，演化博弈模型中询价机构的选择可分为两类，分别为低报价和高报价，将低报价时的报价设为 $P1$，高报价时的报价设为 $P2$，$P1 < P2$。采用 $P1$ 策略的询价机构个体在群体中所占的比例为 $X1$，采用 $P2$ 策略的询价机构在群体中所占的比例为 $X2$，$X1$ 与 $X2$ 之和为 1。

(4)IPO 发行价格由询价机构的报价决定，普遍报价水平越高，发行价格越高，普遍报价水平越低，发行价格越低，假定当随机配对的两个询价机构都选择低报价，IPO 发行价格为 $P1$，若以低报价遇到高报价，即一个询价机构高报，另一个询价机构低报，则定价为高报价 $P2$。只有当询价机构报价不小于 IPO 发行价格时才属于有效报价，有效报价并取得配售资格的询价机构以相同的 IPO 发行价格，采取摇号中签方式或者同比例配售方式获取新股，询价机构最终获得配售的比例为 a。

(5)单位数量为 1 的股份在二级市场上期望的价值为 R，R 的大小与发行企业的本身特质所蕴含的企业价值 V，以及二级市场的炒作程度 M 即投资者狂热情绪有关，$R = R(V, M)$，$R'(M) > 0$，$R'(V) > 0$，即企业本身的价值越高，二级市场对新股的炒作程度越高，那么询价机构所取得的股份在二级市场上的价值越高。

(6)设定单群体演化博弈模型中询价机构的收益与风险是同质的，且为风险中性。如果询价机构最终获取新股，在没有其他外部激励的条件下，询价机构获取的收益为它取得新股在二级市场上的价格与它取得新股的成本之差，而取得新股的成本包括除了以 IPO 发行价格与获配新股数量乘积计算的支付值以外，无论询价机构是否取得新股配售资格，由于参与询价过程需要付出成本(对 IPO 企业的研究成本等)，询价机构还需要付出沉没成本，设询价机构付出的沉没成本都为 C。

1.3.2.2 模型设定

在询价阶段中，因为参与网下询价和配售的询价机构一旦报价就可能要参与购买，所以询价机构作为一个群体来说，会希望在取得新股配售的前提下最终的 IPO 发行价格越低越好，但报价低时也存在无法参与新股配售的风险。由于询价机构是博弈位置无差异的同质群体，为了构建博弈矩阵，假定群体中随机配对的询价机构为询价机构 1 和询价机构 2。两方询价机构作为一个整体获取新股配售的概率为 a_1，如果两博弈方都报价低，则定价为低报价 $P1$，双方可分享利益，各有 1/2 单位的收益 $a_1K(R-P1)/2-C$；如果两博弈方都报价高，则定价为高报价 $P2$，各有 1/2 单位的收益 $a_1K(R-P2)/2-C$；但是若以低报价遇到高报价，则定价为高报价 $P2$，高报方独享获益 $a_1K(R-P2)-C$，低报方得不到任何收益。两方询价机构报价行为的收益以博弈矩阵的方式来显示，如图 1-1 所示。

		询价机构 1	
		低报价	高报价
询价机构 2	低报价	$a_1K(R-P1)/2-C$，$a_1K(R-P1)/2-C$	$-C$，$a_1K(R-P2)-C$
	高报价	$a_1K(R-P2)-C$，$-C$	$a_1K(R-P2)/2-C$，$a_1K(R-P2)/2-C$

图 1-1　询价机构报价行为的对称博弈矩阵

根据博弈矩阵，将询价机构 1、询价机构 2 的选择扩展到整个群体，选择两种策略的询价机构在初始有不同的比例 $X1$、$X2$，且都不为 0，即在初始同时存在低报价和高报价的状况。因此，根据图 1-1 不难得出询价机构的低报价和高报价两种策略的期望效用分别为：

询价机构群体中低报价策略的询价机构期望效用：

$$E(X1)=\frac{X1\left[a_1K(R-P1)-2C\right]}{2}+(1-X1)(-C) \tag{1.2}$$

询价机构群体中高报价策略的询价机构期望效用：

$$E(X2)=\frac{(1-X1)\left[a_1K(R-P2)-2C\right]}{2}+X1\left[a_1K(R-P2)-C\right] \tag{1.3}$$

两种策略的平均期望效用：

$$E(X)=X1\times E(X1)+X2\times E(X2) \tag{1.4}$$

根据演化博弈理论中的复制动态思想，询价机构低报价策略的选择比例 $X1$ 变化速率取决于两个因素：一是选择低报价策略的询价机构的比例，这关系到可供学习模仿对象的多少和难易程度；二是选择低报价策略的成功度，可用低报价策略的效用超过两种策略平均效用的幅度表示，这关系到选择低报价策略的激励程度。因此选择纯策略低报价 $P1$ 的比例变化速率与该种报价策略占询价机构群体的比率成正比，与其期望效用超过整个群体平均期望效用的幅度成正比，根据(1.2)式、(1.3)式、(1.4)式的效用函数得到复制动态方程如下：

$$\begin{aligned}F(X1)&=\frac{\mathrm{d}X1}{\mathrm{d}t}=X1\left[E(X1)-E(X)\right]\\&=a_1KX1(1-X1)\left[X1\left(P2-\frac{P1}{2}-\frac{R}{2}\right)+(1-X1)\left(\frac{P2}{2}-\frac{R}{2}\right)\right]\end{aligned} \tag{1.5}$$

根据(1.5)式的复制动态方程，我们可以考虑该博弈的演化稳定策略 ESS。首先，需要找出复制动态的稳定状态，也就是复制动态的过程中，采用两种策略询价机构比例不变的水平：当 $F(X1)>0$ 时，即当 $E(X1)>E(X)$，选择低报价策略 $P1$ 的询价机构个体的期望效用高于两种策略平均效用水平时，表明群体中向低报价策略演化的速率为正，即随着时间的推进，不断有询价机构将报价策略调整为低报价；当 $F(X1)<0$ 时，即当 $E(X1)<E(X)$，选择低报价策略 $P1$ 的询价机构的期望效用低于两种策略平均效用时，表明群体中向低报价策略演化的速

率为负，即随着时间的推进，不断有询价机构放弃低报价的策略；当 $F(X1)=0$ 时，即当 $E(X1)=E(X)$，询价机构个体选择低报价策略 $P1$ 的期望效用刚好与两种策略的平均效用相等时，表示群体中向低报价策略演化的速率为 0，此时没有询价机构会改变自身的策略选择，博弈方的学习模仿过程停止了，此时的 $X1$ 即为复制动态稳定状态，因此要找到复制动态稳定状态，就需要求解 $F(X1)=0$ 时 $X1$ 的值。

令 $F(X1)=0$，求解(1.5)式，解得该复制动态最多有三个稳定状态，分别为：

$$X1^*=0,\ X1^*=1,\ X1^*=\frac{R-P2}{P2-P1} \tag{1.6}$$

然而由复制动态方程得到的这三个复制动态稳定状态不一定就是演化稳定策略。第三个稳定状态 $X1^*=\frac{R-P2}{P2-P1}$ 可能与前两个中的一个相同或无效，因此实际有可能只有两个稳定状态：当 $0<\frac{R-P2}{P2-P1}<1$ 时，复制动态方程有三个符合要求的稳定点，演化博弈的过程存在三个可能的稳定状态；而当 $\frac{R-P2}{P2-P1}$ 在(0，1) 区间外时，复制动态方程有两个符合要求的稳定点，演化博弈过程只存在两个可能的稳定状态，即 $X1^*=0$ 和 $X1^*=1$。

其次，根据演化稳定策略的性质，即便选择低报价策略的比例 $X1$ 达到复制动态稳定状态，询价机构群体通过模仿和学习找到了最优策略，两种策略选择的比例不再发生变化，也可能出现小部分询价机构“犯错误”，如果发生这样的微小扰动，通过进一步的模仿和学习，可能出现两种状况：一是整个博弈群体还会回到原来的稳定状态，即对这种干扰具有稳健性；二是这种微小扰动会引发其他询价机构的策略调整，进而收敛到另一个稳定状态。这就涉及演化稳定策略的问题，在演化博弈分析中，在某个稳定状态周围发生微小偏移，如果博弈群体经过模仿、学习，策略间的比例能回归到原来的稳定状态，则称该稳定状态为演化稳定策略，如果博弈群体经过模仿、学习，策略间的比例不能回归到原来的稳定状态，则该状态不是演化稳定策略。于是，模型分析的重点可以转化为判断在不同条件下，$X1^* = 0$、$X1^* = 1$、$X1^* = \frac{R - P2}{P2 - P1}$ 的情形能否达到演化稳定策略上来。

1.3.2.3　不同条件下的演化稳定策略(ESS)分析

演化博弈模型的解应该符合前文所述 ESS 渐进稳定的条件，具有抗扰动的功能。若 $X1 < X1^*$，$F(X1) = dX1/dt$，$t\uparrow$，$X1\uparrow$，即当询价机构选择纯策略低报价 $P1$ 的概率小于稳定状态下的概率时，询价机构选择纯策略 $P1$ 的概率随着时间的增加而变大；若 $X1 > X1^*$，$F(X1) = dX1/dt$，$t\uparrow$，$X1\downarrow$，即当询价机构选择纯策略低报价 $P1$ 的概率大于稳定状态下的概率时，询价机构选择纯策略 $P1$ 的概率随着时间的增加而减少；只有当询价机构选择纯策略低报价 $P1$ 的概率等于稳定状态下的概率时，询价机构的报价选择才能稳定下来。那么根据微分方程稳定性定理，若 $X1 < X1^*$，为使 $X1 \to X1^*$，应满足 $F(X1) > 0$；若 $X1 > X1^*$，为使 $X1 \to X1^*$，应满足 $F'(X1) < 0$，这意味着，只有当 $F'(X1^*) < 0$ 时，$X1^*$ 才符合 ESS 渐进稳定的条件。因此，下面按照 $\frac{R - P2}{P2 - P1}$ 的大小，分为三种情况，研究不同条件下的演化稳定策略。

(1) $0 < \frac{R - P2}{P2 - P1} < 1$，此时 $P2 < R2 < P2 + (P2 - P1)$。

此时演化博弈复制动态的第三个稳定状态 $X1^* = \frac{R - P2}{P2 - P1}$ 处于 [0，1] 区间的有效范围内，且与 $X1^* = 0$，$X1^* = 1$ 不相同，因此三个稳定状态都是可能的，进一步的，分析这三个稳定状态中的演化稳定策略，易得到只有 $F'(0) < 0$ 和 $F'(1) < 0$，故 $X1^* = 0$ 和 $X1^* = 1$ 是两个不同的演化稳定策略，而 $X1^* = \frac{R - P2}{P2 - P1}$ 不是本博弈的演化稳定策略。这时参与询价机构对所获取的股票在二级市场上的期望价值 R 高于选择高报价策略 $P2$ 时取得新股配售的成本，但高出的部分小于询价机构高低报价间的差值，演化稳定策略受到具有很大偶然因素的初始状态的影响，复制动态演化博弈与询价机构初始选择低报价纯策略 $P1$ 的概率有

关，带有比较大的偶然性。具体而言，当初始的选择纯策略低报价 $P1$ 的询价机构比例 $X1 < \dfrac{R-P2}{P2-P1}$ 时，询价机构选择低报价 $P1$ 的比例 $X1$ 会趋向 0 变化，询价机构的报价策略朝着高报价演化，表现为在询价过程中，倾向于高报价的询价机构越来越多，新股越来越高价发行，新股发行市盈率越来越高，而 IPO 抑价水平下降；当初始的选择纯策略低报价 $P1$ 的询价机构比例 $X1 > \dfrac{R-P2}{P2-P1}$ 时，询价机构选择低报价 $P1$ 的比例 $X1$ 会趋向 1 变化，询价机构的报价策略朝着低报价演化，表现为在询价过程中，倾向于低报价的询价机构越来越多，IPO 发行价格下降，具体表现可能为新股发行市盈率变低，而 IPO 抑价水平上升。询价机构的报价策略与初始的概率分布有关，特定策略初始分布概率越大，询价机构的报价策略就越可能向该方向演化，具有跟风模仿效应。复制动态相位图如图 1-2 所示。

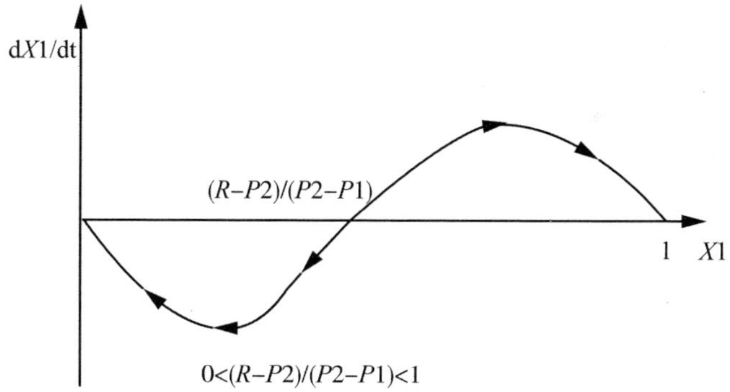

图 1-2　演化稳定策略 1

（2）$\dfrac{R-P2}{P2-P1} \leqslant 0$，此时 $R2 \leqslant P2$。

$\dfrac{R-P2}{P2-P1} < 0$ 时，演化博弈复制动态的第三个稳定状态 $X1^* = \dfrac{R-P2}{P2-P1}$ 不在[0，1]区间的有效范围内，演化过程复制动态只有两个稳

定状态$X1^*=0$和$X1^*=1$是可能的，$\frac{R-P2}{P2-P1}=0$时，第三个稳定状态在[0，1]区间内，但与第一个相同，因此依然只存在两个演化稳定状态。进一步的，分析这两个稳定状态中的演化稳定策略，易得到只有$F'(1)<0$，而$F'(0)>0$，故只有$X1^*=1$是演化稳定策略(ESS)，而$X1^*=0$不是本博弈的演化稳定策略。这时参与询价机构对所获取的股票在二级市场上的期望价值 R 低于选择高报价策略 $P2$ 时取得新股配售的成本，选择高报价在二级市场上获取的收益将可能无法弥补高报价的成本，因此纷纷选择低报价。这种情况下询价机构选择低报价 $P1$ 的比例 $X1$ 会趋向 1 变化，询价机构的报价策略朝着低报价演化，表现为在询价过程中，倾向于低报价的询价机构越来越多，IPO 发行价格下降，具体表现可能为新股发行市盈率变低，而 IPO 抑价水平上升。复制动态相位图如图 1-3 所示。

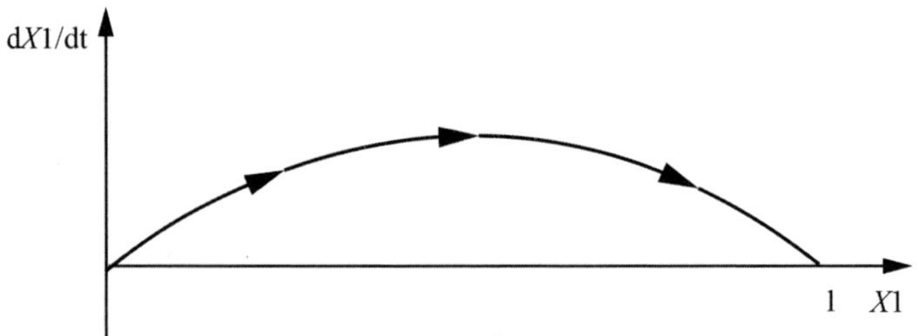

图 1-3　演化稳定策略 2

（3）$\frac{R-P2}{P2-P1}\geqslant 1$，此时 $R2\geqslant P2+(P2-P1)$。

$\frac{R-P2}{P2-P1}>0$时，演化博弈复制动态的第三个稳定状态$X1^*=\frac{R-P2}{P2-P1}$不在[0，1]区间内，是无效的，$\frac{R-P2}{P2-P1}=1$时，$X1^*=\frac{R-P2}{P2-P1}$在[0，1]区间内，但与第二个相同，因此只有两个演化稳定状态$X1^*=0$和$X1^*=1$。进一步分析这两个稳定状态中的演化稳定策略，

易得到 $F'(0)<0$，$F'(1)>0$，故只有 $X1^*=0$ 是演化稳定策略（ESS），而 $X1^*=1$ 不是本博弈的演化稳定策略。这时参与询价机构对所获取的股票在二级市场上的期望价值 R 远高于选择高报价策略 $P2$ 时取得新股配售的成本，在三种情况中询价机构的额外收益是最高的。这种情况下询价机构选择低报价 $P1$ 的比例 $X1$ 会趋向 0 变化，询价机构的报价策略朝着高报价演化，现实中表现为热销市场的状态，新股的短期表现较好，打新收益高，在询价过程中，倾向于高报价的询价机构越来越多，IPO 发行价格上升，具体表现可能为新股发行市盈率随着时间变化升高，而 IPO 抑价水平随着时间变化下降。复制动态相位图如图 1-4 所示。

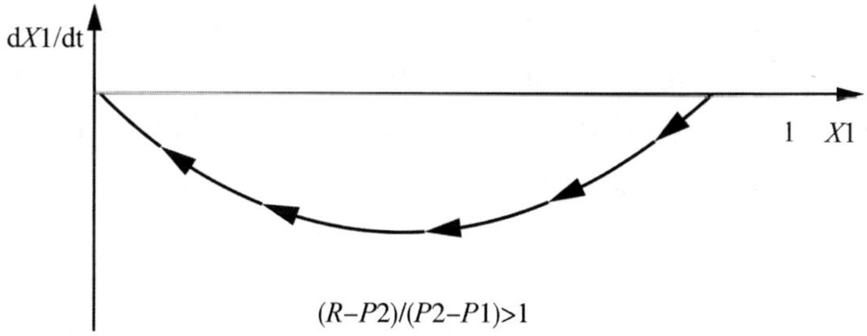

图 1-4 演化稳定策略 3

1.3.3 演化博弈模型的结果分析

根据演化博弈模型的结果，在不同条件下，最终的演化稳定策略为 $X1^*=0$ 或 $X1^*=1$，即要么朝着高报价的方向演化，要么朝着低报价的方向演化，演化的方向与询价机构在二级市场上获取的收益有关。在初始状态，总有选择高报价和低报价的询价机构，而经过一段时间的演化，询价机构的报价策略会根据获配的新股在二级市场上取得的预期收益的不同而演化，实际中表现为，对新股在二级市场上的期望价值 R 足够大，大于以高报价获取新股的成本时（这也比较符合我国的现实，由于 IPO 资源的稀缺性，新股上市往往可以获得足够的回报），获取新股后在二级市场的收益很高，询价机构为了获取新股的收益，越来越倾向于高报价的报价策略，此时新股的发行市盈率高涨，IPO 市场处于热销状态，市场指数不断升高，二级市场交易活跃，可类比的同行业公司市场估值水平升高，后市表现向好，新股在二级市场的表现优异，询价机构会随之修正对 IPO 公司后市价格的估计，刺激投资者对 IPO 股份的需求，增进投资者之间的竞争，让选择高报价策略的询价机构越来越多，推动 IPO 发行价格的升高。但是，这种询价机构之间激烈的报价竞争，会抬高 IPO 发行价，新股高发行市盈率，IPO 抑价率水平降低，甚至在新股上市首日出现跌破发行价即破发的状况，参与询价机构所获取的股票在二级市场上的期望价值 R 会随之下降，即使询价机构所获新股的期望价值 R 足够大，但高报价 $P2$ 的不断升高，还是会使得询价机构预期到预期收益降低这一问题，从而可能向低报价策略转移，高发行市盈率的状况得到缓解，新股的 IPO 抑价率水平逐渐升高。因此，如上所述，询价机构的报价策略会不断循环往复地演变，并根据外部环境不断修正，尤其是询价机构对所获取的股票在二级市场上的期望价值 R 与机构高报价 $P2$ 的差值十分重要，会影响询价机构报价行为的演化稳定策略。而根据前文的假设，R 的大小与发行企业的内在价值 V，以及新股在二级市场的炒作程度 M、即投资者狂热情绪有关，而 $R=R(V, M)$，企业本身的内在价值越高，二级市场投资者狂热情绪对新股的炒作程度越高，那么询价机构所取得的股份在二级市场上的价值越高，询价机构的报价行为越可能朝高报价的方向演变。

1.3.4　询价制改革的演化博弈分析与研究假设

按照前文的研究结果，如果外部条件的变动能够显著地影响 R 与机构高报价 $P2$ 的差值，就会对询价机构报价行为的演化稳定策略造成影响，进而对 IPO 发行价格的形成造成影响，提升或减少 IPO 的定价效率，而这有助于我们研究询价制下新股发行制度的改革是否有效，能否对询价机构的报价行为及 IPO 价格造成影响，下面基于询价制的改革背景，结合前文对于演化稳定策略的分析，来研究询价机构的报价行为与 IPO 价格形成，按照询价制下四次新股发行制度改革的时间，分为五个阶段，分别进行分析。

1.3.4.1　第一阶段：询价制实施至第一次改革前

2009 年的询价制第一次改革前，由于行政管制，中小板市场上新股的发行市盈率被控制在 30 以内，此时的抑价率水平也极高，并经历了一个先升高后下降的过程，新股定价效率较低(见图 1-5)。但由于在 2009 年询价制第一次改革之前 IPO 的价格多由监管部门的窗口指导形成，与询价机构的报价博弈行为关系不大，故难以用询价机构报价的演化博弈模型来解释。

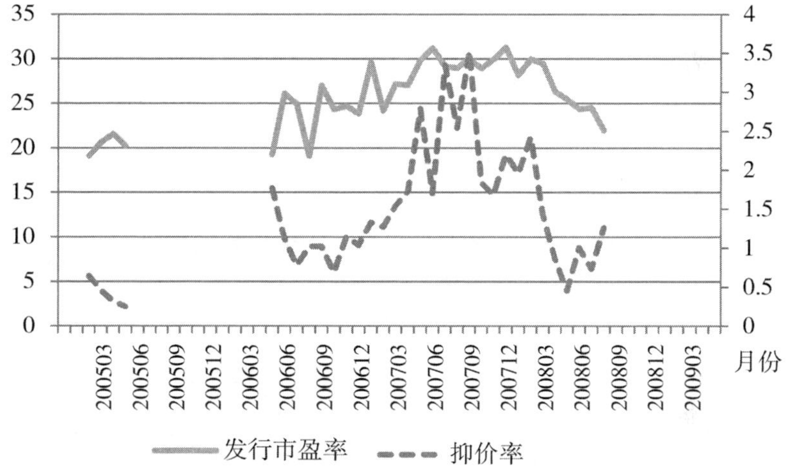

图 1-5　询价制第一次改革前中小板新股发行市盈率与首日抑价率月度均值

资料来源：国泰安统计数据库。

1.3.4.2　第二阶段：询价制第一次改革阶段

在询价制的第一次改革阶段，发行市盈率比起改革前大幅上升，抑价率水平也降低，那么根据前文的研究，比起改革前，在 2009 年第一次改革之后，发行市盈率限制取消，双重申购机制也同样取消，若将平均 IPO 抑价率和平均发行市盈率的变化情况用询价机构的报价演化博弈行为来解释。

在刚进入询价制改革第一阶段时，选择低报价和高报价的询价机构有一初始的未知概率，此时发行价格不算高，抑价率很高，那么对于询价机构来说，观测到新股在二级市场的巨额回报情况，即此时新股在二级市场的期望价值 R 远大于高报价 $P2$ 所付出的成本，$R2 \geqslant P2 + (P2 - P1)$ 的可能性很大，而由于发行市盈率和双重申购的取消，询价机构必须通过高报价来取得新股配售的资格，因此，根据前文的演化博弈结果，询价机构的低报价策略概率如图 1-6 所示，趋向 $X1^{*} = 0$ 变化，即选择高报价策略的询价机构会变多，推动新股发行价格升高，发行市盈率也随之升高，IPO 抑价率比起改革前下降。据此提出假设 1：

假设 1：询价制下第一次改革后，询价机构报价竞争加强，IPO 抑价率下降。

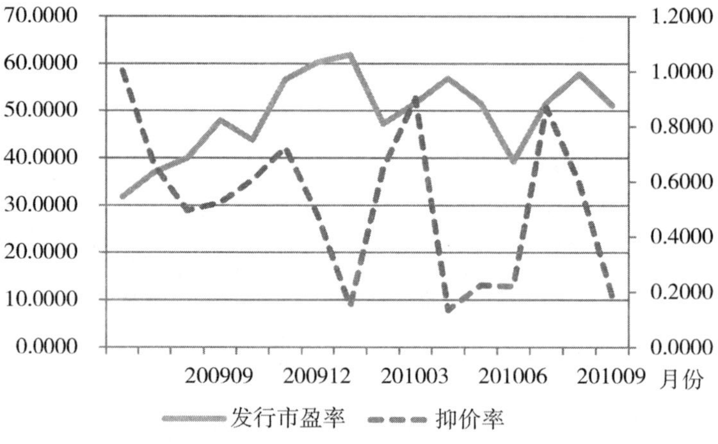

图 1-6　询价制第一次改革阶段中小板新股发行市盈率与首日抑价率月度均值

资料来源：国泰安统计数据库。

1.3.4.3　第三阶段：询价制第二次改革阶段

询价制下第二次改革阶段，前文理论研究部分所述的重要措施包括扩大询价机构范围和增强定价信息透明度，猜想的可能影响为 IPO 价格升高，IPO 抑价率降低。询价制第二次改革阶段中小板新股发行市盈率与首日抑价率月度均值见图 1-7。现在用询价机构报价行为的演化博弈来猜想这一阶段的可能特征，这两项措施都会促进询价机构的竞争，那么由于在改革前询价机构通过新股在二级市场获取的收益还是很可观的，前文也推断询价制第一次改革阶段询价机构的报价行为会朝高报价方向演化，因此在第二次改革的初始阶段，询价机构报价行为的概率分布中依然是选择高报价居多，由于第二次改革后参与询价竞争的机构更多，更多的高报价便会推动 IPO 发行价格的进一步上涨，发行市盈率升高，抑价率下降，而当抑价率下降到一个程度时，甚至出现破发情况时，询价机构便会修正关于所获股票在二级市场可能价值 R 与高报价成本 $P2$ 的预期，使得 $R<P2$，新的演化稳定状态从第一次改革阶段的 $X1^{*}=0$ 变为 1.3.2.3 情形(2)的 $X1^{*}=1$，询价机构的报价策略开始朝着低报价的方向演化，新股发行价格下降，抑价率恢复升高，询价机构获取新股的收益水平恢复，假如收益的水平恢复到 $R2>P2$，询价机构报价策略就有可能再次达到朝高报价方向演化的条件，如此循环往复。但总体来说，由于竞争程度的加强，以及改革前 IPO 抑价率较高，可以压缩的幅度较大，询价机构选择高报价的概率会增加，据此提出假设 2：

假设 2：询价制下第二次改革后，询价机构报价竞争加强，IPO 抑价率下降。

1.3.4.4 第四阶段：询价制下第三次改革阶段

由于后期 IPO 停摆，这一阶段的新股发行数量较少，这与这一阶段低迷的二级市场走势不佳甚至出现破发现象有关，不得不暂停 IPO 以稳定股票市场。询价制第二次改革阶段中小板新股发行市盈率与首日抑价率月度均值见图 1-8。前文对第三次改革阶段提高网下配售比例，取消锁定期，加强实行发行价格管制这三个改革措施的可能影响预估为 IPO 价格降低，IPO 抑价率升高，这时提高网下配售比例，取消锁定期等措施对新股预期价值 R 与询价机构以高报价 $P2$ 取得新股配售间的差值，即询价机构的预期收益影响不大，而发行价格管制的手段相当于重新以行政干预限制 IPO 价格形成，IPO 定价效率下降，询价机构的报价博弈行为对 IPO 价格形成的作用也减弱，询价机构的竞争意愿减弱。据此提出假设 3：

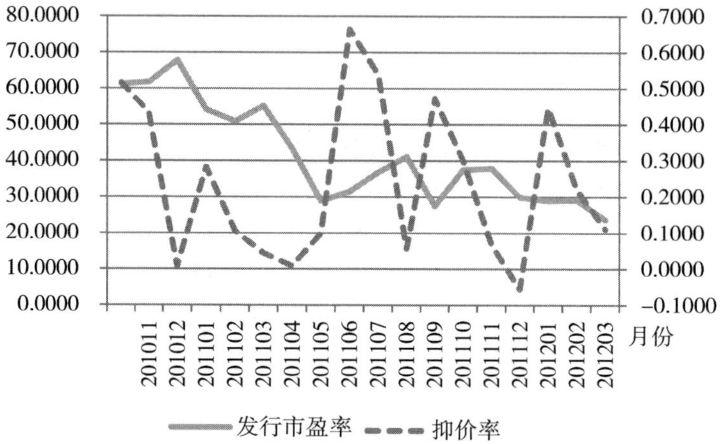

图 1-7　询价制第二次改革阶段中小板新股发行市盈率与首日抑价率月度均值
资料来源：国泰安统计数据库。

假设 3：询价制下第三次改革后，询价机构报价竞争减弱，IPO 抑价率上升。

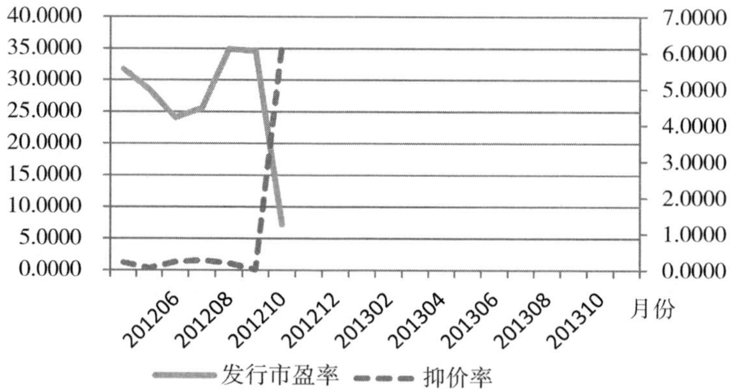

图 1-8　询价制第三次改革阶段中小板新股发行市盈率与首日抑价率月度均值
资料来源：国泰安统计数据库。

1.3.4.5 询价制下第四次改革阶段

经历了一段时间的 IPO 停摆之后，询价制第四次改革后 IPO 重启。前文对询价制下第四次改革阶段的猜想认为尽管取消发行市盈率限制，引入承销商自主配售权会促进询价机构间的竞争报价，询价机构真实报价的意愿会增强，但剔除报价中最高的10%部分会使得询价机构报价的总体水平会下降，最终 IPO 价格下降，IPO 抑价率上升。

由于此阶段 IPO 价格重新由询价机构报价形成，且报价中最高的10%部分会被剔除，因此修改前文博弈矩阵中的各策略的收益，构建新的询价机构报价演化博弈模型。博弈中两方询价机构的获配比例改变，如果两博弈方报价都低，则定价为低报价 $P1$，两方询价机构作为一个整体获取新股配售的概率为 $a1$，双方可分享利益，各有1/2单位的收益 $a1K(R-P1)/2-C$；如果两博弈方都报价高，则两方询价机构作为一个整体获取新股配售的概率为 $0.9a1$，定价为高报价 $P2$，各有1/2单位的收益 $0.9a1K(R-P2)/2-C$；但是若以低报价遇到高报价，则被剔除的10%为高报价 $P2$ 部分，定价为高报价 $P2$，高报价的询价机构获取新股配售的概率为 $0.9a1$，获益 $0.9a1K(R-P2)-C$，低报价的询价机构获益为0。两方询价机构报价行为的收益以博弈矩阵的方式来显示（见图1-9）。

询价机构1

		低报价	高报价
询价机构2	低报价	$a_1K(R\text{-}P1)/2\text{-}C$，$a_1K(R\text{-}P1)/2\text{-}C$	$\text{-}C$，$0.9a_1K(R\text{-}P2)\text{-}C$
	高报价	$0.9a_1K(R\text{-}P2)\text{-}C$，$\text{-}C$	$0.9a_1K(R\text{-}P2)/2\text{-}C$，$0.9a_1K(R\text{-}P2)/2\text{-}C$

图1-9 第四次改革后询价机构报价行为的对称博弈矩阵

重新求得新的复制动态方程为：

$$F(X1)=\frac{\mathrm{d}X1}{\mathrm{d}t}=a_1KX1(1-X1)[X1(0.9P2-0.4R-0.5P1)+(1-X1)(0.45R-0.45P2)] \tag{1.7}$$

令 $F(X1)=0$，求解(1.7)式，解得该复制动态最多有三个稳定状态，分别为：

$$X1^*=0,\ X1^*=1,\ X1^*=(R-P2)/[(P2-P1)+1/9(R-P1)] \tag{1.8}$$

在此基础上，进一步求解演化稳定策略(ESS)，依然分为 3 种情况：

(1)$P2<R2<P2+1.25(P2-P1)$。易得到此时只有 $F'(0)<0$ 和 $F'(1)<0$，$X1^*=0$ 和 $X1^*=1$ 是两个不同的演化稳定策略(ESS)。这时的演化稳定策略(ESS)受到初始状态的影响，当初始的选择纯策略低报价 $P1$ 的询价机构比例 $X1<(R-P2)/[(P2-P1)+\frac{1}{9}(R-P1)]$ 时，询价机构选择低报价 $P1$ 的比例 $X1$ 会趋向 0 变化，询价机构的报价策略朝着高报价演化；当初始的选择纯策略低报价 $P1$ 的询价机构比例 $X1>(R-P2)/[(P2-P1)+\frac{1}{9}(R-P1)]$ 时，询价机构选择低报价 $P1$ 的比例 $X1$ 会趋向 1 变化，询价机构的报价策略朝着低报价演化。复制动态相位图如图 1-10 所示。

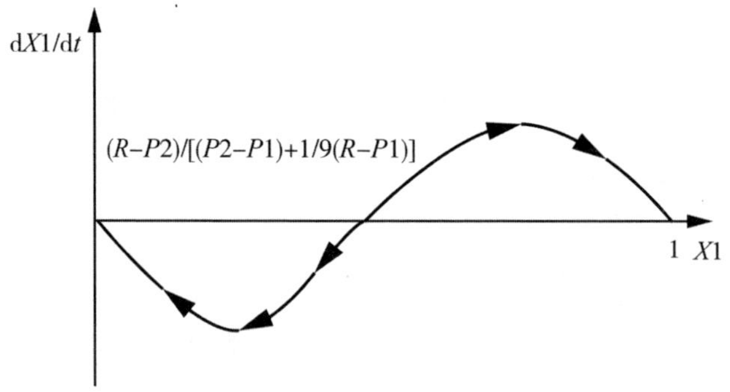

图 1-10　第四次改革后的演化稳定策略 1

(2) $R2 \leqslant P2$。易得到此时只有 $F'(1) < 0$，而 $F'(0) > 0$，只有 $X1^* = 1$ 是演化稳定策略。这种情况下询价机构选择低报价 $P1$ 的比例 $X1$ 会趋向 1 变化，询价机构的报价策略朝着低报价演化，表现为在询价过程中，倾向于低报价的询价机构越来越多，IPO 发行价格下降。复制动态相位图如图 1-11 所示。

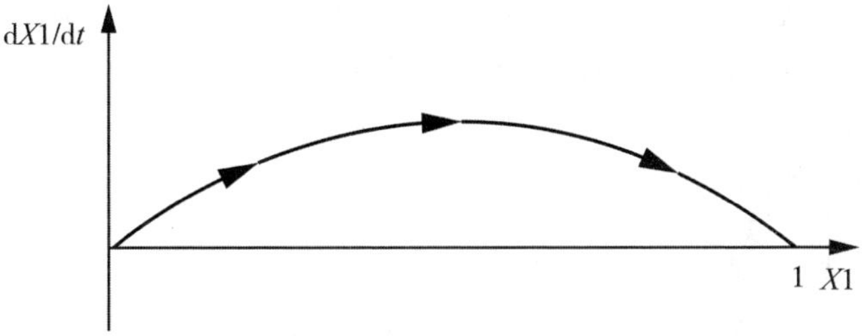

图 1-11 第四次改革后的演化稳定策略 2

(3) $R2 \geqslant P2 + 1.25(P2 - P1)$。易得到此时 $F'(0) < 0$，$F'(1) > 0$，只有 $X1^* = 0$ 是演化稳定策略。这种情况下询价机构选择低报价 $P1$ 的比例 $X1$ 会趋向 0 变化，询价机构的报价策略朝着高报价演化。复制动态相位图如图 1-12 所示。

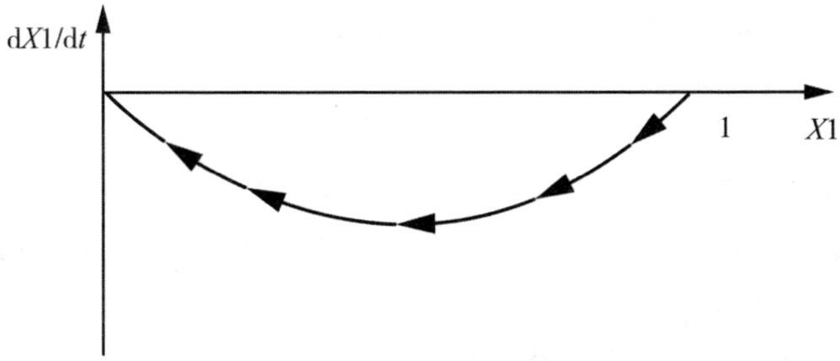

图 1-12 第四次改革后的演化稳定策略 3

可以看到，当 $P2 < R2 < P2 + 1.25(P2 - P1)$ 且初始 $X1 > (R - P2)\Big/\left[(P2 - P1) + \frac{1}{9}(R - P1)\right]$ 时和 $R2 \leqslant P2$ 时，询价机构的报价策

略会朝低报价方向演化，当 $P2 < R2 < P2 + 1.25(P2 - P1)$ 且初始 $X1 < (R - P2)/\left[(P2 - P1) + \frac{1}{9}(R - P1)\right]$ 时和 $R2 \geqslant P2 + 1.25(P2 - P1)$ 时，询价机构的报价策略会朝高报价方向演化。比起之前的演化稳定策略分析，报价策略朝低报价方向演化的条件更宽松，而朝高报价方向演化的条件更苛刻，因此第四次改革的措施会促进询价机构的报价策略向低报价演化，IPO 价格下降，IPO 抑价率上升。询价制第四次改革阶段中小板新股发行市盈率与首日抑价率月度均值见图 1-13。

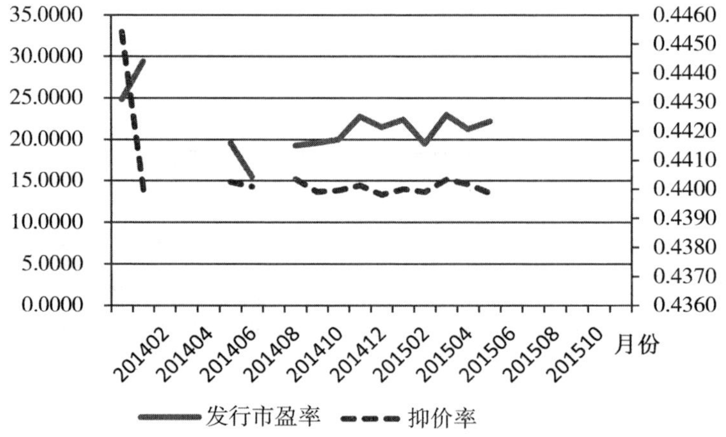

图 1-13　询价制第四次改革阶段中小板新股发行市盈率与首日抑价率月度均值

资料来源：国泰安统计数据库。

对这一阶段询价机构报价行为及 IPO 抑价率的猜想如下：由于新的改革措施会剔除过高报价部分，询价机构会调低其对于高报价策略的预期，询价机构的报价策略会趋于谨慎，改革后的询价机构报价策略比起改革前会向低报价方向变化，促进 IPO 价格下降，IPO 抑价率。因此总体来说，尽管取消发行市盈率限制，引入承销商自主配售权会促进询价机构间的竞争加强，但剔除高报价部分的措施会促使报价水平降低，询价制第四次改革会促进 IPO 价格下降，IPO 抑价率上升。提出假设 4：

假设 4：询价制下第四次改革后，询价机构报价竞争加强，IPO 抑价率上升。

1.3.5 注册制下的演化博弈推演

注册制是我国未来新股发行制度的改革方向，是目前发达国家成熟股票市场普遍采用的发行制度，只对公司发行进行形式审查，而不进行实质审查。注册制改革的目的是让我国新股发行市场朝着市场化的程度迈进，减少监管部门对 IPO 价格形成的干预，充分发挥资本市场资源配置、价格发现、融资等基础功能。

注册制的实施显然会对我国目前的 IPO 价格形成产生影响，目前，我国排队上市的企业有很多，在现行制度下，需要经历长时间的等待期和监管部门批准才能完成上市，而如果实行注册制，这些企业只需要接受市场的考验，符合要求的就上，中间过程不会耗费很多时间，壳资源不再是稀缺资源。同时，注册制下上市企业的质量交给市场去判断，一些劣质公司由于没有投资者买单难以成功发行，已经上市的劣质企业将会退市。这样将有效地提高上市企业创造价值和询价机构合理报价的积极性。那么在这种情况下，IPO 扩容，此前由于新股供给和需求不平衡的而造成的新股短期高回报的神话将很可能被打破。

那么对于询价机构而言，注册制下询价机构的报价博弈行为具有新的特征，政府管制在 IPO 价格行为中起到的作用也减弱，注册制下实行的询价制，IPO 价格由询价机构报价决定。那么由于在注册制下新股供不应求的状况得到缓解，二级市场对新股的炒作情绪 M 会下降，其对于获得新股配售后在二级市场取得的可能价值 R 的预期也会下降。注册制下询价机构报价行为的可能路径如下：

(1)第一期。在注册制刚开始时，在初始状态下询价机构趋向低报价 $P1$ 和高报价 $P2$ 的概率都存在，而由于注册制下新股供给的增加，使得新股不再是稀缺资源，投资者盲目炒新的现象将会消失，上市公司质量也良莠不齐，新股上市首日难以获取普遍的高额回报，破发现象出现的概率将会增加。

(2)第二期。当询价机构预测和观察到这种情况时，询价机构对于获得新股配售在二级市场取得的可能收益的普遍预期将会调整、下降，使得 R 小于询价机构高报价付出的成本 $P2$，达到 1.3.2.3 中情况(2)

$R < P2$ 的条件，那么此时 $X1^* = 1$ 是演化稳定策略，即在注册制实施之后演化稳定策略会让询价机构的报价行为向低报价策略的方向演化，此时整体新股的平均抑价水平会下降，新股发行市盈率也会下降，新股发行中的三高现象得到缓解。但与此同时，由于询价机构与 IPO 企业、承销商之间存在的信息不对称，加上对收益预期的调整，询价机构可能会趋于谨慎普遍报低价，使得质量好的 IPO 企业的定价水平偏低，IPO 抑价水平较高。

(3)第三期。在这一阶段，即注册制发展更为成熟的阶段，经历过一段时间的学习，询价机构的报价更为准确。注册制实施前，询价机构对于获得新股配售在二级市场取得的可能价值 R 的预期具有普遍性，这是由于我国上市公司都经过层层审批，质量具有一定保证，再加上二级市场对新股的炒作，对 R 预期的大小更多地取决于二级市场的市场情绪，而不是上市公司本身的质量，而注册制实施后，上市公司的质量差别很大，其在二级市场的可能收益也会天差地别，而经过一段时间的学习，询价机构对上市企业内在价值 V 信息的获取能力和判断能力加强，对于持有不同上市公司的新股在二级市场取得的预期价值 R 不同，使得持有高质量企业的新股预期收益更大，那么询价机构的报价行为就更可能向高报价策略演变，而持有低质量企业的新股预期收益更小，询价机构的报价行为更可能向低报价策略演变。预期在注册制的背景下询价机构对于上市企业的价格发现功能增强，其报价策略更多地反映上市企业的质量信息。

之前我国新股高抑价率和出现三高现象的原因主要是新股供给太少，而新股需求太大，新股炒作现象明显，询价机构对于取得新股配售在二级市场的可能收益预期较大，而注册制的实施显然可以缓解这种情况，使得我国的 IPO 价格形成机制朝着更为市场化的方向迈进，IPO 定价效率得到提升，一级市场的价格发现功能归位。而对于企业来说，注册制改革使市场门槛降低，由于上市公司数量的增加和买方的有限，企业不再像之前那样一定能够筹到足额的资金，因此是否选择上市也更多地源于企业的筹资需求和对自身情况和市场情况的判断而不是以上市圈钱为目的，注册制的实施一样具有积极的意义。

1.4 询价制改革对IPO价格形成中动态博弈影响的实证研究

1.4.1 实证研究设计及模型回归结果

1.4.1.1 样本来源

本书选择的样本为2005年1月1日到2015年12月31日期间上市的中小板IPO企业，总计样本为738个，选择这一时间区间内中小板IPO企业的原因一是为了保持IPO定价规则的统一性，在初步询价阶段后，发行人和承销商根据初步询价结果直接决定IPO价格；二是主板、中小板、创业板的上市条件区别较大，为了排除掉这部分影响，专注于研究询价制度的改革阶段，是否对询价机构的报价行为及IPO价格形成产生一定影响。

根据上市时间所处阶段的不同分为5个样本，样本1为询价制第一次改革前(2005年1月1日—2009年6月10日)，样本2为询价制下第一次改革阶段(2009年6月11日—2010年10月22日)，样本3为询价制下第二次改革阶段(2010年10月23日—2012年4月27日)，样本4为询价制下第三次改革阶段(2012年4月28日—2013年11月29日)，样本5为询价制下第四次改革阶段(2013年11月30日—2015年12月31日)。数据来源于国泰安统计数据库。

1.4.1.2 变量选取

被解释变量：IPO首日经市场调整的回报率(MAR)。由于IPO抑价率会受到上市当天市场表现的影响，因此选取首日经市场调整的回报率以解释IPO的定价效率，当MAR高时，新股的定价偏低，MAR低时，新股的定价偏高，而当询价制下未受监管部门市盈率控制时期，MAR能反映询价机构的报价策略，若询价机构倾向高报价，则MAR会偏低，若询价机构倾向低报价，则MAR会偏高。具体计算方法为：

$$\mathrm{MAR} = (P - P0)/P0 - (M1 - M0)/M0 \tag{1.9}$$

其中 $P0$ 为新股发行价格，P 为新股上市首日收盘价，$M0$ 为上市首日深证成指开盘价，$M1$ 为上市首日深证成指收盘价。

解释变量：

(1)询价制下第一次改革(REF_1)：虚拟变量，当新股在询价制下第一次改革阶段发行时，REF_1 取 1；否则取 0。

(2)询价制下第二次改革(REF_2)：虚拟变量，当新股在询价制下第二次改革阶段发行时，REF_2 取 1；否则取 0。

(3)询价制下第三次改革(REF_3)：虚拟变量，当新股在询价制下第三次改革阶段发行时，REF_3 取 1；否则取 0。

(4)询价制下第四次改革(REF_4)：虚拟变量，当新股在询价制下第四次改革阶段发行时，REF_4 取 1；否则取 0。

(5)网下超额认购倍数(OSR)：在实证中取对数处理 LN(网下超额认购倍数+1)。网下超额认购倍数指证券市场发行股票时网下投资者实际参与购买该公司的股票或债券金额与预先确定网下发行金额的比率，OSR 越高，参与询价的机构越多，询价机构的参与程度越大，报价越活跃。刘志远等(2011)认为，在询价机构间相互竞争时，新股抑价水平与询价机构数量成反比，而在询价机构合谋压低报价下，新股抑价水平与询价机构数量成正比。因此，网下超额认购倍数可以作为表示询价机构参与程度的变量研究询价机构的竞争行为，当特定制度安排能够促进询价机构之间相互竞争时，OSR 越高，抑价率越低，特定制度安排未能有效促进询价机构之间相互竞争时，OSR 越高，抑价率越高。

控制变量：

(1)上市年限(AGE)= ln(公司上市距成立年限+1)。上市年限越长的公司，其经营状况越稳定，公司面临的风险也就越小，发行公司与询价机构之间的信息不对称程度更小，询价机构更能了解公司的实际状况，因此会降低抑价程度。

(2)盈利能力(ROE)。盈利能力是 IPO 企业质量的重要评判信号，盈利能力越高，说明 IPO 企业具有较好的利润创造能力，未来股东能够获取的利益更多，询价机构愿意给出的报价水平也就越高，从而提高新股价格，降低抑价率水平。因此本书选取新股上市招股意向书中发行前最近一个会计年度的净资产收益率，反映公司的盈利能力，净资产收益率越高，询价机构报价也就越高，IPO 价格也该越高，其 IPO 抑价率也就越低。

(3)市场情绪(MARKET)。上市前的市场表现会影响投资者的情绪，进而影响投资者对新股价值的预期。在市场情绪狂热时，新股首日回报明显上升，而市场行情一般时，新股首日回报则会下降。为了控制新股上市前的市场情绪对新股首日回报的影响，研究制度改革的真实作用，排除市场情绪的干扰，由于本文的数据样本只包括了中小企业板的股票，因此市场回报率的计算以深证成指为基础，市场情绪(MARKET)变量等于新股上市前 30 个交易日市场回报率的均值。

(4)发行规模(SIZE)：ln[实际募集资金总额(万元)+1]。实际募集资金总额反映上市公司规模的大小，也影响上市后的股票供需平衡，影响投资者的市场收益。发行规模大的 IPO 企业自身资产规模也比较大，容易受到投资者的关注，相对来说制度较完善，自身管理及受到的监管也更严格，因而发行企业自身的风险相对较小，所需的抑价补偿较少，IPO 价格并不会太过偏离其内在价值，因此实际募集资金总额大的企业 IPO 抑价率应该会比较低。

(5)中签率(PLOT)。中签率越低表明投资者对新股参与越多，对公司未来表现越乐观，在短期内会推高股价，所以一般认为该指标与 IPO 抑价率负相关。

(6)资产负债率(DR)。资产负债率反映公司的资本结构，衡量公司的长期负债能力。资产负债率越高，公司资金成本和财务风险越大，因此资产负债率应与 IPO 价格负相关，IPO 抑价率正相关。资产负债率数据选取为新股发行前最近一个会计年度的资产负债率。

(7)上市首日换手率(TNOVFSTD)。首日换手率越高代表新股首日流通程度越强，反映了不同类型投资者意见分歧度，首日换手率越高，投资者对于新股定价的差异性越大，根据意见分歧假说，由乐观投资者确定的市场出清价格也就越高，IPO 抑价率越高。

(8)发行市盈率(P/E)。发行市盈率反映了新股的估值水平，一般认为，发行市盈率越高，股票的估值水平越高，相应的 IPO 抑价率就越低。

(9)发行费用(ISEXPS)。以实际每股发行费用/每股发行价格来衡量。一般认为发行费用会在发行价格中得到补偿，因此认为发行费用水平越高的公司，IPO 价格越高，IPO 抑价率越低。

实证研究中的变量数据均来源于国泰安统计数据库。部分缺失数据通过查阅首日公开发行股票的招股说明书补全。

1.4.1.3　研究假设与模型设计

本章验证前文提出的四个假设：

假设 1：询价制下第一次改革后，询价机构报价竞争加强，IPO 抑价率下降。

假设 2：询价制下第二次改革后，询价机构报价竞争加强，IPO 抑价率下降。

假设 3：询价制下第三次改革后，询价机构报价竞争减弱，IPO 抑价率上升。

假设 4：询价制下第四次改革后，询价机构报价竞争加强，IPO 抑价率上升。

本书借鉴了刘志远等(2011)实证研究的方法，分别设计了模型 1，模型 2，模型 3，模型 4 用于实证检验。

模型 1：回归(1) $MAR=\beta_0+\beta_1 REF_1+\Sigma\beta_i Control+\delta$

回归(2) $MAR=\beta_0+\beta_2 REF_1+\beta_3 OSR+\beta_4 REF_1\times OSR+\Sigma\beta_i Control+\delta$

模型 2：回归(3) $MAR=\beta_0+\beta_1 REF_2+\Sigma\beta_i Control+\delta$

回归(4) $MAR=\beta_0+\beta_2 REF_2+\beta_3 OSR+\beta_4 REF_2\times OSR+\Sigma\beta_i Control+\delta$

模型 3：回归(5) $MAR=\beta_0+\beta_1 REF_3+\Sigma\beta_i Control+\delta$

回归(6) $MAR=\beta_0+\beta_2 REF_3+\beta_3 OSR+\beta_4 REF_3\times OSR+\Sigma\beta_i Control+\delta$

模型 4：回归(7) $MAR=\beta_0+\beta_1 REF_4+\Sigma\beta_i Control+\delta$

回归(8) $MAR=\beta_0+\beta_2 REF_4+\beta_3 OSR+\beta_4 REF_4\times OSR+\Sigma\beta_i Control+\delta$

MAR 代表 IPO 定价效率。OSR 代表网下超额认购倍数(OSR)，REF_1 为虚拟变量，1 表示第一阶段改革后发行，0 表示第一阶段改革前发行，Control 表示控制变量，δ 为随机误差。REF_2 为虚拟变量，1 表示第二阶段改革后发行，0 表示第二阶段改革前发行，Control 表示控制变量，δ 为随机误差。REF_3 为虚拟变量，1 表示第三阶段改革后发行，0 表示第三阶段改革前发行，Control 表示控制变量，δ 为随机误差。REF_4

为虚拟变量，1表示第四阶段改革后发行，0表示第一阶段改革前发行，Control表示控制变量，δ为随机误差。

对于模型需要说明的是：

(1)本书采用经市场调整的IPO首日超额回报率(MAR)作为因变量，反映IPO抑价率，这是因为当天新股的表现与股票市场的表现挂钩，应该消除市场回报率的影响。

(2)模型中设置虚拟变量(REF)是为了比较询价制改革前后IPO抑价水平的变化，例如如果$\beta_1<0$且显著，则询价制下第一次改革的措施促使了IPO抑价水平降低，符合假设1，β_2、β_3、β_4同理。

(3)交叉变量$REF_1 \times OSR$、$REF_2 \times OSR$、$REF_3 \times OSR$、$REF_4 \times OSR$是为了检验改革是否对询价机构的参与程度与IPO抑价率的关系产生影响，若改革使得询价机构竞争程度提高，即改革促进了询价机构的参与程度与IPO抑价率成反比，则交叉变量的系数β_4为负，反之则为正。

(4)变量(CONTROL)为前面部分定义的控制变量。

(5)δ为随机误差项。

1.4.1.4 模型回归结果

回归结果如下表：

表1-6 **实证回归结果**

		变量	系数	T值	F值	R方
模型一	回归(1)	REF_1	−0.883	-6.600^{***}	30.243^{***}	0.406
		MARKET	39.932	5.389^{***}		
	回归(2)	REF_1	2.977	5.950^{***}	39.522^{***}	0.519
		$REF_1 \times OSR$	−0.711	-7.332^{***}		
模型二	回归(3)	REF_2	−0.202	-5.458^{***}	29.578^{***}	0.434
		MARKET	40.584	7.640^{***}		
	回归(4)	REF_2	0.256	1.813^{*}	29.866^{***}	0.483
		$REF_2 \times OSR$	−0.076	-2.015^{**}		

续表

		变量	系数	*T* 值	*F* 值	*R* 方
模型三	回归(5)	REF_3	0.015	0.171	11.165***	0.358
		MARKET	30.701	2.705***		
	回归(6)	REF_3	-0.304	-1.567	18.466***	0.528
		REF_3×OSR	0.419	6.015***		
模型四	回归(7)	REF_4	0.149	2.159**	3.651***	0.327
		MARKET	-21.520	-1.294		
	回归(8)	REF_4	1.648	5.680***	9.178***	0.542
		REF_4OSR	-0.608	-7.263***		

注：*、**、***分别代表系数在 10%、5%和 1%置信水平下显著。

1.4.2　四次询价制改革下 IPO 定价效率研究

为了探究四次询价制改革对 IPO 定价效率的冲击，构建回归模型(1)、(3)、(5)、(7)进行实证分析，回归结果如表 1-6 所示。

回归(1)中 REF_1 的系数显著为负，说明询价制下第一次改革起到了降低新股抑价率的作用，提高了新股的定价效率，支持假设 1。控制变量中市场情绪变量 MARKET 的系数在 1%水平下显著为正，说明市场情绪确实对 IPO 抑价率起到正向影响，新股上市前市场走势越好，新股上市当天抑价率更高。

回归(3)中 REF_1 的系数为-0.202，在 1%水平下显著为负，说明询价制下第二次改革起到了降低新股抑价率的作用，提高了新股的定价效率，支持假设 2，控制变量中市场情绪变量 MARKET 的系数在 1%水平下显著为正，说明市场情绪确实对 IPO 抑价率起到正向影响，新股上市前市场走势越好，新股上市当天抑价率更高。

回归(5)的 *F* 值在 1%水平下显著，表明整体模型的回归显著。但从模型整体的 *R* 方值和各变量的显著性水平来看，解释力度不如模型 1 和模型 2，这与询价制下第三次改革阶段新股停摆时间长，样本量较少有一定关系。在系数 *P* 值方面，回归(5)中 REF_3 的系数不显著，无法说明询价制下第三次改革是否起到了降低新股抑价率的作用，不支持假设3。控制变量中市场情绪变量MARKET的系数在1%水平下显著为正，说明市场情绪确实对IPO抑价率起到正向影响，新股上市前市场走势越好，新股上市当天抑价率更高。

回归(7)中REF_4的系数在1%水平下显著为正，说明询价制下第四次改革使得新股抑价率上升，支持假设4。

1.4.3 四次询价制改革下询价机构竞争程度研究

为了探究四次询价制改革对询价机构竞争程度的影响，构建回归模型(2)、(4)、(6)、(8)进行实证分析，回归结果如表1-6所示。

而在回归(2)中OSR的系数为0.824，在1%水平下显著为正，表明网下超额认购倍数与IPO抑价率正相关，这说明询价机构之间的报价竞争并不激烈，反而有可能存在串谋关系。而交互项($REF_1 \times OSR$)的系数为-0.711，在1%水平下显著为负，说明询价制第一次改革起到了促进询价机构报价竞争的作用，支持假设1。因此，模型1的回归结果验证了前文的假设，即询价制下第一次改革后，询价机构报价竞争加强，IPO抑价率下降。

而在回归(4)中OSR的系数为0.154，在1%水平下显著，表明网下超额认购倍数与IPO抑价率正相关，这说明询价机构之间的报价竞争并不激烈，反而有可能存在串谋关系。而交互项($REF_2 \times OSR$)的系数为-0.076，在1%水平下显著为负。说明询价制第二次改革起到了促进询价机构报价竞争的作用，支持假设2。因此，模型2的回归结果验证了前文的假设，即询价制下第二次改革后，询价机构报价竞争加强，IPO抑价率下降。

而在回归(6)中，OSR的系数为0.079，在5%水平下显著为正，表明网下超额认购倍数与IPO抑价率正相关，这说明询价机构之间的报价竞争并不激烈，反而有可能存在串谋关系。而交互项($REF_3 \times OSR$)的系数为0.419，在1%水平下显著为正。说明询价制第三次改革使得询价机构报价竞争减弱，支持假设3。

结合上文第三次询价制改革对IPO抑价率影响实证结果分析，假设3仅部分成立，即询价制下第三次改革后，询价机构报价竞争减弱，但无法证明询价制下第三次改革显著推动了 IPO 抑价率的变化。这可能与第三次询价制改革在提高网下配售比例，取消新股锁定期等措施的同时对新股发行市盈率实行一定限制有关，此时 IPO 价格形成难以很好地用询价机构的报价博弈行为来解释，受到一定的行政控制。

而在回归(8)中，OSR 的系数为 0.6，在 5%水平下显著，表明网下超额认购倍数与 IPO 抑价率正相关，这说明询价机构之间的报价竞争并不激烈，反而有可能存在串谋关系。而交互项($REF_3 \times OSR$)的系数为-0.608，在 1%水平下显著为负，说明询价制第四次改革使得询价机构报价竞争加强，支持假设 4。模型中市场情绪变量(MARKET)的系数不再显著，IPO 抑价率受到市场情绪的影响较小。因此，模型 4 证实了前文的假设，即询价制下第四次改革后，询价机构报价竞争加强，IPO 抑价率上升。

1.4.4　稳健性检验

为了使多元线性的回归结果更具有稳健性，并避免可能的异方差问题的影响，采用 robust 指令对模型 1、模型 2、模型 3、模型 4 进行稳健性回归，从检验结果可以看出①，各变量在标准差变化的情况下，模型总体回归结果依然在 1%水平下显著，解释变量系数的正负与显著性也均未发生明显的变化，说明回归结果的稳健性良好。

1.5　研究结论与提高新股定价效率的启示

1.5.1　研究结论

(1)询价机构报价博弈行为的演化方向与取得新股配售在二级市场获取的预期收益有很大的关系，在三种不同情况下存在不同的演化稳定状态。预期在二级市场获取的收益与询价机构高报价之间的差值越高，询价机构的报价策略越可能向着高报价的方向演化，反之若以高报价取得新股时，预期在二级市场获取的收益为负，则询价机构的报价策略可

① 限于篇幅未展示回归结果，如有需要可联系作者。

能向着低报价的方向演化，而询价机构对预期的修正会影响演化稳定策略和演化方向。在我国新股供求不平衡，抑价水平普遍偏高的情况下，新股在二级市场的预期价值很高，而询价机构报价行为的演化方向又在很大程度上受到新股预期收益的影响，在这种情况下，往往是询价机构高报价、新股高价发行与新股高抑价发行取其一，新股定价反映其真实价值与新股定价高效率并得到二级市场认可难以两全。

(2)询价制下的发行定价制度改革会对询价机构的报价行为造成影响，进而对 IPO 价格、IPO 抑价率产生影响。本书的理论分析及演化博弈模型推断询价制下第一次改革会促使询价机构报价竞争加强，IPO 抑价率下降；询价制下第二次改革会促使询价机构报价竞争加强，IPO 抑价率下降；而询价制下第三次改革会让询价机构报价竞争减弱，IPO 抑价率上升；询价制下第四次改革会促使询价机构报价竞争加强，IPO 抑价率上升。上述推断除无法证明询价制下第三次改革是否促进 IPO 抑价率上升以外，其余推断都通过实证分析得到验证。

(3)注册制、市场化的改革方向会减少目前对新股的盲目炒作行为，提升新股发行效率，实现询价机构对新股的价值发现功能，缓解我国新股发行市场出现的高抑价率现象及三高现象。

1.5.2 提高新股定价效率的启示

从研究结论可以看到，新股二级市场的预期表现，新股的炒作水平是影响询价机构报价，使得 IPO 发行定价效率不高的重要因素，因此，在询价制度改革进程中，可以从以下几个方面来完善 IPO 发行机制，激励询价机构在询价过程真实披露关于新股需求数量的信息和新股价值的评估信息从而使 IPO 价格反映拟上市企业的真实价值，提高 IPO 定价效率：

(1)目前我国注册制、市场化的改革方向是正确的，要完善 A 股市场的进入与退市机制，把选择权和定价权交给市场，交给投资者。注册制的实行能够使得上市公司不再依赖壳资源，大行圈钱之道，提高新股定价的市场化程度和定价效率。而注册制虽然将权力还给市场，简化了流程，但并不意味着放松监管，相反，相对于核准制，由于对发行条件要求放松，短期内 IPO 企业大幅增加，鱼龙混杂，垃圾股也会增多，为了避免损害投资者利益的情况，应加强监管，包括完善配套的法律制度与事前、事中、事后的监管措施，证监会加大监管和处罚的力度，IPO 企业增强信息披露的质量和细节，提高投资者的信息甄别能力，保证第三方审计机构的独立性与专业性，达到让发行人和承销商真实披露有关公司的信息的目的，而不是财务作假，虚夸业绩与未来成长性。

(2)对询价机构的报价行为实行补偿激励和惩处。将更多权力下放给发行人和承销商，尤其是鼓励主承销商行使其新股自主配售权力，使提供更多新股真实价值信息的询价机构得出一定程度的补偿激励，在配售上予以倾斜，而对隐藏真实需求信息的询价机构则取消其新股配售资格或在配售上实行数量歧视和价格歧视作为惩罚。

(3)健全法律体系，完善对市场参与主体的问责机制和惩罚机制。对不真实披露信息，造假的承销商和发行人进行惩处，吊销违规承销商的承销资格和 IPO 企业的上市资格，规范询价机构的资质，对询价机构的报价质量进行评级，对那些蓄意抬高价格或合谋压低报价的询价机构予以调查，并公告和惩处。在二级市场上，也要严厉打击恶意炒作新股，拉抬股价的机构投资者。

(4)完善中小投资者的保护机制。在我国的股票市场上，中小投资者属于弱势群体，信息获取和分析能力低，利益也往往向发行人、承销商和询价机构倾斜。应发挥媒体和社会公众作用对市场各参与主体的监督作用，畅通举报渠道，并加强对中小投资者专业投资知识的教育，强化中小投资者的价值投资理念，提高中小投资者对公司实际价值和未来成长空间的评估能力，而不是成为盲目跟风的噪声交易者，并完善中小投资者的申诉机制，出台保护中小投资者合理维护的法律，从而减少中小投资者可能的利益受损。

第 2 章
政府管制下新股发行中的租金分配与 IPO 抑价研究

一直以来，A 股市场上的新股发行都受到市场参与者的极大追捧，各方市场参与者为最大化自身利益积极地进行博弈。但浓厚的政府行政干预色彩、投资者的投机行为等使得新股发行违背了“拓宽企业融资渠道，促进社会经济发展”的初衷。我国新股发行市场当中一直存在着独特的“三高”现象：市场上居高不下的新股发行价、超高的发行市盈率以及远远超过项目计划的实际募得资金。

自从 2012 年 11 月 2 日浙江世宝(股票代码：002703)上市，A 股经历了长达 13 个月有余的新股暂停期。IPO 重新开闸后新股发行节奏有所加快，2014 年全年共计发行 121 只新股，上市首日平均抑价率为 43.05%，几乎所有股票都是秒停、封顶。实行新股发行的涨幅限制虽意在抑制投资者对新股的恶意爆炒，但如今仍未能终结“新股不败”的神话。

那么，在市场化程度不断提高的 A 股发行市场上究竟是什么因素导致了“打新”、“炒新”以及异常高的首日回报率？不难看到，政府管制在新股发行市场当中扮演了至关重要的角色。与西方成熟资本市场不同，一方面，A 股市场上政府具有监督管理的职能，是保障新股市场健康发展的“裁判员”；另一方面，政府作为国有上市企业的实际控制人又以“运动员”的身份参与市场活动。

结合我国特殊的制度背景，政府行使“裁判员”职能主要是通过对发行审核制度和新股定价制度的制定得以体现的。政府对 IPO 数量、发行规模和发行节奏的供给管制造成了新股发行的供需矛盾，使得新股成为稀缺资源，发行人为了保障在一级市场顺利融得资金而不得不有意降低发行价格，造成部分租金由发行人向投资者进行让渡。同时长期存在的政府定价管制剥夺了市场对新股的定价权，新股发行价格并不能反映市场的真实供需关系。因此，在这样的制度环境下，发行人、机构投资者与中小投资者在管制许可的范围内各自最大化其自身利益，以谋求更多的租金归属。

与此同时，政府也是新股发行市场上的“运动员”。由中央政府或者地方政府控股的国有企业在生产经营和上市融资过程中，受到的扶植力度和政策倾斜明显强于民营企业。国有企业的上市不仅是企业经营发展的需要，而且还可能代表着区域经济发展的景气程度，与地方政府的政绩挂钩。此外，企业为了保证顺利上市融资，避免发行失败，也会积极与政府建立某些政企关联，致使政府“被动”地参与到企业上市过程中。政府这种有意无意与拟上市企业（发行人）之间建立的政企关联也会影响新股发行中的租金分配。

因此，本章将基于政府管制的视角对 IPO 抑价的成因进行综合论述，将 A 股市场上的 IPO 抑价视为政府管制行为所导致的资源错配现象，抑或各方市场参与者为自身利益最大化而积极参与租金争夺的博弈结果，从“新股发行制度的改革—各方参与者之间租金分配的变化—IPO 抑价率变化”的租金分配观对 IPO 抑价加以度量，对比分析了政府定价管制改革前后机构投资者与中小投资者租金再分配的过程，并进一步研究了新股发行过程中的企业寻租决策，为降低管制背景下的 IPO 高抑价率、减少新股发行的租金耗散并提高社会总福利水平提出相关政策建议。

2.1　政府管制下新股发行与 IPO 抑价理论

2.1.1　国外市场研究成果

IPO 抑价问题一直以来都是学术研究的热点问题，最早针对 IPO 抑价现象的讨论可以追溯到 20 世纪 70 年代 Logue（1973）的开创性研究。此后的 40 多年中，西方许多学者从不同的角度、运用不同的方法对该问题进行了理论阐述和实证探究。

国外早期的 IPO 抑价研究大多是从信息不对称角度出发的。这一类理论假设市场非有效，拟上市公司、承销商与投资者对新股质量、发行价格等信息的获取存在着信息不对称。而 IPO 抑价可被视为对处于信息劣势者的风险补偿，信息不对称程度越大，相应的 IPO 抑价率越高。

Chemanur(1993)基于发行人与投资者之间的信息不对称问题，提出了“信息收集假说”。假说认为，发行人清楚地了解公司的真实质量，但外部投资者无法获取这类信息。高质量发行人通过更大的 IPO 抑价程度来区别于其他低质量发行人，从而吸引更多潜在投资者参与收集公司质量的相关信息，并反映到二级市场的股价当中。Rock(1986)首次将投资者间的信息不对称纳入考量，提出了著名的“赢者诅咒理论”来解释新股发行抑价现象。理论将市场投资者分为两类，即完全知情投资者与完全非知情投资者。完全知情投资者如大型机构投资者，他们知悉更多反映股票内在价值的信息，因此在发行价低于其内在价值时就大量认购新股。最终非知情投资者申购到的股票往往都是被高估和不受欢迎的，进而为弥补其在股票选择过程中所承担的风险，需要对其予以补偿。Baron(1982)提出的信息垄断假说则认为发行人与承销商之间存在的信息不对称导致了不可忽略的委托代理问题。不同于发行人最大化自身收益的发行目标，承销商更多考虑的是自身的成本与风险，因此抑价发行对于承销商来说是一个比较保险的策略。

随着研究的不断深入和细化，许多学者发现不论是在新兴市场还是在西方成熟市场上，在信息不对称状况明显改善的前提下，IPO 抑价程度并未有所降低，市场参与者之间的信息不对称可能不是 IPO 抑价异象产生的首要原因。因此，一些学者开始从投资者情绪的角度来研究 IPO 抑价成因。Tinic(1988)从市场投资泡沫的角度解释了 IPO 抑价，认为二级市场上噪音交易者的乐观情绪与过度反应推升了新股的交易价格，使其偏离了一级市场原本合理的发行定价而形成了投资泡沫，进而导致了 IPO 抑价现象。然而，这一现象会随着投资者对新股内在价值预期的修正而最终消失，投资泡沫并不能持续存在于市场。Gouldey(2006)则认为投资者不确定的需求以及对新股价格的异质预期导致了 IPO 的非目的性抑价(unintentional underpring)。当新股供给及机构投资者的价格发现过程仅部分反映了总需求预期的异质性时，IPO 将会被潜在投资者过量认购从而产生高抑价。

既有的实证研究结果发现，不同制度背景下的市场 IPO 平均抑价水平也存在着显著的差别，新兴市场 IPO 抑价率往往明显高于西方成熟市场的 IPO 抑价率。面对异常高的 IPO 抑价率，学者们开始从制度层面寻找原因，从政府层面去研究 IPO 抑价问题成为一个重要的研究发展方向。

基于西方成熟市场的研究大多是从政府管制的成本与收益角度出发。Mulherin(2007)用美国 IPO 数据研究政府管制的成本与收益，实证研究发现公司价值与政府持股比例之间存在 U 形关系，即政府在上市企业中持股比例较低时，公司价值与政府持股比例成反比，而政府持股比例较高时，公司价值则与政府持股比例成正比。Francis(2009)研究了政治关系对企业公开上市的影响，发现有政治关系的企业 IPO 价格相对较高，且公开上市的固定成本较低。政治关系能够提高企业价值，即政治关系与企业绩效存在显著的正相关关系。

由于政府的角色更为突出，以新兴市场为研究样本的实证研究更倾向于从制度层面寻找 IPO 抑价的内因。其中，印度市场中的询价机制最鲜明的特点就是完全具有透明度，投资者可以清晰地观察到之前投资者的需求情况。Neupane 和 Poshakwale(2012)利用印度市场数据验证了中小投资者参与和 IPO 抑价之间的相关关系，实证结果证明了越受中小投资者追捧的 IPO 企业，其 IPO 抑价越高。即使在控制机构投资者需求的情形下，中小投资者仍不可能得到正的收益，而仅当中小投资者只投向那些知情机构投资者的需求已被满足后仍有剩余的 IPO 企业当中才会获得显著正的回报。Manapol 和 Tulaya(2010)用泰国的 IPO 数据说明在机构约束比较弱的情形下，经济中的政府管制是有效的，但其效力受限，这是因为公司内部管理者还有着绝对的控制权，导致信息披露不完善。但这也在一定程度上说明了政府管制可能对 IPO 市场造成影响，对投资者形成一定程度的保护。

2.1.2　基于我国 A 股市场的研究成果

不同于西方成熟市场，我国证券市场直到 20 世纪 90 年代初期才逐步建立，并在短短二十多年中逐步成长壮大，制度特点尤为突出。国内对 IPO 抑价的系统性研究也正始于此时。伴随着国内证券市场的初步建立，我国股票发行市场经历了由计划经济到市场经济的转轨过程。股市作为企业融资的重要工具以及广大投资者的投资渠道，承载了保障实体经济良好运行与资金充分融通的双重责任。

考虑到我国股票市场特殊的制度背景，早期国内学者的研究工作主要是从借鉴既有西方 IPO 抑价理论的基础上展开的。

基于发行人与投资者之间的信息不对称理论，陈工孟、高宁(2000)在研究 1996 年之前的 A、B 股新股发行数据后发现，我国 A 股市场上的 IPO 高抑价主要来自于公司价值评判规则的不确定性和企业经营者的主动抑价决策，其抑价幅度与上市的滞后风险以及未来企业的再融资计划呈正相关关系。与之相反，B 股市场上企业经营者与财务负责人对发行抑价并无硬性要求，因此 B 股上市企业发行抑价率并不存在明显的规律。进一步地，陈海明、李东(2003)的研究结果表明我国早期的平均 IPO 抑价率高达 745%，新股发行上市等待间隔与新股初始收益存在显著的正相关关系，即企业发行上市等待间隔越长，面临的发行风险也就越大，新股抑价程度相应越高。

基于投资者之间的信息不对称理论，杨丹、王莉(2001)的研究成果表明信息不对称程度越严重，所发行新股面临的抑价幅度越大。而王晋斌(1997)用沪市 1997 年上市公司数据检验了 Rock 所提出的“赢者诅咒模型”，研究发现，发行风险、股利因素、新股中签率以及发行规模各自均无法很好地解释 A 股市场存在的 IPO 超额抑价现象。

基于承销商与投资者之间的信息不对称理论，韩杨(2001)通过实证研究验证了承销商声誉模型同样适用于 A 股市场，承销商在 A 股发行过程中扮演了十分重要的角色，从而解释了新股发行的高抑价现象。与之相反，蒋顺才(2006)的研究成果表明这一模型在我国并不适用。刘晓明(2009)选取了 1990—2007 年的 A 股全样本数据，研究发现 A 股新股折价率随时间推移有逐步减小的趋势，而承销商声誉越高的新股抑价率越小，即其同样认为承销商声誉有助于消除承销商与投资者之间的信息不对称。

此外，国内学者还从行为金融角度出发做了多方面的研究探索。韩德宗、陈静(2001)针对投机泡沫假说指出，我国股票二级市场确实存在投机泡沫现象，二级市场投机使得小盘股股价容易被炒高。之后耿建新、朱保成(2006)指出，IPO 抑价既包含发行价低于内在价值部分，也有二级市场错误定价部分，是两者共同作用的结果，定价的偏差既可能来源于投资者狂热，也有可能来源于对股票增长前景的过度乐观。江洪波(2007)也认为，二级市场的投资者乐观情绪以及新股发行的投机行为，是决定 IPO 抑价程度的主要因素，上市首日高换手率说明市场投机气氛严重，IPO 抑价率与上市首日换手率显著正相关。熊虎、孟卫东、周孝华(2007)根据行为金融学中投资者非理性行为的观点，对中小投资者的非理性行为和国内 IPO 抑价的关系进行研究，发现 IPO 高抑价与市场存在众多的非理性中小投资者有直接的关系。

我国 A 股市场上政府管制背景较为特殊，政府不仅需要作为监管者对市场的准入条件、整体规模以及发行节奏等方面进行繁缛的行政干预，而且还作为参与者相应地承担了筛选优质企业、为拟上市企业质量进行背书的责任。因此，从政府行为角度分析企业 IPO 决策一直以来都是学术界的焦点和热点。

一方面，许多学者从政府主动管制的角度出发，即根据制度因素解释 IPO 抑价现象。刘煜辉、熊鹏(2005)在比较了 A 股市场各阶段新股发行审核制度下的新股抑价率情况后认为，基于西方成熟市场的经典 IPO 抑价理论、动机假说，在我国缺乏根本的事实依据，而高抑价的主要原因在于我国市场上特有的股权分置制度和政府管制行为。田利辉(2010)则通过构建新股发行的供需模型实证检验了发行异常超额抑价的影响因素，认为政府的前期管制形成了市场后期的扭曲，A 股的超额抑价是制度性抑价，来源于市场机制下的计划性管理方式。同时，除信息不对称的风险外，我国新股认购特有的锁定风险也能在一定程度上解释新股超额抑价现象。

为了进一步研究新股高抑价是来自于一级市场抑价还是二级市场溢价，刘煜辉、沈可挺(2011)将我国 A 股全样本数据划分为若干个热销和冷发区间来考察 IPO 定价过程中是否存在发行人主动压低价格的现象，并实证证实了二级市场的溢价现象可以更好地解释新股高抑价。郑志丹、张宗益(2012)引入 Kumbhakar 和 Christopher(2009)所提出的双边随机边界模型估算 IPO 询价效率，并对 IPO 超额抑价的影响因素进行了结构分解与再检验，实证结果表明我国 A 股市场上政府管制溢价才是 IPO 抑价的主因。黄泽勇(2013)运用类似方法研究了我国创业板 IPO 定价效率，即同时考虑了新股定价过程中的折价效应与溢价效应，认为发行人与承销商的抑价能力将导致 IPO 价格高于其内在价值。

另一方面，部分学者从企业建立政企关联的角度出发，研究企业政企关联与融资决策之间的相关关系。与西方成熟市场相比，我国新股发行市场上政府意志体现在发行政策的制定、行业准入的限制以及上市资源的配置等方面。企业从最大化自身利益的角度出发，争取政企关联这一类稀缺资源，从而获得竞争优势(张军，1995)。需要强调的是，这种政企关联并非等同于腐败，而是一种合法的政治资源。

首先，从融资便利角度出发，余明桂、潘红波(2008)实证发现在市场化水平不高的经济环境下，民营企业会主动寻求其他途径的保护，最行之有效的办法就是与地方政府建立良好的关联关系，而企业拥有的政企关联关系可以帮助其在银行贷款数量与还款期限上获得更多的优待与便利。其次，从监管放松的角度出发，罗党论、刘晓龙(2009)研究发现政企关联的存在使得企业面临的融资约束相对而言更为宽松，政府管制严格的企业有更多的机会进入，例如能源设备服务类、国防安全、交通基础设施、资本市场等行业。最后，从政府补贴的角度出发，潘越等(2009)认为高市场化地区的政府财政补贴比例会更大，而企业通过建立与政府官员的某种政企关联可以获得政府对应的补助扶持，以解决当前或潜在的财务困境。

于富生、王成方(2012)基于政府定价管制视角分析了国有股比例与 IPO 抑价率之间的关系，认为国有股比例与 IPO 抑价率之间存在显著的正相关关系，随着政府定价管制程度的提高，这种相关关系逐渐减弱，甚至最终转为负相关关系。该实证结果与既有文献结论截然相反。这从侧面进一步说明了企业的政企关联程度与企业融资决策以及上市后表现的确存在关联，但其影响方向与程度随政府管制程度的不同而存在变化。杜兴强等(2013)从拟上市企业所具有的“发审委联系”角度分析了 IPO 市场的资源配置效率问题，其研究发现企业通过竭尽全力与发行监管部门的任职委员建立联系，或间接聘请与之存在关联的中介机构等途径实施“潜规则”，且企业建立的这种关联关系的确能够显著地增加其过会的概率；同时，上市企业 IPO 后相对于 IPO 前经营绩效的变化和其是否与发审委存在关联及关联强度存在着显著负相关关系。

2.2　政府管制下新股发行与租金分配模型

2.2.1　新股发行制度下的租金分配

2.2.1.1　租金与政府管制

为了更好地从租金分配观的角度对新股发行做出合理的解释，有必要先对租金的定义、产生以及租金让渡与分配等进行梳理。一般来说，经济学意义上的租金是指为了得到某一种要素所需要支付的价格减去该要素的保留价格，特别地，即使需求方选择降低这部分超额支付也不会减少供给方所提供的要素数量，如图 2-1 所示。在完全竞争市场当中，由于生产要素和商品的供给者可以自由进入或退出市场，市场整体处于均衡状态，故在此条件下原生产者所获得的经济租金最终趋于 0。而当市场上存在行业壁垒时，生产者惯于利用其市场支配地位提高商品定价，进而达到获取超额经济利润、攫取经济租金的目的。此时，社会整体福利并没有增加，而生产者为了巩固自身的竞争优势、确保其创造的租金不会降低而会选择进行非生产性的寻租活动。这一活动也会产生相应的成本，进一步消耗社会的经济资源。

那么，租金究竟从何而来呢？Gordon(1967)从管制经济学的角度对租金进行了定义，其认为管制属于一种特殊的公共产权，政府通过管制行为有意或无意制造的资源价值形成了管制租金。进一步地，创租的概念由 Krueger 于 1974 年首次提出，他认为政府基于初创产业保护论的限制进口、行业壁垒等一系列政策活动创造了经济租金，使得市场参与者积极地参与到寻租活动中来。其后，寻租理论得到了极大的丰富和完善。目前学界普遍认为，经济主体寻租决策的制度原因，即租金创造以及寻租活动的直接原因在于政府的制度约束，企业通过寻租活动谋求更多的为政府所掌控的稀缺资源，获得更多的管制租金机会。

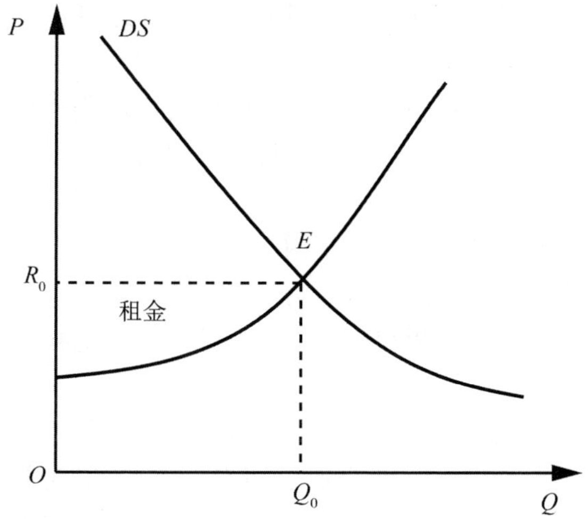

图 2-1 租金的定义

2.2.1.2 新股发行中的管制租金

具体来说，我国 A 股 IPO 市场上的政府管制行为大体上可以分为政府供给管制以及政府定价管制两个维度。其中政府对新股的供给管制具体表现为政府对 IPO 发行节奏的控制以及对企业上市的审查，而政府定价管制主要涉及新股定价过程中是否存在发行市盈率限制或是否强制机构询价。

在供给管制方面，A 股 IPO 市场从最初的行政审批制到核准制——通道制，进一步过渡为当前的核准制——保荐制，政府在市场准入方面的管制虽然在逐步放宽，但是作为最后把关的证监会仍需对拟上市公司的申请进行审查，并有权决定拟上市公司的发行上市等待时间，以及新股最终能否顺利过会。在行政审批制度的第一阶段(额度管理阶段)，A 股 IPO 市场准入条件完全由中央和地方政府意志所决定，从证券市场成立之初的 1993 年到 1995 年的这段时间内，为均衡区域发展与建设情况，中央政府对各省份拟上市企业数量进行额度分配，拟上市企业需经过两级审批才能最终上市，且拟上市企业由地方政府推荐，市场供给受到严格控制；在 1996—2000 年，即行政审批制度的第二阶段(指标管理阶段)，供给管制程度有所放松，该阶段最鲜明的特点是增加了证监会的预筛选程序，加大了事前审核的力度，但政府对拟上市企业质量的实质审查、拟上市企业发行规模以及发行时间等方面仍存在明显的干预。

随着我国股票市场逐步完善和发展，通过行政审批方式择优筛选拟上市企业的诸多弊端开始凸显。例如，在行政审批制下，拟上市国有企业一方面需要担负为地方或者部门内其他企业输送利益的“政治任务”，另一方面又要成为社会大众进行投资的合适投资标的。这两者在行政审批制下对于拟上市企业来说很难平衡，企业上市可能并不完全出于经济目的。2001 年 3 月，证监会正式宣布取消了新股发行的行政审批制度，正式施行股票发行核准制——通道制。在此机制下强调主承销商在一级市场中的作用，券商拥有推荐企业申请发行新股的“通道”掌管权，拟上市公司在各家券商排队等待上市。此次制度变革改变了以往由行政主体推荐和确定发行者的做法，新股发行审核制度开始逐步向市场化方向转变。为适应市场需求并进一步深化发行制度改革，2004 年 5 月 A 股 IPO 市场引入保荐机制，明确了保荐机构和保荐代表人在新股发行上市过程中的连带责任。保荐人及被保荐企业的利益被捆绑到一起，保荐机构需要更多地承担对企业的质量、经营业绩以及未来发展前景的审查责任，并辅导企业进行改制。此后政府行政干预并对企业质量隐性背书的要求进一步弱化。在这样的特殊制度安排下，政府的管制行为会影响市场的充分竞争，进而会创造租金。不仅如此，新股的发行价格与数量都不是市场作用的结果，而是受到政府管制，且在一定时期内相对固定，新股首日的高收益进一步吸引投资者追逐租金，使得原本供给不足的新股更加供不应求。

在定价管制方面，我国 A 股市场也存在自身明显的特点，主要涉及政府对发行价格的市盈率限制以及机构询价机制等方面。如何对发行的新股进行定价，在很长的一段时间内都困扰着各方市场参与者以及政策制定者。

一方面，早在 1994 年 A 股 IPO 市场曾短暂地实行网上竞价发行模式，但由于投资者对新股申购缺乏认知和积极性，大部分新股均跌破发行价。为了保证新股的顺利发行并避免新股发行价格过低或过高，在

1996—1999 年证监会对新股市盈率进行了范围的限定，根据当期市场反映状况来确定新股发行价格区间，最终发行价一般在 12～15 倍市盈率区间内选择。此后，发行定价的市盈率限制再次放开，2001 年末，随着国有股大范围减持，新股“破发”成为普遍现象，监管部门再次确定了 20 倍市盈率上限的定价管制约束。

另一方面，2005 年 1 月 1 日起我国发行定价机制向询价制过渡，所有新股发行前必须向合格的询价对象询价，发行人及保荐机构根据相应的报价结果确定发行价格以及市盈率区间，从而机构投资者能够参与到新股的定价过程当中。不难看出，政府管制创造的租金及其分配必然牵涉到发行人、机构投资者以及中小投资者的博弈过程。Stigler（1971）在《经济规制论》中提出，政府管制的确能够创造租金，更重要的是，各参与者间的竞争最终会使组织更为良好的参与者获利更多。根据租金分配观，租金在这三者之间的分配结果也会直接反映在市场上 IPO 的抑价水平当中。因此，政府这只“看得见的手”对新股发行市场进行管制和干预，势必影响到租金在各参与者之间的让渡和分配状态。

概括而言，政府行为与 IPO 抑价的关系如图 2-2 所示。

- 制度设计
  - 政府管制
    - 发行制度
      - 1. 决定企业是否上市
      - 2. 控制 IPO 发行节奏
    - 定价制度
      - 1. 据市盈率设定上限
      - 2. 强制机构询价制度
  - 政企关联
- （以上各项）→ IPO 抑价

图 2-2　政府行为与 IPO 抑价

2.2.2　政府供给管制下的租金让渡

联系当前 A 股 IPO 市场的发行定价机制，本节借鉴 Goudley（2006）所提出的 IPO 均衡定价模型来解释租金如何在各方市场参与者间进行分配。这里首先研究发行人向投资者让渡租金的行为。IPO 均衡定价模型假设：（1）企业新股发行规模大小为 s，新股供给对发行价格完全无弹性；（2）新股发行询价阶段共有 $n \geqslant 2$ 个机构投资者参与询价活动，且其申购数量占总供给的比例为 $k \in (0,\ 1)$；(3)IPO 确定的最终发行价格为 p；(4)参与询价的机构投资者对新股的预期价值 M 满足基于共同认知的先验分布 $M = p + \varepsilon$，其中噪音大小为 $\varepsilon \sim N(0,\ \delta^2)$；(5)网上申购的中小投资者则基于自身所获得信息对新股进行估值，预期价值与机构投资者相独立，大小为 N；(6)机构投资者的需求曲线连续可微，记作 $q(p)$，即股票供给与需求均衡点可以恰好达到。以下将通过求解发行人的最优定价区间来解释政府供给管制下的租金让渡过程。

2.2.2.1　发行人最优定价区间

假定发行人以自身效用 U 达到最大化为依据发行新股，该目标与承销商目标相一致。发行人需支付的发行承销费率为 $\alpha \in (0,\ 1)$，发行人的发行收益为 y，则发行人面临相应的约束条件：

$$(1 - \alpha)sp \geqslant y \tag{2.1}$$

若该条件得不到满足，发行人会选择不发行新股并支付承销商违约费。当发行价格 $p = y/(1 - \alpha)s$ 时，此时各询价机构的需求量至少为 $\bar{q} = ks/n$。

发行人的收益主要来自于两个部分：公司净资产的增加与上市后的抑价收益，数学表达式为：

$$y(p) = (1 - \alpha)sp + \gamma s(V - p) \tag{2.2}$$

γ 为贴现因子，表示的是未来的单位资金现值；V 为发行人所预期的其股票在二级市场的均衡价格，当发行人了解有关新股发行价格的所有信息时，该价格等于股票的内在价值。政府管制背景下一定时期内新股上市的数量和规模被严格控制，新股上市机会成为稀缺资源，拟上市公司为了保证 IPO 融资顺利，同时避免因二级市场上股票价格大跌造成对公司声誉的损害，不得不向投资者让渡部分租金。这也就意味着新股实际发行价格较之于其内在价值而言更低，即 $p \leqslant V$。

发行人的效用函数是关于预期净收益的单调递增函数，由发行人的预期净收益最大化获得：

$$\begin{cases} \max \quad y(p) = [(1 - \alpha)sp + \gamma s(V - p)] \\ \text{s.t} \quad (1 - \alpha)sp \geqslant y;\quad V \geqslant p \end{cases} \tag{2.3}$$

所以，此时发行人的最优定价区间应为 $p \in [y/(1 - \alpha)s,\ V]$。

2.2.2.2 随机前沿方法的引入

可以看到，在新股的实际发行定价过程中，由于发行人主动抑价现象的存在，新股实际发行价格 p 向下偏离其内在价值 V 。这就使得利用传统的 OLS 回归方法实证检验一级市场发行人主动抑价的过程中存在不可忽视的缺陷，新股定价方程的常数项中可能包含未被分离出的发行人主动抑价因素。为解决这一问题，本节沿用 Hunt McCool(1996)提出的随机前沿方法进行说明。假定新股发行市场完全有效，则新股的发行价格 p 应当处于其内在价值 V 所决定的最优边沿上。那么，实际发行价格与内在价值的偏离程度衡量的是新股发行过程中发行人主动抑价的大小。

Kumbhaka(2009)提出的双边随机前沿模型则认为市场上还可能存在由发行人与承销商的议价能力所决定的溢价效应，即实际发行价格不仅会落在最优边界的下方，而且还可能落在最优边界的上方。但是，在 A 股特殊的政府管制背景下，发行人为了确保融资的顺利进行，会格外珍惜上市机会，事实上会倾向于选择低于其内在价值的发行价格以保证完成事先确定的融资目标。在行情最为火热的 2007 年，A 股市场融资规模近 8000 亿元，位居世界第一，然而 IPO 抑价率却仍居高不下，也说明了新股发行人的首要目标并非通过议价提高发行价格。同时，从承销商声誉的角度考虑，承销商若选择高于发行公司内在价值的价格进行发售，一旦其二级市场表现较差，甚至出现“破发”时，势必损害新股发行承销商的自身声誉，由此，承销商也会确定一个偏低的发行价格以吸引一级市场投资者参与新股申购。因此，同时考虑折价效应与溢价效应的双边随机前沿模型并不能很好反映 A 股 IPO 定价过程，发行市场上 IPO 定价更多体现的应该是折价效应，而非溢价效应。

据此，基于随机前沿方法的 IPO 定价过程可以表示为：

$$
\begin{gathered}
P_i = f(X_i,\ \beta) + e_i,\ i = 1,\ 2,\ \cdots,\ n \\
e_i = v_i - \mu_i,\ e_i = v_i + \mu_i,\ v_i \sim N(0,\ \sigma_v^2) \\
'\mu_i \sim N\left[\left(\sqrt{2} / \sqrt{\pi}\sigma_\mu,\ \sigma_\mu^2\right)\right] \\
\mu_i = \min('\mu_i,\ 0) \qquad (2.4)
\end{gathered}
$$

在这里，P_i为第 i 只股票的实际发行价，X_i是一个 $k \times 1$ 阶的向量，表示的是股票定价的 k 个方面的影响因素，β 为各变量系数的估计参数，方程的漂移项 $e_i = v_i - \mu_i$，用以反映发行人的主动抑价程度，其中，v_i 为随机干扰项，并且假定其服从均值为 0、方差为 σ_v^2 的正态分布；而 μ_i 为非负的随机变量，服从在 0 处截尾的正态分布，同时假设 v_i 与 μ_i 之间相互独立。

Kumbhakar 和 Christopher(2009)所提出的双边随机前沿模型中，漂移项 e_i 不仅包含主动抑价效应 μ_i，而且还包含体现发行人与承销商议价能力的溢价效应 w_i。然而，笔者认为在 A 股市场环境下，想要确保新股顺利发行的发行人和看重自身业内声誉的承销商并不会选择高于其内在价值的发行价格，即并不存在来自于发行人与承销商的溢价效应 w_i，IPO 高抑价主要来自于发行人、机构投资者与中小投资者的租金分配博弈过程。从而，漂移项 e_i 的概率密度函数可被进一步整理为：

$$f(e_i) = (2/\sigma)f(e_i/\sigma)[1 - F(e_i\theta\sigma^{-1})] \tag{2.5}$$

其中，有定义 $\sigma^2 = \sigma_v^2 + \sigma_\mu^2$，且 $\theta = \sigma_v/\sigma_\mu$；$f(e_i/\sigma)$ 与 $F(e_i\lambda\sigma^{-1})$ 分别表示其对应的概率密度函数与分布函数。假设 P_i 独立同分布，则 P_i 的非随机部分可以由一系列的外生变量 X_n 来表示，因此其最大似然函数可以写作：

$$\ln L(P, \beta, \lambda, \sigma^2) = N\ln(\sqrt{2}/\sqrt{\pi}) + N\ln\sigma^{-1} + \sum_i \ln[1 - F(e_i\lambda\sigma^{-1})] - (1/\sigma^2)\sum_i e_i^2 \tag{2.6}$$

最后，采用极大似然估计(MLE)的方法估计参数β，这里需要推导其条件分布函数：

$$\begin{aligned} f(\mu_i \mid e_i) &= f(\mu_i, e_i)/f(e_i) \\ &= (1/\sqrt{2\pi}\sigma^*)\exp\{-(\mu - \mu^*)^2/2\sigma^{*2}\}/[1 - \Phi(-\mu^*/\sigma^*)] \end{aligned} \tag{2.7}$$

$$\mu^* = \begin{cases} e_i(\sigma_\mu^2/\sigma^2), & e_i \geq 0 \\ 0, & e_i < 0 \end{cases} \tag{2.8}$$

$$\sigma^{*2} = \sigma_\mu^2\sigma_v^2/\sigma^2 \tag{2.9}$$

这里，每只新股发行人租金让渡的绝对程度 μ_i，记作$\mu_i = -\ln(\mathrm{EFF}_i)$。

Coelli(1996) 在给出的 EFF_i 的定义如下：

$$EFF_i = E(P_i \mid \mu_i, X_i)/E(P_i \mid \mu_i = 0, X_i) \qquad (2.10)$$

2.2.2.3 供给管制程度与新股发行租金让渡理论研究

政府供给管制主要体现在证监会对于一定时间跨度内市场整体的发行规模、上市公司数量以及新股发行节奏的管理和控制。证监会依据前一段时期内市场上投资者情绪变化以及市场指数的波动情况，来决定后一阶段上市公司的数量以及发行节奏，这也就意味着发行市场上新股的供给具有一定刚性，市场存在着不完全竞争。此外，由于投资者参与一级市场投资的渠道有限，新股需求方在一定时期内也具有一定的稳定性。

如此一来，证监会对发行数量和入场资金的控制，决定着市场上新股价格的变化。新股的内在价值 V 高出发行价 p 的部分即形成了相应的管制租金。假定在不存在供给管制时，最终确定的发行价格在最优定价区间内服从均匀分布 $U[y/(1-\alpha)s, V]$，均值为 $[y/(1-\alpha)s+V]/2$，方差为 $[V-y/(1-\alpha)s]^2/12$。而当供给管制变得更加严格时，新股发行人会更珍惜其上市机会，为保证上市融资的顺利而让渡租金，故发行定价的实际分布是左偏的 $p<[y/(1-\alpha)s+V]/2$。换言之，由于供给管制的存在，发行人选择靠近最优区间下限 $y/(1-\alpha)s$ 的价格定价，从而更多地偏离其内在价值 V。

联系我国 A 股市场新股发行现状，主板、中小板以及创业板的新股发行要求存在差异，政府供给管制强度也各有不同。主板市场主要是为大中型优质成熟企业融资的资本市场，对上市企业提出了经营历史较长、规模较大及业绩较好等要求。早期在主板上市的企业都是各省份或地区的大中型优质国有企业，地方政府或部门所推荐的企业数量同时还受到额度管理或者指标管理的约束，因而笔者认为在主板市场上市的企业面临较强的政府供给管制。而在 2009 年创业板推出之前，中小板市场为早期向中小企业提供直接融资的风险投资者提供了一个有效的退出渠道，推动了高新技术行业企业的发展。同时，它也通过市场筛选机制为主板市场注入了新的活力，其作为推出创业板的过渡选择，进一步完善了我国资本市场的结构。区别于主板市场和中小板市场，创业板上市企业大多属于高新技术行业，该板块上市的企业具有更加优秀的成长性和发展前景，但是往往由于公司规模较小、成立年限较短、市场定位不明晰以及业绩不够突出等多种原因，无法满足在主板、中小板上市的要求。更为重要的一点是，与主板和中小板相比，创业板上单批次核准发行的上市公司数量更多。所以，创业板的推出显著降低了中小企业的上市门槛，政府的供给管制较之于主板市场进一步减弱。

综上所述，主板、中小板新股发行条件较之创业板市场更为严格，对发行人的股本要求、资产要求以及盈利要求等方面的约束都强于创业板。而在 2004 年设立的中小板市场上，发行审核制度等方面虽仍采用主板市场的制度框架，但其作为创业板开设的前奏，与主板市场的最大区别在于发行人总股本规模要求更低。根据以上分析，政府供给管制的存在会促使发行人向投资者让渡部分租金，也就是说政府管制程度越高，发行人越倾向于以偏离股票的内在价值的价格发行，从而抬高了一级市场的抑价程度。根据模型的推导，本节提出假说 1：

假说 1：严格的政府供给管制促使发行人不得不向投资者让渡部分租金，此时发行人会选择抑价发行新股以降低发行风险，从而造成其定价与内在价值相偏离。

2.2.3　定价管制改革与租金再分配

2.2.3.1　机构投资者的最优报价

承上节，本节继续讨论在 IPO 均衡定价过程中机构投资者的最优报价，并以此说明政府的定价管制改革如何影响市场参与者之间的租金再分配过程。目前 A 股市场采用的新股发行询价机制相比过去的固定价格、市盈率上限管制时期而言，更加符合市场化的要求，投资者可以根据对新股上市的预期与自身需求选择合适的申报价格，即拥有了一定的“定价话语权”。

新股发行规模大小 s 事先确定且具有刚性，而机构投资者的询价结果将决定新股的最终发行定价 p。假设询价过程中所有机构投资者的需求函数均相同，即每个机构投资者的需求函数均为 $q_i(p)$：

$$q_i(p)=\begin{cases} q_i(p) & p<M \\ 0 & p \geqslant M \end{cases}$$

其中，$i=1, 2, \cdots, n$。 (2.11)

一般地，每单个机构投资者的预期收益为 $y=(M-p)q_i(p)$ ，机构投资者从最大化自身利益的角度出发，即机构投资者收益最大化，需要以下关系式成立：

$$\begin{cases} \max \quad (M-p)q_j(p) \\ \text{s. t.} \quad q_i(p)+\sum_{j\neq i} q_j(p)=ks \end{cases} \tag{2.12}$$

在这一约束成立的条件下，构建拉格朗日函数 F 求解，λ 为拉格朗日乘子：

$$F=(M-p)q_i(p)+\lambda[ks-q_i(p)-\sum_{j\neq i} q_j(p)] \tag{2.13}$$

假定 $F(q_i(p), \lambda, p)$ 对 $q_i(p)$、λ 和 p 都具有连续的偏导数，则机构投资者收益最大化时有以下等式成立：

$$\frac{\partial F}{\partial q_i(p)}=0; \frac{\partial F}{\partial p}=0; \frac{\partial F}{\partial \lambda}=0 \tag{2.14}$$

整理后可得：

$$(M-p)\frac{\partial \sum_{j\neq i} q_i(p)}{\partial p}+q_i(p)=0 \tag{2.15}$$

假设所的机构投资者具有相同的需求函数，即满足 $q_i(p)=q_j(p)=ks/n$ 。此处，还应假定机构投资者之间不存在合谋，即各自独立进行报价。则上式进一步可写为：

$$(n-1)(M-p)\frac{\partial q_i(p)}{\partial p}=-q_i(p) \tag{2.16}$$

该常微分方程易求其通解，可得：

$$q_i(p)=C(M-p)^{\frac{1}{n-1}}$$

C 为一常数，而当 $p=y/(1-\alpha)s$ 时，有需求 $q=\bar{q}$ 。数学上即意味着该点 $[y/(1-\alpha)s, \bar{q}]$ 在该函数曲线上。将该点坐标带入通解可求解常数 C：

$$C=\bar{q}\left(M-\frac{y}{(1-\alpha)s}\right)^{\frac{-1}{n-1}} \tag{2.17}$$

将常数 C 代入求解的通解中可以得到机构投资者的需求函数：

$$q(p)=\bar{q}\left(M-\frac{y}{(1-\alpha)s}\right)^{\frac{-1}{n-1}}(M-p)^{\frac{1}{n-1}} \tag{2.18}$$

则此时机构投资者的均衡报价为：

$$p=M-\left(M-\frac{y}{(1-\alpha)s}\right)\left(\frac{ks}{n\bar{q}}\right)^{n-1} \tag{2.19}$$

以上讨论了机构投资者最大化收益时的最优报价策略，进一步假设机构投资者均为风险厌恶者，其效用函数形式为常绝对风险厌恶型效用函数(CARA 型)，且其绝对风险厌恶系数为 A。讨论机构投资者最大化其效用时的最优报价策略，此时其期望效用函数可写为：

$$\begin{aligned}E[U(\pi_i)]&=E\{-\exp[-A(M-p)q_i(p)]\}\\&=-\exp\{-A(M-p)q_i(p)+A\delta^2q_i^2(p)/2\}\end{aligned} \tag{2.20}$$

机构投资者最大化其效用则有：

$$\begin{cases}\max & -\exp\{-A(M-p)q_i(p)+A\delta^2q_i^2(p)/2\}\\ \text{s. t.} & \sum_{i=1}^{n}q_i(p)=k\end{cases} \tag{2.21}$$

简化(2.21)式可得：

$$\begin{cases}\max & A(M-p)q_i(p)-A\delta^2q_i^2(p)/2\\ \text{s. t.} & \sum_{i=1}^{n}q_i(p)=ks\end{cases} \tag{2.22}$$

同理，利用拉格朗日乘子法求解可得：

$$\begin{cases}-q_i(p)+(M-p)q_i'(p)-A\delta^2q_i(p)q_i'(p)-\lambda=0\\(M-p)-A\delta^2q_i(p)-\lambda=0\\ \sum_{i=1}^{n}q_i(p)=ks\end{cases} \tag{2.23}$$

假设询价机构的需求函数均相同：$q_1(p)=q_2(p)=\cdots=q_n(p)=ks/n$，均衡时有 $\bar{p}=y/(1-\alpha)s$，$q(p)=\bar{q}$，则风险厌恶型机构投资者期望的最优报价为：

$$p = M - \left(M - \frac{y}{(1-\alpha)s}\right)\left(\frac{ks}{n\bar{q}}\right)^{n-1} - \frac{(n-1)A\delta^2 ks}{n(n-2)}\left[1 - \left(\frac{ks}{n\bar{q}}\right)^{n-2}\right] \tag{2.24}$$

那么，风险厌恶机构投资者期望的 IPO 抑价可被写作：

$$\mathrm{UP}_i = M - p = \left(M - \frac{y}{(1-\alpha)s}\right)\left(\frac{ks}{n\bar{q}}\right)^{n-1} - \frac{(n-1)A\delta^2 ks}{n(n-2)}\left[1 - \left(\frac{ks}{n\bar{q}}\right)^{n-2}\right] \tag{2.25}$$

令其风险厌恶系数 $A = 0$，可以得到在效用最大化条件下风险中性的机构投资者的最优报价为：

$$p = M - \left(M - \frac{y}{(1-\alpha)s}\right)\left(\frac{ks}{n\bar{q}}\right)^{n-1} \tag{2.26}$$

同理，风险中性机构投资者期望的 IPO 抑价程度可以被写作：

$$\mathrm{UP}_i = M - p = \left(M - \frac{y}{(1-\alpha)s}\right)\left(\frac{ks}{n\bar{q}}\right)^{n-1} \tag{2.27}$$

此时，效用最大化下的风险中性机构投资者的期望抑价大小与收益最大化所求结果相一致。通过有意抑价的行为，机构投资者隐藏自身的真实需求，进而在新股发行过程中享有更多的租金。

2.2.3.2 定价管制下投资者预期与租金分配理论研究

网上申购的中小投资者对新股的预期价值为 N，假设中小投资者对新股价值的判断独立于机构投资者，那么中小投资者对 IPO 的抑价预期可写作：

$$\mathrm{UP}_j = N - p = (N - M) - \left(M - \frac{y}{(1-\alpha)s}\right)\left(\frac{ks}{n\bar{q}}\right)^{n-1} \tag{2.28}$$

与机构投资者不同，中小投资者作为一级市场的价格接受者并不能直接参与到新股报价过程中，因此中小投资者是否投资新股的判断标准在于比较二级市场该股的预期市场价格与发行价格的关系。当预期价格高于发行价格时，中小投资者认为投资该股有利可图，就会积极地在二级市场买入该股，直至股票的市场价格逐步趋近其预期价格。因而，机构投资者与中小投资者之间的预期可能存在同质预期与异质预期两种情况。

(1)当机构投资者与中小投资者对新股价格的预期一致，即 $N=M$ 且 $\mathrm{UP}_j=\mathrm{UP}_i$，IPO 抑价仅包括发行过程中由各方参与者人为造成的有意抑价。这里有意抑价既包括发行人为避免发行失败的有意抑价 $(V-p)$，也包括机构投资者为追求更大利益而隐藏需求的有意抑价。此时，机构投资者所占有的租金额为 $(M-p)q_i(p)$，而中小投资者占有的租金额为 $(N-p)q_j'(p)=(M-p)q_j'(p)$。

从 2005 年 1 月 1 日起 A 股所有新股发行均采用强制机构询价的定价方式，新股定价机制向市场化方向迈出重要的一步，然而由于依然存在 30 倍上限的隐性市盈率管制，机构投资者大多放弃了议价的权利，而直接给出接近上限的报价。此外，期间申购方式上短暂采用的“市值配售机制”潜在地使中小投资者也可以通过“搭便车”的方式共同分享这部分租金，进一步抑制了机构投资者议价的动机。此时，中小投资者可以通过自身所收集的信息得到与机构投资者预期价格相同的估值。

(2)当机构投资者与中小投资者对新股价格存在异质预期时，即 $N\neq M$ 且 $\mathrm{UP}_j\neq\mathrm{UP}_i$，IPO 抑价可写为 $\mathrm{UP}=\mathrm{UP}_j=N-p=(N-M)+\mathrm{UP}_i$。此时，IPO 抑价中不仅包括上述两部分市场参与者的有意抑价，而且还存在由于机构投资者与中小投资者异质预期导致的无意抑价。当 $N>M$ 时，即中小投资者新股预期价格高于机构投资者时，则有 $\mathrm{UP}_j>\mathrm{UP}_i$，意味着此时的新股抑价程度高于两者同质预期时的抑价程度。此时，机构投资者所享有的租金份额从原先的 $(M-p)q_i(p)$ 上升为 $(N-p)q_i(p)$，即机构投资者可以享有比同质预期下更多的租金分配。当 $N<M$ 时，中小投资者新股预期价格低于机构投资者的估值预期，则有 $\mathrm{UP}_j<\mathrm{UP}_i$，即新股 IPO 抑价程度要低于两类投资者同质预期时的 IPO 抑价程度。此外，存在一种极端情况，当中小投资者的估值预期小于该股的内在价值 p 时，有 $\mathrm{UP}_j<0$，IPO 抑价率为负值，从而解释了 IPO 市场上的“破发”现象。

2009 年 6 月，证监会取消了新股定价市盈率上限的限制，机构投资者拥有了更强的议价能力，并占据信息优势的地位，从而真正具备了议价的动机。在累计投标询价阶段，机构投资者的最优决策便是机构之间达成共识，适当地低报价格，从而即便申购成功的股份数有所减少，但通过压低新股发行价格，依然能够获取更高的申购收益。基于此，机构投资者更积极地参与定价过程，并作为整体采取"低报价格"的策略，这就是机构投资者争取"租金再分配"的行为。因此，如果投资者之间争取租金再分配的博弈造成 IPO 高抑价，那么将会在市场上观察到机构投资者低报价格行为与 IPO 抑价率呈正相关关系。据此，本节提出假说 2：

假说 2：随着 A 股 IPO 市场定价机制放松市盈率上限管制，参与询价的机构投资者议价动机增强，其作为一个整体低报价格有意抑价的程度越大，则可以获取越多的租金收益，从而推升了该上市公司的 IPO 抑价率。

2.2.4 政企关联与寻租活动

IPO 融资过程中，政府不仅需要作为市场的监管者，主动地完成确保企业的顺利融资、投资者合法权益保护等方面的工作，而且有时会通过企业的政企关联关系被动地参与到 IPO 市场当中来。首先，政府官员具有进行权力寻租的动机。从政府监管角度上看，股票发行过程中，政府在监督和辅导中的不确定和不透明性、监管部门的权力边界过大且缺乏必要的监督约束，必然导致权力寻租现象。从地方经济发展上看，地方政府为了区域经济的发展，会希望更多的优质企业进行上市，从而为政府创税和解决就业，为区域经济的发展提供直接的动力。从官员的晋升激励上看，在任期间管辖区域更多的企业上市作为政府官员的优良政绩能够带来晋升机会，当然这一政企关联的建立还有可能产生政府官员权力的滥用和腐败。

其次，企业具有建立政企关联的必要。由于政府对 IPO 市场准入的门槛限制，上市资源成为市场的稀缺品。企业直接融资渠道的缺乏，导致其更有意愿通过构建政企关联的方式寻求更多上市机会。同时，基于建立的政企关联关系，企业可获得丰厚的隐性"政治资源"：具有政企关联关系的企业更容易获得政府的政策倾斜和财政支持，企业经营状况常常能够在短时间内得到显著的改善，从而迅速达到上市要求。

当然，寻租活动需要付出相应的成本，然而只要寻租的收益更高，企业家就会乐于接受并积极参与其中，直至寻租活动的边际净收益趋近于零。最终，企业将放弃进行寻租，转而从事生产性的经营活动。为了详细地说明企业家如何在寻租与经营之间做出决策，本节将在新股发行中引入一般化的寻租模型(Murphy 等，1993)来进行解释和分析。

2.2.4.1　企业寻租模型的引入

模型假定，封闭市场当中拟上市企业均面临三种行为选择：(1)长期经营，将融得资金投资于高新技术的研发、企业基础设备的革新以及企业规模的扩张；(2)短期经营，企业仅维持现有的经营策略和经营状况，企业利润维持稳定的增长率；(3)寻租活动，企业通过寻租在上市过程中攫取非生产性的收益。对比可知，前两者均是生产性行为，可以实现社会总财富的增值；而寻租活动则不然，其体现的是既定的财富在各参与者间的分配活动。而拟上市企业如何进行选择取决于政府行为，IPO 市场上政府管制程度越高，则更容易通过建立潜在的政企关联来争取上市资格、获得融资便利，即拟上市企业寻租动机更高。同时，假设在政府行为既定前提下，长期经营的上市公司较之于短期经营的上市公司所面临的沉没成本更高，而其收益率相应更高。

设拟上市公司选择长期经营时的收益率为 γ_1，即企业上市目的在于融资以扩大再生产或投入研发；选择可替代的短期经营时的收益率为 γ_2，即企业可能在其成熟期选择上市，上市后经营策略和经营状况相对保持稳定，有 $\gamma_1 > \gamma_2$，为简化分析，这里假设短期经营企业的收益并不会受寻租活动影响。而当寻租活动变得有利可图时，拟上市公司在上市过程中会选择进行寻租，试图建立某种政企关联以谋求顺利上市、融得更多资金、获取政府的财政补助及政策支持等，而并非考虑企业的持续经营。需要强调的是，受制于寻租者的时间与能力，存在最高寻租收益率上限为 γ_3，且寻租的边际收益递减。此外，寻租行为的存在也会影响到原本打算从事长期经营的企业转向短期经营，甚至是同样开始寻租。假设封闭的市场中共有 N 家拟上市企业，其中，N_1 家拟上市企业未来从事长期经营，N_3 家企业试图通过寻租活动获取收益。

企业面临的制度环境由 θ 表示，其定义为 $\theta = N_3/N_1$，即寻租企业家数与以长期经营为目标的企业家数的比值。当 θ 越大时，表示市场存在更多的政府干预，企业寻租空间大，企业具备寻租的动机；相反地，当 θ 越小时，企业更乐意从事生产经营活动，而非参与寻租。假设长期经营回报率与寻租回报率都是 θ 的函数，那么当 $\theta = 0$ 时，意味着市场上不存在寻租机会，没有企业希望在新股发行活动中进行寻租，此时拟上市企业获得长期经营收益 γ_1。当 $\theta > 0$ 时，市场上部分企业开始从事寻租，其收益率为 γ_3；而从事长期经营活动的企业总收益 $N_1\gamma_1$ 将会被寻租者部分挤占，其大小为 $N_3\gamma_3$。因此，此时从事长期经营的企业收益率为 $(N_1\gamma_1 - N_3\gamma_3)/N_1 = \gamma_1 - \theta\gamma_3$。此时，虽然打算长期经营的企业收益相较于没有寻租时有所减少，但是只要长期经营的收益仍然高于短期经营，即满足条件 $\gamma_1 - \theta\gamma_3 > \gamma_2$，则这类企业仍会“忍受”自己的收益被寻租者所侵占。

随着企业面临的制度环境进一步恶化，即存在临界值 θ'，能够满足 $\gamma_1 - \theta'\gamma_3 = \gamma_2$ 的条件，此时长期经营与替代的短期经营收益率正好相等。当制度环境在此基础上进一步恶化，即 $\theta > \theta'$，原本打算长期经营的企业上市后目标将转向短期经营。由于模型假定短期经营的企业收益不受寻租活动的影响，进而此时寻租者将无利可图，为了杜绝这种情况发生，寻租者面临约束 $\gamma_1 - \theta\gamma_3 \geqslant \gamma_2$，以保证不论哪种条件下均满足企业从事长期经营收益高于短期经营收益，使得市场上存在部分长期经营企业。因此，当 $\theta > \theta'$ 时，企业不得不降低其寻租收益率 γ_3，以保证 $\theta\gamma_3 = \gamma_1 - \gamma_2$ 等式恒成立。这也就意味着其他条件不改变的情形下租金大小既定，随着参与寻租企业数量增加，寻租收益率开始下降，寻租企业通过竞争来谋求这部分租金。假定拟上市企业符合“经济人”的假设，那么，拟上市企业的上市动机究竟是长期经营、短期经营还是进行寻租活动，可以简化为企业衡量比较长期经营、短期经营以及寻租活动三者收益的大小。根据三者收益率高低的差异，可分为以下三种情形：

(1)情形一(高效率的均衡)。

当 $\gamma_3 < \gamma_2 < \gamma_1$ 时，企业的决策选择如图 2-3 所示。这种情形下长期经营与短期经营的收益率都要高于寻租收益率，拟上市企业在 IPO 过程中面临较少的政府干预，建立政企关联的成本可能比收益更高，企业并没有足够的动机去参与寻租，模型存在唯一的均衡状态。

整个市场的制度环境良好，不存在寻租滋生的“土壤”，最终所有拟上市企业都会主动选择长期经营以谋求更高的收益回报。此时，所有

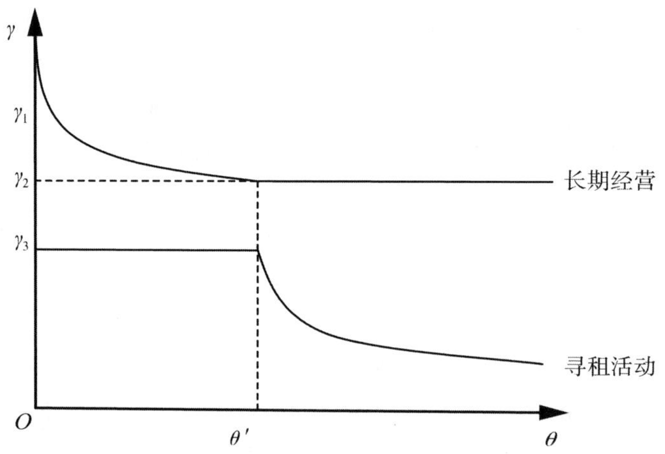

图 2-3　高效率的均衡

企业的收益率达到最高的 γ_1，市场上各方参与者的整体福利达到最大，大小为 $\gamma_1 N$。此时，封闭市场内资源配置达到最优，这个均衡即为高效率的均衡。

(2)情形二(低效率的均衡)。

当 $\gamma_2 < \gamma_1 < \gamma_3$ 时，企业的决策选择如图 2-4 所示。此时市场完全由政府行政干预所主导，企业寻租活动的收益率远高于长期经营的收益率，企业寻租活动盛行。

长期经营、短期经营与寻租活动所获收益均收敛于 γ_2，此时有寻租收益率 $\gamma_3 = \gamma_2$。市场中所有寻租企业所获取的总租金等于市场中所有长期经营企业损失的净收益，即 $(\gamma_1 - \gamma_2)N_1 = \gamma_2 N_3$。求得此时衡量制度环境变量 $\theta'' = N_3/N_1 = (\gamma_1 - \gamma_2)/\gamma_2$。此时经济均衡的结果为：每一家企业的收益率都为 γ_2，封闭经济内整体经济规模为 $\gamma_2 N$。与前一种均衡状态相比较，任一单个企业的收益和市场整体的经济规模都明显降低了。长期经营企业、短期经营企业以及寻租企业同时并存，市场处于低效率的均衡状态。

(3)情形三(同时存在两类均衡)。

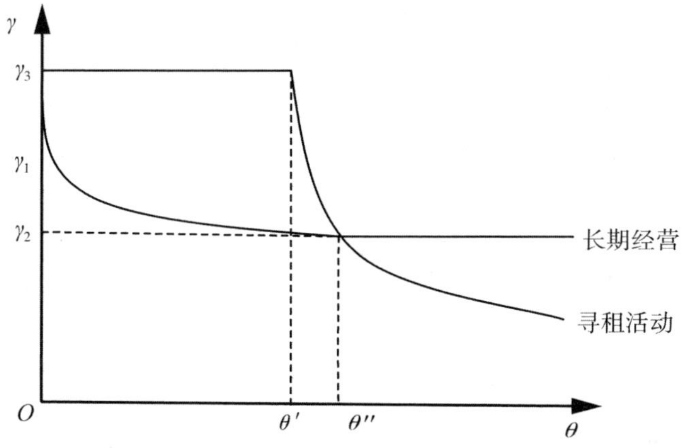

图 2-4 低效率的均衡

当 $\gamma_2 < \gamma_3 < \gamma_1$ 时，企业的决策选择如图 2-5 所示。此时，模型存在两类均衡。

当市场上制度环境良好时，即 θ 处于 0 至 θ''' 时，拟上市企业选择长期经营的收益率始终高于寻租收益，寻租企业最终将被淘汰出市场(与情形一相同)，市场存在且仅存在收益率为 γ_1 的长期经营企业，封闭经济收敛于高效率的均衡。

而市场上制度环境逐渐恶化时，即 θ 大于 θ''' 时，市场上同时存在长期经营、短期经营以及寻租企业(与情形二相同)，所有企业的收益率为 γ_2，封闭经济最终收敛于低效率的均衡。

需要注意的是，模型还存在一个不稳的中间状态，由 θ''' 到 θ''，市场只存在长期经营企业和寻租企业，不存在短期经营企业(但由于其间寻租始终是有利可图的，最终经济会收敛到情形二)。

2.2.4.2 政企关联与 IPO 抑价

以上模型分析说明了市场制度环境 θ 的好坏，以及企业寻租决策的回报率 γ 的高低，对拟上市企业决定是否通过建立政企关联进行寻租活动具有直接的影响。

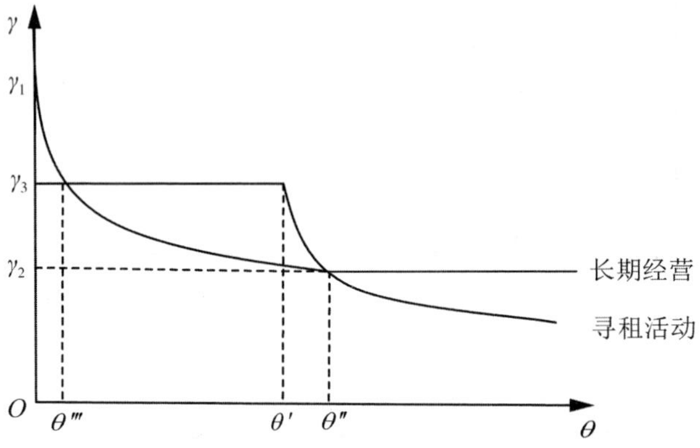

图 2-5　同时存在两类均衡

(1)企业面临的制度环境。

总体上看，市场上存在两种不同资源配置效率的稳态。若市场的制度环境良好，拟上市企业面临均等公平的上市机会时，其不需支付额外的寻租成本寻求政府提供某些隐性的担保和扶持，整体经济将会达到高效的均衡状态；若市场的制度环境较为恶劣时，部分拟上市企业的上市目的可能就不再是企业长期的经营发展目标，而是希望通过寻租活动挤占其他企业的租金，此时整体经济会收敛于低效的均衡状态。

基于此，一方面政府应该提高新股发行过程中行政审批环节的透明度，减少权力的滥用，降低企业寻租收益率。另一方面，政府还应当鼓励企业进行产品研发与技术创新，最终提高企业长期经营的收益率。为了实现从资源配置的低效率均衡向高效率均衡过渡，必须着力改变制度环境和政府干预；否则，仅通过制度边际上的微小改革并不足以转变均衡的稳态。

(2)企业寻租的收益回报率。

同时，在企业长期经营与短期经营收益保持不变的条件下，寻租收益率的高低决定了企业是否积极参与构建政企关联关系。不难发现，在现有的特殊制度背景下，不同产权性质的企业面临的寻租收益回报不尽相同，企业上市的目的也存在很大的差异。从产权性质上归类，可以将上市企业划分为国有企业与非国有企业。目前 A 股市场上国有企业仍占有很大的比重。在政府对发行与定价均存在管制的市场环境下，国有企业通过建立政企关联进行寻租活动的成本更低(国有企业与中央、地方政府存在“近亲血缘关系”)，而通过寻租谋求上市机会所获得的回报丰厚(国有企业上市不仅有利于企业未来长期的经营活动，而且上市活动本身也夹杂着国有企业高管提升自身政绩的诉求)。因此，国有企业的寻租收益率也就更高，经济更有可能达到情形二中低效的均衡。此时，经济中充斥着积极参与寻租活动的国有企业，其通过寻租行为占有更多的租金势必进一步推升 IPO 抑价。

而非国有企业则并不需要承担相应的政治经济任务，其高级管理人员也无意通过企业上市而获得政府职位的晋升。非国有企业上市的主要目的在于解决企业债权融资难的困局，其希望通过在 IPO 市场获得股权融资机会以扩充企业权益资本，为企业未来的经营发展提供动力。因此，非国有企业上市更多体现的是商业行为而非政治行为。当前市场化水平还不是很高，企业产权缺乏健全的保护机制，非国有企业的利益受到行业竞争对手及政府的联合挤压。进而，非国有企业通过建立政企关联与政府形成某种潜在的关联，以获取政府在 IPO 融资中的政策倾斜与扶持。建立政企关联的非国有企业拥有更大的上市机会，为了保证发行上市的顺利，其也会有意压低发行价格，进而 IPO 过程也存在着超额抑价的现象。

但与国有企业相比，非国有企业在构建政企关联的过程中所付出的成本更高，而所获得的收益要更低，即可以认为非国有企业的寻租净收益率低于国有企业。从模型分析的角度看，非国有企业更有可能达到情形一所描述的高效的均衡状态，经济中总体社会福利达到最大，寻租者终将被淘汰出市场，所有企业都会选择长期经营，即拥有更低的 IPO 抑价。据此，本节提出假说 3：

假说 3：拟上市企业政企关联程度与 IPO 抑价率呈正相关关系，且具有政企关联的国有企业比非国有企业具有更高的 IPO 抑价率。

2.3　政府管制与 IPO 抑价的实证研究

2.3.1　政府供给管制与 IPO 抑价的实证检验

2.3.1.1　样本来源及变量设置

本小节实证部分选取 1993 年 3 月至 2014 年 12 月 A 股市场上 1734 只上市股票作为研究样本，数据来源于国泰安数据库(CSMAR)上市公司首日发行研究数据库以及上市公司财务数据库。为保证结果的客观性和准确性，样本进行如下筛选：(1)剔除金融企业股票；(2)剔除数据不可得或不完整的股票。全样本覆盖新股发行定价制度改革前后在 A 股主板市场、中小板市场及创业板市场的上市公司数据，并依据各板块上市企业面临的政府供给管制强弱程度不同划分为三个子样本。

首先，为了验证假说 1，下文将通过实证的方法研究政府供给管制与发行人租金让渡之间的相关关系，即研究在不同的政府供给管制条件下，发行人在发行过程中主动让渡租金动机的大小。基于我国 A 股市场的管制背景及既有研究成果，为使研究结果更加准确，在解释变量和控制变量的选取上主要是从企业价值、发行风险以及市场环境角度出发的。

(1)企业价值因素。

发行前净资产(NA)。这里定义为新股发行前一年的公司净资产，反映发行人上市前的公司价值。企业拥有的净资产越高，则表明企业发展潜力越大，其股票更具有投资价值。也就是说，更高的企业净资产可以增加投资者对企业价值的估值，因而 IPO 定价也就越高，这时发行人让渡租金的动机也就越小。

新股发行规模(Size)。基于西方成熟市场的实证研究表明，初创公司的 IPO 发行带有投机的性质，因而会选择较小的发行规模，而成熟公司需要考虑未来再融资的成本，进而选择较大的发行规模。因此，企业新股发行规模越大，则可认为企业的公司价值越高。

发行市盈率(P/E)。代表新股发行价格与每股收益的比率，该比率是用来衡量股票投资价值与股票价格是否合理的重要指标之一。与行业平均市盈率相比，如果新股定价高于行业平均水平，则说明该股定价过高；反之，则说明该股的发行价格被低估。

所属行业虚拟变量(Ind)。不同行业的上市企业的估值具有明显的差异，一般认为，由于未来存在更大的成长空间和更多的企业发展机会，高新技术行业上市企业比非高新技术行业上市企业更容易受到市场投资者的追捧。本书根据中国证监会上市公司行业分类标准，将电子、医药生物制品行业以及信息技术业的上市公司认定为高新技术企业，行业虚拟变量 Ind 取 1，其他行业的上市公司的 Ind 则取 0。

(2)发行风险因素。

每股发行费用(Exp)。利用新股发行费用/发行规模(股数)进行度量。声誉理论认为发行费用是承销商收入的重要来源，与其进行企业尽职调查的成本正相关。也就是说，发行人的不透明度越高，则承销商需要花费更多的时间和金钱去进行考察，侧面反映出企业发行风险也就越高。此时，发行人同样具备抑价发行以降低风险的动机，进而将发行费用转嫁给投资者。即企业发行费用越高，则 IPO 定价也就越高。

发行日期与上市日期之间相隔天数(Lag)。从发行到上市的等待时间越久，投资者所面临的风险越大，需要有更高的抑价率进行补偿，发行人不得不向投资者让渡部分收益。因此，发行与上市的等待间隔与新股 IPO 抑价率之间存在正相关关系。

公司成立年限(Age)。信号传递理论认为公司成立年限越长，其公司价值越容易被投资者知悉，公司成立年限可作为衡量公司质量高低的指标之一。质量优秀的公司成立年限较长，而成立年限较短的公司未来发展面临的不确定性更大，且公司质量不容易被投资者所识别，因此，公司成立年限越短，则发行风险越大，IPO 抑价也就越高。

(3)市场环境因素。

上市首日换手率(Tur)。用以衡量公司上市首日投资者交易的活跃程度，反映了二级市场中股票的流通性强弱。通过之前的分析可知，新股发行中一级市场的申购方可能并不具有长期持有的意图，而是抱着在股市进行抛售以获取超额租金的目的。同时，二级市场存在大量的处于信息弱势且行为非理性的中小投资者，其更可能通过“打新股”追逐租金而进行噪音交易，进一步推升股价。因而，上市首日换手率 Tur 与 IPO 抑价呈正相关关系。

上市首日市场回报率(Mkt)。它是新股上市当天我国 A 股市场股指的收益率，反映了上市当天的市场氛围，可以在一定程度上解释 IPO 抑价率，如果新股上市当天市场收益率较高，说明股票市场整体表现较好，市场对新股“抽血”呈中性甚至正面反应，广大投资者对新股发行热情较高，从而提高了 IPO 抑价率，因此上市首日市场回报率 Mkt 与 IPO 抑价率呈正相关关系。

此外，将经市场调整后的 IPO 抑价率 AIR 定义为

$$\text{AIR} = \text{IR} - (M_1 - M_0)/M_0 \tag{2.29}$$

其中，IR 为未经市场调整的 IPO 抑价率，定义为 $\text{IR} = (P_{\text{trade}} - P_{\text{issue}})/P_{\text{issue}}$，$P_{\text{trade}}$ 为新股上市首日收盘价，P_{issue} 为新股发行价。M_1 和 M_0 分别为新股上市首日和发行当日收盘时的市场指数。

2.3.1.2　政府供给管制下租金让渡的实证研究

为了消除异方差的影响和数据的剧烈波动，本书选用对数线性模型对政府供给管制下租金让渡问题进行实证研究。具体实证检验模型如下：

$$\begin{aligned}\text{Ln}(P_i) = {} & \beta_0 + \beta_1\text{Ln}(\text{NA}) + \beta_2\text{Ln}(\text{Size}) + \beta_3\text{Ln}(\text{Exp}) + \beta_4\text{Ln}(\text{P/E}) + \\ & \beta_5\text{Ln}(\text{Tur}) + \beta_6\text{Ln}(\text{Lag}) + \beta_7\text{Ln}(\text{Mkt}) + \beta_8\text{Ln}(\text{Ind}) + \\ & \beta_9\text{Ln}(\text{Age}) + V - U\end{aligned} \tag{2.30}$$

基于全样本及各个子样本区间的数据，具体的随机前沿分析运算借助由 Hunt - McCool (1996) 所采用的 Frontier 4.1 进行最大似然估计(MLE)，其估计结果反映于表 2-1。

表 2-1　**随机前沿模型分析结果**

变量	OLS	SFA	主板	中小板	创业板
C	−4.198*** (−4.654)	−4.195*** (−4.508)	−2.361*** (−3.247)	−8.587** (−2.032)	−3.245 (−1.325)

续表

变量	OLS	SFA	主板	中小板	创业板
Ln(NA)	-0.031** (-2.429)	-0.030** (-2.442)	0.016 (1.391)	0.194*** (5.257)	0.051 (1.584)
Ln(Size)	2.381*** (7.503)	2.379*** (7.560)	1.265*** (4.751)	2.799*** (4.083)	1.524* (1.994)
Ln(Exp)	0.484*** (31.703)	0.483*** (31.663)	1.424*** (20.212)	0.362*** (11.808)	0.052*** (3.247)
Ln (*P/E*)	0.089*** (3.656)	0.088*** (3.670)	0.053** (2.396)	0.039 (0.784)	0.378*** (5.667)
Ln(Tur)	-0.168** (-2.422)	-0.167** (-2.423)	-0.312*** (-4.677)	-0.642 (-1.386)	-0.703* (-1.796)
Ln(Lag)	-0.200*** (-11.062)	-0.242*** (-11.160)	-0.020 (-1.432)	-0.298*** (-3.163)	-0.045 (-0.558)
Ln(Mkt)	-0.101 (-1.001)	-0.099 (-1.200)	0.044 (0.670)	-0.568* (-2.053)	-0.825 (-1.354)
Ln(Ind)	0.254*** (3.652)	0.249*** (3.956)	-0.185 (-0.565)	0.654*** (4.231)	0.753*** (3.695)
Ln(Age)	-1.202** (-2.084)	-1.192** (-2.123)	-0.831 (1.025)	-1.651** (2.023)	-1.944*** (3.265)
sigma-square	0.263	0.261	0.145	0.263	0.158
gamma	—	0.000073	0.361362***	0.000220	0.000036
LL	—	-1295.6	-286.1	-437.0	-134.1
Mean Efficiency	—	0.994	0.840	0.993	0.998
Sample	1734	1734	882	582	270

表2-1列示了新股发行定价随机边界模型的估计结果。作为对比，首先在第1列列出了无发行人主动抑价效应影响时的OLS估计结果。从估计结果来看，除反映市场指数收益的市场环境变量Mkt外，其他解

释变量均至少在 5%显著水平上拒绝零假设，且 VIF 不超过 5.0，可认为不存在严重的多重共线性问题。与第 2 列随机前沿模型下的估计结果对比，不难发现，其各参数估计结果相差很小。SFA 估计下的平均定价效率为 99.4%，gamma 值极小，为 0.000073，不能拒绝零假设，这也说明从全样本数据观察，A 股市场的 IPO 发行定价当中发行人主动抑价让渡租金的现象并不存在。

分析第 2—5 列的估计结果，全样本下 SFA 的估计结果显示，A 股市场平均定价效率为 99.4%，说明整体上 A 股市场新股的发行价格集中在其内在价值附近，并不存在明显的偏离。而将全样本数据按发行市场不同划分为主板、中小板以及创业板之后，其平均定价效率(Mean Efficiency)分别为 84.0%、99.3%以及 99.8%，主板、中小板以及创业板市场新股定价效率逐渐提高。发行人主动抑价现象在中小板和创业板市场几乎不存在，而在主板市场上表现十分显著。主板市场子样本估计结果中，gamma 估计值高达约 0.361，远超过其他市场估计值，且在 1%显著水平下拒绝零假设，因此可以判断在主板市场上存在明显的抑价效应，即发行人向投资者进行租金的让渡，使得新股发行价格偏离其内在价值。

这一实证结果验证了本章假说 1 的观点。理论与实证分析均证实了由于政府供给管制程度趋于严格，即上市机会作为一种稀缺资源，发行人为了达到融资目的、确保发行顺利，往往会珍惜上市机会，因此主板市场上发行人不得不做出相应的让步，将部分租金让渡给投资者。而随着中小板和创业板的推出，市场投机氛围浓厚，一级市场投资者形成了“新股不败”的预期并积极参与新股申购。另外，中小板和创业板上市公司集中分布在“概念股、题材股”迭出的高新技术行业，同时发行人与投资者之间的信息不对称使得二级市场上中小投资者“打新股”的热情高涨，发行人有意降低发行价格以吸引投资者进行投资的动机降低，从而解释了中小板与创业板市场上新股定价与其内在价值基本一致的现象。

2.3.1.3　租金让渡与 IPO 抑价

上述实证分析表明，A 股主板市场上新股定价确实存在发行人向投资者让渡租金的行为，即新股发行价格偏离其内在价值，这意味着这种发行人的租金让渡行为可以用来解释 IPO 高抑价现象。

下文继续研究发行人的租金让渡大小究竟能够在多大程度上解释 IPO 超额抑价现象。图 2-6 直观描述了新股发行中的定价效率与经市场调整后的 IPO 抑价率(AIR)的相关关系，可以初步观察发现两者在图中的走势大体上保持同步。此外，经计算可得全样本的平均定价效率与 IPO 抑价之间的相关系数为 0.168，即验证了两者之间存在着一定的正相关关系。

借鉴 Hunt McCool(1996)衡量发行价格相对偏离大小的方法来确定发行人租金让渡程度变量 $\text{Rel}_i = \mu_i / p_i$ ，并据此简单地研究租金让渡与 IPO 抑价率之间的相关关系：

$$\text{AIR}_i = \alpha + \beta \text{Rel}_i + \varepsilon \tag{2.31}$$

表 2-2 中报告的检验结果表明，经市场调整后的 IPO 抑价率与租金让渡相对程度 Rel_i 存在显著的正相关关系，其 t 值为 7.465，在 1%显著水平下拒绝原假设，然而该回归模型的调整 R^2 只有 0.146，回归模型的拟合优度较低，这意味着租金让渡行为并不能很好地解释 IPO 高抑价现象。从政府供给管制角度研究发行人向投资者进行租金让渡的过程确实能够解释部分的 IPO 抑价，但是仍然存在其他影响 IPO 抑价的重要因素尚未被考虑。

表 2-2　　**租金让渡与 IPO 抑价关系的估计结果**

Dependent Variable：AIR				
Variable	Coefficient	Std. Error	t-Statistic	Prob.
C	-0.177	3515.715	-7.465	0.000
Rel	0.177	3527.986	7.465	0.000
R-squared	0.154	F-statistic		45.023
Adjusted R-squared	0.146	Prob(F-stat)		0.000

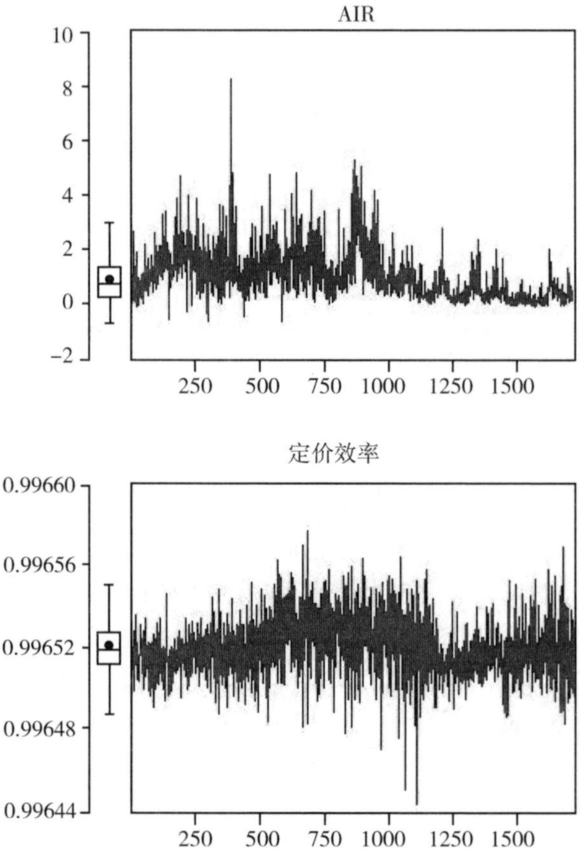

图 2-6　定价效率与经市场调整后的 IPO 抑价率(AIR)

2.3.2　政府定价管制与 IPO 抑价的实证检验

2.3.2.1　数据来源与指标定义

上节从理论和实证角度分别证实了政府供给管制能够创造租金，并且发行人与投资者之间的租金让渡程度可以部分解释 IPO 高抑价现象。那么，由政府定价机制上的改革造成的投资者之间的租金再分配，与 IPO 抑价之间有着怎样的联系呢？为了验证本章的假说 2，在此节主要讨论询价制改革与投资者之间租金再分配的问题，特别是机构投资者在“定价市盈率上限+市值配售”向“淡化窗口指导+上网申购”的定价机制改革的过程中争取更多租金分配的行为与 IPO 抑价之间的相关关系。

本节以 2005 年至 2014 年期间 533 家 A 股上市企业作为研究样本。与前文相一致，这里也剔除了金融企业及数据不完整或不可得的企业数据。实证研究的解释变量及控制变量的选取与上文也保持一致，也是从企业价值、发行风险以及市场环境因素三方面进行考虑的。

为了定量研究政府定价管制改革前后机构投资者的议价动机大小，本节设计了机构投资者低报价格变量(Lowquote)作为代理变量来衡量询价过程中机构投资者的有意整体低报价格的行为。其定义如下：

$$\text{Lowquote}_i = (\text{Meanforecast}_i - \text{Meaniquire}_i)/P_i \tag{2.32}$$

其中，Meanforecast_i 为机构投资者对拟上市企业上市首日的预测价格的算术平均值，Meaniquire_i 为机构投资者在新股询价过程中所申报价格的算术平均值，P_i 为新股发行价。机构投资者的预测价格及初步询价申报价格数据均来源于 WIND 数据库。

由于新股上市过程中，许多机构投资者(证券公司)会给出对上市首日的市场价格的预测的估值区间，确定其认为合理的新股市场价格的最高价与最低价，因此，可以通过先求得各个证券公司所确定的最低价与最高价均值，再计算两者的平均值，最终得到机构投资者的预测估值均值。同时，一部分机构投资者还会参与一级市场上的新股询价过程，网下配售开始之前机构投资者也需要在初步询价阶段做出报价，进而确定新股网下申购的报价区间。而企业发行与上市之间的等待时间间隔 Lag 一般不会太长，上一节统计描述中报告了 A 股市场平均等待间隔为 20.85 天，因此可以认为机构投资者的“预测均价”与“初步询价时申报均价”应当一致。如果两者之间存在较大的差异，此时 Lowquote 的值也就越大，说明机构投资者作为一个整体存在低报价格的现象。从而说明了这一变量的设计可以定量研究机构投资者的议价动机。

图 2-7 反映了上市过程中机构投资者初步询价时的申报均价、预测均价以及低报价格变量的相关关系。序列 1 为机构投资者的低报价格变量，可以看到这一变量普遍为正，且在 0 值的上方存在小幅的波动，说明机构投资者的低报价格现象在市场中比较常见，机构投资者的确存在

整体低报价格谋求更多租金分配的事实。序列 2 为机构投资者在新股初步申购过程中申报价格的算术平均值，序列 3 为机构投资者给出的新股上市首日预测价格的算术平均值，图形中两者走势基本保持一致，也说明了由于发行上市等待时间间隔并不漫长，机构投资者对新股的估值一般不会发生太大的变化，因此，初步询价申报均价与新股上市首日预测均价之间并不存在显著的差异。

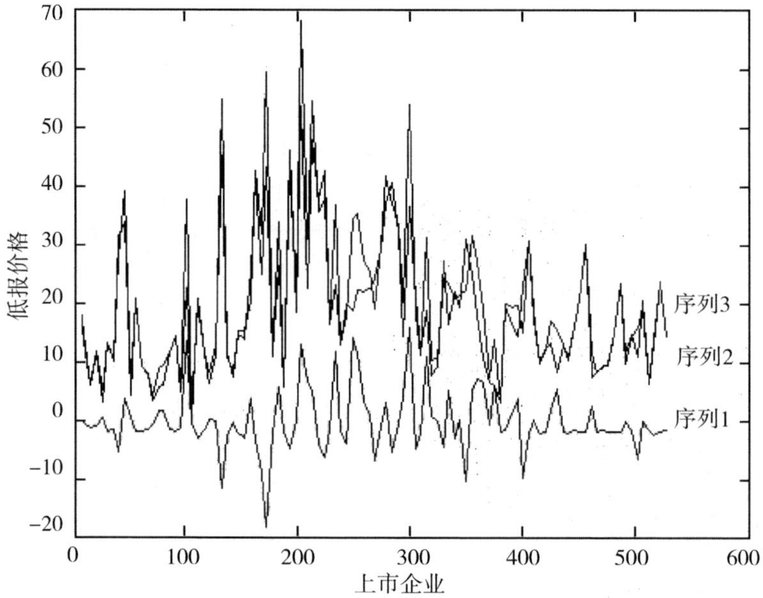

图 2-7　机构投资者的申报均价(序列 2)、预测均价(序列 3)及低报价格变量(序列 1)

2.3.2.2　定价机制改革与 IPO 抑价的数值分析

通过理论模型的分析可知，不同的政府发行定价制度下，机构投资者的议价能力与议价动机表现并不一致。中小投资者作为价格接受者，其能够通过自身收集的信息去模仿机构投资者的报价行为在二级市场进行投资活动。当发行定价机制向有利于中小投资者的方向发生变化时，中小投资者通过“搭便车”能够获利更多，机构投资者则怠于行使自身的议价能力，从而存在租金向中小投资者流失的现象。而当发行定价机制向有利于机构投资者的方向变动时，机构投资者拥有信息与资金的优势，比中小投资者更易知悉新股的内在价值，而投资者之间对新股价格预期的差异会引起市场发行活动中无意的抑价，机构投资者此时获益更多。因此，新股发行制度的市场化改革必然影响到机构投资者与中小投资者之间的租金再分配(见表 2-3)。

表 2-3　**投资者利益最大化时的 IPO 抑价**

新股定价机制	IPO 抑价	机构投资者预期价格	中小投资者预期价格
2005.01—2008.09	$\mathrm{UP}_i=\left(M-\dfrac{y}{(1-\alpha)s}\right)\left(\dfrac{ks}{n\bar{q}}\right)^{n-1}$	M	$N=M$
2009.06—2014.12	$\mathrm{UP}_i=(N-M)+\left(M-\dfrac{y}{(1-\alpha)s}\right)\left(\dfrac{ks}{n\bar{q}}\right)^{n-1}$	M	$N\neq M$

首先，定性研究政府定价机制改革与租金再分配之间的相关关系，下文以某上市公司的 IPO 发行数据为研究样本，对理论模型部分所求结果进行了仿真分析。

(1)定价机制满足"定价市盈率上限+窗口指导"。

2005 年 1 月至 2008 年 9 月，A 股定价机制满足"定价市盈率上限+窗口指导"的管制要求。依据理论分析可知，此时机构投资者与中小投资者具有同质预期，机构投资者议价动机降低，而中小投资者可以通过"搭便车"分享部分租金。

这里假定机构投资者对该新股在二级市场的预测价格 $M=15$，中小投资者在该定价机制下对新股的定价预期与机构投资者保持一致，即 $N=15$。同时，发行人的每股净收益 $y=3.2$，IPO 承销商费率为 $\alpha=0.34$，新股发行规模 $s=2.2$，均衡时每个机构投资者的需求量为 $\bar{q}=0.02$。则此时，IPO 抑价是关于 k 和 n 的函数，通过应用 Matlab 软件进行制图可以得到反映三者相关关系的模拟图示。

从图 2-8 中可以看出，此时 IPO 抑价水平始终大于 0，当 $k=1$、$n=$

0 时，IPO 抑价达到峰值。而且，抑价程度与机构投资者申购比例 k 呈正相关关系，而 k 的取值范围在 0 与 1 之间，即当假设市场上不存在中小投资者，所有的新股都被网下的机构投资者申购所得时，机构投资者有意抑价程度越高则所获租金也就越多，而 IPO 抑价达到最大。抑价程度与参与申购的机构投资者数量 n 呈负相关关系，即当更多的机构投资者参与申购，其作为一个整体低报价格的可能性也就越低，机构投资者更多地会去考虑确保能够有效申购，隐藏自身需求降低报价的动机也就越小。即参与申购的机构投资者数量越多，新股 IPO 抑价程度也就越低，这一现象将在实证分析中进一步详细地进行说明。

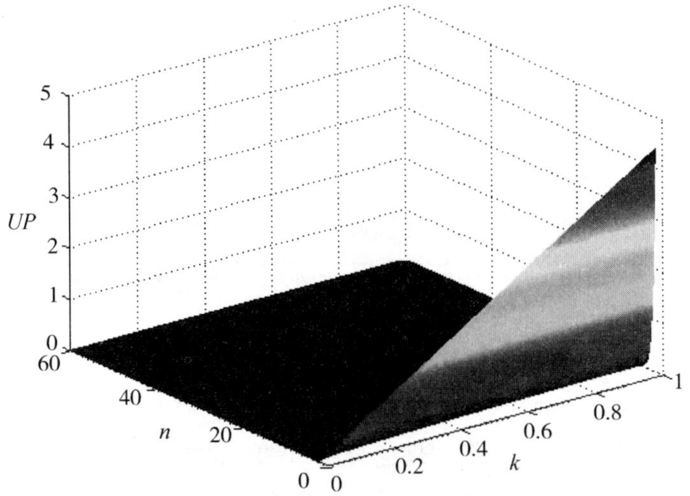

图 2-8　同质预期下的仿真模拟

(2)定价机制满足“淡化窗口指导+上网申购”。

2009 年 6 月至今，A 股定价机制满足“淡化窗口指导+上网申购”的管制要求，取消了显性的定价管制。依据理论分析可知，此时机构投资者与中小投资者具有异质预期，机构投资者会利用自己的资金和信息优势积极地参与询价活动，为了隐藏其对新股的真实需求，会积极地整体低报价格，而中小投资者此时并不能准确地模拟机构投资者的报价，即两者之间对新股价格存在异质预期。

为了讨论询价机制市场化改革前后机构与中小投资者之间的租金再分配问题，此处假设新股发行中参与询价的机构个数 n 为 40，其申购比例 k 服从均匀分布 $U[0,\ 1]$，单个机构投资者的需求 $\bar{q}$ 服从均匀分布 $U[1/80,\ 1/2]$，其他参数假设同上，通过 Matlab 进行仿真模拟的结果如图 2-9 所示。

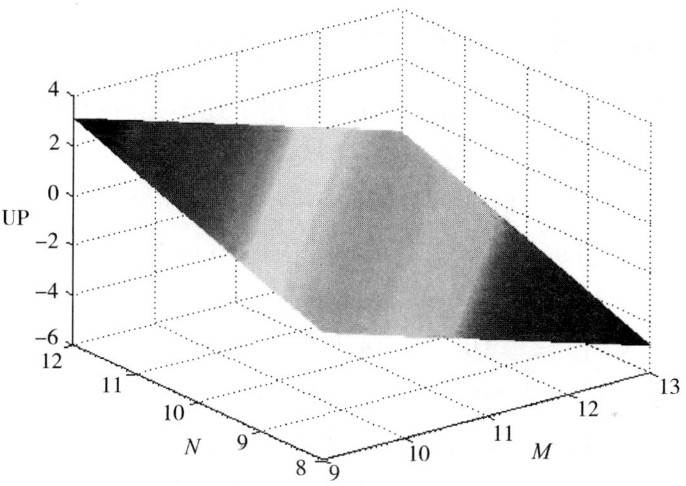

图 2-9 异质预期下的仿真模拟

从图 2-9 中可以看出，考虑各约束条件后 IPO 抑价水平的可取值范围构成了一个向右下方倾斜的斜面。越靠近图形的右下角，则机构投资者的预期价格越高，且中小投资者的预期价格越低，此时 IPO 抑价甚至出现了负值，说明了当中小投资者对股票价格评估低于机构投资者的预期时，该新股在二级市场上并不被看好，上市首日甚至可能出现破发现象。越靠近图形的左上角，则会出现另一极端情形，即中小投资者的预期价格远远高于机构投资者，新股在二级市场受到极大的追捧，此时 IPO 抑价程度达到最大。

因此，通过仿真模拟实验可初步得出如下结论，在其他决定因素给定的条件下，IPO 抑价水平与中小投资者的预期价格 N 之间线性正相关，与机构投资者的预期价格 M 之间线性负相关，与投资者之间异质预期导致的无意抑价 $N-M$ 之间存在线性正相关，即中小投资者与机构投资者对新股价格的预期差异越大，则 IPO 抑价水平越高。而这种预期上的差异主要是由于机构投资者隐藏申购新股的真实需求引起的，其作为一个整体低报价格以获取更多的租金分配，而中小投资者仅能通过参考券商给出的压低后的定价区间信息来估计新股的市场价格。

2.3.2.3　政府定价管制与 IPO 抑价的实证检验

为了验证假说 2 是否成立，下文利用下述多元回归模型对 2005—2014 年 533 家 A 股上市企业数据进行实证检验。

$$\begin{aligned}\mathrm{AIR}_i = {} & \beta_0 + \beta_1\mathrm{Ln}(\mathrm{Lowquote}) + \beta_2\mathrm{Ln}(\mathrm{NA}) + \beta_3\mathrm{Ln}(\mathrm{Size}) + \\ & \beta_4\mathrm{Ln}(\mathrm{Exp}) + \beta_5\mathrm{Ln}(P/E) + \beta_6\mathrm{Ln}(\mathrm{Tur}) + \beta_7\mathrm{Ln}(\mathrm{Lag}) + \\ & \beta_8\mathrm{Ln}(\mathrm{Mkt}) + \beta_9\mathrm{Ln}(\mathrm{Ind}) + \beta_{10}\mathrm{Ln}(\mathrm{Age}) + \varepsilon \qquad (2.33)\end{aligned}$$

表 2-4 反映了该模型的参数估计结果，模型的调整 R^2 为 0.811，表明模型整体的拟合程度较好。衡量企业价值的解释变量中，IPO 发行规模变量(Size)的估计系数为 5.671，且在 1%置信水平下显著，说明 IPO 抑价与发行规模大小存在显著的正相关关系。新股发行市盈率（P/E）的估计系数为 0.991，且在 1%的置信水平下显著，说明 IPO 抑价与新股发行市盈率之间也存在着显著的正相关关系，进而证实了上市企业的企业质量越高，则 IPO 抑价水平也就越高。衡量发行风险的变量中，发行到上市等待时间间隔(Lag)的估计系数为-22.227，在 1%的置信水平下显著，说明等待时间间隔与 IPO 抑价之间呈显著的负相关关系。公司成立年限(Age)的估计系数为-1.887，在 1%置信水平下显著，说明公司成立年限与 IPO 之间也存在显著的负相关关系。进而说明了企业面临的发行风险与 IPO 抑价水平之间存在显著的负相关关系。衡量市场环境的变量中，新股上市首日换手率(Tur)的估计系数为 3.562，这一指标在 5%显著水平下与 IPO 抑价率正相关，佐证了投资者对于新股发行中抑价租金的追逐热情提高了抑价程度的观点。

表 2-4　　**机构投资者低报价格行为与 IPO 抑价**

Dependent Variable：AIR				
Variable	Coefficient	Std. Error	t-Statistic	Prob.
C	4.922	37.078	0.132	0.089
Ln(Lowquote)	65.740	19.943	3.296	0.002
Ln(NA)	-20.354	27.700	-0.734	0.168
Ln(Size)	5.671	0.779	7.280	0.000
Ln(Exp)	0.003	0.065	0.053	0.957
Ln (*P/E*)	0.991	0.156	6.342	0.000
Ln(Tur)	3.562	5.564	3.210	0.002
Ln(Lag)	-22.227	5.429	-4.093	0.000
Ln(Mkt)	-52.757	37.364	-1.411	0.169
Ln(Ind)	5.565	17.231	0.899	0.201
Ln(Age)	-1.887	6.161	-4.321	0.000
R-squared	0.849	*F*-statistic		21.835
Adjusted *R*-squared	0.811	Prob(*F*-stat)		0.000

检验结果还反映了机构投资者低报价格的程度与该公司 IPO 抑价率之间存在着显著的正相关关系，其估计系数为 65.740，其 t 值为 3.296，在 1%显著水平下拒绝零假设，从而支持了本书的假说 2，即参与询价的机构投资者作为一个整体低报价格以获取抑价租金的程度与 IPO 抑价水平之间存在着显著的正相关关系。这说明政府对于市盈率上限管制的放开以及配售机制的市场化改革，赋予了机构投资者更多的议价能力和抑价动机，实质上有利于机构投资者“挤占”中小投资者所分享的租金，在投资者之间的博弈过程中取得优势，使得租金分配更多地向自身倾斜。即使不存在政府供给管制下，发行人主动抑价形成的租金，机构投资者仍然可以利用市场上中小投资者的寻租热情在二级市场上获取更多的溢价。

2.3.3　政企关联与 IPO 抑价的实证检验

2.3.3.1　指标定义与数据来源

为了研究企业政企关联与 IPO 抑价之间的相关关系，本节选取了 2009—2014 年在 A 股上市的 352 家公司作为研究样本。同理，在样本选取过程中仍剔除期间的金融行业上市公司，并剔除政企关联研究变量难以获得或者缺失的样本数据。

为了研究企业政企关联因素与 IPO 抑价程度的相关关系，本节采用董事会成员中具有政府背景的董事比例来具体量化企业的政企关联关系。具体来说，董事会成员包括董事长、副董事长、执行董事、董事及职工董事。本书根据上市公司信息披露中公开的董事会成员资料查询公司董事是否为“人大代表”、“政协委员”或者(曾经)在政府部门任职进而确定企业的政企关联背景。企业政企关联程度的变量(Pol)定义为 Pol＝董事会政企关联人数/董事会总人数。即当董事会具有政企关联背景的成员比例越高，则可以说明该公司的政企关联程度越深。同时，考虑到企业产权性质的不同，实证中将全样本数据分组为国有控股子样本与非国有控股子样本对比研究。其中，企业产权性质及政企关联关系数据均是从通达信交易软件中手工收集而来。另外，实证研究的其他解释变量及控制变量的选取与上文也保持一致，也是从企业价值、发行风险以及市场环境因素三方面进行考虑的，数据取自国泰安数据库上市公司首日公开发行研究数据库及财务数据库。

表 2-5 反映了国有企业与非国有企业样本有无政企关联关系的分布情况。这里定义，若企业的国有持股比例高于第一大股东持股比例则为国有企业，反之则为非国有企业。可以发现，具有政企关联的企业在全样本、国有企业以及非国有企业子样本当中占比约为 70%。其中，本章所选取的全样本数据当中政府关联企业达到 258 家，占总体的 73.30%。由此可见，当前 A 股市场当中仍然存在上市公司较为热衷于构建企业政企关联的客观事实。

表 2-5　　企业政企关联变量的统计描述

		企业数量	政企关联企业	无政企关联企业
全样本	数量	352	258	94
	比例(%)		73.30	26.70
国有企业	数量	164	123	41
	比例(%)		75.00	25.00
非国有企业	数量	188	135	53
	比例(%)		71.81	28.19

资料来源：Wind 金融资讯终端。

2.3.3.2　企业政企关联与 IPO 抑价

为了验证假说 3 是否成立，下文利用下述多元回归模型对 2009—2014 年 352 家 A 股上市企业数据进行实证检验。

$$AIR_i = \beta_0 + \beta_1 Ln(Pol) + \beta_2 Ln(NA) + \beta_3 Ln(Size) + \beta_4 Ln(Exp) + \beta_5 Ln(P/E) + \beta_6 Ln(Tur) + \beta_7 Ln(Lag) + \beta_8 Ln(Mkt) + \beta_9 Ln(Ind) + \beta_{10} Ln(Age) + \varepsilon \tag{2.34}$$

表 2-6 反映了企业政企关联与 IPO 抑价水平的统计特征。以全样本数据为研究对象，整体的上市首日抑价率均值为 111%。而政企关联企业的 IPO 抑价率(114%)高于无政企关联企业的 IPO 抑价率(93%)，但在 10%置信水平下仍不能拒绝原假设，即两者的均值差异并不显著。这一实证结果与田利辉、张伟(2014)的结论相一致，即从整体上看，政企关联企业与无政企关联企业在上市过程中的 IPO 抑价水平并不存在明显的差异。同理，本章还报告了两者中位数、方差的差异性检验，其结果与此类似。检验的 p 值均大于临界值 0.1，说明基于总样本数据的实证研究中，政企关联企业与无政企关联企业的均值、中位数及方差在统计学意义上不存在显著差异。在国有企业子样本当中，政企关联企业的 IPO 抑价率为 115%，而无政企关联企业的 IPO 抑价率为 98%，此时两者的均值差异在 10%置信水平下显著，即说明具有政企关联关系的国有企业 IPO 抑价率要显著高于不具有政企关联关系的国有企业，政企关联能够显著地提高国有企业的 IPO 抑价水平。为了研究企业政

企关联程度能够在多大程度上解释 IPO 抑价率，接下来本章通过构建回归模型来进行更进一步的分析。

表 2-6　　**政企关联与 IPO 抑价之间的相关关系**

		均值	中位数	方差
全样本	总体	1. 11	0. 89	0. 64
	政企关联	1. 14	0. 89	0. 63
	无政企关联	0. 93	0. 85	0. 97
	p 值	0. 35	0. 32	0. 37
国有企业	总体	1. 07	0. 93	0. 68
	政企关联	1. 15	1. 05	0. 67
	无政企关联	0. 98	0. 89	0. 71
	p 值	0. 09	0. 12	0. 22
非国有企业	总体	1. 16	0. 75	0. 88
	政企关联	1. 14	0. 72	0. 88
	无政企关联	1. 26	0. 82	0. 69
	p 值	0. 41	0. 43	0. 45

资料来源：Wind 金融资讯终端。

表 2-7 反映了企业政企关联与 IPO 抑价水平的回归结果。基于全样本的回归分析中，企业政企关联程度(Pol)的估计系数为 0. 329，t 值为 0. 912，IPO 抑价与企业的政企关联程度正相关但并不显著。基于国有企业子样本的研究中，企业政企关联程度(Pol)的估计系数为 2. 339，t 值为 2. 304，IPO 抑价与企业政企关联程度在 5%置信水平下显著，说明政企关联的确显著提高了国有上市企业的 IPO 抑价水平，这一结论与本章假说 3 中的国有企业政企关联程度与 IPO 抑价水平呈正相关的观点相符合。而基于非国有企业子样本的研究中，IPO 抑价与企业政企关联程度表现为负相关关系，企业政企关联程度(Pol)的估计系数为−0. 158，但其 t 值为−0. 294，估计结果依然不显著，这一结论并不能证实本章假说 3 中的非

国有企业政企关联程度与 IPO 抑价水平呈正相关的观点。

表 2-7 **政企关联与 IPO 抑价的回归结果**

变量	全样本		国有企业		非国有企业	
C	1.093*** (8.529)	4.922*** (3.178)	0.761*** (7.885)	−8.587*** (−4.032)	1.141*** (5.181)	4.169*** (2.790)
Ln(Pol)	0.225 (0.416)	0.329 (0.912)	0.429** (2.241)	2.339** (2.304)	−0.367 (−0.518)	−0.158 (−0.294)
Ln(NA)		0.329 (0.912)		−0.077 (0.433)		−0.224*** (−2.990)
Ln(Size)		−2.063* (−1.839)		−1.600 (0.998)		0.015 (0.424)
Ln(Exp)		0.019* (1.713)		−0.717*** (−2.410)		−0.394** (−2.312)
Ln (*P/E*)		−0.507 (−0.894)		0.009 (1.103)		0.001 (0.936)
Ln(Tur)		0.007*** (9.567)		1.870*** (3.371)		1.671*** (4.055)
Ln(Lag)		1.871 (1.009)		−0.001 (−0.495)		−0.007 (0.689)
Ln(Mkt)		−0.005*** (−4.199)		−0.287 (−0.212)		−0.979 (−1.472)
Ln(Ind)		−0.649 (−1.081)		0.129 (0.594)		−0.376** (−2.303)
Ln(Age)		5.027** (2.038)		−0.062** (−2.401)		−0.015 (−0.562)
Adj-R^2	0.004	0.045	0.015	0.053	−0.004	−0.014
F-statistic	1.566	2.538***	3.711***	7.912***	0.256	0.794
Sample	352	352	164	164	188	188

一种合理的解释是，A 股市场中非国有企业建立政企关联的主要目的是为了获取上市融资的便利，过高的发行价格意味着较大的发行风险，同时，二级市场上的投资者在“打新”过程中并不会过分关注非国有企业是否具有政企关联背景，因而新股的 IPO 抑价与非国有企业政企关联程度之间并不存在显著的相关关系。具有政企关联的国有企业并不完全追求发行收益最大化，而是追求其他的政治经济目标，企业政企关联程度越大，发行过程中越有可能存在发行人主动抑价，进而向关联方进行利益输送，因而其 IPO 抑价程度与国有企业政企关联程度存在显著的正相关关系。

2.4 研究结论与建议

2.4.1 研究结论

以构建新股发行中的均衡定价模型为切入点，本章通过考察政府供给管制下发行人与投资者之间租金让渡行为和政府定价管制下投资者之间的租金再分配过程两个方面，衡量了新股发行中的管制租金对 IPO 抑价的影响。基于随机前沿方法的理论和实证结果表明，政府供给管制下发行人的确会向投资者让渡部分租金以避免发行失败的风险，而发行人让渡租金程度与 IPO 抑价之间存在显著的正相关关系。同时，根据新股定价机制改革后机构投资者整体的低报价格这一事实依据，本章还证实了政府定价机制市场化改革会影响到机构投资者的议价动机，改变机构与中小投资者之间租金的再分配，从而进一步降低 IPO 抑价率。

此外，为了适应当前的政府管制环境，作为发行人的拟上市企业还有可能通过建立政企关联关系来进行寻租活动，为了使企业寻租的收益高于成本，拥有这种关联关系的企业理应具有更高的 IPO 抑价率。理论认为企业的寻租收益率与面临的制度环境两方面因素决定了企业是否尝试建立政企关联关系，而实证结果表明国有企业的政企关联程度与 IPO 抑价之间呈显著的正相关关系，而这一相关关系并不适用于非国有企业。

基于管制经济学的角度，新股发行定价制度向市场化方向改革势必造成租金在各方市场参与者之间重新分配，进而可用来解释 A 股市场 IPO 高抑价现象。联系我国证券市场特殊的制度环境，首先，政府对 IPO 数量、融资规模和发行节奏的供给管制造成了新股发行的供需矛盾，使上市机会成为稀缺资源；其次，长期存在的定价管制压低了 IPO 发行价，使得上市首日的超额收益成为可观的抑价租金；最后，新股发行市场上企业以寻求更多的租金归属为目的，积极构建政企关联关系。在这样的市场环境下，发行人、机构投资者以及中小投资者在制度与管制的范围内争夺这部分经济租金。

2.4.2 提高新股发行效率的政策建议

本章从政府供给管制创造租金、定价管制改变租金再分配以及企业构建政企关联进行寻租三个方面，实证研究管制租金与 A 股 IPO 高抑价现象之间的相关关系，这对于研究我国 IPO 抑价形成的原因以及发行定价制度、政府监管方式的改革具有借鉴意义。

其一，继续推进发行审核制度的市场化。本章的实证结果表明，A 股市场整体并不存在明显的发行人租金让渡行为，新股发行价基本上落在其内在价值的前沿边界上，然而通过横向比较处于不同政府供给管制下的主板、中小板以及创业板市场发现，主板市场上平均定价效率仅为 84.0%，远低于中小板、创业板市场的 99.3%和 99.8%。实证结果表明政府供给管制程度越高，则发行人越倾向于向投资者让渡租金，且 IPO 抑价率也越高。合理的解释为，由于存在严格的政府供给管制，上市机会成为一种稀缺资源，发行人为确保发行顺利而不得不通过让渡租金的方式来吸引一级市场投资者，而中小板、创业板市场上市的高新技术企业通过提高自身发行价格，以此向市场传递公司质量的信息，发行人不存在主动抑价让渡租金的动机。这意味着政府供给管制实质上不仅会造成一级市场上租金耗散、降低社会总福利，而且也影响了发行人向投资者让渡租金的行为，从而导致了一定程度上的 IPO 的高抑价。因此，A 股 IPO 市场继续坚持市场化的深化改革不仅有利于市场供求双方的充分竞争，而且有助于降低目前仍居高不下的 IPO 抑价水平。此外，由核准制向注册制过渡是提高资本市场资源配置效率的必然趋势，从而也可以减少因政府管制带来的不必要的租金损耗。

其二，提高机构投资者的价格发现功能。政府对价格的管制由过去的固定价格、控制市盈率范围、规定市盈率上限，到后来的累计投标定价下的窗口指导，再到如今放弃市盈率管制、淡化窗口指导，定价市场化程度有了很大的提高。然而新股定价效率的提高并没有消除租金，在当前的定价机制下，机构投资者具备了更高的抑价动机与寻租意愿，遗憾的是询价活动并没有真正反映出新股的内在价值，机构投资者的最优策略是作为一个整体低报价格以达到分享更多租金的目的。本书实证检验的结果证实机构投资者低报价格程度越高，该公司的 IPO 抑价率也就越高。也就是说，机构投资者通过更有组织的合谋可以取得更多的租金归属。所以，如何在提高机构投资者的议价积极性的同时，保证询价价格更有效地反映新股的内在价值，便是当前急需完善和改进的症结所在。本章认为应当促进机构投资者之间的充分竞争，尽量避免机构投资者的合谋行为，使得询价对象更积极地调查拟上市公司的质量，更积极地披露拟上市公司的信息，提高机构投资者的价格发现功能。

其三，切实保护中小投资者利益。定价机制市场化在提高市场运行效率的同时，需要注重公平问题，使租金在机构投资者与中小投资者之间更合理地分配。与机构投资者相比，处于信息和资金劣势的中小投资者组织更为松散，常常会陷入“赢者诅咒”的怪圈之中。定价机制市场化改革后，机构投资者仍有能力利用信息优势选择投资价值高的新股，而将改革提高发行价带来的风险转嫁给中小投资者。新政中未出台相应的措施来切实保护中小投资者的利益，导致租金分配进一步向机构投资者倾斜，进而造成了 IPO 抑价率不降反升。因此，需要做好中小投资者的风险揭示工作，切实保护中小投资者的合法利益，从而保证 A 股 IPO 市场的健康发展。

第 3 章
新股发行价格管制与自由定价下企业的 IPO 动态博弈决策研究

企业在进行 IPO 决策时，会根据市场投资者对企业的估值，在发行成本与收益之间进行权衡，决定是否以及何时进行 IPO。学术界普遍认为，企业的内在价值决定了 IPO 价格基础，而信息不对称与市场上的投资者情绪将使实际的发行价格围绕 IPO 价格基础进行波动。除此之外，我国的新股发行价格管制制度也可能会对 IPO 定价乃至 IPO 决策产生影响。因此面临融资需求的企业，在 IPO 决策时除面临未知的市场状态和投资者认知外，还需对监管当局实行的 IPO 价格管制带来的影响进行权衡。

2014 年 6 月新股发行重启后，为遏制以往新股定价发行存在的“三高”问题，即高发行价、高发行市盈率、超高的募集资金问题，证监会对新股定价提出了新股定价最高 23 倍发行市盈率的要求。价格管制是在我国特有的新股发行定价制度下，监管当局为遏制新股发行存在的“三高”问题设定的市盈率上限，然而关于价格管制对于企业 IPO 决策影响的相关研究却非常有限。

如何将企业内在价值、信息不对称、投资者市场情绪等多因素纳入企业 IPO 决策中？价格管制对于企业 IPO 决策影响几何？以往文献在对企业 IPO 决策进行分析时集中于企业内在价值与信息不对称，或企业内在价值与市场投资者情绪，抑或信息不对称与市场投资者情绪两两之间的联系上。而本章借鉴 Aghamollay 和 Guttmanz(2015)的分析框架，构建了多企业主体动态博弈下的三期 IPO 决策模型，将企业内在价值、信息不对称、投资者市场情绪这三个影响因素统一纳入企业 IPO 决策的理论模型中，同时引入适应中国国情的价格管制因素，以高新技术企业为样本，探讨在缺乏同比企业、投资者认知未知情况下的 IPO 决策，并对比分析价格管制因素对企业 IPO 决策的影响。

对于市场上的不同主体，本章的研究均具有现实意义：对于高新技术企业而言，将有助于其根据自身的发展情况、企业特性制定更加适宜的 IPO 决策；对投资者而言，通过对不同时期进行 IPO 企业的特性进行描述和对比分析，有助于其在对这些陌生企业进行估值时，能够更快地形成正确的价值认知；而对于监管当局而言，本章的研究将在一定程度上为监管当局对新股发行定价的进一步改革提供相关理论参考。

本章还具有以下理论价值：一是构建了多企业主体动态博弈下的三期 IPO 决策模型，同时探讨了企业内在价值、信息不对称、投资者市场情绪与价格管制这四个因素对高新技术企业 IPO 决策的影响，将已有模型进行了拓展，使其更加符合现实情况；二是重点研究了价格管制对企业 IPO 决策的影响，对相关研究具有边际学术贡献。

3.1　企业 IPO 决策和 IPO 价格理论

3.1.1　企业 IPO 决策与 IPO 价格

3.1.1.1　企业 IPO 决策与 IPO 价格

由于企业进行 IPO 的最终目的为最大化企业价值(Zingales，1995)，而在企业价值被市场高估时发行新股，能够为企业带来更高的收益(Ritter，1991)，并且用较少的股份就能满足融资需求(Jenkinson 和 Ljungqvist，2001)，因而企业往往选择在自身或者同行业估值较高时上市。此后大量文献也通过实证证实了新股价格、首日超额回报率与 IPO 数量存在的正相关性，即当企业能够以较高价格发行 IPO，且新股在二级市场有较高的溢价率时，将会在后期吸引更多企业发行新股，即出现 IPO 浪潮现象(Loughran 等，1994；Lerner，1994；Pagano 等，1998)。

学术界普遍认为，IPO 价格与企业 IPO 决策影响机制存在两种途径：一是由于信息不对称存在，导致企业 IPO 价格被扭曲，因而企业倾向于在市场对企业新股估值较高时进行上市。Ibbotson 等(1988)和 Korajczyk 等(1989)通过实证发现企业会选择在市场能够对新股进行更准确定价时上市，且企业的收益率与后期新股的发行数量存在正相关性。Lucas 和 McDonald(1990)则认为信息不对称的存在使企业 IPO 价格被市场高估，而企业则会在价格被高估时发行新股，在被低估时暂缓发行计划。二是当市场上投资者情绪持续较高时，股票价格将会被普遍高估，因而企业将会在市场情绪高涨时高价上市(Lowry，2003；Derrien，2005；Ljungqvist 等，2006)。

3.1.1.2 企业 IPO 决策与 IPO 成本收益

除 IPO 价格影响外，更多的研究认为企业的 IPO 决策受到上市的成本与收益影响。通过上市，企业能够筹集更多的资金用于扩大生产、加大研发投入、抢占市场空间，同时外部投资人的引入有助于改善企业管理质量，增强公司透明度等。然而选择上市也存在包括承销费、发行费用等在内的融资成本，以及因此导致的所有者股权稀释、信息披露风险等负面效应。Chemmanur 和 Fulghieri(1999)通过构建二期博弈模型认为，为了给所拥有的项目融资，企业需要决定是通过 IPO 进行公开融资还是将部分股权出售给风险厌恶的风险投资家，发行新股的优势在于要求回报率较小，然而需要披露较多的企业信息，最终他们发现当企业成立时间较长、已披露信息较多时将会倾向于进行 IPO。Maksimovic 和 Pichler(2000)将研究重点放在了新兴市场上技术创新对企业 IPO 决策的影响，他们认为先行上市的企业将获得先发优势，即较竞争对手先一步融得资金并投入技术创新，从而能够更早地抢占市场份额，然而由于先于对手上市，可能面临技术创新失败及核心产品和技术被其他对手复制等风险，因此企业需要在先行上市的收益与风险中权衡上市时机。Spielgel 和 Tookes(2008)将模型的期限拓展至无限时间，在其模型中，企业制定融资决策时将要考虑技术创新与产品市场竞争带来的影响，当企业需要为新技术进行融资时，需要在内部融资与外部融资，即融资成本与信息外溢之间进行权衡，模型分析结果显示，企业最终选择的融资方式受到该项技术的革新程度的影响，且企业所拥有的市场份额越大越倾向上市。

众多学者从信息不对称的角度出发，研究逆向选择成本下企业的 IPO 决策。Hoffmann-Burchardi (2001)提出，企业与投资者之间存在信息不对称，先上市企业的 IPO 定价及发行过程能够揭示行业的一些共同信息，有助于投资者对后续 IPO 进行定价。Benveniste 等(2002) 认为企业在对新股进行定价时需要了解外部市场投资者对企业价值的评判，并为此付出相关成本，而后上市的企业能够利用前期上市的新股发行定价表现降低相关成本，因而 IPO 发行存在时间的聚集现象。Ang 和 Brau(2003)认为信息不对称将会使企业承担高额的发行成本，包括高 IPO 抑价、高承销费用、高管理费用等，因此企业倾向于在信息不对称有所缓解、企业透明度增强时进行上市。Alti(2005)构建了给定信息不对称下的 IPO 决策模型，在其模型中，先行上市的 IPO 能够反映市场和行业共同的私人信息及投资者对企业的定价信息，有助于降低企业与投资者之间的信息不对称，并帮助投资者对后续上市的新股进行更准确的定价。Alti(2005)称这一现象为信息外溢，因此当前期上市的 IPO 价格较高时，将会吸引更多企业上市，并在后期形成 IPO 浪潮。

国内研究方面，国内学者主要通过运用实证分析对新股发行数量的波动进行研究。王军和唐柳(2009)通过对 2001—2004 年上市新股进行分析发现，企业将会倾向于在泡沫期进行 IPO。邵新建等(2010)认为由于政府具有“运动员”和“裁判员”的双重身份，因此将会通过控制新股发行节奏调控证券市场情绪，平衡投资者非理性情绪，并因此导致 IPO 发行数量呈现一定的周期性。王婷(2011)分析了沪深两市 IPO 浪潮前后市场回报率及其波动率、市场总利润率等市场条件的变化，发现企业会为了追求短期利益进行 IPO。胡志强等(2012)则在 Chemmanur 等(2010)的模型基础上引入我国特有的发行制度因素，并通过对 1999—2009 年上市的制造业企业进行实证分析，发现 IPO 融资能够促进企业市场份额的提高。

3.1.2　企业 IPO 价格因素分析

已有的研究发现，企业进行 IPO 时的定价往往受到两方面因素影响：一是企业的内在情况，包括企业的经营能力、盈利能力、成长性、偿债能力、现金流表现等与企业价值直接相联系的各方面指标。企业在上市前将企业自身情况在招股说明书中予以披露，投资者则根据企业对自身运营情况的说明、披露的相关财务数据进行分析，并与行业及整体市场进行对比后对新股的价值做出基准判断。除企业自身经营和成长状况外，企业外部的行业表现和市场环境也会通过影响发行成本、投资者情绪等间接影响到新股的估值水平。

3.1.2.1 IPO 价格与企业内在价值

Fama(1970)在其最经典的有效市场假说中提到 IPO 估值与企业内在价值的联系，认为 IPO 估值应由企业的内在价值所决定。实证方面，Thompson 等(2001)研究发现承销商通常根据企业的财务信息制定 IPO 发行价格，并且通过线性回归发现企业的账面价值、营业收入等在内的财务数据对新股价格的解释度(R2)高达 80%。Bhagat 和 Rangan(2003)研究了 1625 个 IPO 样本，时间跨度包括三个冷销与热销阶段，结果同样证实企业内在价值与 IPO 价格的高度关联，不过不同的财务指标在冷销与热销阶段对 IPO 价格的影响各不相同。Brau 和 Fawcett(2006)对 336 个企业的首席财务官进行了问卷调查，并对收集的问卷进行了分析，结果显示企业的盈利水平对 IPO 价格的影响最为显著。近年来，随着科技迅速发展，企业的研发活动，特别是高新技术企业的研发支出通过影响企业内在价值进而影响到上市股票定价的相关研究逐渐被学界所重视。已有研究通常从企业的研发支出入手，发现通过增加研发费用，形成无形资产、提高企业生产率、提升产品市场竞争力，进而提高企业未来时期的现金流和经营业绩并使企业价值增加、股票价值提升(Phillips 和 Wrase，2006)。

国内学者在国外研究基础上，同样证实了企业价值对股票价格的影响，如刘春玲(2009)对 2005—2007 年上市的 144 个 IPO 定价样本情况进行了因子分析和逐步回归，并构建了 IPO 定价的多因素模型，认为新股的定价主要受到企业的财务状况、经营成果、新股发行数量、行业特性等因素的影响。2009 年创业板上市后，也有学者对创业板上市的新股的定价效率与新股价值和企业价值之间的联系进行了分析，结果认为创业板上市的股票价格能够反映企业的内在价值(郭海星和万迪防，2011)。

3.1.2.2　IPO 价格与信息不对称

针对 IPO 价格与信息不对称，Rock(1986)提出了著名的“赢者诅咒”假说，处于信息劣势的投资者只能随机或者利用所掌握的不完全信息进行选股，由于这些信息劣势，投资者往往只能申购到风险更高、收益更少的新股，为将这些投资者挽留在市场上，企业在定价时只能主动降低新股价格，用 IPO 抑价补偿信息劣势投资者，以克服逆向选择问题。Beatty 和 Ritter(1986)在“赢者诅咒”假说基础上提出企业价值的先验不确定性越高，企业在发行时的主动抑价程度越高，即对于投资者而言，申购新股的风险越高，所要求的收益率也越高，他们还通过对 1977—1982 年上市的新股进行实证分析证实了所提出的推论。

French 和 Roll(1986)首次对股票收益的方差进行实证分析，发现股票收益率波动与投资者能够获得的企业相关信息的数量和质量正相关，即投资者与企业间信息不对称程度越高，企业股票收益的波动幅度越大。随后的一系列研究也均以发行后股票收益率的波动作为企业 IPO 时信息不对称的代理变量(Lobot 和 Mahmoud，1989；Lang 和 Lundholm，1994；Leuz 和 Verrecchia，1999)。

国内研究方面，杨丹和王莉(2001)利用 1998—2000 年上市新股为样本，检验了“赢者诅咒”在中国股票市场的适用性，结果证实了中国上市新股的抑价程度与信息不对称存在高度正相关关系。王华和张程睿(2005)以新股上市后前 30 个交易日收益率的标准差作为新股发行时的信息不对称程度代理变量，发现信息不对称程度越高，企业发行所付出的融资成本越高(以发行折价衡量)，并提出上市企业应积极主动披露公司价值信息，以降低信息不对称。

3.1.2.3　IPO 价格与投资者情绪

投资者情绪对 IPO 价格影响的相关研究最早来自于 Miller(1977)提出的投资者情绪理论。在投资者情绪理论基础上，陆续有大量学者对投资者狂热情绪对股价的扭曲及在二级市场抑价率的提高进行了研究，认为由于存在信息不对称，新股的价值往往难以评估，因而一级市场上容易产生大量乐观投资者(Camerer，1987)，而乐观投资者对股票的追捧将会在市场上产生羊群效应(Tinic，1988；Asquith 等，1998)，并因此推高新股价格，产生高抑价率(Aggarwal 和 Rivoli，1990；Long 等，1990；Daniel 等，2001；Ljungqvist 和 Wilhelm，2001)。此外，Ritter(1991)还提出当投资者对发行企业所在行业存在"非理性过度乐观"时，企业将会利用投资者的狂热情绪提高新股发行价格。也有其他学者通过构建理论模型，研究投资者情绪的影响。

国内研究方面，由于我国特殊的新股发行制度和市场背景，即一方面核准制下新股的发行节奏由证监会控制，新股的稀缺性导致其在一级和二级市场均受到投资者的狂热追捧，而另一方面，证券市场上的投资者以中小投资者为主，专业知识缺乏，投资行为易受到非理性情绪驱动，因此证券市场特别是与新股发行相关的一级与二级市场存在浓郁的投机氛围。大量文献也从模型和实证方面对投资者狂热情绪导致的新股高抑价率进行了分析(段进东和陈海明，2004；曹凤岐和董秀良，2006；江洪波，2007；王莉婷，2013)，其中宋顺林和王彦超(2016)还提出企业价值不确定性与投机风险将会影响投资者情绪对 IPO 抑价的影响程度，价值不确定性与投机风险越高，对应的投资者情绪对 IPO 抑价影响越大。

3.1.3　新股发行价格管制分析

自 2012 年 11 月暂停新股发行后，证监会于 2014 年 1 月再次重启 IPO 发行，重启当月发行 23 家，23 例 IPO 均为 2012 年 11 月新股发行暂停前申请。在 2014 年 1 月的新股发行中，为遏制新股发行暂停前存在的高发行价、高发行市盈率、超高的募集资金问题，证监会在发行制度中引入存量发行制度。然而奥赛康股东试图利用存量发行制度巨额套现 32 亿元被证监会紧急叫停后，新股发行再次被暂停。

2014 年 6 月新股发行再次重启，为缓解新股发行市场"三高"问题，同时遏制原始股东恶意套现行为，存量发行被严格限制。除此之外证监会推出一系列针对新股发行定价的改革，包括对新股定价最为关键的发行市盈率 23 倍要求。① 此后的新股发行市盈率均在 23 倍市盈率以下，新股发行定价在实际中仅简单套用公式：发行价 =(募集资金+发行费用)/发行数量，并根据可比公司近一个月静态平均市盈率和 23 倍市盈率孰低的标准进行微调即可。②。

回顾我国新股发行制度改革历程，在某些特殊时段，政府为了维护股票市场价格稳定，抑或遏制新股的高发行价、高发行市盈率、超高的募集资金问题，会对新股发行价格设定最高发行市盈率以对新股发行进行价格管制。王冰辉(2013)整理了 1993 年至 2008 年新股发行定价方式与是否存在价格管制，本章在其基础上将时间段更新至 2017 年，整理结果如表 3-1 所示。

表 3-1　**新股定价方式与价格管制**

时间段	新股定价方式	价格管制
—1999. 09	固定价格和固定市盈率	15 倍市盈率
1999. 09—2001. 08	累计投标定价	无
2001. 11—2004. 12	固定市盈率	20 倍市盈率
2005. 01—2008. 12	询价制	30 倍市盈率
2009. 01—2012. 11	询价制	无
2014. 06 至今	询价制	23 倍市盈率

资料来源：王冰辉．价格管制与 IPO 时机选择．经济学(季刊)，2013，12(2)：407-428.

对于发行价格管制对新股定价发行表现的影响，不同学者从定价效率、IPO 抑价率、承销费用、股权性质等方面进行了研究。

① 2014 年 1 月 12 日，证监会发布《关于加强新股发行监管的措施》(简称《措施》)，《措施》要求发行人应依据《上市公司行业分类指引》确定所属行业，并选取中证指数有限公司发布的最近一个月静态平均市盈率为参考依据。

② 李砾．低于行业均值六成，新股发行难破 23 倍市盈率“魔咒”．金陵晚报，2015-05-11.

严小洋(2008)分析了发行价格管制对新股发行价格及二级市场股票交易价格的影响，以及因此导致的一级与二级市场价差(租金)对投资者行为的影响。其从供需角度分析，认为发行价格管制的存在降低了企业的意愿发行量，但投资者的申购意愿增强，强烈的供求差距使得一级市场与二级市场间存在着较高的市场价差(租金)。姜婷(2014)则对比了 2009 年 6 月新股定价“窗口指导”取消前后，中小企业板上市新股在定价中的不同行为，结果发现存在定价“窗口指导”时，“窗口指导”使新股定价存在较高程度的折价，“窗口指导”取消后，新股存在的高抑价率主要来自二级市场投资者的狂热情绪。

陈俊和陈汉文(2010)探讨了发行价格管制背景下审计师声誉机制对新股定价效率的影响。通过对 2001 年至 2004 年 IPO 样本的分析，发现发行价格管制使审计师的声誉机制逐渐形成，表现在高声誉的审计师能够提高 IPO 定价效率，降低抑价率。因此陈俊和陈汉文(2010)认为在新股发行改革背景下价格管制的存在具有一定的合理性。

于富生和王成方(2012)从股权性质与 IPO 抑价角度出发，研究新股价格管制对二者关系的影响，发行价格管制将会削弱国有股权与 IPO 抑价之间的正相关关系，即随着发行价格管制程度的提高，国有股权将无法在 IPO 抑价表现中体现。在此基础上，王成方和叶若慧(2014)进一步研究了发行价格管制对国有股权与 IPO 长期收益率关系的影响，实证结果发现，存在价格管制时，企业股权结构中国有股权比例越高，受到政府的管制程度也将会越高，从而使企业负担了额外的发行成本以及社会性负担，不利于企业经营管理水平的改善，从而使长期收益率呈现较低态势。

王成方等(2015)研究了发行价格管制对承销费与 IPO 抑价关系的影响，通过对 2001 年至 2012 年上市新股的数据进行实证分析，发现随着发行价格管制程度提高，承销费与 IPO 抑价原有的正相关关系将会减弱，甚至扭曲为负相关关系。

张岩和吴芳(2016)研究了发行价格管制与企业 IPO 盈余管理的影响，提出价格管制将会加剧企业在 IPO 时的盈余管理强度，且受到价格管制的企业的期望市盈率、大股东持股比例以及外部融资需求越高，其盈余管理强度越高。

价格管制与企业 IPO 时机选择方面，仅王冰辉(2013)对 1999 年至 2004 年存在的发行价格管制对整体 A 股市场上进行 IPO 企业的时机选择的影响进行了研究。王冰辉(2013)认为发行价格管制的存在使企业的 IPO 成本大大增加。而由于发行价格与成长性存在正相关关系，即成长性越高，新股的发行价越高。然而价格管制下高成长性只能以较高的折价发行新股，因此高成长性企业将会选择推迟 IPO 直至成长性实现。高成长性公司在价格管制下的 IPO 择时也使得新股发行市场上企业的成长性普遍较低。

以往文献在对企业 IPO 决策进行分析时集中于企业内在价值与信息不对称，或企业内在价值与市场投资者情绪，抑或信息不对称与市场投资者情绪两两之间的联系上。而本章将在前人研究基础上，将企业内在价值、信息不对称与投资者市场情绪这三个影响因素统一纳入企业 IPO 决策的理论模型中，综合考虑三者的影响。同时本章通过构建多企业的三期博弈模型探讨企业 IPO 决策，并以高新技术企业为样本探讨这类型企业在市场上缺乏同类型企业、对市场对企业的认知与估值等情况未知的情况下所制定的 IPO 决策，而这一点在已有的文献中鲜有触及，因而本章的研究具有一定的文献价值和理论意义。此外，本章结合国内新股定价实践，将政府发行价格管制因素引入企业 IPO 决策模型中，对比分析了价格管制对企业 IPO 决策的影响。本章的分析结果对相关研究具有边际学术贡献，并能够为监管当局对新股定价机制的进一步改革提供理论参考。

3.2　自由定价与价格管制下企业 IPO 的动态博弈决策

3.2.1　自由定价时企业上市的动态博弈决策

本章借鉴 Aghamollay 和 Guttmanz(2015)的分析框架，研究企业 IPO 决策与时机选择。以往模型对企业 IPO 决策进行分析时大多集中于企业内在价值与信息不对称，或企业内在价值与市场投资者情绪，抑或信息不对称与市场投资者情绪两两之间的联系上(Hoffmann－Burchardi,

2001；Pastor 和 Veronesi，2003；Spiegel 和 Tookes，2008）。而 Aghamollay 和 Guttmanz(2015)则将企业内在价值、信息不对称与投资者市场情绪这三个影响因素统一纳入企业 IPO 决策的理论模型中，同时也考虑了企业间在不同时期内的动态博弈影响。此外相对于 Chemmanur 和 Fulghieri(1999)的二期博弈，Aghamollay 和 Guttmanz(2015)将企业决策的期限扩展至三期，从而将共同因素的均值回归引入模型中。与 Alti(2005)不同，Aghamollay 和 Guttmanz(2015)通过假设共同因素服从均值回归，进一步推导出企业在第二期能够通过观察到的共同因素判断能否继续推迟 IPO，以从共同因素的均值回归中获得实物期权。

3.2.1.1 模型背景与假设

本章假设市场上拥有 $N(N > 2)$ 个未上市企业，所有未上市企业面临三期决策($t \in \{1, 2, 3\}$)，且每个企业在上市时的价值取决于两个因素：企业的特质因素及影响企业所在行业乃至整个市场的共同因素。

影响企业价值的第一部分为企业的特质因素，其受到由企业自身经营表现和财务状况代表的企业内在价值，以及推迟上市所带来的折现成本的影响。企业存在尽快上市的时间偏好，本章假设企业在选择上市并对自身进行定价时，将会对未来现金流进行折现，且折现率为 r。

模型假设在 $t = 1$ 期之前，所有企业只能观察到自己的特质因素 ψ ，ψ 为随机变量 $\widetilde{\psi}$ 的实现值，且 $\widetilde{\psi}$ 的累计密度函数为 $G(\psi)$ ，概率密度函数为 $g(\psi)$ 。当特质因素 ψ 为负时，企业不存在尽快上市的时间偏好，为简化分析，本章仅分析 ψ 大于0 的情况。在随后的模型中，本章将以 ψ_i 代指企业 i 的特质因素，且对于所有 $i \neq j$ ，特质因素 ψ_i 与 ψ_j 相互独立。假设企业的经理人均为风险中性，所有经理人必须在三个时期内做出 IPO 决策，并将企业的特质因素 ψ 进行披露，且所有被披露的信息均为真实且无成本的。

影响企业价值的第二部分为共同因素，代表证券市场上的信息不对称及投资者情绪等对所有未上市企业的价值产生共同影响的因素。本章假设共同因素遵循均值回归的随机一阶自回归 AR(1) 过程。已有研究发现，股票收益率和股票市场指数均存在均值回归过程（Poterba 和 Summers，1987；Fama 和 French，1988；Bessembinder 等，1995）。学术界认为证券价格存在的这种均值回归过程来自于市场投资者对理性预期的调整（Cecchetti 等，1990；Campbell 和 Hentschel，1992；Veronesi，1999）。本章假定驱动共同因素进行均值回归的因素除来自投资者情绪对理性预期调整外，还来自市场上信息外溢对信息不对称程度的削弱及投资者情绪调整。共同因素遵循均值回归的一阶自回归 AR(1) 过程为：

$$c_t = \lambda c_{t-1} + \varepsilon_t \tag{3.1}$$

其中，c_t 代表共同因素在 t 期的值。在 $t = 1$ 期 c_1 未知，当且仅当市场上有至少 1 家企业进行 IPO 时，其他企业才能在 IPO 发生当期末观察到 c_1 的状态。$\lambda \in (0,\ 1)$ 代表均值回归的速度。ε_t 为随机误差项，服从正态分布 $\varepsilon_t \sim N(0,\ \sigma^2)$，其累积分布函数为 $F(\cdot)$，密度函数为 $f(\cdot)$。根据 c_t 的均值回归过程可以得到其初始状态 $c_0 = 0$，$t = 1$ 期值为 $c_1 = \widetilde{\varepsilon_1}$，为零均值误差项。

当企业 i 想要在 $t = \eta$ 期进行 IPO 时，其市场价格取决于特质因素 ψ_i、共同因素 c_η 以及 $t = \eta$ 期的市场状态 ω_η，由于企业均存在尽快上市的时间偏好(以折现率 r 表示)，因此对任意在 $t = \eta$ 期进行 IPO 的企业 ψ_i，其上市所获得的预期效用为：

$$u_{i,\ \eta} = \frac{E(\psi_i + c_\eta \mid \omega_\eta)}{(1 + r)^{\eta - 1}} \tag{3.2}$$

对于所有未上市企业，在三期决策中，其决策流程如下：在 $t = 0$ 期，所有企业只能观察到自己的特质因素 ψ；在 $t = 1$ 期，所有企业将同时决定是否进行 IPO，如果有至少一家公司在 $t = 1$ 期上市，则进行 IPO 的企业将会获得其市场定价，共同因素 c_1 会被所有企业观察到；在 $t = 2$ 期，所有未在 $t = 1$ 期上市的企业将同时决定是否进行 IPO，如果有至少一家公司在 $t = 2$ 期上市，则进行 IPO 的企业将会获得其市场定价，而共同因素 c_2 会被所有企业观察到；最后，所有未在 $t = 1$ 和 $t = 2$ 期上市的企业将会在 $t = 3$ 期进行 IPO。以上决策的流程图如图 3-1 所示。

本章假设所有的企业 IPO 前同质，即所有企业拥有相同分布的特质因素 ψ，相同折现率 r，同时共同因素 c_t 以相同方式影响所有企业的

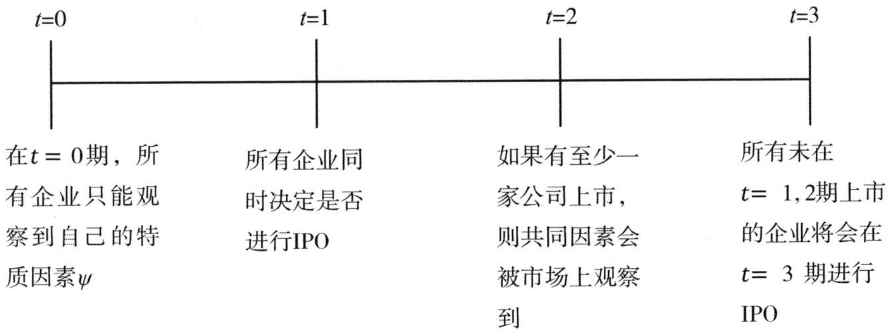

图 3-1　三期决策流程图

市场价值。以下部分将会分析多企业三期决策的均衡模型。

3.2.1.2　动态博弈模型的 IPO 临界条件

当企业面临二期决策时，所有企业将会在 $t = 1$ 期进行 IPO。原因在于，在 $t = 1$ 期，所有企业均无法观察到共同因素 c_1 的状态，因而在决策最终期即 $t = 2$ 期，共同因素的预期值为 $E(c_2) = 0$。因此企业 i 在 $t = 1$ 期 IPO 所获得的预期效用为 ψ_i，大于推迟 IPO 至 $t = 2$ 期所获得的预期效用 $\frac{\psi_i}{1 + r}$。

以下将推导出企业在三期决策中的对称临界均衡。在均衡模型中，对于企业 i，只有当其特质因素 ψ_i 高于临界值 ψ_i^* 时，才会选择在 $t = 1$ 期进行 IPO，其中 ψ_i^* 为包括特质因素分布、共同因素分布、均值回归速度、企业数量、折现率等所有变量在内的函数。在 $t = 2$ 期，如果存在企业 j 已在 $t = 1$ 期上市，则企业 $i \neq j$ 会在 $t = 2$ 期进行 IPO（当且仅当其特质因素 ψ_i 高于临界值 ψ_2^*）。需要注意的是，如果在 $t = 1$ 期没有企业进行 IPO，则模型将会简化为二期决策模型，即所有企业将会在 $t = 2$ 期上市。由于在 $t = 1$ 期有至少一家企业进行 IPO 的概率大于 0，因此企业 i 有激励推迟 IPO，以期在 $t = 1$ 期末观察到共同因素 c_1，而当 c_1 在 $t = 1$ 期足够低时，考虑到 c_t 服从均值回归过程，其在 $t = 3$ 期的值将会大于 $t = 2$ 期的值，即企业能够通过推迟 IPO 至 $t = 3$ 期获得实物期权。

鉴于以上对 $t=2$ 期的分析，所有企业在 $t=1$ 期将会在推迟 IPO 所获得的实物期权与折现成本之间进行权衡，因此本节将先对企业在 $t=2$ 期的 IPO 决策进行分析，随后再对 $t=1$ 的 IPO 决策进行讨论。

由于至少有1家企业将会选择在 $t=1$ 期 IPO，并使共同因素 c_1 被市场观察到，因此对于未在 $t=1$ 期 IPO 的企业 i，当且仅当其在 $t=2$ 期立即进行 IPO 获得的效用等于推迟 IPO 至 $t=3$ 期获得效用相等时，对于在 $t=2$ 期 IPO 与否保持中性态度，即：

$$\frac{\psi_i + E(c_2 \mid \omega_1)}{1+r} = \frac{\psi_i + E(c_3 \mid \omega_1)}{(1+r)^2} \tag{3.3}$$

通过推导上述方程，本章得到企业在 $t=2$ 期的最优策略 $\psi_2^*(c_1)$，并由此提出推论1。

推论1：新股定价不存在价格管制时，未在 $t=1$ 期进行 IPO 的企业的策略如下：如果没有企业在 $t=1$ 期上市，则企业 i 将在 $t=2$ 期进行 IPO。如果在 $t=1$ 期至少有一家企业上市，并使共同因素 c_1 被市场观察到，企业 i 将在 $t=2$ 期进行 IPO，当且仅当：

$$\psi_i \geqslant \psi_2^*(c_1) = -c_1(1+r-\lambda)\left(\frac{\lambda}{r}\right) \tag{3.4}$$

在 $t=2$ 期 IPO 决策临界条件的基础上，本章将继续分析企业在 $t=1$ 期进行 IPO 的临界条件。

企业 i 在 $t=1$ 期进行 IPO 所获得的期望效用为 $\psi_i + E(c_1) = \psi_i$。若在 $t=1$ 期选择推迟上市，其期望效用将会取决于在 $t=1$ 期是否有企业上市。如果 $t=1$ 期没有 IPO 发生，企业 i 将会在 $t=2$ 期上市，且所获得的效用为 $\frac{E(\psi_i + c_2)}{1+r} = \frac{\psi_i}{1+r}$。如果 $t=1$ 期有至少一起 IPO 发生，且当且仅当 $\psi_i > \psi_i^*(c_2)$ 时，企业 i 将会在 $t=2$ 期上市，获得期望效用 $\frac{E(\psi_{i+} c_2 \mid \psi_i > \psi_i^*(c_2))}{1+r}$，否则企业选择推迟 IPO 至 $t=3$ 期，并获得期望效用 $\frac{E(\psi_i + c_3 \mid \psi_i < \psi_i^*(c_2))}{(1+r)^2}$。综上，企业 i 在 $t=1$ 期推迟 IPO 所获得的期望效用为：

$$\Pr(\mathrm{NI}_{i\neq j}^{1})\left(\frac{\psi_i}{1+r}\right)+(1-\Pr(\mathrm{NI}_{i\neq j}^{1}))$$
$$\left(\begin{array}{c}\Pr(I_{i\neq j}^{1})E[\text{payoff at } t=2 \mid \psi_i,\ I_i^2]\\ +\Pr(\mathrm{NI}_{i\neq j}^{1})E[\text{payoff at } t=3 \mid \psi_i,\ \mathrm{NI}_i^2]\end{array}\right) \tag{3.5}$$

其中 $\Pr(\mathrm{NI}_{i\neq j}^{1})$ 代表 $t=1$ 期没有 IPO 发生的概率，$I_i^2(\mathrm{NI}_i^2)$ 代表企业 i 在 $t=2$ 期进行 IPO（不进行 IPO），$\Pr(I^2)$ $(\Pr(\mathrm{NI}^2))$ 代表企业在 $t=1$ 期未上市而在 $t=2$ 期进行 IPO（不进行 IPO）的概率。

由于企业特质因素 ψ 之间相互独立，因而对于任意企业而言，进行 IPO 的事前概率相同，即在 $t=1$ 期没有 IPO 发生的概率为 $\Pr(\mathrm{NI}_{i\neq j}^{1})=[G(\psi_1^*)]^{N-1}$，其中 $G(\cdot)$ 为 ψ 的累计密度函数。而对于企业 i，其选择在 $t=2$ 期进行 IPO 的概率将取决于 c_1，即对于任意给定特质因素 ψ_i 的企业，当且仅当 $c_1>c_1^*\equiv-\dfrac{\psi_i}{(1+r-\lambda)\left(\frac{\lambda}{r}\right)}$ 时，企业 i 将在 $t=2$ 期进行 IPO，概率为 $\Pr(I^2)=F\left(\dfrac{\psi_i}{(1+r-\lambda)\left(\frac{\lambda}{r}\right)}\right)$，其中 $F(\cdot)$ 为 c_t 的累计密度函数。将上述分析结果代入（3.2）式可以得到企业 i 在 $t=1$ 期推迟 IPO 所获得的预期效用。

在 $t=1$ 期的临界策略值上拥有特质因素 ψ_1^* 的企业，在 $t=1$ 期上市与推迟 IPO 至 $t=2$ 期之间保持中性态度。也就是说，在临界策略下，企业的特质因素 ψ_1^* 使其在 $t=1$ 期上市获得的预期效用（即 ψ_1^*）与推迟 IPO 至 $t=2$ 期获得的预期效用（即（3.3）式）相同，因此本章提出推论 2。

推论 2： 不存在价格管制时，企业在 $t=1$ 期执行 IPO 策略的临界条件取决于：

$$\psi_1^*=[G(\psi_1^*)]^{N-1}\left(\frac{\psi_1^*}{1+r}\right)+(1-[G(\psi_1^*)]^{N-1})$$

$$\left(\begin{array}{c} F\left(\dfrac{\psi_1^*}{(1+r-\lambda)\left(\dfrac{\lambda}{r}\right)}\right)\dfrac{\psi_1^*}{1+r}+\dfrac{1}{1+r}\lambda\,\sigma^2 f\left(-\dfrac{\psi_1^*}{(1+r-\lambda)\left(\dfrac{\lambda}{r}\right)}\right) \\ +\left(1-F\left(\dfrac{\psi_1^*}{(1+r-\lambda)\left(\dfrac{\lambda}{r}\right)}\right)\right)\dfrac{\psi_1^*}{1+r}-\dfrac{1}{(1+r)^2}\lambda^2\sigma^2 f\left(-\dfrac{\psi_1^*}{(1+r-\lambda)\left(\dfrac{\lambda}{r}\right)}\right) \end{array}\right) \tag{3.6}$$

结合上述对企业在自由定价下 $t=1$ 期及 $t=2$ 期 IPO 临界决策的分析可以看到，当企业特质因素越高时，企业上市的时机越早。其次，当上一期企业 IPO 表现成功时，由于成功的 IPO 反映出了较高的共同因素，因而有理由预期下一期存在 IPO 浪潮。因此本章提出推论 3。

推论 3：企业特质因素越高，进行 IPO 的时机越早；当 $t=1$ 期企业 IPO 表现成功时，$t=2$ 期将出现 IPO 浪潮，且 $t=1$ 期观察到的共同因素越高，$t=2$ 期的 IPO 数量越多。

3.2.1.3　IPO 临界条件的比较静态分析

同上述分析顺序一样，本章将先对 $t=2$ 期临界条件 ψ_2^* 进行比较静态分析。由上文分析可以得到，当在 $t=1$ 期存在 IPO 事件时，企业在 $t=2$ 期上市的临界条件为：

$$\psi_2^* \equiv -c_1(1+r-\lambda)\left(\frac{\lambda}{r}\right) \tag{3.7}$$

在保持 c_1 在内的其他变量不变的情况下，下文将分析以下两个因素的变动对 $t=2$ 期临界条件 $\psi_2^*(c_1)$ 的影响：(1) 企业 i 的折现率 r；(2) 共同因素 c_t 的均值回归的速度 λ。

对于 (1) 即企业 i 的折现率 r 变动对 $\psi_2^*(c_1)$ 的影响，首先对 $\psi_2^*(c_1)$ 求关于 r 的偏微分，可以得到：

$$\frac{\partial}{\partial r}\psi_2^*(c_1)=\frac{\partial}{\partial r}\left(-c_1(1+r-\lambda)\left(\frac{\lambda}{r}\right)\right)=-\frac{1}{r^2}\lambda\,c_1(\lambda-1) \tag{3.8}$$

由于 $\lambda\in(0,1)$，而 $c_1<0$(当 $c_1\geqslant 0$ 时企业会在 $t=2$ 期立即上市，不存在临界条件，因此本章模型中临界均衡分析只讨论 $c_1<0$ 情

况），因此 $\frac{\partial}{\partial r}\psi_2^*(c_1) < 0$，即随着折现成本的增加，企业选择进行 IPO 的临界条件 $\psi_2^*(c_1)$ 将会减小。

对于(2)即共同因素 c_t 的均值回归速度 λ 对 $\psi_2^*(c_1)$ 的影响，仍然先对 $\psi_2^*(c_1)$ 求关于 λ 的偏微分，可以得到：

$$\frac{\partial}{\partial \lambda}\psi_2^*(c_1) = \frac{\partial}{\partial \lambda}\left(-c_1(1+r-\lambda)\left(\frac{\lambda}{r}\right)\right)$$

$$= -\frac{1}{r}c_1(r-2\lambda+1)\begin{cases} >0 & \lambda < \dfrac{1+r}{2} \\ 0 & \lambda = \dfrac{1+r}{2} \\ <0 & \lambda > \dfrac{1+r}{2} \end{cases} \tag{3.9}$$

为了说明以上结果，可以分别考虑特质因素 ψ 和共同因素 c 对企业推迟 IPO 动机的影响。由于企业的特质因素 $\psi_i > 0$（否则企业将会直接选择在 $t=3$ 期上市），因此折现成本的存在使企业倾向于尽快上市，且特质因素 ψ_i 越大，企业尽快上市意愿越强烈。而共同因素 c_t 均值回归的速度 λ 则从两种途径影响企业上市动机：(a)当 $\lambda=0$ 时，c_t 之间独立同分布，即 c_1 与 c_2 及 c_3 之间相互独立，$E(c_2 \mid c_1)=0$，因而企业无法通过推迟 IPO 获得实物期权，将会选择在 $t=2$ 期尽快上市；当 $\lambda>0$ 时，随着 λ 增大，通过 c_1 预测 c_2 与 c_3 的准确性越来越高，因此对于 $c_1<0$，λ 越大，推迟 IPO 获得的收益越高，企业越倾向于推迟上市；(b)当 λ 增大到一定程度时，给定企业的特质因素 ψ_i 及 $t=1$ 期共同因素 c_1，企业将 IPO 推迟至 $t=3$ 期并利用均值回归所获得的实物期权收益将越来越小，即途径(b)的影响方向与途径(a)的影响方向恰恰相反。

以下部分将同样分析：(1)企业 i 的折现率 r；(2)共同因素 c_t 的均值回归的速度 λ，这两个因素的变动对 $t=1$ 期临界条件 ψ_1^* 的影响。

对于(1)即企业 i 的折现率 r 变动对 ψ_1^* 的影响，同 $t=2$ 期分析相似，对于给定企业 i 的特质因素 ψ_i，当折现率 r 越大时，折现成本越高，推迟 IPO 从而获得的实物期权的收益越小，因而企业越倾向于在 $t=1$ 期上市，即折现率 r 越大，企业在 $t=1$ 期进行 IPO 的临界条件 ψ_1^*

越小。

对于(2)即共同因素 c_t 的均值回归速度 λ 对 ψ_1^* 的影响，参照上文分析，先对 ψ_1^* 求关于 λ 的偏微分。由于 ψ_1^* 的公式较为复杂，而当令折现率 r 保持恒定时，λ 的变动将会对期权价值和 $t=2$ 期临界值 $\psi_2^*(c_1)$ 产生影响，进而影响到企业在 $t=1$ 期的临界策略 ψ_1^*，因此以下将通过分析 λ 的变动对期权价值及 $\psi_2^*(c_1)$ 的影响推出 $\frac{\partial}{\partial\lambda}\psi_1^*$ 的取值。

本章中的实物期权是指企业在 $t=2$ 期通过观察共同因素 c_1 的状态选择是否进行 IPO 的权利。

本章定义实物期权 $V_2(\psi_i)$ 为策略性企业与非策略性企业的效用之差，得到实物期权 $V_2(\psi_i)$ 的表达公式后，可以推导出 $V_2(\psi_i)$ 对 λ 的偏微分，由于篇幅原因，略去证明过程。

可以看到，当 $\lambda=\frac{1+r}{2}$ 时，有：

$$\frac{\partial}{\partial\lambda}V_2(\psi_i)=\int_{-\infty}^{c_2^*(\psi_i)}\left(\frac{2\,\frac{1+r}{2}\,c_1}{(1+r)^2}-\frac{c_1}{1+r}\right)f(c_1)\,\mathrm{d}c_1=0 \tag{3.10}$$

当 $\lambda>\frac{1+r}{2}$ 时，$\frac{\partial}{\partial\lambda}V_2(\psi_i)=\int_{-\infty}^{c_2^*(\psi_i)}\left(\frac{2\lambda c_1}{(1+r)^2}-\frac{c_1}{1+r}\right)f(c_1)\,\mathrm{d}c_1<0$。

当 $\lambda<\frac{1+r}{2}$ 时，则有：$\frac{\partial}{\partial\lambda}V_2(\psi_i)=\int_{-\infty}^{c_2^*(\psi_i)}\left(\frac{2\lambda c_1}{(1+r)^2}-\frac{c_1}{1+r}\right)f(c_1)\,\mathrm{d}c_1>0$。

因此 λ 对实物期权价值 $V_2(\psi_i)$ 的影响方向与对 $\psi_2^*(c_1)$ 的影响方向相同，故可以通过 λ 的变动对 $V_2(\psi_i)$ 与 $\psi_2^*(c_1)$ 的影响推得其对 ψ_1^* 的影响。

当 $\lambda<\frac{1+r}{2}$ 时，因为 $\frac{\partial}{\partial\lambda}V_2(\psi_i)>0$，且 $\frac{\partial}{\partial\lambda}\psi_2^*(c_1)>0$，因此随着 λ 的增大，期权价值增大，企业能够通过推迟 IPO 获得收益的概率增大，因

而在保持折现率 r 不变的情况下，推迟上市变得更有价值，继而使得企业在 $t=1$ 期的临界条件 c_1^* 增大，即 $\frac{\partial c_1^*}{\partial \lambda}>0$。

当 $\lambda>\frac{1+r}{2}$ 时，因为 $\frac{\partial}{\partial \lambda}V_2(\psi_i)<0$，且 $\frac{\partial}{\partial \lambda}\psi_2^*(c_1)<0$，因此随着 λ 的增大，期权价值减小，企业通过推迟IPO获得期权收益的概率减小，因而在保持折现率 r 不变的情况下，推迟上市的成本更高，企业将会选择尽快上市，从而使在 $t=1$ 期的临界条件 c_1^* 减小，即 $\frac{\partial c_1^*}{\partial \lambda}<0$。

当 $\lambda=\frac{1+r}{2}$ 时，由于 $\frac{\partial}{\partial \lambda}V_2(\psi_i)=0$，且 $\frac{\partial}{\partial \lambda}\psi_2^*(c_1)=0$，$\lambda$ 的变动不会影响期权价值及企业在 $t=2$ 期的IPO策略，因而无法影响 c_1^*，即 $\frac{\partial c_1^*}{\partial \lambda}=0$。

由以上分析可以看到，共同因素 c_t 的均值回归速度 λ 对企业在 $t=1$ 期的IPO临界条件 ψ_1^* 的影响方式与对企业在 $t=2$ 期的IPO临界条件 $\psi_2^*(c_1)$ 的影响方式相似，即有：

$$\frac{\partial}{\partial \lambda}\psi_1^*=\begin{cases}>0 & \lambda<\frac{1+r}{2}\\ 0 & \lambda=\frac{1+r}{2}\\ <0 & \lambda>\frac{1+r}{2}\end{cases}\tag{3.11}$$

结合上述，在不存在价格管制下，通过对企业 $t=1$ 期及 $t=2$ 期IPO临界决策的比较静态分析可以看到，当折现率 r 越大时，折现成本将会越高，使推迟IPO获得的实物期权的收益越小，因而企业越倾向于提早上市。即折现率 r 越大，企业在 $t=1$ 期及 $t=2$ 期决定上市的临界条件越小。而共同因素 c_t 均值回归的速度 λ 则是从预测未来一期 c_t 值的准确性及实际获得的期权价值两种途径影响企业的临界条件。因此本章提出推论4。

推论 4：折现率 r 与共同因素 c_t 的均值回归速度 λ 对企业在 $t=1$ 期及 $t=2$ 期 IPO 临界条件的影响方式相同，且企业折现率 r 越大，当不存在价格管制时，企业在 $t=1$ 期及 $t=2$ 期 IPO 临界的临界条件越小；而 λ 的影响方式如下：

$$\frac{\partial}{\partial\lambda}\psi_1^* = \begin{cases} >0 & \lambda < \dfrac{1+r}{2} \\ 0 & \lambda = \dfrac{1+r}{2} \\ <0 & \lambda > \dfrac{1+r}{2} \end{cases} \tag{3.12}$$

3.2.2　价格管制下企业上市的动态博弈决策

当新股定价存在发行价格管制时，假设企业以价格上限发行新股的预期效用为 P^*。则对任意在 $t=\eta$ 期进行 IPO 的企业 ψ_i，其上市所获得的预期效用函数变为：

$$u_{i,\eta} = \frac{\min\{E(\psi_i + c_\eta \mid \omega_\eta),\ P^*\}}{(1+r)^{\eta-1}} \tag{3.13}$$

按照不存在价格管制的分析思路，首先分析企业在二期模型中的 IPO 决策。在二期决策模型中，企业在推迟 IPO 至 $t=2$ 期上市时获得的效用为 $\dfrac{min\{\psi_i,\ P^*\}}{1+r}$，小于在 $t=1$ 期立即 IPO 所获得的效用 $\min\{\psi_i,\ P^*\}$，因而所有企业同样会选择在 $t=1$ 期上市。

3.2.2.1　动态博弈下企业 IPO 临界条件

下面推导存在价格管制时，企业在 $t=2$ 期的 IPO 决策及临界条件。

当企业在 $t=2$ 期观察到 $t=1$ 期共同因素 $c_1 \geqslant 0$ 时，均值回归使得推迟 IPO 无法获得实物期权，因而在折现成本和共同因素的作用下，所有在 $t=1$ 期未上市的企业将选择在 $t=2$ 期尽快上市，因此本部分同样只讨论 $c_1 \leqslant 0$(或从更一般意义上而言小于均值 c)的情况。

所有未在 $t=1$ 期上市的企业，在 $t=2$ 期选择上市获得的预期效用为：

$$\frac{\min\{E(\psi_i + c_2 \mid c_1),\ P^*\}}{1+r} = \frac{\min\{\psi_i + \lambda c_1,\ P^*\}}{1+r} \qquad (3.14)$$

而在 $t=2$ 期选择推迟 IPO 至 $t=3$ 期获得的预期效用为：

$$\frac{\min\{E(\psi_i + c_3 \mid c_1),\ P^*\}}{(1+r)^2} = \frac{\min\{\psi_i + \lambda^2 c_1,\ P^*\}}{(1+r)^2} \qquad (3.15)$$

由于定价存在最高价格上限，因此企业在定价时将会面临三种情况：(i)在 $t=2$ 期和 $t=3$ 期均会受到价格管制，并均按照价格上限定价，获得预期效用 P^*；(ii)在 $t=2$ 期不受价格管制，然而在 $t=3$ 期均会受到价格管制，并按照价格上限定价；(iii)在 $t=2$ 期和 $t=3$ 期均不会受到价格管制。因此本章接下来将分三种情况讨论企业的三期决策。

(i)企业 i 在 $t=2$ 期和 $t=3$ 期均会受到价格管制。

此情况下有 $\psi_i + \lambda^2 c_1 > \psi_i + \lambda c_1 > P^*$，即 $\psi_i > P^* - \lambda c_1$，且概率为 $F\left(\frac{\psi_i - P^*}{\lambda}\right)$。

因此，在 $t=2$ 期选择上市的预期效用为 $\frac{P^*}{1+r}$，大于推迟 IPO 的预期效用 $\frac{P^*}{(1+r)^2}$。即由于受到价格管制，企业无法利用实物期权，从而将选择在 $t=2$ 期尽快上市。

(ii)企业 i 在 $t=2$ 期不受价格管制，在 $t=3$ 期受到价格管制。

此情况下有 $\psi_i + \lambda^2 c_1 > P^* > \psi_i + \lambda c_1$，即 $P^* - \lambda c_1 > \psi_i > P^* - \lambda^2 c_1$，概率为 $F\left(\frac{P^* - \psi_i}{\lambda^2}\right) + F\left(\frac{P^* - \psi_i}{\lambda}\right) - 1$。

可以得到，企业 i 在 $t=2$ 期上市的预期效用为 $\frac{\psi_i + \lambda c_1}{1+r}$，推迟 IPO 至 $t=3$ 期的效用为 $\frac{P^*}{(1+r)^2}$，因而企业 i 在 $t=2$ 期对是否进行 IPO 保持中性态度的临界方程为：

$$\frac{\psi_i + \lambda c_1}{1+r} = \frac{P^*}{(1+r)^2} \tag{3.16}$$

从而可以推得，企业 i 将在 $t=2$ 期进行 IPO，当且仅当 $\psi_i \geqslant \psi_2^*(c_1) = \dfrac{P^* - \lambda(1+r)c_1}{1+r}$。

(iii) 企业 i 在 $t=2$ 期和 $t=3$ 期均不会受到价格管制。

此情况下有 $P^* > \psi_i + \lambda^2 c_1 > \psi_i + \lambda c_1$，即 $\psi_i < P^* - \lambda^2 c_1$，概率为 $F\left(\dfrac{P^* - \psi_i}{\lambda^2}\right)$。

企业 i 在 $t=2$ 期上市的预期效用为 $\dfrac{\psi_i + \lambda c_1}{1+r}$，推迟 IPO 至 $t=3$ 期的效用为 $\dfrac{\psi_i + \lambda^2 c_1}{(1+r)^2}$，后续推导与前述分析相同。以下不再赘述。

以下以(ii)为例推导存在价格管制时，企业在 $t=1$ 期的 IPO 决策及临界均衡条件。

(ii) 企业 i 在 $t=2$ 期不受价格管制，在 $t=3$ 期受到价格管制 $(P^* - \lambda c_1 > \psi_i > P^* - \lambda^2 c_1)$

如果 $t=1$ 期没有 IPO 发生，则企业 i 将会在 $t=2$ 期上市，获得效用 $\dfrac{P^*}{1+r}$。如果 $t=1$ 期有企业进行 IPO，且当且仅当 $\psi_i > \psi_2^*(c_1)$ 时，企业 i 将选择在 $t=2$ 期上市，且所获得的效用为 $\dfrac{E(\psi_{i+} c_2 \mid \psi_i > \psi_i^*(c_2))}{1+r}$。否则，推迟 IPO 至 $t=3$ 期，并获得期望效用 $\dfrac{P^*}{(1+r)^2}$。综上所述，企业 i 在 $t=1$ 期推迟 IPO 所获得的期望效用为：

$$\Pr(\mathrm{NI}_{i\neq j}^1)\left(\frac{P^*}{1+r}\right) + (1 - \Pr(\mathrm{NI}_{i\neq j}^1))$$
$$\left(\begin{array}{c} \Pr(I_{i\neq j}^1)\, E[\mathrm{payof}f \text{ at } t=2 \mid \psi_i,\ I_i^2] \\ + \Pr(\mathrm{NI}_{i\neq j}^1)\, E[\mathrm{payof}f \text{ at } t=3 \mid \psi_i,\ \mathrm{NI}_i^2] \end{array}\right)$$

$$= [G(\psi_1^*)]^{N-1}\left(\frac{P^*}{1+r}\right) + (1 - [G(\psi_1^*)]^{N-1})$$
$$\left(\begin{array}{l} F\left(\frac{(1+r)\psi_1^* - P^*}{\lambda(1+r)}\right)\frac{\psi_1^*}{1+r} + \frac{\lambda}{1+r}\sigma^2 f\left(\frac{P^* - (1+r)\psi_1^*}{\lambda(1+r)}\right) \\ \qquad + \left(1 - F\left(\frac{(1+r)\psi_1^* - P^*}{\lambda(1+r)}\right)\right)\frac{P^*}{(1+r)^2} \end{array}\right) \tag{3.17}$$

企业在 $t=1$ 期选择上市的预期效用为 P^*，因而在 $t=1$ 期上市的临界条件即为令企业在 $t=1$ 期上市与否获得的预期效用相等的 ψ_1^* 值，即满足以下等式的 ψ_1^* 值：

$$P^* = [G(\psi_1^*)]^{N-1}\left(\frac{P^*}{1+r}\right) + (1 - [G(\psi_1^*)]^{N-1})$$
$$\left(\begin{array}{l} F\left(\frac{(1+r)\psi_1^* - P^*}{\lambda(1+r)}\right)\frac{\psi_1^*}{1+r} + \frac{\lambda}{1+r}\sigma^2 f\left(\frac{P^* - (1+r)\psi_1^*}{\lambda(1+r)}\right) \\ \qquad + \left(1 - F\left(\frac{(1+r)\psi_1^* - P^*}{\lambda(1+r)}\right)\right)\frac{P^*}{(1+r)^2} \end{array}\right) \tag{3.18}$$

3.2.2.2　IPO 临界条件比较静态分析

(1)企业 i 在 $t=2$ 期和 $t=3$ 期均会受到价格管制($\psi_i > P^* - \lambda c_1$)。

此时由上文的分析可以看到所有企业将会选择在 $t=1$ 期尽快上市，因而不存在 $t=2$ 期临界条件的比较静态分析。

(2)企业 i 在 $t=2$ 期不受价格管制，在 $t=3$ 期受到价格管制($P^* - \lambda c_1 > \psi_i > P^* - \lambda^2 c_1$)。

当 $P^* - \lambda c_1 > \psi_i > P^* - \lambda^2 c_1$ 时，由前述分析可以得到企业在 $t=2$ 期选择上市的临界条件为：

$$\psi_2^*(c_1) \equiv \frac{P^* - \lambda(1+r)c_1}{1+r} \tag{3.19}$$

在保持 c_1 在内的其他变量不变的情况下，下文将分析以下三个因素的变动对 $t=2$ 期临界条件 $\psi_2^*(c_1)$ 的影响：(a)企业 i 的折现率 r；

(b)共同因素 c_t 的均值回归的速度 λ；(c)以定价上限发行时的效用 P^*。

对于(a)，对 $\psi_2^*(c_1)$ 求关于 r 的偏微分，可以发现，与不存在价格管制时一样，随着折现成本的增加，企业选择进行 IPO 的临界条件 $\psi_2^*(c_1)$ 将会减小。

对于(b)，对 $\psi_2^*(c_1)$ 求关于 λ 的偏微分，可以发现，与不存在价格管制时不同，λ 对 $\psi_2^*(c_1)$ 的影响不随 λ 变化而变化，而是保持固定值，且企业在 $t=2$ 期进行 IPO 的临界条件 $\psi_2^*(c_1)$ 随 λ 的增大而增大。即与不存在价格管制情况相比，存在价格管制且当企业特质因素 ψ_i 取值范围为 $(P^*-\lambda^2 c_1,\ P^*-\lambda c_1)$ 时，共同因素 c_t 的均值回归速度 λ 对企业在 $t=2$ 期进行 IPO 的临界条件 $\psi_2^*(c_1)$ 的影响途径仅有一种：λ 越大，通过 c_1 预测 c_2 与 c_3 的准确性越高，推迟 IPO 获得的收益越高，企业越倾向于推迟上市，因此 $\psi_2^*(c_1)$ 越大。

对于(c)，对 $\psi_2^*(c_1)$ 求关于 P^* 的偏微分，可以发现，以定价上限发行时的效用 P^* 越高，企业选择进行 IPO 的临界条件 $\psi_2^*(c_1)$ 将会越高，原因在于 P^* 越高，推迟 IPO 至 $t=3$ 期获得的效用 $\dfrac{P^*}{(1+r)^2}$ 越大。

对于 $t=1$ 期临界条件的比较静态分析，将同样分析：(a)企业 i 的折现率 r；(b)共同因素 c_t 的均值回归的速度 λ；(c)以定价上限发行时的效用 P^*，这三个因素的变动对 $t=1$ 期临界条件 ψ_1^* 的影响。

对于(a)即企业 i 的折现率 r 变动对 ψ_1^* 的影响，与 3.2.1.3 节中分析的不存在价格管制情况下的比较静态分析相似，对于给定企业 i 的特质因素 ψ_i，当折现率 r 越大时，折现成本越高，推迟 IPO 从而获得的实物期权的收益越小，因而企业越倾向于在 $t=1$ 期上市，即折现率 r 越大，企业在 $t=1$ 期进行 IPO 的临界条件 ψ_1^* 越小。即有：$\dfrac{\partial}{\partial r}\psi_1^* < 0$。

对于(b)即共同因素 c_t 的均值回归速度 λ 对 ψ_1^* 的影响，与 3.2.1.3 节中分析的不存在价格管制情况下的比较静态分析相似，略去证明过程。随着 λ 增大，企业能够通过推迟 IPO 利用实物期权获得收益的概率增大，而由于 $\frac{\partial}{\partial\lambda}\psi_2^*(c_1) > 0$，因此在期权价值和企业在 $t = 2$ 期临界条件的双重影响下，λ 越大，企业在 $t = 1$ 期的临界条件 ψ_1^* 越大。

对于(c)，对 $V_2(\psi_i)$ 求关于 P^* 的偏微分，可以得到：

$$\frac{\partial V_2(\psi_i)}{\partial P^*} = \frac{1}{(1+r)^2}F\left(\frac{P^*}{1+r} - \psi_i\right) + \left(\frac{(1-\lambda)P^*}{1+r} - (1-\lambda)\psi_i\right)f\left(\frac{P^*}{1+r} - \psi_i\right) \tag{3.20}$$

等式偏微分结果较为复杂。但可以看到等式右边，第一项大于 0，为正，而第二项小于 0，为负。因而存在某一临界值，当 P^* 大于临界值时，$\frac{\partial V_2(\psi_i)}{\partial P^*} > 0$，此时随着 P^* 值增大，企业能够通过推迟 IPO 利用实物期权获得收益的概率增大。P^* 值增大将会同样增大企业在 $t = 2$ 期临界条件 $\psi_2^*(c_1)$，因此当 P^* 大于临界值时，P^* 越大，$t = 1$ 期的临界条件 c_1^* 越大，即 $\frac{\partial c_1^*}{\partial P^*} > 0$。

而当 P^* 小于临界值 $\frac{\partial V_2(\psi_i)}{\partial P^*} < 0$ 时，P^* 的增大对期权价值及 $t = 2$ 期临界条件的影响方向相反，加之微分结果复杂，难以求得临界值的具体结果，因此在此不做赘述。

3.2.3 自由定价与发行价格管制模型比较分析

存在价格管制后，当企业价格超过价格管制上限时，只能按照上限进行定价，并获得预期效用 P^*。因而企业将因特质因素 ψ 的大小不同面临是否受到价格管制(见图 3-2)。

3.2.3.1 价格上限对企业受价格管制情况影响

给定企业 i 的特质因素 ψ_i，当价格上限 P^* 减小时，企业在 $t = 2$ 期和 $t = 3$ 期均会受到价格管制的概率 $F\left(\frac{\psi_i - P^*}{\lambda}\right)$ 增大，而在 $t = 2$ 期不

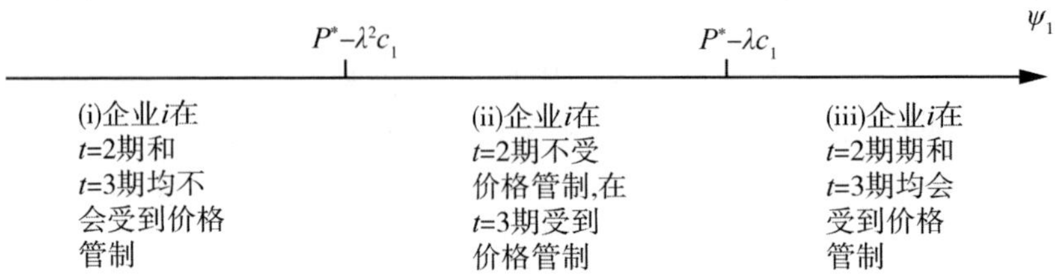

图 3-2　企业面临的价格管制

受价格管制、在 $t=3$ 期受到价格管制的概率 $F\left(\dfrac{P^*-\psi_i}{\lambda^2}\right)+F\left(\dfrac{P^*-\psi_i}{\lambda}\right)-1$ 减小，在 $t=2$ 期和 $t=3$ 期均不会受到价格管制的概率 $F\left(\dfrac{P^*-\psi_i}{\lambda^2}\right)$ 同样减小。

当给定价格上限 P^* 时，企业特质因素越高，在 $t=2$ 期和 $t=3$ 期均会受到价格管制的概率 $F\left(\dfrac{\psi_i-P^*}{\lambda}\right)$ 越高，而在 $t=2$ 期不受价格管制、在 $t=3$ 期受到价格管制的概率 $F\left(\dfrac{P^*-\psi_i}{\lambda^2}\right)+F\left(\dfrac{P^*-\psi_i}{\lambda}\right)-1$ 与在 $t=2$ 期和 $t=3$ 期均不会受到价格管制的概率 $F\left(\dfrac{P^*-\psi_i}{\lambda^2}\right)$ 均减小。

因此当给定企业特质因素 ψ 时，价格上限越高，企业受到的价格管制越小。反之亦然。

3.2.3.2　价格上限对 IPO 决策临界条件影响

对比自由定价和价格限制下的临界条件，发现对新股定价实施价格管制后，企业特质因素的不同将使企业面临不同的价格管制，因而价格上限对不同特质因素的企业的 IPO 决策临界条件的影响也不尽相同：

(1)企业 i 在 $t=2$ 期和 $t=3$ 期均会受到价格管制。

所有特质因素满足 $\psi>P^*-\lambda c_1$ 的企业，由于在 $t=2$ 期和 $t=3$ 期

均会受到价格管制，因而原有的 IPO 临界条件不再适用，将会全部选择在 t = 1 期上市，以避免推迟上市带来的折现成本。

(2)企业 i 在 $t = 2$ 期不受价格管制，在 $t = 3$ 期受到价格管制。

所有特质因素满足 $P^* - \lambda c_1 > \psi > P^* - \lambda^2 c_1$ 的企业，如果推迟 IPO 至 $t = 3$ 期，将会受到价格管制，并只能以价格上限定价。因而企业在 $t = 1$ 期与 $t = 2$ 期的临界条件较无价格管制时均发生变化。

无价格管制时，企业在 $t = 2$ 期对是否进行 IPO 保持中性态度的临界方程为：

$$\frac{\psi_i + \lambda c_1}{1 + r} = \frac{\psi_i + \lambda^2 c_1}{(1 + r)^2} \tag{3.21}$$

并推得 $t = 2$ 期临界条件：$\psi_i \geqslant \psi_2^*(c_1) = - c_1(1 + r - \lambda)\left(\frac{\lambda}{r}\right)$。有价格管制时，企业在 $t = 2$ 期对是否进行 IPO 保持中性态度的临界方程为：

$$\frac{\psi_i + \lambda c_1}{1 + r} = \frac{P^*}{(1 + r)^2} \tag{3.22}$$

并推得 $t = 2$ 期临界条件：$\psi_i \geqslant \psi_2^{P^*} = \frac{P^* - \lambda(1 + r) c_1}{1 + r}$。又由于：$\psi_i + \lambda^2 c_1 > P^*$，因而可以得到：$\psi_2^*(c_1) > \psi_2^{P^*}(c_1)$。

因此，价格管制使企业在 $t = 2$ 期临界条件较无价格管制时减小，原因在于价格管制使拥有较高特质因素的企业在 $t = 3$ 期只能按照价格上限定价，从而减少了推迟 IPO 获得的期权价值，因而将更倾向于在 $t = 2$ 期提前上市。

(3)企业 i 在 $t = 2$ 期和 $t = 3$ 期均不会受到价格管制($\psi_i < P^* - \lambda^2 c_1$)。

所有特质因素满足 $\psi < P^* - \lambda^2 c_1$ 的企业，由于在 $t = 2$ 期和 $t = 3$ 期均不会受到价格管制，因而面临的 IPO 临界条件与不存在价格管制时的临界条件相同。

结合 3.2.2 节与 3.2.3 节的分析，本章提出推论 5 至推论 8。

推论 5：价格管制设定的价格上限越低，企业受到价格管制的概率越大；企业特质因素越高，受到价格管制的概率越大。

推论 6：价格管制的存在将会使企业决定 IPO 的临界条件发生改变：

(a)企业 i 将在 $t=1$ 期上市，当且仅当特质因素 ψ_i 满足 $\psi_i > P^* - \lambda c_1$ 或 $\psi_i < P^* - \lambda^2 c_1$ 但大于临界条件：

$$\psi_1^* = [G(\psi_1^*)]^{N-1}\left(\frac{\psi_1^*}{1+r}\right) + (1 - [G(\psi_1^*)]^{N-1})$$
$$\left(\begin{array}{l} F\left(\dfrac{\psi_1^*}{(1+r-\lambda)\left(\dfrac{\lambda}{r}\right)}\right)\dfrac{\psi_1^*}{1+r} + \dfrac{1}{1+r}\lambda\sigma^2 f\left(-\dfrac{\psi_1^*}{(1+r-\lambda)\left(\dfrac{\lambda}{r}\right)}\right) \\ + \left(1 - F\left(\dfrac{\psi_1^*}{(1+r-\lambda)\left(\dfrac{\lambda}{r}\right)}\right)\right)\dfrac{\psi_1^*}{1+r} - \dfrac{1}{(1+r)^2}\lambda^2\sigma^2 f\left(-\dfrac{\psi_1^*}{(1+r-\lambda)\left(\dfrac{\lambda}{r}\right)}\right) \end{array}\right) \tag{3.23}$$

或 $P^* - \lambda c_1 > \psi_i > P^* - \lambda^2 c_1$ 但满足临界条件：

$$P^* = [G(\psi_1^*)]^{N-1}\left(\frac{P^*}{1+r}\right) + (1 - [G(\psi_1^*)]^{N-1})$$
$$\left(\begin{array}{l} F\left(\dfrac{(1+r)\psi_1^* - P^*}{\lambda(1+r)}\right)\dfrac{\psi_1^*}{1+r} + \dfrac{\lambda}{1+r}\sigma^2 f\left(\dfrac{P^* - (1+r)\psi_1^*}{\lambda(1+r)}\right) \\ \qquad + \left(1 - F\left(\dfrac{(1+r)\psi_1^* - P^*}{\lambda(1+r)}\right)\right)\dfrac{P^*}{(1+r)^2} \end{array}\right) \tag{3.24}$$

(b)企业 i 将在 $t=2$ 期上市，当且仅当特质因素 ψ_i 满足 $P^* - \lambda^2 c_1 > \psi_i > -c_1(1+r-\lambda)\left(\dfrac{\lambda}{r}\right)$ 或 $P^* - \lambda c_1 > \psi_i > \dfrac{P^* - \lambda(1+r)c_1}{1+r}$。

推论 7：存在价格管制时，当企业特质因素 ψ_i 满足 $\psi_i > P^* - \lambda c_1$ 时，企业无条件在 $t=1$ 期上市。当企业特质因素 ψ_i 满足 $P^* - \lambda c_1 > \psi_i > P^* - \lambda^2 c_1$ 时，折现率 r 越大，企业在 $t=1$ 期与 $t=2$ 期进行 IPO 的临界条件越小；共同因素回归速度 λ 越小，企业在 $t=1$ 期与 $t=2$ 期进行 IPO 的临界条件越小。

推论 8：价格管制的存在使企业在 $t=1$ 期与 $t=2$ 期进行 IPO 决策的临界条件减小，即实施价格管制后，企业尽快上市的倾向将会更加强烈。

3.3 基于高新技术企业样本的实证研究

3.3.1 研究设计

根据比较静态分析中对 $t=1$ 期企业进行 IPO 的临界条件分析，可以看到企业的特质因素越高，推迟 IPO 所面临的折现成本越高，而能够利用共同因素回归带来的实物期权的概率越小且获得的实物期权的价值越低，因此企业推迟 IPO 的激励越小。即企业特质因素越高，选择上市时机越早，而在首期选择上市的企业的特质因素将会高于后期上市企业。因此本章提出假设 1：

假设 1：首期上市企业所拥有的特质因素高于后期上市企业，即首期上市企业的经营状况和财务表现优于后期上市企业。

本章模型分析建立在共同因素遵循均值回归的假设之上，即共同因素遵循一阶自回归过程：$c_t = \lambda c_{t-1} + \varepsilon_t$，因而投资者能够在共同因素足够低时，通过推迟 IPO，获得共同因素向均值回归带来的预期效用提升，即获得实物期权。因此本章提出假设 2：

假设 2：反映信息不对称与投资者情绪的共同因素遵循一阶自回归过程：$c_t = \lambda c_{t-1} + \varepsilon_t$。

根据模型分析可以看到，当前一期的共同因素高于 0(或者更一般意义上高于均值 c)时，企业无法通过利用推迟 IPO 获得共同因素的均值回归所带来的实物期权，因而不存在对折现成本与期权价值之间的权衡，将会选择尽快上市。当前一期的共同因素小于 0(或者更一般意义上小于均值)，企业会在推迟 IPO 获得的实物期权与因此产生的折现成本进行权衡并决定是否上市。且由推论 5 可以看到，上一期市场上 IPO 时间所揭示的共同因素越高，后一期的 IPO 数量越多。据此，本章提出假设 3：

假设 3：前一期反映信息不对称与投资者情绪的共同因素越高，后期 IPO 数量越多。

本章在模型部分对不存在价格管制与存在价格管制的企业的三期行

为进行了分析。在实际国内创业板市场上，2009年至2012年IPO定价实行自由定价方式。2012年11月新股发行暂停，随后于2014年1月重启，然而由于重启后新股发行制度引入存量发行，致使重启当月出现了天量老股转让等乱象，于是证监会再次暂停新股发行。2014年6月新股发行再次重启，为遏制新股发行存在的三高现象，证监会对新股定价提出了发行市盈率23倍要求。因而2009年至2012的新股发行适用于本章不存在价格管制下的企业IPO决策分析，2014年至今的新股发行适用于本章存在价格管制下的企业IPO决策分析。

本章原始样本选取的是2009年10月30日至2012年11月15日于创业板上市新股，将企业申请IPO时期进行划分，并探讨在不同期限申请的企业的特质因素与共同因素的差异。剔除ST企业、招股数据缺失企业和金融行业企业后得到299个IPO样本。所有数据来自国泰安CSMAR数据库和Wind数据库，运用Excel软件进行清洗后，利用计量软件IBM SPSS Statistics 22及Eviews 7进行实证分析。

3.3.1.1　变量选取

本章理论模型中主要探讨企业的特质因素与共同因素对IPO决策的影响。对于企业特质因素指标构建，参考王福胜和周文娟(2007)及冯梓洋等(2014)的方法，并结合数据的可得性，本章选取企业发行前一年度的相关财务数据，由于这些数据将会在企业的招股说明书中进行披露，能够有效反映企业发行前的内在价值。具体选取的变量及其计算方法如表3-2所示。

表3-2　**特质因素选取变量**

变量定义	变量符号	变量说明
净资产收益率	ROE	扣除非经常性损益后的加权平均净资产收益率
资产报酬率	ROTA	(净利润+利息费用+所得税)/资产总额×100%
总资产净利润率	POTA	净利润/总资产

续表

变量定义	变量符号	变量说明
营业毛利率	OR	(主营业务收入-主营业务成本)/主营业务收入×100%
主营业务同比增长率	MOR_YOY	(发行前1年主营业务收入-发行前2年主营业务收入)/发行前1年主营业务收入×100%
净利润同比增长率	NM_YOY	(发行前1年净利润-发行前2年净利润)/发行前1年净利润×100%
总资产同比增长率	TA_YOY	(发行前1年总资产-发行前2年总资产)/发行前1年主总资产×100%
营业收入	Ope_Mar	与经营业务有关的利润
净利润	Net_Inc	实现的净利润
总资产	Tot_Ass	企业总资产
资产负债率	DTAR	(负债总额/资产总额)×100%
流动比率	CurR	流动资产/流动负债
速动比率	QuiR	(流动资产-存货)/流动负债
无形资产净额/资产净额	IntanR	无形资产净额/(资产总额-负债总额)

对于共同因素，由于共同因素包括企业上市所面临的信息不对称及市场投资者情绪，因此本章选用如表3-3所示相关变量。

表3-3 **共同因素选取变量**

变量定义	变量符号	变量说明
超募率	OverRaised	(实际募集资金-预计募集资金)/预计募集资金
发行市盈率	Iss_PE	发行市盈率
网上申购中签率	Onlin_LR	网上申购中签率
网下申购中签率	Offlin_LR	网下申购中签率

续表

变量定义	变量符号	变量说明
首日价格波动	Ini_PriVol	上市首日最高价/上市首日最低价-1
首日换手率	Ini_TurRate	上市首日换手率
上市后 30 日收益率波动标准差	D30_RateVol	上市后 30 日收益率标准差

3.3.1.2　因子提取

由于本章所选取的变量众多，通过对变量进行相关性分析发现，变量之间具有较高的相关性，如果直接对变量进行实证极易导致实证结果的失真。运用 KMO 测度与巴特利球形检验对样本进行分析，可以看到 KMO 值为 0. 709，同样说明样本变量之间相关性显著，且适合进行因子分析而巴特利球形检验的 *P* 值为 0. 000，在 1%水平上显著，表明变量之间相互关联并不独立。因此本章将首先运用因子分析法从以上所选取变量中提取相关因子后，再做后续实证分析。

通过因子分析的总变差分析，将得到的 5 个特征根大于 1 的主成分作为初始因子(见表 3-4)。

表 3-4　　**总变差分析**

成分	起始特征值			提取平方和载入			旋转平方和载入		
	总计	方差贡献(%)	累积(%)	总计	方差贡献(%)	累积(%)	总计	方差贡献(%)	累积(%)
1	4. 928	35. 197	35. 197	4. 928	35. 197	35. 197	3. 077	21. 978	21. 978
2	2. 973	21. 238	56. 435	2. 973	21. 238	56. 435	3. 033	21. 662	43. 640
3	2. 077	14. 838	71. 273	2. 077	14. 838	71. 273	2. 565	18. 318	61. 958
4	1. 117	7. 980	79. 253	1. 117	7. 980	79. 253	2. 383	17. 019	78. 976
5	1. 027	7. 335	86. 588	1. 027	7. 335	86. 588	1. 066	7. 612	86. 588

注：提取方法：主成分分析。

为更加清楚各因子的意义，运用方差最大法对上述5各因子进行正交旋转，获得旋转因子矩阵如表3-5所示。

表3-5为旋转成分矩阵，主要反应5各因子在原始变量的负荷。可以看到因子1主要与QuiR、CurR和DTAR，即速动比率、流动比率和资产负债率有关，即反映了企业的负债能力。因子2主要与ROTA、POTA和ROE，即资产报酬率、总资产净利润率和净资产收益率有关，因而对企业的盈利能力具有较强的解释性。因子3主要与Tot_Ass、Net_Inc和Ope_Mar，即总资产、净利润和营业收入有关，反映了企业的整体规模。因子4则在MOR_YOY、TA_YOY和NM_YOY，即主营业务同比增长率、总资产同比增长率和净利润同比增长率三个变量上具有较大负荷，说明能够反映企业的成长性。因子5则与IntanR即无形资产净额占资产净额比例有关。结合以上分析，本章将因子1—5按照其在原始变量上的负荷大小，分别命名为负债能力(Liability)、盈利能力(Profitability)、规模(Scale)、成长性(Growth)、无形资产(Intan_Ass)。

表3-5 **旋转因子矩阵**

	成分				
	1	2	3	4	5
QuiR	0.947	0.102			
CurR	0.945	0.119			
DTAR	−0.719	−0.382	0.276		0.170
OR	0.559	0.403	−0.204	0.116	0.384
ROTA	0.344	0.914			
POTA	0.374	0.902		0.116	
ROE		0.845		0.366	
Tot_Ass	−0.182	−0.267	0.910		0.148
Net_Inc		0.390	0.889		
Ope_Mar	−0.340		0.885		−0.137
MOR_YOY		0.126		0.888	

续表

	成分				
	1	2	3	4	5
TA_YOY				0. 871	
NM_YOY		0. 270		0. 803	
IntanR	-0. 175	-0. 130			0. 895

注：旋转方法：具有 Kaiser 正规化的方差最大法。

令 F_1 、F_2、F_3、F_4 和 F_5 分别代表因子 1—5，即负债能力、盈利能力、规模、成长性、无形资产。各因子的得分公式：

F_1 = -0. 184×ROE - 0. 055×ROTA - 0. 040×POTA + 0. 171×OR + 0. 062×MOR_YOY - 0. 039×NM_YOY + 0. 080×TA_YOY - 0. 023×Ope_Mar + 0. 093×Net_Inc + 0. 122×Tot_Ass - 0. 198DTAR× + 0. 412×CurR + 0. 418×QuiR - 0. 007×IntanR

F_2 = 0. 360×ROE + 0. 355×ROTA + 0. 338×POTA + 0. 074×OR - 0. 111×MOR_YOY + 0. 002×NM_YOY - 0. 149×TA_YOY + 0. 000×Ope_Mar + 0. 118×Net_Inc - 0. 130×Tot_Ass - 0. 041×DTAR - 0. 166×CurR - 0. 175×QuiR + 0. 031×IntanR

F_3 = -0. 006×ROE - 0. 008×ROTA - 0. 014×POTA - 0. 037×OR + 0. 040×MOR_YOY - 0. 002×NM_YOY - 0. 021×TA_YOY + 0. 347×Ope_Mar + 0. 383×Net_Inc + 0. 385×Tot_Ass + 0. 029×DTAR + 0. 108×CurR + 0. 106×QuiR - 0. 013×IntanR

F_4 = 0. 017×ROE - 0. 094×ROTA - 0. 081×POTA + 0. 037×OR + 0. 414×MOR_YOY + 0. 334×NM_YOY + 0. 425×TA_YOY - 0. 027×Ope_Mar - 0. 019×Net_Inc + 0. 045×Tot_Ass + 0. 057×DTAR + 0. 049×CurR + 0. 055×QuiR - 0. 012×IntanR

F_5 = 0. 010×ROE - 0. 002×ROTA - 0. 021×POTA + 0. 425×OR - 0. 021×MOR_YOY - 0. 064×NM_YOY + 0. 075×TA_YOY - 0. 181×Ope_Mar + 0. 073×Net_Inc + 0. 091×Tot_Ass + 0. 106×DTAR - 0. 045×CurR - 0. 023×QuiR + 0. 845×IntanR

因此通过因子分析，本章构建了反映企业特质因素的5个指标，分别为负债能力(Liability)、盈利能力(Profitability)、规模(Scale)、成长性(Growth)、无形资产(Intan_Ass)。

对于反映共同因素的7个变量，同样由于存在较高的相关性，运用因子分析得到2个特征根大于1的主成分作为初始因子。

表3-6为运用方差最大法对因子进行正交旋转后的旋转因子矩阵。可以看到因子1主要与D30_RateVol、Ini_PriVol和Ini_TurRate，即上市后30日收益率波动标准差、上市首日价格波动和上市首日换手率有关，因而对新股的信息不对称有关。而因子2主要与Offlin_LR、OverRaised和Iss_PE，即网下申购中签率、超募率和发行市盈率有关，能够对新股反映的投资者市场情绪具有较好解释力。因此本章将因子1和2按照其对原始变量的载荷，分别命名为信息不对称(Info_Asy)和投资者情绪(Inv_Sen)。

表3-6　**旋转因子矩阵**

	因子	
	1	2
D30_RateVol	0.811	
Ini_PriVol	0.751	
Ini_TurRate	0.745	
Onlin_LR	−0.473	−0.249
Offlin_LR		0.862
OverRaised	−0.251	0.805
Iss_PE	−0.447	−0.591

注：旋转方法：具有Kaiser正规化的方差最大法。

这2个因子的得分公式分别为(信息不对称与投资者情绪分别用X_1与X_2代表)：

$$X_1 = -0.201 \times Onlin\_LR - 0.179 \times Offlin\_LR - 0.138 \times OverRaised - 0.003 \times Iss\_PE + 0.360 \times D30\_RateVol + 0.334 \times Ini\_PriVol + 0.333 \times$$

Ini_TurRate

$$X_2 = -0.122\times Onlin\_LR - 0.313\times Offlin\_LR + 0.455\times OverRaised + 0.477\times Iss\_PE - 0.034\times D30\_RateVol - 0.048\times Ini\_PriVol - 0.064\times Ini\_TurRate$$

因此通过因子分析，本章构建了反映共同因素的 2 个指标，分别为信息不对称(Info_Asy)和投资者情绪(Inv_Sen)。

3.3.2　假设检验

3.3.2.1　对研究假设 1 的检验

本章研究主要关注企业在不同时期内的 IPO 决策，因而需要对不同时间段企业的特质因素进行分析。为此，本章将样本按照企业申请上市时间进行排序。其中申请上市时间由作者手工搜集整理，来自企业在证监会网站上首次预披露的首次公开发行股票招股说明书(申报稿)时间。

本章所选样本企业共 299 家，申请 IPO 的时间范围为 2009 年 7 月 29 日至 2012 年 4 月 24 日，包含 4 个年度段：2009 年、2010 年、2011 年和 2012 年。由于 2009 年与 2012 年分别只有半年度，因此本章将时间段按半年划分为 6 个时间段：2009H2、2010H1、2010H2、2011H1、2011H2、2012H1，其中 H1 代表 1—6 月份，H2 代表 7—12 月份。随后按照时间段划分对反应特质因素的原始变量进行描述性统计，结果如表 3-7 所示。

表 3-7　**特质因素描述性统计结果(按时间段划分)**

变量	2009H2	2010H1	2010H2	2011H1	2011H2	2012H1
N	45	64	77	46	39	28
ROE	35.009	30.536	34.168	31.816	35.279	32.791
ROTA	0.211	0.210	0.212	0.200	0.224	0.224
POTA	0.179	0.177	0.179	0.164	0.187	0.186

续表

变量	2009H2	2010H1	2010H2	2011H1	2011H2	2012H1
OR	0.408	0.439	0.417	0.387	0.430	0.445
MOR_YOY	0.484	0.231	0.308	0.457	0.421	0.517
NM_YOY	0.563	0.471	0.510	0.579	0.606	0.476
TA_YOY	0.580	0.318	0.394	0.413	0.406	0.439
Ope_Mar	19.152	19.266	19.344	19.471	19.418	19.495
Net_Inc	17.393	17.694	17.651	17.708	17.800	17.925
Tot_Ass	19.185	19.522	19.474	19.566	19.549	19.715
DTAR	0.384	0.381	0.402	0.429	0.395	0.363

由表3-7可以看到，申请上市的企业数量在2011年前呈现上市趋势，在2010年7—12月数量最高为77家，随后出现下滑势态。表中显示，在2012年1—6月申请IPO的企业仅有28家，然而考虑到申请时间与发行时间存在时间差，部分于2012年1—6月申请上市企业在2014年新股发行重启后才获准发行新股，因而实际在2012年1—6月申请上市的企业将多于表中值。

根据研究假设1，在$t=1$期上市企业的特质因素高于后期上市企业。由表3-7可以看到，首批申请上市企业，即选择在2009H2申请上市企业的净资产收益率(ROE)为35.009%，高于2010H1的30.536%，略高于2010H2的34.168%。而反映企业成长性的主营业务同比增长率(MOR_YOY)、净利润同比增长率(NM_YOY)和总资产同比增长率(TA_YOY)则均高于2010H1与2010H2。值得注意的是，无形资产占净资产比例(IntanR)在2009H2的均值为0.078，低于2010H1的0.119。其他反映企业特质因素的变量均值在2009H1与后两个时间段均值差异并不突出。

表3-7反映的是变量的均值水平变化，由于因子分析能够更好地突

出样本之间的差异，因此本章针对所提取的 5 个反映企业特质因素的因子按照时间段划分再次进行了描述性统计分析，结果如表 3-8 所示。

表 3-8　　特质因素因子描述性统计结果(按时间段划分)

变量	2009H2	2010H1	2010H2	2011H1	2011H2	2012H1
Liability	-0. 129	0. 171	-0. 037	-0. 201	-0. 043	0. 309
Profitability	-0. 023	-0. 039	0. 046	-0. 134	0. 168	-0. 012
Scale	-0. 521	0. 005	-0. 026	0. 128	0. 166	0. 458
Growth	0. 302	-0. 296	-0. 112	0. 143	0. 076	0. 156
Intan_Ass	-0. 187	0. 273	-0. 097	0. 081	-0. 049	-0. 118

可以看到首批申请上市企业的偿债能力(Liability)的均值为-0. 129，低于后期 2010H1 的 0. 171；盈利能力(Profitability)均值为-0. 023，略高于后期的-0. 039；规模因子(Scale)为-0. 521，低于 2010H1 的 0. 005，且为 6 个时间段的最小值；而成长性(Growth)为 0. 302，高于 2010H1 的-0. 296，同时也为 6 个时间段的最大值；此外，反映企业拥有的无形资产数量的 Intan_Ass 在 2009H2 仅为-0. 187，较后期 0. 273 低 0. 460。

为检验表 3-8 显示出的首批申请上市企业(2009H2)与第二批申请上市企业(2010H1)所表现出的在特质因素方面的差异是否具有限制性，本章对反映特质因素的 5 个因子在 2009H2 与 2010H1 两个时间段进行了独立样本 t 检验，结果如表 3-9 所示。

由表 3-9 可以看到，偿债能力(Liability)和盈利能力(Profitability)在首批申请上市企业(2009H2 时间段申请)与次批申请上市企业(2010H1 时间段申请)间方差和均值均无显著差异。对规模因子(Scale)、成长性(Growth)和无形资产占比(Intan_Ass)检验结果显示，企业首批申请 IPO 企业较次批申请上市，在规模和无形资产占比方面显著较低，而成长性显著较高，均值差异分别为-0. 526、-0. 460 和 0. 598。

表 3-9　　**特质因素因子独立样本 t 检验**

		方差方程的 Levene 检验		均值方程的 t 检验				
		F	显著性	T	df	Sig.（双尾）	均值差值	标准误差值
Liability	假设方差相等	1.692	0.196	−1.507	107.000	0.135	−0.300	0.199
	假设方差不相等			−1.596	106.976	0.113	−0.300	0.188
Profitability	假设方差相等	0.071	0.791	0.084	107.000	0.933	0.016	0.195
	假设方差不相等			0.082	85.766	0.935	0.016	0.200
Scale	假设方差相等	3.762	0.055	−2.960	107.000	0.004	−0.526	0.178
	假设方差不相等			−3.060	104.182	0.003	−0.526	0.172
Growth	假设方差相等	13.456	0.000	2.352	107.000	0.021	0.598	0.254
	假设方差不相等			2.042	51.079	0.046	0.598	0.293
Intan_Ass	假设方差相等	0.758	0.386	−2.351	107.000	0.021	−0.460	0.195
	假设方差不相等			−2.437	104.631	0.017	−0.460	0.189

随后运用二项 Logistic 回归进行分析。Logistic 回归作为一种判别分析方法，通常用于分析事件的发生概率。表 3-10 为二项 Logistic 回归的回归结果。分类表（步骤 0）显示当模型不含任何自变量仅有常数项 C 时的结果，此时所有观察对象均被预测为非首批申请上市，总体预测的准确率为 58.7%。未在方程式中的变量分析，反映的是如果将该变量引入模型，模型的拟合程度的优化是否具有统计学意义。可以看到规模因子（Scale）、成长性（Growth）和无形资产占比（Intan_Ass）的 P 值为 0.004、0.021 和 0.021，通过显著性检验，表明将这三个变量引入模型后将会使模型的拟合程度得到显著的优化。而分类表（步骤 1）也显示当引入新变量后，模型整体的预测准确率由原先的 58.7%提升至 67.9%，变量的引入有助于改善模型的预测效果。由方程中的变量可以看到，除盈利能力（Profitability）外，偿债能力（Liability）、规模因子（Scale）、成长性（Growth）和无形资产占比（Intan_Ass）的系数分别为 −0.511、−0.840、0.490 和 −0.759，Wald 检验结果的 P 值分别为 0.058、0.002、

0.049 和 0.008，均通过显著性检验。而 Exp（*B*）值分别为 0.600、0.432、1.633 和 0.468，表明首批申请上市的企业的偿债能力、规模因子、成长性和无形资产占比分别为未选择首批申请上市企业的 0.600 倍、0.432 倍、1.633 倍和 0.468 倍。

表 3-10　　　　**二项 Logistic 回归的回归结果**

<table>
<tr><td colspan="5">分类表(步骤 0)</td></tr>
<tr><td colspan="2" rowspan="3"></td><td colspan="3">预测值</td></tr>
<tr><td colspan="2">申请情况</td><td rowspan="2">正确百分比</td></tr>
<tr><td>非首批申请</td><td>首批申请</td></tr>
<tr><td rowspan="2">申请情况</td><td>非首批申请</td><td>64</td><td>0</td><td>100.0</td></tr>
<tr><td>首批申请</td><td>45</td><td>0</td><td>0.0</td></tr>
<tr><td colspan="2">整体百分比</td><td></td><td></td><td>58.7</td></tr>
<tr><td colspan="5">未在方程式中的变量</td></tr>
<tr><td colspan="2"></td><td>分数</td><td>df</td><td>显著性</td></tr>
<tr><td rowspan="5">变量</td><td>Liability</td><td>2.265</td><td>1</td><td>0.132</td></tr>
<tr><td>Profitability</td><td>0.007</td><td>1</td><td>0.932</td></tr>
<tr><td>Scale</td><td>8.248</td><td>1</td><td>0.004</td></tr>
<tr><td>Growth</td><td>5.357</td><td>1</td><td>0.021</td></tr>
<tr><td>IntanAss</td><td>5.355</td><td>1</td><td>0.021</td></tr>
<tr><td colspan="2">整体统计数据</td><td>23.331</td><td>5</td><td>0.000</td></tr>
<tr><td colspan="5">分类表(步骤 1)</td></tr>
<tr><td colspan="2" rowspan="3"></td><td colspan="3">预测值</td></tr>
<tr><td colspan="2">申请情况</td><td rowspan="2">正确百分比</td></tr>
<tr><td>非首</td><td>首批</td></tr>
<tr><td rowspan="2">申请情况</td><td>非首批</td><td>50</td><td>14</td><td>78.1</td></tr>
<tr><td>首批申请</td><td>21</td><td>24</td><td>53.3</td></tr>
<tr><td colspan="2">整体百分比</td><td></td><td></td><td>67.9</td></tr>
</table>

续表

方程中的变量						
	B	S. E.	Wald	df	显著性	Exp(B)
Liability	−0. 511	0. 269	3. 597	1	0. 058	0. 600
Profitability	−0. 016	0. 235	0. 005	1	0. 946	0. 984
Scale	−0. 840	0. 271	9. 620	1	0. 002	0. 432
Growth	0. 490	0. 249	3. 870	1	0. 049	1. 633
Intan_Ass	−0. 759	0. 288	6. 948	1	0. 008	0. 468
C	−0. 510	0. 243	4. 397	1	0. 036	0. 601

由独立样本 T 检验和二项 Logistic 回归可以看到，在偿债能力(Liability)、盈利能力(Profitability)、规模(Scale)、成长性(Growth)、无形资产(Intan_Ass)这五个企业特质因素因子中，首批申请上市企业(即在 2009 年 6-12 月申请上市)在成长性(Growth)方面显著高于次批申请上市企业及样本中其他后续申请 IPO 企业，而在偿债能力(Liability)、规模(Scale)和无形资产(Intan_Ass)方面显著较低。

成长性对于高科技企业而言意义极为重要，一方面，成长性高反映了企业具有良好的发展前景，在融资市场特别是创业板这种专项服务于高成长性企业的股票市场中能够获得更多投资者的认可，并获得更高的企业估值；另一方面，成长性较高的企业往往较成长性低的企业更为紧迫地面临追加资本投入、加大研发力度、扩大生产规模等问题，因而融资压力更大。因此，高成长性企业更有激励也更有压力寻求较早上市。

偿债能力方面，可以看到首批申请上市企业的偿债能力较低，二项 Logistic 模型结果显示首批申请 IPO 的企业的偿债能力仅为非首批申请的 0. 600 倍。企业偿债能力较低，说明企业的负债水平较高，较高的负债水平将带来当期及未来阶段较高的本息偿还压力，给企业的财务状况带来压力，并考验持续经营能力，而通过发行新股寻求股权融资，不仅能够减轻债务压力，还能够通过提前偿还债务减少利息支出。因此对于偿债能力较低的企业，推迟上市的利息成本将会更高，对企业的财务压力更大，因而存在尽快上市的动力。

规模因子方面，首批申请上市企业的规模大小显著低于在后面五个时间段申请上市的企业，二项 Logistic 模型结果显示首批申请 IPO 的企业的规模为后续申请企业的 0. 432 倍。规模较小的企业由于自身规模小，面临较大的融资难融资贵问题，商业银行出于审批成本较高、企业符合抵押担保条件资产不足、授信风险较大等原因，对中小企业贷款意愿较低。结合对成长性和偿债能力的分析可以看到，首批申请 IPO 的企业的债务压力普遍较大，因而获得银行追加贷款的难度和成本更高，然而较高的成长性又决定企业需要继续从外部寻求融资。因而对于这样的企业，尽早上市的意愿更加强烈。

特别值得注意的是，无论是首批与次批申请 IPO 企业的独立样本 t 检验，还是首批申请与非首批申请的二项 Logistic 回归模型结果都显示，首批申请 IPO 的企业的无形资产占比(Intan_Ass)显著较低。无形资产在会计意义上一般包括企业拥有的专利权、商标权等，已有研究认为无形资产作为高科技企业所拥有的智力资本，能够在未来阶段增加企业现金流入、提高经营回报，因而通常用于代表企业的技术创新能力。然而本章的实证发现，首批申请上市的企业的无形资产占比却显著较低。原因可能在于，无形资产虽然能够代表企业的创新能力，反映未来阶段的盈利能力，然而从申请新股角度出发，相对于有形资产而言，投资者对于无形资产的估值往往存在一定困难，特别是当市场上还未存在同比企业时，拥有较高无形资产比例的企业面临的估值不确定性越高。因而从投资者估值不确定性出发，高无形资产占比企业将会倾向于推迟 IPO，至市场上存在可比企业，或相关无形资产的估值不确定性得到减小。

由以上分析可以看到，高新技术企业的成长性越高、债务压力越大、规模越小、无形资产占比越低，则选择首批申请上市的概率越高。结合成长性对高新技术企业的重要性，可以认为以成长性为代表的企业特质因素越高，企业上市概率越小。而债务压力、企业规模则反映企业推迟 IPO 的折现成本，债务压力越高，利息支出将增加推迟 IPO 的折现成本，而企业规模越小，通过银行贷款等途径融资难度越大，同样增加了折现成本，较高的折现成本下企业尽快上市意愿强烈。因此由以上实证分析证实了研究假设 1，即首期上市企业的特质因素高于后期上市企业。

3.3.2.2　对研究假设 2 的检验

研究假设 2 为共同因素遵循 AR(1)。

过程：$c_t = \lambda c_{t-1} + \varepsilon_t$。考虑到如果仍按照研究假设 1 方法将时间段按半年划分将会导致样本容量较少，因此在本部分分析中，本章将共同因素按照发行月份求平均值，并利用 Eviews 7 构建一阶自回归模型。

图 3-3 为信息不对称与投资者情绪因子时间序列图，可以看到两个因子随时间在某一水平上下波动。值得注意的是，由信息不对称(Info_Asy)的时间序列图可以看到，在创业板上市初期的信息不对称程度较高，上市新股表现出较高的换手率和价格波动。

随后运用 Eviews 构建信息不对称(Info_Asy)和投资者情绪(Inv_Sen)的一阶自回归模型 AR(1)，由于一阶自回归要求变量为平稳序列，因而首先进行单位根 ADF 检验，结果如表 3-11 所示。可以看到这两个变量均不存在单位根，为平稳序列，可用于建立 AR(1)模型。

表 3-11　**信息不对称(Info_Asy)单位根 ADF 检验**

原假设	滞后阶数(SIC 准则)	t 值	Sig.
INFO_Asy has a unit root	4	-2.777	0.073
INV_Sen has a unit root	0	-2.237	0.026

随后运用 Eviews 构建信息不对称(Info_Asy)和投资者情绪(Inv_Sen)的一阶自回归模型 AR(1)，结果如表 3-12 所示。表 3-12 显示，对 Info_Asy 的一阶自回归结果显示，一阶滞后项 INFO_Asy(-1)的系数为 0.509526，t 检验的 P 值为 0.000，在 1%水平下显著，且模型的调整的拟合优度(Adjusted R-squared)也达到了 0.336862。表明信息不对称当期值将会受到前期值的影响，且前一期信息不对称越高，当期的信息不对称也越高。信息不对称(Info_Asy)的 AR(1)可以写为：

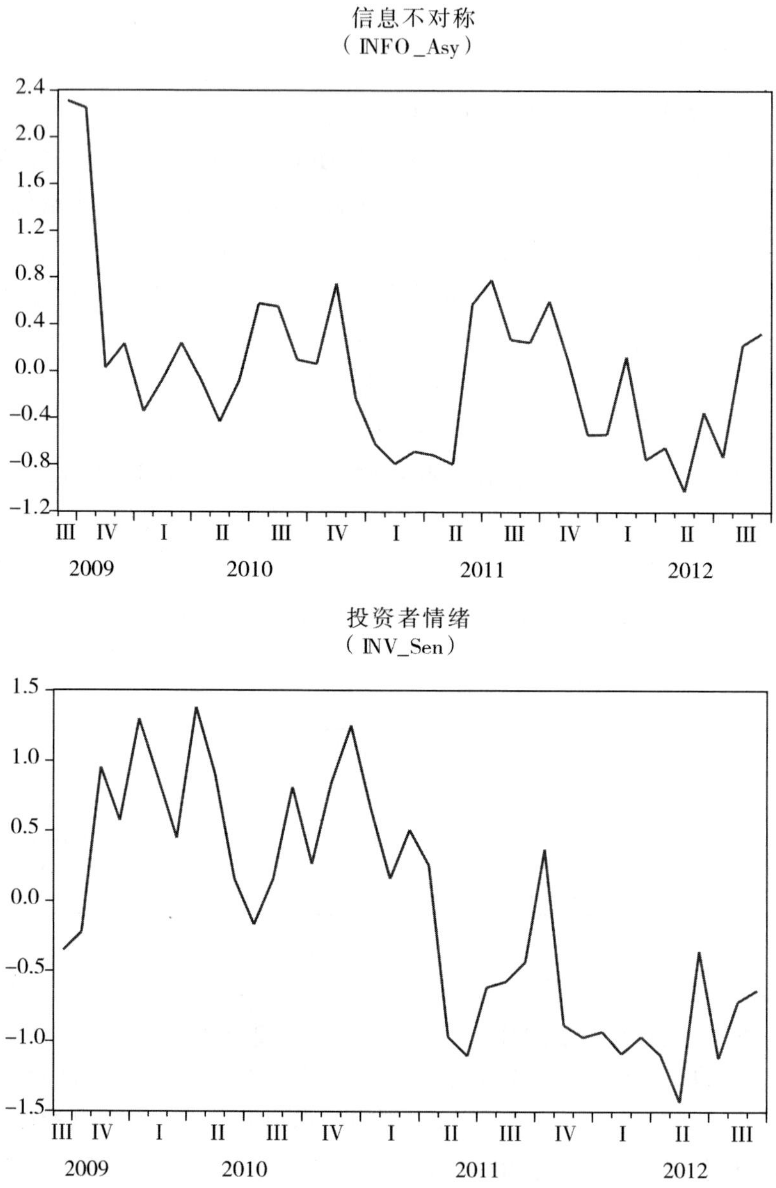

图 3-3　信息不对称与投资者情绪因子时间序列图

$$Info\_Asy = -0.047043 + 0.509526 \times Info\_Asy(-1) \quad (3.25)$$

而投资者情绪(Inv_Sen)的一阶滞后项 Inv_Sen(-1)系数为 0.742056，同样通过了显著性检验，模型的调整的拟合优度(Adjusted *R*-squared)为 0.531678。代表当期投资者情绪将会受到上一阶段投资者情绪影响，且上阶段投资者情绪越高，当期投资者情绪也越高。投资者情绪(Inv_Sen)的 AR(1)可以写为：

$$Inv\_Sen = -0.022641 + 0.742056 * Inv\_Sen(-1) \quad (3.26)$$

因此，研究假设 2 被证实，即共同因素遵循 AR(1)过程。

表 3-12　**共同因素一阶自回归结果**

变量	INFO_Asy	INV_Sen
C	-0.047	-0.022
	(-0.54)	(-0.24)
INFO_Asy(-1)	0.510***	
	(4.33)	
INV_Sen(-1)		0.742***
		(6.38)
观测值	36	36
Adj-R^2	0.337	0.532

注：*** 代表系数在 1%的置信水平下显著。

3.3.2.3　对研究假设 3 的检验

研究假设 3 认为当市场上前一期共同因素越高时，后期 IPO 数量越多。本章将共同因素和申请数量按照月份求平均值。其中由于存在 32 家在 2012 年 3 月至 2012 年 7 月申请上市然而在 2014 年新股重启后才获准发行的企业，因而本章在对申请数量与共同因素因子分析时将分析时间段截至 2012 年 2 月，以剔除这部分企业对申请数量的影响。

为检验研究假设 3，本章首先对申请数量与两个共同因子之间分别进行格兰杰因果检验。格兰杰因果检验用于检验变量间是否存在格兰杰因果关系，当一个变量的历史值能够对另一个变量的当期值产生影响时，即可认为二者存在格兰杰因果关系。

图 3-4 为申请数量、信息不对称、投资者情绪时间序列图。可以看到三个变量均呈现围绕某一水平上下波动的趋势。

申请数量
（APP_No）

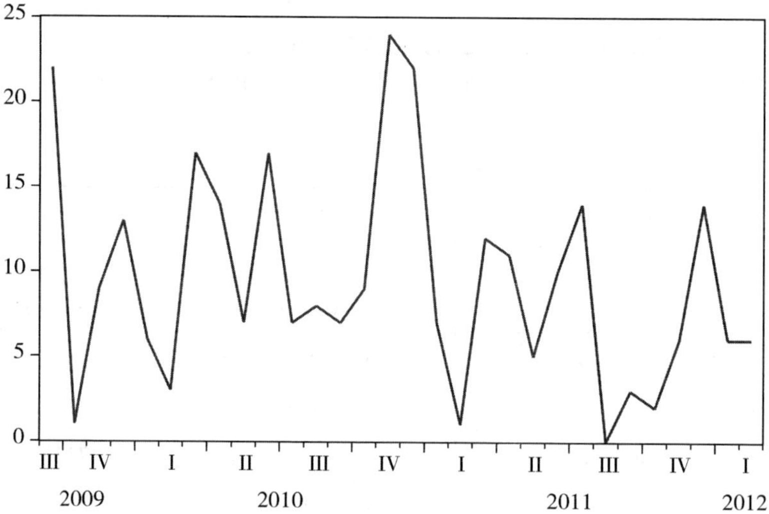

投资者情绪
（INV_Sen）

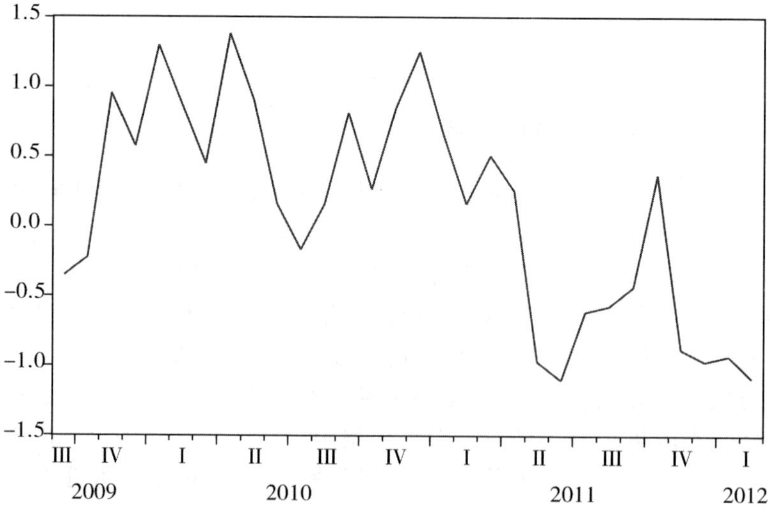

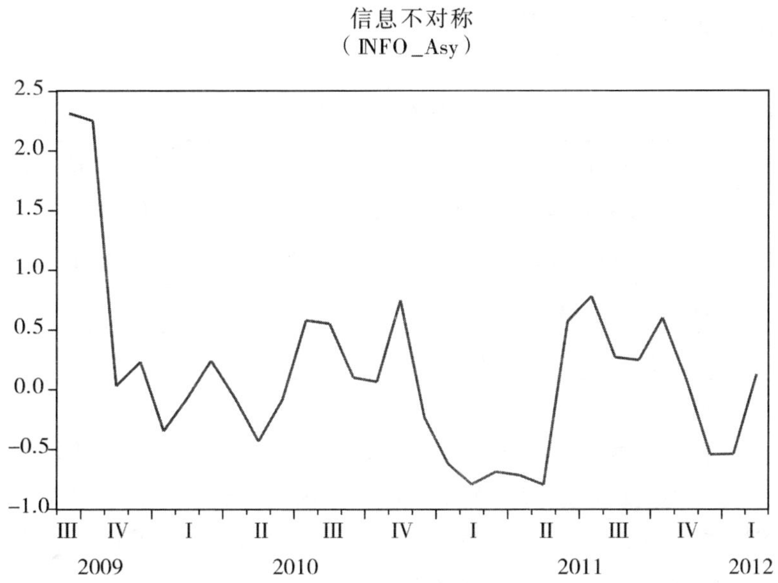

图 3-4 申请数量、信息不对称、投资者情绪时间序列图

由于运用格兰杰因果关系检验要求变量必须为平稳变量，因而首先对变量进行单位根 ADF 检验，结果如表 3-13 所示。可以看到申请数量、投资者情绪的通过显著性检验，而信息不对称变量存在单位根，因此将其进行一阶差分，得到平稳序列 DINFO_Asy。

表 3-13 **申请数量、信息不对称、投资者情绪单位根检验**

原假设	滞后阶数（SIC 准则）	t 值	Sig.
APP_No has a unit root	0	-5.259	0.000
INFO_Asy has a unit root	4	-2.408	0.150
INV_Sen has a unit root	0	-2.015	0.044
DINFO_Asy has a unit root	1	-5.577	0.000

表 3-14 为申请数量(App_No)与共同因素因子信息不对称(Info_

Asy)和投资者情绪(Inv_Sen)的格兰杰因果关系检验，其中滞后阶数根据 AIC 准则确定。

表 3-14　　　　格兰杰因果检验

Null Hypothesis:	Obs	F-Statistic	Prob.
APP_No does not Granger Cause DINFO_Asy	20	4. 38525	0. 3556
DINFO_Asy does not Granger Cause APP_No		1. 19591	0. 6157
INV_Sen does not Granger Cause APP_No	27	1. 67883	0. 2035
APP_No does not Granger Cause INV_Sen		1. 16704	0. 3471

可以看到在两个检验中，申请数量与信息不对称、申请数量与投资者情绪均互不为格兰杰因果关系。说明国内的高新技术企业在选择是否进行创业板上市时，其 IPO 决策不受到上一期创业板新股发行所体现的共同因素的影响，与研究假设 3 不相符。本章认为，之所以产生这种现象，原因在于在 2009 年至 2012 年的创业板发行市场上，IPO 的发行节奏掌控在证监会手中。对于企业而言，提交发行申请材料与真正获得发审委审批通过之间的时间间隔存在高度不确定，由于难以预估实际发行上市时间，因而运用提交申请材料前期新股发行表现预测实际发行时市场的信息不对称及投资者情绪的参考意义较小。

3. 4　研究结论与启示

3. 4. 1　自由定价下企业 IPO 决策的研究结论

高新技术企业由于具有较高的成长性和创新性，往往具有较高融资需求，然而规模小、成立时间短、无形资产较高、缺乏可比企业等又使得企业在上市时面临较高的估值不确定，因此本章试图探讨当市场上未存在可比企业，投资者对企业认知未知时企业的 IPO 决策与时机选择。同时结合中国新股定价实践，探讨价格管制存在对企业 IPO 决策的影响。

模型部分，通过梳理已有文献研究，同时借鉴 Aghamollay 和 Guttmanz(2015)的分析框架，本章将企业的 IPO 决策建立在尽快上市所减少的折现成本与推迟上市所获得的实物期权的收益之间的权衡，并将发行价格管制因素引入模型，探讨自由定价与存在发行价格管制下多企业主体动态博弈下的三期 IPO 决策，并进行对比分析。模型最终推导得出企业在不同时期进行 IPO 的临界条件。通过比较静态分析发现，企业特质因素越高，进行 IPO 的时机越早；而前一期 IPO 所揭示的共同因素越高，后期选择上市企业越多；上一期 IPO 表现越成功，后期 IPO 数量越多；而价格管制的存在使企业进行 IPO 的临界条件降低，即在同等条件下使企业的尽快上市意愿增强，且价格管制程度越高，企业受价格管制概率越大，企业尽快上市意愿越强烈。

在模型的基础上，本章根据实际新股发行数据的可得性和实际实证分析的可操作性，提出了可检验的 3 个假设。

实证部分，本章选取 2009 年 10 月 30 日至 2012 年 11 月 15 日于创业板上市新股，创业板成立目的主要为服务具有成长性、创新性的高科技企业，且由于创业板于 2009 年 10 月 30 日正式上市，因而对于首批在创业板上市企业而言，市场状态、投资者认知均为未知，契合本章的研究方向。此外由于 IPO 数据的限制，本章仅选取不存在价格管制的 IPO 样本进行分析。通过对反映企业特质因素的 14 个因素及反映企业 IPO 所揭示的共同因素的 7 个变量进行因子分析，分别提取了能够代表特质因素的 5 个因子：偿债能力、盈利能力、规模因子、成长性和无形资产占比，以及代表共同因素的 2 个因子：信息不对称和投资者情绪。本章主要的实证结论如下：

第一，通过对代表企业特质因素的 5 因子按时间段进行均值对比、独立样本 T 检验和运用二项 Logistic 回归得到了首批申请上市的企业的特性。企业的成长性越高、无形资产占比越少、债务压力越大、规模越小，则选择上市的时机越早。成长性对于高新技术企业至关重要，而成长性较高的企业由于需求外部融资以扩大生产追加研发投入等压力更大，同时在市场上更易得到投资者认可，获得较高估值，因而倾向于较早上市。而之所以企业无形资产占比较小的企业越容易首批申请上市，原因在于投资者往往对无形资产的估值存在困难，特别是对首批上市的企业由于缺乏同比企业作为基准进行参考，定价将会更加不易，因此拥有较多无形资产的企业倾向于推迟IPO至投资者对无形资产估值不确定性减小时。而企业的债务压力和规模则从折现成本方面使企业存在尽快上市意愿，债务压力越大，推迟上市将会使企业需支付更多的利息费用，而规模越小，企业通过银行贷款等方式进行融资难度越大，则推迟上市将会使企业，特别是高成长性企业无法筹得足够资金运用于技术创新、扩大生产等，从而产生高昂的机会成本。

第二，通过对代表共同因素的信息不对称及投资者情绪这两个因子进行一阶自回归分析，发现两个因子的一阶滞后项在一阶自回归中均通过显著性检验。因而本章模型基础假设成立，即共同因素遵循均值回归过程。因而当市场上前一期共同因素较低时，企业能够通过推迟IPO以利用共同因素均值回归带来的实物期权。

第三，通过对申请数量与信息不对称及投资者情绪分别进行格兰杰因果检验发现申请数量与共同因素不存在格兰杰因果关系，即企业是否决定进行IPO与上一期的共同因素无关。结合我国特殊的新股发行制度，本章认为原因在于在核准制下，证监会控制新股发行节奏，企业能够自主决定是否申请上市，然而提交申请文件后的申请进度取决于发审委的审核速度，因而实际被批准发行的日期高度未知。因此申请日前一期市场上的共同因素对预估实际发行上市时的共同因素参考意义较小。

3.4.2　发行价格管制下企业IPO决策的启示

本章的研究结论对于帮助投资者深入了解新股发行市场上的高科技企业，协助投资者对这些企业进行正确估值有着现实意义。随着科学技术飞跃式发展，技术的日新月异使得投资者在发行市场上面临越来越多拥有高新技术然而缺乏可比公司的新股发行企业，本章通过理论和实证对首批申请上市的高科技企业的特质进行了揭示，从而使得投资者在对这些陌生企业进行估值时，能够更快地形成正确的价值认知。其次，本章研究发现以信息不对称及投资者情绪为代表的共同因素遵循均值回归过程。虽然由于核准制下申请发行至真正发行新股时间间隔的高度不确定使企业无法利用均值回归过程带来的实物期权。但是，随着近年来IPO审核进一步提速，从企业提交发行申请文件到正式通过发审委批准进入发行上市的间隔越来越短，创业板目前已处于准注册制阶段。因而当市场上前一期共同因素较低时，企业能够通过推迟 IPO 以利用共同因素均值回归带来的实物期权。对于市场投资者及政府相关监管部门而言，也能够通过 IPO 市场的整体状态对下一期企业发行数量进行预估。最后，本章通过理论模型推导，探讨了当新股存在发行价格管制时，高科技企业的 IPO 决策。从 2014 年 6 月新股重启后，为遏制三高问题，新股发行定价实行了隐形的 23 倍市盈率定价限制，然而学术界相关的研究少之又少，特别是价格管制对创业板上市的高新技术企业的 IPO 决策目前暂未发现。而本章通过理论模型推导探讨了发行价格管制的存在以及价格管制的程度不同对企业 IPO 决策的影响，不仅对相关研究具有边际学术贡献，也将对监管当局新股发行定价的进一步改革提供相关理论参考。

第 4 章 基于多期策略模型的 R&D 投资、产品市场竞争与技术创新企业 IPO 研究

随着我国经济持续高速增长，长期依赖投资驱动的粗放型经济增长所积累的矛盾日益凸显，重构经济增长动力机制、从要素粗放型增长模式向创新驱动型增长模式转变是保持经济长期稳定增长的必然选择。正如党的十八大报告指出的，"未来的增长之路必须由外延型经济增长向内涵型经济增长转变，而转变的方式之一就是实施创新驱动的发展战略"，因此技术创新正日益成为驱动我国经济可持续发展的核心动力。目前，高成长和高科技的中小企业已成为我国自主创新的主力军，而技术创新需要大量持续稳定的资金投入来支持研究、开发和转化过程。我国高新技术企业普遍处于发展阶段，前期投入还未形成商业化产品，内部资金不足以维持研发活动的资金需求，因此，越来越多的企业选择外部融资渠道进行融资。首次公开发行(IPO)可以通过资源配置和投资激励帮助这些企业分担研发风险，促进企业的利润增长(Lerner、Shane 和 Tsai，2003；Brown、Fazzari 和 Petersen，2009)，但是，企业 IPO 时需要强制披露研发活动的信息和进度，这可能会被竞争对手加以利用，降低企业的预期现金流(Bernstein，2015)，因此，研发强度较大的高新技术企业如何进行 IPO 决策是一个值得关注的问题。

企业 IPO 前，产品市场竞争的日益激烈和研发资金的迫切需求促使企业在上市与保持私有之间做出最优融资决策。企业 IPO 后，为保持产品市场的竞争优势，往往会与竞争对手展开技术创新竞赛，如果在竞争对手之前成功开发出 R&D 项目，竞争对手通常会选择暂停甚至放弃类似的研发项目，企业能够获得竞争优势，提高盈利能力。而且，产品市场竞争在企业上市后还会影响企业的投资决策和现金流(Gu，2016)。近几年，产品市场竞争在企业 IPO 决策及 IPO 后长期表现的影

响也得到了国内外学者研究的证实(Chemmanur、He 和 Nandy，2010；Chod 和 Lyandres，2011；张学勇和廖理，2011；等等)。产品市场的众多要素，例如全要素生产率、市场份额、行业竞争力和现金流风险等都对公司的融资决策和上市后表现具有重要影响。引入产品市场竞争不仅有助于更好地刻画企业的融资环境，还能帮助公司综合分析内外部因素以进行更为有效的 R&D 投资。

以往文献的研究主要集中在技术创新与企业 IPO、产品市场竞争与企业 IPO 以及产品市场竞争与技术创新两两之间的分析上。而本章借鉴 Thakor 和 Lo(2015)的分析框架，构建企业基于 R&D 项目三期投资策略的融资决策模型，将 R&D 投资、产品市场竞争与企业 IPO 结合起来，根据模型的推导结果和理论分析得到高新技术企业需要开发 R&D 项目而面临内源资金对 R&D 项目投资不足时的最优融资决策，以及高新技术企业 IPO 后，面临更加激烈的市场竞争和更多竞争对手的进入，企业在长期如何调整现有产品投资、R&D 投资和现金持有量，有助于企业管理者进行经营决策以及市场投资者分析企业价值，具有一定的理论价值和现实意义。

4.1 技术创新、产品市场竞争与企业 IPO 理论

4.1.1 技术创新与企业 IPO 的研究成果

4.1.1.1 技术创新与企业 IPO 决策

企业的研发能力是在原有制造技术的基础上，吸收外部新知识或者新技术并加以学习和创新而形成的(Kocoglu、Imamoglu、Inceet 等，2012)，而企业的技术创新是企业拥有一定研发能力后，为抢占市场份额提出 R&D 项目，并随着研发资源的不断投入进行研究开发，最终形成商业化新产品、新技术或者新服务的过程。技术创新能够帮助企业在产品市场上抢占市场份额，获得竞争优势，但研发阶段的资本投资和人力投入较大，不确定性风险较高，因此，企业在技术创新的研究、开发和转化阶段需要有充裕的资金保障(操绪江，2009)，而我国高新技术

企业大多属于行业成长期的中小企业，企业规模相对较小，创新强度大，但面临融资约束，而资本市场通过资源配置和投资激励帮助高新技术企业分担研发投资风险。Brown、Fazzari和Petersen(2009)研究发现，刚成立且研发技术不太成熟的高新技术企业会倾向于选择在公开市场上发行股票来进行融资。我国创业板市场的建立为高新技术企业和市场投资者之间建立了资金流转的通道，随着越来越多的中小企业进入资本市场为技术创新获取融资支持，技术创新与企业IPO决策之间的联系成为众多学者关注的焦点（Hsu，2008；Ho，2009；Bernstein，2015；Bagnoli和Redigolo，2016）。

Maksimovic和Pichler(2001)最早开始研究行业发生技术冲击时企业面临技术创新会如何选择融资方式。他们以未来可能发生技术冲击为前提，先上市的企业比竞争对手早一步获得外部融资并进行研发从而获得竞争优势，但技术创新的不确定性较高，当研发失败或者行业内发生非预期的变革时，企业会失去早期上市而获得的优势，而提前上市时披露的信息有可能被技术能力强的竞争对手获取，导致被竞争对手替代。因此企业需要在提前获得外部融资与被竞争对手替代之间权衡选择上市时机。研究发现，企业所处的行业不同，所做的IPO决策也不同。当行业的风险较低、技术替代率较高时，面临预期的技术冲击，企业会选择集中上市进行融资；而行业的风险较高，发展成本也较高时，仅有少部分企业会选择IPO融资。Clementi(2002)研究发现私有企业面临技术冲击时不选择上市，但随着行业的发展，持续的技术冲击会提高企业的生产成本，即使此时企业的上市成本较高，但企业还是会选择上市。Chemmanur和He(2011)也认为当企业面临可能发生的技术冲击时，IPO不仅能使企业获得融资成本较低的外源资金，还能够帮助企业获得竞争优势，抢夺竞争对手的市场份额。他们建立博弈模型发现，技术创新能力强的企业会早于技术创新能力弱的企业上市，而且会将融资获得的资金用于R&D项目中。

另一些文献则从信息不对称的角度出发分析企业为R&D项目融资所选择的融资方式。企业公开发行上市需要强制披露企业的相关信息，其中就包含了企业的研发信息，这些信息虽然能向投资者释放企业利好的信号，但也会被竞争企业利用。Bhattacharya和Ritter(1983)建立了一个反馈效应均衡模型，模型表明拥有不对称信息的代理商会将企业的私人信息披露给竞争企业，使得竞争企业利用这些信息进行学习和模仿。Maksimovic 和 Pichler(2001)也在研究中发现二级市场上的知情投资者也会向企业的潜在竞争者泄露相关信息。因此，企业选择 IPO 融资时需要考虑信息不对称问题，Colak 和 Gunay(2011)的研究表明当经济环境不明朗或者存在信息泄露问题时，质量高的企业会晚于质量低的企业上市。Useche(2014)通过利用欧美市场上计算机行业上市企业的专利数据进行实证研究发现，企业在 IPO 前申请的专利信息是向市场传递企业技术创新能力强的利好消息，这会帮助企业在 IPO 时获得更多的融资额。Ferreira、Manso 和 Silva(2014)构建技术创新项目激励机制模型讨论企业上市对选择研发项目的影响，研究表明上市企业由于强制信息披露机制的影响会选择传统而且安全的项目以获得稳定的现金流，而私有企业不需要向公众投资者披露信息，可以在研发前景不理想时停止技术创新，因此私有企业会偏向于风险较高的技术创新项目。当企业倾向于在原有技术的基础上进行技术创新时，企业的最优选择是 IPO，而企业想在新的业务领域进行 IPO 时，维持私有是最好的选择。Acharya 和 Xu(2017)利用美国市场上非上市企业和上市企业的数据进行对比分析发现，在外源融资需求较高的行业，上市企业的 R&D 投入量和专利表现都显著高于非上市企业，而在以内源融资为主的行业，上市企业的创新表现并不优于非上市企业。孔东民、王亚男和代昀昊(2015)研究发现企业上市后全要素生产率在长期内会下降，私有企业选择 IPO 时会在资本市场带来的低融资成本和上市后技术创新减少、生产率下降之间进行权衡。陈昆玉(2015)也认为企业的创新活动会向市场上的投资者释放企业存在较大的投资机会的信号，使投资者提高对企业的估值，此时是企业上市的最佳时机，因此技术创新能力强的企业会倾向于选择 IPO 融资。

4.1.1.2 技术创新与企业 IPO 后表现

国内外大量文献研究表明不管在美国、日本等发达国家还是在中国、泰国等发展中国家，企业 IPO 后的股价表现和经营绩效均存在长期弱势(Ritter，1991；Jain 和 Kini，1994；Cai 和 Wei，1997；Kim，

Kitsabunnarat 和 Nofsinger，2004；Carpenter 和 Rondi，2006；陈工孟和高宁，2000；朱武祥和张帆，2001；徐浩萍和陈超，2009，李远鹏，2009；邹高峰、张维和常中阳，2012；等等）。而企业进行技术创新能提升企业潜在的盈利水平，创造竞争优势，对企业 IPO 后长期绩效有正向促进作用（Griliches，1981；Pakes，1985；Lev 和 Sougiannis，1996；寇文煜和杨安怀，2004；梁莱歆和张永榜，2006）。也有企业从信息不对称的角度分析技术创新对企业 IPO 后经营绩效和股价表现的促进作用，市场上的投资者由于缺乏专业性，在对 IPO 企业定价时，会低估技术创新能力强的企业的价值，而企业 IPO 后，随着时间的推移，企业价值会逐渐回归到其内在价值，因此技术创新能力强的企业 IPO 后长期表现会更好（Chan、Lakonishok 和 Sougiannis，2001；Guo、Lev 和 Zhou，2005；Hand，2005；Chin、Lee 和 Kleinman，2006；罗婷、朱青和李丹，2009；杨中环，2013；周铭山、张倩倩和杨丹，2017）。

而在实证研究方法上，国内外学者采用了不同的指标计算方法来衡量企业的技术创新能力，从而验证技术创新与 IPO 后长期表现之间的关系。Cao、Jiang 和 Ritter（2013）以企业上市前申报的专利数量来衡量企业的技术创新能力，考察技术创新对有风险资本背景的企业 IPO 后长期表现的影响，研究发现，专利数量多的企业 IPO 后表现越好。Hsu（2014）选择行业专利数、专利数的自然对数以及专利数的引用量作为技术创新能力的代理变量，进而研究行业技术创新对行业 IPO 数量、IPO 上市时机和 IPO 后表现的影响，结果表明如果企业在行业技术创新能力较高的阶段上市，其股价表现、盈利能力、资本支出和研发支出要显著优于在行业技术创新能力较低的阶段上市的企业，而且企业的存活率也更高。Hirshleifer、Hsu 和 Li（2013）利用上市企业的专利授权数与 R&D 资本的比值或专利引用数与 R&D 费用的比值来衡量企业的技术创新效率，研究发现技术创新效率更高的企业一般同期的市场价值更高，未来的经营表现、市场价值和股票收益率也更高。Guo 和 Zhou（2016）搜集美国 1991 年至 2009 年上市的生物技术企业从 IPO 申请到 IPO 后三年 R&D 费用、产品、专利、策略联盟和产品发展阶段的变化数据，利用主成分分析法衡量企业的创新能力，从而分析生物技术企业的创新能力对股价表现和存活率的影响。结果表明，创新能力对企业同期股价表现和企业 IPO 三年后的存活率都有提升作用，而且当生物科技企业扩大研发规模并在技术创新活动中取得一定进步时，其 IPO 后长期表现会更好。在国内文献中，也得到了类似的结论。董静和苟燕楠(2010)分析研发资金投入和技术人员人数这两个研发投入指标对机械设备行业和医药生物行业上市公司的经营业绩的影响，研究发现，技术人员人数对机械设备企业的经营业绩的促进作用和持续性更加明显，而研发资金投入对医药生物企业的经营业绩的敏感性更强，而且研发投入与企业的盈利能力和资产运作效率之间有着显著的正相关关系。冯梓洋、张显峰和唐亮(2014)选取创业板上市企业的研发支出、技术人员、商标和专利等数据，利用因子分析方法构建创业板企业自主创新评价模型，分析企业自主创新与经营绩效和股价波动的关系。研究发现，自主创新能力可以显著提升企业的经营业绩，但对股价波动的正向影响较弱。沈弋、徐光华和钱明(2016)利用 2008—2013 年我国高科技产业上市公司的相关数据研究不同所有制企业的研发投入对企业绩效的影响。他们根据技术创新对企业生产经营活动的不同影响，将企业绩效分为创新开拓了企业新产品线的扩张性绩效，以及创新降低了原有产品成本的收益性绩效。研究发现，技术创新对国有企业的扩张性绩效有显著的正向作用，而与民营企业的收益性绩效显著正相关。胡志强等(2017)使用随机前沿模型计算创业板高科技企业 IPO 后的技术创新效率，并发现技术创新效率对企业 IPO 后股价表现和经营业绩有正相关关系，而且在长期这种正相关关系更显著。

4.1.2 产品市场竞争与企业 IPO 的研究成果

4.1.2.1 产品市场竞争与 IPO 决策

产品市场竞争是指企业为取得竞争优势、获取更多利润，通过降低价格、投放广告和研究开发等手段，和竞争企业在产品市场上争夺市场份额的行为，其会对企业的 IPO 决策造成影响(He，2007；Pastor、Taylor 和 Veronesi，2009；Bouis，2009 等)。Hoffmann-Burchardi(2001)认为早期成功 IPO 的企业能够为未来准备上市的企业或者投资者提供关于企业自身、行业前景或者宏观经济环境的相关信息。当投资者观察到这些信息时，会提高对拟上市企业的估值，上市获得的收益大于保持私有时的价值，而风险厌恶的企业家会选择等待并观察IPO企业溢出的行业信息后再决定是否上市。因此，当行业内存在IPO企业且行业前景不确定性上升时，上市成本较低，企业会选择IPO。Alti(2005)在Hoffmann-Burchardi(2001)建立的IPO信息溢出模型的基础上将时间拓展为多期，得到了类似的结论。研究表明，当早期上市企业IPO定价较高时，IPO信息溢出使得投资者会倾向于高估准备上市企业的价值，吸引更多的企业上市，从而形成IPO浪潮。而且，IPO信息溢出效应在IPO浪潮的早期更明显。

随着研究的不断深入，产品市场竞争与IPO决策的研究又细分出不同的分支。Spiegel和Tookes(2008)将产品市场创新、产品市场竞争和公司融资决策纳入动态时间双寡头模型，模型假设市场上一个企业面临是否技术创新来与竞争对手抢夺市场份额，而且要为该技术创新选择融资方式，研究发现，当企业规模较大而且在市场中所占份额较大时，企业会倾向于选择上市来为技术创新进行融资。Chemmanur、He和Nandy (2010)则使用全要素生产率、企业规模、企业销售收入增长率、企业所占市场份额、行业竞争程度、资本密集度和现金流风险作为衡量产品市场中企业层面和行业层面特征的变量，利用大样本数据研究企业所面临的产品市场特征对企业IPO决策和IPO后表现的影响。研究结果表明，这些产品市场特征变量会显著地影响企业IPO的时机，当行业信息不对称程度较低、投资者对企业估值较低时，企业越有可能上市，上市的时机主要集中于全要素生产率达到最大值的时期。而行业内上市企业越多，行业集中度越高，产品市场竞争程度也越高。Chod和Lyandres (2011)则认为企业上市后，众多股东可以更好地分散企业的异质性风险，可以帮助企业承受较高的盈利波动，由于此优势，企业会倾向于上市。因此，行业内企业上市的数目与产品市场竞争程度和需求不确定性正相关。Chemmanur和He(2011)建立模型发现，在同一行业内两个生产率不同的企业面临正向的生产冲击时，上市虽然有一定的成本，但企业可以以低回报率从外部获得融资，而且可以抢占竞争对手的市场份额，企业在两者之间求得均衡。研究发现，为了获得产品市场竞争，企业即使内部资本充裕也会选择上市，而且在IPO浪潮中上市的企业IPO后的生产率和盈利水平较低，但持有的现金增加。Aghamolla和Guttman（2015）将企业内在价值、信息不对称与投资者市场情绪这三个影响因素结合起来考虑企业之间上市决策的动态博弈。他们将影响企业价值的因素分为受企业自身经营状况和推迟上市的成本所影响的特质因素以及受市场信息不对称和投资者情绪影响的共同因素，企业会在早期上市而尽早获得市场份额等优势与推迟上市而获得的实物期权收益之间权衡。研究发现，企业自身经营状况等特质因素表现越好，企业越倾向于在早期上市；企业IPO后披露的共同因素越多，后续上市的企业也越多。

还有部分学者从实证研究的角度证明了产品市场特征会对企业的IPO决策产生影响（Lerner，1994；Pagano、Panetta和Zingales，1998；Fischer，2000）。Jong、Huijgen、Marra和Roosenboom（2012）认为企业IPO的收益是获得外部融资渠道和产品市场份额，而成本是会将企业的私有信息泄漏给竞争对手。他们使用1994年至2006年英国上市企业的数据，发现企业选择IPO的概率与行业平均销售净利率正相关，但与产品市场竞争程度负相关。因此，在利润水平较高、产品市场竞争不太激烈的行业内，企业更倾向于IPO。此外，企业IPO的意愿还与企业的市场份额有关，但企业在市场中所占份额较小时，上市时信息披露的成本远高于能够获得的收益，企业会选择维持私有化延迟IPO。

国内研究产品市场竞争与IPO决策之间交互关系的文献较少，胡志强、张云云和韩利娜（2012）在Chemmanur、He和Nandy（2010）的基础上假设生产率冲击一定会发生，并加入我国的制度因素，并实证验证了我国企业IPO后市场份额会上升，而冷销市场中上市的企业盈利能力更好。

4.1.2.2 产品市场竞争与企业IPO后表现

产品市场竞争会影响企业的IPO决策，而企业IPO后面临的市场环境也会发生变化，产品市场竞争对企业IPO后的股价表现、经营业绩、存活率和投资活动等众多方面产生影响。诸多文献已经证明了企业IPO后长期表现弱势的存在，许多学者认为，由于产品市场竞争，企业为获得较高的发行溢价，倾向于选择在经营业绩较好时选择IPO，但高业绩往往是暂时的，企业在IPO后会面临经营业绩的下降(Jain和Kini，2006；Akhigbe、Johnston和Madura，2006；Trauten、Schulz和Dierkes，2007；Fan、Wong和Zhang，2007；Chemmanur、He和Nandy，2010)。除了企业的经营表现外，也有部分文献研究了产品市场竞争对企业IPO后市场份额、存活率等的影响。Gao、Ritter和Zhu(2013)通过对美国1980年至2012年企业上市活动的分析，发现规模小的企业上市后，与规模大的企业合并后获得的收益要高于其作为独立企业获得的收益。因此，规模小的企业上市后会选择合并，市场上的上市企业数量会下降，而且这是产品市场竞争导致的，而非宏观经济状况。Hsu(2014)也发现当行业面临技术冲击时，产品市场竞争程度高的企业更愿意上市，而且上市后的经营绩效、研发投入、股价表现和存活率更高。

产品市场竞争不仅对IPO企业自身的长期表现产生影响，还会对企业竞争对手的长期表现产生影响。Akhigbe等(2006)研究发现，企业IPO后，其同行业竞争对手的股价表现不佳，这种负面冲击在企业IPO后36个月依然存在，这种效应在行业IPO数量较少、或IPO企业为行业内近两年首个IPO或者行业内管制水平较高时更加明显。Hsu、Reed和Rocholl(2010)利用重大事件研究法发现企业IPO后，其竞争对手的股价变动会变为负向，而有企业经历IPO退出时，企业的股价变动会变为正向，他们将这种变化归因于与IPO相关的融资约束等竞争因素。Foucault和Fresard(2013)研究发现同行估值标准差增加时企业的投资也会增加，而且IPO后公司投资对同行估值更加敏感。Spiegel和Tookes(2015)通过微分博弈模型研究企业IPO前后企业价值和盈利能力的变化，发现IPO后行业内产品差异化下降，利润水平也降低了。

国内学者对产品市场竞争与IPO后表现的研究也作出了一定贡献，郭泓和赵震宇(2006)利用2001年至2003年我国沪深上市的股票数据发现承销商声誉对企业IPO后长期股价回报有显著的正向作用。逯东、万丽梅和杨丹(2015)利用我国中小板和创业板上市企业对比研究了政企关联对企业IPO后经营业绩的影响，发现政企关联不会导致中小板上市企业IPO后业绩表现不佳，但会对创业板上市企业IPO后经营业绩造成负面影响，原因是政企关联影响了企业的研发投资，不利于企业进行技术创新。许良超(2015)分析了存在产品市场竞争时，企业IPO

对股价波动的影响，研究发现产品市场竞争程度高时，企业在股票市场上的异常收益率较低。另外，还有学者从询价制度、风险资本、所有制结构和资金使用能力等角度分析企业IPO后表现弱势（黄贵海和宋敏，2004；陈文斌和陈超，2007；周孝华和吴宏亮，2010；张学勇和廖理，2011；梁建敏和吴江，2012；李冬昕、李心丹和俞红海等，2014）。而国内对IPO企业竞争对手表现的研究比较集中于对竞争对手股票波动的影响，部分学者发现企业IPO后行业股价波动为正，且在不同行业和不同年份之间存在显著差异（王燕鸣和楚庆峰，2009；周业安和杨腾，2011；张峥、吴偎立和黄志勇，2013），但更多的文献在产品市场竞争的框架下发现，企业IPO对竞争对手有竞争抑制作用，因此竞争对手的股价产生了负向影响（张跃文和张舒杨，2009；余峰燕，2011；刘烨和程冠政，2013；王宜峰、张颜江和王燕鸣，2015）。

4.1.3 产品市场竞争与技术创新的研究成果

技术创新对企业的长期发展至关重要，能够为企业带来丰厚的经济效益和关键的战略价值，也会使企业面临较高的风险。技术创新项目不仅需要大量的研发资金和持续的技术人员投入，而且回收期长、研发风险高，产品市场竞争与技术创新之间存在着相互影响的关系。

国内外学者关于产品市场竞争对技术创新的影响目前还没有一致的结论，部分学者认为产品市场竞争作为外部市场机制，对技术创新有正向促进作用：首先，企业面临激烈的商场竞争，随时可能被淘汰，企业选择开发新技术或者新产品可以降低生产成本或实现产品差异化，占据市场竞争优势，获得更多的市场需求，提高企业的盈利能力（Nickell，1996；Griffith、Huergo和Mairesse等，2006）；其次，随着产品市场竞争越来越激烈，企业之间为了抢夺市场份额会形成知识竞赛，技术创新能帮助企业获得竞争优势（Arrow，1962；Boone，2001）。但也有学者认为，激烈的产品市场竞争虽然能加快产品市场中产品或者技术的更新速度，但创新技术或知识被模仿和替代的概率也越大，企业通过创新所能获得的利润会减少，那么企业的创新激励会下降（Grossman和Helpman，1991）。因此，在不同市场竞争特点的行业，企业的技术创新策略会有所不同，主要有正U形（Tishler和Milstein，2009）、倒U形（樊琦和韩民春，2011）或 M 形（孙巍，2013）关系。完全竞争市场上产品同质化严重，激烈的产品市场竞争会激励企业进行研发活动（Gilbert 和 Newbery，1982），而寡头垄断市场上的企业行业地位不会轻易被撼动而且其议价能力较强，企业本身的规模优势和技术壁垒不利于企业进行技术创新，产品市场竞争与技术创新呈负相关关系（Schumpter，1942）。

Aghion、Harris 和 Howitt（2001）的创新内生增长模型中假设技术落后的企业必须先学习新技术，再在产品市场中争夺市场份额。结果表明，产品市场竞争对企业的技术创新有促进作用，其中模仿型创新更有助于经济增长，但过多的模仿会降低经济增长速度。Aghion、Bloom 和 Blundell（2005）利用英国专利面板数据发现产品市场竞争与技术创新之间是倒 U 形关系，当产品市场竞争程度不太高时，企业利润会随竞争程度的增加而减少，企业表现为“逃离效应”，即企业为了逃离竞争而选择研发新产品或者新技术来改善经营绩效；当竞争过于激烈时，企业通过技术创新而获得的收益不足以弥补研发活动时的成本，创新激励不足，表现为“熊彼特效应”。Kim、Gopal 和 Hoberg（2016）将风险投资作为企业的创新策略代表变量，发现产品市场竞争的增加促使企业具有更高的研发和风险投资支出，这一现象在 IT 行业尤为明显。

在国内研究中，何玉润、林慧婷和王茂林（2015）利用 2007 年至 2012 年中国上市企业数据实证研究发现产品市场竞争与研发强度之间存在正向关系，但在国有企业中两者关系不显著，高管激励水平的提高能加强两者之间的正向关系。田原、王宗军和王山慧（2013）通过实证研究发现，我国上市企业产品市场竞争程度与技术创新之间呈倒 U 形关系，过度激烈的竞争会抑制企业技术创新活动，李健、薛辉蓉和潘镇（2016）也得到了同样的结论。沈弋、徐光华和钱明（2016）基于产权异质性的视角，发现对于我国民营企业而言，市场竞争程度越激烈，企业研发力度越强，但这种关系在我国国有企业中并不显著。

4.2　R&D 投资、产品市场竞争与企业 IPO 决策的多期策略模型

综上所述，以往文献的研究集中于技术创新与企业 IPO 决策、或

产品市场竞争与企业IPO决策，或产品市场竞争与技术创新两两之间的分析上。本章借鉴Thakor和Lo(2015)的分析框架，将R&D投资、产品市场竞争和企业IPO决策三者统一在一个企业R&D项目投融资决策模型中，以构建企业三期R&D投资模型为起点，探讨高新技术企业是否会进行R&D项目，以及为R&D项目融资时，如何选择最优融资方式和融资量。此外，高新技术企业通过IPO获得融资后，由于强制信息披露机制的影响，产品市场竞争更加激烈，因此，本章在构建模型所得推论的基础上，进一步分析了产品市场竞争对高新技术企业IPO后对原有资产投资、R&D投资和现金持有量的影响。

4.2.1 模型背景与假设

本章假设经济体中的代理人都是风险中性的，无风险利率为0，未上市企业在决定进行研发项目时，即 $t=0$ 时，缺乏外源资金或者可变现资产。为简化分析，本章将企业研发的R&D项目划分为三期模型。$t=0$ 时，企业持有者需要决策R&D项目所需的融资量、融资方式以及融资需要披露的信息量；$t=1$ 时，企业开始R&D项目的研究阶段并进行初始投资 ωR，其中 $\omega\in(0,1)$，$R>0$，如果初始投资 ωR 后，R&D项目的第一阶段获得成功，企业会在 $t=2$ 时加入更多的投资 R，如果初始投资 ωR 后，R&D项目第一阶段研发失败，企业会停止后续投资。初始投资 ωR 不会产生任何现金流，它的价值仅仅取决于企业在 $t=2$ 时增加的投资产生的回报。模型的这种设定模仿的是现实中高新技术企业进行多个阶段的研究开发时逐步加大资源投入的做法。

模型假设 $t=0$ 时，R&D项目进行初始投资后在 $t=2$ 时成功(G)的预测概率为 $q(q\in(0,1))$，失败(B)的预测概率为 $1-q$。如果初始投资成功，企业在 $t=2$ 时投资的 R 会有概率 $\delta(\delta\in(0,1))$ 产生较高的现金流分布，即R&D项目结束时($t=3$)现金流 x 将在区间 $[x_L, x_H]$($x_L>0$)内形成累计分布函数 H；投资 R 还会有概率 $1-\delta$ 产生较低的现金流分布，即 $t=3$ 时现金流 x 将在区间 $[0, x_L]$ 内形成累计分布函数 L。假设：

$$\int_{x_L}^{x_H} x\mathrm{d}H > R[1+\omega] \tag{4.1}$$

$$\int_0^{x_L} x \mathrm{d}L = R + \varepsilon \tag{4.2}$$

其中，$\varepsilon > 0$ 而且极小。这样假设是因为研发成功时，企业最小的期望回报等于第二阶段的投资加上一个小量；而研发失败失败，$t = 2$ 时的任何投资在 $t = 3$ 时都不会产生现金流。因此，R&D 项目成功时的经济回报要么十分丰厚，要么只能填平投资成本。此外，有且只有企业在 $t = 1$ 时投资 ωR，企业持有者才有机会知道 $t = 2$ 时初始投资产生的结果是好还是坏。如果在 $t = 1$ 时不进行初始投资 ωR，企业无法知道 $t = 2$ 时初始投资的结果，也就是说，对 R&D 项目的初始投资是 $t = 2$ 时是否对这个项目进行深入投资的充分必要条件。

最后，如果企业在 $t = 2$ 时投资了 R，那么它也可以在 $t = 2$ 时追加更多的投资 ΔR。如果企业在 $t = 2$ 时投资了 $R + \Delta R$，研发成功时将有 $r \in (r_a, r_b)$ 概率使高现金流分布 H 增强到加强现金流分布 J，J 的分布区间为 $[x_H, x_L]$。也就是说，如果企业在 $t = 2$ 时对 R&D 项目增加了 ΔR 的投资，那么在 R&D 项目研发成功而且企业以联合概率 $q\delta$ 产生高现金流分布时，现金流 x 有概率 r 为 J 分布，概率 $1 - r$ 为 H 分布。以上决策流程如图 4-1 所示。

4.2.2　R&D 项目多期投资决策的模型构建与分析

4.2.2.1　R&D 项目第一阶段的投资决策

在 $t = 0$ 时，企业的持有者需要决定是否选择进行 R&D 项目，如果选择 R&D 项目，还需要决定融资量、融资方式以及向市场披露的信息量 ξ。本章假设，如果企业在 $t = 0$ 时如图 4-1 所示选择 R&D 项目并进行投资，那么企业是明智的；如果企业不清楚 R&D 项目是否值得投资，获得融资后选择投资其他无风险项目，那么企业是不明智的。模型假设企业明智的概率为 $s(s \in (0.5, 1))$，企业不明智的概率为 $1 - s$。只有企业的持有者和管理层清楚企业是否明智，投资者无法获取到这些私人信息。此外，在明智企业集合中，只有每个企业的持有者和管理层知道 R&D 项目成功时产生的高现金流分布 H 能增强到 J 的概率 r，即 r 的累计分布函数 Z 在区间 $[r_a, r_b]$ 中。

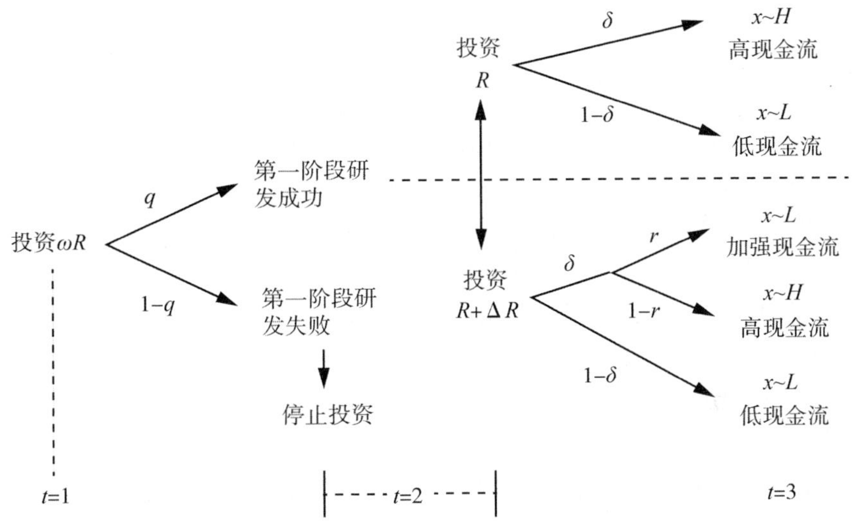

图 4-1 R&D 项目投资各阶段决策流程图

因此，在 $t=0$，企业筹集资金时，为了减少企业质量和 R&D 项目质量等私人信息带来的逆选择问题，企业需要向市场公开投资者披露一定的信息量 $\xi(\xi\in[0,\ \xi_{\max}])$ 来获得低成本的融资额。披露的信息量 ξ 取决于 R&D 项目的质量，但 ξ 中并不包含额外投资 ΔR 带来的价值增量。也就是说，ξ 不包含关于 r 的信息，令 $\bar{r}$ 表示投资者以及市场企业局外者对于 r 的期望价值，即 $\bar{r}=\int_{r_a}^{r_b} rz\mathrm{d}r$。这意味着尽管信息披露可以减少一些投资者对 R&D 项目的信息不对称，但仍然有关于 R&D 项目的部分信息是企业自身所掌握的。

因此，信息披露 ξ 是为投资者创造一个关于企业质量和 R&D 项目质量的信号 φ，其概率分布为：

$$\Pr(\varphi\ \text{显示企业不明智}\mid\xi,\ \text{企业不明智})=p(\xi)\tag{4.3}$$

其中 $p'>0$，$p''<0$，$\forall\xi\in[0,\ \xi_{\max}]$，而且 $p'(\xi_{\max})=0$ 恒成立。这意味着投资者观察到企业是明智的信号的准确性与企业披露的信息量正相关。$\hat{s}(\xi)$ 表示企业披露信息量 ξ 后投资者认为企业是明智的后验概率。模型假设：

$$
\begin{aligned}
&\Pr(\varphi\text{ 显示企业明智} \mid \xi = 0,\text{ 企业明智}) \\
&= \Pr(\varphi\text{ 显示企业明智} \mid \xi = 0,\text{ 企业不明智}) \\
&= p(0) = \frac{1}{2}
\end{aligned} \tag{4.4}
$$

同时，企业对自身质量和R&D项目的信息披露还会带来另一方面的影响，即吸引潜在竞争者加入并投资同类型的R&D项目，产生研发中的“军备竞赛”，这会对企业的预期现金流产生负向影响。为了简化模型，本章假设企业只有一个可能加入同类研发的竞争者。$t=0$时，企业由于需要从资本市场获得融资，向市场公开披露了企业自身状况和R&D项目的相关信息，竞争对手从市场上获得这些信息后，会重新投资同类型R&D项目的价值。企业披露的信息越多，竞争对手加入竞争的可能性越大，而且竞争对手进入时，企业在$t=2$时继续R&D投资的盈利预期会下降。因此，模型假设，较高的信息披露量ξ将导致竞争对手进入的概率$\theta(\xi)$越高，$\theta(\xi) \in [0, 1]$，$\theta'(\xi) > 0$，$\theta''(\xi) > 0$，$\theta(0) = 0$，$\theta(\xi_{\max}) = \bar{\theta}$，$\theta'(0) = \infty$，$\theta'(\xi_{\max}) = 0$。如果企业进行信息披露后没有竞争者进入，企业R&D项目第一阶段产生好结果的概率为$q = \bar{q}$，但是如果有竞争企业进入，则$q = \underline{q}$，而且$\bar{q} > 2\underline{q}$，$0 < \underline{q} < \bar{q} < 1$。

本章假设，企业的初始持有者仅决定$t = 0$时的融资量和融资方式，而企业的管理者负责R&D项目的投资决策。管理者可以观察到$t = 1$时能否获得有价值的R&D项目的信号，而且还能观察到$t = 2$时R&D项目第一阶段的结果是好还是坏的信号，以及该信号是否能在第一阶段获得。因此，企业的管理层将决定是否在$t = 1$时对R&D项目的第一阶段投资ωR，以及是否在$t = 2$时对R&D项目的第二阶段投资R，或者保持资金闲置。这种决策设定与现实经济中相一致，企业的初始持有者对融资方式、资本结构以及信息披露等重要策略做出决策，由于R&D项目的专业性，需要具有专业知识的管理层对R&D项目第一阶段是否成功、是否对R&D项目投入更多的资源作出决定。这与模型中最重要的假设相一致：企业执行的R&D项目需要和传递的专业知识是企业持有者可能缺少的。

因此，企业的管理层可能将投资于$t=2$时的资金R用于私人利益项目，而不是投资于R&D项目。假设管理层这么做能所获得的利益为

$\beta(\beta > 0)$，管理层的效用定义为：

$$U_M = c_1 V + c_2\beta\, U_M = c_1 V + c_2\beta \tag{4.5}$$

其中$c_1 > 0$，$c_2 > 0$，V为$t = 2$时投资于R所获得的股东净价值，而且管理层有概率 $\kappa \in (0, 1)$ 会将资金 R 用于私人利益，而且只有管理层自身可以观察到。如果管理层投资于该项目，企业产生正现金流的概率为0，但会为管理层带来私人利益 β。因此，模型假设：

$$R > c_2\beta > c_1\left[\delta\int_{x_L}^{\infty} x\mathrm{d}H + [1-\delta]\int_0^{x_L} x\mathrm{d}L - R\right] \tag{4.6}$$

这意味着管理层投资的私人利益项目将会是无效的(这会对管理层产生$c_2\beta$的效用，但要求公司投资 R)，而管理层会在能投资时投资于该项目。

4.2.2.2　R&D 项目第二阶段的投资决策

企业只有接收到 R&D 项目第一阶段成功(G) 的信号，才会认为 $t = 2$ 时投资 R 是值得的。如果企业接收到失败(B) 的信号，由于未来能得到的回报为 0，企业不会在 $t = 2$ 时投资 R。因此，模型做出以下假设：

$$\bar{q}\,\bar{G} < R \tag{4.7}$$

$$\omega R < \underline{q}[\bar{G} - R] \tag{4.8}$$

其中$\bar{G} \equiv \delta\int x\mathrm{d}H + [1-\delta]\,x\mathrm{d}L > \delta[\int x\mathrm{d}H - x\mathrm{d}L] > R$。$\bar{q}\,\bar{G} < R$说明企业如果忽略关于 $t = 1$ 时 R&D 项目第一阶段研发结果的信号，将不会选择在第二阶段投资 R。$\omega R < \underline{q}[\bar{G} - R]$ 说明对任意 q 而言，企业选择在第二阶段投资 R 的期望价值大于第一阶段对 R&D 项目投资 ωR 的期望价值。

在$t = 2$时，管理层可能会将项目第二阶段所需的资金R用来追求私人利益。如果企业选择发行债券进行融资时，债券持有人可以债券作为判断管理层将资金(R) 投资于进一步 R&D 项目还是用于私人利益项目的监督信号(Hart 和 Moore，1995，1998)。当债权人观察到的信号表示管理层追求的是私人利益，他们可以要求停止该项目并要求企业在$t = 2$时退还本金R以及相应的回报。因此，一旦管理层将资金投资于私人利益项目，债权人会要求企业在$t = 2$时退还本金R，企业也无法重新回到

R&D项目。与以往文献不同，本章选择R&D项目的具体特征作为监督管理层的信号，这是因为R&D项目的技术性和专业化程度十分高，投资者所了解的专业知识并不及企业管理层，因此投资者无法准确区分R&D项目和私人利益项目。

模型假设研发技术会制造信号 y 来决定投资成功的概率，如果两个可能成功的项目(即 $t=3$ 时企业现金流分布为 H) 显示的信号为 $y_1 \in (0, 1)$ 和 $y_2 \in (0, 1)$，则信号 $y \in \{y_1, y_2\}$ 的概率分布为：

$$\Pr(y = y_i \mid y_i) = 0.5 + \frac{|y_i - y_j|}{2} \tag{4.9}$$

其中 $i \neq j$，i、$j \in \{1, 2\}$。如果两个项目成功的概率差异越大，识别成功项目的信号的准确性越高。

此外，$t=2$ 时，由于信息披露导致竞争企业进入对R&D项目的盈利有两方面的影响。一方面，如果竞争企业在 $t=0$ 时也进行类似的研发，初始投资为 ωR，那么企业R&D项目第一阶段获得成功的概率为 $\underline{q}$。由于竞争企业在 $t=0$ 时进入会让两个企业第一阶段成功的概率都下降为 $\underline{q}$，两个企业R&D项目第一阶段的结果完全相关。另一方面，如果两个企业同时在竞争，第一阶段即使研发成功，第二阶段所获得的盈利会下降。这是因为两个企业的现金流分布只可能是 L，即 $t=2$ 时投资所得到的NPV会变为 $\varepsilon > 0$。即使 $t=0$ 时进入的竞争企业在 $t=2$ 时不投资 R，当市场知道企业第一阶段研发成功时，其他新的竞争者也会在 $t=2$ 时进入并投资 R。因为只有竞争企业加入类似的研发项目，它预期可以获得的利润为 $\varepsilon > 0$。

4.2.3　R&D项目融资决策的模型构建与分析

未上市企业的持有者在 $t=0$ 时需要决定：(1) 融资方式；(2) 获得融资需要披露的信息量；(3) $t=0$ 时所需的融资量。企业的管理层获得融资后来执行R&D项目，$t=1$ 时他将决定是否投资 ωR。而在 $t=2$ 时决定是继续投资 R 深入开发R&D项目，还是用于自身的私人利益项目，这取决于管理层的效用最大化。

4.2.3.1 R&D 项目的融资方式比较

本部分推导企业在 $t=0$ 时将使用的融资方式，企业通过首次公开发行股票(IPO)或者发行债券进行融资时需要向市场披露企业质量和 R&D 项目的相关信息。首先分析企业通过 IPO 融资需要披露的信息。假设明智企业的持有者为筹集 R&D 项目所需的资金 $(1+\omega)R$ 时，会通过发行股票将企业的 f 部分出售给投资者。企业持有者将面临以下企业价值最大化问题：

$$\max_{\xi \in [0,\ \xi_{\max}]} [1-f]\,\Omega(\xi) \tag{4.10}$$

满足于：

$$\hat{s}(\xi) f[\Omega(\xi)] = (1+\omega) R \tag{4.11}$$

$$\Omega(\xi) \equiv [1-\kappa]\left\{\bar{q}[1-\theta(\xi)]\bar{G} + (1-\bar{q})[1-\theta(\xi)]R + \underline{q}\theta(\xi)\int_0^{x_L} x\mathrm{d}L + (1-\underline{q})\theta(\xi)R\right\} \tag{4.12}$$

$$f \in [0,\ 1] \tag{4.13}$$

(4.10) 式给出企业持有者所持有的企业份额下降为 $(1-f)$ 时，持有者将最大化其持有的价值。(4.11) 式为股权投资者的均衡定价限制，$\hat{s}(\xi)$ 表示企业披露信息量 ξ 后投资者认为企业是明智的后验概率。(4.12) 式表示的是企业的总体价值 $\Omega(\xi)$，在没有竞争者进入(概率为 $1-\theta(\xi)$)的情况下，R&D 项目第一阶段成功的概率为 $\bar{q}$，如果在第一阶段成功，R&D 第二阶段产生的企业价值为 $\bar{G}$；如果 R&D 项目第一阶段失败(概率为 $1-\bar{q}$)，投资 R 将会闲置。在有竞争者进入(概率为 $\theta(\xi)$)的情况下，R&D 项目第一阶段成功的概率下降为 $\underline{q}$，第一阶段成功时企业的价值为 $\int_0^{x_L} x\mathrm{d}L$；而第一阶段失败时，投资 R 将会闲置。而 $[1-\kappa]$ 保证管理层不会将 R 用于私人利益项目。

由于 $\hat{s}(\xi)$ 表示 ξ 披露后投资者认为企业是明智的后验概率，即：

$$\hat{s}(\xi) = \Pr(\text{企业是明智的明智} \mid \varphi\ \text{显示企业明智})$$

$$= \frac{\Pr(\varphi\ \text{显示企业明智} \mid \text{企业是明智的})\Pr(\text{企业是明智的})}{\Pr(\varphi\ \text{显示企业明智})}$$

$$=\frac{\Pr(\varphi\text{ 显示企业明智}\mid\text{企业是明智的})\Pr(\text{企业是明智的})}{\Pr(\varphi\text{ 显示企业明智})}$$

$$=\frac{p(\xi)s}{p(\xi)s+[1-p(\xi)][1-s]} \tag{4.14}$$

对 (4.14) 式求一阶导和二阶导，可以得到 $\frac{\partial\hat{s}}{\partial\xi}=\frac{p'(\xi)s(1-s)}{[p(\xi)s+[1-p(\xi)][1-s]]^2}>0$，$p'>0$，$s>0.5$，并由此提出引理 1。

引理 1：企业是明智的前提下，较高的 ξ 会产生较高的 $\hat{s}(\xi)$。

企业披露的信息越多，投资者观察到企业类型的信号越精确，也就是说，ξ 越大时，后验概率 $\hat{s}(\xi)$ 越大。保持企业的价值不变，由(4.11)式可以得出披露越多的信息意味着投资者为他们所提供的资金而得到的企业份额 f 越少。当 ξ 越大时，由于竞争企业进入带来的负面影响，企业的价值会下降。两者权衡，可以得到企业发行股票时需要披露的最优信息含量，并由此提出命题 1。

命题 1：假设企业发行股票进行融资，在最大化问题(4.10)式至(4.13)式中存在唯一的最优信息披露水平 ξ^*。

其次考虑债券融资，假设 F 为企业在 $t=3$ 时必须支付的债券面值，$\Omega_D(\xi)$ 为企业发行债券后的价值。债券投资者能准确发现企业管理层会选择将资金用于私人利益项目并收回投资 R 的概率为 $\Pr(y=0\mid 0)$；债券投资者并没有发现企业管理层会选择将资金用于私人利益项目而且没有收回投资 R 的概率为 $\Pr(y=\delta\mid 0)$，此时企业的价值为 0；而债券投资者能准确发现企业管理层会选择将资金用于 R&D 项目的概率为 $\Pr(y=\delta\mid\delta)$；债券投资者没有发现企业管理层会选择将资金用于 R&D 项目的概率为 $\Pr(y=0\mid\delta)$。由于 $\Pr(y=y_i\mid y_i)=0.5+\frac{|y_i-y_j|}{2}$，$\Pr(y=\delta\mid\delta)=0.5+\frac{\delta}{2}=\frac{1+\delta}{2}$，$\Pr(y=0\mid\delta)=\Pr(y=\delta\mid 0)=1-\frac{1+\delta}{2}=\frac{1-\delta}{2}$，因此 $\Pr(y=0\mid\delta)$ 随 δ 递减。

令 $E[F \mid \bar{r}]$ 为 $r=\bar{r}$ 债券持有者回报的期望价值，在区间 $[r_a, r_b]$ 最大化持有者回报的期望价值如下：

$$\max_{\xi \in [0, \xi_{\max}]} \Omega_D(\xi) - E[F] \tag{4.15}$$

$$\hat{s}(\xi) E[F] = (1+\omega) \tag{4.16}$$

$$\Omega_D(\xi) = [1-\theta(\xi)] A_2 + \theta(\xi) A_3 \tag{4.17}$$

$$A_2 \equiv \kappa \begin{Bmatrix} \Pr(y=\delta \mid 0)\ [0] \\ + \Pr(y=0 \mid 0) R \end{Bmatrix} + \\ [1-\kappa] \left[\bar{q} \begin{Bmatrix} \Pr(y=\delta \mid \delta) G \\ + \Pr(y=0 \mid \delta) R \end{Bmatrix} + [1-\bar{q}] R \right] \tag{4.18}$$

$$A_3 \equiv \kappa \begin{Bmatrix} \Pr(y=0 \mid \delta) R \\ + \Pr(y=\delta \mid 0)\ [0] \end{Bmatrix} + \\ [1-\kappa] \left[\underline{q} \begin{Bmatrix} \Pr(y=0 \mid \delta) R \\ + \Pr(y=\delta \mid \delta)\ [R+\varepsilon] \end{Bmatrix} + [1-\underline{q}] R \right] \tag{4.19}$$

(4.15) 式表示企业最初持有者所拥有的企业价值；(4.16) 式为债券投资者的均衡定价限制；(4.17) 式为企业的总体价值，由两部分组成，A_2 表示没有竞争企业进入时的企业价值，此时 R&D 项目第一阶段研发成功的概率为 $\bar{q}$，A_3 表示如果存在竞争企业时的企业价值，此时 R&D 项目第一阶段研发成功的概率为 $\underline{q}$。由于最大化问题(4.15) 式至(4.19) 式与最大化问题(4.10) 式至(4.13) 式类似，因此企业发行债券时也会通过权衡得到需要披露的最优信息含量，并由此提出命题 2①。

命题 2： 企业通过发行债券进行融资时，企业持有者的信息披露水平也存在唯一最优解 $\xi^0 \in [0, \xi_{\max}]$。

4.2.3.2　R&D 项目下的企业 IPO 决策

企业在 $t=0$ 时为了给 R&D 项目取得外源融资，为了降低投资者对企业类型判断的逆选择问题，需要向投资者披露 R&D 项目的相关信息，但披露信息也会吸引竞争企业进入，降低企业未来的预期现金流。在利弊权衡之后，企业持有者需要确定最优融资方式使得披露的信息最

① 限于篇幅，未在文中列示，如有需要，具体推导过程可联系作者索取。

少，据此提出命题 3①。

命题3：给定R&D项目第二阶段的价值时，如果道德风险问题不太严重（即 κ 足够小），企业进行IPO融资是严格优于债券融资的。给定道德风险水平（即给定 κ）时，如果R&D项目的上限盈利价值（μ_H）足够大时，企业进行IPO融资也是严格优于债券融资的。而且，对于任意给定的 μ_H 和 κ，股权相对于债券的价值随企业在R&D项目能获得高现金流的概率 δ 递减。当 μ_H 足够大而 κ 足够小时，$\xi^0 > \xi^*$。其中 $\mu_H = \int x\mathrm{d}H$，$\mu_L = \int x\mathrm{d}L$。

该命题表明企业为R&D项目进行外源融资时会更偏向于IPO融资，因为R&D项目的特点是成功率较低，即 δ 较低，但潜在的盈利价值较高，即 μ_H 较高，而且管理层为选择私人利益项目而放弃R&D项目的可能性较低，即道德风险较低，κ 足够小，因此，企业对IPO融资的偏好会更强。此外，企业进行IPO融资时需要披露的项目信息较少，能减少企业由于信息披露而导致的损失。

接下来，我们分析企业IPO时所需的融资量。假设企业在 $t = 0$ 时仅为R&D项目第一阶段筹集资金 ωR，当 $t = 2$ 时接收到R&D项目第一阶段成功的信号，企业在 $t = 2$ 时再次通过外源融资获得投资 R，那么市场都会知道企业在第一阶段研发成功的事实，竞争企业在此时一定会进入，企业期望的项目价值会下降为 $\int_0^{x_L} x\mathrm{d}L = R + \varepsilon$，投资的NPV为 ε，由于 ε 极其小，因此 $\varepsilon < \omega R$，企业将不会在 $t = 0$ 时进行初始投资。这意味着，如果企业选择进行R&D项目，企业会在 $t = 0$ 时筹集R&D项目两个阶段所需的全部资金 $(1 + \omega)R$，来避免 $t = 2$ 时为了获得更大的融资额，公开R&D项目第一阶段研发的成果吸引竞争对手加入类似研发活动，而降低企业的预期盈利水平。根据以上分析，我们提出命题4。

命题4：企业在 $t = 0$ 时会筹集研发所需的所有资金 $(1 + \omega)R$，在 $t = 1$ 时在R&D项目的第一阶段投资 ωR，并为 $t = 2$ 时期储备资金 R。

---

① 限于篇幅，未在文中列示，如有需要，具体推导过程可联系作者索取。

4.2.4 可检验的研究假设

本章在模型部分分析了企业为 R&D 项目进行外源融资的最佳融资方式是 IPO，我国以新兴企业为主的高新技术企业一直以 R&D 项目为主要发展方式，2011 年至 2015 年，创业板市场上市企业总体研发强度分别为 5.37%、5.86%、5.96%、5.44%和 4.92%，增长呈递增趋势，均值也显著高于深市主板市场的 2.27%。虽然高新技术企业对 R&D 项目的投资显著高于其他行业，但不同于传统制造业企业对固定资产项目持续不断的投资，R&D 项目的研究、开发和转化阶段的投资需要较长的等待期，而且每个阶段投入的资本逐渐增多，对管理层掌握专业性知识的要求较高，获得成功结果的可能性较低，未来研发成功后可获得的盈利回报十分丰厚，即 μ_H 较高，κ 足够小。根据以上 R&D 项目特性的分析，以及模型命题 3 和命题 4 的结论，未上市的高新技术企业创新能力强，成长性高，管理层产生道德风险的可能性较低，相对于发行债券融资，高新企业选择 IPO 进行融资时信息披露量更少，不仅使投资者获得企业经营状况和 R&D 项目质量的价值信息，减少融资时产生的逆选择问题，而且竞争对手能获得的 R&D 项目相关的信息较少，降低了企业因信息披露带来的融资成本。此外，为减少信息披露的次数，高新技术企业 IPO 时筹集的融资量会充分考虑 R&D 项目所需的全部投资量，为 R&D 项目的后续开发储备研发资金，并且在 R&D 项目的各阶段逐步加大研发投入。因此，本章提出假设 1：

假设 1：高新技术企业 IPO 时募集的融资额与 R&D 项目所需投资额正相关，而且融资量与后续阶段 R&D 投入之间的相关性更强。

本章模型分析中假设企业披露的信息量 ξ 越多，竞争对手参与竞争的概率 $\theta(\xi)$ 越大，即 $\theta(\xi) \in [0,\ 1]$，$\theta'(\xi) > 0$，$\theta''(\xi) > 0$。而高新技术企业 IPO 后，需要定期向市场披露企业的经营财务信息，随着企业信息披露量的增加，行业内产品市场竞争更加激烈。高新技术行业处于高成长周期，现有技术尚不成熟，但未开发市场广阔，面临激烈的产品市场竞争，高新技术企业会选择降低现有产品的价格来谋求利益最大化，因此现有产品所依赖的资产能够产生的边际利润和现金流会下降。

如果企业的 R&D 项目研发成功，获得的新技术或新产品能够帮助企业率先进入新的业务领域，抢占新的市场份额，形成新的利润增长点，而且新技术或新产品会受到专利法的保护，竞争对手加入竞争的可能性较小，因此，高新技术企业上市后，面临激烈的产品市场竞争，其更有动机增加研发投入加大技术创新力度来占领市场份额或者融入市场。这种情形符合 Aghion 等(2001，2005)提出的“逃离竞争”效应，即由于产品市场竞争加剧，企业现有产品的边际利润会下降，由于存在专利保护制度，企业研发新的产品更有吸引力。据此，本章提出假设 2：

假设 2：高新技术企业 IPO 后，由于产品市场竞争的影响，企业会持续增加对 R&D 项目的投资，而减少对现有资产的投资。

根据模型命题 2 的结论，高新技术企业选择 IPO 进行融资时会选择最优信息披露量使得企业持有者持有的价值最大化，而企业上市后，由于 $\frac{\partial \Omega}{\partial \xi} < 0$，继续从资本市场融资会向竞争者透露更多的信息，使企业的价值下降，竞争更加激烈时，高新技术企业更有可能从企业内部进行融资，而且高新技术企业成长性高，为避免错过投资机会而导致市场份额被抢占，企业会选择持有更多的现金提前为未来能及时实施占优的 R&D 项目做准备。此外，R&D 项目开发成功后形成的技术或商业化产品可以为企业带来知识传递效应和技术外溢等好处，这些隐性好处技术含量高并且专用性强，只有企业管理层能够观察到，而投资者无法获取。因此，企业管理层利用技术外溢效应进行进一步 R&D 投资时，无法从投资者处获得融资，这限制了企业进一步创新的能力。为确保企业未来研发投入的需求，企业会选择持有较多的现金作为保险。综上，高新技术企业面临激烈的市场竞争，考虑到未来 R&D 项目投资不足，出于预防性动机或流动性而持有更多的现金(Bolton、Chen 和 Wang，2014)，或者为防范技术创新可能产生的财务风险增加现金持有量(Nanda 和 Rhodes-Kropf，2013，2016；Lyandres，2016)。据此，本章提出假设 3：

假设 3：高新技术企业上市后，面临激烈的产品市场竞争和研发投资的需求，企业会选择持有更多的现金。

4.3 实证研究

4.3.1 研究设计

4.3.1.1 数据来源

本章研究对象选取的是2009年10月23日至2012年10月31日在创业板上市的企业。本章主要研究的是高新技术企业为R&D项目融资时所做的IPO决策，以及高新技术企业IPO后，产品市场竞争程度对企业原有资产投资、R&D投资以及现金持有量的影响，而我国创业板市场成立的初衷是为成长性高、创新能力强的高新企业提供融资途径和成长空间，在创业板上市的企业大多从事高科技业务，创新能力和发展潜能较强，因此本书将研究对象选取为创业板市场上市的企业。我国创业板市场于2009年10月23日正式成立，而新股发行市场在2012年11月至2014年1月中出现了暂停，由于本书的实证检验中需要企业IPO后连续三年的财务数据进行研究，因此，本章研究样本的时间区间选择在创业板市场成立时2009年10月30日至新股发行暂停前2012年10月31日。

本章需要精确度量上市企业所处行业的产品市场竞争程度，因此选取申万一级行业分类作为本章的行业分类标准，由于实证模型中使用了研发费用等指标，本章剔除了银行和非银金融行业的上市企业样本。为保证实证模型的有效性，本章进一步剔除了企业IPO以及IPO后三年内财务数据缺失或者异常的样本数据。本章所有数据均来自于Wind数据库和国泰安CSMAR数据库，并在Excel中完成数据的预处理，描述性统计和实证分析通过STATA统计软件实现。

4.3.1.2 产品市场竞争程度

国内外文献中常用的衡量产品市场竞争程度的指标是赫芬达尔-赫

希曼指数(HHI指数)，HHI指数通过计算行业中各企业总规模占行业总规模比值的平方和来衡量行业的竞争程度(Irvine和Pontiff，2009；Baranchuk、Kieschnick和Moussawi，2014；吴昊旻、杨兴全和魏卉，2012；陈信元、靳庆鲁和肖土盛等，2013)。当HHI指数越高甚至接近于1时，该行业是寡头竞争，行业竞争程度较低；当HHI指数越小或者趋向于$1/N$时，行业内各企业的市场份额大致相同，行业竞争程度较高。HHI指数的具体计算公式为：

$$\mathrm{HHI}_j = \sum_{i=1}^{N}\left(\frac{x_i}{X}\right)^2 = \sum_{i=1}^{N} S_i^2 \tag{4.20}$$

其中，x_i代表企业i的规模，一般用企业的总资产或者营业收入表示，本书实证中选取企业年末的营业收入来衡量HHI指数中企业在市场中的规模；X代表企业i所处行业j的总体规模，N为该行业内的企业数量，S_i表示行业中企业i的市场份额。

除了HHI指数外，国内外学者通过计算行业内企业的营业收入与竞争对手的营业收入相对占比来衡量行业竞争程度(Sundaram、John和John，1996)，而Chod和Lyandres(2011)在Sundaramet等(1996)的基础上构建了PMC指标来衡量产品市场竞争程度。PMC指标考虑了企业一段时间内净利润的变化与营业收入的变化的占比和该企业所有竞争对手在该时间段内营业收入变化的相关系数，PMC指数的具体计算公式为：

$$\mathrm{PMC}_i = \left[\exp\left(\mathrm{corr}\left(\frac{\Delta P_i}{\Delta S_i},\ \Delta S_{-i}\right)\right)\right]^{-1} \tag{4.21}$$

其中，ΔP_i表示企业i一段时间内净利润的变动，ΔS_i表示企业i一段时间内营业的变动，ΔS_{-i}表示企业i所在行业j内除企业i以外其他企业在这段时间内净利润的变动和。PMC指数越大时，企业所处行业的竞争越激烈。行业j的PMC指数为j行业中所有企业PMC指数的算术平均。

4.3.1.3　控制变量

本章的模型推导和理论分析首先研究了高新技术企业IPO融资时，

其所需融资额与企业 IPO 后长期研发投入之间存在正相关性。针对假设 1，本章选取 IPO 融资额(IPOFinancing)作为因变量，以企业 IPO 时实际募集资金总额度量，以研发投入(RD)作为解释变量，以企业 IPO 后每年年末的研发费用或者研发费用之和计，并选取至 IPO 后一至五年的数据进行分析，同时参考鞠晓生等(2013)的研究并结合数据的可得性，本书主要选取企业发行前一年度的相关财务数据，这些数据能够有效反映企业发行前的内在价值，因此纳入以下控制变量：(1)企业资产额(Asset)，以企业 IPO 前一年末的资产总额来进行衡量，企业 IPO 前的资产总额越大，越能形成规模优势，在市场上得到的融资额越多；(2)企业现金持有量(CF)，实证中以企业 IPO 前一年现金及现金等价物的净额为代理变量；(3)企业杠杆率(Leverage)，以企业 IPO 前一年负债总额与资产总额的比值对其赋值；(4)企业年龄(Age)，成熟企业会因其在市场上的影响力吸引更多的融资额，本章以企业上市时的年龄进行测量。

其次，本章参考 Thakor 和 Lo(2017)的方法并考虑数据的可得性，选取以下变量作为研究高新技术企业 IPO 后，产品市场竞争对企业 IPO 后 R&D 投资和现金持有量的影响的控制变量：(1)企业规模(Size)，企业进行 R&D 投资需要大量的资金投入，规模大的企业在市场上获得的资金更加充裕，进行 R&D 投资的意愿更强烈，本章使用企业当年年末资产总额的自然对数作为企业规模的代理变量；(2)企业盈利能力(EBIT/TA)，盈利能力强的企业会更重视上市后的创新投入，能产品市场竞争中占据优势地位，本章以企业当年的息税前利润(EBIT)与资产总额的比值来衡量；(3)杠杆率(Leverage)，以企业每年年末的负债总额与资产总额的比值对其赋值；(4)市账比(ME/BE)，市账比反映了企业的成长机会，本章以企业当年流通在外的总股数乘以年底收盘价与资产总额的比值来测量。假设 2、假设 3 实证模型的具体选取变量和计算说明如表 4-1 所示。

表 4-1　　　　　**研究假设 2、3 实证回归的选取变量**

	变量定义	变量符号	变量说明
被解释变量	企业原有投资	PPE/TA	企业 IPO 后每年末固定资产额与年末资产总额的比值
	企业 R&D 投资	RD/TA	企业 IPO 后每年研发费用与年末资产总额的比值
	企业现金持有量	CF/TA	企业 IPO 后每年现金及现金等价物的净额与年末资产总额的比值
解释变量	产品市场竞争程度	HHI	企业所处行业的竞争程度，高竞争度行业 HHI =1，低竞争度行业 HHI =0
	企业所处市场	HITech	企业在创业板市场上市为 1，在中小板市场上市为 0
	交乘项	HHI×HITech	产品市场竞争程度与企业所处市场的交乘项
控制变量	企业规模	Size	企业 IPO 后每年年末资产总额的自然对数
	企业盈利能力	EBIT/TA	企业 IPO 后每年息税前利润(EBIT)与年末资产总额的比值
	杠杆率	Leverage	企业 IPO 后每年末负债总额与年末资产总额的比值
	市账比	ME/BE	企业市场价值和账面价值的比值

4.3.2　高新技术企业 IPO 融资量与 R&D 投资额关系的实证检验

本小节分析的是高新技术企业 IPO 时的融资量与 IPO 后长期研发投入的关系，模型分析了未上市企业为 R&D 项目进行融资时，需要在向投资者披露 R&D 项目的相关信息从而获得资金与披露信息会吸引竞争对手参与类似研发使得企业预期盈利现金流下降的权衡间选择最优融资方式和融资量。根据模型的结论，假设1认为，由于高新技术企业开发新产品的主要方式是R&D项目，R&D项目成功率较低，道德风险不高，但研发成功时所获得的未来预期盈利价值较高，在这种情形下，高新技术企业会选择IPO融资，而且企业需要的融资量与企业IPO后的研发投入存在一定的相关性。据此，本小节建立如下实证模型：

$$\text{IPOFinancing} = \alpha_0 + \alpha_1 \text{RD} + \alpha_2 \text{Asset} + \alpha_3 \text{CF} + \alpha_4 \text{Leverage} + \alpha_4 \text{Age} + \varepsilon_i \tag{4.22}$$

其中，IPOFinancing代表高新技术企业的IPO融资额，本部分选取创业板市场上市的企业IPO时获得的实际融资量代替，RD代表高新技术企业R&D项目的投资额，由于企业在IPO时较少公布R&D项目所需投资额，因此实证中用企业IPO后一至三年每年年末的研发费用或者IPO后三年研发费用总和作为代理变量进行回归，稳健性检验中将时间区间延伸到IPO后五年；Asset、CF、Leverage和Age为实证模型的控制变量，α_0和ε_i分别代表模型的截距项和随机误差项，α_1至α_4为各变量的系数。根据研究变量的选取标准，假设1回归模型的检验样本为创业板市场上的341家上市企业。

本小节首先对实证模型中出现的主要研究变量进行描述性统计，①发现创业板上市企业之间IPO时的融资量和资产规模的差异性较大，而IPO后研发投入随着时间的推移呈现递增趋势，说明高新技术企业上市后进行R&D项目时会逐步提高研发投入的，这与前文模型推导中提到的企业对R&D项目第二阶段的投资要大于第一阶段投资的分析是一致的，证明了本章理论模型假设的正确性。

表4-2为高新技术企业IPO时融资量与R&D项目投资额之间关系的实证结果，共有五个模型。模型1检验的是企业IPO时的融资量与IPO后一至三年研发投入的关系，结果可知，企业IPO融资量与IPO后1年和IPO后3年的研发投入在1%置信水平下显著正相关，而与IPO后2年的研发投入正相关。因此，模型2检验的是企业IPO融资量与企业IPO后三年研发投入之和的关系，实证结果的系数值在1%置信水平

① 限于篇幅，未在文中列示，如有需要，可联系作者索取。

下显著正相关，表明高新技术企业上市时所需融资量与 R&D 投资之间存在正向关系，验证了研究假设 1。为了分析企业融资额与 IPO 后 R&D 项目各阶段投资量的关系，模型 3 检验的是企业 IPO 融资量与企业 IPO 后两年研发投入之和、IPO 后第三年研发投入之间的关系，结果表明 IPO 融资量与二者之间存在显著的正相关关系，而且系数值呈递增趋势，表明高新技术企业 IPO 后是随着研发阶段的进行分阶段使用 IPO 时获得的融资量，而且使用量是逐步扩大的，验证了研究假设 1 的正确性。

表 4-2　**研究假设 1 实证回归结果**

被解释变量	IPOFinancing				
解释变量	Model 1	Model 2	Model 3	Model 4	Model 5
RD(1)	5.1752***			5.3386***	
	(2.64)			(2.69)	
RD(2)	0.1364			0.1114	
	(0.09)			(0.07)	
RDsum(2)			2.2354***		2.4020***
			(2.80)		(2.76)
RD(3)	2.9776***		2.7282***	3.5594***	3.2244***
	(3.28)		(3.04)	(2.65)	(2.42)
RDsum(3)		2.4656***			
		(9.19)			
RD(4)				−0.9845	−0.6403
				(−0.59)	(−0.39)
RD(5)				0.3170	−0.0137
				(0.38)	(−0.02)
_cons	49992.77***	49046.55***	48933.09***	50442.32***	49361.56***
	(8.02)	(7.91)	(7.87)	(8.01)	(7.86)

续表

控制变量	控制	控制	控制	控制	控制
R-sq	0.4461	0.4467	0.4417	0.4415	0.4288
Prob> *F*	0.0000	0.0000	0.000	0.0000	0.0000

资料来源：Wind、CSMAR。

注：RD(1)表示企业 IPO 后第 *i* 年末的研发费用，*i*=1、2、3、4、5，RDsum(*j*)表示企业 IPO 后 *j* 年研发费用之和，*j*=2、3；系数下方括号内为 t 值统计量；右上角的星号代表系数的显著程度，*、**、*** 分别代表系数在 10%、5%和 1%置信水平下显著。

为了证明该实证模型的稳健性，将企业 IPO 后使用研发投入的时间从三年扩大到五年，模型 4 检验的是企业 IPO 融资量与 IPO 后 1 至 5 年研发投入的关系，发现企业 IPO 融资量依然与 IPO 后第 1 年和 IPO 后第 3 年的研发投入在 1%置信水平下显著正相关，与 IPO 后第 2 年的研发投入正相关但不显著，而与 IPO 后 4 至 5 年研发投入的相关性不太明显，这可能是因为高新技术企业 IPO 融资的 R&D 项目的周期一般为 1 至 3 年，企业上市三年后开发的新研发项目的投资额与 IPO 时融资量的相关性不大。而模型 5 检验了企业 IPO 融资量与 IPO 后两年研发投入之和、IPO 后第三、四和五年研发投入之间的关系，得到的实证结果与模型 3 类似，企业 IPO 融资量与 IPO 后两年研发投入之和、IPO 后第三年研发投入之间存在显著的正相关关系，而且系数值呈递增趋势，但与 IPO 后第四年和第五年的研发投入之间负相关且不显著。稳健性检验的结果证明了假设 1 的正确性，但高新技术企业 IPO 时融资量与 IPO 后研发投入之间的正相关性仅能持续三年。

4.3.3 产品市场竞争与高新技术企业 IPO 后投资策略的实证检验

4.3.3.1 产品市场竞争与高新技术企业 IPO 后投资策略的检验

本小节将围绕高新技术企业 IPO 后产品市场竞争对企业现有产品

投资和 R&D 投资的影响分析，根据前文的模型推导和理论分析，高新技术企业 IPO 后，面临的市场竞争更加激烈，企业会选择降低现有产品的价格以赢得产品市场竞争，而 R&D 投资研发成功的新产品可以使企业率先进入新的业务领域，抢占新的市场份额，形成新的利润增长点，因此，成长性高的高新技术企业更有动机通过加强投资 R&D 项目，减少现有产品投资，以提升其创新能力，占领市场先机。也就是得到研究假设 2：高新技术企业上市后，面临激烈的产品市场竞争，会减少现有产品的投资，增加 R&D 投资，并建立以下回归模型：

$$\begin{aligned}\text{PPE/TA}_{i,t} = {} & \beta_0 + \beta_1 \text{HHI}_i + \beta_2 \text{Size}_{i,t} + \beta_3 \text{EBIT/TA}_{i,t} + \\ & \beta_4 \text{ME/BE}_{i,t} + \beta_5 \text{Leverage}_{i,t} + \beta_6 \text{PPE/TA}_{i,t-1} + \\ & \mu_i + \lambda_t + \varepsilon_{i,t} \end{aligned} \tag{4.23}$$

$$\begin{aligned}\text{RD/TA}_{i,t} = {} & \beta_0 + \beta_1 \text{HHI}_i + \beta_2 \text{Size}_{i,t} + \beta_3 \text{EBIT/TA}_{i,t} + \beta_4 \text{ME/BE}_{i,t} + \\ & \beta_5 \text{Leverage}_{i,t} + \beta_6 \text{RD/TA}_{i,t-1} + \mu_i + \lambda_t + \varepsilon_{i,t} \end{aligned} \tag{4.24}$$

其中$\text{PPE/TA}_{i,t}$，$\text{RD/TA}_{i,t}$分别代表企业i在t时刻的固定资产或研发费用占资产总额的比值，衡量的是企业对现有产品的投资和 R&D 投资；HHI_i 衡量的是企业 i 面临的产品市场竞争程度，当企业 i 所在行业为高竞争度行业，则$\text{HHI}_i = 1$，当企业 i 所在行业为低竞争度行业，则 $\text{HHI}_i = 0$； $\text{EBIT/TA}_{i,t}$、$\text{ME/BE}_{i,t}$、$\text{Leverage}_{i,t}$、$\text{PPE/TA}_{i,t-1}$ 和 $\text{RD/TA}_{i,t-1}$ 为(4.23) 式和(4.24) 式的控制变量。β_0 和$\varepsilon_{i,t}$ 为模型的截距项的随机误差项，μ_i 和λ_t 分别代表个体固定效应和时间固定效应，检验样本为创业板市场上的 305 家上市企业。具体实证结果见表 4-3。

表 4-3 中的模型 1 和模型 3 为(4.23)式和(4.24)式的实证回归结果，HHI_i 的系数分别为-0.0060 和 0.0007，表明企业 IPO 后，减少了对现有产品的投资，增加了 R&D 投资，证明了假设 2 的正确性。但 HHI_i 的系数值并不显著，可能是因为产品市场竞争虽然能够激励上市企业研发新技术或新产品，降低生产成本或实现产品差异化，提升企业的盈利能力和竞争优势(Griffith、Huergo、Mairesse 等，2006；何玉润、林慧婷和王茂林，2015)；但是，技术创新同样也会影响产品市场竞争，两者之间存在相互影响作用，这说明(4.23)式和(4.24)式可能存在变量间的内生性问题。为了缓解模型的内生性问题，本章采用倾向评分匹配

(PSM)选取2009年至2012年间在中小板市场上市的企业作为本小节实证的对照组。中小板市场和创业板市场都是为我国中小企业融资而设立的，但中小板市场作为创业板市场的过渡，其上市企业的规模较大，商业化模式较为成熟，而研发力度不强。因此，本章按照创业板上市企业上市时的企业特征挑选中小板上市企业作为对照组，两者的主要差异在于技术创新能力不同，匹配选择的标准是企业IPO当年的企业规模(Size)、企业盈利能力(EBIT/TA)、企业资本结构(Leverage)、市账比(ME/BE)、现有投资(PPE/TA)、R&D投资(RD/TA)和现金持有量(CF/TA)。

表4-3 **研究假设2实证回归结果**

被解释变量	$PPE/TA_{i,t}$		$RD/TA_{i,t}$	
解释变量	Model 1	Model 2	Model 3	Model 4
HHI_i	-0.0060		0.0007	
	(-1.21)		(0.99)	
$HHI_i \times HITech_i$		-0.1328***		0.0146***
		(-8.026)		(7.02)
_cons	0.1700***	1.1946***	0.0206***	0.2478***
	(3.54)	(4.20)	(2.98)	(9.10)
控制变量	控制	控制	控制	控制
个体固定效应	控制	控制	控制	控制
时间固定效应	控制	控制	控制	控制
R-sq	0.7173	0.8643	0.6606	0.8941

注：系数下方括号内为z值统计量；右上角的星号代表系数的显著程度，*、**、***分别代表系数在10%、5%和1%置信水平下显著。

资料来源：Wind、CSMAR。

由 PSM 均衡性检验结果①可以看出，各变量匹配后在试验组和对照组之间是均衡的，而且匹配前后有明显差异，证明匹配结果较为理想。进一步，根据倾向评分匹配重新筛选样本后，获得 291 家创业板上市企业为实验组，133 家中小板上市企业为对照组，将(4.23)式和(4.24)式中 HHI_i 替换为 $HHI_i \times HITech_i$，其中，变量 $HITech_i$ 为筛选变量，当企业 i 在创业板上市时，$HITech_i = 1$；当企业 i 在中小板上市时，$HITech_i = 0$。模型回归结果为表 4-3 中的模型 2 和模型 4。$HHI_i \times HITech_i$ 的回归系数分别为-0.1328 和 0.0146，而且在 1%置信水平下显著，说明相对于中小板上市企业，创业板上市的高新技术企业上市后的现有资产投资下降约 13.28%，而 R&D 投资会上升约 1.46%，因此，验证了本章的假设 2，高新技术企业上市后会倾向于减少现有产品的投资，增加 R&D 投资。

4.3.3.2　产品市场竞争与高新技术企业 IPO 后现金持有量的检验

上一节中证实了高新技术企业上市后会减少对现有产品的投资，而增加对 R&D 项目的投资，那么高新技术企业上市后会倾向于怎样的方式为 R&D 项目融资呢？研究假设 3 表明，高新技术企业上市后，面临激烈的市场竞争，披露研发信息的成本是昂贵的，因此外部融资成本高于内部融资成本，企业会倾向于持有更多的现金。具体实证模型如(4.25)式和(4.26)式所示：

$$CF/TA_{i,t} = \beta_0 + \beta_1 HHI_i + \beta_2 Size_{i,t} + \beta_3 EBIT/TA_{i,t} + \beta_4 ME/BE_{i,t} + \beta_5 Leverage_{i,t} + \beta_6 CF/TA_{i,t-1} + \mu_i + \lambda_t + \varepsilon_{i,t} \tag{4.25}$$

$$CF/TA_{i,t} = \beta_0 + \beta_1 HHI_i \times HITech_i + \beta_2 Size_{i,t} + \beta_3 EBIT/TA_{i,t} + \beta_4 ME/BE_{i,t} + \beta_5 Leverage_{i,t} + \beta_6 CF/TA_{i,t-1} + \mu_i + \lambda_t + \varepsilon_{i,t} \tag{4.26}$$

(4.25)式和(4.26)式的实证回归结果如表 4-4 所示，模型 1 是检验的是创业板上市企业 IPO 后现金流的变化，HHI_i 的系数值为正但不显著，因此，本小节采用与上一小节相同的方法进行回归分析，模型 2 中

① 限于篇幅，未在文中列示，如有需要，可联系作者索取。

$HHI_i \times HITech_i$ 的系数在1%置信水平下显著为正，表明相对于中小板上市企业，创业板上市的高新技术企业上市后的现金持有量上升约21.91%，证实了研究假设3，即高新技术企业上市后为应对R&D投资需求，企业会选择持有更多的现金。

表4-4 **研究假设3实证回归结果**

被解释变量	$CF/TA_{i,t}$						
解释变量	HHI_i	$HHI_i \times HITech_i$	_cons	控制变量	个体固定效应	时间固定效应	R-sq
Model 1	0.0079		-0.0271***	控制	控制	控制	0.1502
	(1.21)		(-4.68)				
Model 2		0.2191***	-1.4426	控制	控制	控制	0.4136
		(8.40)	(-3.83)				

注：***代表系数在1%置信水平下显著。

资料来源：Wind、CSMAR。

4.3.4 稳健性检验

为保证实证结果的准确性，本小节进一步对上述实证进行稳健性检验。由于本章的实证模型是基于Thakor和Lo(2015)研究的模型和本书进一步拓展的理论分析，参考已有学者建立的指标而独立设计的，因此需要进一步的辅助验证。

对于高新技术企业IPO时的融资量与IPO后长期研发投入的关系的稳健性检验，本节主要对产品市场竞争与高新技术企业IPO后投资策略和现金持有量的关系进行稳健性检验。前文选取的衡量产品市场竞争程度的指标为HHI指数，而本章中提到的另一PMC指标也能准确地衡量企业所处行业的产品市场竞争程度。通过(4.21)式计算行业PMC指标，发现各行业PMC指标基本处于0.95~1.05，休闲服务、商业贸易以及房地产等 6 个行业的 PMC 小于 1，定义为低竞争度行业，其余行业为高竞争度行业。另外，对于现金持有量水平，本章在稳健性检验中，参照韩忠雪和周婷婷(2011)的计算方法，选取为年末现金及现金等价物之和/(年末资产总额-年末现金及现金等价物之和)为衡量企业上市后现金持有量的指标；对于企业的盈利水平，在稳健性检验中，本章章选取企业每年净利润与年末资产总额的比值来衡量。将上述指标替换实证模型中的原有指标，并重新进行检验，得到的回归结果。① 回归模型中指标的选取对回归结果没有太大的影响，回归结果与表 4-3、表 4-4基本一致，证明本章实证模型与理论假设的拟合较好。

4.4　研究结论与政策建议

本章通过梳理已有文献并借鉴 Thakor 和 Lo(2015)的分析框架，首先将 R&D 项目划分为三期投资决策并分析投资决策中发生的逆选择、道德风险和竞争对手进入对企业是否选择进行 R&D 项目，以及当选择 R&D 项目时如何选择融资方式的影响，然后研究企业在披露信息减少投资者与企业之间的逆选择问题并获得低成本融资，与信息披露会吸引竞争对手进入展开创新竞赛降低企业预期现金流的成本之间进行权衡选择信息披露量较少、企业价值最大化的融资方式。研究发现，当企业未来预期盈利较高、道德风险程度较低时，企业会倾向于选择 IPO 为 R&D 项目进行融资，进而根据高新技术企业的特征推导得到高新技术企业为 R&D 项目融资的最优选择是 IPO，而且 IPO 融资量与企业未来 R&D 项目所需投资量相等。此外，通过模型推论和理论分析，本章进一步研究了高新技术企业 IPO 后的长期投资策略。高新技术企业上市后，面临激烈的产品市场竞争会选择减少现有产品投资，增加 R&D 投资，而且为避免信息泄露，企业会偏向于多持有现金以备未来 R&D 项目的资金需求。据此，本章提出了三个可供检验的研究假设。

同时，本章选取 2009 年 10 月 30 日至 2012 年 10 月 31 日在创业板上市的企业代表高新技术企业，作为实证研究对象新技术企业的研究对

① 限于篇幅，未在文中列示，如有需要，可联系作者索取。

象，实证研究企业 IPO 时实际融资量与其上市后长期研发费用的关系，以及产品市场竞争对企业 IPO 后现有产品投资、R&D 投资以及现金持有量的影响。同时，由于回归模型存在内生性，本章利用倾向匹配得分模型选取中小板上与本书研究对象可比的上市企业作为对照变量加入回归模型中，主要的实证结论如下：

第一，高新技术企业 IPO 时获得的实际融资额与 IPO 后一至三年的研发费用之间有正相关关系，而且与 IPO 后一至两年的研发费用之和和 IPO 后第三年的研发费用、与 IPO 后一至三年研发费用之和显著正相关，但与 IPO 后第四年、第五年的研发费用相关性不显著，表明高新技术企业为 R&D 项目融资时融资量与未来研发投资之间存在显著相关性，而且 IPO 后，高新技术企业随着研发阶段的发展分阶段使用 IPO 时获得的融资量，并且使用量是逐步扩大的，这与模型的假设和推导一致。此外，融资额与研发费用之间的相关性不具有持续性，IPO 后第四年开始，这种相关性会减弱。

第二，通过对产品市场竞争程度与高新技术企业 IPO 后三年固定资产投资和研发费用的回归，发现产品市场竞争激烈时，企业会减少现有产品投资而增加研发投入，但此时回归结果不显著。因此，本章利用倾向得分匹配方法在中小板市场上选择类似企业加入回归模型缓解模型的内生性，得到的回归结果与前文结果一致而且显著，表明高新技术企业上市后面临竞争依然会选择技术创新。

第三，采用相同的方法对产品市场竞争程度与高新技术企业 IPO 后三年现金持有量进行回归，发现产品市场竞争程度与企业现金持有量存在显著的正相关关系，表明高新技术企业上市后倾向于持有更多的现金。

当前，我国经济发展处于新常态，但经济增长的动力不足，高新技术企业开发 R&D 项目增强盈利能力，促进行业发展，进而提振国民经济，因此，本章的研究具有一定的现实意义。本章通过理论模型分析了高新技术企业进行 R&D 项目的具体过程，揭示了高新技术企业的特性，帮助投资者更加准确地了解高新技术企业，降低信息不对称程度；模型推导得出的结论不仅为高新技术企业进行上市决策提供理论依据，还为其上市后的投资策略提供了参考。结合研究结论，本章提出以下建议：

第一，高新技术企业选择为 R&D 项目融资时，需要仔细调研项目的可行性，尽可能准确地预测该项目需要的投资额，合理地公布所需融资量，让市场和投资者能准确地对高新技术企业进行估值，实现资源的优化配置；第二，由于上市时有强制信息披露的要求，企业会担心由于研发信息的泄露在产品市场上失去竞争优势，进而不愿意上市，但是企业的发展又需要外部融资渠道，因此，本章认为上市信息披露制度可以进行细分和完善，在企业能充分披露生产经营信息的同时保护重要研发信息不泄露，营造更良性的高新技术企业 IPO 市场，提高企业的融资效率。

第 5 章
基于股票价格信息的 IPO 与企业技术创新策略的博弈分析

在三期叠加效应之下，中国经济进入新常态发展阶段，产能过剩与需求不足现象并存，经济增长承受下行压力，建立以产业创新为核心的增长机制是重新开启中国经济高增长时代的正确道路(刘骏民和刘晓欣，2016)。产业创新是市场中万千企业不断进行技术创新、产品创新和市场创新的凝聚成果，一部分企业先行采取技术革新会赢得市场竞争优势，获取技术创新收益，而技术溢出与商业模式的协同作用，激励更多的企业进入技术创新的队伍，从而整个行业大迈步向前，最终国家竞争力得到提高。因此，如何提升企业个体、行业乃至整个国家的技术创新能力是一个值得研究的问题(Kim，2016；Kireeva，2015；Cabrer-Borrás 和 Serrano-Domingo，2007)。

但是我国企业尤其是中小企业普遍面临融资难的问题，企业大多依靠内部资金进行创新活动，资金链不稳定、前期投资成本巨大和高风险等困境约束着企业技术创新活动(鞠晓生、卢荻和虞义华，2013)。此时，越来越多的企业选择 IPO 这一现代企业融资的重要途径。IPO 之后，股票市场通过资源配置和研发投资激励来分担上述创新风险，从而促进技术革新，带来整体经济的增长(Hassan、Sanchez 和 Yu，2011；Arcand、Berkes 和 Panizza，2015)。但是，企业上市后会泄露技术创新的专有信息与相关的研发进度，这是技术密集型创新企业进行 IPO 最为担心的因素之一(Bernstein，2015)。信息泄露将会改变企业原有的领先地位和后期的实际创新成本，从而大大降低上市企业的投资激励，进而影响行业的竞争能力。

从行业竞争格局来看，企业面临着内生增长不足与行业内竞争环境日益激烈的双重发展难题。为了保持产品市场竞争中的优势地位，面对具有风险的技术创新机会，企业在努力保护内部技术信息的同时，也会密切关注同行业中竞争对手的行动。一旦股价可以反映企业创新进度的私人信息，市场上的其他企业将利用这些信息来决定是否进行类似投资，也就是说，企业可以根据竞争对手或自身的股票价格信息来改变投资策略。IPO 之前，企业处于私有状态，仅能通过竞争对手的股票价格信息来决策投资策略，而企业进行 IPO 之后，上市企业可根据自身的股票价格信息来进行投资决策，行业内的技术创新相关性降低。鉴于此，研究 IPO 与企业技术创新决策的博弈关系，具体探究 IPO 前后股票价格信息变量对企业短期技术创新投资与长期盈利能力的影响具有一定的理论价值与现实意义。

5.1　基于股票价格信息的 IPO 决策与企业技术创新策略

5.1.1　股票价格信息与企业技术创新策略

根据经典的有效市场理论(Fama，1970)，证券价格即股票价格代表了市场竞争的均衡状态，股票价格变动本身是金融市场传递信息的功能体现。面对市场上来自各个层面信息的变化，股票价格会做出及时且充分的反馈(Basu，1977；Rossi，2015；Kelikume，2016)。而其他学者却提出了不同的观点，Grossman 和 Stiglitz(1982)认为信息的获取与传递是具有成本的，当信息搜集成本低于信息反馈到股票市场所带来的收益时，一部分市场参与者才有动力去搜集相关信息(Malkiel，2003；Logueann，2006；Mitra、Chattopadhyay 和 Charan，2016)。因此，市场上的参与者将分化为两类，通过不同的行为获取股票市场收益。一类是拥有信息的参与者，他们通过自身信息优势来对市场上的股票价格进行评估，从而通过买卖手中企业股票份额来取得确定性信息收入；另一类参与者无法获取信息，此时他们会通过价格变化推断潜在信息的含义，即通过股票市场价格变化作为自身的投资行为的依据(Smailović、Grčar 和 Lavrač，2014；Chemmanur、Hu 和 Huang，2015；Mclean 和 Pontiff，

2016)。股票价格波动是市场投资者对企业情况最真实的反映，其中包含了企业的经营状况、投资决策、投资者情绪和其他私人信息，所有的信息都可以供投资者作为投资依据，实现企业价值的有效变化。这一信息传递过程被称为实体经济和股票市场之间的反馈效应(Bond、Edmans和 Goldstein, 2011; Derrien 和 Kecskés, 2013; Pungulescu, 2015)。Roll(1992)、Heston 和 Rouwenhorst(1994)指出股票价格信息可以根据不同的影响因素进行区分，他们将信息划分为行业和国家层面的影响。从此，众多学者涌入股价信息研究方向，其中较为突出的是 Campbell、Lettau 和 Malkiel(2001)，他们首次提出将股票价格信息分为市场波动、行业波动和企业水平的波动。市场和企业波动归属于公共信息，易于被市场参与者获得，而且信息获取成本较低，从而对企业股票价格影响较弱。股票价格信息中蕴含的企业层面信息越丰富，企业市场价值与真实价值匹配度越高，可以促使市场资源向具有投资价值的企业倾斜，提高整个市场的资本运行效率(Clarke 和 Fee, 2004; Bharath、Pasquariello和 Wu, 2009; Dastgir、Izadinia 和 Momeni, 2013)。

其他学者也对投资策略与股票市场价格的关系进行了深入探究。其中，Bade(2016)提出了一个关于同行投资估值与内生信息的模型，结果表明，同行业企业的股票价格会对私人投资具有指导作用，但是当投资者以私人信息在市场上交易时，股票价格信息含量会有所下降。同时，噪音交易者的存在，使得投资者在二级市场上获得交易利润，最后提高市场的流动性与投资效率。Ben-Nasr 和 Alshwer(2016)研究管理者是否会使用股票价格信息来进行劳动投资决策以及是否会影响劳动力投资效率时，发现较高知情交易占比会降低劳动投资偏差即有更高的投资效率。Xu、Magnan 和 André(2007)对企业以新兴市场和成熟市场进行分类，分析研发投入与企业股票市场价值传导的差异性，实证得到研发支出能显著提高股权价值的预测能力，研发信息对股票价格预测的准确性对于成熟生物技术企业进一步加强。Aucejo、Orchillés 和 Berna(2013)实证发现，企业的投资决策对同行业企业的股票价格中显示的创新信息具有反馈作用。管理者可以依靠同行业价格信息来进行资本配置决策。

5.1.2　股价信息作用下的 IPO 与技术创新策略

越来越多的学者已加入股票市场与实体经济投资的研究中(Edmans、Goldstein 和 Wei，2012；Edmans、Goldstein 和 Jiang，2015)。Bond、Edmans 和 Goldstein(2011)研究发现，金融市场潜在与实际的变化主要是源于实体经济的反馈效应作用，这一传导过程包含实体经济投资、股票价格信息量和投机者的交易行为等。Chen 等(2007)研究发现股票价格信息含量可以提高企业投资决策对价格变动的敏感性。在此基础上，学术界进一步研究 IPO 对股票价格信息的影响。Foucault 和 Frésard(2014)研究发现，IPO 前，私有企业仅能从已上市企业的股票价格变动来判断行业中新增投资的预期收益，而 IPO 后，企业可以从自身股票价格的变动来获取投资信息，从而提高投资效率。但是，与此同时，企业之间投资项目的相关性将有所降低，即 IPO 给企业带来更高的投资决策自主权。Foucault 和 Gehrig(2006)进一步研究发现，交叉上市可以使企业从股票市场中获得与投资相关更为精确的信息，从而获得更为确定的成长机会。根据现有信息披露制度的规定，上市企业需要向公众定期披露企业相关的财务情况和经营情况。对于企业内部而言，定期信息披露机制使管理层更愿意选择那些传递出企业在稳步发展信号的项目(Johan，2010)。信息披露会对企业在产品市场竞争上产生负面影响，新型技术开发的保密工作日益艰难，容易被竞争对手追赶上，甚至失去市场先机(Veshosky，2014)。

技术创新活动通过股票价格间接泄露的信息与强制性披露信息完全不同，主要体现在两个方面。首先，强制性披露信息仅限于研发费用和研发采购项目等，而股票价格信息包含各种来源的私人信息，可以更好地解释技术的真实价值；其次，行业特性会改变等待期权的价值和投机者的交易利润，并通过股票市场内生信息泄露数量。Ding(2015)认为，当选择等待对企业有利可图，同时投资者有足够的动机来获取信息进行交易时，间接泄露信息最终会影响投资结果。Dessaint、Foucault 和 Frésard 等(2016)认为管理者无法完全过滤掉噪音价格影响，从而企业会减少投资以应对同行业中非基本面的冲击对企业股票价格下降的影响。研究表明，私有企业的投资决策会对同一行业中上市企业股票价格做出积极响应。Yan(2015)指出在股票价格信息含量更多或者更有可能面临相同冲击的行业中，私有企业投资决策与同行业上市企业股价关系更为紧密，在竞争格局较为集中的行业中，私有企业的反馈作用更为强烈。Chod 和 Lyandres(2011)认为 IPO 企业在上市短期内会冲击竞争对手的股票价格，IPO 企业会引起自身产品市场份额的提升，从而对自身和行业中竞争公司的长期业绩产生影响。对于一个正向的增长冲击机会，私有企业的反馈作用低于上市企业，私有企业拥有更高的外部资本成本率可能是解释之一(Gilje 和 Taillard，2016)。而更加依赖外部融资的上市企业相比私有企业拥有更多的技术创新组合，但是在内部金融相关行业中，前者的创新形象却低于私有企业(Acharya 和 Xu，2016)。Ozoguz 和 Rebello(2013)的研究具有相同的结果，在增长速度更快、竞争程度更高和资本依赖程度更大的行业中，投资敏感度与同行业价格关系更为紧密。

目前，已有研究分别从理论和实证的角度，将股票价格信息或 IPO 等单个因素对企业技术创新的影响进行分析，其中，对于企业技术创新能力影响因素的研究已由来已久，而股票价格信息与 IPO 对企业技术创新策略的研究属于前期阶段。鲜有学者将股票价格信息、IPO 因素与技术创新三者结合起来进行研究，故本章立足于 IPO 决策，从股票价格信息的角度，综合考虑行业规模、竞争程度等特征，建立因素交乘项，对企业技术创新策略进行较为全面的研究。

5.2 基于股票价格信息的 IPO 决策博弈模型分析

IPO 与技术创新之间的问题研究已经成为学术界的热点(Wu，2012；Bernstein，2015；Foucaul 和 Frésard，2014)，股票价格信息含量是连接 IPO 与企业技术创新的纽带，却鲜有文献结合股票价格信息含量、IPO 等因素综合分析对企业技术创新的影响。其中，Foucaul 和 Frésard (2014)认为在产品同质性较高的行业中，企业之间的投资关系和同行业的股票价格之间存在积极的关系，当市场中知情交易者较多时，这一关系将进一步加强。Ding(2015)在前人研究的基础上，进一步细化研究方向，以技术创新为切入点，建立了股票价格信息含量、技术创新投资及产品市场竞争的交互博弈模型，进一步探究采取领先或追随策略的企业如何在产品竞争市场中利用股票价格信息做出投资决策。本章在上述模型的基础上，将模型讨论范围拓展至非上市企业或拟 IPO 企业，建立包含 IPO 企业的博弈模型。

5.2.1 基础模型与均衡策略

本章设置的博弈模型中共有 N 家企业，并且根据企业的行为特征具体分为两类企业，一类称为企业 AA，另一类称为企业 BB，两类企业互为竞争对手。模型设定在一个竞争市场中，其中，企业 AA 内部具有完全市场竞争特征，即它们产品同质化程度较高，同时假设它们具有相同的技术创新策略选择并且为市场的领先企业，会先一步进行技术创新活动。而企业 BB 与企业 AA 之间在各方面具有较大区别，企业 BB 为市场的追随者，它们不将技术创新作为先决决策，而是观望企业 AA 的创新结果即一系列市场反应后，再决定是否进行技术创新活动。

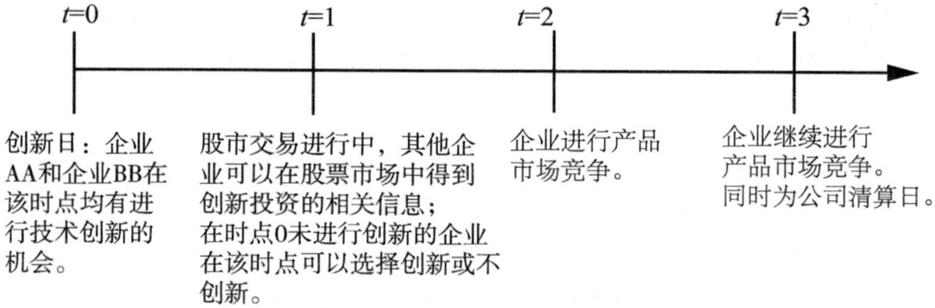

图 5-1　企业技术创新决策和产品市场竞争过程

模型将企业技术创新决策和产品市场竞争过程共分为 4 个时间点（$t=0$，1，2，3）。其中，将时点 0 和 1 称为创新日，在这两个时间点，两类企业都有机会投资于高风险技术创新项目，假如企业 AA 在时点 0 选择投资，则企业 AA 将在时点 1 知道创新是否成功。一旦企业 AA 进行创新投资并且是有利可图的，则投机者可以获得创新成功的相关信息。企业 BB 如果选择不在时点 0 进行投资，则可以观察时点 1 的股价后决定在时点 1 投资或不投资。我们将时点 2 和时点 3 称为产品市场竞争日，企业创新结果将在时点2和时点3得以显现。同时，我们将时点3设定为清算日。

5.2.1.1 产品市场

在市场中，假设企业AA和企业BB生产差异化产品并且没有生产能力约束，为了简化模型，我们假设企业AA之间生产的产品具有同质性，在企业BB之间也同样成立，产品在时点2和时点3进行生产和销售。在时点0，企业AA和企业BB面临共同的投资决策，即是否进行技术创新投资 I。这一创新投资有概率 θ 将降低成本 ε，在概率 $(1-\theta)$，$\theta \in (0,1)$，$0<\varepsilon<c$ 下产品成本不发生变化。我们基于一般设定，创新成功的概率在每个企业是相同的，并且创新投资时点并不影响投资成功的概率与结果。

为简化模型设定，假设创新投资 I 在时点0和时点1并不发生变化，同时假设需要两个时期来使创新投资形成产品成本的降低。也就是说，如果企业AA在时点0进行创新投资并取得成功，则企业AA在时点2即可享受技术创新成功带来的产品成本下降，在此情况下，企业BB选择在时点1进行创新，则将在产品市场竞争的第一阶段时点2处于劣势，这一过程体现了等待创新的成本。最后，假设在时点2及之后不再提供创新投资机会。

基于大部分学者的做法，本书假设经济中存在代表性消费者，同时消费企业AA和企业BB的产品，产品价格和使用量分别为 (p_i, q_i)，i =AA，BB，代表性消费者会在时点2和时点3最大化其效用函数 $U = U(q_{AA}, q_{BB}) - \sum_{AA=1}^{2} p_{AA}q_{AA}$，其中，$U(q_{AA}, q_{BB})$ 为在 q_{AA} 和 q_{BB} 对称的严格凹二次函数。

$$U(q_{AA}, q_{BB}) = \alpha(q_{AA} + q_{BB}) - \frac{1}{2}(q_{AA}^2 + 2\beta q_{AA}q_{BB} + q_{BB}^2) \quad (5.1)$$

其中，$\alpha > 0$，$0 < \beta < 1$，β 代表产品AA和产品BB之间的可置换性，β 的值越高代表两个企业的产品越相似，则两个企业之间的竞争就越激烈。求解效用函数的最大值，得到企业AA和BB的产品数量：

$$q_{AA} = \frac{(\alpha - p_{AA}) - \beta(\alpha - p_{BB})}{1 - \beta^2}$$

$$q_{BB} = \frac{(\alpha - p_{BB}) - \beta(\alpha - p_{AA})}{1 - \beta^2} \tag{5.2}$$

对应最大化利润 π_{AA} 和 π_{BB} 为：

$$\pi_{AA} = (p_{AA} - c_{AA}) \frac{(\alpha - p_{AA}) - \beta(\alpha - p_{BB})}{1 - \beta^2}$$

$$\pi_{BB} = (p_{BB} - c_{BB}) \frac{(\alpha - p_{BB}) - \beta(\alpha - p_{AA})}{1 - \beta^2} \tag{5.3}$$

5.2.1.2 股票市场

假设市场中共有三类代表性参与者，分别为投机者、噪声交易者和做市商。噪声交易者会基于流动性的原因买入或卖出一单位的企业股票，在股票市场上，噪音交易者的股票交易是不相关的。投机者们可以在时点 1 获得关于企业创新过程与交易的信息，投机者只可以提交市场订单。而做市商是完全竞争的，在看到投机者提交的订单后，做市商基于对企业价值的理性预期调整股票价格，从而获得零利润。

股票交易发生在时点 1，即创新投资企业此刻知道技术预期的结果，股票市场的订单是公开可见的。当且仅当在时点 0 有企业进行创新投资，竞争企业才可以利用股票信息决定是否在时点 1 进行投资，投机者在创新落地和产品生产的时点 2 获得利润。假设在经济中不存在其他的信息泄露或溢出，也就是说有关创新过程的信息仅仅通过股票市场交易得到。相反，如果没有企业在时点 0 进行创新投资，则投机者无法知道该创新投资项目是否会取得成功，因此他们不会进行交易。

5.2.2 不考虑股票价格信息的均衡策略

第一种是没有股票市场的情景。企业在进入价格竞争之前知道他们竞争对手的边际生产成本。代表性消费者选择消费商品数量 (q_{AA}，q_{BB}) 来最大化其效用函数(5.1)，同时，每个企业会得到其最大化利润为函数(5.3)。基于 p_{AA} 和 p_{BB} 的利润函数一阶条件，企业 AA 和企业 BB 的最优价格响应函数为：

$$p_{AA} = \frac{1}{2}[\alpha(1 - \beta) + \beta p_{AA} + c_{AA}]$$

$$p_{BB} = \frac{1}{2}[\alpha(1-\beta) + \beta p_{BB} + c_{BB}] \tag{5.4}$$

求解企业 AA 和企业 BB 的均衡价格为：

$$p_{AA}^{*} = \frac{\alpha(1-\beta)}{2-\beta} + \frac{2c_{AA} + \beta c_{BB}}{4-\beta^2}$$

$$p_{BB}^{*} = \frac{\alpha(1-\beta)}{2-\beta} + \frac{2c_{BB} + \beta c_{AA}}{4-\beta^2} \tag{5.5}$$

为简便起见，假设 $\alpha > c + \varepsilon \dfrac{\beta}{2-\beta-\beta^2}$ ，则可以对于 $\forall c_{AA}, c_{BB} \in \{c, c-\varepsilon\}$ 保证产品数量 q_{AA} 和 q_{BB} 均为正值。将均衡价格 p_{AA}^{*} 和 p_{BB}^{*} 和需求函数 q_{AA} 、q_{BB} 代入，可以得到企业 AA 与企业 BB 的利润函数分别如下：

$$\pi_{c_{AA}, c_{BB}} = \frac{1-\beta}{(1+\beta)(2-\beta)^2}\left[(\alpha - c_{AA}) + \frac{\beta(c_{BB} - c_{AA})}{(2+\beta)(1-\beta)}\right]^2$$

$$\pi_{c_{BB}, c_{AA}} = \frac{1-\beta}{(1+\beta)(2-\beta)^2}\left[(\alpha - c_{BB}) + \frac{\beta(c_{AA} - c_{BB})}{(2+\beta)(1-\beta)}\right]^2 \tag{5.6}$$

从利润公式可以得到，当竞争对手企业的产品成本上升时，企业利润上升，因此，企业在进行产品市场竞争前并不愿意披露他们的创新进程。在不考虑信息泄露的基础模型中，如果没有企业在时点 0 进行创新投资，则在时点 1 进行创新投资是不会被选择的。在没有信息泄露的市场中，每个企业拥有两类策略选择，即策略 Z：选择在时点 0 进行创新投资；而策略 N：则是在整个产品市场竞争中不进行投资。

策略 Z 和 N 构成了企业竞争策略的选择池 $\Omega = (Z, N)$ ，那么市场中的两类企业，共构成 4 种策略结果 (S_{AA}, S_{BB}) 。假设企业 AA 在整个技术创新和产品市场竞争过程的总利润为 Π_{AA} ，由时点 2 和 3 的产品竞争市场利润和投资成本构成，则：

$$\Pi_{AA(Z_{AA}Z_{BB})} = 2\theta\pi_{c-\varepsilon, c-\varepsilon} + 2(1-\theta)\pi_{c, c} - I$$

$$\Pi_{AA(Z_{AA}N_{BB})} = 2\theta\pi_{c-\varepsilon, c} + 2(1-\theta)\pi_{c, c} - I$$

$$\Pi_{AA(N_{AA}N_{BB})} = 2\pi_{c, c} \tag{5.7}$$

其中，不同混合策略对企业 AA 的利润规模为 $\pi_{c-\varepsilon, c} > \pi_{c-\varepsilon, c-\varepsilon} >$

$\pi_{c,\ c}$，设定 $I_{\mathrm{MAX}} = 2(\pi_{c-\varepsilon,\ c} - \pi_{c,\ c})$，$I_{\mathrm{NIN}} = 2(\pi_{c-\varepsilon,\ c-\varepsilon} - \pi_{c,\ c-\varepsilon})$。

命题 1：如果 $I \geqslant \theta I_{\mathrm{MAX}}$，那么唯一的纳什均衡为 $(N,\ N)$；如果 $I < \theta I_{\mathrm{MIN}}$，那么唯一的纳什均衡为 $(Z,\ Z)$；如果 I 介于两者之间，那么存在两个均衡结果 $(Z,\ N)$ 和 $(N,\ Z)$。

综合上述分析，我们可以推断，创新成功的概率 θ 越高并且创新成功带来的边际成本减少 ε 越多，则可以给产品市场竞争带来更大的优势，那么创新投资的策略将越大概率被采用。

5.2.3　考虑股票价格信息的均衡策略

模型假设，在概率 $\lambda(0 < \lambda < 1)$ 下，股票价格对于在时点 0 创新成功与否是完全信息，其他假设与上述基础模型相同。当股票价格透露创新投资的坏消息时，竞争企业将不会投资。如果 $\lambda = 0$，即股票价格不显示创新信息，那么在时点 0 没有进行创新投资的企业将遵循基础模型的投资策略，而 $\lambda \neq 0$ 的情况下，企业的投资策略空间将有所变化，定义策略 M：只有当股票价格透露关于创新的好消息时，在时点 1 进行投资，此时，企业竞争策略的选择池变为 $\Omega = (Z,\ M,\ N)$。

命题 2：如果 $\theta > \dfrac{1}{2}$，那么策略 M 不属于均衡状态选择，此时均衡状态和命题 1 相同；如果 $\theta \leqslant \dfrac{1}{2}$，均衡策略如下：

情景 1：$I < \dfrac{(2-\lambda)\theta}{2(1-\lambda\theta)} I_{\mathrm{MIN}}$，此时均衡策略为 $(Z,\ Z)$，即两类企业均在时点 0 投资。

情景 2：$\dfrac{(2-\lambda)\theta}{2(1-\lambda\theta)} I_{\mathrm{MIN}} \leqslant I < \min\left\{\theta \tilde{I},\ \dfrac{1}{2} I_{\mathrm{MIN}}\right\}$，此时均衡策略为 $(Z,\ M)$ 和 $(M,\ Z)$，即一类企业选择在时点 0 进行创新投资，而另一类企业根据股票价格信息传递的好消息，从而在时点 1 进行创新投资。

情景 3：$\dfrac{1}{2} I_{\mathrm{MIN}} \leqslant I < \theta I_{\mathrm{MAX}}$，此时均衡策略为 $(Z,\ N)$ 和 $(N,\ Z)$，即一类企业选择在时点 0 进行创新投资，而另一类企业鉴于创新成功概率、创新投资成本、股票价格传递的信息等因素，决定不进行投资。

情景 4：$\theta\tilde{I} \leqslant I < \min\left\{\frac{1}{2}I_{\mathrm{MIN}},\ \theta I_{\mathrm{MAX}}\right\}$ 或者 $I \geqslant \theta I_{\mathrm{MAX}}$，此时均衡策略为 $(N,\ N)$，即两类企业均不选择投资，此时处于创新成功概率较低与创新投资成本较高的区域，所以市场中投资活动较不活跃。其中 $\tilde{I} = (2-\lambda)\pi_{c-\varepsilon,\ c} + \lambda\pi_{c-\varepsilon,\ c-\varepsilon} - 2\pi_{c,\ c}$。

各均衡策略如图 5-2 所示。

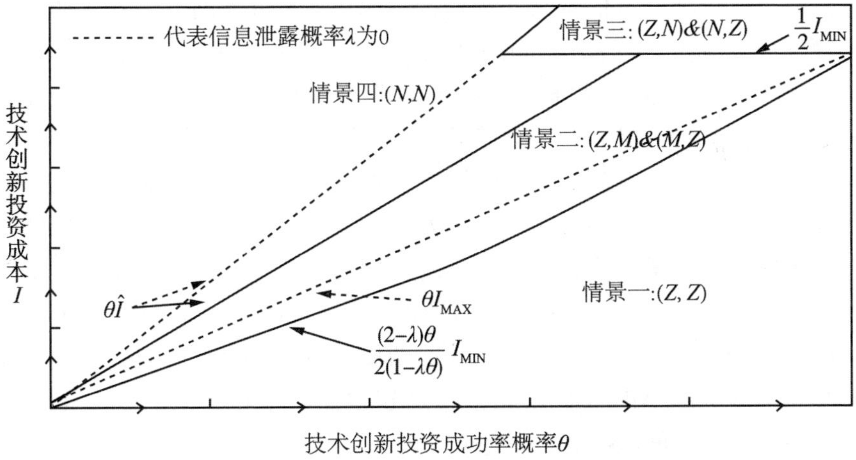

图 5-2　考虑股票价格信息与无股票价格信息的均衡策略

本章定义等待期权为竞争企业即领先企业选择在时点 0 进行创新投资，而追随企业选择在时点 0 不投资，当股票价格透露关于创新的好消息，追随企业选择在时点 1 进行投资时，两者之间的获益差异。等待期权的价值分为两个部分，其一为在创新成功的前提下，在时点 2 和时点 3 的潜在产品市场竞争损失，分别为 $\theta(\pi_{c,\ c-\varepsilon} - \pi_{c-\varepsilon,\ c-\varepsilon})$ 和 $(1-\lambda)\theta(\pi_{c,\ c-\varepsilon} - \pi_{c-\varepsilon,\ c-\varepsilon})$；第二部分为等待带来的投资节省 $(1-\theta\lambda)I$。那么，等待策略的盈利为 $(2-\lambda)\theta(\pi_{c,\ c-\varepsilon} - \pi_{c-\varepsilon,\ c-\varepsilon}) + (1-\theta\lambda)I$，也就是策略 $(M,\ Z)$ 和 $(Z,\ Z)$ 的盈利差。

在 $I = \dfrac{(2-\lambda)\theta}{2(1-\lambda\theta)}I_{\mathrm{MIN}}$ 时，等待期权价值恰好等于零；当 $I >$

$\frac{(2-\lambda)\theta}{2(1-\lambda\theta)}I_{\text{MIN}}$ 时，对于后者企业来说，利用等待期权价值和追随领先企业的创新投资是最优的选择，此时策略（Z，Z）被策略（Z，M）和（M，Z）替代。当从情景 3 转变为情景 4 的时候，等待期权价值将进一步提升。在策略（Z，M）和（M，Z）中，由于投资效率的提升或者是投资浪费的减少，产品市场效率得到了提升。

命题 3：信息泄露概率 β 越大，竞争程度 β 越激烈，投资成本 I 越高，那么等待期权价值越高。创新投资成功概率 θ 越高，创新成功带来的边际成本减少 ε 越多和需求参数 α 越大，那么等待期权价值越低。

首先，当信息泄露概率 λ 越大即股票价格提供的信息量越多时，追随企业更有可能效仿已有的创新投资并在时点 1 进行创新投资。同时，更高的 I 也意味着对领先创新的企业而言信息泄露的成本越高，从而前期投资更有可能会被阻止。其次，当创新投资的盈利能力提高时，企业更倾向于在早期进行投资，此时等待期权价值则会下降。在既定的投资成本 I 下，当创新成功概率较小时，等待期权将以较高的概率阻止追随者浪费投资。再次，给定创新成功概率和其他参数值时，当企业间产品相似度 β 越高时，行业竞争程度越激烈。在较为激烈的竞争环境中，当竞争企业间具有相同的生产成本时，企业不得不降低产品价格以吸引更多的消费者，从而利润削减程度更高。假设竞争企业在时点 0 进行创新投资时，企业在同一时点具有更低的意愿去投资，那么等待期权价值更高。最后，需求参数 α 与市场规模相关。通过需求函数和均衡价格，可以推导得出需求参数 α 的提高将导致更高的需求截距和更低的价格弹性，此时，市场规模将进一步扩大。也就是说，较高的 α 会扩大消费需求，创新投资的成功使企业在产品市场竞争中处于优势，激励企业在早期进行创新投资，等待期权的价值将下降。

总之，在创新盈利能力较强、市场规模有限和竞争不太激烈的环境中，较高的信息泄露概率 λ 有利于行业竞争。股票价格信息鼓励企业进行创新并且会提高企业创新效率，这一情况更适用于处于生命周期成长阶段的行业。在该类行业中，渐进式的创新需求更高并且盈利能力更高，竞争程度较低。相反，对于处于成熟阶段的行业，竞争环境更为激烈，在此行业中技术上的创新只能带来较小的成本降低，从而对产品市场影响较小。

5.2.4 IPO 与技术创新策略模型

Ding(2015)建立的博弈模型假设两类企业 AA 和 BB 均为上市企业，本章将讨论范围拓展至非上市企业或拟 IPO 企业，建立包含 IPO 企业的博弈模型。假设企业 CC 为上市企业，DD_{IPO}代表企业 DD 处于非上市或拟 IPO 阶段。与上述设定相同，上市企业 CC 和 IPO 企业 DD 均可选择在时点 0 或时点 1 进行创新投资，如果上市企业 CC 为先行者，即在时点 0 进行创新投资，则信息泄露概率为 λ ，与之前相同；如果 IPO 企业 DD 为先行者，则信息泄露概率为 λ_{IPO} ，且 $\lambda_{IPO} < \lambda$ ，这是由于非上市企业不受信息披露的强制要求约束，从而技术创新项目进程与成功与否更难被市场或投资者获取相关信息，从而非上市企业技术创新通过股票价格信息泄露的概率 λ_{IPO} 更低。按照之前的模型设定，在经济中不存在其他的信息泄露或溢出，即有关创新过程的信息仅仅通过股票市场交易得到，根据这一设定，从未上市企业到上市企业的信息泄露具有较低的概率 λ_{IPO} 。

为简化讨论范围，假设在时点 0 必有一类企业进行技术创新投资，而另一类企业可以选择在时点 0 或时点 1 进行投资，也可以选择不投资。

情形 1：假设上市企业 CC 选择在时点 0 进行创新投资，即为先行者。此时不论企业 DD 是在 IPO 前还是 IPO 之后，企业 CC 与 DD 的利润分布与 5.2.3 节中情况相同，其中企业 CC 的利润为：

$$\begin{aligned}\Pi_{CC} = \lambda\,[2\theta\pi_{c-\varepsilon,\,c-\varepsilon} + 2(1-\theta)\,\pi_{c,\,c}] + \\ (1-\lambda)\ [2\theta\pi_{c-\varepsilon,\,c} + 2(1-\theta)\,\pi_{c,\,c}] - I \end{aligned} \tag{5.8}$$

情形 2a：假设企业 DD 处于非上市或拟 IPO 阶段，且选择在时点 0 进行创新投资，即为先行者。此时信息泄露概率为 λ_{IPO} ，企业 DD 利润分布如下：

$$\begin{aligned}\Pi_{DD,\,IPO} = \lambda_{IPO}\,[2\theta\pi_{c-\varepsilon,\,c-\varepsilon} + 2(1-\theta)\,\pi_{c,\,c}] \\ + (1-\lambda_{IPO})\ [2\theta\pi_{c-\varepsilon,\,c} + 2(1-\theta)\,\pi_{c,\,c}] - I \end{aligned} \tag{5.9}$$

情形 2b：假设企业 DD 在 IPO 后，且选择在时点 0 进行创新投资，即为先行者。此时信息泄露概率仍为 λ ，企业 DD 利润分布与(5.8)式相同。

面对同样的技术创新投资机会，即在其他设定均相同的时候，企业 IPO 前后对投资决策所带来的利润变化 $\Delta\Pi$ 为：

$$\begin{aligned}\Delta\Pi &= \Pi_{DD} - \Pi_{\text{DD, IPO}}\\ &= \lambda[2\theta\pi_{c-\varepsilon,\ c-\varepsilon} + 2(1-\theta)\pi_{c,\ c}]\\ &\quad + (1-\lambda)[2\theta\pi_{c-\varepsilon,\ c} + 2(1-\theta)\pi_{c,\ c}] - I\\ &\quad - \{\lambda_{\text{IPO}}[2\theta\pi_{c-\varepsilon,\ c-\varepsilon} + 2(1-\theta)\pi_{c,\ c}] +\\ &\quad (1-\lambda_{\text{IPO}})[2\theta\pi_{c-\varepsilon,\ c} + 2(1-\theta)\pi_{c,\ c}] - I\}\\ &= 2\lambda\theta\pi_{c-\varepsilon,\ c-\varepsilon} + 2(1-\lambda)\theta\pi_{c-\varepsilon,\ c} -\\ &\quad [2\lambda_{\text{IPO}}\theta\pi_{c-\varepsilon,\ c-\varepsilon} + 2(1-\lambda_{\text{IPO}})\theta\pi_{c-\varepsilon,\ c}]\\ &= 2\theta(\lambda - \lambda_{\text{IPO}})(\pi_{c-\varepsilon,\ c-\varepsilon} - \pi_{c-\varepsilon,\ c}) \end{aligned} \tag{5.10}$$

已知，$\lambda_{\text{IPO}} < \lambda$ ，即 $\lambda - \lambda_{\text{IPO}} > 0$，从上述模型推导可知，$\pi_{c-\varepsilon,\ c} > \pi_{c-\varepsilon,\ c-\varepsilon} > \pi_{c,\ c}$ ，从而 $\pi_{c-\varepsilon,\ c-\varepsilon} - \pi_{c-\varepsilon,\ c} < 0$，即 $\Delta\Pi < 0$，也就是说 $\Pi_D < \Pi_{\text{D, IPO}}$ 。

表 5-1　　　　**考虑股票价格信息的均衡策略情形**

	条件	纳什均衡状态
情景 1	$I < \dfrac{(2-\lambda_{\text{IPO}})\theta}{2(1-\lambda_{\text{IPO}}\theta)}I_{\text{MIN}}$	$(Z,\ Z)$
情景 2	$\dfrac{(2-\lambda_{\text{IPO}})\theta}{2(1-\lambda_{\text{IPO}}\theta)}I_{\text{MIN}} \leqslant I < \min\left\{\theta\tilde{I},\ \dfrac{1}{2}I_{\text{MIN}}\right\}$	$(Z,\ M)$ 和 $(M,\ Z)$
情景 3	$\dfrac{1}{2}I_{\text{MIN}} \leqslant I < \theta I_{\text{MAX}}$	$(Z,\ N)$ 和 $(N,\ Z)$
情景 4	$\theta\tilde{I} \leqslant I < \min\left\{\dfrac{1}{2}I_{\text{MIN}},\ \theta I_{\text{MAX}}\right\}$ 或者 $I \geqslant \theta I_{\text{MAX}}$	$(N,\ N)$

其中 $\tilde{I} = (2-\lambda_{\text{IPO}})\pi_{c-\varepsilon,\ c} + \lambda_{\text{IPO}}\pi_{c-\varepsilon,\ c-\varepsilon} - 2\pi_{c,\ c}$ 。

值得强调的是，该模型假定至少有一类企业在时点 0 进行投资。对于拟 IPO 企业而言，IPO 之前，创新投资项目将会带来更多投资收益，而IPO后企业投资项目信息更易被市场所获得，也就是说如果创新投资项目预计是成功的。那么将会有更多的企业争相模仿企业产品，从而使产品同质化，减少不同企业产品间的成本差异，从而最终减少企业创新投资收益。这一收益差距与IPO信息披露程度正相关，IPO后市场信息披露制度更为严格，将带来投资收益的进一步减少。同时，这一收益变化与产品市场竞争程度相关，也就是说产品市场竞争越激烈，产品同质化程度越高，($\pi_{c-\varepsilon,\ c-\varepsilon}-\pi_{c-\varepsilon,\ c}$) 部分的值越小，技术创新带来的产品成本下降程度越低，那么投资收益差距越小。

各均衡策略如图5-3所示。

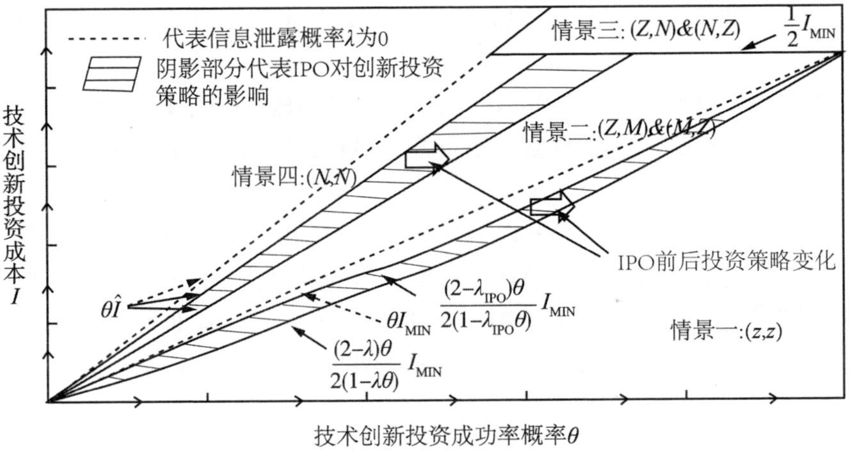

图5-3 IPO前后企业创新投资均衡策略

IPO对企业技术创新投资策略的选择会有所影响，首先，部分投资策略 (Z, Z) 将被 (Z, M) 和(M, Z) 替代。IPO前后，信息泄露概率从 λ_{IPO} 上升为 λ，根据命题3：信息泄露概率 λ 越大，竞争程度 β 越激烈，投资成本 I 越高，那么等待期权价值越高。等待期权价值的增加，意味着追随企业可以获得更多有关领先企业的信息，观望领先企业的创新进程，从而决定是否在时点1进行投资，节省由于创新失败而导致的投资成本浪费，提高技术创新投资成功概率。同时，企业上市后，企业进行技术创新、收购、储蓄等投资活动信息均将被披露，上市企业对于技术创新投资将更为谨慎，从而会追随其他企业的技术改革步骤，从而投资决策更具有滞后性。

其次，部分投资策略 (Z, M) 和 (M, Z) 将被 (N, N) 替代。IPO 后，企业创新投资意愿进一步被挤压，企业对创新成功概率 θ 较低项目的容忍度进一步下降，从而使原本的技术创新投资计划被遏制在摇篮中，整个市场的投资意愿降低。同时，从图 5-3 可以看到，随着创新成功概率 θ 的升高，理论上，投资策略应该向 (Z, M) 和 (M, Z) 倾斜，而事实是更多的策略 (Z, M) 和 (M, Z) 被 (N, N) 所取代。在模型中，创新成功概率 θ 的提高伴随着创新投资成本 I 的增加，IPO 后，尽管高成本投资项目有较高的投资成功概率 θ，但其仍会被上市企业拒之门外。也就是说，企业 IPO 后，创新投资数量和总体投资规模均有所缩减。

最后，策略 (Z, N) 和 (N, Z) 的适用范围并不改变。仍有一部分企业愿意推行高成本高收益的创新投资项目，他们的投资策略并不受企业的状态所影响。

综上所述，本章建立的模型是在具有竞争特征的市场中，企业技术创新决策受自身或者行业中其他竞争公司的股票价格信息变化而有所影响，同时拓展了模型设定范围，对比拟 IPO 企业或者非上市公司与上市公司在上市影响中的区别，由此推导出 IPO 对企业技术创新策略的影响。

5.2.5　可检验的研究假设

5.2.5.1　股票价格信息与创新投资决策的研究假设

由于行业竞争激烈程度的不同，股票市场的价格信息效率可能对投资结果具有负面影响，如命题 3 所述，对于一个更高的 β，等待期权的价值会变得更高。当竞争程度上升时，投机者的激励和等待期权价值的一致性使得企业会像模型中的追随者企业一样行动。当市场竞争较为激烈，尤其是在一个市场规模相对较小的行业中，先行者企业的竞争优势相对较弱时，企业将会选择早期投资。由此提出假设 1：

假设 1：当产品市场竞争更为激烈时，追随者的创新投资决策对主要竞争对手的股票价格变动更为敏感。

实际上，由于行业特性、技术特点和行业发展支持政策的不同，同一技术在不同时间采用将会给不同行业带来不同的影响，投资回报和风险程度均会有所不同，所以创新投资和股票价格变动之间的关系会随着行业的不同和行业不同时期而有所变化。Foucault 和 Frésard（2012）发现一家企业的投资决策与其同行业中产品同质化程度较高的企业市场价值相关，这一关系在同行业企业的股票价格信息和同质产品需求的影响下更为紧密。

进一步探讨企业投资行为与股票价格变动或股票价格信息的关系。从模型参数可以得到，当投资策略从（Z，Z）变化为（Z，M）和（M，Z）时，价格相关性将明显下降，这一关系也在投资策略从（Z，Z）变为（N，N）得以显现。相反，信息泄露会进一步扩大相关的参数区，当投资策略（Z，N）和（N，Z）变化为（Z，M）和（M，Z）时，概率 $\lambda\theta$ 的增大使得竞争企业加入投资的队伍，从而在时点 3，两类企业的产品异质性降低，整个市场的投资规模加大。当（Z，Z）被投资策略（N，N）取代，此时企业投资回报的相关性降低，整个市场的投资规模也会下降。由此提出假设 2：

假设 2：企业的投资收益与市场中的研发投资数量正相关。当股价信息更为完备时，这一正相关关系更强。

5.2.5.2　IPO 与创新投资决策的研究假设

Foucault 和 Frésard（2012）研究发现，私人企业 IPO 后，企业的投资项目与竞争企业的相关程度更低，这是由于企业可以从自身股票价格变动中获取投资信息。市场中投机者数量的变化带来了信息泄露概率和等待期权价值的变化，如果将这一因素纳入企业事前投资决策范围，那么产品市场和研发投资的特征将决定企业是否会在 IPO 后拥有和其 IPO 前一样的创新投资决策。由此提出假设 3：

假设 3：IPO 之后，企业投资决策对竞争企业股票价格信息的敏感度降低。

最后，讨论企业 IPO 前后对投资收益与投资决策的影响。IPO 之后企业创新投资意愿进一步降低，企业对创新成功概率 θ 较低项目的容忍度进一步下降，整个市场的投资意愿降低。同时，随着创新成功概率 θ 的升高，理论上投资策略应该更为激进，而事实却是企业技术创新投资热情总体将有所下降，同时会带来投资收益的缩减。IPO 后企业对技术创新投资成本的容忍度更窄，尽管技术创新项目具有较高的投资成功概率 θ，仍会被上市企业忽略。据此提出假设 4：

假设 4：IPO 之后，企业投资数量和投资收益均有所下降。

5.3　实证研究

5.3.1　研究设计与描述性统计

本章根据三类模型推导结果，利用中国 A 股市场行情序列数据，设计对应的实证模型检验研究假设，以适用范围较广的申万行业分类为依据，在实证区间内，对样本内上市企业与其行业内竞争对手企业行情序列计算股票信息价格含量指标。同时，构建描述行业内竞争程度的 HHI 指数与 PMC 指数，从而对各行业产品市场竞争程度进行精确度量，进一步结合企业研发投入及占比、企业与行业规模和投资收益能力等指标，检验企业技术创新投资决策如何受同行业竞争对手及自身的股票价格信息影响，最终影响企业产品市场竞争格局。最后，作为本章核心问题，结合股票价格信息，检验 IPO 决策对企业技术创新策略的影响，对企业 IPO 前后的技术创新策略转变进行深入研究。

5.3.1.1　数据来源

由于本章探讨的是企业 IPO 前后的技术创新策略的变化，时间跨度是企业上市前三年和上市后五年的数据，因此本章选取了中国 A 股市场在 1990 年至 2012 年 2 月期间上市企业，共计 2323 家上市企业。计算股票价格信息的指标数据是相应区间内上市企业的自身、对应行业和整个市场(以上证综指为代表)的周行情序列。根据模型设定不同、讨论问题的不同，企业对应的行情序列时间会有所不同，纳入模型的上市企业样本量也会有所变化。本章采取的行业分类标准为申万一级行业，共计 28 个行业，由于本章具体模型中涉及研发费用等指标，根据数据观察可知，银行、商业贸易、房地产等行业数据缺失较为严重。在具体实证中，上述行业相关数据本书不过多讨论，为保证实证有效，根据模型需求删除对应缺失行业数据。进一步为保证实证有效，参考学者们以往的处理惯例，剔除具有以下特征之一的对应企业数据：(1)IPO第一年的交易数据。由于中国新股定价标准特性，同时，次新股上市后受到投资的资金追捧，IPO第一年企业的周交易数据，尤其是周涨跌幅数据有偏于一般数据，为保证企业股票价格信息中扣除行业和市场因素后，不包含其他对企业涨跌幅影响较大的因素，故剔除企业IPO第一年的交易数据。(2)异常值。(3)缺失数据。所有数据均来自于Wind数据库，数据预处理、描述性统计及实证分析均在STATA软件中实现。

5.3.1.2 指标测算

1. 股票价格信息变量

本章模型和实证中所采用的股票价格信息变量特指的是股票价格中的私人信息部分。已有学者对股价信息含量的测度各有不同，有四种主流测度方法：

第一种是会计盈余信息能力指标，最早由Collins等(1994)提出，该方法无法实现对单一企业股票价格信息量的刻画，存在一定的局限性；第二种是知情交易概率指标(PIN)，最早由Easley等(1996，1997)提出，以知情交易的概率占比衡量股票价格信息含量，但相关数据难以获取，应用并不广泛；第三种是私有信息交易量指标，Lorente等(2002)以股票收益率与企业年度平均交易数量的系数来衡量股票价格的信息含量，但年度数据并不能较好地与本书实证要求所匹配；第四种是股价波动非同步性指标，Durnev(2003)认为企业股票收益来自市场、行业和企业三个方面，通过测算企业股票收益对市场收益率、行业加权平均收益率的解释力度，当公式求解得的残差越大时，市场和行业对企业股票收益的解释能力越差。该公式中所需数据易于收集，适用范围较大，故本章采用第四种方法。

具体模型如下：

$$r_{i,t}=\beta_0+\beta_{m,t}r_{m,t}+\beta_{i,j}r_{j,t}+\varepsilon_{i,k,t} \tag{5.11}$$

其中 $r_{i,t}$ 代表企业 i 在第 t 期(以周或日为周期)的收益率，$r_{m,t}$ 代表

第 t 期市场的平均收益率，$r_{j,t}$ 代表企业 i 所在行业 j 的平均收益率，β_0 是截距项，$\beta_{m,t}$ 和 $\beta_{i,j}$ 分别为市场和行业收益率对企业收益的影响因子，而 $\varepsilon_{i,k,t}$ 是企业残差值。本书以 $R_{i,t}$ 代表该公式的拟合系数，Roll (1988) 定义 $(1-R_{i,t})$ 为股价的非同步性指标。Roll (1988) 认为 $(1-R_{i,t})$ 由两方面构成，即企业层面信息和噪音交易信息，但 Durnev (2003)、Defond 和 Hung(2004)研究结果证实，噪音交易部分仅对企业股票价格变化产生较小的影响，所以本书采用该指标来刻画股票价格信息。

当该指标数值较大时，代表企业股票波动的非同步性较高，也就是企业股价不易受到行业和市场层面的影响，而更多的是由企业层面提供的信息决定。也就是说，$R_{i,t}$ 可以表示市场和行业层面对企业股价收益的解释力度，而未能解释部分，便是企业自身的特性所传导的股价变动，例如企业投资行为、产品特性等企业特征。

2. 产品市场竞争程度

对于行业产品市场竞争程度的度量，主流有两种方法，分别为：

第一种是 HHI 指数，以行业内产品市场份额的分布来衡量产品市场竞争程度(Baranchuk 等，2014；陈信元、靳庆鲁和肖土盛等，2014；曹昀，2012)。当 HHI 指数值趋近于 1 时，说明该行业具有寡头垄断性质，而当 HHI 指数值越小或者约接近于 1/N 时，说明该行业中各个企业的市场份额较为分散且大致相同，该行业近乎处于完全竞争状态，具体计算公式为：

$$\mathrm{HHI} = \sum_{i=1}^{N}\left(\frac{x_i}{X}\right)^2 = \sum_{i=1}^{N} S_i^2 \tag{5.12}$$

其中，X_i 代表企业 i 的规模，X 代表企业 i 所在行业的整体规模，N 为该行业的企业数目，而 S_i 代表企业 i 的市场占有率，HHI 指数可以衡量行业的集中度。

第二种是 PMC 指标，Chod 和 Lyandres (2011) 在 Sundaram 等 (1996)提出的 CSM 指标上做出了进一步的改进，综合考虑了产品市场竞争程度、市场势力和行业集中度因素，将企业及其竞争者之间净利润和销售收入的关系构建 PMC 指标，具体如下：

$$\mathrm{PMC}_i = \exp\left(\mathrm{corr}\left[\frac{\Delta p_i}{\Delta s_i}, \ \Delta S_{-i}\right]\right)^{-1} \tag{5.13}$$

其中 PMC_i 用于衡量产品市场竞争程度，Δp_i 代表企业 i 在一段时间内的净利润变化，Δs_i 代表企业 i 在一段时间内的销售收入变化，而 ΔS_{i-1} 代表在企业 i 所在行业内，除了企业 i 的其他所有企业在一段时间内的利润变化总和。若 PMC_i 越大，代表单个企业 i 面临更大的市场竞争压力，而企业 i 所在行业的竞争程度由单个企业的 PMC 值平均而来。具体公式如下，其中企业 i 所在行业为 j，N 为行业 j 中企业数目：

$$\mathrm{PMC}_j = \sum_{i=1}^{N} \mathrm{PMC}_{ij}/N \tag{5.14}$$

5.3.1.3 描述性统计

对在 1990 年至 2012 年 2 月期间进行 IPO 的企业分行业进行统计分析，得到的结果如表 5-2 所示。根据申万一级行业分类，本章对样本期间上市的企业进行统计分析，可以看到，中国 A 股上市企业中，占比较多的是机械设备、化工、医药生物、电气设备、电子和计算机等行业，合计占比达 42%，这些行业多属于 TMT 与精密制造类别。而占比较少的为银行、国防军工、钢铁、休闲服务、综合和非银金融等行业，这些行业大部分为国有性质企业，尤其是占比最小的银行、国防军工与钢铁行业，基本由国家垄断，所以具有企业数量少而单体量大的特质。

表 5-2 **描述性统计**

行业分类	样本数量	资产总规模（亿元）	净资产收益率（%）	收入总规模（亿元）	HHI
医药生物	214	44611	1.50	791	0.03
综合 L	41	5596	5.16	836	0.06
化工	254	10856	-10.01	2260	0.43
家用电器	58	8369	0.03	2371	0.10

续表

行业分类	样本数量	资产总规模（亿元）	净资产收益率（%）	收入总规模（亿元）	HHI
房地产 L	136	51074	4.37	2963	0.07
非银金融 HH	42	3815	9.85	3055	0.18
商业贸易 L	89	142744	12.17	3455	0.05
汽车	119	14161	6.75	3478	0.15
建筑装饰	80	30570	6.37	3988	0.14
通信	64	5605	8.99	4026	0.32
公用事业 L	122	30374	9.55	5229	0.05
休闲服务 L	34	15880	16.06	5377	0.13
钢铁	34	5607	9.92	5539	0.07
交通运输	94	7762	-1.46	7784	0.06
建筑材料	69	6437	4.40	8227	0.07
银行 LL	16	50040	10.28	8375	0.12
计算机 HH	150	23122	13.54	8830	0.06
电气设备	156	3648	7.93	9109	0.04
电子	156	18819	6.78	11063	0.03
农林牧渔	84	4536	12.25	11453	0.07
国防军工	33	8992	8.06	11622	0.12
食品饮料	75	5493	4.66	13807	0.06
轻工制造	93	9763	14.76	19112	0.04
机械设备 HH	257	1236	4.49	20651	0.11
采掘	58	10812	8.23	24559	0.51
有色金属	106	1188447	11.55	30656	0.07
传媒 LL	95	12139	15.20	31634	0.03
纺织服装	76	2331	3.49	36298	0.04

注：HH 代表行业 PMC 均值大于 1.05；L 代表行业 PMC 均值在 1 以下 0.95 以上；而 LL 代表行业 PMC 均值小于 0.95；其余行业的 PMC 均值大多分布在 1 与 1.05 之间，将其定义为一般竞争型行业。

资料来源：Wind 数据库。

从资产规模来看，排名较前的是有色金属、商业贸易、房地产、银行、医药生物、建筑装饰与公用事业等行业，而其中医药生物、房地产、商业贸易和建筑装饰行业的收入总规模排名较靠后，说明这些行业具有重资产经营的特征，结合 HHI 指标来看，此类行业 HHI 值均较小，即竞争环境较为激烈，从而可推导出，该类行业的盈利能力较弱，从资产总规模与收入总规模、资产总规模与净资产收益率排名均不对等的规律，印证了上述推测。而机械设备、纺织服装、电气设备、非银金融、农林牧渔和食品饮料资产规模排名处于尾端，从该类行业的经营性质可以看到这些行业主要注重产品制造和营销推广，属于轻资产运营企业。而除了非银金融，其他 5 个行业的收入总规模均较大，处于总体前列，作为日常生活支柱产业，该类行业受益于消费人群较广，盈利能力较强，除了纺织服装和食品饮料行业 HHI 值较小即竞争格局较为分散外，其他行业具有盈利能力与竞争地位均较强的特点。

从产品市场竞争指标来看，医药生物、电子、传媒、电气设备、轻工制造和纺织服装等行业 HHI 值较小，具有同行业竞争企业较多和分布较为均匀的特征，属于竞争型行业；而 HHI 值较大的行业是采掘、化工、通信、非银金融、汽车和建筑装饰等，其中，采掘属于自然垄断型行业，化工属于行政垄断行业、通信、汽车属于技术垄断型行业，HHI 值的结果与行业一般特性基本一致，说明了指标的准确性。本章同时采用 PMC 指标对行业竞争特性进行刻画，可以得到非银金融、计算机、机械设备等行业的 PMC 值大于 1.05，PMC 值越大，代表行业中单个企业面临更大的市场竞争压力；而银行、传媒、房地产、商业贸易、公用事业、休闲服务等行业的 PMC 值较小，具有或多或少的寡头垄断型的特征。具体实证中，本章以 HHI 指标为基准，PMC 指标为辅助对 IPO 与我国企业技术创新投资博弈及产品市场竞争策略进行具体分析。

5.3.2 股票价格信息与创新投资决策的检验

5.3.2.1 对研究假设 1 的检验

在具有不同特征的行业中，股票价格信息含量与企业技术创新投入之间具有不同的关系，而本节从行业竞争激烈程度的角度，探究股票价格信息与企业技术创新投入的影响。建立如下的实证模型：

$$\begin{aligned} LRD_{i,t} = & \beta_0 + \beta_1 AR_{i,t} + \beta_2 SC_{i,t} + \beta_3 AR_{i,t} \cdot SC_{i,t} \\ & + \beta_4 CO_{i,t} + \beta_5 AR_{i,t} \cdot CO_{i,t} + \varepsilon_{i,t} \end{aligned} \tag{5.15}$$

其中，$RD_{i,t}$ 代表企业 i 在时间 t 的技术创新投入，用研发费用代替，而 $LRD_{i,t}$ 表示经过对数处理的 $RD_{i,t}$ 指标；$AR_{i,t}$ 代表股票信息含量，利用公式 $r_{i,t}=\beta_0+\beta_{m,t}r_{m,t}+\beta_{i,j}r_{j,t}+\varepsilon_{i,k,t}$ 计算每家企业在时间 t 的对应方程 $R_{i,t}$，而 $(1-R_{i,t})$ 即每家企业对应时间 t 的股票价格信息含量，即企业 i 的股价变动中无法用市场和行业解释的部分；$SC_{i,t}$ 指的是企业 i 对应的行业规模，具体采用行业中上市企业的当年主营业务收入总和或者用资产规模总和指代，并经过对数处理；变量 $CO_{i,t}$ 代表行业中的竞争程度，用构建的指标 HHI 值或 PMC 值表示，其次 $AR_{i,t}\cdot CO_{i,t}$ 代表行业竞争程度 $CO_{i,t}$ 与股价信息含量 $AR_{i,t}$ 的交乘项，具体结果见表 5-3。

表 5-3　**技术创新决策与股票信息价格**

被解释变量	LRD							
解释变量	AR	SC	CO	AR * SC	AR * CO	AR * SC * CO	_cons	*R*-sq
Model 1	0.075*** (3.93)						3.600*** (177.65)	0.3241
Model 2	0.732** (2.19)	0.5153*** (12.11)		0.105*** (2.47)			-0.41 (-1.23)	0.3079
Model 3	-0.045* (-1.78)		-0.235** (-2.07)		-0.162 (-1.48)		3.627*** (142.42)	0.3309

注：系数右上角的星号代表系数显著程度，*、**、*** 分别代表在 10%、5%、1%水平上显著。

资料来源：Wind 数据库。

模型 1 中 AR 的系数为 0.075，表明随着股价信息含量的增加，企业技术创新投入增加。随着股价信息含量的增加，追随者企业能够获得更多有关技术创新前景的信息，对技术创新进行投资的可能性增加。模型 2 考虑了行业规模对股价信息含量对技术创新投入的影响，AR 系数为 0.732+0.105SC，从该系数的表达式可以看出，随着行业规模 SC 的增加，AR 系数增大，即企业技术创新投入对股价信息含量变动的敏感性增加。模型 3 在基础模型上加上行业竞争程度 $CO_{i,t}$ 与股价信息含量 $AR_{i,t}$ 的交乘项 $AR_{i,t} \times CO_{i,t}$，此时股价信息含量与创新投入的影响关系发生转变，AR 系数为-0.045-0.162CO，产品市场竞争越激烈表明 CO 的值越小，此时，AR 系数的绝对值越小，即创新投资决策对股价信息含量变动的敏感性减弱。

5.3.2.2 对研究假设 2 的检验

在 5.3.3 节中，我们将对 IPO 企业的行为进行细致的探究，首先，当行业中有更多的参与者，即行业中 IPO 数量较多时，更多的企业行为会透露更多的企业技术创新信息，此时股票价格信息含量更丰富，从而引出假设 2。进一步，企业的投资收益与市场中或行业中的投资数量或规模呈正相关关系，并且当市场中信息含量更丰富时，这一关系更强。也就是说，IPO 会加强行业投资热度对行业中企业投资收益的促进作用，以此建立如下的实证模型：

$$RPROFIT_{i,t} = \beta_0 + \beta_1 LTRD_{i,t} + \beta_2 AR_{i,t} + \beta_3 LTRD_{i,t} \times AR_{i,t} + \varepsilon_{i,t} \tag{5.16}$$

其中，$RPROFIT_{i,t}$ 代表企业 i 在时刻 t 一段时间内的销售净利率水平，而 $TRD_{i,t}$ 代表企业 i 所在的行业内总体研发投入水平，$LTRD_{i,t}$ 是经过对数化处理的指标，$LTRD_{i,t} \times AR_{i,t}$ 是行业总体研发投入 $LTRD_{i,t}$ 与股价信息含量 $AR_{i,t}$ 的交乘项。

如前所述，当越多的企业选择 IPO，即行业中上市企业数目增加，则将带来股票价格信息含量 AR 的增长。行业中 IPO 数目越多，结合中国上市企业要求，说明该行业的盈利能力较为稳定，且行业已发展到一定的程度，通过自身的资金的投入无法满足企业对增长的需求，则企业会选择进行 IPO，从而拓宽融资手段。当企业处于较为成熟的阶段，行业中竞争对手发生创新投资时，一方面上市企业越多，信息流通和传导机制更加完善，即信息含量有所增加，另一方面，发展较为成熟的企业或行业，往往不会贸然地投入大笔资金研究新的技术，而是具有较强的学习能力，可以从行业动态中，迅速把握新技术的出现，最终以较少的投资获取较大的收益。

在模型 1 和模型 2 中，行业总体研发投入水平的系数均在 5%的水平上显著，同时模型 2 的拟合优度高于模型 1(见表 5-4)。根据模型 1，LTRD 的系数为 2.071，即企业的投资收益与市场中的研发投资数量正相关。模型 1 的结果表明，行业中研发投入水平越高，对应的销售净利率水平也较高，这一结果在 5%水平上显著。纳入股票信息含量 AR 指标，根据模型 2，LTRD 的系数为 9.145+11.504AR，即股价信息更为完备时，企业的投资收益与市场中的研发投资数量正相关关系更强。当行业中研发数量越大，同时企业对应行业中 IPO 数目较多时，企业股价信息含量 AR 越高，此时技术创新投资会给上市企业带来更多的盈利，实证结果支持研究假设 2。

表 5-4　**IPO 与企业投资收益**

被解释变量	RPROFIT				
解释变量	LTRD	AR	LTRD×AR	_cons	*R*-sq
Model1	2.071** (2.24)			−1.343 (−0.4)	0.2144
Model2	9.145** (2.12)	−7.683** (−2.10)	11.504* (1.78)	65.845*** (2.56)	0.2537

注：*、**、***分别代表在 10%、5%、1%水平上显著。

资料来源：Wind 数据库。

5.3.3　IPO 与技术创新投资决策的检验

5.3.3.1　对研究假设 3 的检验

该节将围绕 IPO 与创新投资决策的博弈分析，选择 2005 年 1 月至 2015 年 12 月交易数据进行实证分析。假设 3 和假设 4 的检验样本为 109

家公司对应的6618个数据。假设3主要探究IPO前后，股票价格信息含量对企业技术创新决策的影响。根据本章构建的模型推导可知，企业进行IPO之后，拥有一个更高的信息泄露概率，此时企业的技术创新热情在不同的策略组合中普遍会得到压制。进一步，企业在IPO之后，由于融资渠道的打开与市场地位和声誉的提升，企业承担技术创新成本与风险的能力大幅提升，即企业可以从自身股票价格信息的变化来判断自身创新策略的正确性，那么企业的技术创新投资决策将更具有独立性。可以由此得到假设3，IPO之后，企业技术创新投资决策对竞争企业股票价格变化的敏感度会有所降低，据此，建立如下回归模型：

$$\mathrm{LRD}_{i,\ t}=\beta_0+\beta_1\mathrm{IPO}_{i,\ t}+\beta_2\mathrm{AR}_{i,\ t}+\beta_3\mathrm{IPO}_{i,\ t}\times\mathrm{AR}_{i,\ t}+\varepsilon_{i,\ t} \tag{5.17}$$

其中，$\mathrm{IPO}_{i,\ t}$代表企业上市状态，如果IPO=0，代表企业处于未上市状态，而IPO=1时，表示企业已经进行IPO，其他变量含义如前所述。

从表5-5实证结果可以看出，引入交乘项IPO＊AR后，进一步处理实证结果，IPO对研发投入LRD的影响系数为(0.293-0.276AR)，而AR是一个属于0到1的值，所以实证得到的结论是，IPO之后，企业研发投入会逐渐增加。AR对研发投入LRD的影响系数是(-0.163-0.276IPO)，不管IPO的取值为0或者1，该值均为负数，如企业IPO之后影响系数从-0.163变为-0.439，其绝对值变大，即说明在IPO之

表5-5　**IPO与企业投资决策**

被解释变量	LRD				
解释变量	IPO	AR	IPO×AR	_cons	*R*-sq
Model1	0.412*** (52.39)	0.070*** (4.11)		2.940 (160.76)	0.3422
Model2	0.293*** (13.87)	-0.163*** (-3.87)	-0.276*** (-6.06)	3.04*** (123.57)	0.3466

注：＊、＊＊、＊＊＊分别代表在10%、5%、1%的水平上显著。

资料来源：Wind数据库。

后，企业投资决策对竞争企业股票价格信息含量 AR 的敏感性增强，实证结果与假设相反。也就是说，企业上市后，面临更多信息来源，技术创新投资的不确定性降低，进一步引发企业投资决策对竞争企业股票价格信息含量的敏感性增强。

5.3.3.2　对研究假设 4 的检验

假设 4 主要探究 IPO 对企业技术投资数量、投资收益的影响，并且研究在具有不同特征的行业中，IPO 与技术创新的关系会如何变化。根据第三部分构建的 IPO 企业博弈模型推导，IPO 之后，企业的投资收益普遍有所下降，这一因素将会降低企业的投资数量。根据假设 3 的检验结果，IPO 之后，企业对竞争对手的股票价格信息含量的敏感性会有所降低，也就是说，即使技术创新的潜在收益较高，并且市场中较高的信息泄露概率会进一步降低技术创新成本，但是上市公司对技术创新项目的成功概率会有一个更高的设定值，此时一部分在上市前会采取的项目会在上市后被摒弃。由此得到假设 4a，企业进行 IPO 之后，相应的投资数量和投资收益均有所下降。进一步，在竞争环境较为激烈的行业中，行业研发投入水平反而是较低的。此时，行业中的产品同质化程度较高，企业和行业的创新意愿均较为低落，公司的研发投入是被动地应对行业中其他公司的技术变化，并且这一变化是较为微弱的，此时，企业 IPO 之后，投资收益下降程度较低。建立如下回归模型：

$$\mathrm{RPROFIT}_{i,t} = \beta_0 + \beta_1 \mathrm{IPO}_{i,t} + \beta_2 \mathrm{SC}_{i,t} + \beta_3 \mathrm{CO}_{i,t} + \beta_4 \mathrm{SC}_{i,t} \times \mathrm{CO}_{i,t} + \varepsilon_{i,t} \tag{5.18}$$

其中，Y 代表被解释变量企业的技术创新投入 LRD 和企业的投资收益 RPROFIT，分别考察变量 IPO 对它们的影响，其他变量含义如前所述，实证结果见表 5-6。

对于研究假设 4 的实证结果，从总体来看，不管是否加入行业规模 SC、产品市场竞争程度 CO 因素，实证结果中变量 IPO 的系数均为负值，即 IPO＝1 时，技术创新投入 LRD 和投资盈利能力 RPROFIT 均有不同程度的下降。具体分析，由模型 1 可知，企业 IPO 之后，技术创新投入 LRD 下降 0.415 个单位，而且在 1%的水平上显著。模型 2 考虑了行业规模的影响，实证结果表明，企业 IPO 之后，投资盈利能力

RPROFIT 下降 2.749 个单位。模型 3 将行业竞争程度纳入回归方程，结果显示，企业 IPO 之后，企业投资盈利能力 RPROFIT 下降 4.877 个单位。模型 4 同时考虑了行业规模和行业竞争程度的影响，企业 IPO 之后，投资盈利能力 RPROFIT 下降 2.596 个单位。企业上市后，如前文所述，股票价格信息含量增加。IPO 对提高企业创新技术和企业存续能力具有举足轻重的作用，同时 IPO 信息披露制度将企业技术创新活动置于更为透明的环境，叠加技术创新项目风险与股票价格信息泄露因素，使 IPO 企业甚至联动行业技术创新的效益下行。

表 5-6　**IPO、投资收益与产品市场竞争**

被解释变量	LRD					
解释变量	IPO	_cons	*R*-sq			
Model 1	−0.415*** (−53.07)	2.969*** (176.06)	0.3403			
被解释变量	RPROFIT					
解释变量	IPO	SC	CO	SC×CO	_cons	*R*-sq
Model 2	−2.749*** (−5.67)	−6.233*** (−7.87)			59.067*** (10.69)	0.3303
Model 3	−4.877*** (−11.99)		−7.977*** (−3.18)		16.789*** (29.84)	0.322
Model 4	−2.596*** (−4.87)	−0.851 (−0.35)	19.139*** (3.47)	−5.705*** (−2.92)	52.744*** (6.63)	0.3436

注：*、**、*** 分别代表在 10%、5%、1%的水平上显著。

资料来源：Wind 数据库。

5.3.4 稳健性检验

为了保证实证结果的正确性，进一步对上述实证进行稳健性检验。由于本章检验的研究假说是在 Ding(2015)建立的模型和本书进一步创新拓展包含 IPO 企业的博弈模型基础上提出的，在参考已有学者建立的指标的基础上，独立设计实证方式和检验方法，所以实证的有效性有待进行辅助验证，具体做法如下。

第一，本章需要对具有不同特点的行业进行对比分析，所以采用了应用范围较广的申万行业分类法，但是，行业分类并没有唯一权威的定义，同时还有证监会、WIND、中信证券、中证指数等行业分类标准。更为重要的是，上述各种上市企业的行业分类并不精确，由于企业并不一定是单一主业经营，有一部分企业拥有差别较大的双主业经营特征，尤其是存在并购重组和借壳等因素，会对企业的主业类别有所改变。所以，为了进一步确定实证分析的准确性，本章重新采用 WIND 二级行业分类标准对上述实证进行校验，最后得到的结果与本章结果基本一致。

第二，具体实证中，本章采用的产品市场竞争指标主要为 HHI 值，而构建的 PMC 值同样可以较好地描述行业竞争特点；另外，对于行业规模因素，本章具体采用的是行业收入总规模，在稳健性检验中，用行业资产总规模指代行业规模因素。将上述两者指标构建进行替换后，除了在一些资产和收入规模匹配程度较低的行业中具有略微差异，总体结果与研究假说较为一致。

5.4　研究结论与启示

在大量文献梳理与实际经济考察的结合下，基于企业技术创新行为特征，企业面对技术创新机会时存在多种技术创新选择策略，从而引发企业技术创新博弈的不同结果。本章在 Ding(2015) 建立的股票价格信息泄露与技术创新战略的模型基础上进行了拓展，将模型时间线延长至企业非上市或拟 IPO 阶段，利用中国 A 股市场从 1990 年至 2012 年共 2323 家进行 IPO 的企业数据，探究 IPO 前后，在股票价格信息含量和产品市场竞争的影响下，企业的技术创新策略会如何改变。得到主要结论如下：第一，股票价格信息含量的增加，会引发企业技术创新投资的增加，并且在一个具有规模较大且投资盈利能力较高的行业中，这一增加幅度会进一步提升。但是，行业规模过大或者投资盈利能力过高，反而会降低企业技术创新投入；产品市场竞争程度增加，能够提升企业创新投资决策对行业竞争对手股价信息含量的敏感性，但这一规律在行业规模较小时并不成立。第二，IPO 企业数目的增多，会增加股票价格信息含量，同时增强行业中投资规模与企业投资盈利能力的正向催化作用，但在竞争较为激烈、盈利能力较强且规模较大的行业中，整体创新投入反而较低。IPO 前后，研发投入的增加与总体盈利能力较快下降的现象共存。第三，总体上来说，企业 IPO 之后，技术创新投资决策对竞争企业股票价格含量的相关性下降了 10.4%，即 IPO 后信息来源更为丰富，投资增长力度却随之减弱；IPO 之后的短期内，企业盈利能力下降比较明显，长期来看，企业盈利稳定且发展状态良好，即 IPO 为整个行业营造较好的生存环境并且提高企业的存活率。

当前，我国处于创新驱动力不足的经济新常态下，各行业或多或少面临着内生增长受限的困境，而 IPO 市场为企业提供较好的融资平台。同时，企业的发展不仅由自身因素影响，也与行业中竞争对手的发展息息相关，企业之间螺旋式交替增长才能带领整个行业的发展，提振国民经济。综合本章研究结果，提出以下建议：首先，从政策来看，产品市场竞争和股票价格信息泄露等因素的存在，抑制了部分创新活动，政策落地具有提纲挈领的作用，普惠全民创新的同时重点扶植高技术水平项目，点面结合提高市场整体技术创新能力。其次，从市场来看，IPO 为信息汇集之处，信息披露制度的完善有利于其发挥价值传导功能。信息披露监管要求使企业在产品市场竞争上因信息泄露而受挫，因此技术创新领先企业更愿意维持私有，筑高其技术壁垒，不利于其后续发展。本书认为信息披露制度需要再细分与完善，充分披露信息的同时保护企业商业机密与重点开发技术，营造更好的创新环境，让企业享受 IPO 市场效益。最后，从行业来看，学习效应较强的行业中，难免会引发企业间的技术创新矛盾，建立较好的行业间学习纽带，同时疏通国外先进技术引进渠道，促进行业整体良性发展的同时，注重国产品牌崛起，最终走上真正的技术强国与中国制造之路。

第 6 章
技术创新、上市时机选择与 IPO 后长期绩效研究

当前，随着中国经济不断发展，经济增长方式面临着由粗放型向集约型转变的过程，宏观经济也正步入由高速增长逐渐转向中高速增长的新常态。新常态下，企业产品类型、产品质量、企业管理、产业结构、经济增长方式等要素都面临着改革与升级，高附加值和高科技含量的产品成为未来支持中国经济中高速增长的重要力量。与此同时，中国企业也逐渐由劳动密集型和资源密集型向技术密集型转变，企业类型的转变离不开技术创新和技术变革。而技术创新需要大量的资本投入，高新技术企业的技术创新项目在研究、开发和转化的过程中，充裕的资本保障是成功的关键要素之一(操绪江，2009)。然而，我国企业尤其是中小企业当前面临着融资难、融资贵的问题，为缓解这一问题，国家有关部门相继出台政策降低企业融资成本，着力解决企业融资问题。实体经济的发展离不开资本市场的支持，公开发行股票作为企业融资的重要途径能够有效地解决这一问题。对企业而言，IPO 有助于企业以较低成本获取资金，减少对银行贷款的依赖，改善公司的财务状况和治理结构，提高公司的知名度和声望，有效地帮助企业实现快速发展。并且，本章对企业技术创新能力和 IPO 后表现的研究能够为企业在进行技术创新项目上的投资和融资决策提供决策依据。在此背景下，研究企业为技术创新项目进行的 IPO 融资决策具有一定的现实意义。

文献对 IPO 相关理论的研究始于 20 世纪 60 年代，这些研究主要围绕三大“异象”展开，分别是抑价、长期弱势和热销周期。其中抑价和长期弱势是企业 IPO 长短期价格异象，主要研究新股发行的事后价格行为；热销周期则同时关注 IPO 数量和收益率的波动。文献在对三大 IPO“异象”研究的基础上进一步延伸，试图从各方面对企业 IPO 时机选

择问题进行解释。近年来，越来越多的文献将技术创新与企业 IPO 时机选择联系起来，考察技术创新对企业 IPO 时机选择的影响（Maksimovic 和 Pichler，2001；Spiegel 和 Tookes，2008；Pastor、Taylor 和 Veronesi，2009；Chemmanur 和 He，2011；Ferreira、Manso 和 Silva，2014）。基于技术创新视角对企业 IPO 时机选择问题进行研究的文献多将企业 IPO 时机选择视为企业面临技术冲击时是否为技术创新项目募集资金的过程，并对企业 IPO 的成本与收益进行研究。这些文献有效地将企业与企业之间的博弈与 IPO 时机选择联系起来，对于刻画企业 IPO 时机选择机理以及企业集中发行上市导致的 IPO 热销周期现象具有一定的理论意义。在此基础上，文献进一步考察了不同类型企业 IPO 后表现的差异，包括股票价格、经营业绩等多个方面。在以往研究的基础上，本章对技术密集型行业和非技术密集型行业内技术创新能力不同的企业在面临技术冲击时的 IPO 时机选择进行研究，在考虑技术溢出的前提下给出不同企业面临的均衡，具有一定的理论意义。

6.1 技术创新与企业 IPO 决策的理论分析

6.1.1 技术创新与企业 IPO 时机选择

文献基于技术创新视角对企业 IPO 时机选择进行的研究，大多认为企业进行 IPO 很重要的一个原因是为技术创新项目或者未来可能发生的技术冲击融资。最早将技术创新与企业 IPO 时机选择理论结合起来进行研究的是 Maksimovic 和 Picher(2001)。他们以技术密集型行业的高新技术企业作为研究对象，研究结果表明，不同行业的公司在面临技术创新时的 IPO 决策也不同，在行业成本较小、技术替代概率低的行业在面临技术冲击时会发生许多公司集中上市的情形，而行业风险较高、成本较高的行业中的公司会选择其他途径进行融资。与此类似的，Chemmanur 和 He(2011)认为企业在面临可能发生的技术冲击时，出于产品市场竞争优势的考虑，技术创新能力强的企业在热销周期和非热销周期中都会比技术创新能力弱的企业更早上市，而技术创新能力弱的企业仅会在热销周期进行上市。并且技术创新能力强的企业在 IPO 融资后更多地选择将融到的资金用于投资技术创新项目，而技术创新能力弱的企业在 IPO 融资后更多地选择持有现金。Hsu(2014)通过实证研究的方法研究了技术创新对企业 IPO 时机选择的影响，并认为技术创新是导致企业进行 IPO 的主要原因之一。

以上研究均假设不存在信息不对称效应，将企业 IPO 时机选择视为企业面临技术冲击时是否为技术创新项目募集资金的过程，并通过分析企业 IPO 带来的成本与收益的方式展开研究。然而信息不对称在现实中是普遍存在的，Bhattacharya 和 Ritter(1983)建立了一个反馈效应均衡模型，认为信息不对称效应会因企业的信息披露政策、专利制度以及大量的管制行为而在产品市场和金融市场上普遍存在。因此，企业在进行 IPO 时机选择时，除了考虑获得产品市场上的竞争优势，还需要考虑 IPO 时因信息披露导致其未公开的技术泄露。Spiegel 和 Tooks(2008)的研究表明规模更大、盈利能力更好以及竞争对手少的公司有更大的动机进行技术创新，而选择公开募集资金还是私募主要取决于技术创新的量级。Ferreria、Manso 和 Silva(2014)指出，非上市公司由于信息披露的非强制性更有利于企业开展技术创新，企业所有者也更能承受技术创新失败的风险，并能够灵活和及时地终止技术创新项目。而上市公司由于信息较为透明，公司股价会及时反映公司现金流状况，企业所有者更倾向于选择传统技术并获得稳定的现金流。

6.1.2　技术创新与 IPO 后长期绩效表现

已有关于企业 IPO 后长期股价表现和经营业绩的研究大多认同 IPO 后长期弱势现象的存在。Ritter(1991)对 1975—1984 年美国证券市场上市的企业进行研究，发现这些企业的股票收益率从长期来看显著低于可比已上市公司的股票收益率。在此基础上，Jain 和 Kini(1994)研究发现不仅 IPO 后长期股价表现，IPO 后经营绩效也存在长期弱势的现象。此后，这种 IPO 后长期弱势的现象在其他国家也得到了证明，不仅包括美国、英国等发达国家，还包括了中国、泰国等发展中国家(Carpenter 和 Rondi，2006；Farinos、Garcia 和 Ibanez，2007；Kim、Kitsabunnarat 和 Nofsinger，2004；Abret 和 Britten，2008；陈工孟和高宁，2000；朱武祥和张帆，2001；徐浩萍和陈超，2009，李远鹏，2009；许海，

2001；等等)。然而，另一些研究表明，在受到严格管制的资本市场上(如中国A股市场)，这种IPO后长期股价表现和经营绩效弱势的现象并不存在，甚至会出现IPO后长期表现强势的现象。王美今、张松(2000)使用上海证券交易所1996年1月至1997年9月间发行的股票作为样本，样本企业表现出IPO后强势的特征。沈艺峰、陈雪颖(2002)的研究同样得出中国不存在IPO后长期弱势的结论。邹高峰、张维、常中阳(2012)认为这种长期强势的现象与我国的新股发行制度密切相关，他们对不同发行制度下IPO后表现进行了研究，结果表明在询价制下，新股IPO后表现出长期弱势。

对企业而言，技术创新能够创造出具有战略意义的竞争优势，当前越来越多的企业将资本投入到技术创新项目。国内外学者对技术创新与企业经营绩效进行了大量的理论和实证研究。有研究表明，企业研发投入越高，技术创新能力越强，则股价表现和经营绩效就越好(Jaffe，1986)，同时企业专利申请数和专利授权数对企业经营绩效具有显著的正向影响(Deng、Lev和Francis，1999)，专利数和研发投入对公司股票回报率具有显著的正向影响(Zheng，1999)。Garner、Nam和Ottoot(2002)研究指出，技术创新投入对企业价值具有显著的正向作用。国内研究方面，对于不同的行业，董静和苟燕楠(2010)研究结果表明机械设备仪器制造业的研发人员投入的影响强于研发资金投入，而对于医药生物制品业，研发资金投入的影响强于研发人员投入。对创业板上市公司技术创新能力和企业经营绩效的关系，冯梓洋、张显峰和唐亮(2014)认为此技术创新能力对股票价格和经营绩效表现具有正向作用。技术创新能力对于企业IPO后长期股价表现和经营绩效同样具有正向作用。一些文献的研究认为企业技术创新能力能够使其在产品市场上获得竞争优势，因此比同业具有更强的盈利能力，进而使企业股价表现和经营绩效优于可比企业(Mansfield，1969；Lev和Sougiannis，1996；Griliches，1981；Pakes，1985)。有文献从信息不对称的角度出发，认为企业的技术创新能力在IPO前具有较强的不确定性，市场在对企业IPO进行定价时倾向于低估技术创新能力的价值，而在IPO后企业的技术创新能力的价值回归其内在价值，从而提高企业IPO后长期股价表现和经营绩效(Kothari、Laguerre和Leone，2002；Chan、Lakonishok和

Sougiannis，2001；Guo、Lev 和 Zhou，2005；Hand，2005；Chin、Lee 和 Kleinman，2006）。在后续的研究中，文献用实证的方法对技术创新能力与上市公司 IPO 后长期股价表现和经营绩效的关系展开研究。Cao、Jiang 和 Ritter(2013)研究了技术创新能力对风险投资背景的企业在 IPO 后长期表现的影响，结果表明技术创新能力更强的企业具有更好的长期表现。Hsu(2014)认为在技术创新能力更强的阶段上市的公司在 IPO 后的股票回报率、销售收入、资本支出和研发支出上显著高于技术创新能力较低阶段上市的公司。Guo 和 Zhou(2014)选择生物技术上市公司作为研究对象，结果表明，技术创新能力对企业 IPO 后股票价格表现和企业生存比率具有显著的正向影响，并且这类企业技术创新投入越多，在长期生存下来的概率就越高。

现有文献从对 IPO 时机选择存在性的证明到考察影响企业 IPO 时机选择的企业内部条件、外部市场环境、IPO 后长期表现等，取得了丰富的研究成果。以上研究往往更加强调企业 IPO 带来的收益，而忽视了融资这种最初的上市动机。因此对于技术密集型和非技术密集型行业企业面临技术冲击时的 IPO 时机选择还有待进一步探讨，同时考察上市带来的产品市场竞争和因信息披露导致的技术溢出并最终导致不同类型企业差异的 IPO 时机选择还有待深入挖掘。国内外学者就技术创新对上市公司股价表现和经营绩效的影响也进行了充分的论证，证实了技术创新对公司股价表现和经营绩效具有正向作用。然而，以上国内文献研究的多是企业技术创新能力对已上市企业的股价表现和经营绩效的影响，关于企业上市时的技术创新能力对 IPO 后长期股价表现和经营绩效的研究还比较少。因此，有必要使用中国 A 股市场的数据就企业 IPO 时的技术创新能力对 IPO 后长期股价表现和经营绩效是否具有正向作用、这种作用是否具有持续性以及能持续的时间展开研究。

6.2　理论模型和研究假说

已有不少文献建立模型对技术创新与 IPO 时机选择的关系进行了研究，这些模型将企业 IPO 时机选择视作为未来可能发生的技术冲击进行融资的过程。Maksimovic 和 Pichler(2001)最早通过构建模型对技术创新与企业IPO时机选择进行研究，早于竞争对手上市融资将会帮助企业在产品市场上市获得竞争优势，但是技术冲击的不确定性可能导致企业完全损失早期对技术创新项目的投资，并且先发企业由于在信息披露时导致技术信息被竞争对手加以利用。企业在提前上市的优势与劣势的权衡中做出IPO时机选择。Spiegel和Tooks(2008)建立了一个关于技术创新、产品市场竞争的IPO时机选择模型，模型假定上市的优势是能够以较低的成本融得资金，劣势是发行上市要求的信息披露导致技术外溢，竞争对手会模仿公司的技术并夺取市场份额。而Chemmanur和He(2011)同样建立了关于两个私有企业面临可能发生的技术冲击时的IPO时机选择模型，并假设不存在信息不对称效应。该模型认为企业进行IPO有两个好处：一是为可能发生的技术冲击融资；二是获得产品市场上的竞争优势，并夺取市场份额，而坏处是IPO需要承担巨额的发行费用。

然而信息不对称是普遍存在的，Bhattacharya和Ritter(1983)建立了一个反馈效应均衡模型。他们认为这种信息不对称效应会因企业的信息披露政策、专利制度以及大量的管制行为而在产品市场和金融市场上普遍存在。因此在考虑企业IPO时机选择的优势与弊端时，需要考虑因信息披露带来的技术溢出效应。另外，技术溢出效应的影响在技术密集程度不同的行业也不尽相同。Thornhill(2006)对845家加拿大制造业企业的调查数据进行了研究，结果表明技术创新能力与行业的技术密集程度存在显著的正相关关系，技术密集型行业内的企业拥有更多的技术创新活动。因此，技术密集型行业内的企业在进行IPO时机选择时必须考虑技术溢出效应的影响，而对于非技术密集型行业，这种效应则无关紧要。

本章借鉴Chemmanur和He(2011)的理论框架，在其模型的基础上加入技术溢出效应的考虑，分别对技术密集型和非技术密集型行业内企业IPO时机选择进行更为详尽的分析，并由企业的IPO时机选择得出热销周期。最后模型分析热销周期与非热销周期、热销周期内不同时期进行IPO的企业在IPO后长期股价表现和经营绩效方面的差异，并提出可供检验的研究假设。

6.2.1　技术冲击和有效资本投入规模

行业内有两个技术创新能力不同的未上市企业 1 和企业 2，初始(时点 0)市场份额分别为 m 和 $1-m$，技术生产率分别为 A_1 和 A_2，且 $A_1 > A_2$。行业可能会面临技术冲击，企业需要考虑是否进行 IPO 为即将到来的技术冲击融资。企业 IPO 的收益在于能够为技术冲击融得资金和获得产品市场上的竞争优势，而 IPO 的成本在于固定的融资费用和信息披露带来的技术溢出效应。两企业在时点 1 和时点 2 均可选择进行 IPO，并展开两轮竞争。在时点 3，两企业将分别清算，企业 i 的清算价值为：

$$V_i = A_i^{T_2}(m_i^{T_2})^{1-\gamma}(K_i^{有效})^{\gamma} - cK_i^{有效} + K_i^{T_2} \tag{6.1}$$

(6.1)式采用 Cobb-Douglas 生产函数形式，$A_i^{T_2}$、$m_i^{T_2}$、$K_i^{T_2}$ 分别为企业 i 在时点 2 的技术生产率、市场份额和总资本，c 为单位资本投入的边际成本，$0 < c \leqslant 1$，$K_i^{有效}$ 为实际使用的有效资本，且 $0 \leqslant K_i^{有效} \leqslant K_i^{T_2}$。对 V_i 求 $K_i^{有效}$ 的偏导数可以求解出 $K_i^{有效}$：

$$\frac{\partial V_i}{\partial K_i^{有效}} = V_i = A_i^{T_2}(m_i^{T_2})^{1-\gamma}(K_i^{有效})^{\gamma-1}\gamma - c = 0 \tag{6.2}$$

$$K_i^{有效} = m_i^{T_2}(c/(\gamma A_i^{T_2}))^{\frac{1}{\gamma-1}} \tag{6.3}$$

假设技术冲击发生时两企业均未进行 IPO 融资，企业 1 将不能在有效资本投入下进行生产活动，企业 2 由于技术生产率较低仍能在有效资本投入下进行生产活动。当技术冲击发生时 $A_i^{T_2} = A_{iH}^{T_2}$，当技术冲击未发生时，$A_i^{T_2}$ 不发生变化。由此可得：

$$K_i^{有效} = \begin{cases} m_i^{T_2}(c/(\gamma A_i^{T_2}))^{\frac{1}{\gamma-1}} = m_i^{T_2}k_{iL}^{有效}，无技术冲击 \\ m_i^{T_2}(c/(\gamma A_{iH}^{T_2}))^{\frac{1}{\gamma-1}} = m_i^{T_2}k_{iH}^{有效}，有技术冲击 \end{cases} \tag{6.4}$$

$k_{iL}^{有效}$ 和 $k_{iH}^{有效}$ 分别表示没有技术冲击发生和有技术冲击发生时的单位市场份额有效资本水平。且 $k_{iL}^{有效} = (c/(\gamma A_i^{T_2}))^{\frac{1}{\gamma-1}}$，$k_{iH}^{有效} = (c/(\gamma A_{iH}^{T_2}))^{\frac{1}{\gamma-1}}$。将 $k_{iL}^{有效}$ 和 $k_{iH}^{有效}$ 代入企业生产函数可得：

$$\pi_i = A_i(k_{iL}^{有效})^{\gamma} - ck_{iL}^{有效} = (A_i)^{\frac{1}{1-\gamma}}c^{\frac{\gamma}{1-\gamma}}\gamma^{\frac{\gamma}{1-\gamma}}(1-\gamma) \tag{6.5}$$

$$\pi_{iH} = A_{iH}\,(k_{iH}^{有效})^{\gamma} - ck_{iH}^{有效} = (A_{iH})^{\frac{1}{1-\gamma}}c^{\frac{\gamma}{1-\gamma}}\gamma^{\frac{\gamma}{1-\gamma}}(1-\gamma) \tag{6.6}$$

(6.5)式和(6.6)式中，π_i 和 π_{iH} 分别表示未发生技术冲击和发生技术冲击下企业 i 的单位市场份额带来的收益。并且在 c 和 γ 给定的条件下，π_i 和 π_{iH} 仅依赖于企业 i 的技术生产率 A_i 和 A_{iH} 。

6.2.2 企业的 IPO 时机选择均衡

6.2.2.1 非技术密集型行业内企业 IPO 时机选择均衡

根据前文的分析，技术溢出效应的影响在技术密集程度不同的行业不尽相同，并且对于非技术密集型行业，这种效应无关紧要，企业在进行 IPO 时机选择时只需考虑产品市场上的竞争优势。但是非技术密集型行业仍然会发生技术冲击，只是发生的频率小于技术密集型行业，企业仍需为潜在的可能发生的技术冲击项目进行融资。不考虑技术溢出效应的企业市场份额演变过程如(6.7)式所示：

$$m_i^{t+1} = m_i^t + [(1 - m_i^t)s_i^{t+1} - m_i^t s_j^{t+1}],\ i \neq j,\ t = 0,\ 1 \tag{6.7}$$

(6.7) 式右边 m_i^t 表示 t 结束时企业 i 的市场份额，括号内表示产品市场竞争效应导致企业 i 市场份额的变化。s_i^{t+1} 为企业 i 在 $t+1$($t=0$, 1) 轮竞争中从企业 j 夺取市场份额的能力，s_j^{t+1} 表示企业 j 从企业 i 夺取市场份额的能力。并且，若企业 i 已上市，$s_1^{t+1} = sm_1^t$；若企业 i 未上市，$s_1^{t+1} = 0$，其中 s 为上市带来产品市场竞争优势并夺取竞争对手市场份额能力的固定系数。由此我们可以得出两企业在时点 1 和时点 2 不同 IPO 时机选择的市场份额变化。

在不发生技术冲击时，企业的上市的好处来自产品市场竞争中取得的优势。根据非技术密集型行业内企业市场份额的变化，企业 1 可以通过 IPO 获得的最大收益为 $[m_{1b}^1 + sm_{1b}^1 m_{2b}^1 - m]\pi_1$，也就是企业 2 一直保持私有的情形；企业 2 可以通过上市取得的最大收益为 $[m_{2c}^1 + sm_{1c}^1 m_{2c}^1 - (1-m)]\pi_2$，也就是企业 1 一直保持私有的情形，企业 1 和企业 2 在时点 0 保持私有的充分条件为：

$$B > [m_{1b}^1 + sm_{1b}^1 m_{2b}^1 - m]\pi_1 \tag{6.8}$$

$$B > [m_{2c}^1 + sm_{1c}^1 m_{2c}^1 - (1-m)]\pi_2 \tag{6.9}$$

令(IPO，IPO)、(IPO，PR)、(PR，IPO)和(PR，PR)分别表示企业 1 和企业 2 在时点 1 的四种策略组合，根据非技术密集型行业内企业市场份额的变化，若时点 1 的策略组合为(IPO，IPO)，则在时点 1 两企业的市场份额为(m，$1-m$)，在时点 2 博弈会结束。若时点 1 的策略组合为(IPO，PR)，则在时点 2，若企业 2 上市，市场份额将为 m_{2b}^{1} ，若企业 2 保持私有，市场份额将为 $m_{2b}^{1} - sm_{1b}^{1}m_{2b}^{1}$ ，在时点 2 上市为企业 2 带来的增量市场份额为 $sm_{1b}^{1}m_{2b}^{1}$ 。同理，若时点 1 的策略组合为(PR，IPO)，则在时点 2 上市为企业 1 带来的增量市场份额为 $sm_{1c}^{1}m_{2c}^{1}$ ，若时点 1 决策方案为(PR，PR)，则在时点 2 上市为企业 1 和企业 2 带来的增量市场份额均为 $sm(1-m)$。令以下等式成立：

$$sm_{1b}^{1}m_{2b}^{1} = sm(1 - m) \tag{6.10}$$

$$sm_{1c}^{1}m_{2c}^{1} = sm(1 - m) \tag{6.11}$$

$$sm_{1b}^{1}m_{2b}^{1} = sm_{1c}^{1}m_{2c}^{1} \tag{6.12}$$

解得 $m = (2 + s - \sqrt{s^2 + 4})/2s$ 、$m = (s - 2 + \sqrt{s^2 + 4})/2s$ 以及 $m = 1/2$。

若 $0 < m < (2 + s - \sqrt{s^2 + 4})/2s$ ，则有：

$$sm_{1b}^{1}m_{2b}^{1} > sm(1 - m) > sm_{1c}^{1}m_{2c}^{1} \tag{6.13}$$

若 $(2 + s - \sqrt{s^2 + 4})/2s < m < 1/2$，则有：

$$sm(1 - m) > sm_{1b}^{1}m_{2b}^{1} > sm_{1c}^{1}m_{2c}^{1} \tag{6.14}$$

若 $1/2 < m < (s - 2 + \sqrt{s^2 + 4})/2s$ ，则有：

$$sm(1 - m) > sm_{1c}^{1}m_{2c}^{1} > sm_{1b}^{1}m_{2b}^{1} \tag{6.15}$$

若 $(s - 2 + \sqrt{s^2 + 4})/2s < m < 1$，则有：

$$sm_{1c}^{1}m_{2c}^{1} > sm(1 - m) > sm_{1b}^{1}m_{2b}^{1} \tag{6.16}$$

令(x_1，y_1)、(x_2，y_2)、(x_3，y_3)和(x_4，y_4)分别表示企业 1 和企业 2 在时点 1 的四种策略组合(IPO，IPO)、(IPO，PR)、(PR，IPO)和(PR，PR)对应的预期收益，时点 2 发生技术冲击的概率为 p。根据非技术密集型行业内企业市场份额的变化可以得出 x_1、x_2、x_3、x_4、y_1、y_2、y_3、y_4对应的表达式。$x_1 - x_3$、$x_2 - x_4$、$y_1 - y_2$、$y_3 - y_4$ 与 m 取值范围

的不同组合构成了本章的所有均衡。下面，本章将对每一种均衡结果进行具体分析。

两企业对于技术冲击发生的概率有一个同质信念 p，当 p 较大即技术冲击发生的可能性比较大时，未来企业 1 很可能会发生资本不足、无法在有效资本投入 $k_{iH}^{有效}$ 下进行生产活动的情形。企业 1 进行 IPO 不仅能够获得产品市场竞争优势，还能为技术创新项目进行融资，因此企业 1 必然会在时点 1 选择上市。企业 2 将对企业 1 的融资决策进行分析，在预期到企业 1 在时点 1 上市的情况下，若企业 2 不进行上市则会丧失更多的市场份额，于是企业 2 也将在时点 1 进行上市。均衡的结果为企业 1 和企业 2 均在时点 1 进行 IPO(均衡 1)。

当技术冲击发生的概率 p 较小时，未来需要额外资本的可能性较小，两企业会考虑上市成本的大小。当上市成本远小于上市能够获得的产品市场竞争优势和为未来可能发生的技术创新项目融资之和时，相当于均衡 1 中两企业上市能够获得的产品市场竞争优势同时减去一个相等的固定值，此时企业 1 和企业 2 均会选择在时点 1 进行 IPO(均衡 1)。当上市成本远大于上市能够获得的产品市场竞争优势和为未来可能发生的技术创新项目融资之和时，企业 1 就会选择不在时点 1 上市，而等到时点 2 技术冲击发生了再上市。由于企业 2 融资动机比企业 1 更小，企业 2 也会等到时点 2 技术冲击发生时再上市。在时点 2 若技术冲击发生了，两企业均会选择上市(均衡 2)，若技术冲击未发生，两企业均会选择不上市(均衡 3)。当上市成本适中，即在上市能够获得的产品市场竞争优势和为未来可能发生的技术创新项目融资之和的附近时，企业 1 由于技术生产率较高，拥有更多的资本将会使其获得更好的发展机会，因此企业 1 会选择在时点 1 上市，而企业 2 由于上市仅仅是为了抵消其在产品市场上因为企业 1 上市而失去的市场份额，故企业 2 会选择等到时点 2 技术冲击发生时再上市。在时点 2 若技术冲击发生了，企业 2 会选择上市(均衡 4)，若技术冲击未发生，企业 2 会选择不上市(均衡 5)。由此可以得出非技术密集型行业内企业的 5 种 IPO 时机选择均衡(见表 6-1)。

表 6-1　　非技术密集型行业内企业 IPO 时机选择均衡

均衡	企业 1 的 IPO 时机选择	企业 2 的 IPO 时机选择
均衡 1	在时点 1 上市	在时点 1 上市
均衡 2	在时点 2 上市	在时点 2 上市
均衡 3	不上市	不上市
均衡 4	在时点 1 上市	在时点 2 上市
均衡 5	在时点 1 上市	不上市

6.2.2.2　技术密集型行业内企业 IPO 时机选择均衡

对于技术密集型行业，企业进行 IPO 时机选择时，不仅要考虑上市带来产品市场竞争优势，还要考虑上市信息披露导致技术溢出效应。赵骅和丁丽英(2009)认为企业技术创新能力有强有弱，企业的技术溢出效应往往是单向流动的，并且总是从技术创新能力强的企业流向到技术创新能力弱的企业。本章采用这种设定，具体到本章的模型，体现为技术溢出只能由技术创新能力强的企业 1 溢出到技术创新能力弱的企业 2。考虑技术溢出效应的企业 1 和企业 2 市场份额演变过程如(6.17)式和(6.18)式所示：

$$m_1^{t+1} = m_1^t + [(1 - m_1^t)s_1^{t+1} - m_1^t s_2^{t+1}] - (1 - m_2^t)w_2^{t+1},\ t = 0,\ 1 \tag{6.17}$$

$$m_2^{t+1} = m_2^t + [(1 - m_2^t)s_2^{t+1} - m_2^t s_1^{t+1}] + (1 - m_2^t)w_2^{t+1},\ t = 0,\ 1 \tag{6.18}$$

(6.17)式和(6.18)式右边 m_1^t 和 m_2^t 表示 t 结束时企业 1 和企业 2 的市场份额，第一个括号内表示产品市场竞争效应导致企业 1 和企业 2 市场份额的变化。s_1^{t+1} 和 s_2^{t+1} 和 s 的定义与之前相同。w_2^{t+1} 为企业 2 因企业 1 技术溢出从企业 1 夺取市场份额的能力，并且若企业 1 已上市，$w_2^{t+1} = wm_2^t$；若企业 1 未上市，$w_2^{t+1} = 0$。其中 w 为竞争对手上市导致技术溢出使自己夺取其市场份额的固定系数。由此我们可以分别得出两企业在时点 1 和时点 2 不同 IPO 时机选择的市场份额变化。类似可以得到技术密集型行业的均衡结果，下面，本章将对技术密集型行业的每一种均衡结果进行具体分析。

当技术冲击很可能发生时，两家企业预计都要通过上市募集资金。对于企业1而言，在时点1上市虽然能够在产品市场竞争中获取收益，但是由于技术溢出效应的存在，并且技术溢出效应的影响与企业当前的技术创新能力正相关，因此企业1会慎重选择是否在时点1进行上市。对于企业2而言，无需考虑上市产生的技术溢出效应，此时，企业2为了获得产品市场竞争优势必然会选择在时点1上市。在企业2上市的前提下，企业1将不会任企业2抢夺其市场份额，如果企业1上市获得的产品市场竞争优势大于技术溢出效应，企业1就会选择上市，最终企业1和企业2都会选择在时点1上市(均衡1)；如果企业1上市获得的产品市场竞争优势小于技术溢出效应，企业1就会等到时点2再进行决策，如果在时点2技术冲击发生了，企业1就会选择上市(均衡2)，如果在时点2技术冲击未发生，企业1就会选择不上市(均衡3)。

当技术冲击发生的可能性不大时，企业则会根据上市成本和产品市场竞争优势来决定是否上市以及在哪一时点上市。当上市成本较小时，相当于获得的产品市场竞争优势中和上市成本后还有剩余，此时又会出现前面提到的均衡1、均衡2和均衡3。当上市成本较大时，企业1和企业2都不会选择在时点1上市，因为此时上市带来的产品市场竞争优势必然小于上市成本和技术溢出效应之和。在时点2，若技术冲击发生了，企业1和企业2都会进行上市(均衡3)，若技术冲击未发生，企业1和企业2均不会进行上市(均衡5)。由此可以得出技术密集型行业内企业的5种IPO时机选择均衡(见表6-2)。

表6-2　**技术密集型行业内企业IPO时机选择均衡**

均衡	企业1的IPO时机选择	企业2的IPO时机选择
均衡1	在时点1上市	在时点1上市
均衡2	在时点2上市	在时点1上市
均衡3	不上市	在时点1上市
均衡4	在时点2上市	在时点2上市
均衡5	不上市	不上市

对以上非技术密集型和技术密集型行业内企业的 IPO 时机选择均衡分析可知，对于非技术密集型行业，技术创新能力强的企业不会晚于技术创新能力弱的企业上市；对于技术密集型行业，技术创新能力强的企业不会早于技术创新能力弱的企业上市。根据 Chemmanur 和 He (2011)对 IPO 热销周期的定义：两企业在时点 1 或时点 2 都上市的均衡会形成热销周期。因此对于非技术密集型行业，均衡 1、均衡 2、均衡 4 会形成热销周期，均衡 3、均衡 5 不会形成热销周期；对于技术密集型企业，同样均衡 1、均衡 2、均衡 4 会形成热销周期，均衡 3、均衡 5 不会形成热销周期。

对于非技术密集型行业，热销周期内有企业 1 和企业 2 上市(均衡 1、均衡 2、均衡 4)，非热销周期内仅有企业 1 上市(均衡 5)，热销周期内上市的企业平均技术创新能力低于非热销周期上市的企业技术创新能力($(A_1 + A_2)/2 < A_1$)；对于技术密集型行业，热销周期内有企业 1 和企业 2 上市(均衡 1、均衡 2、均衡 4)，非热销周期内仅有企业 2 上市(均衡 3)，热销周期内上市的企业平均技术创新能力高于非热销周期内企业技术创新能力($(A_1 + A_2)/2 > A_2$)。由此可以得出本章的假说 1。

假说 1：(a)对于非技术密集型行业，热销周期进行 IPO 的企业技术创新能力低于非热销周期进行 IPO 的企业；(b)对于技术密集型行业，热销周期进行 IPO 的企业技术创新能力高于非热销周期进行 IPO 的企业。

考虑热销周期横跨两个时点的均衡，对于非技术密集型行业(均衡 4)，热销周期早期上市的企业(企业 1)技术创新能力高于热销周期较晚上市的企业；对于技术密集型行业(均衡 2)，热销周期早期上市的企业(企业 2)技术创新能力低于热销周期较晚上市的企业。由此可以得出本章的假说 2。

假说 2：(a)对于非技术密集型行业，热销周期早期进行 IPO 的企业技术创新能力强于热销周期中后期进行 IPO 的企业；(b)对于技术密集型行业，热销周期早期进行 IPO 的企业技术创新能力弱于热销周期中后期进行 IPO 的企业。

6.2.3 企业 IPO 后长期绩效表现

本章将通过求偏导数的方式得出企业技术创新能力对其 IPO 后长期股价表现和经营绩效的影响，进而对热销周期和非热销周期、热销周期内不同时点上市的企业长期绩效表现进行分析。根据企业清算价值方程及有效资本投入规模的定义，在时点 3 企业 i 单位市场份额创造的收益为：

$$收益_i = m_i^{T_3}\pi_i = m_i^{T_3}\left(A_i^{T_2}\right)^{\frac{1}{1-\gamma}}c^{\frac{\gamma}{1-\gamma}}\gamma^{\frac{\gamma}{1-\gamma}}(1-\gamma) \tag{6.19}$$

其中 π_i 为企业 i 的单位市场份额带来的收益。时点 3 时的企业经营绩效如下：

$$\mathrm{OPR}_i^{T_3} = \frac{m_i^{T_3}\left(A_i^{T_2}\right)^{\frac{1}{1-\gamma}}c^{\frac{\gamma}{1-\gamma}}\gamma^{\frac{\gamma}{1-\gamma}}(1-\gamma) - B}{K_0 + E} \tag{6.20}$$

对 $\mathrm{OPR}_i^{T_3}$ 求 $A_i^{T_2}$ 的偏导数可得：

$$\frac{\partial \mathrm{OPR}_i^{T_3}}{\partial A_i^{T_2}} = \frac{m_i^{T_3}\left(A_i^{T_2}\right)^{\frac{\gamma}{1-\gamma}}c^{\frac{\gamma}{1-\gamma}}\gamma^{\frac{\gamma}{1-\gamma}}}{K_0 + E} \tag{6.21}$$

从 $\mathrm{OPR}_i^{T_3}$ 对 $A_i^{T_2}$ 的偏导数可以看到，企业经营业绩与技术创新能力具有正相关关系。国内外学者的研究也证实了这一观点（Cao、Jiang 和 Ritter，2013；Hsu，2014；Guo 和 Zhou；2014；董静和苟燕楠，2010；冯梓洋、张显峰和唐亮，2014）。一方面技术创新能力强的上市公司能够提高其潜在收益水平进而提高公司的盈利能力，并使公司经营业绩保持较高速度增长；另一方面，技术创新能力强的企业能够提高投资者对企业未来收益的预期，提升其估值水平，这种预期最终会体现在股票价格上。基于此，本章提出第三个假说。

假说 3：技术创新能力强的企业在 IPO 后长期绩效表现方面优于技术创新能力弱的公司。

结合假说 1、假说 2 和假说 3，可以推出本章的假说 4 和假说 5。

假说 4：(a) 对于非技术密集型行业，非热销周期进行 IPO 的企业 IPO 后表现优于热销周期进行 IPO 的企业；(b) 对于技术密集型行业，热销周期进行 IPO 的企业 IPO 后表现优于非热销周期进行 IPO 的企业。

假说 5：(a) 对于非技术密集型行业，热销周期早期进行 IPO 的企业 IPO 后表现优于热销周期中后期进行 IPO 的企业；(b)对于技术密集型行业，热销周期中后期进行 IPO 的企业 IPO 后表现优于热销周期早期进行 IPO 的企业。

6.3　实证分析

本章使用 2007 年 1 月至 2011 年 12 月的中国 A 股市场 IPO 数据作为样本，通过横截面数据回归分析进行实证检验。在实证检验中，主要围绕以下三个方面进行检验：(1)技术创新对企业 IPO 时机选择的影响，并进一步地解释 IPO 周期现象；(2)企业 IPO 时机选择对 IPO 后长期经营绩效表现的影响；(3)技术创新对 IPO 后长期经营绩效表现的影响以及影响的持续性。

考虑到股权分置改革因素的影响，本章实证所选取的数据样本区间为 2007 年 1 月至 2011 年 12 月，并剔除金融类、综合类和数据缺失的样本(行业分类根据中国证监会行业分类标准)，剔除后共 656 家上市公司。数据来源于 Wind、国泰安数据库，计量软件为 Stata。在考察技术创新对公司 IPO 后表现的影响以及这种影响的持续性，本章选取的时间窗口分别为 1 年、2 年、3 年、4 年、5 年，选取的 IPO 样本数据分别为 2007 年 1 月至 2011 年 12 月、2007 年 1 月至 2011 年 12 月、2007 年 1 月至 2011 年 12 月、2007 年 1 月至 2010 年 12 月、2007 年 1 月至 2009 年 12 月。对应的公司 IPO 后表现财报年度分别为 2008 年 12 月至 2012 年 12 月、2009 年 12 月至 2013 年 12 月、2010 年 12 月至 2014 年 12 月、2011 年 12 月至 2014 年 12 月、2012 年 12 月至 2014 年 12 月。

下面本章将进行热销周期的确定。在已有的文献中，胡志强、陈钰君、王一竹(2013)使用 1993 年至 2010 年中国 A 股市场 IPO 数据，根据季度 IPO 数量、平均抑价率的移动平均和外部经济冲击的代理指标三个指标对 IPO 热销周期进行确定，并将发行季度分为“热市”、“正常市”和“冷市”三种类型。在本章的研究中，在考虑政府管制的影响下，剔除 IPO 暂停的月份，并取剩余月份的平均值作为基准若月度 IPO 数量高于历史平均 IPO 数量并且能够持续三个月(含)以上，则认为该区段为热销周期。月度 IPO 发行数量及平均值如图 6-1 所示。

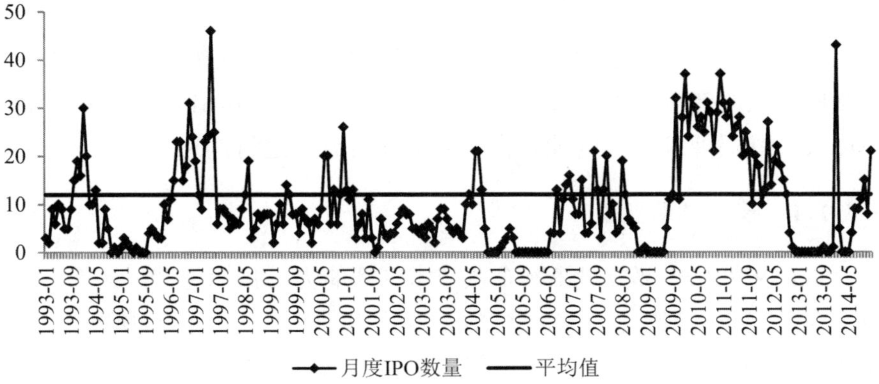

图 6-1　中国 A 股市场月度 IPO 发行数量及平均值

资料来源：Wind 资讯。

根据以上规则，本章所选取的样本区间中，2009 年 12 月至 2011 年 9 月为热销周期，2007 年 1 月至 2009 年 11 月、2011 年 10 月至 2011 年 12 月为非热销周期，样本区间的 60 个月中，热销周期有 22 个月，非热销周期有 38 个月。

本章的研究对样本上市公司所处行业按照技术密集型和非技术密集型行业进行划分，对比考察不同行业上市公司技术创新能力对 IPO 决策和 IPO 后表现的影响。以往关于行业类型划分的研究中王凤荣和李靖(2006)、李善民和叶会(2007)都曾按照资本、技术、劳动要素密集度对行业进行分类，但是这些行业的划分大多基于经验观察。在此基础上，鲁桐和党印(2014)根据固定资产比重和研发支出比重指标采用聚类分析的方法将行业分为技术密集型、资本密集型和劳动密集型行业。

本章借鉴鲁桐和党印(2014)的研究成果，将所有行业划分为技术密集型行业和非技术密集型行业，并使用虚拟变量 TECH 作为代理变量，TECH = 1 表示该上市公司属于技术密集型上市公司，TECH = 0 表示该上市公司属于非技术密集型上市公司。经统计，技术密集型上市公司 391 家，非技术密集型上市公司 265 家。

6.3.1　变量选取和描述性统计

本章主要围绕技术创新与 IPO 决策和 IPO 后表现进行研究，因此本章所选取的变量体系主要包括技术创新指标、公司 IPO 后收益率指标以及 IPO 后业绩和经营绩效指标，下面将分别进行阐述。

6.3.1.1　技术创新变量

本章文献综述部分对影响企业技术创新能力的指标进行了详细的分析，在已有的文献中，主要运用的企业技术创新能力指标有研发投入、专利、技术人员占比等。本章使用企业技术创新投入和技术创新产出两类指标来衡量企业技术创新能力，其中技术创新投入指标为研发费用占营业收入比(RDS)和研发费用占营业成本比(RDC)，技术创新产出指标主要使用无形资产占比(IA/TA)这一指标。研发费用投入和无形资产占比分别定义如下：

$$RDS=\frac{R\&Ds}{Sales} \tag{6.22}$$

$$RDC=\frac{R\&Ds}{Cost} \tag{6.23}$$

$$IA/TA=\frac{Intangible\ Assets}{Total\ Assets} \tag{6.24}$$

技术创新变量的描述性统计结果如表 6-3 所示。

表 6-3　**技术创新变量描述性统计**

	Variable	Mean	Std. Dev.	Min	Max	Obs
全样本	IA/TA	0. 0565	0. 0534	0. 0001	0. 7633	656
	RDS	0. 0381	0. 0301	0. 0002	0. 2756	656
	RDC	0. 0865	0. 2164	0. 0003	3. 1807	656
技术密集型	IA/TA	0. 0541	0. 0473	0. 0001	0. 3742	391
	RDS	0. 0468	0. 0326	0. 0010	0. 2756	391
	RDC	0. 1165	0. 2720	0. 0013	3. 1807	391

续表

	Variable	Mean	Std. Dev.	Min	Max	Obs
非技术密集型	IA/TA	0.0601	0.0613	0.0002	0.7633	265
	RDS	0.0252	0.0199	0.0002	0.1214	265
	RDC	0.0423	0.0605	0.0003	0.6339	265

注：技术创新变量数据取 IPO 前一年财务报表数据得到。

资料来源：Wind 资讯。

6.3.1.2 IPO 后长期表现

文献在考量企业 IPO 后长期股价表现和经营绩效时通常选取 IPO 后长期收益率和 IPO 后企业经营绩效两类指标作为代理变量。IPO 后长期收益率方面，文献所选取的变量通常为累计超额收益率(CAR)和购买并持有超额收益率(BHAR)。Ritter(1991)使用累计超额收益率(CAR)和购买并持有超额收益率(BHAR)作为 IPO 后股价表现的代理变量，证明了企业 IPO 后长期弱势现象的存在性。在后续的研究中，Loughran 和 Ritter(1995)使用五种不同的市场指数和规模匹配的上市公司作为基准，并分别以简单加权和市值加权的购买并持有收益率(BHAR)来考察上市公司 IPO 后 3 年和 5 年的表现。Yung、Cloak 和 Wang(2008)同样选择使用不同期限的累计超额收益率(CAR)和购买并持有超额收益率(BHAR)对美国证券市场不同时期上市的股价长期表现进行研究。本章借鉴 Yung、Cloak 和 Wang(2008)对累计超额收益率和购买并持有超额收益率的定义，并选取 12 个月、24 个月和 36 个月的累计超额收益率(CAR)和购买并持有超额收益率(BHAR)作为企业 IPO 后股价表现的代理变量。累计超额收益率(CAR)和购买并持有超额收益率(BHAR)的定义如下：

$$\mathrm{CAR}_{i,t} = \sum_{T=1}^{T} \mathrm{AR}_t = \sum_{T=1}^{T} (r_{i,t} - r_{m,t}) \tag{6.25}$$

$$\mathrm{BHAR}_{i,t} = \mathrm{BHR}_{i,t} - \mathrm{BHR}_{m,t} = \prod_{t=1}^{T} (1 + r_{i,t}) - \prod_{t=1}^{T} (1 + r_{m,t}) \tag{6.26}$$

其中 r_{it} 是上市公司上市后 t 月的收益率，r_{mt} 是对应的指数收益率，由于本章所选取的样本包含上证主板、中小板和创业板的股票，此处的指数收益率选取的分别为这三类股票对应的指数，即上证指数、中小板指数和创业板指数。

在研究方法上，本章的实证研究采取事件研究法，事件为公司首次公开发行股票。国外学者在研究 IPO 后长期表现时一般选取的时间窗口为 3 年至 5 年，由于本章可选的数据样本较短，因此选取的时间窗口为 3 年，在后续技术创新对 IPO 后表现的研究中，本章将时间窗口拓宽到 5 年。在股票价格对应日期的选取上，假定股票市场一年的交易日期为 252 日，即每个月有 21 个交易日，找出上市公司 IPO 后 252 个交易日对应的股票价格分别计算上市公司的累计超额收益率(CAR)和购买并持有超额收益率(BHAR)。同时，考虑到上市公司股票在存续期间会发生分红、配股等因素，在查找数据时，选取考虑现金红利再投资的收盘价格来进行分析，并计算上市公司股票的月回报率，计算公式如下：

$$r_{i,\ t} = \frac{P_{i,\ t} - P_{i,\ t-1}}{P_{i,\ t-1}} \tag{6.27}$$

其中，$r_{i,\ t}$ 是上市公司上市后 t 月的收益率，$P_{i,\ t}$ 是上市公司上市后 t 月末的收盘价，$P_{i,\ t-1}$ 是上市公司上市后 t-1 月末的收盘价。

基准收益率方面，由于所选样本中包含上证主板、深证中小板和深证创业板，本章对于每一个股票选取其对应的板块指数作为基准，即上证主板上市公司选取上证指数作为基准，深证中小板上市公司选取中小板指数作为基准，深证创业板上市公司选取创业板指数作为基准，计算公式如下：

$$r_{m,\ t} = \frac{I_{i,\ t} - I_{i,\ t-1}}{I_{i,\ t-1}} \tag{6.28}$$

其中，$r_{m,\ t}$ 上市公司上市后 t 月的指数收益率，$I_{i,\ t}$ 为上市公司上市后 t 月末的指数收盘价，$I_{i,\ t-1}$ 是上市公司上市后 $t-1$ 月末的收盘价。在得到 $r_{i,\ t}$ 和 $r_{m,\ t}$ 之后，代入公式后即可得到对应的购买并持有超额收益率。累计超额收益率(CAR)和购买并持有超额收益率(BHAR)描述性统计结果如表 6-4 所示。

表 6-4 **CAR 和 BHAR 描述性统计**

	Variable	Mean	Std. Dev.	Min	Max	Obs
全样本	CAR_{12}	−0.0620	0.3284	−0.9222	1.0695	656
	CAR_{24}	−0.0263	0.4643	−1.2485	1.6769	656
	CAR_{36}	0.0760	0.5850	−1.4077	2.1458	656
	$BHAR_{12}$	−0.0718	0.2999	−1.1024	1.5862	656
	$BHAR_{24}$	−0.0380	0.5250	−1.4957	4.5032	656
	$BHAR_{36}$	0.0415	0.7364	−1.4247	5.6208	656
技术密集型	CAR_{12}	−0.0773	0.3340	−0.8975	1.0695	391
	CAR_{24}	−0.0411	0.4731	−1.1153	1.6769	391
	CAR_{36}	0.0902	0.6083	−1.3715	1.9742	391
	$BHAR_{12}$	−0.0792	0.3048	−1.1024	1.5862	391
	$BHAR_{24}$	−0.0438	0.5575	−1.4957	4.5032	391
	$BHAR_{36}$	0.0692	0.7808	−1.3939	5.4816	391
非技术密集型	CAR_{12}	−0.0393	0.3193	−0.9222	0.7156	265
	CAR_{24}	−0.0044	0.4511	−1.2485	1.2870	265
	CAR_{36}	0.0550	0.5492	−1.4077	2.1458	265
	$BHAR_{12}$	−0.0609	0.2928	−0.9669	1.2113	265
	$BHAR_{24}$	−0.0294	0.4740	−1.3816	2.7618	265
	$BHAR_{36}$	0.0006	0.6649	−1.4247	5.6208	265

资料来源：Wind 资讯。

从长期来看，企业 IPO 后长期表现不仅包括股价表现，还包括经营业绩和经营绩效表现，因此还引入经营业绩和经营绩效指标对企业 IPO 后表现进行进一步的刻画。具体而言，将主要考察以下几个方面的经营业绩和经营绩效指标：盈利能力方面，分别选取总资产收益率（ROA）、净资产收益率（ROE）、销售净利率（NPF）和销售毛利率（GPF）四个指标，总资产收益率能够反映企业为全体股东和债权人创造收益的能力，净资产收益率能够反映企业为全体股东创造收益的能力，销售净利率(NPF)能反映企业一定销售收入获取利润的能力，销售毛利率(GPF)能够反映企业控制费用的能力；成长能力方面，选取营业收入同比增长率(YSR)和营业利润同比增长率(YPR)，营业收入同比增长率(YSR)反映企业销售收入成长性，营业利润同比增长率(YPR)反映企业净利润成长性，一般而言，研发能力较强的企业能够在营业收入和营业利润方面实现较快增长。营运能力和收益质量方面，选取总资产周转率(FAT)和经营活动净收益利润比(OPR)。总资产周转率(FAT)能够全面评价企业全部资产经营质量和利用效率，经营活动净收益利润比(OPR)可以反映公司创造自由现金流量的能力，经营活动净收益利润比越高说明公司盈利质量越好，现金流越充足。

6.3.1.3　控制变量

在控制变量的选取上，本章主要考虑存续期、公司规模、发行市盈率、每股净资产以及是否处于热销周期。企业存续期(AGE)方面，Ritter(1991)的研究表明，企业在上市前存续期越短，则企业融资的风险成本越高，对应的风险溢价也越高，所产生的IPO抑价也越高，并将导致企业从长期来看表现弱势，本章选取企业从设立到最终上市的年限作为企业上市时的存续期；企业规模(LNA)方面，规模较大的企业一般而言在市场竞争力等方面较行业内的公司具有优势，这种优势将体现在股价上，因此，本章选用企业资产价值的自然对数作为公司规模变量；发行市盈率(PE)方面，我国上市公司在发行定价时受到不同程度的发行价格管制，管制阶段的发行市盈率显著低于非管制阶段的发行市盈率(胡志强、万朝辉和张云云，2014)，由于发行定价管制的存在，真实价值高于政府核准价格的企业价值被低估，这也将对上市公司IPO后表现产生一定的影响；热销周期(HOT)方面，Ibboston和Jaffe(1975)的研究表明，在某些时段，由于投资者的过度乐观情绪导致企业择时进行IPO，并且发行量与IPO长期表现存在显著的负相关关系，Loughran和Ritter(1995)的研究也表明在冷发的区间发行上市的股票IPO后表现优于在热销期间发行上市的股票，基于此，本章也选取公司发行是否处于热销周期作为控制变量，并使用虚拟变量，若公司上市处于热销周期，则 HOT=1，若公司上市处于冷发周期，则 HOT=0。

控制变量的描述性统计结果如表 6-5 所示。

表 6-5　**控制变量描述性统计**

	Variable	Mean	Std. Dev.	Min	Max	Obs
全样本	AGE	10.2988	4.0643	0.0000	29.0000	656
	LNA	20.2104	1.1188	18.3863	27.4266	656
	PE	47.5984	19.8777	6.6700	150.8200	656
技术密集型	AGE	10.1637	4.0609	1.0000	24.0000	391
	LNA	20.0655	0.9885	18.3863	25.0491	391
	PE	49.0308	19.7263	14.9400	150.8200	391
非技术密集型	AGE	10.4981	4.0687	0.0000	29.0000	265
	LNA	20.4242	1.2589	18.5232	27.4266	265
	PE	45.4850	19.9489	6.6700	138.4600	265

资料来源：Wind 资讯。

6.3.2 技术创新与企业 IPO 时机选择

该部分，本章将分别考察技术创新对全样本上市公司、技术密集型上市公司以及非技术密集型上市公司 IPO 决策的影响，在每一类型的分析中，本章将通过对热销周期和非热销周期上市公司技术创新能力以及热销周期的不同时期上市的公司技术创新能力进行对比。在热销周期和非热销周期上市公司技术创新能力的对比中，选取企业 i 的技术创新能力作为被解释变量，热销周期虚拟变量作为解释变量进行回归，回归模型为：

$$\text{TECH}_i = C + \alpha \text{HOT}_i + \varepsilon_i \tag{6.29}$$

其中 $TECH_i$ 为公司技术创新能力变量，回归结果如表 6-6 所示。

表 6-6　　热销周期和非热销周期技术创新能力回归结果

样本集	被解释变量	cons		HOT		R^2	F 值
全样本	IA/TA	0.0556***	(20.35)	0.0021	(0.50)	0.5286	366.69
	RDS	0.0386***	(25.02)	-0.0011	(-0.46)	0.6162	525.11
	RDC	0.0845***	(7.64)	0.0047	(0.27)	0.1380	52.36
技术密集型	IA/TA	0.0490***	(10.45)	0.0068*	(1.33)	0.5687	256.49
	RDS	0.0426***	(13.17)	0.0057**	(2.01)	0.6756	405.06
	RDC	0.0999***	(3.72)	0.0223	(0.71)	0.1563	36.03
非技术密集型	IA/TA	0.0645***	(9.58)	-0.0065	(-0.80)	0.4931	127.92
	RDS	0.0184***	(8.70)	-0.0099**	(4.19)	0.6377	231.48
	RDC	0.0275***	(4.23)	-0.0216**	(2.74)	0.3479	70.15

注：*** 表示在 1% 显著性水平下显著，** 表示在 5% 显著性水平下显著，* 表示在 10% 显著性水平下显著。括号内为 t 值。

资料来源：Wind 资讯。

从回归结果中可以看出，在全样本和技术密集型子样本下，上市公司技术创新变量对热销周期虚拟变量的回归结果均不显著，在非技术密集型子样本下，研发费用占营业收入比和研发费用占营业成本比对热销周期虚拟变量的回归系数均显著为负，无形资产占比对热销周期虚拟变量的回归系数虽然不显著，但也为负值。这表明在非技术密集型行业，在热销周期上市的公司技术创新能力弱于在非热销周期上市的公司。在技术密集型子样本下，研发费用占营业收入比对热销周期虚拟变量回归系数均显著为正，无形资产占比和研发费用占营业成本比对热销周期虚拟变量的回归系数虽然不显著，但都为正。这表明在技术密集型行业，在热销周期上市的公司技术创新能力强于在非热销周期上市的公司。这证明了本章的假说 1。

下面将对热销周期内不同阶段上市的公司技术创新能力进行比较，本章样本所选取的样本的区间中，2009 年 12 月至 2011 年 9 月为热销周期，2007 年 1 月至 2009 年 11 月、2011 年 10 月至 2011 年 12 月为非热销周期，计算每段样本热销期间内上市公司所处热销期间的相对时间，并将其标准化为[0，1]区间段内，并将此定义为 RANK 变量。回归模型为：

$$\mathrm{TECH}_i = C + \alpha \mathrm{RANK}_i + \varepsilon_i \tag{6.30}$$

回归结果如表 6-7 所示。

表 6-7　**热销周期内不同时间选择上市公司技术创新能力分析**

样本集	被解释变量	cons		RANK		R^2	F 值
全样本	IA/TA	0.0541***	(12.20)	0.0049	(0.64)	0.6151	375.55
	RDS	0.0406**	(13.39)	−0.0001	(−0.01)	0.6481	432.89
	RDC	0.0981***	(4.25)	−0.0078	(−0.20)	0.1493	41.24
技术密集型	IA/TA	0.0508***	(8.70)	0.0093*	(1.91)	0.5786	197.74
	RDS	0.0515***	(11.98)	−0.0059	(−0.85)	0.6883	318.03
	RDC	0.1390***	(3.72)	−0.0316	(−0.53)	0.6809	192.08
非技术密集型	IA/TA	0.0599***	(9.03)	−0.0035	(−0.31)	0.6812	192.27
	RDS	0.0229***	(7.83)	−0.0103*	(1.94)	0.6797	191.02
	RDC	0.0283***	(3.26)	−0.0400**	(2.35)	0.3677	52.33

注：*** 表示在 1%显著性水平下显著，** 表示在 5%显著性水平下显著，* 表示在 10%显著性水平下显著。括号内为 t 值。

资料来源：Wind 资讯。

从回归结果中可以看到，非技术密集型行业子样本下，研发费用占营业收入比和研发费用占营业成本比对上市公司所处热销区间的相对时间回归系数显著为负，根据 RANK 变量的定义，回归结果为正表示热销周期内上市越晚则技术创新能力越强，回归结果为负表示热销周期内上市越早则技术创新能力越强。因此，对于非技术密集型行业，在热销周期早期进行 IPO 的企业技术创新能力强于热销周期中后期进行 IPO 的企业。同理，对于技术密集型行业，无形资产占比对上市公司所处热销区间的相对时间回归系数显著为正，也就是说对于技术密集型行业，在热销周期早期进行 IPO 的企业技术创新能力弱于热销周期中后期进行 IPO 的企业。这证明了本章的假说 2。

6.3.3 技术创新对企业 IPO 后长期绩效的影响

6.3.3.1 企业 IPO 时机选择与 IPO 后表现

在前面的实证分析中，本章通过对不同时期上市的企业技术创新能力的研究来考察上市企业 IPO 决策。在此基础上，本部分将研究不同时期上市的企业 IPO 后表现，以考察企业 IPO 时机选择对 IPO 后表现的影响。根据理论模型部分的研究，上市企业会依据上市带来的产品市场竞争效应和技术溢出效应进行 IPO 时机选择，并且均衡的结果将导致技术创新能力不同的上市企业选择在不同时期进行上市，由于技术创新能力强的企业在相同条件下能够以更高的效率使用资源，从而使企业价值增加，而股票价格和经营业绩是企业价值的侧面反映，因此选择在不同时期上市的企业 IPO 后表现也将不尽相同。

首先，考察选择在热销周期和非热销周期上市的公司 IPO 后表现情况，并选取 IPO 表现和经营业绩作为被解释变量，热销周期虚拟变量作为解释变量。然后，考察热销周期不同阶段上市的公司 IPO 后表现情况，并选取 IPO 表现和经营业绩作为被解释变量，公司上市所处热销周期相对时间变量作为解释变量。上市公司 IPO 后表现回归结果如表 6-8、表 6-9 所示。

表 6-8　**非技术密集型行业内企业 IPO 后表现回归结果**

	HOT	RANK	AGE	LNA	PE	F 值
CAR_{12}	−0.0097		−0.0086**	−0.0111	0.0036***	15.03
CAR_{24}	−0.1721**		0.0033	−0.0313	0.0030*	1.67
CAR_{36}	−0.1829		−0.0132	−0.0281	0.0001	0.55
$BHAR_{12}$	0.0190		−0.0076**	−0.0191	0.0020***	9.84
$BHAR_{24}$	−0.0610		−0.0035	−0.0597	0.0012	0.70
$BHAR_{36}$	−0.1550		−0.0002	−0.0703	−0.0018	0.45

续表

	HOT	RANK	AGE	LNA	PE	F 值
CAR_{12}		0.2264	−0.0006	−0.0472	0.0024	2.03
CAR_{24}		0.2241	0.0074	−0.0309	0.0042**	1.56
CAR_{36}		0.4227	−0.0053	−0.0457	−0.0002	1.52
$BHAR_{12}$		−0.1994*	−0.0036	−.00384**	0.0021***	2.99
$BHAR_{24}$		0.1699	−0.0037	−0.0257	0.0032**	2.25
$BHAR_{36}$		0.3399	−0.0145	−0.1159	0.0003	1.29

注：*** 表示在 1%显著性水平下显著，** 表示在 5%显著性水平下显著，* 表示在 10%显著性水平下显著。

资料来源：Wind 资讯。

从非技术密集型上市公司 IPO 后表现回归结果中可以看到，IPO 后 2 年累计超额收益率变量对热销周期虚拟变量回归系数显著为负。这表明，在非技术密集型行业中，在非热销周期上市的公司 IPO 后表现好于在热销周期上市的公司。这证明了本章的假说 4(a)。IPO 后 1 年购买并持有超额收益率变量对公司上市所处热销周期相对时间变量回归系数显著为负，这证明了本章的假说 5(a)。

表 6-9　　**技术密集型行业内企业 IPO 后表现回归结果**

	HOT	RANK	AGE	LNA	PE	F 值
CAR_{12}	−0.0186		−0.0052	−0.0364*	0.0008	3.08
CAR_{24}	0.1626**		−0.0059	−0.0168	0.0002	2.70
CAR_{36}	−0.1392		0.0155**	−0.0302	−0.0055***	4.30
$BHAR_{12}$	0.0098		−0.0106**	0.0148	−0.0001	4.48
$BHAR_{24}$	0.1417*		−0.0167*	−0.0294*	−0.0075**	2.83
$BHAR_{36}$	−0.0286		0.0162*	0.0115	−0.0050***	2.80

续表

	HOT	RANK	AGE	LNA	PE	F 值
CAR_{12}		0.0147	−0.0033	−0.1020***	0.0008	5.65
CAR_{24}		0.2925	0.0077	0.1447***	0.0009	9.38
CAR_{36}		0.4200***	0.0157*	−0.0386	−0.0030	3.72
$BHAR_{12}$		−0.1327	−0.0009	−0.0198	0.0001	6.91
$BHAR_{24}$		1.3420***	0.0060	0.1989***	−0.0009	26.17
$BHAR_{36}$		0.2518	0.0131	−0.00426	−0.0036	1.94

注：*** 表示在 1%显著性水平下显著，** 表示在 5%显著性水平下显著，* 表示在 10%显著性水平下显著。

资料来源：Wind 资讯。

从技术密集型上市公司 IPO 后表现回归结果中可以看到，IPO 后 2 年的累计超额收益率和购买并持有超额收益率变量对热销周期虚拟变量的回归系数显著为正。这表明，在技术密集型行业中，在热销周期上市的公司 IPO 后表现优于在非热销周期上市的公司，这证明了假说 4(b)。IPO 后 3 年的累计超额收益率和 IPO 后 2 年的购买并持有超额收益率变量对公司上市所处热销周期相对时间变量回归系数均显著为正，这表明，在技术密集型行业中，在热销周期较晚上市的公司 IPO 后表现较好。这证明了本章的假说 5(b)。

下面，本章将使用同样的方法，分别以总资产收益率(ROA)、净资产收益率(ROE)、销售净利率(NPF)、销售毛利率(GPF)、营业收入同比增长率(YSR)、净利润同比增长率(YPR)、总资产周转率(FAT)、经营活动净收益利润比(OPR)作为被解释变量，热销周期虚拟变量(HOT)和公司上市所处热销周期相对时间变量(RANK)作为解释变量进行回归，限于篇幅，此处省略常数项和控制变量的回归结果，只给出解释变量的回归结果，回归结果如表 6-10、表 6-11 所示。

从非技术密集型上市企业 IPO 后表现回归结果中可以看到，IPO 后 1 年的净资产收益率对热销周期虚拟变量的回归系数显著为负，这表明在非技术密集型行业内，选择在非热销周期上市的企业 IPO 后表现好于在热销周期上市的企业，从净资产收益率、总资产收益率和净利润同比增长率的系数可以得到同样的结论，这进一步证明了本章的假说 4(a)。IPO 后 2 年的总资产收益率对企业上市所处热销周期相对时间变量回归系数显著为负，这表明对于非技术密集型行业，在热销周期早上市的企业比在热销周期较晚上市的企业具有更好的经营业绩，从经营活动净收益利润比的系数可以得到同样的结论，这进一步证明了本章的假说 5(a)。

表 6-10　**非技术密集型行业内企业 IPO 后经营业绩回归结果**

被解释变量	HOT			RANK		
	12	24	36	12	24	36
ROA	-0.0065	-0.0091	0.0053	0.6301	-0.0174*	-0.0132
ROE	-0.0175**	-0.0151	0.4232	-0.0156	-0.0276	0.0237
NPF	-0.0225*	-0.0146**	0.0914	0.0027	-0.0053	0.1908
GPF	-0.0504**	-0.0494**	-0.0556**	0.2309	0.0339	-0.0219
YSR	-0.0074	-0.0687*	-0.1336***	-0.2954	-0.0973	-0.0964
YPR	0.5525	-0.4357	-0.3921	1.9712	-0.7939	-0.3632
FAT	0.0174	0.0052	-0.0440	-0.1083	-0.0298	-0.1362
OPR	-0.0166	0.0754	-0.1120	-0.1738**	-0.1474	0.6302

注：*** 表示在 1%显著性水平下显著，** 表示在 5%显著性水平下显著，* 表示在 10%显著性水平下显著。

资料来源：Wind 资讯。

表 6-11　**技术密集型行业内企业 IPO 后经营业绩回归结果**

被解释变量	HOT			RANK		
	12	24	36	12	24	36
ROA	-0.0113	0.0199**	0.0183**	-0.0100	-0.0220	0.0144
ROE	-0.0208	0.0630**	-0.0858*	-0.0117	-0.0711	0.2582***
NPF	0.0266**	0.0598*	-0.0472	-0.0291	0.2017***	0.0749

续表

被解释变量	HOT			RANK		
	12	24	36	12	24	36
GPF	-0.0281	-0.0306	-0.0308	0.0121	0.0394	-0.0082
YSR	0.0334	0.0919**	-0.0166	-0.2519	0.1423**	0.0707
YPR	-0.0043	-0.0836	0.3234	-0.0839	0.3800	0.4857
FAT	-0.0368	-0.0509	-0.0176	-0.0635	-0.0110	-0.1266
OPR	-0.0070	-0.0117	-0.9400	-0.1747	-0.1402	-0.1818

注：*** 表示在 1%显著性水平下显著，** 表示在 5%显著性水平下显著，* 表示在 10%显著性水平下显著。

资料来源：Wind 资讯。

从技术密集型上市公司 IPO 后表现回归结果中可以看到，IPO 后 2 年、IPO 后 3 年的总资产收益率和 IPO 后 2 年的净资产收益率变量对热销周期虚拟变量的回归系数显著为正。这表明，在技术密集型行业中，在热销周期上市的公司 IPO 后表现优于在非热销周期上市的公司。从 IPO 后 1 年和 IPO 后 2 年的销售收入净利率以及 IPO 后 2 年营业收入同比增长率对热销周期虚拟变量的回归系数仍然可以得到这一结论，这进一步证明了本章的假说 4(b)。IPO 后 3 年的净资产收益率对公司上市所处热销周期相对时间变量回归系数均显著为正，这表明，在技术密集型行业中，在热销周期较晚上市的公司 IPO 后表现较好。从 IPO 后 2 年的销售净利率和营业收入同比增长率对公司上市所处热销周期相对时间变量回归系数仍然可以得出这一结论。这进一步证明了本章的假说 5(b)。

6.3.3.2　技术创新对 IPO 后表现的影响及持续性

本章使用数据为横截面数据，因此在进行 OLS 回归前必须进行异方差性检验，即首先通过布罗施-帕甘(BP)检验判断是否存在异方差性，如果存在异方差性则使用广义最小二乘估计(FGLS)得出异方差的函数形式，再进行加权最小二乘估计(WLS)得到最终的回归结果。由于本章回归数量庞大，故在每一回归前不再做详细说明，回归结果均为经过异方差性检验的结果，异方差检验及广义最小二乘估计 Stata 代码可联系笔者索取。

本章分别讨论了技术创新对企业 IPO 决策的影响、企业 IPO 决策与 IPO 后表现的关系，该部分将直接讨论技术创新对 IPO 后表现的影响。在回归模型中，将分别以无形资产占比(IA/TA)、研发费用投入营业收入比(RDS)和研发费用投入营业收入比(RDC)作为解释变量，以 IPO 后表现和经营业绩作为被解释变量，包括累计超额收益率(CAR)、购买并持有超额收益率(BHAR)、总资产收益率(ROA)和净资产收益率(ROE)、销售净利率(NPF)、销售毛利率(GPF)、营业收入同比增长率(YSR)、净利润同比增长率(YPR)、总资产周转率(FAT)、经营活动净收益利润比(OPR)，控制变量方面，选取公司存续期(AGE)、公司规模(LNA)、发行市盈率(PE)三指标。在回归中，将分别对 IPO 后 1 年、IPO 后 2 年、IPO 后 3 年、IPO 后 4 年和 IPO 后 5 年的 IPO 后表现数据进行回归，如前文所述，每个回归都进行了异方差性检验，并且在存在异方差性时，采用广义最小二乘估计模型(FGLS)以及加权最小二乘估计模型(WLS)进行回归，回归结果如表 6-12、表 6-13、表 6-14 所示。

表 6-12　　**IPO 后 1 年公司表现和经营业绩回归结果**

	IA/TA	RDS	RDC	AGE	LNA	PE	*F* 值
CAR_{12}	0.0467			-0.0069*	-0.0639***	0.0010***	7.67
		0.8280***		-0.0105***	-0.0506***	0.0005	23.62
			-0.0736	-0.0041	-0.0500***	0.0015***	8.23
$BHAR_{12}$	0.0704			-0.0063**	-0.0222***	0.0006*	5.56
		0.5317***		-0.0139***	-0.0334***	-0.0001	23.83
			0.0831	-0.0045	-0.0160	0.0007**	6.58
ROA_{12}	0.0017			-0.0001	-0.0039***	-0.0001*	273.17
		0.0095		-0.0002	-0.0038***	-0.0002*	274.34
			0.0172	-0.0001	-0.0036***	-0.0001**	276.10

续表

	IA/TA	RDS	RDC	AGE	LNA	PE	*F* 值
ROE_{12}	-0. 0226			-0. 0006	0. 0008	-0. 0003***	278. 06
		-0. 0416		-0. 0006	0. 0003	-0. 0003***	276. 99
			0. 0082	-0. 0005	0. 0009	-0. 0003***	280. 15
NPF_{12}	0. 1358*			0. 0019**	-0. 0013	0. 0007***	152. 46
		0. 4790**		0. 0019**	0. 0008	0. 0005**	150. 29
			0. 2658***	0. 0021**	0. 0010	0. 0005*	154. 06
GPF_{12}	0. 1639			0. 0019	-0. 0144***	0，0013***	487. 57
		2. 2188***		0. 0015	-0. 0080**	0. 0005	550. 46
			0. 9097***	0. 0018	-0. 0074**	0. 0004	700. 71
YSR_{12}	-0. 0071			-0. 0043*	0. 0005	0. 0032***	64. 30
		0. 1915		-0. 0047**	0. 0002	0. 0031***	64. 53
			0. 1586	-0. 0048**	0. 0018	0. 0030***	64. 85
YPR_{12}	0. 0282			-0. 0050	-0. 0663	0. 0025*	1. 24
		-4. 6228		-0. 0071	-0. 1299***	0. 0033**	4. 38
			-0. 0626	-0. 0066	-0. 0684	0. 0025	1. 26
FAT_{12}	-0. 3405*			0. 0015	0. 0884***	-0. 0035***	538. 50
		-1. 1906***		0. 0012	0. 0778***	-0. 0025***	590. 03
			-0. 0594***	0. 0039**	0. 1327***	-0. 0012***	1995. 31
OPR_{12}	0. 1416			0. 0006	-0. 0350***	-0. 0012*	672. 46
		-1. 3417		-0. 0005	-0. 0449***	-0. 0009	674. 31
			-0. 0517	0. 0002	-0. 0360***	-0. 0012*	677. 10

注：*** 表示在 1%显著性水平下显著，** 表示在 5%显著性水平下显著，* 表示在 10%显著性水平下显著。

资料来源：Wind 资讯。

从 IPO 后 1 年公司表现对技术创新能力变量回归的结果中可以看到，累计超额收益率(CAR)、购买并持有超额收益率(BHAR)、销售净利率(NPF)、销售毛利率(GPF)对技术创新能力变量在不同显著性水平下显著为正，总资产收益率(ROA)对技术创新能力变量回归结果不显著，但都是正值，这表明IPO时公司技术创新能力越强，其在上市后1年的估价表现越好，对应的累计超额收益率和购买并持有超额收益率越高。而销售净利率(NPF)、销售毛利率(GPF)显著为正则表明技术创新对公司未来盈利能力具有促进作用，这是因为技术创新能力强的公司相对而言拥有更高的产品附加值，这也导致销售净利率和销售毛利率较高。这与本章的经验是相吻合的，企业在研发上投入的资本越多，未来该企业研发出的产品在市场上具有更大的产品竞争优势，并且在管理流程和技术工艺上的革新有助于提高其生产率。而总资产周转率变量均显著为负，这是因为总资产周转率受不同类型行业影响较大，快消类、贸易类等行业由于毛利率和产品附加值低，周转率相对较高，而技术创新能力较强的企业相对来说产品附加值、毛利率较高，不需要很快的周转就能保证公司盈利。以上结果证明了本章的假说3。

表6-13 **IPO后2年公司表现和经营业绩回归结果**

	IA/TA	RDS	RDC	AGE	LNASSET	PE	F值
CAR_{24}	0.1846			0.0123**	−0.0104	−0.0023*	1.35
		0.9433*		0.0011	−0.0236	−0.0019	1.27
			0.2521	0.0131**	−0.0066	−0.0033**	2.06
$BHAR_{24}$	0.5299***			−0.0119*	−0.0763***	0.0019**	4.64
		−1.0863		0.0051	0.0031	0.0026***	11.58
			−0.0331	−0.0009	−0.0176	0.0009	0.88
ROA_{24}	0.0150			−0.0001	−0.0038***	0.0002*	134.33
		0.0990		−0.0001	−0.0033**	−0.0002*	133.56
			0.0359**	−0.0001	−0.0033**	−0.0001**	134.44
ROE_{24}	0.0090			0.0001	−0.0028	−0.0003	55.82
		0.0318		0.0001	−0.0025	−0.0003	55.31
			0.0251	0.0001	−0.0023	−0.0003	55.13

续表

	IA/TA	RDS	RDC	AGE	LNASSET	PE	F 值
NPF_{24}	0.4485***			0.0028*	−0.0031	−0.0004	21.84
		0.6604*		0.0020	−0.0009	−0.0006	20.44
			0.4224***	0.0017	−0.0009	−0.0007	24.51
GPF_{24}	0.1624			0.0021	−0.0133***	0.0011***	414.60
		2.0996***		0.0015	−0.0080**	0.0003	477.01
			0.9019***	0.0018	−0.0070**	0.0002	588.36
YSR_{24}	0.0692			−0.0054**	−0.0180**	0.0001	53.03
		0.7325*		−0.0055**	−0.0121	−0.0002	53.18
			0.1250	−0.0053**	−0.0152**	−0.0001	54.07
YPR_{24}	0.5480			−0.0063	0.0147	−0.0291***	2.14
		0.9405		−0.0029	0.0530	−0.0256***	1.90
			0.0966	−0.0024	0.0267	−0.0290***	2.03
FAT_{24}	−0.2443			0.0001	0.0737***	−0.0032***	518.47
		−1.4898***		0.0011	0.0549***	−0.0025***	556.69
			−0.0810***	0.0009	0.0737***	−0.0030***	541.58
OPR_{24}	0.4391			−0.0045	−0.0379*	−0.0032***	172.64
		−1.3942*		−0.0050	−0.0468**	−0.0036***	161.10
			−0.0582	−0.0049	−0.0392*	−0.0034***	170.82

注：*** 表示在 1%显著性水平下显著，** 表示在 5%显著性水平下显著，* 表示在 10%显著性水平下显著。

资料来源：Wind 资讯。

从 IPO 后 2 年公司表现对技术创新能力变量回归的结果中可以看到，累计超额收益率(CAR)、购买并持有超额收益率(BHAR)、销售净利率(NPF)、销售毛利率(GPF)对技术创新能力变量在不同显著性水平下仍然显著为正，这进一步证明了本章之前的假说，也表明企业技术创新能力对股价表现和经营业绩的影响能够持续 2 年(含)以上，但是可以观察到，与 IPO 后 1 年的回归结果相比，这种影响明显减弱了。同时，总资产周转率对技术创新变量的回归结果仍然显著为负。以上结果对假说 3 进行了进一步的证明。下面，进一步分析 IPO 后 3 年的回归结果。

表 6-14　　**IPO 后 3 年公司表现和经营业绩回归结果**

	IA/TA	RDS	RDC	AGE	LNASSET	PE	F 值
CAR_{36}	−0.7300*			0.0018	−0.0644***	−0.0049***	13.08
		0.3715		0.0001	−0.0699***	−0.0039***	7.42
			0.3359	0.0028	−0.0587***	−0.0044***	11.13
$BHAR_{36}$	−0.9943			0.0027	−0.0564**	−0.0041***	4.76
		0.0607		−0.0027	−0.0571**	−0.0031**	2.11
			0.7459**	0.0017	−0.0414*	−0.0042***	4.32
ROA_{36}	−0.0126			−0.0005	−0.0029*	−0.0003**	71.97
		0.0906		−0.0006	−0.0024	−0.0003**	70.15
			0.0343*	−0.0005	−0.0024	−0.0003***	71.57
ROE_{36}	0.2500			−0.0009	0.0071	0.0011	1.77
		1.0214		−0.0003	0.0175	0.0010	2.02
			0.1248	−.0005	0.0105	0.0009	1.93
NPF_{36}	0.1218			0.0008	0.0028	0.0001	18.39
		0.1263		−0.0002	0.0023	−0.0001	16.00
			0.2341**	0.0004	0.0037	−0.0002	18.21
GPF_{36}	0.1195			0.0009	−0.0132***	0.0009**	312.09
		1.8206***		0.0006	−0.0084**	0.0002	339.84
			0.7124***	0.0009	−0.0082**	0.0002	388.59
YSR_{36}	−0.2590**			0.0099***	0.0124**	−0.0002	61.12
		0.4893		0.0089***	0.0133**	−0.0002	57.77
			0.0081	0.0098***	0.0135**	−0.0001	59.93

续表

	IA/TA	RDS	RDC	AGE	LNASSET	PE	F 值
YPR_{36}	-1.8277			0.0348	-0.0744	-0.0314**	1.55
		1.7529		0.0418	-0.0747	-0.0309**	1.44
			0.4382	0.0410	-0.0850	-0.0310	1.48
FAT_{36}	0.0438			0.0017	0.0405**	-0.0033***	256.89
		-1.2973***		0.0023	0.0246	-0.0028***	223.74
			-0.0610***	0.0030	0.0410**	-0.0031***	248.71
OPR_{36}	-0.2618			-0.0007	0.0385	0.0012	2.78
		-1.9772		0.0007	0.0374	0.0018	2.92
			-0.2509	0.0005	0.0376	0.0014	2.79

注：*** 表示在 1%显著性水平下显著，** 表示在 5%显著性水平下显著，* 表示在 10%显著性水平下显著。

资料来源：Wind 资讯。

从 IPO 后 3 年公司表现对技术创新能力变量回归的结果中可以看到，公司股价表现和经营业绩变量对技术创新能力的回归结果显著性越来越低，甚至出现了累计超额收益率对无形资产占比显著为负的结果，这表明技术创新能力对公司 IPO 后表现的影响在 IPO 后第三年进一步减弱。下面将分别用 IPO 后 4 年和 IPO 后 5 年的公司表现对企业技术创新能力进行回归，并依此判断技术创新能力对公司 IPO 后表现影响的持续性。限于篇幅，本部分将只给出技术创新变量的回归系数，不再给出控制变量的回归系数。回归结果如表 6-15 所示。

从 IPO 后 4 年和 IPO 后 5 年公司表现对技术创新能力变量回归的结果中可以看到，公司 IPO 后股价表现对技术创新能力变量的回归结果几乎都不显著，只有 IPO 后 5 年的无形资产占比系数和研发费用销售收入占比系数显著，并且表现为一正一负。由此可见，公司 IPO 时的技术创新能力对 IPO 后 4 年和 IPO 后 5 年已经基本没有解释能力了。而对于销售净利率和销售毛利率而言，在公司进行 IPO 时，技术创新能力较强的公司通常为技术密集型的公司，这种技术密集属性在短期内不会有重大变化，这也就意味着该类公司能够在长期保持较高的产品附加值、毛利率和净利率。从以上回归结果中可以判断，企业上市时技术创新能力对公司IPO后表现具有一定的影响，并且这种影响的长度为2至3年。

表6-15 **IPO后4年和5年的回归结果**

	IPO后4年			IPO后5年		
	IA/TA	RDS	RDC	IA/TA	RDS	RDC
CAR	-0.3193	-0.9354	0.0305	-0.5757*	5.1398*	0.2502
BHAR	0.6538	-1.4517	-0.0472	0.6674	1.8472	-0.1051
ROA	-0.0157	0.1515	0.0548**	-0.0096	0.1207	0.0700
ROE	-0.0201	0.2268	0.0545	-0.0111	0.0557	0.0488
NPF	0.0531	0.5550**	0.2427***	0.0462	0.1748	0.4408***
GPF	-0.0097	1.2959***	0.6428***	-0.0205	2.1571***	0.9740***
YSR	-0.2523	0.2488	0.1041	0.1905	1.5837*	0.0409
YPR	0.4148	4.9750	10.2665***	9.2681	45.4490	9.6335
FAT	-0.4375**	-0.7459***	-0.0304	-0.2605	-1.2816***	-0.0540
OPR	-0.5264	-0.0525	-0.1184	-12.0392***	9.5692	3.9648

注：***表示在1%显著性水平下显著，**表示在5%显著性水平下显著，*表示在10%显著性水平下显著。

资料来源：Wind资讯。

6.3.4 稳健性检验

根据理论模型的推导，无论是技术密集型行业还是非技术密集型行业，技术创新能力强的公司都具有更好的IPO后表现。前面的实证分析证明了公司技术创新能力与公司IPO后表现的正相关关系，为了验证以上实证结论的稳健性，本部分将进行稳健性检验。在这一部分，将分别使用技术密集型行业上市公司数据和非技术密集型行业上市公司数据进行回归分析，回归模型分别以无形资产占比(IA/TA)、研发费用营业收入比(RDS)和研发费用营业支出比(RDC)作为解释变量，以 IPO 后表现和经营业绩作为被解释变量进行回归，同样，只给出技术创新变量的回归系数，不再给出控制变量的回归系数。回归结果如表 6-16、表 6-17 所示。

表 6-16　　**技术密集型上市公司子样本回归结果**

	IPO 后 1 年			IPO 后 2 年		
	IA/TA	RDS	RDC	IA/TA	RDS	RDC
CAR	0.6751***	1.0877***	0.2601***	0.7541*	1.4948**	0.1242
BHAR	0.6992***	0.7067***	0.1869**	2.0842***	−0.3518	0.0747
ROA	−0.0619	0.2877	0.0157	0.0622	0.1611	0.0302
ROE	−0.0623	−0.0189	0.0091	0.9683***	0.3396	0.0444
NPF	0.0101	0.6012***	0.1648***	0.9783***	2.0665***	0.4076***
GPF	−0.0336	2.4089***	0.7262***	0.0761	2.0763***	0.7369***
YSR	0.3983	0.9467	0.2094	0.6240	0.5789	0.1047
YPR	0.3283	−1.2617	0.0269	0.0786	−0.2651	0.1516
FAT	−0.0735	−1.0530***	−0.0456***	0.0027	−1.1461***	−0.0704***
OPR	0.2311	−1.1995**	−0.0445	0.7618	−1.2763	−0.0600

注：*** 表示在 1%显著性水平下显著，** 表示在 5%显著性水平下显著，* 表示在 10%显著性水平下显著。

资料来源：Wind 资讯。

从技术密集型上市公司 IPO 后表现对技术创新能力变量回归的结果可以看到，与前文研究的结果非常一致，公司上市时的技术创新能力对于公司股价表现和经营业绩具有显著的正向影响，并且在 IPO 后第二年的影响显著弱于 IPO 后第一年的影响。总资产周转率、销售毛利率和销售净利率等回归结果特征也与前文的结论一致。

表 6-17 非技术密集型上市公司子样本回归结果

	IPO 后 1 年			IPO 后 2 年		
	IA/TA	RDS	RDC	IA/TA	RDS	RDC
CAR	-1.6207	0.9677	0.6232*	-1.8192**	-1.8126	-0.4509
BHAR	1.5392*	0.5634	0.1100	-3.3125***	-0.9965	0.2002
ROA	0.0492	-0.0816	0.0163	0.0155	0.0567	0.0704
ROE	0.0160	-0.1935	-0.0168	-0.0389	-0.0033	0.0342
NPF	0.1845	0.6012	0.7181***	0.1304	0.5948	0.7261***
GPF	0.2946*	1.1120**	1.1748***	0.2544	1.1914**	1.1545***
YSR	0.0920	-0.9199	-0.2406	0.0457	1.6282*	1.1491***
YPR	0.9454***	-8.5115**	-1.0160	-0.4718	7.2869	2.8824
FAT	-0.9552***	-5.5254***	-0.9257***	-0.8226***	-5.2893***	-0.8815***
OPR	0.0070	-0.8099	0.0024	0.1968	-0.2712	0.2756

注：*** 表示在 1%显著性水平下显著，** 表示在 5%显著性水平下显著，* 表示在 10%显著性水平下显著。

资料来源：Wind 资讯。

从非技术密集型上市公司 IPO 后表现对技术创新能力变量回归的结果可以看到，技术创新能力对于 IPO 后股价表现和经营业绩的解释力非常有限，不仅远弱于技术密集型行业的样本，也弱于全样本的回归结果，甚至在 IPO 后第二年的回归结果中就已出现 IPO 后收益率指标对公司技术创新能力的回归结果显著为负的现象。这主要是因为对于非技术密集型行业，技术变革较慢，技术创新能力对于公司股价和业绩的贡献要远小于技术密集型行业，这些行业的公司不需要频繁创造出新的产品就能获得成功，从而导致研发投入和无形资产占比等指标对公司 IPO 后股价表现和经营业绩的解释力较弱。

6.4 研究结论与政策建议

通过对现有文献的梳理，发现一些文献从技术创新视角出发、将企业进行 IPO 融资看作技术创新项目或未来可能发生的技术冲击融资的模型能够很好地描述企业在面临技术冲击时的 IPO 时机选择。借鉴 Chemmanur 和 He(2011)的不考虑信息不对称下的产品市场竞争模型，本章加入企业因信息披露导致的技术溢出效应的考虑，分别对技术密集型和非技术密集型行业内技术创新能力不同的企业 IPO 时机选择均衡进行更为详尽的分析，并对不同行业内技术创新能力不同的企业 IPO 后长期经营绩效进行研究。本章使用 2007 年 1 月至 2011 年 12 月的共 656 家上市公司 IPO 前一个会计年度的财务数据、IPO 后股价数据和 IPO 后财务指标数据对提出的研究假说进行了实证研究。采用鲁桐和党印(2014)对证监会行业的分类标准，将证监会行业分为技术密集型行业和非技术密集型行业，并对不同行业内企业特征进行了翔实的分析。主要的研究结论如下：第一，对于技术密集型行业，企业技术创新能力变量对热销周期虚拟变量和企业上市所处热销周期相对时间变量的回归系数显著为正，非技术密集型行业与此相反；第二，对于技术密集型行业，企业 IPO 后长期经营绩效变量对热销周期虚拟变量和企业上市所处热销周期相对时间变量的回归系数显著为正，非技术密集型行业与此相反；第三，无论是技术密集型行业还是非技术密集型行业，企业 IPO 时的技术创新能力对企业 IPO 后长期经营绩效具有持续的正向影响，这种影响的时间能够持续 2~3 年，并且会随着 IPO 后年份的增加而逐渐减弱；第四，稳健性检验分别使用技术密集型和非技术密集型行业的样本，巩固了本章的研究结论。

对技术密集型和非技术密集型行业内企业技术创新能力、IPO 时机选择和 IPO 后长期经营绩效表现进行的研究表明，选择在热销周期与非热销周期、热销周期内不同阶段进行 IPO 的企业在技术创新能力和 IPO 后长期经营绩效表现上存在差异。本章的研究可以为以下主体提供政策建议：

第一，对政府而言，在经济增长方式由粗放型向集约型转变、产业结构类型由低级向高级演进、企业由劳动密集型和资源密集型向技术密集型发展的新常态下，应当认识到技术创新是经济增长的重要驱动因素，大力培育和扶持技术创新型企业。健全多层次资本市场体系，在企业融资制度监管上向有利于企业发展的方向倾斜，解决好中小企业面临融资难、融资贵的问题。第二，对企业而言，应当认识到技术创新对企业发展的重要作用，增加技术创新研发投入，尤其是对技术开发类人才的投入。在企业需要为技术创新项目或未来可能发生的技术冲击进行融资时，要充分考虑自身情况和所处行业环境，选择最佳的时间点进行融资。第三，对投资者而言，技术创新能力强的企业在 IPO 后具有更好的股价表现和长期经营绩效，投资者在做出投资决策时要充分考虑企业的技术创新能力以及未来的成长性，获取更多的投资回报，同时这种"用脚投票"的方式能够实现资本去往最需要资本的环节。

第 7 章
产品市场竞争与 IPO 行业竞争的静态与动态博弈研究

随着资本市场不断发展，以及经济学、金融学理论不断完善，有关 IPO 的理论研究逐步拓展到 IPO 的“三大异象”，即 IPO 抑价、长期表现不佳以及热销市场。近年来，有关 IPO 的研究出现了新的热点。在宏观层面，不少学者试图解释由 IPO 的行业集聚和时间集聚导致的 IPO 浪潮现象。在微观层面，也有学者尝试从上市主体博弈、外部环境等方面探索 IPO 时机选择的机理，如产品市场竞争在 IPO 时机选择中的作用以及 IPO 对各企业的影响得到了诸多研究的证实(Chemmanur、He 和 Nandy，2010；Chod 和 Lyandres，2011；Chemmanur 和 He，2011 等)。

引入产品市场竞争的静态与动态 IPO 时机选择模型刻画了企业上市前的市场竞争环境，通常将行业内的企业划分为已上市和未上市的两类企业，或者划分为具有不同生产率的企业等，然后根据企业间的差异推导企业 IPO 后的产品市场份额、企业价值及对另一类企业的冲击，进而得出企业是否应当 IPO 及企业 IPO 会造成何种影响的结论。这种分析模式有效地将产品市场和资本市场联系起来，对于刻画 IPO 时机选择的微观机理有一定的理论价值。而现有研究也愈加关注企业 IPO 后对行业内竞争对手的影响，如股票价格、企业价值、产品市场表现和长期经营业绩等多方面(Hsu、Reed 和 Rocholl，2010 等)，同时，这一领域的研究尚处初始阶段，亟待后续的深入探讨。静态模型可以分析在某一时刻的产品市场等特征下产品市场竞争与 IPO 决策之间的关系，但难以从产品市场等特征动态变化的角度来研究产品市场竞争与 IPO 决策相互影响，而动态模型在一定程度上可弥补上述不足。文章分别基于静态与动态的视角构建理论模型用以分析 IPO 决策与产品市场竞争之间的关系，并根据模型分析提出相应的研究假设，着眼于股票价格、市场份额以及长期经营业绩的表现，更加全面地实证研究了 IPO 行业竞争效应的存在性，以及产品市场特征、企业特征与行业特征对 IPO 行业竞争效应的影响。

结合现实情况来看，我国股票市场的建立已有 20 余年，不少企业也因 IPO 获得了产品市场上的竞争优势，因而资本市场与实体经济的联系也越发紧密。同时，政府所推行的大力发展资本市场和由间接融资主导向直接融资主导转变的政策，以及正在推进的新股发行注册制改革，也将使得 IPO 成为资本市场的热点议题。因此，在 IPO 时机选择模型中引入产品市场竞争，分析在此条件下 IPO 企业对其竞争对手的股票价格、市场份额和长期经营业绩的影响，可以帮助企业更合理地做出 IPO 决策，促进实体经济和资本市场的健康有序发展。

7.1 产品市场竞争与 IPO 决策理论

7.1.1 产品市场竞争与 IPO 时机选择研究成果

IPO 之前，企业面临着复杂的产品市场竞争环境，而 IPO 之后，IPO 企业自身的发展又与资本市场紧密关联起来，企业 IPO 与其产品市场表现有着密切联系，使得产品市场竞争在一定程度上也会影响到企业的 IPO 决策。因此，基于产品市场竞争的 IPO 时机选择理论是 IPO 时机选择研究的重要组成部分。

部分研究关注产品市场特征与 IPO 时机选择之间的关系，或者分析哪些行业层面特征对企业的 IPO 时机选择造成影响及其影响程度。Chemmanur、He 和 Nandy(2010)首次利用一个大样本数据对美国市场进行实证分析并解释了以下问题：第一，企业应当选择什么时间进行 IPO；第二，企业所面临的产品市场特征对企业的 IPO 决策有何种影响；第三，企业 IPO 后，它在产品市场的表现如何变化。他们将全要素生产率、企业规模、销售收入增长率、市场份额、行业竞争程度、资本密集度和现金流风险作为度量产品市场特征的变量，并发现这些产品市场特征会显著地影响到企业最终决定 IPO 的可能性。Maksimovic 和 Pichler(2000)研究了技术、竞争风险对 IPO 时机选择的影响，发现较早的IPO则会出现在较为成熟、发展成本较低的行业。而Bhattacharya和Ritter(1983)的研究则认为，如果企业所在的行业竞争程度比较低，且这些企业拥有较高的市场份额，那么这些企业就会因此更愿意进行IPO。

在Chemmanur、He和Nandy(2010)的研究基础上，Jong等(2012)从产品市场收益与成本的视角对企业是否进行IPO的问题做出了探索，利用英国市场1994年到2006年的数据实证研究发现，企业IPO决策概率与行业的平均销售净利率正相关，意味着那些高利润水平行业中的企业越有可能为了产品市场份额的增长并占据产品市场的主导地位而进行IPO，且相比于未上市的企业，IPO企业会采用更为激进的产品市场策略(Shah和Thakor，1988)。此外，文章还针对行业的产品市场竞争程度进行了实证研究，发现那些有着较高产品市场竞争程度的行业中的企业，或者产品市场份额比较小的企业会避免IPO，因为这类企业认为IPO带来的收益远小于上市带来的相关成本。Spiegel和Tookes(2008)在动态模型中研究了产品市场创新、产品市场竞争和公司融资策略之间的关系，考察了两家企业是否会采用新技术以及进行IPO。研究发现，如果企业规模更大、盈利更高，则更积极地采用新技术，而是否进行IPO则取决于技术冲击的规模和其他融资方式在产品市场体现提高技术优势的时间段。

最近的一些研究则直接关注于产品市场竞争会对IPO时机选择造成怎样的影响。Chemmanur和He(2011)基于产品市场竞争建立了一个关于IPO时机选择和IPO浪潮的模型，分析了产品市场竞争与企业IPO时机选择之间的关系，以及产品市场竞争对企业IPO后市场份额与业绩表现的影响。模型假设一个行业中有两个起初均未上市的企业，两家企业都可能受到一个显著的生产率冲击，且其中一家比另一家有更高的资本生产率。在这样的假定下，模型显示出这些因素与企业IPO决策的关系，并给出了企业上市的最优时机。与Chemmanur和He(2011)的设定不同，Chod和Lyandres(2011)则假设一个行业中有上市和未上市的两类企业，以不同类型企业在资本市场能够分散风险的差异为基础讨论在产品市场竞争条件下上市企业和未上市企业在产品市场份额和企业价值上的差别。模型假设已经上市的企业能够承受更大的风险，因而会采用更为激进的产品市场策略，提升了上市企业相对于未上市企业的竞争能力，给 IPO 企业带来一种策略性的收益，更进一步地，企业会根据这种策略性收益来进行 IPO 的时机选择。

同样将企业 IPO 的产品市场动机纳入分析的还有 Stoughton、Wong 和 Zechner(2001)，基于企业希望在产品市场中占据主动的假设，模型预测只有高质量的企业才会选择 IPO。这是因为高质量的企业在 IPO 后能够因为自身良好的声誉而获益，因而会选择 IPO，而低质量的企业因为没有这种收益则不会选择 IPO。Maksimovic 和 Pichler(2001)建立了一个在产品市场中能够将 IPO 企业的有价值信息传递给其竞争对手的模型。他们认为企业的这些信息会在企业 IPO 时泄露给其产品市场竞争对手，如果企业早一点上市就可以在企业发展的早期受益于 IPO 所带来的融资便利，但是同时也面临着将企业信息透露给产品市场竞争对手的不利影响，所以企业的 IPO 决策就是这两种影响的权衡。

近年来，讨论产品市场竞争或产品市场特征与 IPO 时机选择的研究出现了更多、更细的分支。Chemmanur 等(2014)在 Chemmanur、He 和 Nandy(2010)的基础上，加入了收购这一新的可能性，使得原先的企业保持私有或者 IPO 两种可能性拓展为了保持私有、IPO 和收购三种可能性。实证发现企业的全要素生产率、规模、销售收入增长率、市场份额、资本支出和人力资本密集度越高，企业越有可能进行 IPO 而不是收购。Hsu(2014)的研究则认为技术创新能够提高企业的整体产出并使其获得更多的投资机会，因此，技术创新会促使企业为了获得更好的产品市场竞争条件而选择 IPO，进而获得相对于行业竞争对手的竞争优势，这一思路与 Maksimovic 和 Pichler(2001)是一致的。而 Chemmanur 和 Yan(2009)分析了企业的产品市场广告与 IPO 时机选择之间的关系，首先，如果企业计划在最近 IPO，那么相比于没有 IPO 计划时，其针对产品市场的广告投放水平会更高；其次，产品市场广告与新股发行抑价是相互替代的关系。

相对而言，国内针对产品市场竞争与 IPO 时机选择的研究很少。胡志强，张云云和韩利娜(2012)在 Chemmanur 和 He(2009)的基础上引入中国的制度因素，并修改了模型中关于生产率冲击的前提假设，对我国 A 股制造业的数据进行了实证分析，研究发现 IPO 会导致企业的市场份额提高，因而在上市成本较低的情况下，企业会选择 IPO 来抢占市场份额。

7.1.2　IPO 与企业绩效表现研究成果

产品市场竞争影响了企业 IPO 的时机选择，而企业 IPO 又会对产品市场竞争造成新的影响，即企业和产品市场之间的作用是交互的，是在一个动态格局中不断相互影响的过程。因此，企业 IPO 会驱动整体产品市场份额进行重新分配，这与 Chemmanur、He 和 Nandy(2010)的研究结果一致。当然企业 IPO 的影响不仅仅存在于产品市场，还体现在行业竞争对手股票价格、企业价值、市场份额、长期经营业绩等诸多方面，即 IPO 行业竞争效应(Hsu、Reed 和 Rocholl，2010)，以及企业 IPO 后自身的经营表现。

Akhigbe、Borde 和 Whyte(2003)最早检验了 IPO 对行业内竞争对手股票价格的影响，文章使用 1989 年至 2000 年之间共 2493 只新股进行了实证检验，发现这种竞争效应是显著存在的，即 IPO 会对行业内竞争对手的股价造成冲击，且这种竞争效应在 IPO 发行规模大的行业、竞争程度高的行业、风险度高的行业和高科技行业更为明显。Akhigbe、Johnston 和 Madura(2006)将这种 IPO 企业对行业竞争对手的股价冲击效应放在更长的周期内考察，他们采用 IPO 后 36 个月的数据进行实证研究，发现企业的 IPO 会对行业竞争对手的股票价格造成负面冲击，这种冲击在 IPO 后 36 个月也依然存在，此外，这种效应在当 IPO 的规模比较小、上市企业是过去两年行业的首个 IPO，以及 IPO 企业所在行业管制水平比较高时更加明显。也有研究将这种对股票价格的冲击影响拓展到了不同的行业，即企业 IPO 对全行业股票价格的影响(Braun 和 Larrain，2009)，文章使用了 22 个新兴国家市场的 254 个 IPO 案例进行实证研究，发现这种影响的确存在，而且这种效应与 IPO 所在市场的国际化程度显著负相关，与 IPO 的融资规模显著正相关。还有一些学者对 IPO 企业的类型加入了条件，以探索不同类型的 IPO 企业对行业竞争对手的竞争效应，比如 Melvin 和 Valero(2009)研究了企业在海外 IPO 对国内市场的上市企业股价冲击；比如 Lee(2004)研究了新兴市场国家的企业在美国上市对美国市场企业股票价格的影响。而 McGilvery、

Faff 和 Pathan(2012)实证研究发现，澳大利亚市场的 IPO 对其行业竞争对手的股价有竞争作用，且这种效应与董事会规模和 CEO 拥有的股权规模等公司治理因素有很大的关系。

IPO 行业竞争效应除了体现在对竞争对手的股票价格和企业价值的影响外，还体现在对竞争对手产品市场份额与经营业绩的影响上。Hsu、Reed 和 Rocholl(2010)的实证研究不仅从股价冲击的视角得出竞争对手企业的股价会受到行业内已完成 IPO 企业消极影响的结论，还从产品市场份额和企业经营业绩的视角得出了 IPO 企业会冲击竞争对手经营业绩的结论。除此之外，他们还发现这种效应与 IPO 企业的杠杆水平、承销商认证和知识资本的水平有关，即低杠杆水平、低承销商认证和高知识资本水平会放大这种效应。Chod 和 Lyandres(2011)建立了一个基于产品市场竞争的静态模型研究上市企业对行业内竞争对手在企业价值和产品市场份额方面的影响，模型推导的结果显示：第一，当一家企业 IPO 时，其产品市场份额会随之增加而其竞争对手的产品市场份额会随之减少；第二，当一家企业上市时，其企业价值会随之增加而其行业竞争对手的企业价值会随之下降；第三，这两种效应均与产品市场竞争程度和行业的需求不确定性正相关。Hsu、Reed 和 Rocholl(2010)则考察了 IPO 企业对竞争对手企业的长期影响，实证发现行业内成功的 IPO 会对其他上市企业的长期经营业绩造成显著负面影响。

已有研究也关注于 IPO 企业上市后的长期经营业绩。Ritter(1991)以及 Loughran 和 Ritter(1995)研究了新股发行后的表现不佳现象，而 Jain 和 Kini(1994)最早将研究领域扩展到了以资产收益率为代表的 IPO 企业上市后的经营业绩下降现象。Jain 和 Kini(1994)使用美国市场 1976 年至 1988 年的 682 只 IPO 进行实证研究，发现 IPO 后企业的经营业绩会出现显著下降，且这种变化还体现在市账比、市盈率和每股收益等方面，随后的不少研究也都得出了类似的结论(Mikkelson、Partch 和 Shah，1997；Loughran 和 Ritter，1997 等)。这种 IPO 后的经营业绩下降也在世界范围内的多个国家市场得到了证明，不仅美国、日本、英国、意大利和西班牙等发达经济体的市场中存在这种现象(Cai 和 Wei，1997；Carpenter 和 Rondi，2006；Farinos、Garcia 和 Ibanez，2007 等)，在泰国、马来西亚、土耳其等新兴市场国家及发展中国家，IPO 后的经营业绩下降现象也显著存在(Kim、Kitsabunnarat 和 Nofsinger，2004；Auret 和 Britten，2008；Ahmad，2011 等)。

国内研究方面，关于 IPO 行业竞争效应的已有研究多集中于企业 IPO 对股票价格与经营业绩的影响，对产品市场份额或其他方面则少有涉及。王燕鸣和楚庆峰(2009)较早对国内市场的 IPO 行业竞争效应展开研究，采用 1996 年至 2007 年沪深股市的 IPO 数据研究了新股对同行业板块其他股票的股价影响，研究发现企业 IPO 之前的一段时间，同行业其他股票存在一个正的超额收益。与王燕鸣和楚庆峰(2009)的观点类似的还有周业安和杨腾(2011)，他们认为由于 A 股市场的有效性不高，所以市场表现出的 IPO 行业竞争效应并不明显。但是，更多的研究还是认为 A 股市场的企业 IPO 会对其他同行业企业的股价造成负面冲击(刘烨和程冠政，2013；张跃文和孙舒杨，2009；余峰燕，2011；王攀，2010；等等)。而在 IPO 企业自身经营表现的研究方面，朱武祥和张帆(2001)最早研究了中国市场企业上市前后经营业绩变化，研究采用 1994 年至 1996 年在沪深两市上市的 217 家 A 股公司作为样本，分析了企业 IPO 前一年到 IPO 后四年的总资产收益率等业绩指标的变化趋势，同时研究了与 IPO 后经营业绩变化相关的因素，得出我国市场也存在 IPO 后业绩下降现象的结论(卢文彬和朱红军，2001)。李常青和刘清昌(2005)结合我国特有的制度背景探讨了 IPO 后业绩下降的因素，同时也证实了该现象的存在性。徐浩萍和陈超(2009)则以发行制度改革后的 2002 年至 2005 年的 IPO 样本实证研究了企业的 IPO 后长期绩效，发现 IPO 企业自上市前一年到上市后两年这个区间内的经营业绩是逐步下滑的，而李远鹏(2009)也发现 IPO 企业在上市当年到上市后五年内的经营业绩指标出现下降。

7.2　理论模型与研究假设

已有不少文献对产品市场竞争与 IPO 的关系进行了研究。Chod 和 Lyandres(2011)假设企业分为上市企业与未上市企业，通过模型分析了其中一家企业 IPO 后对其竞争对手产品市场、企业价值的影响。Thomas Chemmanur 和 Jie He(2011)在 Thomas Chemmanur 和 Shan He

(2009)的基础上，引入私有企业在产品市场中对市场份额的竞争，并对这种竞争模式的建模，分析 IPO 决策对市场份额、上市后的市场表现等指标的影响。

文章首先将借鉴 Chod 和 Lyandres(2011)的分析框架，在其模型基础上，根据产品市场竞争程度和产品市场需求不确定性两大产品市场特征因素，对竞争对手企业表现所受冲击进行更详细的分析，同时，将这种短期冲击拓展到长期的企业经营业绩领域，研究企业 IPO 对竞争对手企业长期经营业绩的影响，并具体分析产品市场竞争程度和需求不确定性对这种影响的作用。然后，文章从 Thomas Chemmanur 和 Jie He (2011)的模型出发，研究了企业在面临技术创新时的最优 IPO 决策，并拓展分析了行业特征与企业特征对 IPO 行业竞争效应的作用。

7.2.1 产品市场竞争与 IPO 行业竞争的静态博弈模型

在这一部分，文章借鉴 Chod 和 Lyandres(2011)的模型推导出两种类型企业的最初价值和加入了产品市场竞争后的企业均衡产出和企业均衡价值，同时给出 IPO 对企业均衡产出以及企业均衡价值影响的结论。

7.2.1.1 上市和未上市企业的价值

根据 Chod 和 Lyandres(2011)的模型假设，将行业中的所有企业按照上市与否划分为上市企业和未上市企业。

对于上市企业而言，假设所有的投资者都是价格接受者，且以最大化终期财富的预期效用函数为目标，则投资者 i 的效用函数为 $u_i(w) = a_i^{-1} - a_i^{-1} e^{-a_i w}$，其中 $a_i^{-1} = -u_i''/u_i'$ 为投资者 i 的绝对风险厌恶系数。然后将效用函数转化为均值方差的形式 $E\,u_i(w) = Ew - (a_i/2)\,\mathrm{Var}(w)$，同时假设所有的投资者都可以以无风险利率 r_f 在市场上借入或者借出资金。

在上述条件下，每个投资者都通过持有一个包含无风险资产和市场组合的投资组合来最大化预期效用，则企业的期望收益为：

$$E\left(\frac{P_i - V_i}{V_i}\right) = r_f + \frac{R_m - r_f}{\sigma_m^2}\mathrm{cov}\left(\frac{P_i - V_i}{V_i},\ r_m\right) \tag{7.1}$$

其中，P_i 是企业的利润，V_i 是上市企业的价值，r_m 是市场组合的收益，其均值为 R_m，方差为 σ_m^2。求解(7.1)式得到上市企业价值 i 的表达式。

$$V_i = \frac{1}{1 + r_f}\left(EP_i - \frac{R_m - r_f}{\sigma_m^2}\operatorname{cov}(P_i,\ r_m)\right) \tag{7.2}$$

对于非上市企业而言，假设其由单一的企业家所持有(Moskowitz 和 Vissing-Jørgensen，2002；Bodnaruk 等，2008)。与上市企业的上述条件类似，未上市企业的企业家同样以最大化效用函数 $u_i(w) = a_i^{-1} - a_i^{-1} e^{-a_i w}$ 为目标，同时也可以以风险利率 r_f 在市场上借入或者借出资金，且每一个企业家除了持有自己的企业，还可以持有一个包含无风险资产和市场组合的投资组合来最大化预期效用。假设企业 i 由企业家 i 单独所有，令 w_0 为其初始禀赋，m 为其投资于市场组合的资金，则企业价值 V_i 需满足如下等式：

$$\begin{aligned}&\max_m E\, u_i((w_0 - m)(1 + r_f) + m(1 + r_m) + P_i)\\ &= \max_m E\, u_i((w_0 + V_i - m)(1 + r_f) + m(1 + r_m))\end{aligned} \tag{7.3}$$

其中，等式左边为企业所有者将企业保持私有的期望效用，等式右边为使用 V_i 表示的期望效用，由此可以解出未上市企业的价值。

$$V_i = \frac{1}{1 + r_f}\left(EP_i - \frac{R_m - r_f}{\sigma_m^2}\operatorname{cov}(P_i,\ r_m) - \frac{a_i}{2}\operatorname{Var}(P_i)(1 - \theta^2)\right) \tag{7.4}$$

其中，θ 是企业利润 P_i 和市场组合收益 r_m 的相关系数，θ 越大说明企业利润与市场的关联程度越高，所受企业自身特异性风险或者称之为非系统性风险的影响就越少。(7.2)式和(7.4)式分别代表上市企业和未上市企业的企业价值，可以看出二者有所差异，这是因为上市企业由许多高度分散化的股东所持有，企业价值只受到系统性风险的影响。而未上市企业则由企业家独有，企业家的效用还受到了企业特异性风险或者称为非系统性风险 $\operatorname{Var}(P_i)(1 - \theta^2)$ 的影响，此外还有风险厌恶系数 a_i 的影响，而系统性风险的影响是与上市企业相同的，这是因为两种企业的所有者在选择市场投资组合时都面临着相同的系统性风险和收益。

7.2.1.2　产品市场竞争与均衡产出和均衡价值

为了研究产品市场中上市企业和未上市企业的交互影响作用，文章简化分析，假设无风险收益率 r_f 为零，并假设没有股东和管理层间的代理冲突。在一个有 N 家企业竞争产品产出数量的异质产品市场中，假设需求曲线是线性的，则企业 i 产品的市场出清价格可以由(7.5)式给出：

$$p_i(q,\ \alpha_i) = \alpha_i - \beta q_i - \gamma \sum_{j=1,\ j\neq i}^{N} q_j,\ i = 1,\ \cdots,\ N \tag{7.5}$$

其中 $q = (q_1,\ \cdots,\ q_N)$ 是 N 家企业的产出向量，而 α_i、β 和 γ 是需求曲线的参数。为了体现出需求的不确定性，假设需求曲线的截距项 α_1，…，α_N 是随机的并可以看作随机的需求冲击。同样是为了简便分析，假设需求冲击向量 $\alpha = (\alpha_1,\ \cdots,\ \alpha_N)$ 对于所有的 i 都服从均值为 $E(\alpha_i) \equiv \mu$，方差为 $\mathrm{Var}(\alpha_i) \equiv \sigma^2$ 的正态分布。

为了计算出需求不确定性的系统性部分，令每一次需求冲击 α_i 都与市场组合的收益 r_m 相关，设定二者的相关系数为 θ，且始终为正数。这样需求不确定性就能够被分解为非系统性和系统性两部分：$\alpha_i = X_i + Y$，其中 X_i 是独立于市场组合收益的非系统性部分，Y 是与其完全正相关的系统性部分，然后分别用 $\mathrm{Var}(\alpha_i) = \sigma^2$、$\mathrm{Var}(X_i) \equiv \sigma^2(1-\theta^2)$ 和 $\mathrm{Var}(Y) \equiv \sigma^2\theta^2$ 代表总风险、非系统性风险和系统性风险，其中的 θ^2 代表系统性风险的比例系数，而 $(1-\theta^2)$ 为非系统性风险的比例系数。

对于需求曲线的另外两个参数 β 和 γ 而言，$\beta > 0$ 测度了市场出清价格对自家企业产品产出的敏感程度，而 $\gamma \geqslant 0$ 则测度了市场出清价格对竞争对手产品产出的敏感程度。另外一方面，在一个异质产品市场中，自价格效应(own-price effect)必须大于交叉价格效应(cross-price effect)，因而有 $\beta > \gamma$，说明了消费效用函数是严格凹的。特别是对于参数 γ 而言，因为它代表着市场出清价格对竞争对手产品产出的敏感程度，也就是对产品替代性的测度，因此可以被看作企业间产品竞争影响作用的测度变量。当 $\gamma = 0$ 时，则不存在交叉价格效应，也就是说每个企业都是其所在行业的垄断者，随着 γ 的增大，行业的竞争影响作用也随之增加，这也意味着行业的竞争程度提高。

进一步地，企业 $i(i = 1,\ \cdots,\ N)$ 以常数边际成本 c 生产 q_i 单位产品，那么企业实现的利润即为 $P_i(q,\ \alpha_i) = p_i(q,\ \alpha_i)\,q_i - c\,q_i$，可以看出，企业间的产品市场竞争通过影响市场出清价格进而影响到了各自企业所实现的利润。结合(7.2)式、(7.4)式和(7.5)式，可以得出上市企业和未上市企业的价值①分别为：

$$V_i(q) = \bar{\mu} q_i - \beta q_i^2 - \gamma q_i \sum_{j \neq i} q_j - c q_i \tag{7.6}$$

$$V_i(q) = \bar{\mu} q_i - \beta q_i^2 - \gamma q_i \sum_{j \neq i} q_j - c q_i - \frac{\alpha_i}{2} q_i \sigma^2 (1 - \theta^2) \tag{7.7}$$

其中 $\bar{\mu} = \mu - (R_m - r_f)\theta\sigma / \sigma_m$。这里的企业均衡价值通过企业实现利润 $P_i(q, \alpha_i)$ 体现了产品市场竞争的影响。令企业 i，…，n 为上市的公众企业，企业 $n+1$，…，N 为未上市的私有企业，每家企业都会考虑自身和竞争对手的情况来做出最大化自身企业价值的产出决策。因此，给出均衡产出向量 $q^*(N, n)$。

$$q^*(N, n) = \arg\max_{q_i} V_i(q_i, q_{-i}^*(N, n)), \quad i = 1, \cdots, N \tag{7.8}$$

其中 q_{-i} 是除企业 i 之外的其他 $N-1$ 家企业的产出向量。出于简化说明的目的，用 $P_i^*(N, n) = P_i^*(q^*(N, n))$ 和 $V_i^*(N, n) = V_i^*(q^*(N, n))$ 分别代表企业的利润和价值。

在此前的分析中，文章没有区分上市企业和未上市企业在产出、利润和价值等方面的下标，在下面的分析中，文章将把上市企业的下标 i 替换为“上市”，用以区分未上市企业，而对于未上市企业，由于存在产品市场策略和价值的特异性，所以如无特别说明，任何表示企业产出或企业价值的下标 i 均代表未上市的私有企业。因此，对于任意的行业结构 (N, n)，存在一个唯一的均衡产出向量 $q^*(N, n)$。

$$q_{\text{上市}}^*(N, n) = \frac{\bar{\mu} - c - \gamma Q^*(N, n)}{2\beta - \gamma} \tag{7.9}$$

$$q_i^*(N, n) = \frac{\bar{\mu} - c - \gamma Q^*(N, n)}{2\beta - \gamma + a_i \sigma^2 (1 - \theta^2)}, \quad i = n+1, \cdots, N \tag{7.10}$$

$$Q^*(N, n) = \frac{(\bar{\mu} - c)\left(\sum_{j=n+1}^{N} (2\beta - \gamma + a_j \sigma^2 (1 - \theta^2))^{-1} + \frac{n}{2\beta - \gamma}\right)}{1 + \gamma\left(\sum_{j=n+1}^{N} (2\beta - \gamma + a_j \sigma^2 (1 - \theta^2))^{-1} + \frac{n}{2\beta - \gamma}\right)} \tag{7.11}$$

① 假设需求截距项的方差足够小，以避免出现价格为负的情况。

其中，$Q^*(N, n)$ 是全行业均衡产出，则相应的企业均衡价值分别为：

$$V^*_{上市}(N, n) = \beta\left(q^*_{上市}(N, n)\right)^2 \tag{7.12}$$

$$V_i^*(N, n) = \left(\beta + \frac{1}{2}a_i\sigma^2(1-\theta^2)\right)\left(q_i^*(N, n)\right)^2,\ i = n+1, \cdots, N \tag{7.13}$$

因此，(7.9)式和(7.10)式分别表示上市企业和未上市企业在产品市场竞争环境下的均衡产出，(7.12)式和(7.13)式则分别表示上市企业和未上市企业在产品市场竞争环境下的企业均衡价值，且都与产品市场竞争程度 γ、产品市场需求不确定性 σ^2 及其系统性部分 θ^2 相关。不难发现，在产品市场竞争的环境中，上市后企业的均衡产出与均衡价值都要大于未上市企业的均衡产出与均衡价值。

7.2.1.3 IPO 与企业均衡产出

首先考虑企业均衡产出水平与需求不确定性、需求不确定性中系统部分和非系统部分的构成比例、企业家的风险厌恶程度以及产品市场竞争程度之间的关系。

未上市企业会将产出水平降低到低于上市企业的水平，从而减少自身的公司层面风险，也就是特异性风险或者称为非系统性风险，而这种出于降低非系统性风险考虑的削减产出政策是与公司所有者的风险厌恶水平和需求不确定性中非系统性比例的大小相关的。如果不考虑产品市场中的竞争影响作用，非系统性风险对上市企业就不会有影响，而如果考虑了产品市场竞争，需求不确定性的非系统部分就会通过影响上市企业的竞争者来间接影响上市企业。因而，上市企业会因为竞争对手的降低产出从而选择增加自身产出进而获益。如果产品市场竞争程度 γ 越高，则以上效应就越明显，同时上市企业和未上市企业之间的产出差别也就越大。风险厌恶水平越高、需求不确定性的非系统部分比例越大，则未上市企业的产出水平越低、上市企业的产出水平越高。

因此，进一步总结企业 IPO 对其自身以及其竞争对手的均衡产出影响，可以得出以下推论：

推论 1 当企业 IPO 时，它的均衡产出会增加，而其竞争对手的均衡产出会下降；

推论 2　产品市场竞争程度 γ 越高，则 IPO 企业的市场份额增加就相对越多；

推论 3　需求不确定性 σ^2 越大，则 IPO 企业的市场份额增加就相对越多；

推论 4　系统性风险比例 θ^2 越小，则 IPO 企业的市场份额增加就相对越多。

当一家企业 IPO 时，它将不再关注非系统性风险而会增加自身产出，在产品市场上变得更有侵略性。因而，它的每家竞争者的均衡产出会下降，特别是当这家企业的竞争影响程度越高时，竞争者的产出下降就越明显。所以，产品市场程度越高，新上市企业的相对市场份额增加就越多。类似地，需求不确定性或其非系统性部分越大，则这种上市的竞争效应也就越明显。

7.2.1.4　IPO 与企业均衡价值

Chod 和 Lyandres(2011)认为 IPO 会给企业带来策略性收益，他们将 IPO 的策略性收益与其他的上市收益区分开来。根据(7.12)式和(7.13)式，首先将 IPO 企业的价值增加额 $S_i(N,\ n) \equiv V^*_{\text{上市}}(N,\ n+1) - V^*_i(N,\ n) > 0$ 拆分为如下三个组成部分 $S_i(N,\ n) = S_{\text{分散}} + S_{\text{价值}} + S_{\text{策略}}$：

$$S_{\text{分散}} = \frac{a_i}{2}(1-\theta^2)\,\mathrm{Var}\,P_i(q^*(N,\ n)) \tag{7.14}$$

$$S_{\text{价值}} = \max_{q_i} V^*_{\text{上市}}(q_i,\ q^*_{-i}(N,\ n)) - V_{\text{上市}}(q^*_i(N,\ n),\ q^*_{-i}(N,\ n)) \tag{7.15}$$

$$S_{\text{策略}} = \max_{q_i} V_{\text{上市}}(q_i,\ q^*_{-i}(N,\ n+1)) - \max_{q_i} V_{\text{上市}}(q_i,\ q^*_{-i}(N,\ n)) \tag{7.16}$$

其中，$V_{\text{上市}}(q_i,\ q_{-i}) = E\,P_i(q_i,\ q_{-i}) - ((R_m - r_f)/\sigma^2_m)\,\mathrm{cov}\,(P_i(q_i,\ q_{-i}),\ r_m)$ 是上市企业 i 关于自身产出和其他企业产出的函数。第一种收益，即 IPO 的分散化风险收益 $S_{\text{分散}}$，是上市企业股东在资本市场上分散非系统性风险获得的收益，这体现了上市企业相较于未上市企业在分散风险方面的优势。第二种收益，即 IPO 的价值收益 $S_{价值}$，是上市企业产品市场策略未被非系统性风险扭曲的收益，这体现了上市企业相较于未上市企业在企业价值方面的优势。第三种收益，即 IPO 的策略性收益 $S_{策略}$，是企业上市后，相对竞争对手而言自身均衡产出提升带来的收益。因为企业生产的产品是可替代的，所以作为对一家 IPO 企业更具侵略性产品策略的回应，未上市企业会削减自己的产出，而随着竞争者的所有产出下降，IPO 企业的均衡价值上升。从(7.14)式、(7.15)式和(7.16)式可以明显看出未上市企业价值低于上市企业价值的差额来源于三部分。

考虑企业均衡价值与产品市场竞争程度、需求不确定性、需求不确定性中系统部分和非系统部分的构成比例之间的关系。

随着非上市企业所有者的风险厌恶程度增加，它的企业产出和价值随之下降，而其他企业的价值则会因为它的产出下降而上升。较强的竞争影响作用会降低产品价格，因而也就降低了企业的价值。但是对于上市企业而言，损失却比较少，这是因为上市企业在产品市场上推行了更具侵略性的产品策略，从而导致了较高的产出水平，这种策略性收益使得上市企业更具有价值，因此，随着产品市场竞争程度的增加，上市的相对收益也在增加。由于上市的收益来自于企业所有者分散非系统性风险的能力，这个风险越大，那么上市的相对收益就越大。不同于非系统性风险，市场的系统性风险对于所有企业都有着相同的负向影响，因而没有影响到上市的相对收益。因此，上市的相对收益随着需求的不确定性提升而增加，随着需求不确定的系统性部分比例的增长而下降。

因此，进一步总结企业 IPO 对其自身以及其竞争对手的均衡价值影响，可以得出以下推论：

推论 5 当企业 IPO 时，它的均衡价值会增加，而其竞争对手的均衡价值会下降；

推论 6 产品市场竞争程度 γ 越高，则 IPO 企业的企业价值增加和竞争对手的企业价值减少就相对越多；

推论 7 需求不确定性 σ^2 越大，则 IPO 企业的企业价值增加和竞争对手的企业价值减少就相对越多；

推论 8 系统性风险比例 θ^2 越小，则 IPO 企业的企业价值增加和竞争对手的企业价值减少就相对越多。

IPO 企业会有更具侵略性的产品市场竞争策略，这就导致了其竞争对手的价值下降。产品市场竞争程度越高，上市的策略性收益就越多，而其行业竞争对手的所受到的负面影响也就越大。在这个模型中，IPO 所产生的一切影响归根结底都是通过新上市企业分散非系统性风险的能力实现的。因此，这个影响随着需求不确定性的增加而变大，随着需求不确定性的非系统性风险部分比例的增加而变大。

7.2.2　产品市场竞争与 IPO 行业竞争的动态博弈模型

在进行这一部分讨论前，我们提出两个观点作为基础的前提假设。首先，对于未上市企业而言，其面临着产品市场竞争环境以及技术创新机会，当发生技术冲击时，我们假定技术创新可以提高企业争夺市场份额的能力。其次，关于 IPO 的好处，基于前述模型讨论，我们认为 IPO 不仅可以使企业获得更低的融资成本，还可以使企业从非上市企业中夺取市场份额。

这一部分内容借鉴了 Thomas Chemmanur 和 Jie He(2011)的分析思路，用于研究企业在产品市场上关于 IPO 时机选择的动态博弈过程。为了便于研究，假设一个行业内只有两家企业，即企业 1 和企业 2，且它们在初始时刻($t = t_0$ 时)均未上市，拥有相同的初始资本K^0。企业 1 的市场份额为m，企业 2 的市场份额为$1 - m$，同时，假设企业 1 生产率比企业 2 高，$A_1 > A_2$，且$m > 0.5$。其他的基本假设与前面静态模型一致。

两家企业都知道自己的产量，并且知道行业内可能会出现正的生产率冲击(技术创新提高了行业整体的生产率)。我们假设当不存在生产率冲击时，企业内部的自有资金可以满足自己的最优生产规模进行生产，但当生产率冲击发生时，企业 1 的内部资金不足(前面假设公司 1 的产量更大)，需要上市融资，企业 2 的内部资金可继续满足其在最优生产规模上生产，不需要借助外部融资。我们假设有两轮的关于产品市场份额争夺的抉择，一次发生在生产率冲击发生前，一次发生在生产率冲击发生后。

当$t = t_1$时，两家企业都知道在t_2时刻行业内有可能发生技术革新，提高行业整体生产率，设技术创新发生的概率为 p ，生产率提高 ΔA ，则对于企业 i ，技术创新后的生产率提高为 $A_{iH} = A_i + \Delta A$ 。根据技术冲击发生的概率，企业可以各自计算出自己预期最优生产所需的资金水平，考虑希望通过公开发行上市拟融资量。IPO 的成本这里设定为 c，而 IPO 可以带来两方面的好处：一方面可以使企业获得更低的融资成本，另一方面可以从竞争对手企业手中夺得市场份额。企业在做自己是否上市的决策后，开始了第一轮的产品市场竞争。

当 $t = t_2$ 时，发生技术冲击(发生概率为 p)，企业 i 如果在t_1 时没有上市，可以选择在这一阶段上市，获取充足资金，争夺市场份额，此时发生了第二轮的产品市场竞争。

当 $t = t_3$ 时，行业结构发生了改变，两轮博弈结束。这个过程如图 7-1 所示。

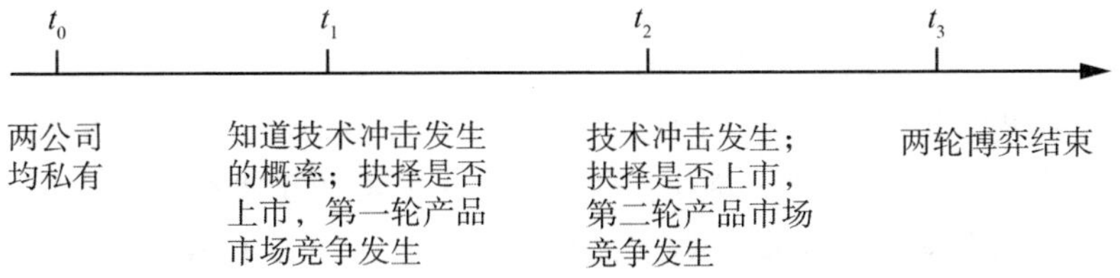

图 7-1　事件流程图

假设在 t_3 时点，两家企业都进行清算，并将实现的现金流都分配给股东。企业 i 的目标是在清算时，获得企业的价值最大化：

$$V_i = A_i^2 \ (m_i^2)^{\varphi} K_i^{1-\varphi} - c K_i^2 \qquad (7.17)$$

其中，V_i 是企业 i 在时点 3 时的清算价值，A_i^2 是企业 i 在时点 2 的生产率，若技术冲击没有发生，则$A_i^2 = A_i$；若发生了技术冲击，则$A_i^2 = A_{iH} = A_i + \Delta A$，$m_i^2$ 为企业 i 在时点 2 时的市场份额，K_i^2 为公司 i 在时点 2 时的资本，若企业上市，则$K_i^2 = K^0 + B_i$，我们前面假设企业 1 的市场份额更大，所以由于技术革新带来的生产扩张需要更多的资金，故设 $B_1 > B_2$；若企业不上市，则$K_i^2 = K^0$。c 为单位资本的边际成本，根据现实情况，我们假设边际成本 c 非常小。

(7.17)式采用了 Cobb-Douglas 生产函数，且 $0 < \varphi < 1$ ，不过将劳

动力换成了产品市场份额，这样更符合本节研究对象双寡头产品市场的实际。

为了实现这个企业价值最大化的目标，两家企业会在产品市场上展开竞争，通过两轮抉择是否公开上市，获得更大的市场份额。设企业 i 在 $t+1$ 时的市场份额为：

$$m_i^{t+1} = m_i^t + (1 - m_i^t)\, s_i^{t+1} - m_i^t\, s_j^{t+1},\ i \neq j,\ t = 0,\ 1 \qquad (7.18)$$

其中，$m_1^0 = m$，$m_2^0 = 1 - m$。s_i^{t+1} 为企业 i 在 $t+1$ 时夺取对手市场份额的能力，而s_j^{t+1} 则是对手夺取自己市场份额的能力。

为了简化方便，我们假设上市企业夺取对手市场份额的能力与它已存在的市场份额线性关系为：

$$s_i^{t+1} = \begin{cases} s\, m_i^t, & \text{如果企业 } i \text{ 上市} \\ 0, & \text{如果企业 } i \text{ 不上市} \end{cases} \qquad (7.19)$$

其中，$0 < s < 1$。

研究发现，企业 i 如果在第一轮博弈时就选择上市，那么它可以从企业 j 那里掠夺两轮市场份额(就简化模型而言)，那么企业 i 会选择在技术冲击前上市。同理，企业 j 的最优抉择也是在技术冲击前上市，这不仅可以从竞争对手那里夺取产品市场份额，也可以有效抵御企业 i 上市带来的负面影响。因此，这一抉择不仅是“进攻策略”，还是“防御策略”，因为 IPO 给企业带来的最大益处就是提供了生产所需的充足资金，提高了企业的知名度。因此，可以得出下述推论：

推论 9　拥有更充足的资金和更高声誉的公司，可以更好地抵御竞争对手 IPO 所带来的负面影响。

在上述简化模型中，我们只假设了行业内发生一次技术冲击，但在高科技行业中，技术冲击会更加频繁、密集地发生，如果将前面的两步博弈拓展到 N 步博弈，我们可以得到，处于高科技行业的企业会采取更激进的产出策略，从而采取更积极的上市策略，即尽可能地在早期上市，以获取更大的市场份额，这加剧了产品市场的竞争程度，可以得出下述推论：

推论 10　在高科技行业，企业 IPO 对竞争对手企业价值的影响更为严重。

7.2.3 理论分析与研究假设

7.2.3.1 IPO 对短期股票价格的冲击

企业在股票市场上的表现可以在很大程度上反映该企业价值的变化，因此，IPO 对企业均衡价值的影响投射到股票市场上即为企业的股票价格变动。

理论模型给出了上市和未上市企业的均衡价值，以及 IPO 对全部企业均衡价值的影响，根据上市和未上市企业的均衡企业价值函数(7.12)式和(7.13)式，假如第 $n+1$ 家企业要 IPO，它的价值应当会变大，且大于其维持未上市状态时的价值水平 $V_{上市}^{*}(N,\ n+1) > V_{n+1}^{*}(N,\ n)$ 。

将(7.9)式和(7.11)式代入(7.12)式，得到 $V_{上市}^{*}(N,\ n+1)$ 的表达式：

$$V_{上市}^{*}(N,\ n+1) = \frac{\beta(\bar{\mu}-c)^{2}}{(2\beta-\gamma)^{2}\left(1+\gamma\left(\sum_{j=n+2}^{N}(2\beta-\gamma+a_{j}\sigma^{2}(1-\theta^{2}))^{-1}+\frac{n+1}{2\beta-\gamma}\right)\right)} \tag{7.20}$$

将(7.10)式和(7.11)式代入(7.13)式，得到 $V_{n+1}^{*}(N,\ n)$ 的表达式：

$$V_{n+1}^{*}(N,\ n) = \frac{\left(\beta+\frac{1}{2}a_{n+1}\sigma^{2}(1-\theta^{2})\right)(\bar{\mu}-c)^{2}}{(2\beta-\gamma+a_{n+1}\sigma^{2}(1-\theta^{2}))^{2}\left(1+\gamma\left(\sum_{j=n+1}^{N}(2\beta-\gamma+a_{j}\sigma^{2}(1-\theta^{2}))^{-1}+\frac{n}{2\beta-\gamma}\right)\right)^{2}} \tag{7.21}$$

不难证明(7.20)式右边大于(7.21)式右边，且通过(7.12)式和(7.13)式可以推出 $V_{上市}^{*}(N,\ n+1) < V_{上市}^{*}(N,\ n)$ 以及 $V_{i}^{*}(N,\ n+1) < V_{i}^{*}(N,\ n)$ ，因此，当企业 IPO 时，它的均衡价值会增加，而其竞争对手的均衡价值会下降。企业价值的变化反映在股票市

场上，即是该企业股票价格的变动①，所以，企业 IPO 将会给其竞争对手②的股票价格带来冲击，据此提出本章的第一条研究假设，即：

假设 1　企业的 IPO 会导致其竞争对手的股票价格表现下降。

7.2.3.2　IPO 对产品市场份额的冲击

企业的均衡产出发生了变化，也就意味着该企业的产品市场份额出现了变化。理论模型中直接给出了上市企业和未上市企业在产品市场竞争下的均衡产出，如(7.9)式和(7.10)式所示，假如第 $n+1$ 家企业要 IPO，它的产出应当会增加，且应当大于其维持未上市状态时的产出水平 $q^*_{上市}(N,\ n+1) > q^*_{n+1}(N,\ n)$ 。

分别将（7.10）式代入（7.9）式和（7.10）式中，得到 $q^*_{上市}(N,\ n+1)$ 和 $q^*_{n+1}(N,\ n)$ 的表达式。

$$q^*_{上市}(N,\ n+1) = \frac{(\bar{\mu}-c)}{(2\beta-\gamma)\left(1+\gamma\left(\sum_{j=n+2}^{N}(2\beta-\gamma+a_j\sigma^2(1-\theta^2))^{-1}+\frac{n+1}{2\beta-\gamma}\right)\right)} \tag{7.22}$$

$$q^*_{n+1}(N,\ n) = \frac{(\bar{\mu}-c)}{(2\beta-\gamma+a_{n+1}\sigma^2(1-\theta^2))\left(1+\gamma\left(\sum_{j=n+1}^{N}(2\beta-\gamma+a_j\sigma^2(1-\theta^2))^{-1}+\frac{n}{2\beta-\gamma}\right)\right)} \tag{7.23}$$

不难证明(7.22)式右边大于(7.23)式右边，且通过(7.9)式到(7.11)式可以推出 $q^*_{上市}(N,\ n+1) < q^*_{上市}(N,\ n)$ 以及 $q^*_i(N,\ n+1) < q^*_i(N,\ n)$ 。因此，可以得到本章的第二条研究假设，即：

① 目前针对企业价值的测度是采用会计指标还是市场指标尚存争论，便于分析，本章采用市场指标即企业的股票价格来代表企业价值。

② 模型推导给出了上市企业对未上市企业均衡价值的冲击，而随着新上市企业均衡价值的提高，其所有竞争对手，包括未上市企业和已上市企业的均衡价值都会相对下降，所以这里的竞争对手指新上市企业的所有行业竞争者。

假设2 企业IPO会导致其在产品市场中的份额提高。

7.2.3.3 IPO对长期经营业绩的冲击

上文借鉴Chod和Lyandres(2011)的产品市场竞争模型对企业IPO所造成的产品市场份额冲击和股票价格表现冲击进行了分析，而这一分析集中于企业IPO对其自身以及其竞争对手在产品市场和股票价格上的短期影响，对于企业IPO的长期影响涉及较少，这与Chod和Lyandres(2011)模型的设定也有一定的关系。根据这一模型的假定，IPO所带来的上市企业与非上市企业的差别归根结底是来源于新上市企业分散特异性风险，企业IPO后成为公众企业，将不再具有企业的特异性风险，只具有系统性风险，因而其企业价值将只受到系统性风险的影响，所以上市企业的价值会大于非上市企业。拓展到产品市场后，通过模型推导又得到了企业的均衡产出和均衡价值，进而得到一系列上述研究假设。

因此，通过模型所展现出来的企业IPO影响是短期的，这些短期的影响涵盖了企业及竞争对手的股票价格变化和产品市场份额的变化，而长期的影响也应当涉及，特别是IPO后企业的长期经营业绩。所以在这一部分，本章将结合现有的文献，对IPO导致的企业长期经营业绩冲击展开讨论。

不少文献已经对IPO后企业经营业绩下降的现象进行了研究(Jain和Kini，1994；Pastor、Taylor和Veronesi，2009；等等)，这些研究指出，企业在IPO后的长期经营业绩将出现下降。而本章的视角则有所不同，根据前述模型的解释，企业在IPO后会在短期内对其竞争对手的产品市场份额和股票价格表现带来负面冲击，因此，本章将研究的对象转向IPO企业的竞争对手，推测企业在IPO后会在一个比较长的期限内对其竞争对手的经营业绩带来负面冲击，类似的结论已由Hsu、Reed和Rocholl(2010)证实。因此，提出本章的第三个研究假设，即：

假设3 企业的IPO会导致其竞争对手的长期经营业绩下降。

7.2.3.4 产品市场特征对IPO行业竞争效应的影响

对于企业价值，企业IPO会使其竞争对手的企业价值受到冲击，导致它们的股票价格表现不佳。而如果具体到产品市场的各项特征，对企业价值的冲击又如何随着这些因素的变化而变化呢？

IPO 企业在上市后增加的相对企业价值为：

$$\frac{V^*_{上市}(N,\ n+1)-V^*_{n+1}(N,\ n)}{V^*_{n+1}(N,\ n)}=\frac{\beta}{\left(\beta+\frac{1}{2}a_{n+1}\sigma^2(1-\theta^2)\right)}\left(\frac{q^*_{上市}(N,\ n+1)}{q^*_{n+1}(N,\ n)}\right)^2-1 \quad (7.24)$$

对 $q^*_{上市}(N,\ n+1)/q^*_{n+1}(N,\ n)$ 求 γ 的偏导数①，

得到 $(\partial/\partial\gamma)\,q^*_{上市}(N,\ n+1)/q^*_{n+1}(N,\ n)>0$，这也就意味着：

$$\frac{\partial}{\partial\gamma}\frac{V^*_{上市}(N,\ n+1)-V^*_{n+1}(N,\ n)}{V^*_{n+1}(N,\ n)}>0 \quad (7.25)$$

而对于 IPO 企业竞争对手的均衡价值下降而言，有：

$$\frac{V^*_{上市}(N,\ n)-V^*_{上市}(N,\ n+1)}{V^*_{n}(N,\ n)}=1-\left(\frac{q^*_{上市}(N,\ n+1)}{q^*_{上市}(N,\ n)}\right)^2 \quad (7.26)$$

对 $q^*_{上市}(N,\ n+1)/q^*_{上市}(N,\ n)$ 求 γ 的偏导数。

可得 $(\partial/\partial\gamma)\,q^*_{上市}(N,\ n+1)/q^*_{上市}(N,\ n)<0$，这也就意味着：

$$\frac{\partial}{\partial\gamma}\frac{V^*_{上市}(N,\ n)-V^*_{上市}(N,\ n+1)}{V^*_{n}(N,\ n)}>0 \quad (7.27)$$

即竞争对手的价值相对下降随着 γ 的增加而增加。类似地，对产品市场需求不确定性参数 σ^2 和需求不确定性的系统性部分 θ^2 求偏导数，可以得到：

$$\frac{\partial}{\partial\sigma^2}\frac{V^*_{上市}(N,\ n)-V^*_{上市}(N,\ n+1)}{V^*_{n}(N,\ n)}>0,$$

$$\frac{\partial}{\partial\theta^2}\frac{V^*_{上市}(N,\ n)-V^*_{上市}(N,\ n+1)}{V^*_{n}(N,\ n)}<0 \quad (7.28)$$

① 限于篇幅，有关模型推导的细节未在文中展示，如有需要，可联系作者索取。

因此，根据模型的推导结果，提出本章的第四条研究假设，即：

假设 4　产品市场竞争程度越高、产品市场的需求不确定性越大、产品市场的需求不确定性中系统性部分越小，那么 IPO 企业上市后对竞争对手股票价格表现的负面冲击越大。

对于市场份额，企业 IPO 会使其在产品市场中占据有利地位，提升自己在产品市场中的份额，具体到产品市场的各项特征，类似问题适用于市场份额。

IPO 企业在上市前的市场份额为 $M_{n+1}(N, n) = q_{n+1}^{*}(N, n)/Q^{*}(N, n)$，而在其上市之后，其市场份额变为 $M_{上市}(N, n+1) = q_{上市}^{*}(N, n+1)/Q^{*}(N, n+1)$。因此，上市之后的市场份额与上市前的市场份额之比为 $M_{上市}(N, n+1)/M_{n+1}(N, n)$，代入(7.9)式、(7.10)式和(7.11)式即可得出具体比值，也就是 IPO 企业上市后的市场份额相对值。分别对该变量求产品市场竞争程度参数 γ、产品市场需求不确定性参数 σ^2 和需求不确定性的系统性部分 θ^2 的偏导数，判断其是否大于零，即可判断三个产品市场特征与 IPO 企业上市后的市场份额相对增加的关系。分别求偏导数，容易得到：

$$\frac{\partial}{\partial \gamma}\frac{M_{上市}(N, n+1)}{M_{n+1}(N, n)} > 0,\ \frac{\partial}{\partial \sigma^2}\frac{M_{上市}(N, n+1)}{M_{n+1}(N, n)} > 0,$$

$$\frac{\partial}{\partial \theta^2}\frac{M_{上市}(N, n+1)}{M_{n+1}(N, n)} < 0 \tag{7.29}$$

因此，根据模型的推导结果，提出本章的第五条研究假设，即：

假设 5　产品市场竞争程度越高、产品市场的需求不确定性越大、产品市场的需求不确定性中系统性部分越小，那么 IPO 企业上市后的市场份额增加得就越多。

对于经营业绩，企业 IPO 不仅会带来短期内的竞争对手产品市场份额下降和股票价格表现不佳，在长期内还会带来竞争对手的长期经营业绩下降。具体到产品市场的各项特征，类似问题适用于经营业绩。

假设 4 和假设 5 认为产品市场竞争程度越高，产品市场的需求不确定性越大，产品市场的需求不确定性中系统性部分越小，那么竞争企业的短期产品市场表现相对下降和短期股票价格表现相对下降就越多。根据这一特点，本章推测，产品市场的特征对竞争对手的长期影响与短期冲击有着类似的效果。也就是说，第一，产品市场竞争程度越高，那么行业中某一企业的产品价格与其竞争对手企业产品产量的负相关平均程度就越高，则竞争对手企业的长期经营业绩受 IPO 企业的冲击就越大；第二，产品市场的需求不确定性越大，那么行业中某一企业的产品在市场中的需求波动性就越大，那么竞争对手的长期经营业绩就更容易受到 IPO 企业上市的影响；第三，如果这种需求的波动性更多的是由企业自身原因所导致的，那么竞争对手企业的长期经营业绩就更容易受到 IPO 企业上市的负面冲击。因此，提出本章的第六个研究假设，即：

假设 6　产品市场竞争程度越高、产品市场的需求不确定性越大、产品市场的需求不确定性中系统性部分越小，那么 IPO 企业上市后对竞争对手经营业绩的负面影响越大。

7.2.3.5　企业特征与行业特征对 IPO 行业竞争效应的影响

企业 IPO 会给 IPO 企业自身带来一定的竞争优势，可能表现在财务优势或非财务优势，同时，IPO 行业竞争效应也受到竞争对手公司自身的财务或非财务方面特征的影响。首先，如果行业竞争对手具备更低的杠杆率，则表明其具有充足的资金供应，那么在与刚刚获得融资的 IPO 公司竞争时能在一定程度上保证其投资和经营的灵活性。其次，广告营销会帮助赢得更多的市场机会，如果行业竞争对手在产品市场广告营销投入密度增大，那么，由此培养的公司影响力和知名度能较好地削弱 IPO 公司新上市带来的负面信息效应。因此，提出第七个研究假设，即：

假设 7　拥有更充足的资本、更高的声誉水平的公司，可削弱 IPO 行业竞争效应的负面影响。

除了受公司特征影响外，IPO 行业竞争效应也会受到行业特征的影响。首先，行业的竞争程度就是行业最重要的特征之一。当行业竞争程度激烈程度较低时，行业内发生 IPO 对竞争对手的负面影响相对较小即 IPO 行业竞争效应较弱。但当行业竞争程度激烈程度较高时，公司间产品的同质性也会较高，由于新上市公司产品可能成为行业内竞争对手公司产品完美替代品，在这种情况下，行业内发生重大 IPO 会对同行业竞争对手带来更大的替代威胁，即 IPO 行业竞争效应较强。其次，行业技术密集程度越高，行业内技术革新频繁，IPO 会给上市公司带来充足的资本，当技术冲击发生时，充足的资本能够帮助公司占领更大的市场份额，加剧了对竞争对手的负面影响。最后，行业所处的价值周期也是行业的另外一个重要特征。当行业整体处于高估值状态时，公司选择上市后带来的竞争优势会更大，无论是财务因素还是非财务因素，给竞争对手公司带来的负面效应也就越大；而当行业的整体估值水平处于低位时，公司从 IPO 中获得的竞争优势较小，对竞争对手的影响也就相对更小。

综合上面的分析，我们针对企业特征与行业特征对 IPO 行业竞争效应可能产生的影响，提出第八条假设：

假设 8　行业竞争程度越高、行业技术密集程度越高、行业整体估值水平越高，IPO 行业竞争效应越强。

7.3 实证研究

7.3.1 研究设计

7.3.1.1 样本选择与数据处理

本章的研究样本覆盖了自 1997 年 1 月至 2014 年 12 月的共 2128 家 A 股上市企业，其中用于构建被解释变量和控制变量的 IPO 样本主要为自 2002 年 1 月至 2014 年 12 月的 1529 家 IPO 企业，选取样本时间区间的理由一是在构建产品市场特征变量时需要提前考虑 20 个季度来计算产品市场特征变量，二是满足产品市场特征变量的计算数据在 2002 年后才有披露。由于一些变量的计算需要时间的后推或者限于财务数据公开的时滞性，所以计算不同变量的样本大小会有差异，下文的描述性统计中会给出具体的样本大小。而在研究假设检验部分中，解释变量、被解释变量和控制变量的样本大小则是经过匹配统一的，这可以确保回归的正常进行，所以回归方程中的样本大小会小于计算变量的样本大小。理论模型与分析均是基于同一行业内企业间的交互作用和 IPO 影响的，因而在实证研究部分对数据按照行业来进行分类是十分必要的，后文的实证研究部分也将体现中这种分类的重要性。本章的行业分类主要使用申万一级行业分类(徐信忠等，2011；蔡卫星和高明华，2009)，其中包括 28 个一级行业和 102 个二级行业①。

本章使用数据如无特别说明，均来自 Wind 资讯，并在数据的初步处理中剔除了缺失的数据样本。

7.3.1.2　IPO 行业竞争效应变量选择

(1)股票价格表现。

根据模型推导，企业 IPO 会给其竞争对手的股票价格带来冲击，这种冲击是一种短期影响，因而本章使用两种方法度量竞争对手的股票价格表现。第一，使用竞争对手的股票累计异常收益率 CAR；第二，使用竞争对手的股票持有期异常收益率 BHAR(Çolak 和 Günay，2011；张学勇和廖理，2011；邹高峰、张维和常中阳，2012)。由于这种影响是短期的，所以定义检验的时间区间为[-10，10]，其中的 0 时刻为企业 IPO 日期，即检验企业 IPO 前十个交易日、IPO 当天和 IPO 后十个交易日这 21 个交易日的 IPO 企业竞争对手的股票累计异常收益率和持有期异常收益率。

对于竞争对手的股票累计异常收益率而言：

$$R_{-i,j,t}=\frac{\left(\sum_{i} R_{i,j,t}\right)-R_{i,j,t}}{N_j-1} \tag{7.30}$$

$$\mathrm{CAR}_{-i,j}=\sum_{t}\left(R_{-i,j,t}-R_{m,t}\right),\ t=-10,\ \cdots,\ 0,\ \cdots,\ 10 \tag{7.31}$$

其中，$R_{i,j,t}$ 表示行业 j 中企业 i 在 t 日的股票收益率，N_j 表示当时的行业内企业数量，则 $R_{-i,j,t}$ 表示行业 j 中除过企业 i 外所有其他企业的股票收益率，也就是企业 i 在行业 j 中竞争对手的股票收益率，$R_{m,t}$ 表示市场整体在 t 日的收益率，本章采用沪深 300 指数的日收益率来测度市场整体的收益情况，$\mathrm{CAR}_{-i,j}$ 表示企业 i 在行业 j 中竞争对手在时间区间[-10，10]的累计异常收益率。

---

① 限于篇幅，未在文中列示，如有需要，可联系作者索取。

对于竞争对手的股票持有期异常收益率而言：

$$\mathrm{BHAR}_{-i,\ j} = \prod_{t}(1 + R_{-i,\ j,\ t}) - \prod_{t}(1 + R_{m,\ t}),\ t = -10,\ \cdots,\ 0,\ \cdots,\ 10 \tag{7.32}$$

其中，$R_{-i,\ j,\ t}$ 表示行业 j 中除过企业 i 外所有其他企业的股票收益率，$R_{m,\ t}$ 表示市场整体在 t 日的收益率，$\mathrm{BHAR}_{-i,\ j}$ 表示企业 i 在行业 j 中竞争对手在时间区间[-10，10]的持有期异常收益率。因此，IPO后的企业竞争对手的股票价格表现 $\mathrm{SRP}_{-i,\ j}$ 有上述两种度量方式。

(2)产品市场份额。

Chemmanur 和 He(2011)认为 IPO 企业在上市一年后或者两年后的市场份额变化能够很好地测度 IPO 后的企业产品市场份额变化。本章延续使用这种方法，并将产品市场份额的变化时间区间确定为 IPO 企业上市后的一年或者两年，这长于股票价格冲击的 21 个交易日，但仍可以将这一影响视为 IPO 的短期影响。具体定义企业的年度销售收入与行业年度销售收入为当年企业的产品市场份额 $\mathrm{MS}_{i,\ j} = S_{i,\ j}/\sum_{i} S_{i,\ j}$，其中 $S_{i,\ j}$ 是行业 j 中企业 i 的当年销售收入，$\mathrm{MS}_{i,\ j}$ 是行业 j 中企业 i 的当年产品市场份额。

因此，IPO 企业的产品市场份额变化就可以按照下式表示：

$$\Delta\,\mathrm{MS}_{i,\ j,\ 1} = \ln\left(\frac{\mathrm{MS}_{i,\ j,\ \mathrm{IPO}+1}}{\mathrm{MS}_{i,\ j,\ \mathrm{IPO}}}\right),\ \Delta\,\mathrm{MS}_{i,\ j,\ 2} = \ln\left(\frac{\mathrm{MS}_{i,\ j,\ \mathrm{IPO}+2}}{\mathrm{MS}_{i,\ j,\ \mathrm{IPO}}}\right) \tag{7.33}$$

其中 $\mathrm{MS}_{i,\ j,\ \mathrm{IPO}}$、$\mathrm{MS}_{i,\ j,\ \mathrm{IPO}+1}$ 和 $\mathrm{MS}_{i,\ j,\ \mathrm{IPO}+2}$ 分别表示行业 j 中企业 i 在 IPO 当年、IPO 后的第一年以及 IPO 后的第二年的产品市场份额，因而 IPO 后的企业产品市场份额变化 $\Delta\,\mathrm{MS}_{i,\ j}$ 有两种度量方式，可以分别表示为一年后的 $\Delta\,\mathrm{MS}_{i,\ j,\ 1}$ 和两年后的 $\Delta\,\mathrm{MS}_{i,\ j,\ 2}$。

(3)长期经营业绩。

本章使用净资产收益率 ROE 和资产收益率 ROA 来测度企业的长期经营业绩(Pastor、Taylor 和 Veronesi，2009；伊志宏、姜付秀和秦义虎，2010；李科和徐龙炳，2011)，由于这种对竞争对手经营业绩的影响是长期的，所以使用三年后的净资产收益率 ROE 与 IPO 当年的 ROE 差值以及三年后的资产收益率 ROA 与 IPO 当年 ROA 差值来度量长期经营业绩的变化。

对于竞争对手的净资产收益率变化而言：

$$ROE_{-i,\ j,\ t} = \frac{\left(\sum_{i} ROE_{i,\ j,\ t}\right) - ROE_{i,\ j,\ t}}{N_j - 1} \tag{7.34}$$

$$\Delta ROE_{-i,\ j} = ROE_{-i,\ j,\ IPO+3} - ROE_{-i,\ j,\ IPO} \tag{7.35}$$

其中$ROE_{i,\ j,\ t}$表示行业j中企业i在t年的净资产收益率，N_j表示当年的行业内企业数量，$ROE_{-i,\ j,\ t}$表示行业j中除过企业i外所有其他企业的平均净资产收益率，也就是企业i在行业j中竞争对手的净资产收益率。$ROE_{-i,\ j,\ IPO+3}$表示企业i在行业j中的竞争对手在企业i在IPO后第三年的净资产收益率，$ROE_{-i,\ j,\ IPO}$表示企业i在行业j中的竞争对手在企业i在IPO当年的净资产收益率，所以$\Delta ROE_{-i,\ j}$表示企业i在行业j中的竞争对手的净资产收益率变化。

对于竞争对手的资产收益率变化而言：

$$ROA_{-i,\ j,\ t} = \frac{\left(\sum_{i} ROA_{i,\ j,\ t}\right) - ROA_{i,\ j,\ t}}{N_j - 1} \tag{7.36}$$

$$\Delta ROA_{-i,\ j} = ROA_{-i,\ j,\ IPO+3} - ROA_{-i,\ j,\ IPO} \tag{7.37}$$

其中$ROA_{i,\ j,\ t}$表示行业j中企业i在t年的资产收益率，$ROA_{-i,\ j,\ t}$表示行业j中除过企业i外所有其他企业的平均资产收益率，也就是企业i在行业j中竞争对手的资产收益率。$ROA_{-i,\ j,\ IPO+3}$表示企业i在行业j中的竞争对手在企业iIPO后第三年的资产收益率，$ROA_{-i,\ j,\ IPO}$表示企业i在行业j中的竞争对手在企业iIPO当年的资产收益率，所以$\Delta ROA_{-i,\ j}$表示企业i在行业j中的竞争对手的资产收益率变化。

7.3.1.3　产品市场特征变量选择

(1)产品市场竞争程度。

Sundaram、John 和 John(1996)最早给出了行业内竞争程度的测度变量，基于企业和企业竞争者之间净利润和销售收入的关系构造了竞争程度的代理变量 CSM(Competitive Strategy Measure)，定义为某家企业净利润变动与销售收入之比和行业内其他所有企业的销售收入变动的相关系数。如果相关系数为负数，就说明产品市场竞争程度较高，而如果相关系数为正数，则说明产品市场竞争程度较低。

为了便于后文的实证分析，本章将继续使用这一变量的构造思路，同时对其进行改进，对于企业 i 而言，它所面临的市场竞争程度为：

$$\mathrm{PMC}_i = \left(\mathrm{expcorr}\left(\frac{\Delta P_i}{\Delta S_i},\ \Delta S_{-i}\right)\right)^{-1} \tag{7.38}$$

其中，ΔP_i 是企业 i 在连续两个时间段内的净利润变动，ΔS_i 是企业 i 在连续两个时间段内的销售收入变动，ΔS_{-i} 是行业内除过企业 i 外的其他所有企业在连续两个时间段内的净利润变动和。通过这样的处理，如果PMC_i 值越大，那么说明企业就面临着更大市场竞争压力。

考虑到数据的可得性、数据之间的匹配和样本的大小，本章在计算产品市场竞争程度变量时共使用了2002年至2014年间共1858家企业样本。由于我国企业开始披露季度财务信息的时间较晚，同时考虑数据样本的大小，因此本章根据21个季度的季度净利润、季度销售收入来计算出20个季度净利润变动、季度销售收入变动，然后分别代入(7.38)式计算企业 i 的PMC_i。首先计算出企业个体层面的市场竞争程度，然后将不同行业的企业分类汇总，分别计算各个行业的市场竞争程度平均值，将这个平均值作为行业的产品市场竞争程度。

$$\mathrm{PMC}_i = \sum_i \mathrm{PMC}_{ij}/n \tag{7.39}$$

其中 j 表示企业 i 所处的行业，n 表示行业 j 的企业数量。

(2)产品市场的需求不确定性。

产品市场的需求不确定性，即需求向量 α_j 的方差 σ^2 反映了产品市场需求的波动程度。本章对需求不确定性采用的代理变量延续了 Chod 和 Lyandres(2011)的方法，使用行业中所有企业的销售收入作为行业的总需求(Guiso 和 Parigi，1999)。定义行业的需求不确定性为经季度调整的行业销售收入增长率的标准差。具体的计算方式如下所述，为了确保与产品市场竞争程度变量一致，采用相同的1858家企业作为样本，同时也保证了时间区间的一致性。在上文计算 PMC_i 值的过程中，获得了每家企业的不同季度的销售收入，这里同样利用季度销售收入数据计算每个行业的季度销售收入和整个市场的季度销售收入，然后对季度销售收入时间序列数据采用 Census X12 方法进行季度调整，接着根据季度调整的销售收入数据计算季度销售增长率。将每个行业的季度销售增长率与市场整体的季度销售增长率分别做如下回归：$ISG_j = \alpha + \beta MSG + \varepsilon_j$，其中 ISG_j 表示行业 j 的季度销售收入增长率，MSG 表示市场整体的季度销售收入增长率。因此可以得到 28 个一级行业的回归残差，最后对每个行业的残差求出标准差，这个标准差就是每个行业的产品市场需求不确定性 MDU_j。

(3)需求不确定性的系统部分。

产品市场需求不确定性的系统性部分 $\sigma^2\theta^2$ 与 θ 有很大的关联，而 θ 是需求冲击向量与市场组合收益 r_m 的相关系数，如果需求的变动更多的是市场而不是企业自身导致的，那么相关系数 θ 就越大，即需求不确定性的系统性部分 $\sigma^2\theta^2$ 就会越大。对于这一变量，定义为上述行业销售收入增长率回归残差的方差与市场整体销售收入增长率的方差之比，将这一比例 SPU_j 作为需求不确定性系统部分的代理变量。

7.3.1.4　企业特征变量选择

杠杆率 $Leverage_i$，表示行业竞争对手 i 的资金实力，以 IPO 事件前 3 年的杠杆率(总资产/净资产)平均值度量。

声誉水平 $Reputation_i$，表示行业竞争对手 i 的声誉水平或知名度水平，以产品市场广告密度度量，为 IPO 事件前 3 年营业费用与营业收入比率的平均值。

7.3.1.5　行业特征变量选择

行业竞争程度 HHI_i，为赫芬达尔 - 赫希曼指数，是衡量行业集中度的一种指标，表示企业 i 在 IPO 时所处行业的集中度水平。本章采用行业中营业收入在 10 亿元以上公司市场占有份额的平方和计算得出各行业的 HHI_i，当 $HHI_i \geq 1800$ 时取 1；当 $HHI_i < 1800$ 取 0，HHI 指数越高，行业竞争程度越激烈。

行业类型 $High\text{-}tech_i$，用于衡量公司 i 在 IPO 时所处在行业是否属于高科技行业。关于高科技行业的划分，本章参照了中国证监会 2001 年颁布的《上市公司行业分类指引》三级行业分类指标后对照确定，当竞争对手属于高科技行业时，$High\text{-}tech_i$ 取 1，否则取 0。

行业发展阶段Circle_i，用于衡量公司 i 在 IPO 时所处行业价值周期的发展阶段，采用行业平均 *P/B* 值度量。如 Baker 和 Wurgler(2002) 所述，行业具有较高价值时，私有企业的业主们更可能发行新股票，因此需要考虑到公司的价值周期可能是行业相关的。本章采用重大 IPO 前一年行业内全部公司的 *P/B* 值的均值来衡量行业所处的价值周期的阶段，行业 *P/B* 值高于全部公司 *P/B* 均值，则说明该行业处于高成长性阶段，反之行业 *P/B* 值低于全部公司 *P/B* 均值。

7.3.1.6 控制变量选择

结合本章的解释变量和被解释变量的产品市场特点，并综合 Chemmanur 和 He(2011)、Chemmanur 等（2014)、Hsu、Reed 和 Rocholl(2010) 以及 Jong 等(2012) 等研究关于控制变量的选择方案，本章确定的控制变量包括了企业 IPO 时的企业年龄、资产规模、市账比、杠杆率和研发投入等，主要控制变量①定义如下：

（1）企业年龄。

$$AGE_i = \ln \frac{YR_{j,\ i,\ \text{IPO}} - YR_{j,\ i,\ \text{成立}}}{\sum_i (\text{YR}_{j,\ i,\ \text{IPO}} - \text{YR}_{j,\ i,\ \text{成立}}) / N_j} \tag{7.40}$$

其中$\text{YR}_{j,\ i,\ \text{IPO}}$表示行业 j 中企业 i 在 IPO 时的年份，$\text{YR}_{j,\ i,\ \text{成立}}$表示行业 j 中企业 i 在成立时的年份，N_j 表示行业 j 中所有企业的数目，AGE_i 表示企业相对年龄。因而企业的相对年龄的含义即是，企业 IPO 当年的年龄与行业中所有企业 IPO 当年年龄的平均值的相对比值。

（2）资产规模。

$$\text{SZE}_i = \ln \frac{\text{ASSET}_{j,\ i,\ \text{IPO}}}{\left(\sum_i \text{ASSET}_{j,\ i,\ \text{IPO}}\right) / N_j} \tag{7.41}$$

其中$\text{ASSET}_{j,\ i,\ \text{IPO}}$表示行业 j 中企业 i 在 IPO 时的账面资产总额，N_j 表示行业 j 中所有企业的数目，SZE_i 表示企业的相对资产规模。企业相

① 后文在实证分析行业特征、企业特征对 IPO 行业竞争效应的影响时，根据研究需要使用了企业营业收入、上一期企业价值等简单常见指标的对数化值作为控制变量，此处不再定义，具体见后文中对应的实证结果。

对规模的含义是，企业 IPO 当年的账面资产总额与行业中所有企业 IPO 当年账面资产总额的平均值的相对比值。

（3）市账比。

$$\mathrm{MBR}_i = \ln \frac{M/B_{j,\ i,\ \mathrm{IPO}}}{\left(\sum_i M/B_{j,\ i,\ \mathrm{IPO}}\right) / N_j} \tag{7.42}$$

其中$M/B_{j,\ i,\ \mathrm{IPO}}$表示行业$j$中企业$i$在IPO时的市账比，$N_j$表示行业$j$所有企业的数目，$\mathrm{MBR}_i$ 表示企业的相对市账比，即企业 IPO 当年的市账比与行业中所有企业 IPO 当年市账比的平均值的相对比值。

（4）杠杆率。

$$\mathrm{FLL}_i = \ln \frac{\mathrm{LVRG}_{j,\ i,\ \mathrm{IPO}}}{\left(\sum_i \mathrm{LVRG}_{j,\ i,\ \mathrm{IPO}}\right) / N_j} \tag{7.43}$$

其中$\mathrm{LVRG}_{j,\ i,\ \mathrm{IPO}}$ 表示行业 j 中企业 i 在 IPO 时的杠杆率，N_j 表示行业 j 中所有企业的数目，FLL_i 表示企业的相对杠杆水平，即企业 IPO 当年的杠杆率与行业中所有企业 IPO 当年杠杆率的平均值的相对比值。

（5）研发投入。

$$\mathrm{RDL}_i = \ln \frac{\mathrm{RDEA}_{j,\ i,\ \mathrm{IPO}}}{\left(\sum_i \mathrm{RDEA}_{j,\ i,\ \mathrm{IPO}}\right) / N_j} \tag{7.44}$$

其中$\mathrm{RDEA}_{j,\ i,\ \mathrm{IPO}}$ 表示行业 j 中企业 i 在 IPO 当年的研发水平，N_j 表示行业 j 中所有企业的数目，RDL_i 表示企业的相对研发水平，即企业 IPO 当年的研发费用与行业中所有企业 IPO 当年研发费用的平均值的相对比值。

7.3.2　IPO 对股票价格、市场份额与长期绩效影响的实证检验

7.3.2.1　对研究假设 1 的检验

假设 1 认为，企业的 IPO 会导致其竞争对手的股票价格表现下降，反映到实证研究上，应当证明本章构造的两个反映竞争对手股票价格变

化的变量出现负值，也就是说，累计异常收益率 CAR 和持有期异常收益率 BHAR 应当显著为负(见表 7-1)。

表 7-1　　**累计异常收益率与持有期异常收益率**

	累计异常收益率 CAR			持有期异常收益率 BHAR		
	平均值	标准差	中位数	平均值	标准差	中位数
市场层面						
全部企业	-0.823%***	7.178%	-0.444%	-0.906%***	7.408%	-0.318%
行业层面						
采掘	-1.396%**	6.164%	-0.521%	-1.491%**	6.634%	-0.452%
传媒	-2.458%**	8.333%	-2.274%	-2.618%***	8.673%	-2.090%
电气设备	-1.052%**	7.691%	-0.563%	-1.149%**	7.987%	-0.416%
电子	-0.680%	9.465%	-0.190%	-0.802%*	9.715%	0.003%
房地产	-0.429%	5.643%	0.137%	-0.579%	6.057%	0.123%
纺织服装	1.017%	7.290%	1.725%	1.138%	7.720%	1.549%
非银金融	-1.320%	9.305%	2.261%	-2.003%*	10.660%	2.435%
钢铁	-2.377%*	7.391%	-2.822%	-2.324%*	8.139%	-2.671%
公用事业	0.988%	3.959%	0.687%	1.022%	4.127%	0.731%
国防军工	-0.150%	8.629%	1.808%	-0.200%	9.039%	1.867%
化工	-0.454%**	3.880%	-0.670%	-0.472%**	4.041%	-0.707%
机械设备	-0.558%**	5.860%	-0.438%	-0.601%**	5.965%	-0.391%
计算机	-2.453%***	8.124%	-3.312%	-2.619%***	8.510%	-3.410%
家用电器	-0.356%	6.903%	0.190%	-0.520%	6.824%	0.371%
建筑材料	-1.076%*	5.957%	-0.777%	-1.082%*	6.020%	-0.725%
建筑装饰	0.952%	5.981%	1.329%	0.957%	6.579%	1.231%
交通运输	0.844%	4.883%	1.479%	0.825%	5.038%	1.562%
农林牧渔	-1.087%*	6.813%	-1.152%	-1.145%*	7.149%	-1.091%
汽车	-1.712%***	5.650%	-0.241%	-1.821%***	6.059%	-0.100%
轻工制造	-0.149%	7.499%	0.323%	-0.215%	8.176%	0.321%

续表

	累计异常收益率 CAR			持有期异常收益率 BHAR		
	平均值	标准差	中位数	平均值	标准差	中位数
商业贸易	-2.681%**	6.891%	-1.174%	-2.876%**	7.283%	-1.197%
食品饮料	-0.482%	9.080%	-1.117%	-0.508%	9.462%	-1.024%
通信	-1.070%*	9.470%	-1.109%	-1.155%*	9.407%	-0.998%
休闲服务	-3.798%**	7.498%	-3.408%	-3.797%**	8.149%	-3.337%
医药生物	-1.817%***	9.057%	-1.223%	-1.951%***	9.641%	-1.135%
银行	2.770%	3.768%	2.938%	3.133%	4.128%	4.188%
有色金属	-0.089%	7.173%	-0.644%	-0.398%	7.620%	-0.065%
综合	-11.876%*	8.105%	-12.273%	-12.523%*	9.365%	-12.558%

注：*、**、***分别表示在 10%、5%、1%水平显著。

资料来源：Wind。

本章不仅对包含全部企业样本的市场层面变量进行了检验，还对 28 个行业的行业层面变量进行了拓展性的检验。市场层面的检验结果为核心结论，行业层面的检验结论则有助于研究具体每个行业受到 IPO 的影响。在检验中，每一个均值进行了单样本 t 检验①，以检验均值是否显著大于或者小于零，也就是对 IPO 的股票价格冲击、产品份额冲击和长期业绩影响是否显著进行了假设检验，所以只有每个变量的平均值带有显著水平符号。

从市场层面的检验结果看，IPO 企业的行业竞争对手在 IPO 企业上市前后共 21 个交易日中获得的平均累计异常收益率 CAR 和平均持有期异常收益率 BHAR 分别为-0.823%和-0.906%，且均在 1%水平下显著小于零，这说明企业的 IPO 会给其行业竞争对手的股票价格带来负面冲击，这一结论与 Slovin、Sushka 和 Ferraro(1995)以及 Hsu、Reed 和 Rocholl(2010)的研究结论相一致，因此理论模型和分析部分中提出的

① 这里进行的均值单样本 t 检验与将变量拆分成两部分进行差值的双样本配对 t 检验效果是一样的，本质上都是检验量化的 IPO 影响是否显著大于或者小于零。

假设 1 得到了验证，即企业的 IPO 会导致其竞争对手的股票价格表现下降。

对行业层面的股价冲击进行更深入的分析发现，无论是按照行业平均累计异常收益率 CAR 还是行业平均持有期异常收益率 BHAR 计算的 IPO 企业对竞争对手造成的股价冲击变量，均有一半或者超过一半的行业是显著为负数的，这也就说明这种 IPO 的影响对大多数行业是存在的，只是在不同的行业影响程度不同，从文章的实证结果来看，受影响较大的行业多集中在计算机、医药生物、电气设备、机械设备、汽车等行业。多数行业表现出的显著受 IPO 影响的实证结果也进一步支持了市场层面全部企业的检验结果。

7.3.2.2 对研究假设 2 的检验

假设 2 认为，企业 IPO 会导致其自身在产品市场中的份额提升。对于本章构造的变量而言，应当出现产品市场份额变量显著为正值的现象，具体到代理变量层面，即根据假设 2，产品市场份额一年变动 ΔMS_1 和产品市场份额两年变动 ΔMS_2 均应当显著为负。与假设 1 的检验一致，这里同样对包含全部企业样本的市场层面和行业层面①的变量进行了检验(见表 7-2)。

表 7-2 **产品市场份额一年变动与产品市场份额两年变动**

	产品市场份额一年变动 ΔMS_1			产品市场份额两年变动 ΔMS_2		
	平均值	标准差	中位数	平均值	标准差	中位数
市场层面						
全部企业	0.0453**	0.2425	0.0445	0.0369**	0.3798	0.0307

注：*、**、***分别表示在 10%、5%、1%水平显著。

资料来源：Wind。

① 限于篇幅，行业层面实证结果未在文中展示，如有需要，可联系作者索取。

市场层面的检验结果显示，以相对销售收入变动度量的产品市场份额一年变动 ΔMS_1 和两年变动 ΔMS_2 的均值分别为 0.0453 和 0.0369，同时二者均在 1%水平下显著小于零，即企业的 IPO 会给其自身带来短期的产品市场份额提升(Chod 和 Lyandres，2011)。而且一年变动的均值 0.0453 要稍大于两年变动的均值 0.0369，这说明企业上市对企业 IPO 后第一年的市场份额变动影响更明显，因而也显示出了这种 IPO 冲击的短期性。综上，假设 3 的观点得到了实际数据的验证。

从行业层面的实证结果来看，两个实证结果中都有一半或者超过一半的行业系数是显著为正的，说明 IPO 企业的上市会给其自身带来的产品市场份额增加效应在大多数的行业是存在的，与假设 1 检验结果类似，不同的行业所体现出的这种影响程度是有差异的，采掘、公用事业、计算机和家用电器等行业受到的影响更为显著。行业层面的检验同时也支持了市场层面的检验结果。

7.3.2.3　对研究假设 3 的检验

假设 3 认为，企业 IPO 不仅会在短期内提升自己的产品市场份额，并对竞争对手的股价造成负面冲击，同时会对竞争对手的长期经营业绩产生负面影响。文章在实证部分采用竞争对手在 IPO 企业上市当年和上市后三年的净资产收益率变动 ΔROE、资产收益率变动 ΔROA 来度量竞争对手企业的长期经营业绩变化，那么如果假设 3 的观点成立，应当出现净资产收益率变动 ΔROE、资产收益率变动 ΔROA 均显著小于零的情况。与假设 1 和假设 2 的检验相一致，这一部分同样对包含全部企业样本的市场层面和行业层面变量进行了检验(见表 7-3)。

表 7-3　　**净资产收益率变动和资产收益率变动**

	净资产收益率变动 ΔROE			资产收益率变动 ΔROA		
	平均值	标准差	中位数	平均值	标准差	中位数
市场层面						
全部企业	-1.065%***	6.590%	-1.840%	-0.301%***	2.939%	-0.360%

注：*、**、*** 分别表示在 10%、5%、1%水平显著。

资料来源：Wind。

从市场层面的检验结果来看，无论是以三年后的净资产收益率变动 ΔROE 还是以资产收益率变动 ΔROA 度量的上市企业竞争对手经营业绩变化，都有一定程度的下降，且这种下降都在1%水平下显著，平均而言，净资产收益率下降 1.065%，资产收益率下降 0.301%，因此这就证明了企业的 IPO 会导致竞争对手长期经营业绩下降的研究假设。

行业层面的实证结果也进一步支持了市场层面的结论，以资产收益率变动 ΔROA 测度的经营业绩下降检验中有超过一半的行业出现显著业绩下降，而以净资产收益率变动 ΔROE 测度的经营业绩下降检验中也有接近一半的行业出现显著业绩下降，说明这种给竞争对手带来的长期业绩冲击是存在的，与假设 1 和假设 2 的结果类似，不同行业所受到的影响程度不同，可以看出，电气设备、机械设备、钢铁、通信和非银金融等行业受到的影响更为明显。

7.3.3 产品市场特征对 IPO 行业竞争效应影响的实证检验

7.3.3.1 对研究假设 4 的检验

假设 4 认为，如果产品市场竞争的程度越高，或产品市场的需求不确定性越大，或产品市场需求不确定性中的系统性部分越小，那么 IPO 企业对其行业竞争对手的股票价格负面冲击就越明显，因此，根据假设 4 构造回归方程研究这几个变量之间的关系。

$$\mathrm{SRP}_{-i,\,j} = \alpha + \beta_1\,\mathrm{PMC}_j + \beta_2\,\mathrm{MDU}_j + \beta_3\,\mathrm{SPU}_j + \varepsilon_{i,\,j} \qquad (7.45)$$

其中，$\mathrm{SRP}_{-i,\,j}$ 是 IPO 后的行业 j 内企业 i 的竞争对手的股票价格表现变量，它有两个具体的代理变量，分别为竞争对手的累计异常收益率 $\mathrm{CAR}_{-i,\,j}$ 和持有期异常收益率 $\mathrm{BHAR}_{-i,\,j}$，检验时将分别进行回归，分别给出结果。PMC_j 表示行业 j 的产品市场竞争程度，MDU_j 表示行业 j 的需求不确定性，SPU_j 表示行业 j 需求不确定性的系统性部分，α 为截距项，β 为各解释变量系数，$\varepsilon_{i,\,j}$ 表示回归的残差。

对 IPO 企业竞争对手造成股票价格冲击的因素可能还与一些非产品市场特征因素有关，比如企业的相对行业的规模，规模越大的企业受到的这种冲击应当就越小，反之规模越大的企业上市时对竞争对手的股票价格冲击就应当越大。企业的市账比反映了企业的历史市场价值

(Baker 和 Wurgler, 2002)，市账比越高其股票收益表现就越好(Collins 和 Kothari, 1989)，因而竞争对手的股票收益表现就应当越差。企业的上市会降低企业的杠杆率因而更有可能采取更加积极的市场策略对竞争对手的企业价值产生负面冲击(Brander 和 Lewis, 1986)，从而影响竞争对手的股价，因而低杠杆水平就应当意味着竞争对手受到的股价影响越大。综上，在对假设 4 的检验中加入企业资产规模 SZE_i，企业市账比 MBR_i 和企业杠杆水平 FLL_i 三个控制变量进行回归。

$$SRP_{-I,\ j} = \alpha + \beta_1 PMC_j + \beta_2 MDU_j + \beta_3 SPU_j + \varphi_1 SZE_i + \varphi_2 MBR_i + \varphi_3 FLL_i + \varepsilon_{i,\ j} \tag{7.46}$$

其中，SZE_i 是企业相对资产规模，MBR_i 是企业相对市账比，FLL_i 是企业相对杠杆水平，φ 是控制变量的系数。具体的回归结果①如表 7-4 所示。

表 7-4　　**对研究假设 4 检验的回归结果**

	累计异常收益率 CAR		持有期异常收益率 BHAR	
	回归系数	t 值	回归系数	t 值
包含控制变量的回归				
截距项	0.1596*	1.7455	0.1736*	1.8318
产品市场竞争程度 PMC	−0.1747**	−1.9849	−0.1904**	−2.0863
产品市场需求不确定性 MDU	−0.1982**	−1.9931	−0.1291	−0.6525
需求不确定性的系统部分 SPU	0.2158	0.7246	0.2543*	1.8238
资产规模 SZE	−0.0680	−1.3468	−0.0832**	−2.4095
市账比 MBR	0.1311**	1.9431	0.0919	0.8142

① 限于篇幅，不包含控制变量的回归未在文中展示，如有需要，可联系作者索取。

续表

	累计异常收益率 CAR		持有期异常收益率 BHAR	
	回归系数	t 值	回归系数	t 值
杠杆水平 FLL	-0.0605	-0.5164	-0.0238	-0.3123
拟合优度 R^2	5.160%		5.226%	
样本大小	1306		1306	

注：*、**、***分别表示在10%、5%、1%水平显著。

资料来源：Wind。

从回归的整体结果来看，大部分变量的回归系数在5%或1%水平显著，加入控制变量后的回归拟合优度超过了5%。产品市场竞争程度PMC的系数均显著小于零，这说明产品市场的竞争程度越高，IPO带给竞争对手的股价负面冲击就越强，这与假设4的第一部分是一致的。产品市场需求不确定性MDU的回归系数也显著小于零，这说明产品市场需求不确定性越大，竞争对手受到的股价负面冲击就越大，同样与假设4的第二部分一致。而需求不确定性的系统部分SPU的回归系数虽然不显著，但是回归结果显示其为正，与假设4的第三部分也是一致的。对于三个控制变量而言，资产规模SZE和杠杆水平FLL的回归系数均为负值，所以其与竞争对手所受股价的负向冲击是正向的关系，而市账比MBR的回归系数为正值，因而其与竞争对手所受股价的负向冲击是负向的关系，这验证了回归前的预期，但是这三个变量中仅有两个变量是显著的。

7.3.3.2 对研究假设5的检验

假设5认为，如果产品市场竞争程度越高，或产品市场的需求不确定性越大，或产品市场需求不确定性中的系统性部分越小，那么IPO企业在上市后的产品市场份额扩张就越明显，因而根据假设5构造回归方程。

$$\Delta MS_{i,j} = \alpha + \beta_1 PMC_j + \beta_2 MDU_j + \beta_3 SPU_j + \varepsilon_{i,j} \quad (7.47)$$

其中，$\Delta MS_{i,j}$ 是 IPO 后的行业 j 内企业 i 的产品市场份额变动变量，它有两个具体的代理变量，分别为产品市场份额一年变动 $\Delta MS_{i,j,1}$ 和市场份额两年变动 $\Delta MS_{i,j,2}$，检验时将分别进行回归并给出结果。

年轻企业或者规模较小的企业会相对而言有着更多的投资机会和更高的增长前景(Chemmanur 和 He，2011)，因而受 IPO 的影响会更大，所以在进行这一部分的检验时，加入了企业的年龄和规模作为控制变量，其中年龄由企业从建立到 IPO 之间的时间间隔来度量，规模由企业 IPO 当年的总资产规模度量。此外，企业的市账比也有类似的效应，即高市账比的公司会有更多的成长机会，因而 IPO 带来的产品市场份额冲击效应应当更明显。与假设 1 的检验相同，这里同样使用了杠杆率作为控制变量，因为低杠杆率的企业会采用更加激进的产品市场策略，导致产品市场份额的增加。Hsu(2014)的研究发现，有着更高技术创新能力的企业销售收入的增长会更快，从而占有产品市场的有力竞争地位，因而文章将企业的研发能力也作为控制变量之一。综上，对假设 5 的检验中共加入 5 个控制变量，分别为：企业年龄 AGE_i，企业资产规模 SZE_i，企业市账比 MBR_i，企业杠杆水平 FLL_i 和企业研发水平 RDL_i。

$$MS_{i,j} = \alpha + \beta_1 PMC_j + \beta_2 MDU_j + \beta_3 SPU_j + \varphi_1 AGE_i + \varphi_2 SZE_i + \varphi_3 MBR_i + \varphi_4 FLL_i + \varphi_5 RDL_i + \varepsilon_{i,j} \quad (7.48)$$

其中，AGE_i 是企业相对年龄，RDL_i 是企业相对研发水平。具体的回归结果如表 7-5 所示。

表 7-5　**对研究假设 5 检验的回归结果**

	市场份额一年变动 ΔMS_1		市场份额两年变动 ΔMS_2	
	回归系数	t 值	回归系数	t 值
包含控制变量的回归				
截距项	−0.6873*	−1.8776	−1.1759*	−1.9228
产品市场竞争程度 PMC	0.5442*	1.6664	0.9105*	1.6659

续表

	市场份额一年变动 ΔMS_1		市场份额两年变动 ΔMS_2	
	回归系数	t 值	回归系数	t 值
产品市场需求不确定性 MDU	0.7409*	1.6785	2.4990*	1.7002
需求不确定性的系统部分 SPU	-0.9457	-0.9601	-1.5719	-1.3217
年龄 AGE	0.0594	0.4596	0.0313	1.4742
资产规模 SZE	0.0416***	5.4735	-0.0781***	-6.2222
市账比 MBR	0.0643***	3.2812	0.1364***	4.1932
杠杆水平 FLL	-0.0543*	-1.7297	-0.0260	0.3707
研发水平 RDL	0.0661**	2.3236	0.0391***	3.4723
拟合优度 R^2	3.270%		5.549%	
样本大小	1170		1044	

注：*、**、***分别表示在10%、5%、1%水平显著。

资料来源：Wind。

根据上述结果，包含控制变量的两个回归的拟合优度 R^2 分别超过了3%和5%，好于不包含控制变量的两个回归。从回归结果的符号来看，无论是包含控制变量的回归结果还是不包含控制变量的回归结果，三个解释变量均出现了预期的正负符号，虽然具体每个变量的显著程度不同，但是整体来看，三个解释变量基本在10%水平下显著，其中，产品市场竞争程度PMC和需求不确定性MDU的回归系数均大于零，说明产品市场竞争程度和产品市场需求不确定性越高，IPO企业在上市后获得产品市场份额增加越多，需求不确定性的系统部分SPU的回归系数小于零，说明系统部分占据需求不确定性的比例越小，IPO企业上市后的产品市场份额增加就越多。对于控制变量而言，除了企业的相对年龄变量AGE不显著外，其他四个控制变量基本都显著，两种不同变量回归出的资产规模系数不同，而市账比、杠杆水平和研发水平的回归系数是统一的，且这三个变量的回归结果符号与预期也是一致的，这说明市账比和杠杆水平的程度不同会影响到企业 IPO 后的产品市场份额变化，而高研发水平、高技术创新能力的企业会在 IPO 后的产品市场竞争中占据一定优势，会获得更多的产品市场份额增量。

7.3.3.3　对研究假设 6 的检验

假设 6 认为，如果产品市场竞争的程度越高，或产品市场的需求不确定性越大，或产品市场需求不确定性中的系统性部分越小，那么 IPO 企业对其行业竞争对手的长期经营业绩负面冲击就越明显，所以根据假设 6 构造回归方程。

$$\Delta \mathrm{LTP}_{-i,\,j} = \alpha + \beta_1 \mathrm{PMC}_j + \beta_2 \mathrm{MDU}_j + \beta_3 \mathrm{SPU}_j + \varepsilon_{i,\,j} \qquad (7.49)$$

其中，$\Delta \mathrm{LTP}_{-i,\,j}$ 是 IPO 后的行业 j 内企业 i 的竞争对手的长期经营业绩变动变量，它有两个具体的代理变量，分别为竞争对手的三年净资产收益率变动 $\Delta \mathrm{ROE}_{-i,\,j}$ 和三年资产收益率变动 $\Delta \mathrm{ROA}_{-i,\,j}$，在检验时将分别对这两个代理变量进行回归，并给出结果。

已有许多文献研究了企业的自身特点与自身长期经营业绩的关系，如前文提到年轻的企业或者规模较小的企业有着相对更好的增长前景(Chemmanur 和 He，2011)，因而其长期经营业绩也会相对更好，但是我国的实证研究表明，包括企业年龄在内的企业规模变量与企业的长期经营业绩是正相关的(詹雷和王瑶瑶，2013)，此外，市账比、研发投入与经营业绩的正相关关系也得到了许多文献的证实(Hsu、Reed 和 Rocholl，2010)，而张晓岚、沈豪杰和杨默(2012)的实证研究发现企业的杠杆水平与其经营业绩呈负相关的关系。但是对于 IPO 企业的特征与其竞争对手长期经营业绩的关系还少有探索，因此根据上述研究，本章对假设 6 的检验加入以下几个控制变量：企业年龄 AGE_i、企业资产规模 SZE_i、企业市账比 MBR_i、企业杠杆水平 FLL_i 和企业研发水平 RDL_i。

$$\Delta \mathrm{LTP}_{-i,\,j} = \alpha + \beta_1 \mathrm{PMC}_j + \beta_2 \mathrm{MDU}_j + \beta_3 \mathrm{SPU}_j + \varphi_1 \mathrm{AGE}_i + \varphi_2 \mathrm{SZE}_i + \varphi_3 \mathrm{MBR}_i + \varphi_4 \mathrm{FLL}_i + \varphi_5 \mathrm{RDL}_i + \varepsilon_{i,\,j} \qquad (7.50)$$

具体的回归结果如表 7-6 所示。

表 7-6 **对研究假设 6 检验的回归结果**

	净资产收益率变动 ΔROE		资产收益率变动 ΔROA	
	回归系数	t 值	回归系数	t 值
包含控制变量的回归				
截距项	0.7224***	6.0871	0.4207***	8.1462
产品市场竞争程度 PMC	-0.6401***	-5.6585	-0.4057***	-8.2405
产品市场需求不确定性 MDU	-1.7291***	-5.1176	-0.2481*	-1.6874
需求不确定性的系统部分 SPU	1.0103***	4.5622	0.1557	1.6162
年龄 AGE	-0.0239***	-5.8263	-0.0100***	-5.6232
资产规模 SZE	-0.0429	-0.7776	-0.0226**	-2.1493
市账比 MBR	-0.0126	-0.3996	-0.0438	-1.5882
杠杆水平 FLL	-0.2605*	-1.8831	0.0116*	1.9233
研发水平 RDL	0.0988*	1.7757	0.0178**	1.9665
拟合优度 R^2	10.518%		13.188%	
样本大小	800		800	

注：*、**、***分别表示在 10%、5%、1%水平显著。

资料来源：Wind。

回归的整体结果中，只有个别变量的回归系数不显著，且无论是不含控制变量的回归还是包含控制变量的回归，拟合优度的大小都比较合适，其中加入控制变量的回归拟合优度超过了 10%。从解释变量的回归结果的符号来看，均与预期一致且基本在 1%水平下显著，即产品市场竞争程度 PMC、产品市场需求不确定性 MDU 的回归系数为负值，而需求不确定性的系统部分 SPU 的回归系数为正值，这说明了产品市场的竞争程度越高、产品市场的需求不确定性越大及其系统性部分越小，那么因企业 IPO 造成的竞争对手企业长期经营业绩下降就越明显。对于控制变量而言，年龄、杠杆水平和研发水平三个变量都是显著的，其中年龄 AGE 变量显著为负，说明 IPO 企业的年龄越小，对其竞争对手的长期经营业绩的负面影响越大，而研发水平变量显著为正则说明了 IPO 企业如果拥有较强的技术创新能力，那么会给其竞争对手的经营造成更大的压力。

7.3.4　企业与行业特征对 IPO 行业竞争效应影响的实证检验①

7.3.4.1　对研究假设 7 的检验

行业竞争对手的企业特征如资金实力和声誉水平可能会影响 IPO 行业竞争效应的强弱。因此，本章采用杠杆率水平和声誉水平分别代表资金实力和声誉水平，构建下述模型来检验行业竞争对手公司 i 的财务方面和非财务方面对 IPO 行业竞争效应的影响：

$$\Delta \text{Rivalperf}_i = \alpha + \beta_1 \times \text{Leverage}_i + \beta_2 \times \text{Reputaion}_i + \gamma \times \text{Controls}_i + \varepsilon_i \tag{7.51}$$

其中，$\Delta \text{Rivalperf}_i$ ②是行业竞争对手 i 在行业内发生 IPO 事件前后的公司价值变动额。市场表现指标(AR)用 IPO 事件前后 1 年变动额度量，经营业绩指标(EPS、ROE、SG)用 IPO 事件前后 3 年变动额度量；Leverage_i 为行业竞争对手 i 的资金实力；Reputaion_i 表示声誉水平、知名度水平；而 Controls_i 为控制变量，包括行业竞争对手 i 的企业规模、成立年限和企业销售收入的对数值。

具体回归结果如表 7-7 所示。

表 7-7 给出了模型(7.51)的检验结果。在考虑控制变量的情况下，无论考察同行业竞争对手的较长期经营业绩还是短期股价的市场表现，

① 此部分实证使用数据的时间区间为 2003 年 1 月 1 日至 2012 年 12 月 31 日，采用 Wind 三级行业划分标准，数据主要源于 Wind 资讯，部分行业数据源于《中国统计年鉴》和中商情报网，并遵循 Hsu、Reed 和 Rocholl(2010)的方法，筛选出重大 IPO 事件，避免 IPO 事件相互“污染”。如有需要，具体的行业划分与 IPO 筛选等详细信息可向作者索取。

② 为了实证研究的稳健性，使用了 Akhigbe 等(2003)和 Hsu 等(2010)运用市场模型计算的超额收益(AR)指标，以及经营业绩指标——每股收益 EPS、营业收入增长率 SG。

首先，Leverage 的回归系数均为负，且在 10%或以上水平显著，说明行业竞争对手公司财务杠杆率越低，其拥有充足的自有资金，就能保持较高的经营和投资灵活性，也能适时地选择适合自己公司的应对战略，从而可以在一定程度上削弱 IPO 对其的负面影响。因此，行业竞争对手脆弱的资金链会加剧 IPO 行业竞争效应；相反，如果行业竞争对手自有资金充足，因此可将 IPO 行业竞争效应削弱。其次，Reputation 的回归系数也均为正，且在 5%或以上水平显著，说明行业竞争对手在产品市场上的长期广告营销投入带来的市场影响力和知名度能在一定程度上削弱 IPO 行业竞争效应给其带来的负面影响。这些实证结果表明如果行业竞争对手具有较低的杠杆率和较高声誉水平，则 IPO 行业竞争效应带来的负面影响将降低，从而支持前文的研究假设 7，拥有更充足的资金水平、更高的声誉水平的公司可削弱 IPO 行业竞争效应的负面影响。

表 7-7　　**对研究假设 7 检验的回归结果**

	经营业绩			市场表现
	EPS	ROE	SG	AR
Leverage	−0.0218**	−0.0527**	−0.0044*	−0.0189**
Reputation	0.0033***	0.0405**	0.0008**	0.0017***
Log(Age)	−0.0220	−0.5389	−0.2806**	−0.0137
Log(Assets)	0.3738***	0.7458***	0.1955***	0.1880**
Log(Sales)	0.2333**	0.3617*	0.1841***	−0.0797*
截距项	−0.4280*	−11.4772*	0.3729**	0.2157*
R^2	0.34	0.296	0.135	0.12

注：*、**、***分别表示在 10%、5%、1%水平显著。

资料来源：Wind。

7.3.4.2　对研究假设 8 的检验

本章在上述模型的基础上，进一步引入了行业特征变量 HHI_i、

High-tech_i 和Circle_i ，来研究检验假设 8，检验模型如下：

$$\text{Rivalperf}_i = \alpha + \beta_1 \times \text{Leverage}_i + \beta_2 \times \text{Reputaion}_i + \delta_1 \times \text{HHI}_i + \delta_2 \times \text{High-tech}_i + \delta_3 \times \text{Circle}_i + \gamma \times \text{Controls}_i + \varepsilon_i \quad (7.52)$$

上述模型变量定义与前文一致，表 7-8 给出了模型(7.52)的估计结果。

表 7-8　　　　**对研究假设 8 检验的回归结果**

	经营业绩			市场表现
	EPS	ROE	SG	AR
Leverage	-0.0204*	-0.0468**	-0.0040	-0.0209***
Reputation	0.0032***	0.0384**	0.0008*	0.0017***
HHI	0.0218	0.0649	-0.0439	0.1836***
High-tech	0.0381***	0.0445*	0.0230**	0.1785*
行业 *P/B*	0.0515*	0.2231***	0.0115*	0.0541*
Log(Age)	0.0432	0.644	-0.2537	-0.0129
Log(Assets)	0.3648***	0.0716***	0.1996***	0.1716*
Log(Sales)	0.2316**	0.3595*	0.1767***	0.1109*
截距项	-0.6570**	-2.1485**	0.3053*	0.5255*
R^2	0.35	0.345	0.15	0.22

注：*、**、***分别表示在 10%、5%、1%水平显著。

资料来源：Wind。

根据上述结果，首先，行业集中度指标 HHI 针对经营业绩，其回归系数正负不一，且都不显著，但对短期市场表现有个显著的正向影响。可以解释为行业竞争程度可以加剧 IPO 短期的竞争效应，对 IPO 行业竞争效应的长期影响不明确。这个问题可能在于该指标本身的替代能力，HHI 是衡量行业集中度的指标，而行业集中度无法完全替代产品市场竞争程度，它忽略了公司层面上的竞争差异。其次，行业 *P/B* 的回归系数均为正，且都在 10%或以上水平上显著，说明行业整体估值水平较高时，会加剧 IPO 的竞争效应，支持研究假设 8。此外，模型(7.52)中关于公司特征的两个变量：Leverage 和 Reputation 估计结果与模型(7.51)基本一致。

7.3.5 稳健性检验

在本章的实证部分中，使用了较多的变量并且设定了不同的时间区间来计算一些变量，基于实证检验的稳健性考虑，本章同时针对上述实证研究过程进行了稳健性检验。①

第一，实证研究中使用 PMC 变量为产品市场竞争程度的代理变量，而基于行业企业数量的赫芬达指数 HHI(Baranchuk、Kieschnick 和 Moussawi，2014；陈信元等，2014)作为测度市场竞争程度的变量也有不少应用，在稳健性检验中，本章也使用赫芬达指数来代替 PMC，据此得到的相关检验结果与此前的实证结果相差不大。

第二，本章在测度竞争对手企业的 CAR 和 BHAR 时，使用了[-10，10]的时间窗口，为了确保实证结果不受时间窗口的影响，在稳健性检验中，本章分别使用[-20，20]和[-5，5]的时间窗口来重新测算竞争对手企业的 CAR 和 BHAR，并进行了后续相关检验，稳健性检验的结果显示[-10，10]的时间窗口的选择是可靠的。

第三，在实证检验中，本章使用了 IPO 企业一年的市场份额变动和两年的市场份额变动，而在稳健性检验中，将这一时间更加细化，分别又选择了 IPO 企业上市后两个季度和六个季度的市场份额变动，由于季度数据相对而言较少，所以这一稳健性检验的样本数据相比实证检验较少，但是二者的相关回归结果相差并不大。

第四，测度竞争企业的长期经营业绩选择了 3 年的净资产收益率变动 ΔROE 和资产收益率变动 ΔROA，类似地改变其时间选择区间，分别选择 4 年收益率变动和 5 年收益率变动，其中 4 年的收益率变动与原实证的结果基本一致，而 5 年收益率变动则略有差异，但并不影响原结论。此外，在检验企业特征、行业特征对 IPO 行业竞争效应的影响时，改变时间窗口，选择 2 年、4 年计算 EPS、ROE、SG 指标，重新进行实

---

① 限于篇幅，这里没有报告具体的稳健性检验结果。

证检验，实证结果与前文基本一致。

第五，本章的一些变量计算均涉及了平均值的计算，在稳健性检验部分对此前使用算术平均法计算的(7.30)式、(7.34)式至(7.37)式又分别结合定义采用了加权平均法计算其平均值，检验的结果与原方法的结果基本一致。

7.4　研究结论

基于产品市场竞争的 IPO 时机选择模型可以很好地描述企业在决定是否 IPO 之前所面临的产品市场环境，本章首先借鉴 Chod 和 Lyandres(2011)的产品市场竞争模型，并在其基础上详细讨论 IPO 企业所处行业的产品市场特征对竞争对手股票价格、企业价值、产品市场份额等方面的影响，同时将这些短期影响拓展到竞争对手的长期业绩表现，具体分析了 IPO 企业上市后对行业竞争对手长期业绩的冲击。然后，本章在 Thomas Chemmanur 和 Jie He(2011)的分析框架基础上，研究企业在产品市场上关于 IPO 时机选择的动态博弈过程，拓展分析了行业特征与企业特征对 IPO 行业竞争效应的影响。

模型的推导和分析得出，首先，企业 IPO 会导致竞争对手在短期内股票价格下降；其次，企业 IPO 会增加自身的产品市场份额而导致竞争对手的产品市场份额下降；再次，企业 IPO 会导致竞争对手的长期经营业绩下降；最后，以上股票价格、产品市场份额和长期经营业绩三个层面的变化程度均与 IPO 时的产品市场竞争程度、需求不确定性、资金实力、声誉水平、行业竞争程度、行业技术密集程度以及行业整体估值水平有关。实证方面，本章主要使用 1997 年 1 月至 2014 年 12 月的共 2128 家 A 股上市企业的公开财务数据和 2002 年 1 月至 2014 年 12 月的 1529 家 IPO 企业样本对以上研究假设进行了实证研究，主要的研究结论如下：

第一，全样本和分行业的样本均显示，产品市场的竞争程度整体比较高，即行业中新上市企业与已有企业的产品之间替代性大于互补性(Sundaram、John 和 John，1996)，且 28 个一级行业中有 22 个 PMC 值显著大于 1，说明大多数行业竞争程度较高，产品市场竞争程度较高的行业主要集中于计算机、电子、通信和医药生物等技术创新型行业。

第二，全样本和分行业的样本均显示，IPO 企业会对行业内竞争对手短期股票价格造成负向冲击，以 IPO 前后 21 个交易日度量的竞争对手累计异常收益率 CAR 和持有期异常收益率 BHAR 分别显著下降了 0.8%和 0.9%，且这种效应对计算机、医药生物、电气设备、机械设备和汽车等行业更为明显。另外，越高的产品市场竞争程度和、需求不确定性、行业技术密集程度、行业整体估值水平以及规模越大的 IPO 企业会导致这种效应更为明显，但拥有更加充足资本、更高声誉水平的企业，可以削弱 IPO 行业竞争效应的影响。

第三，全样本和分行业的样本均显示，IPO 企业在上市后的产品市场份额出现显著提升，以销售收入占比测度的一年后产品市场份额和两年后产品市场份额分别相对 IPO 当年显著增加了 4.5%和 3.7%，这种效应对采掘、公用事业、计算机和家用电器等行业更为明显。另外，越高的产品市场竞争程度和需求不确定性以及规模越大、技术创新能力越强的 IPO 企业会导致这种效应更为明显。

第四，全样本和分行业样本均显示，IPO 企业会对行业内竞争对手长期的经营业绩表现造成负面影响，以 IPO 后三年净资产收益率和净资产收益率测度的竞争对手净资产收益率变动 ΔROE 和资产收益率变动 ΔROA 分别显著下降了 1.1%和 0.3%，且这种效应对电气设备、机械设备、钢铁和通信等行业更为明显。越高的产品市场竞争程度和、需求不确定性、行业技术密集程度、行业整体估值水平以及规模越大、技术创新能力越强的 IPO 企业会导致这种效应更为明显，但拥有更加充足资本、更高声誉水平的企业，可以削弱 IPO 行业竞争效应的影响。

第五，实证研究的稳健性检验巩固了本章得到的以上结论。

第 8 章
股票价格信息、产品市场差异化竞争与企业 IPO 研究

金融市场的重要功能之一即提供企业融资渠道，通过信息披露，以确保资源配置的合理性。由于资产价格能够反映信息，决策制定者(如公司的管理层、股东、监管者、银行家或者消费者)除了通过获取内部信息之外，股票价格也成为其重要信息来源。股票价格的这种信息传递功能意味着信息效率决定真实效率(Morck、Shleifer 和 Vishny，1990)。在一个运行有效的证券市场里，股票价格能够反映公司的真实价值，有效引导稀缺资源实现最大的投资回报，提高资本市场的运行效率，从而促进国民经济的发展(Beck、Levine 和 Loayza，2000)。

从公司和产品市场层面而言，股票价格信息(包括自身和同行业对手的股票价格变动)是公司经理人获取信息的最为直接高效的手段。因此，作为公司经理人，要实现公司价值最大化，在市场竞争中占据主动，需要尽可能捕捉各种信号，利用股票价格信息，做出对公司有益的产品市场竞争决策、投资决策、上市决策等。反言之，公司所处行业的市场竞争程度不同，市场透明度和股价信息含量也会有所差异：公司面临的市场竞争程度越高，则会更倾向于提高财务信息透明度，减少信息不对称，来吸引投资者，提高公司价值；而相对竞争程度较低的行业的公司，甚至垄断行业，则无需通过此种方式吸引投资者的跟进。由此可知，产品市场竞争与信息披露两者之间的关系不可分割。

当今的市场环境越来越趋于“动态完全竞争”的格局，企业的竞争格局发生了变化(翁君奕，2005)。我国从 1978 年开始由计划经济向市场经济转型，尽管在市场化的进程中出现了各种不平衡的问题，但总体而言，产品市场的市场化程度较高(樊纲等，2007)。在产品市场竞争激烈的大环境和中国经济转型的经济背景下，我国很多行业中的公司不

再是独立的决策个体，而是相互制约、相互影响的博弈关系，公司从对抗变为双赢甚至多赢。随着市场格局从卖方市场向买方市场转变，社会生产从大规模制造向规模定制的转变，公司的差异化决策，一方面能够使公司在产品市场竞争中脱颖而出，获得超额利润，另一方面也存在着较大的失败风险。在此种背景下，如何利用股票价格信息，探究在产品市场竞争中多个公司之间的决策互动机制以及动态均衡，成为国内外学者研究的热点。

由于特殊的制度背景，我国资本市场的政策性门槛成为区分中西方资本市场的主要因素之一。但随着制度改革的不断推进，我国也致力于构建主板、中小板和创业板等多层次的资本市场，并逐步推行注册制的逐步完善。因此，允许和鼓励中小企业上市融资、推行差异化产品、建立透明的资本市场，有助于优化我国的行业构成并进一步推动产业结构升级。这种结构性变动必然会影响产品市场竞争，而这种产品市场竞争的加剧也将会进一步影响资本市场的股票价格(吴昊旻、杨兴全和魏卉，2012)。因此，产品市场与资本市场两者是紧密相连、不可分割的，对两者之间的相互影响关系的研究具有重要的现实意义。

8.1 股票价格信息与产品市场差异化竞争理论

8.1.1 股价信息与产品差异化的前期研究

早期的研究中，金融学文献倾向于将产品市场和股票市场看作两个相对独立的市场，分别进行研究。而事实上，两者是相互影响不可分割的。在有效市场上，股票价格能够充分反映公司的基本面，为公司的投资决策、IPO 上市和产品市场竞争决策提供参考。而从产品市场竞争角度而言，市场势力的提升能够降低对未来收益预测的难度，提高抵御风险的能力，从而降低现金流的不确定性。经典理论指出信息决定股票价格。Fama(1970)首先提出了有效市场假说，奠定了股票价格的形成机制的基础。该理论认为，存在三种市场有效形式，弱式有效、半强势有效和强势有效。在有效资本市场上，一切信息能够快速无偏地反映到股票价格中，即股票价格能够反映公司的真实价值。这一说法得到了部分学者的支持。Malkiel(2003)同样认为在有效的股票市场中，与公司价值相关的任何信息都将体现在股票价格中，该条件同时成为实现股价引导资本高效配置的功能前提条件，以及衡量股票市场是否有效运行的标志(Morck、Yeung 和 Yu，2000)。但另有其他学者认为除公司的基本面信息外，市场和行业信息也将对股票价格产生影响(Campbell 和 Lettau，1999)。其中，市场层面信息将对同一市场内所有股票产生影响，行业层面信息将对行业板块内的股票价格产生影响，而公司层面信息将对特定公司的股价变动产生影响，同时也是实现股价引导资本高效配置的关键。因此，本章着眼于在行业内研究自身和同业竞争的公司层面信息如何相互作用，通过影响股价进而影响公司产品市场决策以及上市决策。

近年来，越来越多的学者开始关注如何利用公司二级市场的股票价格信息指导公司决策，以及股价信息对真实经济的影响(Dow 和 Gorton，1997；Luo，2005；Chen、Goldstein 和 Jiang，2007；Edmans、Goldstein 和 Jiang，2012；Bond、Edmans 和 Goldstein，2012；Edmans、Goldstein 和 Jiang，2015；Dow、Goldstein 和 Guembel 2015)。他们认为公司经理人从竞争对手以及自身股票价格中获取信息，并且将这种信息“反馈”到真实经济决策，包括投资决策、并购重组、IPO 决策和产品差异化决策等。在此基础上，Balakrishnan、Billings、Kelly 和 Ljungqvist (2014)研究了经理人如何主动采取行动影响股票的内在特征，并得出结论公司通过自愿披露某些信息主动影响股票的流动性。Subrahmanyam 和 Titman (1998)以及 Foucault 和 Gehrig (2008)考虑了公司所在的金融环境而非产品市场变化对股票价格信息含量的影响。前者认为公司经理决定上市是因为一旦上市，他能够通过其股票价格获得信息；而后者认为公司的经理进行交叉上市是因为交叉上市的公司股票价格信息含量更丰富。但无论哪种情况，经理人的决策都能够提高公司的价值，因为该决策能够为经理人提供更多关于投资的信息。而其他的文献中，经理人通过信息披露提高价格效率的模型则未考虑到这一点，例如 Fishman 和 Hagerty (1989)、Boot 和 Thakor (1993)以及 Strobl (2014)。

股票价格信息含量是指股票价格能够反映出的公司层面的信息含量多少，或者说公司层面信息能够在多大程度上引起股价的波动。股票价格能够传递的信息越多，就越能够体现公司的真实价值。股票价格信息和公司信息披露会受到宏观(政治环境)和微观(公司治理、产品市场竞争)等各种因素的影响，国内外学者从宏观和微观两个角度就此进行了较为深入的研究。

Morck、Yeung 和 Yu(2000)从国别层面研究了股票价格信息的差异，并发现国家间存在差异的根本原因是制度环境不同，具体而言即司法体系对投资者的保护程度。Jin 和 Myers (2006)则构建了理论模型，证实了股票价格信息差异源于信息透明度差异，而透明度则取决于司法体系和金融体系，从而在某种程度上印证了 Morck、Yeung 和 Yu (2000)的观点。尽管宏观制度环境对股票价格信息有重大影响，但其产生差异的根源应从微观治理层面进行研究。Ferreira(2007)等从并购条款限制角度对股票价格信息进行了研究，结果表明反并购条款能够增加市场交易，提高股票价格中未来会计盈余信息。Yen、Li 和 Chen (2016)研究了产品市场竞争如何影响公司 10-K 年报中风险因素的披露。研究发现，市场集中度较高的行业倾向于披露大量的叙述性风险信息；此外，此类公司的风险披露与同行业竞争者十分类似，即降低了信息披露的质量。熊家财和苏冬蔚(2016)从市场微观结构的视角研究了上市公司股票的流动性对代理成本的影响，研究表明，由于信息不对称造成的管理层代理成本问题可以通过股价信息含量机制的完善和股票流通性的增强得到缓解。同时，也有学者结合了宏观和微观两方面的因素对股票价格信息的影响因素进行全方位分析。袁知柱、鞠晓峰 (2009)采用了非平衡面板数据，实证检验了制度环境与公司治理因素对股票价格信息的影响，包括所在省市的制度环境、第一大股东持股比例、国有股比例、双重上市等多种因素的影响。

此外，国内外学者对产品市场竞争、所有权结构如何影响股价信息也进行了一系列研究。施东晖(2003)研究发现所有权结构与产品市场竞争程度对股价信息的影响预期存在互补效应。李增全(2005)也从产业经济学的角度对股票信息含量与公司所有权之间的关系进行了实证研究，研究发现公司所有权结构对股票价格信息含量有显著影响。张益明(2011，2012)、张博(2011)和陶洪亮(2012)研究了产品市场势力、公司治理和股票价格信息含量之间的关系，发现产品市场势力与合理的公司治理对股票信息含量有积极作用，并且产品市场势力与公司治理存在互补或替代关系。这与 Peress(2010)的研究结论相反，Peress(2010)认为产品市场竞争可能会降低股票市场效率，即信息效率。在竞争激烈的行业中，企业的利润波动会相对较大，从而导致投资的积极性降低，交易量降低，进而私人信息不能充分反映在股票价格中。Datta 等(2013)的研究结果表明市场势力的提升确实能降低对未来收益预测的难度，进一步证实了 Peress (2010)的观点。

股票价格信息的度量也是存在争议的。最初 Easley 等(1996, 1997)提出了知情交易概率(Probability of Informed Trading，PIN)指标，PIN 指标越大说明股价私有信息含量越高。Roll(1988)、Morck 等(2000)、Jin 和 Myers (2006)，Chan 和 Hameed (2006)则采用回归模型中的 *R*-square 衡量股票信息含量，*R*-square 越大股价私有信息含量越高。另有部分学者采用盈余公告产生的股票异常收益方差衡量股票价格信息，方差越大，含量越高(Landsman 和 Maydew , 2002；DeFond 等, 2007)。类似的，Gelb 和 Zarowin (2002)采用盈余反映系数衡量股价信息含量，其系数越大，信息含量越高。Barron 等(1999)则采用股票分析师盈余预测的分歧度和误差作为代理变量，若股票价格含量较高，那么分析师盈余预测的分歧度和误差会较小。Peress(2010)、张益明(2011)采用事件分析法，以盈余公告日为事件发生日，利用盈余公告的累计异常收益率衡量股票价格信息，累计异常收益越高，那么股票价格信息含量越大。显然，公司在进行产品市场竞争的过程中会产生不确定的现金流，根据资产定价理论，股票价格即根据现金流的定价，由此可知，公司在产品市场竞争中的决策将会对股票市场价格产生影响。作为证券市场的功能之一，利用股价信号实现资源高效配置，对国民经济的发展将起到巨大的促进作用(Beek、Levine 和 Loayza，2000)。而从公司角度而言，较高的股价信息含量能够增加公司透明度，降低信息不对称的程度，从而能够更好地监督管理层的行为(Edmans，2009)。

在西方成熟的资本市场中，其股价能够充分反映公司的基本面信息，例如某投资机会或战略决策是否将带来利好消息，公司可利用自身以及同行业公司的股票价格获取信息，作为公司决策的依据。从信息传递理论的角度，Chemmanur 和 Fulghieri(1999) 基于企业家和外部投资者构建了一个博弈模型，他们认为企业家拥有公司价值的内部信息，外部投资者可以通过企业估值来减少信息劣势。

在新兴资本市场中，股票价格中往往会包含各种“噪声成分”，而具有较低的股价信息含量——股价将更多地受到市场层面的影响，表现出“同涨共跌”等现象，这种情况在我国表现得尤为明显。根据 Jin 和 Myers(2006)对 40 个国家股票市场的考察，我国股价信息含量处于最低水平。在此种情况下，股票价格信息对产品市场竞争以及是否上市等重大的公司决策将产生怎样的影响，公司管理者是否能够利用股票价格信息做出有益于公司发展的决策，都是值得探讨的问题。杨继伟、聂顺江(2010)利用沪深两市公开发行的制造业公司 2001—2008 年的数据，研究了股票价格信息在公司决策中的作用。他们发现股票价格信息一方面能够抑制过度投资，另一方面又能够缓解投资不足。Ding(2015)研究了技术创新、产品市场竞争和股票市场信息泄露之间的关系；并且也通过构建寡头博弈模型，研究了采取领先和追随策略的两个企业在面临投资风险技术的机会时，如何在竞争市场中利用股市信息做出投资决策。研究发现，当预期对手会随后进行投资时，领先企业不倾向于先投资；而当市场规模较大、产品市场竞争较剧烈或投资机会利润较高时，追随公司对领先公司的股票价格变化更为敏感；上市后，对于行业产品市场竞争剧烈、市场规模较大或 R&D 与利润高度相关的企业，随着竞争对手股票价格的变化，其投资敏感度更高。Ho、Lee 和 Lin(2016)研究了信息披露和在不同程度的产品市场竞争条件下公司价值之间的联系，研究发现在一种特殊的信息评级方法下，信息披露程度较高或信息透明度较高时，会有较高的经过行业调整的托宾 Q 值；且信息披露与产品市场竞争之间的相互作用会影响公司价值：在产品市场竞争程度较高时，信息披露的好处凸显；而在市场竞争程度较低时，信息披露对于公司价值的影响则微乎其微。

Titman (1984)、Brander 和 Lewis(1986)、Maksimovic (1988)，以及 Bolton 和 Scharfstein (1990)等重点研究了股票价格与产品市场两者之间交互关系，但没有考虑到二级金融市场的信息的作用，以及该信息对公司产品市场策略的影响。相似地，对于产品市场特征和资产价格之间关系的研究通常认为产品市场结构既定，并且分析某些产品市场特征

(如产品市场集中度)如何影响股票回报率(Hou 和 Robinson, 2006; Bustamante, 2015), 知情投资者的交易决策(Tookes, 2008), 或者股票价格信息含量(Peress, 2010)。而 Foucault 和 Frésard (2015)认为当经理人通过股价了解信息时, 产品市场结构和股票价格信息含量同步确定。

8.1.2　市场竞争中产品差异化的前期研究

产品市场竞争是指在市场经济中, 公司为了取得经济资源、获取利润进行的一系列竞争和较量。无论是上市公司还是私有公司都面临着激烈的产品市场竞争环境。众多学者从产品市场势力、行业集中度等角度, 对公司效率、管理层激励、股权结构、代理成本等问题进行了研究, 论证了产品市场竞争对公司治理的重要影响。

早期的研究认为, 竞争能够挤出企业的一切无效率行为, Nickell 等(1997)以英国公司为样本, 研究了产品市场竞争等因素对公司生产率的影响, 结果表明, 其影响是正向的。Garwal 和 Samwick (1999)研究发现随着行业市场竞争程度的提高, 公司薪酬对竞争对手的业绩影响更加明显, 这一结论得到了 Karuna(2007)的证实, Karuna(2007)认为行业特征是管理者薪酬激励的重要因素。Holmstrom(1982)研究发现, 公司通过市场竞争, 与竞争对手的公司绩效作对比, 从而衡量本公司的绩效, 这种方式能够减少信息不对称, 更有效地监督公司的管理层。Hart(1983)也证实了以上结论, 并认为产品市场竞争是一种能够约束管理者的公司治理机制。

在国内的研究中, 陈晓和江东(2000) 选取了完全竞争的电子电器行业, 垄断竞争性较强的商业行业和完全垄断的公用事业为样本, 研究了行业的竞争性如何影响股权结构对公司业绩的正向影响, 结果表明在完全竞争行业中, 法人股和流通股对企业业绩有正向影响, 国有股有负向影响, 而这一结论在其他两个行业中则不成立。王希、徐慧玲(2008)的研究则表明资本结构和市场竞争之间存在交互作用, 产品市场竞争程度与股权激励效果呈现正相关关系; 而股权集中度与产品市场竞争的激励效果则呈现负相关关系。除股权结构外, 姜付秀、黄磊、张敏(2009)对公司治理、代理成本和产品市场竞争三者之间的关系进行了深入研究，结果表明产品市场竞争和合理的公司治理结构能够降低代理成本，提高效率。但这种关系既不是所认为的绝对替代(Alchian，1950)，也不是完全互补(Holmstrom 和 Milgrom，1994)，而是随不同治理结构而有所变化的关系。

另有一部分学者重点研究了公司与竞争对手之间的交互作用对公司投资的影响。Foucault 和 Frésard (2012)对产品同质化程度强的公司进行了研究，并发现公司投资与其对手公司股价正相关。他们发现，当公司的内部交易水平较低时，这种正相关关系较强；而当内部交易水平较高或者对该公司产品的需求与对竞争对手的产品需求高度相关时，这种正相关关系较弱。类似地，Yan(2014)从股票市场信息角度出发，研究了私有公司如何从竞争对手的股票市场价格中获得信息。利用英国的面板数据，Yan(2014)发现私有公司的投资与同行业的上市公司的估值正相关。而对于股票价格信息含量较高的行业和同质冲击较大的行业，这种正相关性表现得更为显著。最后得出结论，私有公司的经理人会利用股票价格获取信息，但他们并不能完全过滤掉股价信息中的不相关信息。Huang 和 Zeng(2015)在之前两篇文献的基础上，研究了公司之间的相互学习造成了行业内的投资热潮。公司的投资机会存在同质冲击和异质冲击，而公司的资产价格能够让投机者了解这两类冲击的信息。因此会出现公司对同质冲击投资敏感度增加和投机者高估同质冲击两者彼此加强的现象。

产品市场竞争中，公司进行产品差异化开发，能够引起消费者偏好，从而获得竞争优势。公司可以通过提升产品的质量、性能、样式、销售服务、信息提供和消费者偏好等方面，对产品进行差异化改进，从而对产品市场价格、市场集中度、进入壁垒和市场绩效等产生影响(张占东，2002)。此外，产品差异化降低了同一产业内的不同企业产品的可替代性，能够帮助企业获得垄断力量，即在边际成本之上定价的能力，提高核心竞争力(林瑞松，2012)。产品差异化通常有两种形式：水平差异化和垂直差异化。水平差异化指的是具有完全相同根本特征但不同规格和款式的产品，而垂直差异化是指同一类的产品在性能和质量等级上存在根本差异。实施产品差异化战略大多通过技术创新、广告策略以及纵向一体化等方法实施(盛文军和廖晓燕，2001)。也可以分为顾客差异化、资源差异化和效率差异化(周松，2010)，或者有形差异化和无形差异化(熊胜绪，2009)。

对于产品差异化经典的论述起源于 Chamberlin 1957 年的《垄断竞争理论》和 Porter 1985 年的《竞争优势》，随后国内外学者从实证和理论模型等角度，对产品差异化以及存在的策略性行为进行了深入分析。从模型角度而言，部分学者围绕 Hotelling 线性定位(Hotelling，1929)或者 Salop 空间圆形市场模型展开(Salop，1977)。随后其他学者在此模型基础之上，进一步研究了竞争性市场中的选址定价问题(d′ Aspremont C，和 Thisse J，1979)，以及需求分布不确定和消费者分布不均时的市场竞争问题(Gabszewicy、Shaked 和 Sutton，1981)；而另一部分学者则提出了纵向差异化和质量竞争的 Dixit-Stiglitz 等模型(Dixit，1977)。翁君奕(2005)引入了需求方市场结构，构建了供需互助的市场结构演化模型，并发现收入增长、资本积累和技术进步充分作用下，供求双方内部都会趋向基于差别产品的动态完全竞争。赵德余、顾海英和刘晨(2006)则引入重复动态博弈模型，分析了三阶段 Bertrand-Stackelberg 市场价格竞争与产品差异化策略，并采用数字算例演示了随着产品差异化变动，企业利润的演变路径。

在实证方面，廖菁(2016)基于项目管理的中介效应，研究了差异化战略和企业绩效之间的关系；对湖北省企业进行实证分析，结果表明在市场环境逐渐趋于“动态完全竞争”的情况下，差异化战略和企业绩效正相关，差异化战略通过影响项目管理组合，进而影响企业业绩。这一研究结果与 Parnell(2005)的研究结果一致。而大部分学者则是选取了特定行业或企业进行研究。闵丽菁和甘胜军(2010)、曾建明和肖洁(2010)分别针对肯德基、娃哈哈与中国乡村旅游产品的产品差异化战略进行了研究。朱勇和刘培(2009)、何健生(2010)分别就哈根达斯公司和李宁公司的品牌差异化战略进行了研究。晋军刚(2011)则研究了屈臣氏公司的案例，并发现其采取的差异化战略则更为全面。

8.2 企业 IPO 与产品差异化动态竞争模型

8.2.1 企业产品差异化竞争的多期动态决策

如图 8-1 所示，在 Foucault 和 Frésard(2015)等研究的基础上，本节将公司的产品市场决策过程化进一步细分为四个阶段：在第一阶段(事前)公司经理人选择以下其中一个策略：同质化策略是指模仿在位上市公司的决策；差异化策略是指采取不同于在位公司的决策。在第二阶段，投资者可交易股票，并产生订单流，确定股票价格。在第三阶段(事后)，公司经理人得到关于决策成败的一个信号，他可以投资继续执行该决策，也可以不再投入，放弃该计划。决策的收益取决于决策的成败。一个成功的差异化决策收益要高于同质化决策，但一个失败的决策将会产生负的净现值，给公司造成损失。因此，当公司经理人决定是否要执行成长期权时，他会利用自身掌握的内部信息和通过公司自身股票价格信息来调整其事前决策。第四阶段，公司获得收益或损失。

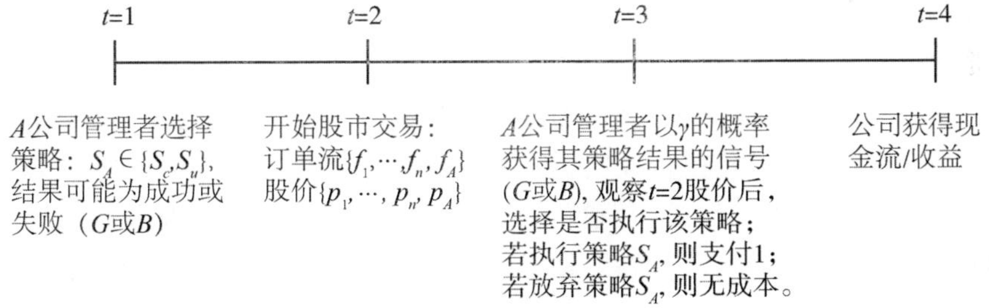

图 8-1　企业决策流程图

(1)在 $t=1$ 时，公司 A 的经理人进行产品差异化决策，即采用差异化策略 S_u 或同质化策略 S_c，$S_A \in \{S_c, S_u\}$。其中，同质化策略即为诸多已上市公司(1，2，3，…，n)采取的策略，因而能够获得更多关于决策成败的信息；而差异化策略则为不同于其他公司的特殊策略，因而只能从该公司内部或者该公司自身股票价格(若已上市)中获得策略成败的信息。假设每一种策略都有成功(G)和失败(B)两种可能，即 $t_{S_A} \in \{G, B\}$ 且其概率相等。公司经理人将在 $t=3$ 时决定是否执行该决策。

(2)在 $t=2$ 时，投资者开始进行股市交易，根据公司 A 的决策消息进行买卖，假设公司 i 的订单流为 f_i，那么产生一系列订单，表示为 $\{f_1, \cdots, f_n, f_A\}$，此时股票价格变为 $\{p_1, \cdots, p_n, p_A\}$

(3)在 $t=3$ 时，公司 A 经理人观察第二期时股票价格的变动，并决定是否执行在第一期做出的决策。假设公司经理人以 γ 的概率获得其决策结果的信号，得知该策略将成功或失败(G 或 B)。若执行策略 S_A，则需要支付单位成本 1；若放弃执行策略 S_A，则无成本。

假设经理人决策的示性变量 $I \in \{1, 0\}$，当执行决策时，$I=1$；否则，$I=0$。公司 A 在第三期决定后，记采取策略 S 的公司的数量为 $m(S, S_A, I)$。此时，若公司 A 采用同质化决策，那么 $m(S_c, S_c, 1)=n+1$，$m(S_c, S_c, 0)=n$，$m(S_u, S_c, I)=0$；若公司 A 采用差异化策略，那么 $m(S_u, S_u, 1)=1$，$m(S_u, S_u, 0)=0$，$m(S_c, S_u, I)=n$。为简单起见，本章以 $m_{S.I}$ 表示 $t=3$ 经理人决策为 I 时，采取策略 S 的公司数量，该数量取决于公司 A 的策略选择。

(4)在 $t=4$ 时，公司 A 获得现金流和收益：如果 $I=0$，那么公司 A 的现金流必为 0。如果 A 执行了决策，即 $I=1$，那么其现金流取决于其决策类型。

本小节将分阶段阐述公司的现金流收益、股票价格信息及股票市场的均衡。首先，研究在 $t=4$ 时公司的现金流收益。如果 $I=0$，那么公司 A 的现金流必为 0。如果 A 执行了决策，即 $I=1$，那么其现金流取决于其决策类型，具体而言，如果是成功的决策，那么其现金流为：

$$r(S_A, m_{S_A \cdot 1}, G) = \bar{r}(S_A, m_{S_A \cdot 1}) + \sigma_{S_A} \tag{8.1}$$

如果是失败的决策，那么其现金流为：

$$r(S_A, m_{S_A \cdot 1}, B) = \bar{r}(S_A, m_{S_A \cdot 1}) - \sigma_{S_A} \tag{8.2}$$

其中，σ_{S_A} 代表现金流的波动项。此时，该决策的净现值为：

$$\mathrm{NPV}(S_A, m_{S_A \cdot 1}, t_{S_A}) = r(S_A, m_{S_A \cdot 1}, t_{S_A}) - 1 \tag{8.3}$$

本章对公司的现金流假设如下：在其他条件相同的条件下，差异化决策的现金流高于同质化决策的现金流，即：

$$r(S_u, 1, t_{S_u}) > r(S_c, n+1, t_{S_c}) \tag{8.4}$$

其中，$t_{S_u}=t_{S_c}$，此条件说明了产品差异化能够通过降低竞争程度而提高公司的利润。

此外，模型还设定：

$$r(S_c,\ n,\ G) > r(S_c,\ n+1,\ G) > r(S_c,\ n,\ B) > r(S_c,\ n+1,\ B) > 0 \tag{8.5}$$

即 $0<\bar{r}(S_c,\ n)-\bar{r}(S_c,\ n+1)<2\sigma_c$，这说明相对于已上市公司自身的现金流波动，公司$A$进入市场对既存上市公司的现金流水平的影响可忽略不计。然后，本章假设 $r(S_c,\ n+1,\ B)>0$，即在位公司能够得到的最小现金流量大于0。因此即便公司的同质化决策失败，公司也不会放弃这种策略，因为执行该计划的投资成本属于沉没成本。

在$t=3$时公司A的经理人有三种信息来源：内部信息，已上市其他竞争对手的股价变化，本公司股价变化。首先，对于内部信息，经理人可观察到一个关于决策成败的信号$s_m\in\{t_s,\ \phi\}$，其中$s_m=t_s$的概率为$\gamma>0$，且成功(G)和失败(B)的概率各占1/2，而$s_m=\phi$(即没有观察到任何信号)的概率为$1-\gamma$。其次，公司A的经理人观察到的其他上市公司股价的变化可以为其决策做参考，假设在第二期观察到的股价为p_{j2}，其中$j\in\{1,\ \cdots,\ n\}$。最后，若公司A已上市，公司经理人可以通过观察本公司股票价格p_{A2}，获得产品决策信息。综上所述，公司A的经理人在第三期可获得的信息可表示为：

$$\Omega_3=\{p_{12},\ \cdots,\ p_{n2},\ p_{A2},\ s_m\} \tag{8.6}$$

那么，对于某种确定的投资决策I，公司A的期望价值可以表示为：

$$V_{A3}(I,\ S_A)=I\times E(\mathrm{NPV}(S_A,\ m_{S_A,1})\mid\Omega_3) \tag{8.7}$$

此时，公司A经理人通过选择I最大化第三期的价值$V_{A3}(I,\ S_A)$，将最优选择表示为$I^*(\Omega_3,\ S_A)$。那么对于上式，很显然，若期望净现值为正数，$I^*(\Omega_3,\ S_A)=1$；若期望净现值为负数，那么$I^*(\Omega_3,\ S_A)=0$。因此，在第三期公司A的期望价值可以表示为：

$$V_{A3}(I^*,\ S_A)=\mathrm{Max}\{0,\ E(\mathrm{NPV}(S_A,\ m_{S_A,1})\mid\Omega_3)\} \tag{8.8}$$

再次，研究在$t=2$时股票市场的均衡。此时，投资者对所有公司的股票进行交易，其中投资者可以分为以下三类：风险中性的投机者、流动性交易者和风险中性的做市商。其中，投机者根据可获取的信息在有利可图的时候进行交易；流动性交易者进行交易时则不考虑股票市场信息等因素，仅出于流动性原因进行交易，其对于公司 j 股票的总需求为z_j，且相互独立的z_j 服从在$[-1, 1]$ 的均匀分布；做市商根据对公司价值的理性预期决定股票价格，从而为市场提供流动性。

占π_c 比例的大部分投机者提供S_c 的信息，并且能够获得该策略完全的信息；而剩余部分的投机者没有相关信息。同样的，如果公司 A 选择差异化策略，那么将有大部分投机者π_u 提供信息，并且能够获得该策略完全的信息。假设π_c 和π_u 是外生的。

假设投机者获得的信息为$\hat{s}_i(S) \in \{G, B, \phi\}$，其中$\hat{s}_i(S) = \phi$ 代表未获得信息。在获得信息之后，投机者在预算约束内最多可购买 1 单位的股票。假设投资者 i 对采用策略 S_j 的公司股票 j 的需求为 $x_{ij}(\hat{s}_i(S_j)) \in [-1, 1]$，那么投机者和流动性交易者的总需求，即订单流$f_j$ 为：

$$f_j = z_j + x_j \tag{8.9}$$

其中$x_j = \int_0^1 x_{ij}(\hat{s}_i(S_j))\,\mathrm{d}i$ 为投机者对股票j 的总需求，z_j 为流动性交易者的总需求。在根据信息估值得到的均衡股价水平上，每只股票的订单流将被做市商消化(Kyle，1985；Gloston 和 Milgrom，1985)。此时股价为：

$$p_{A2} = E(V_{A3}(I^*(\Omega_3, S_A), S_A) \mid \Omega_2) \tag{8.10}$$

$$p_{j2} = E(r(S_c, m_{S_c \cdot I^*}, t_{S_c}) \mid \Omega_2) \tag{8.11}$$

其中$j \in \{1, \cdots, n\}$，本章假设做市商在定价前会观察每只股票的订单流，即$\Omega_2 = \{f_1, \cdots, f_n, f_A\}$。某只股票的做市商就能够从其他公司股票的订单流中获得相关信息。因此，当经理人做出决定时，股票价格已经能够反映出所有订单流信息，而公司 A 的股票价格能够充分反映其他采取公司 A 相同决策的公司的相关信息。

公司 A 的股价依赖于经理人在第三期做出的决策，即 $I^*(\Omega_3, S_A)$。而其他在位公司股价同样也依赖于公司 A 的决策，因为当公司 A 决定采用同质化策略时，将会影响同行业竞争的数目，进而对其现金流产生影响。反之，公司 A 的经理人在第三期的决策也取决于股票价格。因而在均衡状态，公司经理人的最优决策$I^*(\Omega_3, S_A)$ 以及所有公司的股票价格是同时决定的。

股票市场均衡包括以下三个条件：每个投机者对每个公司的交易策略$x_{ij}^*(\cdot)$、股票价格$p_{j2}^*(\cdot)$，$j \in \{1, \cdots, n, A\}$ 以及公司 A 的决策 $I^*(\cdot)$。均衡的股票市场应当满足以下几个条件：首先，当给定其他投机者的交易策略和股票价格$p_{j2}^*(\cdot)$ 后，投者 i 的交易策略$x_{ij}^*(\cdot)$ 应当能够最大化其利润；其次，在已知第三期的股价信息的条件下，$I^*(\cdot)$ 将最大化公司 A 的期望收益$V_{A3}(I, S)$；再次，在给定$x_{ij}^*(\cdot)$ 和$I^*(\cdot)$ 的条件下，股票价格满足(8.10) 式和(8.11) 式；最后，公司 A 的经理人和做市商根据贝叶斯法则调整其对于产品决策类型(同质化或差异化) 的信念。

最后，在 $t = 1$ 时，公司 A 选择最优策略S_A^* 来最大化公司价值 $V_{A1}(S_A)$，即

$$\begin{aligned} V_{A1}(S_A) &= E(V_{A3}(I^*(\Omega_3, S_A))) \\ &= E(\text{Max}\{0, E(\text{NPV}(S_A, m_{S_A \cdot 1}) \mid \Omega_3)\}) \end{aligned} \tag{8.12}$$

关于净现值，本章做出以下假设：首先，不同于现金流水平，当且仅当决策成功时，净现值为正数：

$$\text{NPV}(S_A, m_{S_A \cdot 1}, B) < 0 < \text{NPV}(S_A, m_{S_A \cdot 1}, G) \tag{8.13}$$

该假设意味着成功的同质化决策占优于失败的差异化决策，也就是说，如果一个差异化的策略不能满足消费者的需求，那么该策略将不能获取利润。经理人在 $t = 3$ 时的成长期权是有价值的。否则，无论行权与否，公司 A 在 $t = 1$ 时的价值都相同。此外，本章假设当第三期不能获得相应信息时，那么采用该决策的期望净现值为负数：

$$E(\text{NPV}(S_A, m_{S_A \cdot 1}, t_{S_A})) = \bar{r}(S_A, m_{S_A \cdot 1}) - 1 < 0 \tag{8.14}$$

也就是说，如果公司 A 的经理人在第三期不能够获得相关信息，那么其最优决策即为放弃该机会。

显然，如果经理人依赖股价信息作为信息来源，那么差异化的动机将会削弱。本书将这种现象称为同质化效应。

当经理人仅考虑内部信息时，根据(8.14) 式，当且仅当$t_{s_c} = G$时，公司 A 执行该决策。在第一期公司 A 的期望净现值为：

$$V_{A1}^{0}(S_A) = \frac{\gamma}{2}(r(S_A,\ m(S_A,\ S_A,\ 1),\ G) - 1) \tag{8.15}$$

(8.15) 式变形为：

$$\frac{V_{A1}^{0}(S_u)}{V_{A1}^{0}(S_c)} = \lambda(n) \overset{\text{def}}{=\!=\!=} \frac{r(S_u,\ 1,\ G) - 1}{r(S_c,\ n+1,\ G) - 1} > 1 \tag{8.16}$$

其中 $\lambda(n)$ 为差异化策略的现金流收益。由于 $\lambda(n) > 1$，得到推论 1。

推论 1　当公司 A 的经理人仅仅依赖内部信息做决策时，其最优选择为差异化策略。

如果企业利用股价信息作为决策的信息来源。在均衡条件时，如果市场中投机者收到信号，由于他是风险中性的，且对均衡价格不会产生影响，那么最优情况下，他将最大化交易额。如果投机者了解到同质化策略将会失败，那么最大的可实现的订单流将小于 $1-\pi_c$，因为流动性交易者的需求不可能超过 1。因此，如果一只股票的订单流高于 $1-\pi_c$，那么做市商将推断出同质化决策将会成功，所有公司(包括 A 在内)的股票价格将会调整到最高水平，从而较高股价水平将给公司 A 的经理人传递信号：同质化策略将会成功。相应地，即使经理人没有获得该策略的内部信息，最优情况下，他也将执行同质化决策。

相似地，如果一只股票的订单流小于 $\pi_c - 1$，那么将意味着投机者会了解到同质化决策将会失败。因此，所有公司的股票价格将会调整到最低水平，该股价将给公司 A 的经理人传递信号：应当放弃执行同质化决策。

而当订单流在 $[-(1-\pi_c),\ (1-\pi_c)]$ 区间内时，同质化决策可能成功也可能失败。因此，做市商不能够从投资者的交易中获得信息。股票价格不再包含同质化决策的信息。此时，根据之前假设，期望净现值为负值，公司 A 的经理人将不再执行同质化决策。

综上所述，当公司的订单流 $f_{max} \geqslant 1-\pi_c$ 或者 $f_{min} \leqslant -(1-\pi_c)$，公司的股价将能够充分反映出同质化决策的成败结果。而在其他情况下，股票价格不再包含同质化决策成败的信息，因此，经理人能够用下式衡量任何遵循同质化策略公司的股价信息(f_{max}，f_{min} 对称分布)：$\overline{\pi}(n,\ \pi_c) = 2Pr\ (f_{max} \geqslant 1-\pi_c)$，经化简得到：

$$\overline{\pi}(n,\ \pi_c)=1-(1-\pi_c)^{n+1} \tag{8.17}$$

因此，遵循同质化策略公司的股价信息随着已知同质化策略成败的投资者比例π_c，以及采取同质化策略的公司数目n的增加而增加。通过观察其他公司股价信息，做市商能够更好地了解投机者掌握的关于同质化决策的信息，他们能够从n家公司观察到多种信息。信息的准确性将随着公司数目的增多而增多。这也解释了股票价格信息随着n的增加而增加。

而从公司经理人的角度而言，如果经理人能够得到内部信息，经理人将根据内部信息进行决策：如果$s_m=G$，那么经理人将执行同质化策略；如果$s_m=B$，则放弃该策略；如果没有获得内部信息，即$s_m=\phi$，那么经理人将通过股票价格进行决策。如果他观察到$p_{A2}=p_{A2}^H$，那么他推断出$f_{\max}>1-\pi_c$。此时，因为当且仅当投机者购买股票（即$\hat{s_i}(S_j)=G$）时才会出现$f_{\max}>1-\pi_c$，那么由此可推测$t_{s_c}=G$，最优选择应为执行该决策。如果经理人观察到$p_{A2}=p_{A2}^L(S_c)$，那么可知$(\pi_c-1)>f_{\min}$，也即$t_{s_c}=B$。此时，经理人将放弃执行该决策。最后，如果经理人观察到$p_{A2}=p_{A2}^M(S_c)$，那么他将推测出对于所有公司而言，$(\pi_c-1)\leqslant f_{\min}$且$f_{\max}\leqslant 1-\pi_c$。此时，没有同质化决策的相关信息，因此根据(8.14)式，此时净现值为负，经理人将放弃执行该策略。

如上所述，当公司A选择同质化策略时，$\pi_c\in(0,1)$，股票市场均衡如下：

（1）如果$\hat{s_{ij}}(S_c)=G$，投机者i购买一单位公司j的股票，其中$j\in\{1,\cdots,n,A\}$；如果$\hat{s_{ij}}(S_c)=B$，投机者i卖出一单位公司j的股票，若无相关信息，则不进行交易。

（2）对在位公司而言，若$f_{\max}>1-\pi_c$，股价$p_{j2}=p_{c2}^H(n+1)$；若$f_{\max}\leqslant 1-\pi_c$，$f_{\min}\geqslant-(1-\pi_c)$，股价$p_{j2}=\dfrac{\gamma}{2}p_{c2}^H(n+1)+\left(1-\dfrac{\gamma}{2}\right)p_{c2}^L(n)$；若$f_{\min}<-(1-\pi_c)$，股价$p_{j2}=p_{c2}^L(n)$。

（3）对于公司A而言，若$f_{\max}>1-\pi_c$，股价为$p_{A2}^H(S_c)$；若$f_{\max}\leqslant 1-\pi_c$，$f_{\min}\geqslant-(1-\pi_c)$，股价为$p_{A2}^M(S_c)$；若$f_{\min}<-(1-\pi_c)$，股价

为$p_{A2}^{L}(S_c)$。

（4）若公司A的经理人获得了内部信息，那么他将根据该信息决定是否执行该策略：若该信息表明决策将成功，那么他将在第三期执行该决策；其他情况则不执行。在其他情况下，经理人将根据股价决定是否执行策略：若股票价格为$p_{A}^{H}(S_c)$，那么他将在第三期执行该决策；其他情况的不执行。

8.2.2　纳入股票价格信息的产品差异化动态竞争

当公司A选择差异化策略时，如果经理人能够得到内部信息，将根据内部信息进行决策：如果$s_m = G$，那么经理人将执行差异化策略；如果$s_m = B$，则放弃该策略；如果没有获得内部信息，即$s_m = \phi$，那么经理人将通过股票价格进行决策。如果他观察到$p_{A2} = p_{A2}^{H}$，那么他推断出$f_{\max, -A} > 1 - \pi_c$。此时，因为当且仅当投机者购买股票（即$\hat{s}_i(S_j) = G$）时才会出现$f_{\max, -A} > 1 - \pi_c$，那么由此可推测$\hat{s}_i(S_j) = G$，最优选择应为执行该决策。如果经理人观察到$p_{A2} = p_{A2}^{L}(S_c)$，那么可知$f_{\min, -A} < -(1 - \pi_c)$，也即$\hat{s}_i(S_j) = B$。此时，经理人将放弃执行该决策。最后，如果经理人观察到$p_{A2} = p_{A2}^{M}(S_c)$，那么他将推测出对于所有公司而言，$f_{\min, -A} < -(1 - \pi_c)$且$f_{\max, -A} > 1 - \pi_c$。此时，没有差异化决策的相关信息，净现值为负，经理人将放弃执行该策略。

当公司A选择差异化策略时，$\pi_u \in (0, 1)$，股票市场均衡如下：

（1）如果$\hat{s}_i(S_j) = G$，投机者i购买一单位公司j的股票，其中$j \in \{1, \cdots, n, A\}$；如果$\hat{s}_i(S_j) = B$，投机者$i$卖出一单位公司$j$的股票，若无相关信息，则不进行交易。

（2）对已上市公司而言，若$f_{\max, -A} > 1 - \pi_c$，股价$p_{j2} = p_{c2}^{H}(n)$；若$f_{\max, -A} \leqslant 1 - \pi_c$，$f_{\min, -A} \geqslant -(1 - \pi_c)$，股价$p_{j2} = (p_{c2}^{H}(n) + p_{c2}^{L}(n))/2$；若$f_{\min, -A} < -(1 - \pi_c)$，股价$p_{j2} = p_{c2}^{L}(n)$。

（3）对于公司A而言，若$f_A > 1 - \pi_u$，股价为$p_{A2}^{H}(S_u)$；若$f_A \in (-(1 - \pi_u), 1 - \pi_u)$，股价为$p_{A}^{M}(S_u)$；若$f_A < -(1 - \pi_u)$，股价为$p_{A}^{L}(S_u)$。

（4）若公司A的经理人获得了内部信息，那么他将根据该信息决定是否执行该策略：若该信息表明决策将成功，那么他将在第三期执行该决策；其他情况则不执行。在其他情况下，经理人将根据股价决定是否执行策略：若股票价格为$p_A^H(S_u)$，那么他将在第三期执行该决策；其他情况的不执行。

该均衡与公司A选择同质化战略的均衡相似，且是唯一均衡。证明与同质化决策均衡相同。与之前不同的一点是，当公司A选择差异化策略时，公司A股票的做市商不能够从上市公司股价中获取差异化策略的信息。因此，公司A的股价只依赖于该股票市场信息，即π_u。当且仅当$\overline{\pi}(n, \pi_c) > \pi_u$时，即遵循同质化决策的公司股价信息高于差异化公司的股价信息含量，若公司A选择同质化策略，公司A的股票价格包含的策略成败的信息更多，用(8.17)式进行代换，得到以下命题：

推论2(模仿加强了股票市场信息) 在均衡条件下，若公司A选择同质化策略，当且仅当$n \geqslant \dfrac{\ln(1-\pi_u)}{\ln(1-\pi_c)} - 1$，其股价包含的关于该策略的成败信息更多，即$\overline{\pi}(n, \pi_c) > \pi_u$。

因此，公司A的经理人的决策将影响第二期公司A股价信息含量。特别地，即使$\pi_c < \pi_u$，仍旧存在临界值，使得当已上市公司数目足够多时，若公司A采取同质化策略，股票A价格将包含更多其决策成败信息。也就是说，当n增加时，同质化公司的股票做市商将从订单流中获得更准确的关于该策略成败的信息。

8.2.3 产品市场差异化竞争中的企业 IPO 决策

基于以上分析，本节将推导出公司A在何种情况下选择同质化(差异化)策略能够达到价值最大化，并进行比较静态分析。

首先考虑公司A选择同质化策略。由同质化决策均衡，当且仅当得到内部信息并了解到该策略会成功时或者尽管没有内部消息但股价较高(p_{A2}^H)，公司A的经理人会在第三期执行该策略。内部消息表明该策略将成功的概率为$\gamma/2$，而没有内部消息但股价较高的概率为$(1-\gamma)\overline{\pi}(n, \pi_c)/2$，由此推导出公司$A$在第一期的期望价值为：

$$V_{A1}(S_c) = \frac{(\gamma + (1-\gamma)\overline{\pi}(n, \pi_c))}{2}(r(S_c, n+1, G) - 1) \tag{8.18}$$

当公司 A 采取了差异化策略，那么：

$$V_{A1}(S_u) = \frac{(\gamma + (1-\gamma)\pi_u)}{2}(r(S_u, 1, G) - 1) \tag{8.19}$$

对于既定的决策，相对于无股价信息，公司 A 经理人考虑了自身股价信息后的第一期价值较高，即：

$$V_{A1}(S_A) \geqslant V_{A1}^0(S_A) \tag{8.20}$$

其原因为公司 A 的股价信息补充了内部信息的不足，因此加强了经理人在第三期执行决策的能力。这种效应在公司 A 股价信息含量较高时更强，这也解释了公司 A 的价值随着了解信息的投机者的比例增多而增多的现象。比较两个决策的期望价值，当且仅当$V_{A1}(S_u) > V_{A1}(S_c)$时，公司 A 会选择差异化策略，用(8.18)式、(8.20)式进行替换，得到推论 3a。

推论 3a(同质化效应)　如果$\pi_u < \overline{\pi}(n, \pi_c)$，那么在第一期，若 $\lambda(n) < \hat{\lambda}(\gamma, \pi_u, \pi_c, n)$，公司 A 的最优决策为同质化策略，若 $\lambda(n) > \hat{\lambda}(\gamma, \pi_u, \pi_c, n)$，公司 A 的最优决策为差异化策略。其中，$\hat{\lambda}(\gamma, \pi_u, \pi_c, n) = \dfrac{(\gamma + (1-\gamma)\overline{\pi}(n, \pi_c))}{(\gamma + (1-\gamma)\pi_u)} > 1$。而如果 $\pi_u > \overline{\pi}(n, \pi_c)$，那么公司 A 将总是选择差异化策略。

因此，当参数$\overline{\pi}(n, \pi_c) > \pi_u$，$\lambda(n) < \hat{\lambda}(\gamma, \pi_u, \pi_c, n)$时，利用股价信息、采用同质化策略的公司 A 存在最大值。具体而言，$\pi_u < \overline{\pi}(n, \pi_c)$时，如果公司 A 的经理人采取同质化决策，那么股价信息含量将更高，而当公司利用股票价格信息进行决策的时候，采取差异决策的概率会降低(推论 1)。在此种情况下，经理人面临如下权衡：如果差异化策略成功($\lambda(n) > 1$)，那么相对于竞争对手会有比较优势，从而将产生更高的现金流，但是他从股价中获得信息准确度将降低，从而降低了经理人未来高效决策的能力。如果 $\lambda(n) > \hat{\lambda}(\gamma, \pi_u, \pi_c, n)$，这种差异化信息成本将高于现金流收益。因此，经理人的最优策略为模仿在位公司的决策。

接下来，本节对产品差异化决策的临界条件进行比较静态分析。将

$\hat{\lambda}(\gamma, \pi_u, \pi_c, n)$ 对 γ、$\overline{\pi}(n, \pi_c)$、n、π_c 和π_u 分别求导，结果如下：

$$\frac{\partial\hat{\lambda}(\gamma, \pi_u, \pi_c, n)}{\partial\gamma}=\frac{\partial}{\partial\gamma}\left[\frac{\gamma+(1-\gamma)\overline{\pi}(n, \pi_c)}{\gamma+(1-\gamma)\pi_u}\right]<0 \quad (8.21)$$

$$\frac{\partial\hat{\lambda}(\gamma, \pi_u, \pi_c, n)}{\partial\overline{\pi}(n, \pi_c)}=\frac{(1-\gamma)}{\gamma+(1-\gamma)\pi_u}>0 \quad (8.22)$$

$$\frac{\partial\hat{\lambda}(\gamma, \pi_u, \pi_c, n)}{\partial n}=\frac{\partial}{\partial n}\left[\frac{\gamma+(1-\gamma)(1-(1-\pi_c)^{n+1})}{\gamma+(1-\gamma)\pi_u}\right]>0 \quad (8.23)$$

$$\frac{\partial\hat{\lambda}(\gamma, \pi_u, \pi_c, n)}{\partial\pi_c}=\frac{\partial}{\partial\pi_c}\left[\frac{\gamma+(1-\gamma)(1-(1-\pi_c)^{n+1})}{\gamma+(1-\gamma)\pi_u}\right]>0 \quad (8.24)$$

$$\frac{\partial\hat{\lambda}(\gamma, \pi_u, \pi_c, n)}{\partial\pi_u}=\frac{\partial}{\partial\pi_u}\left[\frac{\gamma+(1-\gamma)\overline{\pi}(n, \pi_c)}{\gamma+(1-\gamma)\pi_u}\right]<0 \quad (8.25)$$

根据以上偏导数可知，临界值$\hat{\lambda}(\gamma, \pi_u, \pi_c, n)$ 将随着π_c 的增加、π_u 的减小而增加，显然，当差异化决策的信息更多时，公司更倾向于选择差异化策略。临界值$\hat{\lambda}(\gamma, \pi_u, \pi_c, n)$ 将会随着 γ 而降低，当$\gamma=1$时，临界值也为1。事实上，当经理人内部信息充分时，他对股市信息的依赖程度降低。因此，采用同质化策略的信息优势也会相应降低。$\overline{\pi}(n, \pi_c)$ 越大，这种信息优势也就越大，反之亦然。这也解释了为什么临界值$\hat{\lambda}(\gamma, \pi_u, \pi_c, n)$ 会随着$\overline{\pi}(n, \pi_c)$ 的增大而增大。与基准模型对比，在这种情况下，公司 A 总是会选择同质化决策。

如果$\pi_u>\overline{\pi}(n, \pi_c)$，将不存在选择差异化策略的信息成本，因为公司 A 的股价对这种策略的收益信息含量更高。此时，将不存在同质化效应。但是，$\pi_u<\overline{\pi}(n, \pi_c)$ 出现的可能性更高，因为$\overline{\pi}(n, \pi_c)$ 将会随着 n 的增大而迅速增大。这种效应也说明了临界值随着 n 的增加而增加。总而言之，选择同质化策略是公司 A 的管理层提升价值的方法，因

为当 n 足够大时，该决策能够使股价信息含量更高(推论 2)。

若将 n 看为衡量行业集中度的变量，那么根据(8.24) 式可知，随着行业集中度的提高，临界值随之增加，即公司会更倾向于选择产品同质化决策。据此，本章提出推论 4：

推论 4　公司产品市场竞争程度越高，公司越倾向于选择同质化决策。

对于私有公司而言，进行产品差异化的成本较高，因为私有公司的管理层只能够通过其他公司的股票价格变化来获取信息，因此，也只能追随上市的在位公司既有的策略。因而，对于私有公司而言，这种同质化效应会更强烈。

证明如下：假设公司 A 未上市，且经理人采取了差异化决策。在此种情况下，由于采取了差异化策略且未上市，经理人不能够通过自身或者其他对手的股票价格获得任何信息。因此，公司 A 的经理人只能够通过内部信息来判断是否执行该决策。在 $t=1$ 时，公司 A 的价值与基准模型价值相同。

$$V_{A1}^{\text{private}}(S_u) = V_{A1}^{0}(S_u) \tag{8.26}$$

假设公司 A 选择了同质化策略，那么公司 A 可以从对手的股票价格中获得信息：如果对手的股票价格较高，那么公司 A 的经理人可知同质化决策将会成功，因此将会执行。因此，由可推知当公司私有且经理人选择同质化策略时，公司 A 的价值为：

$$V_{A1}^{\text{private}}(S_c) = V_{A1}(S_c) = \frac{(\gamma + (1-\gamma)\,\overline{\pi}(n-1))}{2}(r(S_c,\ n+1,\ G) - 1) \tag{8.27}$$

当且仅当 $V_{A1}^{\text{private}}(S_u) > V_{A1}^{\text{private}}(S_c)$ 时，私有公司 A 选择差异化决策，用(8.26) 式、(8.27) 式进行替换，得到推论 3b。

推论 3b　当公司 A 为私有时，如果 $\lambda(n) < \hat{\lambda}^{\text{private}}(\gamma,\ \pi_c,\ n)$，经理人选择同质化策略；如果 $\lambda(n) > \hat{\lambda}^{\text{private}}(\gamma,\ \pi_c,\ n)$，经理人选择差异化策略，其中 $\hat{\lambda}^{\text{private}}(\gamma,\ \pi_c,\ n) = \dfrac{(\gamma + (1-\gamma)\,\overline{\pi_c}(n-1))}{\gamma} > 1$。

公司 A 的经理人面临着上市与否的权衡。因此，无论在那种情况下，其决策方法一致：仅当现金流收益大于差异化的信息成本时，即 $\lambda(n) > \hat{\lambda}^{\text{private}}(\gamma, \pi_c, n)$，经理人将选择差异化。

推论 5(同质化效应对于私有公司更显著)　假设条件 $\hat{\lambda}^{\text{private}}(\gamma, \pi_c, n) > \hat{\lambda}(\gamma, \pi_u, \pi_c, n)$ 成立，且 $(n) \in [\hat{\lambda}(\gamma, \pi_u, \pi_c, n), \hat{\lambda}^{\text{private}}(\gamma, \pi_c, n)]$。若公司 A 是私有，则选择产品同质化；若公司 A 已上市，则选择产品差异化。而其他情况下，公司 A 是否上市与产品差异化决策无关。

推论 5 也可表述为：当 $\pi_u < \overline{\pi}(n, \pi_c) - \overline{\pi}(n-1, \pi_c) = (1-\pi_c)\pi_c^{\ n}$，同质化效应对于上市公司更显著。不等式右边随着 n 的减小而减小，因此，存在临界值 $\hat{n}(\pi_u, \pi_c)$ 使得不能满足条件 $n \geqslant \hat{n}(\pi_u, \pi_c)$，该临界值随着 π_u，π_c 减小而减小，如果 $\pi_u > \text{Min}\{\frac{1}{4}, 1-\pi_c\}$，该临界值将为 1。推论 5 描述了最可能出现的情况。

8.2.4　可检验的研究假说

公司的上市决策将会影响产品差异化决策，但无论在私有状态下还是上市之后，公司面临着相同的权衡，即比较现金流收益与差异化的信息成本，当差异化的现金流收益较高时，经理人将选择差异化决策。

根据上文提出的推论 5，本节提出第一个假设：

假设 1：公司上市后更倾向于选择差异化决策，而私有公司更倾向于同质化决策。

推论 1 和推论 3 具体阐述了公司的产品差异化决策和股票价格信息之间的关系。公司 A 的股价信息补充了内部信息的不足，因此加强了经理人在第三期执行决策的能力。这种效应在公司 A 股价信息含量较高时更强，这也解释了公司 A 的价值随着了解信息的投机者的比例增多而增多的现象。

根据推论 1、推论 3a、推论 3b，当参数 $\overline{\pi}(n, \pi_c) > \pi_u$，$\lambda(n) < \hat{\lambda}(\gamma, \pi_u, \pi_c, n)$ 时，利用股价信息、采用同质化策略的公司 A 存在最大值。如果经理人依赖股价信息作为信息来源，那么差异化的动机将

会削弱。经理人依赖于股票价格信息进行产品差异化决策时，是需要付出信息成本的。根据推论 3a，这种信息成本在采取同质化策略的股票价格信息含量较低($\overline{\pi}(n, \pi_c)$ 比较小)时比较低。因此，股票价格信息含量低的公司会倾向于进行产品差异化。由此，本节提出第二个假设：

假设 2：股票价格信息对产品差异化决策会产生影响——当对手股票价格信息含量低时，公司上市后倾向产品差异化的程度更强。

根据推论 4，若将 n 看为衡量行业集中度的变量，随着行业集中度的提高，临界值随之降低，即公司会更倾向于选择产品差异化决策。与此同时，亦有其他学者认为产品差异化作为市场结构的重要部分是普遍存在的。企业通过生产不同于竞争对手的产品，吸引消费者消费，甚至支付更高价格。行业集中度以及产品市场竞争程度较高时会促使公司进行产品差异化，从而避免激烈的竞争。由此，本章提出第三个假设：

假设 3a：公司行业集中程度越高，公司越倾向于选择同质化决策。

假设 3b：公司行业集中程度越高，公司越倾向于选择差异化决策。

8.3 股票价格信息与产品差异化竞争的实证检验

8.3.1 研究设计

8.3.1.1 实证变量选取

Hoberg 和 Phillips (2015)利用美国上市公司的 10-K 文件中关于公司的产品文字描述构建了一个衡量产品相似性的指标，并认为相似度指标大于 21.32%的临界值时可将公司归为一类，由此构建了一个基于文字描述的产品差异化分类标准(Text-based Network Industry Classification, TNIC)。由于数据的可获得性以及提取难度，本章参考 Hoberg 和 Phillips (2015)以及 Foucault 和 Frésard(2015)的思路，利用控制了市场收益后的两公司股票价格回归方程的估计参数代表两公司的股票价格协同作用，即相似性。采用相似的产品竞争策略的公司，股票价格大多数情况应当协同运动，其股票价格会呈现高度正相关；而若公司 A 采取的是差异化策略，那么其与在位公司的股票价格很可能是不相关的。因此，在本章的检验中，采用产品相似性作为产品差异度的反向指标来衡量每个公司相对于同行业同类在位的已上市公司 J_A 的差异化程度变化。具体做法为：对于刚刚上市的公司 A，对 A 与行业内的每个公司股票价格和市场收益进行回归，选取的时间区间为 A 上市当年及其后四年。根据相关系数 Beta，首先选出公司 A 的同类可比组 B(即 J_A)，并记录 A、B 公司 IPO 后五年的差异化程度；然后选出公司 A 的对比组 B'(B 的同类公司但不是 A 的同类的公司)。

为了随后研究产品差异化决策与 IPO 决策间的关系，本章首先按照(8.28)式进行回归估计，得到公司两两之间产品相似度 Beta 的年度数据，从而进一步研究公司上市前后产品差异化程度(相似性)的改变。

$$r_{i,w,t}=\beta_0+\beta_{m,t}r_{m,w,t}+\beta_{i,j,t}r_{j,w,t}+v_{i,w,t} \tag{8.28}$$

其中，$r_{i,w,t}$ 代表公司 i 在 t 年的第 w 周的股票回报率，$r_{m,w,t}$ 代表市场回报率，$r_{j,w,t}$ 同理为公司 j 的回报率。那么，经过回归得到的估计参数 $\beta_{i,j,t}$ 则衡量了公司 i 和公司 j 在第 t 年股票价格的协同作用。但由于公司 A 和公司 B 之间产品差异度是相对的，若两公司之间的产品差异度提高，可能是公司 A 采取了差异化策略，也可能是公司 B 采取了差异化策略，或者两者皆有。为了分离出 A、B 两者的相似程度 $\Delta_{A,B,\tau}$ 的变化中由 A 公司的决策引起的部分，本章构建一个对照组 B'：公司 B' 是公司 A 上市当年的可比公司 B 的可比公司，但不是 A 的可比公司。在这些公司中，本章选择具有与 A、B 相似度水平相差小于 0.01 的公司。因此总体而言，有 $\Delta_{A,B,\tau=0}=\Delta_{B,B'}$，$\tau=0$。本章将按照(8.1)式计算出公司 A 和 B、B 和 B' 在 A 公司上市后五年的产品相似程度，将 IPO 公司及其可比公司组(A, B)以及对照组(B, B')结合起来。计算每一组在每一个期间的产品相似程度 $\Delta_{i,j,\tau,t}$，然后根据申银万国一级行业分类，在同行业内构建和公司 A 具有较高相似性的可比实验组 B 及其对照组 B'。

在根据 Beta 构建实验组时，为确保实验组和对照组数目适当，本章经过多次试验，最终以 0.5、1.5 为临界点：当 Beta 值在 0.5 与 1.5 之间时，即认为两公司股票价格有协同作用，产品相似性较高。为保证对照组的配对公司与可比实验组的配对公司具有相似的产品差异化程度，本章选取与实验组 Beta 系数相差不超过 0.01 的配对公司构成对照组。

本章根据申银万国一级行业分类对每个行业的股票进行回归，计算产品相似度Beta，进行配对组成可比实验组。

为验证可比实验组相对于对照组的产品差异度变化更显著，本章构建示性变量Group：如果配对组为可比实验组A、B，那么Group取1；若配对组为对照组B、B'，那么Group取0。

衡量股票价格信息含量$\overline{\pi}(n, \pi_c)$有多种代理变量。首先，Easley、Kiefer和O'Hara（1996，1997）以及Easley、Hvidkjaer和O'Hara(2002)提出知情交易概率指标(Probability of Informed Trading，PIN)。该指标从微观市场结构模型得出，其中市场交易包括噪音交易和知情交易。它衡量了一个特定交易是知情交易的概率，即本章模型中的π_c和π_u。股票价格信息含量随着这些概率的增加而增加。因此，PIN与股票价格信息含量息息相关。但此种方法由于数据搜集比较困难，因此没有并未得到广泛应用。

第二种代表变量是由Bai、Philipon和Savov(2014)提出的，该变量依赖于当前股票价格预测未来股票收益的能力。他们利用每年每个公司的截面数据，用公司对手未来三年的收益对其当前的股价和收益进行回归。若公司对手的当前股价和收益能够更好地预测其未来收益(即股价回归系数显著)，那么认为其对手的股票价格信息含量较高。但此种方法的关键在于如何度量股票未来价格信息。

第三种代表变量是基于股票价格对盈利新闻的敏感度衡量的，使用了盈利反映系数(Earnings Response Coefficients，ERC)。Ball和Brown(1968)认为股票价格信息含量高的股票应当能够更快、更准确地反映公司关于未来盈利的相关信息。因此信息含量高的公司的盈利新闻会导致股票价格反映不足。因此，$1/ERC_j$较大意味着公司i的对手j的股票价格信息含量更高。具体方法为：采用经市场调整的四个季度报告期的三日平均股票收益，对每一个公司每一年度计算$1/ERC_j$。

第四种代表变量是对手公司证券分析师的报道。分析师搜集公司策略价值的信息，并提供增值信息(Healy和Palepu，2001)，这种增值信息将对股票价格产生显著影响(Womack，1996；Barber、Lehavy、McNichols和Trueman，2006)。若报道较多，那么信息透明度较高。此外分析师也将从管理层直接获得信息，并将该信息公开。因此，如果被较多的股票分析师关注，那么对手公司的股票价格信息含量将更高。

最后一种，采用股票价格波动的非同步性衡量股票价格信息含量。Roll(1988)、Durvev(2003)将股票收益分解为来自市场、行业以及公司层面的收益，采用公司股票收益对市场收益和行业收益回归的 R-square 计算股票价格信息含量。考虑到获取数据的途径以及应用的广泛性等原因，本章将采用最后一种代理变量，以股票价格波动的非同步性衡量股票价格信息含量。具体而言，本章首先估计：

$$r_{i,t}=\beta_0+\beta_{m,t}r_{m,t}+\beta_{i,k}r_{k,t}+\varepsilon_{i,k,t} \tag{8.29}$$

其中 $r_{i,t}$ 代表公司 i 在第 t 周的收益率，$r_{m,t}$ 代表第 t 期的市场收益率，$r_{k,t}$ 为第 t 期公司 i 所属行业 k 的收益率，$\varepsilon_{i,k,t}$ 为残差项。对方程进行回归后得到的 R - square 表示市场和行业层面的收益率对公司股票价格的解释力度，也就是说股票价格能够反映出的市场与行业的信息，而 1 - R - square 则能够度量股票波动的非同步性，也即股票价格中反映出的公司层面的信息比例。当股票波动的非同步性较高时，表明公司股价不易受到行业和市场层面的影响，而是更多地由公司层面的信息决定。尽管 Roll(1988)认为这种股票波动的非同步性可能有两种解释：公司层面的信息和投资者的噪音交易，但 Durvev(2003)、Defond 和 Hung(2004)实证研究证明了噪音交易只对股票波动的非同步性产生较小的影响，股票波动的非同步性能够反映股票价格信息含量。因此，本章采用此方法度量股票价格信息含量。

衡量产品市场竞争程度最常用的指标即基于行业企业数量的赫芬达指数 HHI(Baranchuk、Kieschnick 和 Moussawi，2014；陈信元，靳庆鲁和肖土盛等，2014；曹昀，2012)。HHI 越大表示竞争越激烈，在完全竞争行业中 HHI 接近于 0。其计算公式为：

$$\mathrm{HHI}=\sum_{i=1}^{n}\left(\frac{X_i}{X}\right)^2\times 10000=\sum_{i=1}^{n}S_i^{\,2}\times 10000 \tag{8.30}$$

其中 S_i 表示行业中企业 i 的市场份额。虽然 HHI 指数利用行业数量衡量了行业集中度，但对于企业与企业竞争对手之间的竞争剧烈程度的考量有待加强。

也有部分学者综合考虑到产品市场竞争程度、市场势力和行业集中度(Sundaram、John 和 John，1996；王一竹，2015)，基于企业和企业竞争者之间净利润和销售收入的关系构造了 PMC 指标衡量产品市场竞争程度。企业 i 所面临的市场竞争度为：

$$\mathrm{PMC}_i = \exp\left(-\operatorname{corr}\left[\frac{\Delta P_i}{\Delta S_i},\ \Delta S_{-i}\right]\right) \tag{8.31}$$

其中 ΔP_i 为企业 i 净利润变动，ΔS_i 为销售收入变动，ΔS_{-i} 为除企业 i 以外其他企业的净利润变动。那么 PMC 越大，企业面临的竞争压力越大。行业的产品市场竞争程度由算术平均求得。

结合本章的研究内容以及产品市场竞争环境的特点，本节确定了以下三种控制变量：

(1)配对固定效应变量 $\alpha_{i,j}$：控制非时变的特征，例如公司 i 与其竞争对手 j 之间的差异化能够带来的现金流收入。

(2)时间固定效应变量 δ_t：控制了共同的影响所有公司差异化水平的时变因素。

(3)公司 i 及其竞争对手 j 时变的特征变量：此处本章选择的控制变量为公司规模(代表变量为总资产)和市值账面比 M/B。其中，市值账面比反映了公司的成长机会，定义为公司市值与总负债之和除以总资产。

8.3.1.2　实证思路与数据来源

参考 Hoberg 和 Phillips (2015)及 Foucault 和 Frésard(2015)等的研究思路。本节首先根据中国的股票价格行情序列数据，按照申银万国一级行业分类，在行业内部对企业两两进行回归，以企业间的 Beta 系数衡量企业间的相似度，进而构建了行业内公司差异度的数据库。在此数据基础上，本章将阐述产品差异化程度如何受到股票价格信息的影响，检验私有公司相对于上市公司的更倾向于采取同质化的产品市场决策，并考察这种效果的持续性如何。此外，在稳健性检验部分，本节将根据行业特点，对处于不同竞争程度行业的公司产品差异化决策进行深入研究。

由于计算公司产品差异度(相似性)在上市五年内的变化需要上市后五年的股票价格行情序列数据，因此本节选取了中国上证 A 股市场在 1990 年 1 月到 2011 年 12 月期间上市的公司在 2005 年 1 月到 2015 年

12 月的股价周数据以及部分公司财务指标，研究样本为 2005 年 1 月到 2011 年 12 月的 966 家上市公司。本章的实证研究中分组和配对均在同一行业内进行，以便研究行业内企业与其竞争对手之间产品差异化决策的交互作用。因此，本章采用申银万国一级行业分类，其中共包括 28 个行业。根据实证检验的需求和行业数据的特征，本章将数据进行如下处理：由于金融行业具有特殊性以及综合行业的经营范围较大，因此，本章不考虑银行、非银金融和综合行业的产品差异化决策。在计算企业及其竞争对手间的产品相似性过程中，本章发现休闲娱乐和国防军工行业仅有 30 个公司样本，在进行分组和配对的过程中由于样本量不足，仅存在 9 个可比配对公司，而对照公司则不存在，因此，本章也将休闲娱乐和国防军工行业剔除。将所有上证 A 股公司按行业分类，最后整理为家用电器、医药生物、汽车、建筑装饰等 23 个行业。之后，利用这些公司 2005 年 1 月到 2015 年 12 月的股票价格周数据，判断其产品差异化程度(相似性)的变动。本章所有数据来源于 Wind 咨询金融终端，并在数据处理过程中剔除了缺失数据的样本。

8.3.2 企业 IPO 前后产品差异化动态竞争的检验

表 8-1 和表 8-2 为以上变量的描述性统计结果。表 8-1 显示了公司配对水平上的统计结果，其中实证检验的样本共包含 966 个 IPO 上市公司 A，在期初有 742 个可比公司 B 以及 504 个对照公司 B'；而在 IPO 上市五年内，共有 2660 个可比公司 B 以及 3825 个对照公司 B'。在进行参数设置时，对照组公司总体而言在规模、市值账面比以及初期的产品差异度等方面与可比公司组的均值相当。可比实验组(即配对的 IPO 公司 A 与可比在位公司 B)的总资产对数差为-0.8251，而市值账面比为 1.1033；很显然，上市公司的平均规模小于在位公司，而市值账面比要大于在位公司，而这种差异随着时间的推移会逐渐减小。此外，通过比较 Panel A 和 Panel B 总样本的平均产品相似度可发现，在公司 IPO 期初平均产品相似度为 0.6026，而当扩大到公司 IPO 五年内的样本时，平均产品相似度降低为 0.3412。这一数据可初步验证，公司在上市后倾向于选择产品差异化决策。

表 8-1　　　　　**描述性统计（公司配对水平）**

Panel *A*： τ=1	可比实验组 Group=1	对照组 Group=0	总样本 All
数目	742	504	1246
与配对公司的平均产品相似度	0.61633424	0.59215374	0.6025809
总资产对数差	−0.8251012	0.28300854	−0.171583
市值账面比差	1.10332045	−0.3857792	0.22576163
Panel *B*： τ=1，2，3，4，5	可比实验组 Group=1	对照组 Group=0	总样本 All
数目	2660	3825	6485
与配对公司的平均产品相似度	0.35113883	0.33037108	0.34119486
总资产对数差	−0.7434425	0.27885221	−0.1349454
市值账面比差	0.44622753	−0.1446316	0.09794507

资料来源：Wind 数据库。

表 8-2 为行业水平的描述性统计，可以看出不同行业的上市公司数目差异很大，从最多的化工行业 227 家到较少的钢铁行业近 33 家。本章根据此行业分类，选出 IPO 公司的可比配对公司 *B* 作为实验组，再根据相同原则找出公司 *B* 的配对公司 *B′* 作为公司 *A* 的对照组。其中，上市公司 *A* 的可比公司 *B* 可能不止一个，因此 *A* 的可比公司可能多于 *A* 公司的数量，同理其对照组 *B′* 的数量也可能多于 *B* 的数量。与公司配对水平的描述性统计结果相似，大多数行业上市公司市值账面比差为正数，而总资产对数差为负数，即上市公司平均规模小于在位公司，市值账面比要大于在位公司。

根据本章节中产品市场竞争程度 PMC 指标的计算结果，商业贸易、传媒、建筑装饰、公用事业和房地产业竞争程度指标 PMC 在 0.95 与 1 之间；计算机与机械设备行业竞争程度指标 PMC 大于 1.05；而其余行业大多处于 1 与 1.05 之间。根据本章研究假说，由于行业的产品市场竞争度不同，也将影响到公司的产品差异化决策。而根据 HHI 指数来看，在研究的23个行业中，通信行业的行业集中度最高，为4412；而生物医药的行业集中度最低，为159。参考美国司法部对市场分类的界定，通信、化工和采掘行业为高寡占型；家用电器和装饰建材行业为低寡占型；其他行业均属于竞争型。但从表8-2来看，平均产品相似度最高的是有色金属行业为0.48448，最低的行业是化工行业，为0.2946；而两行业PMC均为1.02左右。这说明产品市场竞争虽然理论上会内生驱动公司产品差异化，但是现实中很可能会受到其他因素的影响，从而并非呈现简单的线性关系。在之后的实证研究中，本章将进一步分析不同行业在产品差异化策略选择方面是否存在差异。

表8-2　**描述性统计(行业水平)**

行业	总计	IPO公司 A	可比实验组 B	对照组 B'	产品相似度	市值账面比差	总资产对数差
家用电器#	43	22	8	3	0.4089	0.551	-1.3522
汽车	92	37	128	270	0.347	-0.3817	-0.3145
医药生物	165	67	600	1917	0.3377	-0.0307	0.0854
建筑材料	60	29	30	16	0.361	0.2891	-0.04749
商业贸易*	88	15	44	45	0.3144	1.2404	-0.09495
化工##	227	112	423	435	0.2946	0.1311	-0.3749
纺织服装	65	34	11	7	0.3335	0.3366	-0.1936
计算机**	106	76	187	178	0.3572	0.5002	-0.2666
建筑装饰*#	58	34	21	6	0.30586	1.61	-0.6942
采掘##	56	17	14	5	0.4547	-0.239	-1.1135
电子	118	79	188	206	0.3641	0.1578	-0.3291
电气设备	121	86	183	220	0.322	0.2062	-0.06309
农林牧渔	73	33	66	53	0.3299	0.1255	-0.08252
食品饮料	59	16	57	42	0.3311	-0.6792	-0.5141
轻工制造	72	39	47	17	0.3309	0.7527	-0.89824
机械设备**	186	114	164	144	0.3182	0.4607	-0.2481

续表

行业	总计	IPO 公司 A	可比实验组 B	对照组 B'	产品相似度	市值账面比差	总资产对数差
传媒*	58	32	51	7	0.3697	1.1411	-0.5125
有色金属	91	30	181	51	0.48448	-0.8718	-0.09356
公用事业*	102	23	116	65	0.34351	1.0282	-0.4638
房地产*	140	9	35	93	0.3723	-0.0095	0.3984
钢铁	33	7	13	2	0.4641	0.6981	-0.118
通信##	53	30	45	32	0.3431	0.00085	-0.1093
交通运输	81	25	48	11	0.4423	0.916	-0.8196
合计	2147	966	2660	3825	—	—	—

注：**代表行业 PMC 大于 1.05；*代表行业 PMC 在 0.95 与 1 之间；##代表高寡占型，#代表低寡占型，其他为竞争型。

资料来源：Wind 数据库。

根据上文的理论分析，同质化效应对私有公司将更为显著。因此，本小节将从实证角度检验，相比于上市之前，其公司在上市后产品差异化程度是否有所提高。在本章的检验中，采用产品差异指数来衡量每个公司相对于同行业同类在位的已上市公司 J_A 的差异化程度。假设 B 为公司 A 的可比公司 J_A 中的代表性公司，而 $\Delta_{A,B}(k_A)$ 代表公司 A 相对 B 的产品相似程度，其中公司所有权状态表示为 $k_A \in \{\text{private, public}\}$。$D_A$ 代表公司 A 上市前后与其可比公司平均产品相似水平的差值。

$$D_A = \frac{1}{n}\sum_{B \in J_A}(\Delta_{A,B}(\text{public}) - \Delta_{A,B}(\text{private})) \qquad (8.32)$$

在实证检验中，由于只能计算出两 IPO 上市公司之间的产品相似性，因而无法得到 $\Delta_{A,B}(\text{private})$。为了解决这一问题，本章参考 Spiegel 和 Tookes (2014) 及 Chod 和 Lyandres (2011) 的方法，检验了 $\Delta_{A,B}(\text{public})$ 从公司 A 上市开始，随时间变化的过程。本章定义，时间变量 $\tau = 1, \cdots, T$ 作为公司 A 的上市年数，其中，$\tau = 1$ 为公司 A 上市当年。假设 $\Delta_{A,B}(\text{private})$ 能够用公司 A 上市当年的产品相似程度，即 $\Delta_{A,B,\tau=0}(\text{public})$ 来代替。接下来，进行初步估计：

$$\Delta_{A,B,\tau}(\text{public}) = \alpha_{A,B} + \eta_A \times \tau + \varepsilon_{A,B,\tau} \tag{8.33}$$

其中，η_A 度量了产品相似度的平均变化，因此 η_A 对应了实证模型中的 D_A，而推论 5 预测 $\eta_A \leqslant 0$。由此初步验证了 IPO 后公司倾向于产品差异化策略的假说。

对于每一个公司 A，本章记公司 A 上市当年($\tau = 1$)的在位同类型公司为最初的可比公司，其中在位公司是指至少上市五年的公司。然后，记录 A 公司 IPO 之后五年的产品相似程度 $\Delta_{A,B,\tau}$，若某公司 B 在某一阶段不再是公司 A 的可比公司，那么本章将产品相似度设定为 0。本章根据计算出的公司 A 和 B、B 和 B' 在 A 公司上市五年内的产品相似程度，将 IPO 公司及其可比公司组(A，B)以及对照组(B，B')结合起来，得到每一组在每一个期间的产品相似程度 $\Delta_{i,j,\tau,t}$，并进行估计：

$$\Delta_{i,j,\tau,t} = \alpha_{i,j} + \eta_0\tau + \eta_1(\tau \times \text{Group}_{i,j,\tau,t}) + \delta_t + \beta X_{i,j,\tau,t} + \epsilon_{i,j,\tau,t} \tag{8.34}$$

其中 i 和 j 代表可比公司公司 i 和 j，t 代表时间，$\tau \in \{1, \cdots, 5\}$ 代表阶段。其中 Group 是示性变量，用以区分可比实验组和对照组。配对固定效应变量 $\alpha_{i,j}$ 控制非时变的特征，例如 i 与 j 之间的差异化带来的现金流收入；时间固定效应变量 δ_t 控制了共同影响所有公司差异化水平的时变因素。向量 X 控制了公司 i 和 j 时变的特征变量，此处本章选择的控制变量为公司规模(代表变量为总资产)和市值账面比 M/B。

在(8.34)式中，η_0 衡量了组内每一对公司差异度(相似度)随时间的平均变化，$\eta_0 + \eta_1$ 衡量了可比实验组内每一对公司相似度的平均变化，因此，η_1 衡量了刚刚上市的公司 A 与在位公司每年的产品相似度的相对变化，也可以认为是公司保持私有状态时和上市后产品相似度(差异化程度)的变化。这种变化的平均值应为负，即 $\eta_1 < 1$。本章借此研究了公司的 IPO 决策是否与产品差异化决策存在相关关系，即公司上市之后是否会更倾向于产品差异化。

表 8-3 是对假设检验的回归结果。根据(8.33)式，第(1)列是平均产品相似度对阶段变量 τ 和配对固定效应变量 $\alpha(i, j)$ 的基准回归，其中 τ 系数为负数且在 1%的水平下显著，结果表明对于所有配对组，平均产品相似化程度随着时间降低，即产品差异化程度随时间增加。第(2)列是控制了时间固定效应后，平均产品相似度对阶段变量 τ、分组

变量 $\tau\times$Group 的回归，其中分组变量的交互项 $\tau\times$Group 为正且显著，表明相对于对照组而言，可比实验组公司的相似度随时间的降低程度高出 1.36%，即相对于对照组而言，可比实验组公司在 IPO 后更倾向于产品差异化。第(3)列是控制了时间固定效应、规模变量以及市值账面比变量后的回归结果，除市值账面比之外，所有变量都在 1%水平下显著，说明该结论稳定。规模变量的估计参数为负数，表明规模较大的公司倾向于降低公司的产品相似度，采取差异化决策。而其他变量的回归结果与第(1)、(2)列的回归结果相同。由此，验证了假说 1，即公司上市后更倾向于选择差异化决策；而私有公司更倾向于同质化决策。

表 8-3　　**IPO 前后产品差异度变化回归结果**

自变量	产品相似化程度				
	(1)	(2)	(3)	(4)	(5)
T	-0.0697***	-0.0558***	-0.0517***	-0.0515***	-0.0507***
(阶段变量)	(-77.9)	(-34.96)	(-32.29)	(-31.95)	(-30.09)
τ^* Group		-0.0136***	-0.0090***	-0.0120***	-0.0128***
(分组变量)		(-17.67)	(-10.70)	(-12.56)	(-13.11)
总资产对数差 Size			-0.0126***	-0.0119***	-0.0998***
(控制变量)			(-13.07)	(-12.89)	(-11.65)
市值账面比差 mb			0.0001	0.0001	0.0003
(控制变量)			(1.45)	(1.09)	(1.43)
时间固定效应 δ_t		-0.0195***	-0.0249***	-0.0215***	-0.0198***
(控制变量)		(-15.18)	(-19.10)	(-20.01)	(-17.23)
配对固定效应 $\alpha_{(i,j)}$	0.5504***	39.6541***	50.6512***	44.7389***	49.2821***
(控制变量)	(185.4)	(15.40)	(19.31)	(19.45)	(18.90)
p-value	< 2.2e-16	< 2.2e-16	< 2.2e-16	< 2.2e-16	< 2.2e-16
Adjusted R-Square	0.1576	0.1718	0.1855	0.1789	0.1776

注：·、*、**、***分别表示在 10%、5%、1%、0%水平显著。

为研究在 IPO 上市后产品差异度(相似度)随时间的变化，进行可比实验组与对照组公司相似度差异的定量分析，本节还对(8.33)式进行 ANOVA 检验，结果如表 8-4 与表 8-3 的回归结果相似，除市值账面比之外，其他所有变量均在 1%的水平下显著。回归结果表明，相对于公司 IPO 上市时，IPO 后第一年产品相似度将降低 27.18%，且这种效应在可比实验组中更为显著，可比试验组比对照组相似度降低幅度平均高出 5%。也就是说，公司 *A* 在上市之后，相对于同行业竞争对手的产品差异程度会显著提升，并且这种产品差异度的提升并非是由于同行业竞争对手的产品差异化策略，而更多的是由于公司 *A* 的产品差异化导致的，更加有力地证明了假说 1 的合理性。

从时间变化趋势来看，随着时间的推进相对于 IPO 上市阶段的产品相似程度的变化幅度不断减小，从最初的 IPO 后第一年相似度降低 27.18%，到第二年、第三年、第四年分别降低了 26.25%，25.41%和 25.20%。这也就意味着，当公司选择 IPO 上市后，公司的产品差异化程度在短期内会得到显著提高，但这种差异化的提升在长期而言是不能持续的。这种结果，也可能与边际成本有关，当公司采取差异化决策进行产品研发和设计时，若公司的产品差异化程度已经较高，那么继续推行差异化策略的成本将会提高。

表 8-4　**IPO 前后产品差异度变化回归与 ANOVA 检验结果**

Variables	Estimate	t value	Pr(> | t |)
$\alpha_{(i,j)}$	45.2384	18.66367863	2.57E-77***
τ_2	−0.2718	−55.80707768	0***
τ_3	−0.2625	−49.50415027	0***
τ_4	−0.2541	−42.6936243	0***
τ_5	−0.2520	−37.43146189	5.12E-300***
δ_t	−0.0222	−18.42646929	2.02E-75***
mb	8.26E-05	1.273837521	0.202730473
Size	−0.01146	−12.66203858	1.18E-36***

续表

Variables	Estimate	t value	Pr(>| t |)
τ_1: Group1	−0.01277	−4.52448	1.35E-06***
τ_2: Group1	−0.02704	−5.11422	3.17E-07***
τ_3: Group1	−0.04319	−7.4264	1.14E-13***
τ_4: Group1	−0.0596	−11.2181	3.77E-29***
τ_5: Group1	−0.05549	−10.4914	1.04E-25***
Adjusted R-squared:	0.3087	F-statistic: 1165 on 12 and 31270 DF, p-value: < 2.2e−16	

Analysis of Variance Table

Variables	Sum Sq	Mean Sq	F−value	Pr(>F)
τ	549.93	137.483	3240.62	< 2.2e−16***
δ_t	14.88	14.883	350.8093	< 2.2e−16***
mb	0.2	0.197	4.6318	0.03139*
Size	15.52	15.522	365.8729	< 2.2e−16***
τ: Group	12.59	2.517	59.3343	< 2.2e−16***
· Residuals	31270	1326.62	0.042	

注：·、*、**、***分别表示在 10%、5%、1%、0%水平显著。

为了更直观地观察可比实验组与对照组公司产品差异度的变化，本节进一步以虚拟变量 D 代替阶段变量，得到(8.35)式，对其进行回归。

$$\Delta_{i,j,\tau,t} = \alpha_{i,j} + \delta_t + \sum_{\tau=0}^{5} \eta_{0,\tau} D_{i,j,\tau} + \sum_{\tau=0}^{5} \eta_{1,\tau} (D_{i,j,\tau} \times \text{Group}_{i,j,\tau}) + \epsilon_{i,j,\tau,t} \tag{8.35}$$

从回归结果以及表 8-4 可观察到在短期内(IPO 上市第一年，$t=2$ 时)，公司上市会显著降低公司的产品相似度，即 IPO 决策对于公司差异化决策的影响是正向的；但在长期(5 年)这种效应虽然存在但并不显著。但对照组与实验组之间的产品差异化程度随时间逐渐增加。

8.3.3 股价信息含量对企业产品差异化竞争的检验

为验证研究假说2，本节在探讨IPO后公司的产品相似度如何随同行业竞争对手股票价格信息的代表变量变化的基础上，在回归方程(8.33)中加入阶段变量、分组变量和股价信息变量的交互项：

$$\Delta_{i,j,\tau,t} = \alpha_{i,j} + \omega_0\tau + \omega_1(\tau \times \text{Group}_{i,j,\tau,t}) + \omega_2(\tau \times \text{Group}_{i,j,\tau,t} \times \emptyset_{i,j}) + \delta_t + \beta X_{i,j,\tau,t} + \epsilon_{i,j,\tau,t} \quad (8.36)$$

其中 $\emptyset_{i,j}$ 代表竞争对手股票价格信息的代表变量。(8.36)式将可比公司组的产品相似性(差异度)变化分解为无股价信息交互部分 ω_1 和与股价信息交互变量 $\emptyset_{i,j}$ 线性相关的部分 ω_2。而公司对信息成本和收益的权衡则表明当 $\emptyset_{i,j}$ 代表竞争对手 j 股票价格信息含量时，$\omega_2 > 0$。

本节使用与Roll(1988)、Durvev(2003)相同的方法，将股票收益分解为来自市场、行业和公司层面的收益，采用公司股票收益对行业收益的 R-square 计算股票价格信息含量。对(8.36)式的回归结果如表8-5所示。

表8-5　**IPO前后产品差异化程度变化回归(考虑股票价格信息的作用)**

Variables	Estimate	*t* value	Pr(>|*t*|)
$\alpha_{(i,j)}$	49.16588015	18.68952345	1.60E-77***
τ	-0.051891572	-32.44080163	4.28E-227***
δ_t	-0.02419975	-18.48021496	7.56E-76***
mb	0.000101701	1.44633306	0.148093829
Size	-0.012855268	-13.32190211	2.23E-40***
τ: Group	-0.023256813	-10.12850921	4.50E-24***
τ: Group: $\emptyset$	0.0218101	6.684634956	2.35E-11***
Adjusted R-squared:	0.1866	F-statistic: 1197 on 6 and 31273 DF, p-value: < 2.2e-16	

注：·、*、**、***分别表示在10%、5%、1%、0%水平显著。

在回归结果中，除了市值账面比变量不显著以外，其他变量均在

1%的水平下显著，调整后的拟合优度达到 18.66%，方程整体在 1%的水平下也是显著的。阶段变量与分组变量的交互项 τ：Group 系数为负且显著，而阶段变量、分组变量和股价信息变量的交互项 τ：Group：$\emptyset$ 符号为正且显著。该结果表明当竞争对手股票价格信息含量较高时，公司上市后产品差异化程度的变化较小；当竞争对手股票价格信息含量较低时，公司上市后产品差异化程度的变化更大。从而验证了假说 2。

8.3.4　行业竞争对产品差异化的影响及稳健性检验

本节首先检验了行业产品市场竞争程度与产品差异化决策之间的关系，即假说 3。基于中国股票市场的产品差异化和行业市场竞争程度，本章选择 HHI 作为行业集中度的代表变量，以产品相似度对 HHI 指数进行回归，结果表明当 HHI 指数增加 1%时，行业产品相似度下降 0.95%，检验结果在 10%的水平上显著。实证结果验证了假说 3b，即公司行业集中程度越高，公司越倾向于选择差异化决策。

其次，本节对上文的实证结论进行进一步的稳健性检验。在加入公司规模和市值账面比等控制变量后，改变配对公司的选取标准，将原来的选取上市五年后的公司标准改为三年。结果如表 8-3 第(4)列所示，其各项变量仍旧显著且符合经济意义。其次，再改变选取对照组公司的个数，由原来的选取对照公司的临界值由 0.01 增加为 0.015，其结果见表 8-3 第(5)列，其各项变量仍旧显著。

在从公司的分组层面对产品差异化的假设进行检验的技术长，研究发现如果从公司层面进行检验时，本章的主要结论仍旧成立，即上市公司的产品差异化程度在上市后五年得到显著提高。此外，长期而言，产品差异化程度随公司上市的年龄呈现上升趋势。

由于我国的不同行业间的竞争程度差异显著，电子产品和制造业等竞争程度较高，而石油、电力等公用事业单位的竞争程度较低(刘凤委和孙铮，2007)。本节还根据 PMC 指标对行业进行分类研究，探讨不同行业竞争度对于同质化效应的影响是否存在差异。通过对一级行业分类的 23 个行业分别进行回归检验表明，在大多数行业中，公司上市后产品差异化水平在三种行业中显著提高，且这种产品差异度的变化会受到股票价格信息的显著影响。汽车作为一种具有典型差异化特点的产品

(罗延发，2007；王皓和周黎安，2007)，在本章的研究框架中比较有代表性。检验结果表明，汽车行业的阶段变量和分组变量显著为负，股票价格信息变量显著为正，表明公司上市后产品差异化程度会加强，而这一关系将会受到股票价格信息的影响，若竞争对手的股票价格信息较低，那么产品差异化程度的变化将会更强。

从回归结果以及产品相似性的交互效应图 8-2 可观察到，汽车行业与市场总体情况相似，在短期内，即 IPO 上市两年内，公司上市会显著降低公司的产品相似度，即 IPO 决策对于公司差异化决策的影响是正向的；但在长期，即 IPO 上市第三年之后，这种效应虽然存在但并不显著，从而进一步支持了本章的结论。

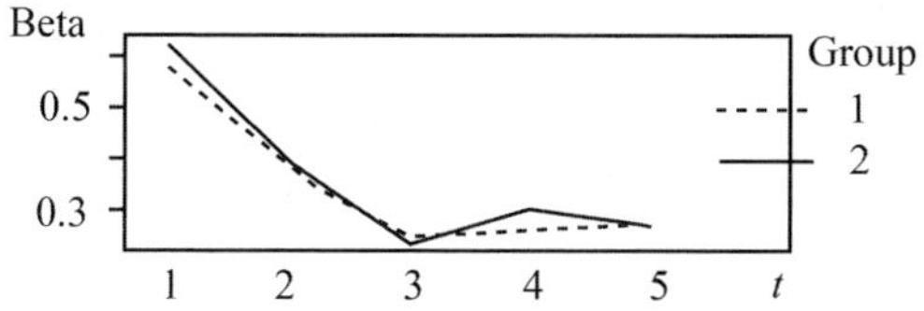

图 8-2　产品相似性的交互效应图

8.4　研究结论与启示

越来越多的文献表明由于经理人能够通过股票价格获得信息，二级市场信息效率会产生实际效果。这种影响的效果之一就是当经理人的实际决策(如投资等)会随着股票价格变动而变化。同时，经理人也能够通过公司决策加强未来获得股票价格信息的能力。

本章的研究表明：首先，在中国股票市场上，控制时间变量、规模变量和市值账面比之后，产品差异化程度会随公司上市进程而变化：公司上市后更倾向于选择差异化决策，而私有公司更倾向于同质化决策，但是这种变化仅限于上市后的两年内，而在长期并不显著。其次，控制时间变量、规模变量和市值账面比之后，股票价格信息对产品差异化决策会产生影响：当同行业对手股票价格信息含量低时，公司上市后倾向产品差异化的程度更强。再次，从行业层面而言，不同行业集中度的公司，在上市后的产品差异化程度的变化也有所差异。最后，通过改变代理变量和筛选标准，本章节进行了稳健性检验，这进一步验证了相关结论。

产品差异化降低了公司成长期权的收益和对手成长期权收益之间的关联性，造成公司股票价格信息含量降低。因此如果经理人将股票价格作为信息来源，那么产品差异化需要支付相应成本。本章从模型和实证两个方面证明了，这种成本的存在鼓励了公司的同质化行为，因为经理人同质化的决策能够提高其从自身和对手的股票价格中获取信息的能力。这种同质化效应在私有公司中表现得更为明显，因为私有公司不能通过自身股价变化获得采取差异性决策的信息，从而不能判断其是否盈利，所以更倾向于采用同质化决策；相应地，公司上市后的产品差异化程度将会显著提高。因此，同质化效应预示着当公司上市后，会更倾向于进行差异化。此外，这种效应将会受到同行业公司股价信息含量的影响。

第 9 章
企业 IPO 对多期产品市场竞争影响的微分博弈研究

IPO 不仅能够给企业提供外部融资渠道，还能提高上市公司的产品市场竞争力甚至对产品市场竞争产生影响。IPO 后上市企业关于其产品、经营状况以及消费者的私有信息将被强制披露，公司具有相对竞争优势的产品将被竞争对手模仿，行业内可能会呈现出一个更加同质化的产品市场。在这种情况下，IPO 是导致行业竞争变化的主要原因，即 IPO 的竞争效应。然而也存在另一种情况，当产品中包含某种特定要素受消费者青睐的程度更高时，行业内的企业都会偏好生产包含这种特定要素的产品，导致产品市场的同质化程度变高。产品同质化加剧的趋势增加了消费者的流动性，从而减少企业私有信息的价值，提高 IPO 外部融资优势的吸引力从而促进企业上市。在这种情况下，IPO 甚至 IPO 浪潮仅仅是行业竞争变化趋势的一个表象，而不是引起行业竞争变化的原因，即 Spiegel 和 Tookes(2015)中提出的“预示效应”。考虑到我国特殊的股票发行制度，严格的审核机制与数量控制使得上市成为公司质量的一种无形认证，IPO 对于企业的发展显得更加至关重要。此外，A 股市场是世界上公认的估值相对较高的资本市场，企业在 A 股上市能够获得更多的外部融资额，为企业拓展产品线、提升产品市场竞争力提供充足的资金支持。因此，我们有理由相信 IPO 后行业产品市场竞争的变化可能是现有文献中提到的 IPO 多种效应共同影响的结果，运用科学的方法研究我国 A 股市场 IPO 后行业产品市场竞争变化的影响机制，以及这种影响机制在不同期限内的变化趋势具有一定的文献价值和理论意义。

本章在 Spiegel 和 Tookes(2015)构建的结构化动态参数模型的基础上，重点研究了 IPO 对我国不同期限内行业产品市场竞争的影响，以及这种影响背后的作用机制。在这个模型中有众多异质性的企业通过生产异质性的产品形成竞争，并且通过在产品市场上的支出抢夺竞争对手的市场份额，同时本章还构建了顾客敏感度、市场份额的盈利转化率等指标，推导得出了公司价值的表达式。在实证研究方面，我们选取 1996 年 1 月到 2014 年 12 月之间上市的 2532 家上市公司的营业收入、销售费用等相关财务数据，通过非线性最小二乘估计得到公司争夺市场份额的支出、消费者敏感度、公司将市场份额利润化的效率等重要参数，然后通过比较 IPO 前后不同期限内参数的估计结果对研究假设进行了检验，最后通过选取不同的行业分类标准、将更多的控制变量引入模型等方法进行了稳健性检验，使得本章的研究结果更加具有说服力。得出的结论主要有以下三条：第一，行业的经营业绩在 IPO 后呈现下降的趋势，这主要表现在每单位市场份额的利润转化额的降低；第二，IPO 后消费者在企业之间的流动性有增大的趋势，而且这种趋势与行业产品市场竞争之间存在着交互影响的关系；第三，IPO 后短期内行业产品市场竞争的变化是由 IPO 的竞争效应导致的，长期而言则是预示效应占据主导地位。

9.1　IPO 对产品市场竞争影响的理论分析

9.1.1　研究背景与方法

9.1.1.1　研究背景

从 20 世纪 60 年代开始，学术界关于 IPO 的研究就层出不穷，其主要关注点在于 IPO 作为公司融资选择的相关问题。随着经济学和金融学理论的发展以及各国金融市场的不断完善，有关 IPO 的三大异象，即 IPO 抑价(Under-prcing)、长期表现不佳(Long-run Underperformance)和热销市场(Hot Issue Market)，逐渐引起了学者们的关注。在 IPO 后长期表现不佳方面，产品市场竞争对 IPO 公司最优上市时机的选择以及对 IPO 前后行业竞争的影响得到了较多研究的证实。

产品市场的众多要素，例如全要素生产率、公司规模、销售增长率、市场份额、行业竞争力、资本密集度和现金流风险等都对公司的上市决策以及时机选择具有重要影响(Chemmanur、He和Nandy，2010)。引入产品市场竞争有助于更好地刻画公司上市前的行业竞争环境，帮助公司综合分析内外部因素以进行更为有效的IPO决策，选择更加有利的上市时机。除此之外，也有一部分文献从相反的思路出发，通过研究目标公司上市前后公司自身以及同行业竞争对手的市场份额、公司价值、营业收入、资产收益率等的变化来说明IPO对于行业产品市场竞争的影响(Akhigbe、Borde和Whyte，2003；Akhigbe、Johnston和Madura，2006；Hsu、Reed和Rocholl，2010；Chemmanur等，2014等)。但是真正从实证方面对公司的IPO决策如何影响同行业竞争对手这一问题进行细致分析的文献较为有限(Hsu、Reed和Rocholl，2010；Chod和Lyandres，2011；Chemmanur和He，2011)，特别是针对A股市场的相关研究才刚刚起步，亟待深入研究，特别是实证方面的研究。本章借鉴Spiegel和Tookes(2015)中的连续时间模型，利用A股市场的数据，同时运用动态的结构化参数估计模型研究IPO对于不同期限内的行业竞争的影响。

从现实意义上来说，IPO实现了公司在资本市场的直接融资，拓宽了公司的资金来源，有利于公司更好地发展。公司在合理的时机选择上市对于提高公司的资金使用效率，发挥资本市场高效配置资源的功能，最终提高金融市场乃至整个经济体运行的弹力或活力都具有重要的意义。随着我国IPO注册制的不断推进，IPO数量和规模必将逐渐增多，研究产品市场竞争环境对于公司的IPO决策的影响，以及研究IPO对于公司自身和行业内竞争对手在IPO前后竞争变化的影响具有现实意义。一方面有助于拟上市公司制定最优的IPO择机择时机制，另一方面也有助于行业竞争对手公司了解行业内IPO对于整个行业可能造成的冲击，以及时制定相应的策略，减少IPO的行业负面影响，进而促进资本市场和实体经济的健康发展。

综上所述，在考虑产品市场竞争的条件下，运用连续时间模型研究公司的IPO决策以及IPO对行业竞争的影响具有一定的理论价值和现实意义。第一，基于我国A股市场数据的相关研究较为有限，本章丰富了针对我国市场的IPO对于行业竞争影响的研究，具有一定的文献价值；第二，本章的研究结论一方面有助于IPO公司及其竞争对手制定适宜的策略应对IPO对行业竞争产生的影响，另一方面也有助于更好地刻画我国各行业产品市场竞争的特征及变化趋势，为相关决策者提供参考，促进资本市场和实体经济的健康发展。

9.1.1.2　研究方法与创新点

本章在现有文献的基础上，通过建立一个考虑产品市场竞争的IPO动态时间模型，得出均衡状态下公司市场份额、公司价值的表达式，通过模型推导并结合实际经验的方式给出了本章的两个研究假设，进而运用我国市场的数据通过非线性最小二乘得到参数的估计结果，通过比较IPO前后公司市场份额、公司价值的变化方式研究IPO对于行业竞争的影响。

本章在Spiegel和Tookes(2015)构建的结构化动态时间模型的基础上进行研究，并拓展研究了IPO对于短期内行业竞争的影响，同时运用我国A股市场的数据进行了实证研究。Spiegel和Tookes(2015)关于IPO对行业竞争对手的影响给出了不同于以往文献的研究结果，他们认为IPO的影响更多的在于其预示效应，即IPO预示着行业内将会出现一个更加同质化竞争的产品市场，从而使得包括IPO公司在内的所有公司都会遭受利润下降。而不是其竞争效应，即IPO会提升上市公司自身的产品市场竞争力，从而在市场份额、公司价值等方面表现得更加强势，而其同行业竞争对手由于将要面对一个更强大的竞争对手因此会处在一个相对不利的竞争环境，从而导致上市公司的竞争对手经营业绩下降。以往文献研究大多表明我国市场存在明显的IPO竞争效应以及IPO后长期表现不佳的现象，但是IPO的预示效应在我国市场是否存在尚未得到深入研究，本章试图填补这一空白。本章通过模型推导和实际经验相结合的方式给出了两条研究假设：其一为我国IPO后行业内竞争的变化源于IPO的竞争效应/预示效应；其二为我国不同期限内IPO对行业竞争变化的影响机制相同/不同。

在实证研究方面，本章选取1996年1月到2014年12月之间上市的2532家上市公司的营业收入、销售费用等相关财务数据，在Spiegel和Tookes(2015)的基础上结合我国市场实际，构建了一个包含市场份额、公司价值等在内的结构化动态时间模型，通过非线性最小二乘估计得到公司争夺市场份额的支出、消费者忠诚度、公司将市场份额利润化的效率等重要参数，比较 IPO 前后不同期限内参数的估计结果，对研究假设进行了检验，最后通过选取不同的行业分类标准、将更多的控制变量引入模型等方法进行了稳健性检验，使得本章的研究结果更加具有说服力。本章在研究方法上采取了较为新颖的动态时间模型，参考 Spiegel 和 Tookes(2015)中的模型，运用动态的结构化参数估计模型研究 IPO 对于不同期限内的行业竞争的影响。本章的创新点主要体现在以下三点：①由于我国股票发行制度的特殊性，A 股 IPO 对于公司以及行业竞争对手的影响更为明显，因此在 Spiegel 和 Tookes(2015)的基础上，综合考虑了不同期限内 IPO 对于 IPO 公司和竞争对手市场份额、公司价值的影响，分析更加全面，更加符合我国股票市场情况。②以往文献大多采用以经典的古诺竞争模型为主的静态模型进行相关研究，这类模型通常只能给出符号性的判断(正相关或负相关)，而无法做出比较准确的数量上的判断，因此会存在研究方法上的局限性。例如，无法给出两个状态间的动态变化过程、无法进行样本外预测、无法计算一些市场上观测不到的数据(例如客户敏感度、资金使用效率等)等。本章采用的结构化动态参数估计模型可以有效地解决上述问题。实证方面，本章选取了我国 A 股目前在交易的自 1996—2014 年期间上市的所有非 ST 股票作为样本，样本量巨大，实证直接从模型推导出发，具有较好的覆盖性和较高的可信度。③本章关于 IPO 如何影响我国行业内产品市场竞争的研究结果表明在不同期限内存在不同的作用机制，这与以往文献的研究结论有所不同，本章的研究对现有文献进行了一定的补充。

(1)基于静态时间模型的相关研究。

公司在进行 IPO 决策时，需要同时考虑以下两个问题：第一，需要在公开上市和维持私有化之间进行选择；第二，如果选择上市，就需要选择一个最优的上市时机。国内外部分学者从经典的博弈理论出发，基于成本收益的权衡对上述问题进行了探讨。Chemmanur 和 Fulghieri (1999)从企业家自身出发构建了一个两时期的博弈模型，他们假设在 0 时期企业家拥有一个独特的投资项目，项目的前景是企业家的私有信息，同时项目需要一定的投资额才能够进行。此时，企业家将会在将企业的一部分股份卖给风险厌恶的风险投资家或者公开上市卖给广大投资者之间进行抉择。企业选择风险投资家的优势在于需要披露信息的对象较少，但是代价则是风险投资家相对于广大分散的投资者要求的回报率更高。与此同时风险投资家和投资者也会根据市场对公司的评价对项目的质量进行预测，然后决定是否购买公司的股份参与项目投资，风险投资家或者投资者与私有企业家之间的博弈最终决定了公司的上市决策。他们研究发现，当公开市场上对于公司的信息已经较多时，公司会倾向于上市，而成立时间较短的企业则会选择风险投资家进行融资。

Benninga、Helmantel 和 Sarig(2005)更加细致地分析了上市的成本与收益，他们通过比较公司公开上市失去私有控制权的收益和分散化所得到的收益之间的大小得到公司上市的临界条件。研究发现公司的现金流越高，选择上市的可能性就越大。而且公司在上市过程中，其成本主要来源于承销费和由于信息不对称导致的逆向选择成本，投资者的利润最大策略和上市公司成本最小化的时机选择共同构成了市场均衡。

基于博弈理论的 IPO 时机选择大多从 IPO 企业自身的成本和收益权衡出发，几乎没有考虑行业竞争对手、宏观经济环境等外部条件对企业的影响，这显然是不够妥当的。因此部分学者开始将 IPO 企业面临的外部环境也纳入研究框架中，主要从信息溢出理论和产品市场竞争等方面着手。

信息溢出理论认为，先上市的公司为后上市的公司提供了各方面的有价值信息，因此后上市的公司 IPO 成本比先上市的公司低，从而促使更多的企业上市形成 IPO 浪潮。这种溢出效应得到了众多学者的证实。Hoffmann-Burchardi(2001)最早开始研究信息溢出效应如何导致 IPO 浪潮，从羊群效应模型中解释的信息外部性出发，重点关注 IPO 定价信息中反映出来的估值因素。他们认为这个估值因素反映了行业发展前景，甚至整个宏观经济运行状况，从而会影响下一期的 IPO 定价。他们以上述假设为基础构建了一个 IPO 决策模型，研究发现一方面风险厌恶的企业家缺乏估值因素的相关信息，不倾向于较早地上市，另一方面投资者能够从以往成功的 IPO 信息中更加清晰地观察到行业发展前景，从而提高对后续 IPO 的定价，因此在热销市场上 IPO 抑价程度比冷发市场要高。Alti(2005)在 Hoffmann-Burchardi(2001)的基础上构建了一个IPO内生信息溢出效应的模型，假定第一期IPO公司的股价表现提供了投资者对IPO估值的一般信息，这就会使得第二期上市的公司成本降低，从而促使更多的公司上市。研究发现，当以往IPO的定价较高时，说明投资者对上市公司的估值普遍偏高，因此会促使更多的公司上市，形成IPO浪潮。在两期分析的基础上，他们还将模型拓展到多期(但仍然是离散的时间点)，最终发现这种IPO的溢出效应在IPO热销市场的前期更加明显，而且越晚上市的公司质量越差。

Colak和Gunay(2011)注意到了上市公司会选择策略性等候(Strategic Waiting)的现象，并对其进行了研究。与Alti(2005)不同的是，Colak和Gunay(2011)认为，以往的IPO更多的是提供关于宏观经济状态的信息。由于宏观经济难以预测，因此先行上市的公司面临着失败的风险，这就增加了私有企业选择策略性等候的动机。他们通过企业间的博弈分析得到了两类贝叶斯纳什均衡：第一类是纯粹的独立决策均衡，在这种情况下的结论与Alti(2005)完全相反，即质量较差的公司总是最先上市，而质量好的公司只有在通过已有的IPO事件能够确定宏观经济较好时才会上市；第二类是混合策略均衡，这种情况下质量好的公司跟随在质量差的公司后面上市的概率比质量差的公司跟随在质量好的公司后面上市的概率高。

(2)基于动态时间模型的相关研究。

尽管不同的学者分别从收益成本权衡理论、信息溢出理论、产品市场竞争理论等多个角度尝试构建企业的IPO决策模型，并通过模型推导和实证分析探究促使企业上市的深层原因，分析企业最优的上市时机，以及解释IPO浪潮、IPO后表现不佳、产品市场竞争的变化等现象，但是企业上市时机的选择、股票市场环境、行业产品竞争等都是动态变化的过程，上述基于静态时间模型的文献必然会表现出自身的局限性和不足，这主要表现在以下三个方面：

①它们探讨了影响企业IPO决策的各种因素，但是并没有考虑各种因素的动态特征。实际上企业的IPO决策并非是静态的(例如，企业有选择等待时机上市的权利；企业间的博弈过程往往是多回合的连续博弈等)，没有充分考虑各种因素的动态特征势必在建模的过程中遗失重要的信息。

②静态时间模型往往只能给出方向性的影响关系，而无法给出数量上的精确判断。例如，企业规模已经被众多的文献(Akhigbe、Johnston 和 Madura，2006；Chemmanur、He 和 Nandy，2010 等)证实能够影响企业的 IPO 决策，但是他们却无法确定企业规模与上市概率之间的量化关系。

③静态时间模型只能解释实际中能够观察到的变量，而无法将现实中无法观测到的因素(例如顾客敏感度)纳入研究体系中。即使是选取现实中观测得到的变量，不同文献选取解释变量的标准也存在或多或少的主观性。Butler、Keefe 和 Kieschnick(2014)对现有文献中常用的 49 个解释变量运用大样本数据进行了统计上的显著性检验，结果显示仅仅只有 15 个解释变量通过了显著性检验。

为了能够更好地解释企业的 IPO 决策机理，避免静态时间模型的局限，部分学者开始以贝叶斯理论、美式期权理论等动态时间模型为基础建立企业的 IPO 决策模型。

①贝叶斯理论。

现有文献表明企业 IPO 前收益率的变化直接关系到其进行 IPO 的动机和 IPO 后经营业绩的表现，并且收益率往往在 IPO 时点达到最高值(Chemmanur、He 和 Nandy，2009；Pastor、Taylor 和 Vernosi，2009 等)。而企业家在观察到收益率的实际变化之前，对收益率只有一个先验预期，并没有关于收益率的完备信息，因此采用一种合适的研究方法显得尤为重要。贝叶斯理论作为一种概率与统计方法已经被广泛运用到了金融和保险等领域的投资决策中，尤其是信息掌握不完备或者存在主观判断的风险决策。这类文献主要包括两类：

第一类文献考虑了企业在决策过程中的学习过程。Pastor、Taylor 和 Vernosi(2009)假设企业家和投资者对 IPO 前后企业收益率的动态过程有相同的预期，即两者都会对收益率有一个先验预期，每当观察到一个实际数值后，根据贝叶斯理论更新预期，不断根据公司实际的收益率调整自己对未来收益率的后验概率分布。同时他们还假设企业家通过效用最大化来表达偏好，当公开上市的效用值比维持私有化的效用值高时，企业家就会选择公开上市。

第二类文献则将贝叶斯理论与随机前沿分析相结合。随机前沿分析最早由 Aigner、Lovell 和 Schmidt(1977)提出，并被用于分析企业投入产出的效率。他们指出前沿生产函数反映了在具体的技术条件和给定的生产要素下，企业各投入组合与最大产出量之间的函数关系。通过比较各企业的实际产出与理想最优产出之间的差距就可以反映出企业的综合产出效率。IPO 抑价现象说明了现实情况中 IPO 的定价效率较低，随后 Hunt-McCool、Koh 和 Francis(1996)提出了 OLS 回归的不足，即如果数据本身存在误差，则简单的线性回归只是重复地进行无意义的工作，因此随机前沿分析的方法逐渐被用于研究 IPO 定价效率的问题中。Peng 和 Wang(2007)通过随机前沿分析，运用 1996 年至 2003 年在我国台湾地区上市的 647 个 IPO 事件为样本研究了 IPO 的定价效率。他们发现企业的潜在盈利能力越强、风险和信息不对称的程度越低，则 IPO 抑价的程度越低。有的学者在随机前沿分析参数估计的过程中将贝叶斯理论纳入其中，Luo 和 Ouyang(2014)通过贝叶斯随机前沿分析(BSFA)，运用 2009 年 10 月至 2014 年 1 月中国创业板市场的数据检验了 IPO 定价的效率。研究发现通过 BSFA 计算得到的平均定价效率为 0.5908，表明我国创业板市场的定价效率还有待提高，大量的信息在 IPO 定价中并没有体现出来。而且还发现发行者的基本面、信息不对称、市场环境等对 IPO 定价效率都有不同的影响。

②美式期权理论。

国内外学者早期的研究倾向于将公司的 IPO 看作一个实物期权。当市场条件与行业环境等因素较为乐观时，公司会选择在资本市场公开上市，反之，当市场条件和行业环境等因素处于低谷时，公司会维持私有化并且保留今后 IPO 的权利，直到行业条件和市场环境等因素再度向好时再行权(Drabo，2000)。Bousi(2009)通过研究 IPO 公司的经营业绩与可能影响 IPO 决策的因素之间的联系，构建了公司在面临不同的盈利状况时的上市决策模型。Casassus 和 Villalon(2010)则以企业家为主体，他们假定公司所处的是一个纯交换的经济环境，每个企业家都拥有一个 Lucas 决策树，并且以实物期权的思想进行 IPO 决策，最终当 IPO 事件发生的时候，市场就会聚合成一个两树经济。随后，一些学者在已有研究的基础上逐渐将动态优化(Dynamic Optimization)、随机过程(Stochastic Process)等理论与实物期权的思想进行结合，研究方法逐渐从实物期权拓展为美式期权思路。Pastor 和 Veronesi(2005)较早地将公司的 IPO 决策看作美式期权，探讨当公司自身和市场环境满足什么条件时，公司会选择执行 IPO(即美式期权的执行的临界条件)。在 Pastor 和 Veronesi(2005)的基础上，Young(2007)提出由于不同时期的市场环境因素不是一成不变的，因此将市场条件变量重新定义为每个时期市场环境因素的移动平均数，同时允许公司在 IPO 中途放弃，并且加入了期权的形成时间使模型更加接近现实。而 Busaba、Li 和 Yang(2010)则把企业的 IPO 决策看作一个看涨期权，研究发现美国企业的 IPO 申请时机与股票市场波动性有很大的关系，而这一结论对于高新技术行业内的企业尤为显著。

近期的研究中，Bustamante(2012)将上市时机的选择看作一个美式期权的行权，企业通过选择自己的上市时机向投资者发送关于公司股票前景的相关信息。在逆向选择更加严重(例如，冷发市场)时，质量好的企业会加快自己的上市节奏，以向投资者传递关于企业质量的积极信号。而在逆向选择较低(例如，热销市场)时，所有的企业都会选择上市，上市公司的年龄普遍较低，此时 IPO 时机对投资者而言就缺乏有用信息。通过实证研究还发现，质量好的企业一般具有年龄较低、公开发行股份的比例较低、在冷发市场上抑价更高的特点，而且在 IPO 浪潮中上市的公司年龄相对较低。

虽然在美式期权的动态框架下的研究相对于普通的静态时间模型已经有了明显的发展，但是也存在一些难以避免的问题。现有文献中常用的美式期权分析框架将影响 IPO 决策的各个因素看作相互独立，通常采取先将单个因素独自剥离出来然后加入决策模型中的方法进行研究。当各个影响因素之间或者市场的多个主体之间存在交互作用，或者因素的随机性会对模型产生影响的时候，这种做法显然是不够妥当的。同时，基于 IPO 企业自身分析的美式期权模型忽视了 IPO 企业、与竞争对手之间的相互影响，即企业 IPO 在何种程度上受到竞争对手经营业绩、创新能力、产品市场竞争力、上市决策等的影响，以及企业 IPO 如何影响竞争对手的上述因素。基于上述考虑，部分文献在以往研究的基础上从市场的动态特征以及多主体之间的相互影响出发进行研究，试图将随机微分博弈的动态分析框架运用在相关问题的研究中。随机微分博弈以连续时间为基本假设，是一种连续的、时间一致性的动态博弈过程(Hofbauer 和 Sigmund，1998)，因此在随机微分博弈模型中，博弈主体的状态变化可以视为一个随机过程，而确定性模型则难以描述这种随机性(Dockner，2000)。然而目前随机微分博弈理论主要被用于资产定价和投资组合的研究中，在 IPO 领域鲜有深入的研究文献。

9.1.2 IPO 对多期产品市场竞争影响的理论解释

随着经济学和金融学理论不断发展，国内外学者关于 IPO 相关问题的研究越来越细致，特别是近年来在理论模型和实证计量方法上面的创新不胜枚举，将产品市场竞争的因素纳入 IPO 决策考虑的范畴之内就是一个重要的突破。产品市场的众多要素，例如全要素生产率、公司规模、销售增长率、市场份额、行业竞争力、资本密集度和现金流风险等都对公司的上市决策以及时机选择具有重要影响。IPO 是否会对行业的产品市场竞争产生影响，国内外学者从不同的视角出发做了相关研究。结合本章的研究内容，本章的文献综述分为三个部分：首先是基于不同研究对象的相关文献，这一部分的文献分别从 IPO 公司自身和竞争对手的角度出发研究了 IPO 对行业产品市场竞争的影响；其次是基于不同时间模型的相关研究，这一部分的文献分别运用静态时间模型和动态时间模型对上述问题进行了探讨；最后本章总结了现有文献，并对其做出了简要评述。

9.1.2.1 产品市场竞争对 IPO 决策的影响

在产品市场竞争对公司 IPO 决策的影响方面，一部分文献重点研究了产品市场的哪些行业层面特征或者公司层面特征会对公司的 IPO 决策的选择造成影响，以及影响的机制是怎样的、影响的程度有多大等。大量的理论模型证实了公司上市前的产品市场环境与公司的 IPO 决策之间的关系。Chemmanur 和 Fulghieri(1999)构建了在一个信息不对称环境下的 IPO 决策模型，研究发现，现金流风险越高、资本集中度和规模越大的公司，在行业的估值成本越低，即信息不对称程度较低时，越倾向于上市。Bhattacharya 和 Ritter(1983)、Maksimovic 和 Pichler (2001)更加详细地探讨了 IPO 决策中的权衡理论，他们认为公司的上市时机选择取决于上市披露的关键私有信息造成的成本与上市得到的相对廉价的外部融资带来的好处之间的权衡，最终发现当公司现有的市场份额越高，行业的产品市场竞争程度越低，公司选择上市的可能性越大。Clementi(2008)则认为随着行业的不断发展，如果公司不选择上市，那么持续性的正向技术冲击会增加公司在次优规模上进行生产的成本。在这种情况下，尽管上市需要付出一定成本，上市仍然是公司的最优选择。

Spielgel和Tookes(2007)将研究的视野拓展到了无限时间模型，他们构建了一个包含产品市场技术创新、产品市场竞争、公司融资决策这三个重要因素的无限时间双寡头模型。他们假定公司通过使用一定的资金(例如广告、研究)来吸引竞争对手的市场份额，其中一个公司面临是否采用新技术的抉择，同时还需要为这项技术革新选择融资方式。内部融资(即维持私有化)的好处在于能够继续将这项技术的相关信息保密，以防止竞争对手采用相同的技术。他们的研究结论与Bhattacharya和Ritter(1983)、Maksimovic和Pichler(2001)得出的结论类似，Spielgel和Tookes(2007)发现如果公司在行业中占据主导地位，即拥有较高的市场份额时，公司上市的概率更大。

在实证研究方面，Lerner(1994)选取了美国市场上有风险投资背景的生物科技公司作为样本研究了公司上市和维持私有化的决策机制，研究发现当权益市场的估值较高时公司会选择上市，反之则选择维持私有化。Pagano、Panetta和Zingales(1998)以及Fischer(2000)则分别运用了意大利和德国市场的样本数据进行了研究。但是上述这些文献的样本量都偏小，可能会存在选择偏差的问题。Chemmanur、He和Nandy(2010)第一次运用大样本数据进行了实证研究，他们发现公司的产品市场要素(全要素生产率、规模、销售增长率、行业竞争程度、资本密集度、现金流风险等)都会显著影响公司的IPO决策。当公司面临的信息不对称程度越低、外部投资者对公司项目评估的成本越低时，公司上市的概率就越大。

Jong等(2012)从产品市场的成本和收益的视角对公司是否IPO的问题做出了探讨，企业IPO的收益主要体现在可以获得外部融资的渠道，成本则是需要强制披露可能被竞争对手利用的私有信息。他们选取英国市场1994年到2006年的上市公司作为样本，研究发现公司的IPO决策与行业的平均销售净利率正相关、与行业产品市场竞争的激烈程度负相关，公司在利润率水平更高、行业竞争壁垒更低的行业内时更加倾向于上市。同时文章发现公司的IPO决策还与公司的产品市场份额有关，当公司的市场份额较低时，IPO带来的收益会远远低于上市带来的相关成本，因此公司会选择维持私有化以等待更优的上市时机。

上述文献基本都将公司的决策集局限在维持私有化和上市两种可能中，这是因为上市一般被认为是私有公司寻求后续发展的最好方式，特别是有风险投资背景的公司往往会寻求上市，而发展较差的公司则会被强大的竞争对手并购。Gao、Ritter和Zhu(2013)却研究发现2000年至2010年美国IPO的数量呈现出了明显的下降趋势，风险投资选择并购退出的比例在2009年占到了89%。因此有的文献开始将并购也纳入了公司管理层的决策范围中，Chemmanur等(2014)在Chemmanur、He和Nandy(2010)的基础上将公司面临的决策集从维持私有化、上市拓展到了维持私有化、上市和并购。他们同样研究了包括全要素生产率、公司规模、销售增长率、市场份额、资本结构、资本支出等在内的产品市场要素对公司IPO决策的影响，发现这些因素与公司的上市概率呈现显著的正相关关系，同时当行业内信息不对称的程度越低、公司股票的流动性越高时，公司越倾向于选择上市而不是并购。但是当公司选择并购时，全要素生产率在IPO后下降的幅度比选择IPO时低。Amor和Kooli(2015)则进一步对公司的并购决策进行了频繁并购和非频繁并购的区分，他们发现IPO后频繁并购期中的第一次并购并不会对IPO企业的长期经营业绩产生负面影响，但是第二次并购会产生负面影响。IPO后频繁并购的企业相对于未频繁并购的企业在IPO后五年内的经营业绩会下降更多，生存率也相对更低。

国内研究产品市场竞争与IPO决策之间交互关系的文献较少，胡志强、张云云和韩利娜(2012)在Chemmanur、He和Nandy(2010)的基础上考虑了我国特殊的制度因素，做出了生产率冲击出现的概率为正的假设，并引入了制度因素。他们以我国1999年7月至2009年12月的制造业上市公司为样本进行了实证研究，发现IPO有助提高企业的市场份额，而且在冷发市场上市的公司利润率比热销市场上市的公司高。

9.1.2.2　IPO 对竞争对手影响的三大效应

产品市场竞争不仅会影响公司自身的 IPO 决策和上市时间的选择，而且作为公开上市的企业自然也会披露很多私有信息，这些信息会被私有的以及已经上市的竞争对手利用，因此会改变原有的产品市场竞争(Benveniste、Busaba 和 Wilhelm，2002)。如果 IPO 事件能够提供关于行业产品市场竞争的信息，则它将不仅会影响私有竞争对手的上市决策，也会影响已经上市的竞争对手的股票价格、公司价值等各方面。上节的文献综述部分主要从 IPO 公司自身出发，本节将更加关注企业 IPO 与竞争对手以及整个行业之间的交互影响，包括竞争对手的股票价格、企业价值、产品市场份额等诸多方面。

大部分文献研究表明 IPO 公司与竞争对手以及行业产品市场环境也存在交互影响，而且主要表现在以下三个方面：(1)IPO 可能包含着与行业整体有关的信息，从而导致竞争对手公司股价的重新估值，即“信息效应”(information effect)；(2)IPO 可能改变行业内原有产品市场竞争的均衡状态，从而改变公司与竞争对手的相对竞争力，即“竞争效应”(competitive effect)；(3)Spiegel 和 Tookes(2015)在最近的研究中给出了不同于以上两点的第三种看法：他们认为 IPO 的作用在于，公司的 IPO 预示着将会出现一个更加同质化的产品市场环境，从而导致包括 IPO 公司和竞争对手在内的整个行业的利润水平下降，即“预示效应”(presage effect)。

(1)IPO 对竞争对手的信息效应。

Ritter(1991)指出当投资者对整个行业的判断处于“非理性过度乐观”(irrationally over-optimistic)状态时，公司选择上市的可能性更高。因此 IPO 可以被理解为行业蓬勃发展的一个正向信号，从而导致同行业竞争对手的股价向上修正。然而，Slovin、Sushka 和 Ferraro(1995)注意到由 Leland 和 Pyle(1977)以及 Titman 和 Trueman(1986)发展建立的管理信号模型是以信息不对称为假设前提的。由于外部投资者拥有的信息没有 IPO 公司的管理层充分，因此他们有理由推断 IPO 事件中可能包含着负面信息，当这种负面信息与整个行业相关时，IPO 公司竞争对手的股价就会下降。影响这种信息效应的因素主要包括以下三点：

①竞争对手的相对规模。一方面由于规模较小的公司在市场上受关注的程度较低，相关数据也相对较少，因此包含在 IPO 事件中的额外信息可能会对规模较小的竞争对手的股价产生重要影响(Atiase，1986；Akhigbe、Borde 和 Whyte，2003)；另一方面，当上市公司的规模较小时，其对行业竞争对手产生的冲击也相对有限(Akhigbe、Johnston 和 Madura，2006；Chemmanur 等，2014)。因此有的学者在研究 IPO 相关问题时主动将规模较小、市场份额占比较低的 IPO 事件排除在研究样本之外(Spiegel 和 Tookes，2015)。

②行业管制程度。Akhigbe、Borde 和 Whyte (2003)运用美国市场 1989 年至 2000 年之间的 2493 只新股作为样本，研究发现 IPO 会对行业内竞争对手的股价产生显著的冲击，而且当 IPO 公司所在行业的管制水平较高时这种冲击会更加明显。Akhigbe、Johnston 和 Madura (2006)发现，这种冲击在 IPO 后 3 年之内仍然存在。

③上市地点。同一家公司在不同的交易所上市可能会获得不同的估值水平，因此对竞争对手股价的影响程度也可能不同。例如，一部分学者认为在纽交所(NYSE)上市的公司机构投资者持股的比例较高，股票的流动性更好，因此关于公司的信息价值会更高(Kohers，1999)；另一部分学者则持相反意见，他们认为在纳斯达克(NASDAQ)上市的公司信息不对称程度更高，因此 IPO 带来的额外信息的增加会显得更加至关重要。此外，有研究表明即使公司不在国内上市，仍然会对国内市场的竞争对手股价产生冲击(Melvin 和 Valero，2009)。

(2)IPO 对竞争对手的竞争效应。

由于上市使得公司的透明度更高，同时能够为公司更好地发展提供外部资金支持，可能会增加上市公司的产品市场竞争力，抢夺竞争对手的市场份额，占据更有利的竞争地位。研究发现影响这种竞争效应的主要因素包括以下四点：

①行业的发展前景。行业潜在的发展机会可能会影响竞争对手对公司 IPO 竞争效应的反应能力。Lang、Stulz 和 Walkling(1991)研究发现当公司的托宾 Q 指数(Tobin's q Ratio)较高时，公司的发展前景较好。就整个行业而言，由于托宾 Q 指数较低的竞争对手盈利增长能力相对较弱，因此可能没有能力应对拥有强大融资能力的 IPO 企业造成的竞

争威胁，即它们受到的 IPO 竞争效应的影响可能会更明显。

②行业集中度。当集中度较低时，行业的竞争程度将更加激烈，行业中不会存在占据垄断地位的超大型企业，各公司的市场份额占比以及行业整体的资源分配相对平衡，因此公司通过上市获得的外部资金对于公司业务的拓展将会具有更加重要的意义，对竞争对手的冲击也将更加明显。这一观点在 Lang 和 Stulz(1992)，Jong 等(2012)等文献中都得到了证实。

③IPO 规模。企业 IPO 的规模越大，获得的资金就越多，对竞争对手的潜在危险就越大。Akhigbe、Johnston 和 Madura(2006)研究发现 IPO 的规模越大，IPO 竞争效应越强，特别是在行业集中度较低的行业。

④IPO 公司是否属于高科技行业。Kohers 和 Kohers(2000)发现市场一般认为高科技行业的增长前景更为广阔，因此高科技行业的公司进行 IPO 将会更加具有吸引力。一般情况下，高科技行业一般具有竞争程度高、行业环境变化快、需求不确定性较大等特点。

(3)IPO 对竞争对手的预示效应。

Blum(2011)首次探究了 IPO 是否能够作为一个衡量宏观经济运行状态的指示器，研究发现资本需求量、投资者情绪以及股票市场环境是决定 IPO 浪潮的重要因素，通过实证检验发现 IPO 确实能够在一定程度上反映宏观经济环境。例如，2008 年金融危机之后资本市场的收益率显著下降，在这种低迷的宏观环境下，融资途径的缺乏会迫使企业在一个投资者对经济和未来投资机会都不看好的次优时点上市。Spiegel 和 Tookes(2015)更进一步地研究了 IPO 和行业产品市场竞争之间的关系，他们在 Spiegel 和 Tookes(2013)的基础上构建了一个动态时间的结构化参数模型，在这个模型中有众多异质性的企业通过生产异质性的产品形成竞争，并且通过各种方法试图抢夺竞争对手的市场份额。他们选取美国 1983 年至 2011 年上市的公司作为研究样本，得出了不同于以往研究的结论。他们认为，公司的 IPO 预示着行业将会呈现出一个更加同质化竞争的产品市场，从而导致行业整体利润水平的下降，因此 IPO 公司给行业竞争对手造成的股价冲击以及经营业绩的下降更多的是源于 IPO 的预示作用而非竞争对手的竞争作用。

国内文献更多的是研究公司上市对同行业竞争对手股价的影响，对产品市场竞争、存活率等其他方面的研究相对较少。王燕鸣和楚庆峰(2009)较早地研究了IPO对竞争对手股价的影响，他们以1996年至2007年的沪深A股IPO数据为样本研究了新股对同行业竞争对手的股价影响，发现在企业上市之前的一段时间内，与该企业处于同一行业的其他股票从整体上看存在着正的超额收益，即“IPO的行业板块效应”。与王燕鸣和楚庆峰(2009)类似，周业安和杨腾(2011)也观察到了行业内企业的股价对IPO事件的平均正反应，但他们认为由于A股市场有效性并不高，所以这种现象更多地支持IPO的情绪效应而非竞争效应。除此之外，更多的研究则认为A股市场的IPO事件会对同行业竞争对手的股价产生负面影响(张跃文和孙舒杨，2009；潘玮，2011；余峰燕，2011；刘烨和程冠政，2013)。

现有文献对IPO与产品市场竞争之间的交互影响关系进行了深入的研究，一部分学者从IPO企业自身出发，研究了产品市场竞争如何影响企业的IPO决策以及最优上市时机的选择，探讨了公司IPO后经营业绩的变化趋势并给出了不同的解释；另一部分学者从IPO企业的竞争对手出发，重点研究IPO对竞争对手以及整个行业的影响，提出了信息效应、竞争效应、不显著效应以及预示效应四种影响机制。但是，现有文献对我国资本市场上IPO与行业产品市场竞争相互影响的研究较少，特别是采用动态时间模型的研究更是少见。考虑到我国特殊的股票发行制度，严格的审核机制与数量控制使得上市成为公司质量的一种无形认证，IPO对于企业的发展显得更加至关重要。此外，A股市场是世界上公认的估值相对较高的资本市场，企业在A股上市能够获得更多的外部融资额，为企业拓展产品线、提升产品市场竞争力提供充足的资金支持。因此，我们有理由相信IPO后行业产品市场竞争的变化可能是现有文献中提到的IPO多种效应共同影响的结果，运用科学的方法研究我国A股市场IPO后行业产品市场竞争变化的影响机制，以及这种影响机制在不同期限内的变化趋势具有一定的文献价值和理论意义。

从研究方法上来说，尽管大量的文献分别从静态或动态时间方法出发建立了企业的IPO决策模型，但是现有文献仍然存在研究方法上的不足。静态时间模型在控制变量的选择上存在主观性问题，而且即使作者充分考虑了各种不同因素的影响，在实证检验的过程中加入了各种控制变量，也会存在以下两个问题：第一，控制变量之间可能存在共线性的问题；第二，即使考虑再周全，那些无法量化出来的因素（例如顾客敏感度）也不能被纳入静态时间模型。以往的动态时间模型也存在一定的缺陷：贝叶斯随机前沿模型在解释 IPO 定价效率方面卓有成效，但是却无法用于 IPO 后行业竞争变化的研究；现有的美式期权分析框架并没有考虑各个因素之间的相互关系、因素的随机性对模型的影响，以及资本市场各个主体之间的交互作用，忽视了企业间 IPO 决策与竞争对手之间的相互影响，即企业的 IPO 在何种程度上受到竞争对手经营业绩、创新能力、产品市场竞争力、上市决策等的影响，以及企业的 IPO 如何影响竞争对手的上述因素。本章借鉴 Spiegel 和 Tookes（2015）中的动态结构化参数估计模型，一方面充分考虑了企业与竞争对手在产品市场上的动态竞争过程；另一方面，实证检验从模型的参数估计出发，规避了以往文献主观选择控制变量的问题，而且进一步加入了现有文献常用的控制变量并进行了稳健性检验。

近期的文献中有三篇重要文献实证性地探索了企业的 IPO 决策如何影响竞争对手的企业价值，本章相对它们分别有不同的侧重。第一篇是 Hsu、Reed 和 Rocholl（2010），采用两位的 SIC 码作为行业分类标准，研究了行业内重大 IPO 事件之后竞争对手的业绩表现。本章更加关注 IPO 的一般性影响，因此在研究的过程中纳入了所有的 IPO 事件；第二篇是 Chod 和 Lyandres（2011），以一个静态时间模型为基础进行了后续的实证研究，得出了 IPO 公司由于能够分散化风险，因此会采取更加激进的产品市场竞争策略的结论。但是像所有的静态模型一样，他们只能通过回归系数的显著性来判断是该拒绝还是接受某个原假设；第三篇是 Chemmanur 和 He（2011），认为 IPO 能够使企业获得廉价的外部融资，并且建立了一个三时期的 IPO 决策模型。虽然他们也发现公司上市后能够从竞争对手那里抢夺市场份额，但是他们更加注重的是解释 IPO 浪潮产生的原因。本章重点研究 IPO 对不同期限内行业竞争的影响。

9.2 理论模型与研究假设

9.2.1 基于动态产品市场竞争的微分博弈模型

9.2.1.1 企业均衡价值

产品市场竞争是指企业为了最大化自身的经济利益，通过广告投放、研发支出、推出新产品等方法在产品市场争夺市场份额的行为。通常以行业内产品市场份额的分布来衡量。例如，大量文献(Baranchuk、Kieschnick 和 Moussawi，2014；陈信元、靳庆鲁和肖土盛等，2014；曹昀，2012)采用的赫芬达尔-赫希曼指数(HHI 指数)就是通过计算行业中各企业总收入占全行业总收入百分比的平方和来衡量产业集中度。当 HHI 指数较高甚至接近于 1 时，说明行业中存在市场份额占比较高的寡头，行业的垄断程度较高而竞争程度较低；当 HHI 指数较低甚至接近 $1/n$(n 为行业中企业的数量)时，说明行业内各企业的市场份额大致相同，行业的垄断程度较低而竞争程度较高。虽然也有文献运用自己构建的其他指数来衡量产品市场竞争的程度，例如 Sundaram、John 和 John (1996)通过计算行业内某个企业净利润的变动相对于该企业营业收入的比例与所有竞争对手的营业收入变动之间的相关系数构建了著名的 CSM(Competitive Strategy Measure)指标来衡量产品市场竞争程度。之后，Lyandres(2006)、Chod 和 Lyandres(2011)均在 Sundaram、John 和 John(1996)的基础上对 CSM 指标进行了改进。值得注意的是，在 CSM 指标中，目标企业与竞争对手营业收入的相对占比也至关重要，而这种相对占比也可以被认为是市场份额的一种衡量方式。此外，大量文献已经证实了 IPO 不仅会对 IPO 企业自身的市场份额产生影响，也会对行业内产品市场份额的重新分布产生影响，这在本章的文献综述部分已经做出了详细说明。因此，我们在以往文献的研究基础上沿用以市场份额的变化来衡量产品市场竞争程度的思路。

假设一个行业中拥有 n 个生产异质性产品的企业，它们均是风险中性的，而且追求企业价值最大化。每个企业都为了能够获得更多的市场

份额 m 而进行竞争。$u_i(t)$ 代表企业 i 在争夺市场份额过程中的支出，此处的支出是一种广义的定义，广告可能是最常见的为了争夺市场份额而采取的手段，此外研发新产品、拓展新门店等方式也属于企业招揽新顾客、争夺市场份额的方法。当然，及时采用相同的竞争手段，不同企业吸引顾客的能力也是不同的，令 s_i 代表企业 i 吸引顾客的能力，s_i 的值越大，花费相同的支出时取得的市场份额就越多（以下简称"支出效率"）。t 时刻企业 i 的市场份额由 $m_i(t)$ 表示，同时假设时间是连续的且存在一个初始点 $t=0$。给定初始条件 $m_i(0)$ 的情况下，$m_i(t)$ 的表达式为：

$$\mathrm{d}\,m_i(t) = \frac{\phi\left[(1-m_i(t))\,s_i\,u_i(t) - m_i(t)\sum_{j\neq i} s_j\,u_j(t)\right]}{\sum_{j=1}^{n} s_j\,u_j(t)}\mathrm{d}t \quad (9.1)$$

其中，$\phi \geqslant 0$ 代表企业 i 的顾客敏感度，φ 的值越大，企业 i 越容易从其竞争对手那里抢夺顾客。例如，快餐行业可能就会比家具制造行业的 ϕ 值大，因为消费者每天都会至少有三次的快餐消费，而且每次选择的产品也可能会不一样，顾客的流动性更大；而消费者购买家具的频率可能是几年一次，而且通常会更加偏好于以前选择过的品牌，顾客的流动性小。

（9.1）式直观地说明了企业 i 市场份额变动的两个原因：其一是从竞争对手那里抢夺来的市场份额，$(1-m_i(t))\,s_i\,u_i(t)$；其二是被竞争对手抢夺走的市场份额，$m_i(t)\sum_{j\neq i} s_j\,u_j(t)$。根据（9.1）式，我们可以得到以下结论：企业 i 的市场份额随着企业自身的支出金额和支出效率的增加而增加，随着竞争对手的支出金额和支出效率的增加而减少。此外，企业 i 当前的市场份额 $m_i(t)$ 的值越大，说明企业"可能失去"的市场份额就越多，即竞争对手抢夺其市场份额的机会就越多，因此企业发展壮大也可能存在上述负面影响。

本章假定行业中的每一个企业都能够生产出吸引特定消费者的异质性产品，即使大多数的消费者都使用竞争对手的产品，也仍然会有部分消费者选择该企业的产品。（9.1）式很好地说明了这一问题，即企业生产异质性的产品，消费者拥有异质性的偏好。（9.1）式关于 $u_i(t)$ 的一

阶导数关于 $u_i(t)$ 是单调递减的，即企业在市场说明企业在争夺市场份额上的支出可能会存在规模不经济的现象。在经济学上，这种现象也是可以解释的。在产品市场竞争的初期，企业吸引到的是最忠实的消费者，因此很容易吸引到新的顾客；随着产品市场竞争的白热化，企业需要争夺的是消费偏好不固定甚至偏好竞争对手产品的消费者，因此企业必须投入大量的支出才能获得新的市场份额。

值得注意的是，以往文献大多采用双寡头模型，$m_i(t)$ 的动态形式一般表示为 $\mathrm{d}m/\mathrm{d}t = u_1(1-m) - u_2 m$ 或者 $\mathrm{d}m/\mathrm{d}t = u_1\sqrt{1-m} - u_2\sqrt{m}$（Dockner，2000）。本章采取的上述模型相对于这类模型至少存在两个方面的优势：第一，本章的模型是没有单位的，这可以消除由于货币单位的变化而导致的市场份额的变化，使得结果更加精确；第二，本章的模型采用相对比例的形式来衡量企业在吸引顾客的过程中的努力程度，更加符合行业内竞争的现状。

企业市场份额的动态变化只是企业间产品市场竞争的表现形式，企业家最终关心的仍然是企业的盈利能力以及企业价值的最大化，因此我们仍需要探讨企业盈利能力的变化过程。

在产品市场竞争的过程中，不同的企业可以通过不同的竞争策略增加企业自身的净利润，例如通过差异化的产品策略吸引特定偏好的消费者、通过扩大生产规模形成规模经济降低生产成本、通过提升企业市场营销的效率使每单位产品市场竞争的支出获得更多的经济效益等。为了保持模型思路的一致性，我们在分析企业盈利能力的过程中将沿用“支出效率”的分析思路。

市场份额较大的企业相对于市场份额较小的企业，一方面在生产成本上可能存在规模经济从而拥有更低的生产成本，另一方面议价能力也比小企业更加出众，因此我们假设企业的利润与市场份额正相关，即企业的市场份额越大，获得的利润就越多。此外，由于不同企业的经营能力是不同的，同一单位的市场份额在不同的企业中产生的经济效益也可能是不一样的，因此我们引入一个衡量企业经营能力的指标 α_i，令 α_i 代表企业 i 将每单位市场份额转化为营业收入的金额。α_i 的值越大，说明企业的经营能力越强，每单位市场份额能够带来的营业收入就越多；α_i 的值越小，则说明企业的经营能力较弱，每单位市场份额能够带来的营业收入越低。为了能够量化衡量企业的盈利能力，我们假设企业 i 的利润等于营业收入$\alpha_i m_i$ 减去在市场份额竞争中的支出u_i 以及固定的运营成本f_i ，同时假设随着行业的发展，利润和成本是按照相同的增长比率变化的。

$$\pi_i(t) = e^{gt}[\alpha_i m_i(t) - u_i(t) - f_i] \tag{9.2}$$

其中，g 代表行业增长率。(9.2)式中，行业增长率 g 是外生给定的，每个企业的支出并不影响行业增长率 g，因此该模型适用于那些产品市场竞争能影响客户忠诚度，而不是提高整体需求的行业。例如，某笔记本电脑生产公司为了能够获得更多的市场份额决定采取差异化竞争的产品策略，因此在研发方面投入了大量的资金。最终该公司研发出了更加便携、配置更好的笔记本电脑，这会使消费者更倾向于选择该公司生产的笔记本电脑，但是并不能增加额外的笔记本电脑需求。当然，后续的研究也可以假设 g 是随着 u_i 动态变化的，即公司的产品市场竞争的结果可能会影响行业的增长速度，产生新的产品需求。例如在 20 世纪末，随着计算机的普及和互联网技术的发展，大量的 IT 公司为了能够在这片蓝海中获得更多的经济利益，通过设计出各种不同的产品吸引了大量的新增消费者，互联网行业也因此得到了突飞猛进的发展。但是这种内生性的行业增长率设定会使得模型存在得不到闭合解的问题，也就无法定量地研究企业盈利能力的变化过程，因此本章在分析的过程中我们将 g 设定为一个外生变量。

在分析清楚企业盈利变化过程的基础上，我们可以进一步地研究企业价值的变化过程。在经典的经济学理论中，企业价值应该等于企业未来所有净现金流现值的总和。在本章的模型中，企业未来的净现金流均取决于企业未来的盈利状况，因此对于所有的企业而言，企业价值 V_i 应该都等于未来所有利润贴现值的总和。企业利润的表达式由(9.2)式给出，r 代表瞬时的贴现利率且高于行业增长率，即 $r>g$。企业通过选择 u_i 来使企业价值最大化，令 $\delta = r - g$ ，则企业 i 面临的最优化问题为：

$$\max_{u_i} \int_0^{\infty} (e^{-\delta t}[\alpha_i m_i(\tau) - u_i(\tau) - f_i])\,\mathrm{d}\tau \tag{9.3}$$

至此，我们已经对本章采用的基础模型进行了较为详细的说明。我们假设行业内的企业均生产异质性的产品，他们通过在产品市场竞争中支出一定的金额 u_i 来争夺市场份额 m_i ，并且将市场份额转化为企业的经营利润 π_i 从而形成企业价值 V_i 。所有企业的目标均为选择一个合适的 u_i ，最大化企业价值 V_i 。为了研究 IPO 对企业自身和竞争对手在产品市场竞争中的支出、盈利能力以及企业价值的影响，我们将 IPO 的因素纳入了基础模型的研究框架中，并且求解了均衡状态。

9.2.1.2 IPO 对行业竞争变化的影响

本章的目的之一在于将上述基础模型应用到 IPO 事件的研究中，探讨 IPO 如何影响整个行业的竞争。当企业 i 选择上市时，它将被迫披露大量有关生产和经营的私有信息，这虽然有助于投资者进行投资决策，但是企业 i 也需要面临将企业信息透露给产品市场竞争者的不利影响(Maksimovic 和 Pichler，2001)。私有信息的强制披露不仅会给 IPO 企业带来不利影响，而且当企业的产品处于相对竞争优势时，竞争对手可能会模仿 IPO 企业的优势产品，从而使行业产品市场的同质化程度增大，在一定程度上降低行业的整体利润水平。企业在进行 IPO 决策时，除了需要考虑内部因素以及产品市场竞争因素以外，还需要考虑行业整体层面的因素。Hsu(2014)研究发现当行业正在经历技术冲击浪潮的时候，更容易出现 IPO 浪潮，而且这种趋势在竞争程度较高的行业更容易出现。这种基于行业技术冲击的 IPO 事件则包含了行业层面的信息，而不仅仅是企业层面的信息。以往文献大多遵循“由因到果”的分析逻辑，通常在理论分析的基础上假设某一因素会对企业的 IPO 决策产生影响，或者企业的 IPO 会对某一因素产生影响，然后通过实证分析的方法验证上述假设是否正确。这一方法虽然拥有充分的理论分析基础，而且国内外的许多学者也运用这一方法得出了大量十分重要的研究结论，但是在理论分析的过程中我们不可能将所有可能的影响因素都考虑在内，因此可能无法充分考虑企业层面和行业层面不同因素的影响。本章参考 Spiegel 和 Tookes(2015)建立的模型则采用“由果溯因”的分析逻辑，我们假设基础模型中的某些参数在 IPO 前后是不一样的(现实情况也是如此)，通过分析 IPO 前后这些参数的变化趋势以及变化过程来研究 IPO 对企业的影响，因此可以兼顾企业和行业两个层面信息。

本章模型中涉及的自变量主要有四个：企业在产品市场竞争中的支出 u_i ，支出转化为市场份额的效率 s_i ，市场份额转化为营业收入的效率 α_i ，以及固定的运营成本 f_i 。由于最优化问题的关键在于求解出均衡状态下企业的支出 u_i ，因此我们假设每个企业的其他三个参数在该企业(我们假设为企业 n)IPO 前的值分别为：每单位市场份额的收入转化率 $\alpha^* = (\alpha_1^*, \cdots, \alpha_n^*)$ ，支出效率 $s^* = (s_1^*, \cdots, s_n^*)$ ，固定的运营成本 $f^* = (f_1^*, \cdots, f_n^*)$ 。假设企业 n 在某一时点选择了上市，则该起 IPO 事件不仅会对企业 n 产生影响，也会对行业内的其他企业产生影响。以往文献中关于 IPO 对行业内产品市场竞争的影响主要可以分为信息效应、竞争效应和预示效应，由于本章采用的是“由果溯因”的分析逻辑，因此无法事先给出 IPO 对产品市场竞争的影响机制，只能通过分析 IPO 前后参数的变化过程追溯导致这种变化过程的原因。因此我们还需要假设企业 n 上市之后各个企业的三个参数分别变化为：$\alpha = (\alpha_1, \cdots, \alpha_n)$ ，$s = (s_1, \cdots, s_n)$ ，$f = (f_1, \cdots, f_n)$ 。通过研究 IPO 前后参数的变化就可以了解企业 n 上市对于每个企业的影响，以及对于行业层面竞争的影响。

为了能够更好地分析 IPO 前后行业竞争的变化过程，我们不仅需要知道 IPO 前后参数的变化结果，还需要知道参数的变化过程。因此假设 α、s、f 三个参数的在 IPO 前后的指数变化率均为 ψ ，则在任一时点 t，企业的实际每单位市场份额产生的利润 $\check{\alpha}$ 的表达式为

$$\check{\alpha} = [e^{-\psi t}\alpha^* + (1 - e^{-\psi t})\alpha] = \alpha + e^{-\psi t}\Delta\alpha \tag{9.4}$$

支出效率 $\check{s}$ 的表达式为：

$$\check{s} = [e^{-\psi t}s^* + (1 - e^{-\psi t})s] = s + e^{-\psi t}\Delta s \tag{9.5}$$

固定运营成本 $\check{f}$ 的表达式为：

$$\check{f} = [e^{-\psi t}f^* + (1 - e^{-\psi t})f] = f + e^{-\psi t}\Delta f \tag{9.6}$$

其中，$\Delta\alpha = \alpha^* - \alpha$ ，$\Delta s = s^* - s$ ，$\Delta f = f^* - f$ 。

在上述假设下，企业 t 时刻的瞬时价值以及最优化问题就可以通过(9.1)式、(9.2)式和(9.3)式得出：

$$\max_{u_i}\int_0^{\infty}(e^{-\delta t}[\check{\alpha}_i m_i(\tau) - u_i(\tau) - \check{f}_i])\,\mathrm{d}\tau \tag{9.7}$$

通过求解上述最优化问题，我们就可以得出 t 时刻企业的相关参数

以及企业价值。

前文我们通过基础模型给出了一般情况下企业价值的表达式为 $V_i = \int_0^{\infty} (e^{-\delta t}[\alpha_i m_i(\tau) - u_i(\tau) - f_i])\mathrm{d}\tau$ 以及企业面临的最优化问题是通过选择产品市场竞争支出 u_i 来最大化企业价值 V_i 。接下来我们在此基础上对上述最优化问题进行求解。令 $V_i' = \partial V_i / \partial m_i$ ，易知(9.3)式的一阶条件为：

$$V_i' \phi s_i \sum_{j \neq i} u_j s_j = \left(\sum_{j=1}^{n} u_j s_j\right)^2 \tag{9.8}$$

因为对于所有企业(9.8)式的右边均不会改变，所以对任意 $k \neq i$ 有：

$$V_i' s_i \sum_{j \neq i} u_j s_j = V_k' s_k \sum_{j \neq k} u_j s_j \tag{9.9}$$

消除 u_i 项可以得到：

$$\frac{V_i' s_i}{V_k' s_k} = u_i s_i + \sum_{\substack{j \neq i \\ j \neq k}} u_j s_j \tag{9.10}$$

对于所有的 $k \neq i$ ，将(9.10)式加总可以得到：

$$V_i' s_i \left(\sum_{j \neq i} u_j s_j\right) \sum_{j \neq i} \frac{1}{V_j' s_j} = (n-1) u_i s_i + (n-2) \sum_{j \neq i} u_j s_j \tag{9.11}$$

进而有：

$$\sum_{j \neq i} u_j s_j = \left[V_i' s_i \sum_{j \neq i} \frac{1}{V_j' s_j} + 2 - n\right]^{-1} (n-1) u_i s_i \tag{9.12}$$

将(9.12)式代入(9.9)式可以求得 u_i 的表达式为：

$$u_i \left\{1 + (n-1)\left[V_i' s_i \sum_{j \neq i} \frac{1}{V_j' s_j} + 2 - n\right]^{-1}\right\}^2 = V_i' \phi (n-1)\left[V_i' s_i \sum_{j \neq i} \frac{1}{V_j' s_j} + 2 - n\right]^{-1} \tag{9.13}$$

因为 n 个企业都会以各自价值的最大化为最终目标，因此都会按照上述模型得到自己的均衡状态，从而形成了一个运用马尔科夫策略(Markovian Strategies)达到纳什均衡(Nash Equilibrium)的微分博弈过程(Dockner，2000)。由(9.13)式可知 V_i' 与 m_i 无关，即 V_i 关于 m_i 是线性相关的。因此任一企业 i 在 t 时刻的企业价值 V_i 可以用如下形式表达：

$$V_i(m, t) = a_i + b_i m_i \tag{9.14}$$

则 $V_i' = b_i$，(9.3)式中的所有项均为常数或者为 m_i 的一阶项。因为(9.3)式对于所有的 m_i 恒成立，因此 m_i 一阶项的系数和应为零，即有：

$$\alpha_i - b_i\phi - \delta b_i = 0 \tag{9.15}$$

由(9.15)式可以得到 b_i 的表达式为：

$$b_i = \frac{\alpha_i}{\phi + \delta} \tag{9.16}$$

将(9.16)式代入(9.13)式并化简可以得到 u_i 的表达式为：

$$u_i = \frac{\alpha_i\phi(n-1)[\alpha_i s_i z - (n-1)]}{(\phi+\delta)(\alpha_i s_i z)^2} \tag{9.17}$$

上式即为我们得到的均衡状态下企业在产品市场竞争上的支出，由于本章关注的是一个不间断的博弈过程，因此我们需要假定在产品市场竞争的过程中没有企业会退出竞争。因此我们需要将企业的固定成本设定在一个较低的水平上，使得企业维持运营的收益总是会高于停产，即我们需要选择使得 u_i 严格为正的 f 的取值，也即 $[\alpha_i s_i z - (n-1)] > 0$。当满足上述条件时，(9.1)式表达的市场份额的动态变化将会保证在所有可能路径上企业的市场份额将会严格为正。

通过研究(9.17)式，我们可以分析出各个因素如何影响均衡状态下企业在产品市场竞争上的支出。首先，我们易知 u_i 关于顾客敏感度 ϕ 是单调递增的，即当顾客敏感度增加时，企业吸引顾客的动机将会增大，因此会在产品市场竞争中付出更多；其次，u_i 关于净贴现率 δ 是单调递减的，当净贴现率增加时，企业新增加的市场份额转换的营业利润的贴现价值就会降低，从而降低企业在产品市场竞争上支出的动机；再次，当 $\alpha_i s_i z > 2 - 2/n$ 时，$\partial u_i / \partial \alpha_i > 0$ 将会恒成立。在前文的分析中我们已经知道在没有企业退出产品市场竞争的情况下 $[\alpha_i s_i z - (n-1)] > 0$，行业中企业的数量 $n \geqslant 2$ 自然满足，因此 $\alpha_i s_i z > 2 - 2/n$ 恒成立。由此我们知道，当企业市场份额的利润转化率 α_i 更高时，新增市场份额对企业的价值就越高，因此企业会增加在产品市场竞争上的支出；最后，竞争力强的企业在产品市场竞争上的支出效率 s_i 越大，u_i 的值越高，对于竞争力弱的企业则 s_i 越大 u_i 越小。企业的支出效率 s_i 越高时，即使企业的支出 u_i 很小也能够吸引到一定的顾客，因此规模小、竞争力弱的企业的最优选择将会是在保持差异化竞争的基础上尽可能地减少 u_i；而规模大、竞争力强的企业则会尽可能地抢夺竞争对手的市场份额，从而加大产品市场竞争支出以充分利用自身较高的支出效率。

a_i 的求解方法与 b_i 类似，因为(9.3)式对于所有的 m_i 恒成立，常数项 m_i 的一阶项之和为零，因此常数项之和也应该为零，将 b_i 和 u_i 的表达式代入(9.3)式可以得到 a_i 应满足：

$$-f_i-\frac{\alpha_i\phi(n-1)\left[\alpha_i s_i z-(n-1)\right]}{(\phi+\delta)(\alpha_i s_i z)^2}+\frac{\phi\alpha_i}{\phi+\delta}\left[\frac{\alpha_i s_i z-(n-1)}{\alpha_i s_i z}\right]-\delta a_i=0 \tag{9.18}$$

由(9.18)式可以得到 a_i 的表达式为：

$$a_i=\frac{\phi\alpha_i\left[\alpha_i s_i z-(n-1)\right]^2}{\delta(\phi+\delta)(\alpha_i s_i z)^2}-\frac{f_i}{\delta} \tag{9.19}$$

其中，$z=\sum_{j=1}^{n}(1/\alpha_j s_j)$。显而易见的是，一个企业如果将市场份额转换为营业利润的能力(α_j)越强，吸引顾客的能力(s_j)越强，则其产品市场的竞争力就会越强。但是由于上述两个指标的单位是不固定的，因此起决定作用的是企业相对于同行业竞争对手的相对竞争力，z 则可以被认为是衡量行业竞争程度的一个指标。

从前文的分析中我们知道一般情况下均衡状态的求解过程和考虑 IPO 情况下均衡状态的求解过程是相似的。对 IPO 情况下的细致分析更多表现在比较 IPO 前后参数估计结果的变化，这将会在本章的第四章详细阐述，此处我们将主要给出考虑 IPO 情况下均衡状态的求解过程。

考虑 IPO 的情况下，各个企业的相关参数均存在一个动态变化的过程。在求解均衡状态的过程中，与一般情况下均衡状态的求解基本思想是一致的，唯一的区别在于参数的表达式会有所不同。按照前文思路，也假设企业价值$V_i(m,t)=a_i+b_i m_i$，令$\hat{\alpha}_i=(\phi+\delta+\psi)\alpha_i+(\phi+\delta)\Delta\alpha_i e^{-\psi t}$，$\hat{z}=\sum_{j=1}^{n}(1/\hat{\alpha}_j\check{s}_j)$，可以得到$u_i$ 的表达式为：

$$u_i=\frac{\hat{\alpha}_i\phi(n-1)\left[b_i\check{s}_i\hat{z}-(n-1)\right]}{(\phi+\delta+\psi)(\phi+\delta)(\hat{\alpha}_i\check{s}_i\hat{z})^2} \tag{9.20}$$

在 9.2.2.1 节中讨论的一般情况中，a_i 和b_i 均是通过代数等式解出的表达式。在本节讨论的情况下，求解a_i 和b_i 的思想是一致的，但是a_i 和b_i 则是通过求解常微分方程(ODEs) 得到。a_i 满足的常微分方程为：

$$0 = \left\{ - e^{-\psi t} \Delta f_i - f_i - \frac{b_i \phi (n-1) [b_i \check{s}_i \hat{z} - (n-1)]}{\{1 + (n-1) [b_i \check{s}_i \hat{z} - (n-1)]^{-1}\}^2} - \left[1 - \frac{b_i^2 s_i \phi}{\sum_{k=1}^{n} \frac{b_i \phi (n-1) [b_k \check{s}_k \hat{z} - (n-1)]}{\{1 + (n-1) [b_k \check{s}_k \hat{z} - (n-1)]^{-1}\}^2}} \right] - \delta a_i + a_i^t \right\} \tag{9.21}$$

b_i 满足的常微分方程为：

$$0 = e^{-\psi t} \Delta \alpha_i + \alpha_i - (\phi + \delta) b_i + b_i^t \tag{9.22}$$

由上式可以解出b_i 的表达式为：

$$b_i = \frac{\alpha_i}{\phi + \delta} + \frac{\Delta \alpha_i e^{-\psi t}}{\phi + \delta + \psi} + c\, e^{(\phi+\delta) t} \tag{9.23}$$

其中c为任意常数。当t趋近正无穷时，(9.23) 式应该等于$\Delta \alpha_i = 0$时的解，因此有 $c = 0$，同时：

$$b_i = \frac{\alpha_i}{\phi + \delta} + \frac{\Delta \alpha_i e^{-\psi t}}{\phi + \delta + \psi} \tag{9.24}$$

将(9.24) 式代入a_i 所满足的常微分方程中可以得到，可以得到以下非线性常微分方程：

$$0 = - e^{-\psi t} \Delta f_i - f_i + \frac{\hat{\alpha}_i \phi [\hat{\alpha}_i \check{s}_i \hat{z} - (n-1)]^2}{(\phi + \delta + \psi)(\phi + \delta)(\hat{\alpha}_i \check{s}_i \hat{z})^2} - \delta \alpha_i + \alpha_i^t \tag{9.25}$$

在不做任何假设的情况下，$\hat{\alpha}_i \check{s}_i \hat{z}$ 是时变的，因此(9.25) 式并不拥有封闭解。为了能够更好地进行分析，本章做出如下假设：

$$\begin{aligned} \hat{\alpha}_i &= ((\phi + \delta + \psi) \alpha_i + (\phi + \delta) \Delta \alpha_i e^{-\psi t}) \\ &= \alpha_i ((\phi + \delta + \psi) + (\phi + \delta) k_\alpha e^{-\psi t}) \end{aligned}$$

$$\check{s}_i = s_i + e^{-\psi t} \Delta s_i = s_i (1 + k_s e^{-\psi t})$$

其中，常数k_α 和k_s 分别代表行业层面的变化比例，即假设 IPO 前后同行业的所有企业的 α 和 s 的变化比例相同。在上述假设的前提下，易知$\hat{\alpha}_i\ \check{s}_i\ \hat{z}$可以简化为以下不随时间变化的常数：

$$\hat{\alpha}_i\ \check{s}_i\ \hat{z} = \alpha_i\ s_i z \tag{9.26}$$

将(9.26)式代入(9.24)式并求解得到a_i的表达式为：

$$a_i = -\frac{f_i}{\delta} + \frac{\alpha_i \phi\ [\alpha_i\ s_i z - (n-1)]^2}{\delta(\phi + \delta)\ (\alpha_i\ s_i z)^2} + e^{-\psi t}\left[\frac{\alpha_i\ k_\alpha \phi\ [\alpha_i\ s_i z - (n-1)]^2}{(\delta + \psi)\ (\delta + \phi + \psi)\ (\alpha_i\ s_i z)^2} - \frac{\Delta f_i}{\delta + \psi}\right]$$

至此，考虑 IPO 情况下的均衡状态已经求解出来了，u_i、a_i 和b_i 的表达式均已经解出，因此企业的市场价值的表达式也明确了。运用 IPO 前后的行业相关数据就可以计算出任一时点行业内所有企业在均衡状态下的产品市场竞争支出、支出效率、市场份额的收入转化率以及企业价值等。通过研究这些参数和表达式的变化过程我们就可以描述出 IPO 前后行业内产品市场竞争的变化趋势，以及 IPO 在这种变化趋势中扮演的重要角色。

9.2.2 研究假设与检验方法

大部分文献研究表明，产品市场竞争与企业上市存在相互影响。上市之前，产品市场的竞争信息为企业的 IPO 决策提供参考；上市之后，作为公开上市的企业又会对行业内的产品市场竞争状态产生新的影响，例如信息披露的增加导致产品同质化更加严重，借由 IPO 获得外部融资渠道的公司获得相对较强的市场竞争力等，因而 IPO 驱动行业内产品市场份额的重新分配，同时 IPO 对行业内竞争对手的影响还会体现在股票价格、企业价值等诸多方面，这就是 IPO 的竞争效应。

Spiegel 和 Tookes(2015)则提出了不同的观点，他们在 Spiegel 和 Tookes(2013)的基础上建立了一个动态时间模型，结论认为企业上市给行业竞争对手市场份额、企业价值的影响更多是源于 IPO 的预示作用而非竞争作用。事实上他们的说法也是具有一定的现实基础，企业上市前，产品、顾客、运营状况等关键信息是不被公开的(虽然企业也可以选择公开这部分信息，但是实际情况下大部分企业并没有公开说明将这些信息保持私有化是具有竞争优势的。即使是在 IPO 之后，仍有不少企业不愿意披露相关的重要信息，Boone、Floros 和 Johnson(2015)发现，大概 40%的企业会在 IPO 后编辑其在证监会的注册文件)，这些信息构成了企业的竞争壁垒。企业上市后，随着这些关键信息的逐渐披露，行业内的产品将会出现同质化趋势，同质化竞争将会导致产品的利润率降低，从而使得行业的整体利润水平下降。另外一种情况是行业的自身发展使得企业意识到包含某种特征的产品会格外受到消费者的青睐，大家都会朝着那个方向发展从而导致同质化竞争。此时，私有信息的价值就会降低，IPO 带来的外部融资便利就会吸引更多的企业上市，在这种情况下，IPO 就不是导致长期表现不佳的原因，而只是行业同质化竞争越来越严重的一个提前表现，即 IPO 的预示效应。

结合我国证券市场的实际情况，不论是 IPO 后经营业绩长期表现不佳还是 IPO 的竞争效应都得到了部分学者的证实(卢文彬和朱红军，2001；徐浩萍和陈超，2009；陈祥友，2010；周孝华和吴宏亮，2010；王燕鸣和楚庆峰，2009；胡志强，张云云和韩利娜，2012 等)，但是 IPO 的预示效应是否存在并没有得到研究的证实。在我国证券市场上，IPO 后行业竞争的变化更多的是源于 IPO 的竞争效应还是预示效应值得探讨，因此提出本章的第一条研究假设。

假设 1a：我国 IPO 后行业内竞争的变化源于 IPO 的竞争效应。

假设 1b：我国 IPO 后行业内竞争的变化源于 IPO 的预示效应。

本章构造的结构化模型为本章对上述研究假设的检验提供了有效方法。如果 IPO 在行业竞争的变化中扮演着催化剂的作用，则当 IPO 企业的相关参数估计为正时，其竞争对手的参数估计结果应该为负，反之亦然。例如，如果上市使得企业在行业上的竞争力增强(就像 Hsu、Reed 和 Rocholl(2010)、Chemmanur 和 He(2011)以及 Chod 和 Lyandres(2011)的文章中假设的那样)，则 IPO 企业在上市之后的盈利能力、企业价值和市场份额都应该有一定的提升，而同行业竞争对手的经营状况应该出现恶化。如果模型的设定合理，则模型的参数估计结果的数值也是具有现实意义的。反之，如果 IPO 在行业竞争的变化中仅仅扮演着预示器的作用，则 IPO 企业及其竞争对手在 IPO 后的表现应该是一致的。

Spiegel 和 Tookes(2015)通过美国市场的数据指出，IPO 企业的相对规模较小因此对竞争对手的影响有限。在这一框架下，企业的 IPO 预示着将会出现一个更加同质化竞争的产品市场环境从而导致整个行业的利润水平下降。但是在我国目前实行的核准制下，上市对于企业的意义更加重大，特别是在短期内对企业竞争力的提升影响更大，因此在不同期限内 IPO 对于行业竞争变化的影响机制可能存在不同。如果在不同期限内假设 1 的检验结果一致，则说明不同期限内 IPO 对行业竞争变化的影响机制相同；如果不一致则说明影响机制不同，由此提出本章的第二条研究假设。

假设 2a：我国不同期限内 IPO 对行业竞争变化的影响机制相同。

假设 2b：我国不同期限内 IPO 对行业竞争变化的影响机制不同。

9.3 参数估计与实证研究

现有研究 IPO 竞争效应的文献对行业分类标准以及目标行业都进行了慎重的选择，当行业分类标准过细时，为了得到具有现实意义的实证结果则必然会要求实证模型中包括尽可能多的控制变量，但是这就削弱了数据统计性描述的意义。因此，有的学者采用比较宽泛的行业分类方法(例如 HRR 就两位的 SIC 代码进行行业分类)，宽泛的行业分类标准不仅能够减少计算量，还可以降低数据的维度，得到的结果可能会更有效。但是，当文章研究的是公司 IPO 对竞争对手的影响时，宽泛的行业分类标准可能会将不属于 IPO 公司的竞争对手，即产品市场不存在竞争的公司也纳入样本。例如，冀东水泥和南玻 A 均属于申万一级行业分类中的“建筑材料”，但是冀东水泥的主营业务产品是水泥产品，而南玻 A 的主营业务产品是玻璃产品，两者在产品市场上并不存在竞争关系。如果采用申万一级分类标准进行行业分类，则会将两个公司相互纳入各自的研究样本中，这必然会影响研究结果的可信度。因此为了获得可信度更高的研究结论，本章将选取申万三级行业分类作为本章的分类标准，而且在稳健性检验的过程中分别采用了中信三级行业以及

Wind 四级行业分类标准进行了稳健性检验。

9.3.1　参数估计方法

本章采用的结构化参数模型的优势在于其能够推导出由行业竞争变化导致公司价值变化的动态过程，而且这个过程是可以通过实证检验证实的。尽管本章参数估计和实证检验的主要关注点在于每单位市场份额的利润转化率(α)和顾客敏感度(ϕ)的变化，但是本章的研究思路也可以被拓展到其他参数(例如，固定运营支出 f)变化的研究中，本节将为读者展示模型中关键参数的估计结果。

前文中提到的利润方程 $\pi_i(t) = e^{gt}[\alpha_i m_i(t) - u_i(t) - f_i]$ 为本章进行公司层面以及行业层面的参数估计提供了基础。本章参考 Spiegel 和 Tookes(2015)的假设，令 $\pi_i(t) + e^{gt} u_i(t) \equiv \hat{\pi}_i(t) =$ (营业总收入 - 销售成本) 。综合考虑数据的可得性以及本章的研究重点，此处假设 $f_i^* = f_i$ ，$s_i^* = s_i$ ，并主要关注 IPO 前后公司自身以及竞争对手的利润转化率的变化过程，即 α_i^* 变化到 α 的过程。在前文模型推导以及上述假设的前提下，对于任意企业 i 均有 $\alpha_i = k\alpha_i^*$ ，可以得到如下方程：

$$\pi_i(t) + e^{gt} u_i(t) = e^{gt}(((k - (k - 1) e^{-\psi t}) \alpha_i^*) m_i(t) - f_i^*) \tag{9.27}$$

运用上述方程，我们只需要上市公司营业收入以及销售成本的数据就可以运用非线性最小二乘方法得到 ψ、g、α_i^* 、α_i 和 f_i^* 等参数的估计值。联系前文我们知道，参数 ψ 衡量了企业 IPO 前市场份额的利润转化率 α_i^* 变化为 IPO 后市场份额的利润转化率 α_i 的速率，这个速率以及动态变化过程中包含的信息可能是多种多样的，因此对它们的解释也可能是截然相反的。例如，企业的 IPO 决策既有可能是因为企业认为行业可能会遭受一个正向的技术冲击，它们为了能够在这个技术冲击中获得先发优势选择上市以获得外部资金的支持，也有可能是因为企业认为将来的经济环境不太景气会导致它们维持私有化的收益降低而选择上市。因此本章的实证研究部分将结合参数估计和实证检验的结果进行细致分析。

为了研究 IPO 前后公司自身和竞争对手企业价值的变化过程，我们还需要估计出顾客敏感度以及行业竞争程度，即参数 ϕ 和 $\alpha_i s_i z$ 。结合前文的模型推导，令 $\overline{m_i}$ 代表均衡状态下企业 i 的市场份额，方程 $\mathrm{d}m = \phi(\overline{m_i} - m_i(t))\,\mathrm{d}t$ 拥有如下解析解：

$$m_i(t) = \overline{m_i} + (m_i(0) - \overline{m_i})\,e^{-\phi t} \tag{9.28}$$

运用非线性最小二乘方法对(9.28)式进行估计，不仅可以得到每个企业的 $\overline{m_i}$ 还可以得到行业参数 ϕ 。均衡状态下有 $\mathrm{d}\,m_i/\mathrm{d}t = 0$，即 $m_i = \dfrac{u_i\,s_i}{\sum_{j=1}^{n} u_i\,s_i}$ ，前文我们已经假设了 $z = \sum_{j=1}^{n} \dfrac{1}{\alpha_j\,s_j}$ ，因此易得均衡状态下市场份额的表达式为：$\overline{m_i} = 1 - \dfrac{n-1}{\alpha_i\,s_i z}$ 。通过运用 IPO 前后的市场数据，我们就可以分别估计出 IPO 前后的顾客敏感度，即 ϕ_0 和 ϕ 。

考虑如下情况：当企业放弃在产品市场上竞争，即 $u_i = 0$ 时，其市场份额在多长的时间内会下降到原来的一半？即企业市场份额的“半衰期”(Half-life)是多少？通过(9.1)式我们可以得到“半衰期” $h = \ln(2)/\phi$ 。在进行实证检验的过程中，我们要求 $0 \leqslant \phi \leqslant 25$，因为当 $\phi > 25$ 时意味着企业如果在产品市场保持零投入，则只需要不到2.5天的时间就会失去其一般的市场份额，这显然是不合理的。

9.3.2 数据与统计性描述

本章选取了我国 A 股市场 1996—2014 年上市的所有公司作为原始样本，并且在一定的基础上进行进一步选择以及剔除。选择和剔除标准为：

(1)Spiegel 和 Tookes(2015)指出虽然动态的结构化参数模型能够克服以往静态时间模型的一些弊端，但是也并不是对于所有的行业数据都适用，因此他们主要关注寡头竞争的行业。本章遵循他们的筛选标准，选取行业内竞争对手数量小于 50 个的行业作为研究样本。行业分类标准为申万三级行业分类。

(2)由于本章需要研究 IPO 前后一段时间内 IPO 对行业竞争的影响，为了避免数据的间断，只有在目标企业 IPO 时存在营业收入和销售费用数据的公司才被纳入研究样本。

(3)考虑到我国的退市警示制度，ST 公司被退市的可能性较大，因此本章剔除了 ST 公司。

(4)由于本章需要研究不同期限内 IPO 对行业竞争的影响是否相同，因此不同的研究期限拥有的样本数量是不一样的。本章实证研究的起始期都是目标企业 IPO 前三年，终止期分为 IPO 后一年、三年和五年，对应的样本跨度分别为 1996 年至 2014 年、1996 年至 2012 年、1996 年至 2010 年间的 IPO 事件。同时每个公司 IPO 时行业内竞争对手的数量也可能是不一样的，因此对于每一个 IPO 事件，其样本内包含的竞争对手公司的数量也是不一样的。

(5)根据前文，本章的实证研究只需要上市公司营业收入和销售成本的数据即可。由于证监会规定自 2002 年 1 月 1 日起所有的上市公司都必须披露季度报告，因此 2002 年之后的样本期我们采用季度数据，2002 年之前的样本期采用年度数据。由于本章采用的是动态的结构化参数估计模型，数据的精细度越低方程的拟合程度可能越好，参数估计的结果也可能更精确，但是使用年度数据也能够具有现实意义的估计结果。如果舍弃 2002 年之前的样本将会失去大样本数据的优势，经过权衡本章最终决定保留 2002 年之前的样本，并在参数估计和实证研究的过程中就数据频率区别对待，这一点在本章以后的过程中将不再赘述。

(6)本章所有的数据均来源于 Wind 数据库，参数估计和实证检验的结果均由 Python 编程得出。

在参数估计的过程中，每一个 IPO 事件都是一个单独的估计过程。首先通过(9.4)式估计得到参数 k ，然后通过(9.27)式运用样本公司营业收入和销售成本的数据估计得到 ψ、g ，最后运用(9.28)式估计得到 IPO 前后的顾客敏感度 ϕ_0 和 ϕ 。不同期限内参数估计的统计性描述如表 9-1 所示。

表 9-1 **关键参数估计结果**

变量	均值	1%	5%	10%	25%	中位数	75%	90%	95%	99%	Min	Max	标准差	N
IPO 前三年至后一年														
ψ	0.781	0.000	0.052	0.102	0.225	0.541	0.832	1.553	2.045	4.124	0.000	4.836	1.323	2257
k	6512	0.000	0.243	0.367	0.564	0.943	1.554	2.675	5.988	59866	0.000	855698	66877	2257
g	0.003	−0.056	−0.045	−0.012	0.002	0.008	0.025	0.046	0.232	0.433	−0.134	0.522	0.048	2257
ϕ_0	0.152	0.003	0.010	0.017	0.033	0.058	0.089	0.155	0.332	1.988	0.000	15.114	0.776	2257
ϕ	0.487	0.004	0.023	0.047	0.065	0.077	0.153	0.224	0.664	3.688	0.000	6.332	0.554	2257
IPO 前三年至后三年														
ψ	0.633	0.005	0.046	0.081	0.172	0.422	0.587	1.499	2.032	4.187	0.000	6.762	0.867	1843
k	1423	0.026	0.224	0.385	0.545	0.898	1.442	2.215	3.141	22543	0.000	237622	7843	1843
g	0.007	−0.043	−0.032	−0.011	0.009	0.012	0.022	0.041	0.072	0.233	−0.291	0.478	0.033	1843
ϕ_0	0.141	0.001	0.005	0.009	0.017	0.043	0.087	0.176	0.306	0.972	0.000	5.554	0.357	1843
ϕ	0.366	0.005	0.018	0.041	0.052	0.063	0.167	0.225	0.543	2.482	0.000	6.792	0.466	1843
IPO 前三年至后五年														
ψ	0.572	0.008	0.034	0.068	0.089	0.257	0.433	1.255	1.998	3.654	0.000	14.676	1.887	1507
k	586	0.018	0.118	0.247	0.408	0.823	1.023	1.997	3.866	2334	0.000	132398	5975	1507
g	0.008	−0.045	−0.023	−0.013	0.002	0.011	0.036	0.041	0.065	0.135	−0.290	0.249	0.043	1507
ϕ_0	0.104	0.000	0.003	0.008	0.012	0.021	0.054	0.102	0.183	0.799	0.000	4.443	0.342	1507
ϕ	0.282	0.000	0.005	0.011	0.042	0.067	0.133	0.356	0.826	1.621	0.000	6.989	0.576	1507

注：表中的 n%代表分位数。

本章分别选取了从IPO前三年一直到IPO后一年、三年、五年的样本数据进行了研究。由于研究的期限不同，在研究IPO前三年到后一年时的符合筛选条件的IPO事件总共有2257件，三年期和五年期分别为1843件和1507件，庞大的样本容量为本章的研究结果增加了一定的可信度。参数ψ估计值中位数的取值范围为0.257至0.541，这表明在IPO后的第一个季度市场份额从原企业转移到新企业的比例大概为23%至42%，一年之后转移的比例为64%至89%，在两年之后将达到87%至99%。从参数ψ的估计结果中我们可以观察到比较明显的行业分化，以五年期的估计结果为例，ψ的25%分位数为0.089，75%分位数则为0.433，这表明对于市场份额转移率较低的行业在公司IPO的一个季度后平均只有9%的市场份额从原有企业转移到了新企业，而对于转移率较高的行业这个比例高达35%。

在前文中我们定义了α_i^*和α_i分别表示IPO前后企业将市场份额转化为利润的能力，并且定义$\alpha_i = k\alpha_i^*$，因此参数k可以看作IPO对盈利能力的冲击。表9.1也给出了k的估计结果，对于所有的研究期限，k的中位数均小于1，这说明在IPO后盈利能力下降的行业数量更多。然而，同参数ψ的估计结果类似，k的估计值在不同的行业中分化也很严重。仍然以五年期的估计结果为例，k的估计值的25%分位数为0.408，75%分位数为1.032，这表明在不同的行业内IPO对竞争对手盈利能力的造成的影响既可能是-59.2%，也可能是3.2%。虽然我们注意到有一些IPO事件的参数估计值显然是不合理的，例如在一年期的k的估计结果中，k的最大值达到了855698，这显然是无法解释的。但是大部分的结果都是在合理范围之内的，就像Spiegel和Tookes(2015)指出的那样，任何结构化参数估计模型都不可能适用于所有的行业、所有的IPO事件，本章的模型也不例外。虽然行业的盈利能力在IPO后呈现下降的趋势，但是行业增长率g仍然是大于零的。在本章的研究结果中，所有行业的季度增长率的中位数维持在0.8%与1.2%之间。

顾客敏感度在IPO前后也呈现出一定的变化趋势。仍然以五年期的估计结果为例，IPO前顾客敏感度ϕ_0估计值的中位数为0.021，这表明如果公司放弃在产品市场上进行投入吸引顾客，它的竞争对手大概在33个季度之后就能够夺去其一半的客户，即市场份额的“半衰期”为33

个季度。IPO 后顾客敏感度 ϕ 估计值的中位数为 0.067，对应的市场份额"半衰期"仅为 10.35 个季度。这说明随着 IPO 的进行，公司原有的私有信息将被强制披露，消费者对于行业产品市场的了解将更加清晰，产品的选择范围也有所扩大，因此只有当某个公司的产品具有独特的其他公司的产品无法替代的特性时才能够维持顾客的忠诚度，同质化的产品被替代的可能性将会增加，IPO 后行业内产品市场的竞争程度将会增强。

为了能够利用前文推导的企业价值的计算公式，我们还需要参数 δ 的值。在 Spiegel 和 Tookes(2015)中，他们定义 δ 为长期市场风险溢价加上无风险利率减去长期 GDP 增长率。结合到我国的实际情况，本章参考 Spiegel 和 Tookes(2015)将 δ 定义为沪深 300 指数的长期收益率(1996 年至 IPO 时点)加上一年期定期存款率减去长期 GDP 增长率。

尽管表 9-1 中市场份额利润转率(k)和顾客敏感度(ϕ_0、ϕ)的变化看起来可能很大，但是模型估计出来的行业市场价值的长期变化值却是较为合理的。将之前我们估计出来的参数代入前文公式中，同时令 t 取零和无穷大分别得到 IPO 前后公司的市场价值。然后我们计算了行业市场价值 IPO 前后的比例，同时将 IPO 前后市场价值比例超过 100(即 IPO 前/IPO 后小于 0.01 或者大于 100)的企业剔除。为了能够更加全面地比较 IPO 前后行业市场价值的变化情况，我们首先计算了每个 IPO 事件每个时点的行业市场价值的中位数(med)、市场价值权重均值(vwm)、等权重均值(ewm)，然后再计算出上述三个指标在所有时间点的均值(mean)和中位数(med)，计算结果的统计结果如表 9-2 所示。从表 9-2 我们可以看出在不同的行业在 IPO 前后市场价值的变化比例还是有一定的差别的，以 IPO 前三年至后一年为例，当行业、企业以及时点三个变量均选择中位数时，市场价值变化比例的 25%分位数和 75%分位数分别为 95.2%和 102.4%，如果研究 IPO 前三年至后五年，则这个比例的 25%和 75%分位数分别为 91.9%和 133.3%。

9.3.3　模型拟合能力的检验

我们的估计结果说明，以往实证研究的文章虽然也证实了 IPO 后表现不佳的存在，但即使使用均值或者中位数这样的选择标注，不同行业不同时点之间的异质性也无法被充分地捕捉到。虽然本章的模型无法适用于所有的行业，导致部分参数的估计结果是毫无经济意义的，但是本章上述的参数估计过程相对于以往文献有了更加详细的估计结果。为了剔除极端情况对本章实证检验过程的影响，本节在前文估计结果的基础上再一次对样本进行了筛选，参考 Spiegel 和 Tookes(2015)剔除了至少满足以下要求之一的样本：(1) ψ，k，g 或者 ϕ 的估计结果在 1%分位数以下或者 99%分位数以上的 IPO 事件；(2)模型拟合或者实际的企业价值变化率的自然对数值小于-1 或者大于 1 的 IPO 事件；(3)模型拟合或者实际的盈利能力变化率大于初期总资产的 IPO 事件。

将我们估计的 ψ、g、α_i^*、α_i、f_i^*、$\overline{m_i}$ 和 ϕ 等参数的估计值，以及市场份额 m_{it} 的数据代入(9.14)式、(9.22)式、(9.25)式、(9.27)等公式中就可以计算得出公司盈利能力和市场价值的模型拟合值，进而可以求出其变化值。我们将模型拟合的企业价值的变化定义为：$\ln\left(\dfrac{V(m_t,\ t)}{V(m_{t-1},\ t-1)}\right)$，其中 $V(m_t,\ t)$ 即为模型拟合的企业价值。为了剔除通货膨胀对估计结果的影响，本章所有的货币单位的数据均以 2015 年的数据为基准运用历年的 CPI 指数进行了折算。企业第 t 季度的实际价值 V_t 定义为第 t 季度末权益的市场价值加上资产的账面价值，减去权益的账面价值，再减去所有的递延税收。于是企业实际价值的变化定义为：$\ln(V_t/V_{t-1})$。为了检验本章模型拟合的准确性，本章将模型拟合的企业价值的变化(model_Δ)作为解释变量对实际价值的变化(ΔV)进行了回归拟合。模型拟合项的回归系数在 0.0167 与 0.0430 之间，而且均在 1%的置信标准下显著，这说明模型拟合的企业价值每变化 10%对应的公司实际价值就会变化 0.167%到 0.430%之间。

本章不仅对模型拟合企业价值的准确度进行了检验，而且也对模型拟合企业盈利能力的准确性进行了检验。将企业模型拟合的盈利能力定义为(9.27)式拟合出来的 $\pi(m_t)$ 除以初期(t_0)总资产，则模型拟合的盈利能力的变化为：$\pi(m_t)-\pi(m_{t-1})$。同企业实际价值的计算过程一样，在计算企业营业利润的过程中我们也以 2015 年的货币为基准对所有数据进行了折算。企业实际的盈利能力定义为当期营业利润除以初期(t_0)的总资产，变化值则为上述指标的一阶差分。同样以模型拟合的盈利能力的变化(model_Δ)作为解释变量对实际盈利能力的变化进行了回归拟合，估计结果如表 9-2 所示。从表 9-2 的估计结果可以看出本章模型对公司盈利能力变化的解释力比对公司价值的变化解释力更强，调整的 R^2 在 0.211 到 0.413 之间，这是因为本章重要参数的估计结果大多从公式(9.27)得来。模型拟合项的回归系数在 0.7554 与 0.8381 之间，而且在 1%的置信标准下均显著，这说明模型拟合的能力盈利每变化 10%对应的公司盈利能力就会变化 7.554%与 8.381%之间。

表 9-2　　**企业盈利能力变化的模型拟合结果**

估计期限	IPO 前三年至后一年			IPO 前三年至后三年			IPO 前三年至后五年		
	系数	标准差	t-值	系数	标准差	t-值	系数	标准差	t-值
截距项	0.0076	0.0020	3.42	0.0015	0.0003	1.32	0.0104	0.0159	1.97
model_Δ	0.7554	0.0150	38.2	0.8013	0.0178	41.76	0.8381	0.0201	33.25
样本量	2212			1807			1478		
调整的 R^2	0.211			0.413			0.353		

9.3.4　竞争效应与预示效应的比较

前文中的估计结果表明本章采用的模型对企业价值和盈利能力的变化都有一定的解释力，而且也捕捉到了 IPO 前后行业产品市场变化的趋势。那么产生这种 IPO 对竞争对手乃至整个行业的影响的机制到底是怎么样的？究竟是 HRR(2010)，CH(2011)和 CL(2011)等文献中所述的竞争效应为主，还是 Spiegel 和 Tookes(2015)提出的预示效应为主？本节将对前文提出的两个研究假设进行检验。

在前文中我们发现 IPO 前后顾客敏感度发生了明显的变化，对于大多数行业而言，如果在产品市场上不进行适当的投入将会更加容易流失顾客，反之充分重视产品市场竞争的企业也更加容易从竞争对手那里抢夺顾客。这种消费者流动性的增加加剧了行业内的产品市场竞争程度，增加了相对廉价的外部融资的吸引力，降低了维持私有化的相对优势。因此在某种程度上，这种行业层面的变化趋势能够解释一部分 IPO

对竞争对手的影响。

为了能够更好地理解这种发生在IPO前后的行业产品市场竞争趋势的变化，本章首先从考虑顾客敏感度 ϕ 的变化与 α/V 这一比率的变化之间的相关性开始分析。定义 $\alpha_i/V_{mkt,t}=n^{-1}\sum_{i=1}^{n}\alpha_{i,t}/V_{i,mkt,t}$，其中 $V_{mkt,t}$ 代表 t 时刻企业 i 的市场价值，$\alpha_{i,t}$ 代表 t 时刻企业 i 估计得到的每单位市场份额可以转化的利润额，我们注意到这一比率可以看作类似的市盈率，下文将其简称为“模型EP”。将 $\phi-\phi_0$ 作为被解释变量，$\alpha_i/V_{mkt,t}$ 为解释变量进行如下回归，估计结果如表9-3所示：

$$\phi-\phi_0=c+\beta\alpha_i/V_{mkt,t}+\varepsilon \tag{9.29}$$

表9-3 **顾客敏感度变化对模型EP的回归结果**

t	0	3	6	9	12
截距项	1.442	3.098	0.453	0.332	0.878
	(8.787)***	(10.013)***	(9.767)***	(12.142)***	(10.319)***
$\alpha_i/V_{mkt,t}$	-0.782	-0.319	-0.287	-0.552	-0.252
	(-3.172)***	(-2.012)**	(-1.012)	(-1.415)	(-0.989)
R^2	0.011	0.008	0.004	0.006	0.003
样本量	1472	1472	1472	1472	1472

注：括号的数字为 t 值，***、**、*分别代表在1%、5%和10%的置信水平下显著。$t=0$ 代表IPO时刻，$t=3$、6、9、12分别代表IPO后第3、6、9、12个季度。

从表9-3的估计结果中，我们可以看出 $\alpha_i/V_{mkt,t}$ 的回归系数均是负值，但是只有在 $t=0$ 以及 $t=3$ 时是显著的，而且 $t=12$ 时的回归系数值只有 $t=0$ 时的1/3左右，因此我们可以得出如下结论：在一个拥有较高的模型EP的行业，IPO对于行业内顾客敏感度的影响较低，而且期限越长其影响越不明显。除此之外，我们从(9.20)式可以看出 u_i 与 ϕ 是呈正相关的，即在其他条件不变的情况下，顾客敏感度越高企业就越有动机在产品市场上进行投入以获得更多的市场份额。

前文模型推导的结论，顾客敏感度一般会在 IPO 后增加，即消费者的流动性呈现增长的趋势，这表明企业将更容易从竞争对手那里抢夺市场份额，因此它们在产品市场竞争上的投入也会增加。企业 IPO 前，关于产品、经营状况以及消费者的数据都是至关重要的，这些数据间接地增加了其竞争壁垒。企业 IPO 后，这些私有信息将被强制披露，公司具有相对竞争优势的产品将被竞争对手模仿，因此行业内可能会呈现出一个更加同质化的产品市场。在上述这种情况下，IPO 就是导致行业竞争变化的主要原因。然而也存在另外一种情况，例如当行业发现产品内包含某种特定要素时，产品受消费者青睐的程度越高，这就会导致行业内的企业都会偏好生产包含这种特定要素的产品，从而导致产品市场的同质化程度变高。行业产品市场同质化加剧的趋势就会导致消费者的流动性增加，从而减少企业私有信息的价值，提高 IPO 带来的外部融资优势的吸引力从而促进企业上市，在这种情况下，IPO 甚至 IPO 浪潮仅仅是行业竞争变化趋势的一个表象，而不是引起行业竞争变化的原因，即 Spiegel 和 Tookes(2015)中提出的"预示效应"。对此，前文提出了两个研究假设：(1)我国 A 股市场 IPO 后行业产品市场竞争的变化源于"竞争效应"还是"预示效应"？(2)研究假设(1)中的主导因素在 IPO 后不同期限内是否有变化？

本章采用的结构化参数估计模型为验证本章的两条研究假设提供了可靠路径，如果 IPO 后行业产品市场竞争的变化源于"竞争效应"，则我们对 IPO 企业和竞争对手的估计结果应该是相反的。例如，如果 IPO 使得上市企业自身变成了一个更加强有力的产品市场竞争者(就像 Hsu、Reed 和 Rocholl(2010)、Chemmanur 和 He(2011)以及 Chod 和 Lyandres(2011)假设的那样)，那么 IPO 应该会增加上市企业自身未来的盈利能力、企业价值和市场份额，与此同时其竞争对手未来的盈利能力、企业价值和市场份额将会下降，而且如果模型拟合得较好，参数估计的结果在数值上也应该是有现实经济意义的。反之，如果 IPO 仅仅是行业产品市场同质化竞争趋势的一个表象，则 IPO 企业和竞争对手在未来盈利能力、企业价值等方面的表现应该是相似的。

我们首先比较了 IPO 企业和竞争对手的利润转化率(α)在 IPO 前后的变化情况(k)的相关性。如果 IPO 后行业产品市场竞争的变化源于

“竞争效应”，则 IPO 企业和竞争对手估计得到的 k 值应该呈现负相关的关系，反之则应该呈现负相关的关系。如果相关关系不显著则说明要么是模型的解释力不够，要么是因为在参数估计的过程中遗失了某些重要的因素，幸运的是我们在进行实证检验的过程中，相关关系均是显著的。表 9-4 显示了不同期限内 IPO 企业和竞争对手 k 值的相关性。从表 9-4 的估计结果我们可以看出：(1) 当研究期限为 IPO 前三年至后一年时，IPO 企业与竞争对手 k 值的相关系数为-0. 211，而且在 1%的置信水平下显著，这说明 IPO 后短期(一年以内)行业产品市场竞争的变化确实是由 IPO 的竞争效应导致的，即 IPO 提升了上市企业的产品市场竞争地位；(2) 当研究期限为 IPO 前三年至后三年或五年时，IPO 企业与竞争对手 k 值的相关系数分别为 0. 254 和 0. 337，而且在 1%的置信水平下均显著，这说明 IPO 后中长期(三年到五年)行业产品市场竞争的变化更多的是由 IPO 的预示效应导致的，即 IPO 仅仅只是行业产品市场同质化竞争趋势的一个表象，并不是引起产品市场竞争变化的直接原因。

表 9-4　　**不同期限内 IPO 企业和竞争对手 k 值的相关性**

期限	相关系数	t 值
IPO 前三年至后一年	-0. 211	-3. 413
IPO 前三年至后三年	0. 254	4. 032
IPO 前三年至后五年	0. 337	7. 781

为了进一步验证表 9-4 中的实证结果，我们又考察了不同期限内拟合的上市公司以及竞争对手市场价值的变化和盈利能力的变化之间的相关性，其估计结果如表 9-5 所示。表 9-5 中不同期限的相关系数也呈现出不同的结果：(1) 当研究期限为 IPO 前三年至后一年时，上市公司和竞争对手模型拟合的盈利能力的变化值的相关系数为-0. 142，而且在 5%的置信水平下是显著的；模型拟合的企业价值的变化值的相关系数却为 0. 133，但是即使在 10%的置信水平下也是不显著的，在分析表 9-5和表 9-6 的过程中我们也遇到了类似的问题，考虑到参数估计的结

果大部分是从盈利方程式(9.27)得来的，因此模型对企业盈利能力的拟合效果更好也在意料之中。因此上市公司和竞争对手模型拟合的企业价值变化值不显著的正相关性，对本章的结论并没有太大影响，即在IPO后短期内，竞争效应仍然是占据主导地位的；(2)当研究期限为IPO前三年至后三年或者五年时，所有的相关系数都是正的，而且在5%的置信水平下均显著，这进一步验证了表9-2中的实证结论，即IPO后中长期内以预示效应为主。

表9-5 **不同期限内IPO企业和竞争对手企业价值和盈利能力变化值的相关性**

期限	model_Δvalue		model_Δprofit	
	相关系数	t值	相关系数	t值
IPO前三年至后一年	0.133	1.058	−0.142	−2.004
IPO前三年至后三年	0.206	1.923	0.353	1.988
IPO前三年至后五年	0.285	4.574	0.321	8.798

在本章参数估计和实证检验的过程中，虽然包括行业分类标准、控制变量等在内的一些因素都是在现有文献或者模型推导的基础上选取，但是基于实证检验的稳健性考虑，本章还通过选取不同的行业分类标准、多样化的控制变量等方法对前文的参数估计和实证检验的过程进行了稳健性。

第一，本章参考Spiegel和Tookes(2015)中行业分类的思想，选择了申万三级行业这一最细致的行业分类方法，力争既不将非竞争对手纳入其中，也不将竞争对手排除在外。但是中信行业和Wind行业分类同样是我国常用的行业分类标准。因此本章分别通过选取中信三级和Wind四级行业作为分类标准进行了数值模拟和实证检验，据此得到的相关检验结果与前文的检验结果相差不大。

第二，根据本章模型推导的过程与结果，我们在检验模型拟合能力的时候只将模拟拟合的企业价值和盈利能力作为解释变量进行了回归检验。表9-3和表9-4的回归结果也表明上述选择是正确的。

9.4　研究结论与现实意义

本章在梳理现有文献的过程中发现，产品市场竞争与 IPO 之间存在着交互的影响关系。一方面，产品市场环境会对企业的 IPO 决策以及上市时机的选择产生影响；另一方面，IPO 前后行业的产品市场竞争也会发生改变。大量文献研究发现 IPO 会显著地增强上市公司的市场竞争力，从而导致竞争对手的经营业绩下降，即 IPO 的竞争效应。但是 Spiegel 和 Tookes(2015)提出了不同的看法，他们认为 IPO 的作用在于，其预示着行业产品市场正朝着一个同质化竞争的趋势发展，从而会降低行业整体的利润水平，即 IPO 的预示效应。本章借鉴 Spiegel 和 Tookes(2015)中的动态结构化参数估计模型，并在其基础上利用我国 A 股市场的数据研究了在 IPO 后不同期限内行业竞争的变化，通过参数估计和实证检验的双重方法探讨了导致 IPO 后行业竞争变化的原因，并给出了实证结论。

第一，在 IPO 后行业经营业绩发展趋势方面，本章得出了与以往文献类似的经验，即就均值而言，行业的经营业绩在 IPO 后呈现下降的趋势。这主要表现在每单位市场份额的利润转化额的降低($k<1$)。

第二，通过比较 IPO 前后顾客敏感度(ϕ)的变化趋势，本章研究发现 IPO 后顾客敏感度呈现上升的趋势，即消费者在企业之间的流动性增大。而且 IPO 后消费者流动性的增大与行业产品市场竞争之间存在着交互影响的关系。当企业观察到消费者流动性增大之后就会增加广告、产品研发等投入(u_i)以吸引更多的消费者(特别是 IPO 后的短期内)，这就会导致行业内的所有企业都倾向于生产受消费者青睐的产品，从而增加了产品市场的同质性。这种产品同质化程度的增加一方面会减少企业私有信息的价值，促进企业上市，另一方面又会拓宽消费者在同类产品中的选择范围，增加消费者的流动性。

第三，本章研究发现 IPO 后行业整体的利润水平呈现下降的趋势，消费者流动性也有所增加，但是以往基于静态模型的文献(Chod 和 Lyandres，2011；Hsu、Reed 和 Rocholl，2010；Chemmanur 和 He，2011

等）中提出的竞争效应无法全面解释我国IPO后的这种行业产品产品市场竞争的变化。本章综合考虑竞争效应和预示效应，通过实证检验发现在IPO后短期内（一年以内）行业产品市场竞争的变化是由IPO的竞争效应导致的，即IPO提升了上市企业的产品市场竞争地位，其企业价值和盈利能力在IPO后均有一定提升，竞争对手则遭受了IPO带来的负面冲击。但是IPO后长期内（三年到五年）行业产品市场竞争的变化则是由IPO的预示效应导致的，即IPO仅仅是行业产品市场同质化竞争趋势的一个表象，并不是引起产品市场竞争变化的直接原因，IPO的作用更多的只是预示着一个行业产品市场将会迎来一个更加同质化竞争的局面。

第四，本章的稳健性检验对实证检验的结果进行了进一步的验证，巩固了本章得到的上述结论。

本章的研究揭示了IPO在不同期限内行业产品市场竞争变化中的作用，大样本数据的优势以及稳健性检验使得本章的研究结论更加可靠。本章的研究不仅具有一定的理论价值，而且对于IPO前后企业和竞争对手在产品市场上竞争策略的选择，IPO后的行业发展趋势等都具有重要的现实意义。

首先，本章的研究结论显示IPO后顾客敏感度会有显著的提升，企业在产品市场竞争中的投入也会增多，如何提升这种投入的使用效率（例如在不同宣传手段上的投放比例等）直接关系到企业在产品市场上的竞争地位。在同等金额产品市场投入的情况下，使用效率更高的企业将会更加受益于消费者流动性的增加，从而占据更大的市场份额。

其次，本章发现短期内，IPO企业相对于竞争对手会占据产品市场竞争的相对优势地位，然而在长期内这种优势地位将会逐渐丧失。上市企业如何尽可能地在较长时间内保持IPO带来的竞争优势也是公司管理层值得考虑的问题。对于竞争对手而言，本章发现上市公司的竞争对手在IPO后的企业价值和盈利能力都有所下降。为了减轻IPO带来的负面影响，特别是短期内的IPO竞争效应，竞争对手公司也应该及时制定应对策略。

最后，不管是由于IPO的竞争效应还是预示效应，行业产品市场在企业IPO之后都会呈现出同质化竞争的发展趋势。从行业层面上来说，同质化竞争会导致行业内企业为了争夺有限的客户资源而进行价格战，从而导致行业利润水平的下降，阻碍行业的发展。从宏观层面上来说，同质化竞争会制约我国宏观经济的发展进程。过去我国企业经常采用的重视市场营销、轻视创新研发的经营策略确实为企业自身以及宏观经济的快速增长发挥了重要作用，但是这主要是因为在改革开放初期我国企业和宏观经济的发展形势尚不明朗，发达国家成熟的企业经营模式与经济发展策略为我们提供了宝贵的经验借鉴。但是随着我国经济的不断发展以及经济全球化的不断深入，我国消费者的需求变化正在不断加快，各种全新产品不断推出，行业的技术壁垒逐渐明显，如果我国企业现在仍然采取以往只顾眼前利益经济而不重视创新研发的经营方式，创新能力的匮乏将会在很大程度上制约我国经济的发展。因此如何避免行业内过度的同质化竞争，鼓励和引导企业挖掘新市场、研发新产品，不仅关系到行业发展的未来，也是进行供给侧改革、挖掘经济新增长点的关键所在。

后续研究者可以从以下几个方面进行拓展：

(1)虽然在我国证券市场上，上市对于企业的影响重大，但是仍然有部分在产品市场上占据重要地位的企业维持着私有化，由于私有企业数据的可得性原因，本章在实证分析的过程中并没有将私有企业纳入分析样本，这可能会对本章的结果产生一定的影响。

(2)我国证券市场是一个典型的多层次资本市场，主板、中小板、创业板对于上市公司的要求并不一样，但是本章为了尽可能使用更多的样本数据，并没有对在不同板块上市的公司进行区分。后续研究者可以研究不同板块上市的公司对行业竞争的影响是否不同。

(3)部分文献研究发现IPO的规模可能会影响IPO在行业产品市场竞争中的作用，Spiegel和Tookes(2015)也指出美国市场的上市公司的市场份额一般较小，因此对竞争对手的影响有限。本章在研究的过程中采用事件研究法的思路，但并没有对IPO规模的大小进行区分。后续研究者可以在研究的过程中将IPO规模的大小进行区分研究，例如像中国工商银行、中国石油等这样的超大型公司的IPO竞争效应是否会更加明显，其相对竞争优势能够维持更长的时间等都值得探讨。

(4)本章的参数估计和实证检验是在前文模型推导的基础上进行的，在实证方法上多采用 t 检验和回归模型进行分析，虽然也较好地验证了本章的研究假设，但是在实证方法上还有一定的改进空间。

第10章 上市板块差异对IPO后产品市场竞争影响的随机微分博弈研究

近年来，很多的文献研究了IPO行为与产品市场竞争两者之间的相互作用。一方面，产品市场竞争环境会影响企业的IPO决策及时机，另一方面，IPO会对产品市场中的各竞争主体产生影响。基于现有的文献，本章研究IPO后产品市场竞争的变化，着重分析了IPO后产品市场异质化竞争的倾向以及竞争投入的变化，为IPO事件后行业内的产品和竞争策略提供依据。同时，由于我国证券市场是一个典型的多层次资本市场，主板、中小板和创业板中的上市企业特征、管理制度以及行业分化等方面存在差异，据此本章深入探讨不同板块中的IPO事件后产品市场竞争变化的差异性，并简要地阐述了理由。进一步地，基于不同板块的特点，对不同IPO规模及行业内早晚期的IPO事件后行业竞争变化的差异进行了讨论。这对于揭示不同上市板块的特有现象，理解和规范我国上市公司的行为，完善多层次资本市场的建设等具有重要的现实意义。

本章在考虑产品市场竞争的情况下，运用动态结构化模型研究不同板块中的IPO事件前后产品市场竞争格局的变化。具体地，借鉴Spiegel和Tookes(2014)中的连续时间模型，求解一般情况和考虑IPO情况下的均衡状态，分析产品市场竞争投入在多个因素共同影响下的变化。在实证方面，基于来自wind数据库中我国A股市场上1996年至2016年期间的上市公司数据，利用非线性最小二乘估计得到顾客敏感度等变量的估计值，并通过简单的数值模拟分析IPO后产品市场竞争投入的变化。进一步地，基于我国多层次的资本市场，对不同板块中的IPO事件后产品市场竞争的变化及其原因进行分析，并讨论了不同IPO规模及行业内早晚期的IPO事件后的差异，对板块差异成因进行补充。

最后，在不同的行业分类标准和研究期间下进行稳健性检验，提高研究结论的可靠性和说服力。

基于实证研究，本章得到以下主要结论：首先，IPO后企业在产品市场的竞争投入增加，行业内倾向于异质化竞争，主要表现在顾客敏感度的降低和利润转化率的增加，这可能是因为我国A股市场上IPO所披露的信息含量不足以激励其他竞争对手进行复制，反而由于IPO企业上市后可能带来的潜在威胁而倾向于通过增加竞争投入进行异质化竞争来维持竞争优势；其次，不同板块中的IPO事件后行业竞争变化存在差异，主板中的IPO事件后产品市场的异质化竞争倾向比创业板和中小企业板中的IPO事件更显著，这可能与不同板块中的企业特征、管理制度和行业分化等有关；最后，IPO规模较小以及上市时间较晚的IPO事件后产品市场的异质化倾向较为明显，对板块差异的成因进行实证上的补充。

10.1 多层次资本市场与IPO对产品市场竞争影响的理论分析

10.1.1 研究背景与研究方法

我国正积极推进关于IPO注册制度的改革，IPO事件的总数和规模将逐日增加。IPO在满足了企业融资需求的同时，也使得企业占据了产品市场中的优势地位，进而对行业内竞争对手的股价、长期经营业绩等方面造成冲击。同时，产品市场竞争愈发激烈，行业内的各个公司就会逐渐形成相互影响与制约的博弈关系。公司倾向于在产品市场上开展异质化竞争策略，通过降低行业内不同企业同类产品之间的可替代性来获得竞争优势，从而对市场价格、行业集中度乃至IPO决策及时机产生影响(林瑞松，2012；张占东，2002)。因此，IPO行为与产品市场之间存在既相互影响又相互制约的联系。在IPO之前，公司的上市决策及时机源于自身所面临的产品市场竞争状态，而在IPO事件后企业自身、行业内其他竞争对手乃至整个行业的产品市场格局都会产生或大或小的改变。

关于 IPO 与产品市场竞争之间的研究，现有文献基于不同的样本数据，从不同的分析角度进行了较为详细的研究。进一步地，结合我国资本市场多层次的现状，目前我国的证券交易所市场包含主板、中小板和创业板三个层次，而企业进行首次公开发行时所处的上市板块可能会对 IPO 后产品市场竞争的变化有所影响。其中，主板市场包含两个，分别为上海证券交易所和深圳证券交易所的主板市场，前者于 1990 年开始运营，后者则正式运营于 1991 年。此外，深圳证券交易所还设有中小企业板和创业板，其分别于 2004 年和 2009 年成立。关于上市板块的差异，一方面不同板块的上市企业往往具有不同的行为特征，主板市场的上市企业多为有较大发行规模的成熟企业，对发行人的盈利水平、股本大小及营业期限等上市门槛要求较高，中小企业板市场的上市企业则主要是进入成熟期但规模达不到主板上市要求的中小企业，而创业板市场的上市企业多为成长型、科技型及创新型的企业，上市时尚不能达到其他板块的上市标准。另一方面，不同板块的管理制度往往也不尽相同，以信息披露制度为例，通过对比主板的信息披露要求，发现创业板的信息披露往往对风险提示及约束措施等方面的内容具有较高的要求。石碧坤(2014)在对上市公司信息披露质量的板块差异进行研究时，发现创业板信息质量相较于中小企业板和主板的信息质量高。除此之外，不同板块的差异还体现其他诸多方面。比如说，行业内的 IPO 事件往往在不同板块具有不同的数量分布，也就是说，不同的板块中行业分化的情况不同，不同行业在不同板块的集中度不同。

由此可知，不同的交易所板块中上市企业特点和管理制度以及行业分化等方面存在较大的差异，从而使得不同板块中的 IPO 事件后产品市场竞争变化也可能有所不同。现有的文献很少将 IPO 事件后的行业竞争变化置于不同上市板块中进行比较研究，也较少对其深层次的原因进行探讨，理论成果相对偏少。而除了将所有上市企业作为一个整体进行研究，进一步对上市板块进行区分可以揭露不同板块的特有现象，有助于理解和规范我国上市公司行为特点，加深管理者对公司治理的理解，并促进管理部门更好地对各个上市板块进行有效的管理和监督。因此，除了从信息披露、行业分化等角度对板块差异的成因进行经验分析外，本章基于板块的特点，从 IPO 规模以及上市时间的角度对板块差异的成因进行实证补充。一方面，IPO企业往往具有不同的IPO规模，这也体现在不同板块的上市门槛中，一般来说，主板上市的IPO平均规模大于创业板和中小企业板，但并不绝对。Spiegel和Tookes(2014)曾指出IPO事件的规模大小也会使得IPO企业对竞争对手的影响有所区别。这是因为IPO规模较大的IPO事件，对应的上市公司往往具有相对较高的份额占有率，其IPO行为对产品市场的影响可能就相对较大。另一方面，不同的IPO事件也往往对应着不同的上市时间。① 不同时点对应行业内的上市公司数量、市场份额、信息透明度等方面有所不同，从而使得上市时点不同的IPO事件后行业内产品市场竞争变化也可能会产生差异。故本章在分析不同板块差异的基础上，将IPO规模大小及上市时间先后加入研究之中，对板块差异的成因进行补充。

因此，本章运用动态的连续时间模型，研究不同板块中的IPO事件前后产品市场竞争变化的差异，并从上市企业特征、板块的管理制度和行业分化等方面进行简单的解释说明。具体来说，借鉴Spiegel和Tookes(2014)的模型，求解一般情况下和考虑IPO情况下的均衡状态，并分析均衡状态下产品市场竞争支出受多个因素影响的可能变化。进一步运用上市企业在IPO前后的相关数据，通过估计各参数的值进而分析其变化过程，来描述IPO事件前后行业竞争的变化趋势，并深入探讨不同板块中的IPO事件前后产品市场异质化竞争倾向的差异性，进而对IPO前后的产品市场竞争投入进行数值模拟，用具体的数值说明IPO后竞争投入的最终变化，得到较为一般的结论，并结合不同板块中上市公司特点、管理制度以及行业分化等对所得结果进行简单的说明。同时，为了进一步说明板块差异的可能原因、丰富相关的研究，将IPO规模及上市时间纳入本章的研究框架中。

综上所述，本章将公司的IPO行为与产品市场竞争结合起来并置于我国典型的多层次资本市场中进行研究具有较大的意义。我国的A

① 本章提到的“上市时间”，不代表对公司自身而言的IPO时机，而是指对行业而言的上市时间，即上市时间较早的IPO事件对应的是行业内早期上市的IPO事件，较晚的IPO事件对应的是行业内晚期上市的IPO事件。对此，下文不再进行重复说明。

股市场往往存在较高的溢价，很多公司通过 IPO 获得了更好的发展机会，进而占据了在产品市场竞争中的优势地位。从现实意义来讲，对于 IPO 公司，可以了解在不同板块中的 IPO 事件给公司带来的竞争优势和产品市场竞争可能发生的变化，适当地改变竞争行为，加深对公司治理的理解，更好地维持竞争优势；对于未上市企业，可以借鉴不同板块中的 IPO 公司前后的竞争优势变化，结合自身的特点，决定是否进行 IPO、在哪里进行 IPO 以及何时进行 IPO，以期获得竞争优势；对同行业的竞争对手来说，理解行业内 IPO 后可能对自身以及产品市场竞争的影响，有助于及时制定应对措施，将负面影响降到最低，并通过选择不同的产品市场竞争策略，达到抢夺市场份额的目的；对政府来说，了解金融市场与产品市场之间的交互影响关系，有助于更好地推进新股发行制度改革，同时根据不同板块中的 IPO 事件后产品市场竞争变化的研究成果，理解和规范我国上市公司行为特点，更好地对各个上市板块进行有效的管理和监督，对于完善多层次资本市场和服务实体经济具有重要的意义。从理论意义上来说，本章研究了不同板块中的 IPO 事件后产品市场竞争变化的差异性，实证分析了 IPO 后企业在产品市场上的异质化倾向及竞争投入的变化，并将 IPO 规模以及上市时间加入本章的研究中，对板块差异进行补充说明，丰富现有文献的研究成果。

本章借鉴 Spiegel 和 Tookes(2014)的研究成果，构建了既考虑 IPO 又考虑产品市场竞争的动态结构化模型。基于模型同时结合实际经验提出本章三个研究假设：其一，IPO 后企业倾向于增加竞争投入，产品市场倾向于异质化(同质化)竞争；其二，不同(不是所有)板块中的 IPO 事件后产品市场都倾向于异质化竞争，只存在程度上的差异；其三，不同 IPO 规模(上市时间)下的 IPO 事件后产品市场竞争的异质化倾向也存在程度上的差异。进而，本章运用我国 A 股市场上的数据进行参数估计，通过其变化过程研究 IPO 前后行业竞争的变化。进一步结合我国典型的多层次资本市场，深入分析在不同板块中的 IPO 事件后产品市场异质化竞争倾向的差异性，以及 IPO 后企业在产品市场竞争投入中的变化，并结合不同上市板块中的上市公司特点、管理制度以及行业分化等方面的差异，分析造成这种结果的可能原因。同时，将 IPO 规模和上市时间等其他可能影响这种变化的因素加入本章的研究之中，对板块差异成因进行补充从而得到较为一般的结论。

在模型方面，本章对 Spiegel 和 Tookes(2013)以及 Spiegel 和 Tookes(2014)中包含市场份额、竞争支出等变量的微分博弈模型进行整理，并通过对均衡状态下的产品市场竞争支出求偏导的方式，分析各个因素的变化对其的影响。同时值得说明的是，虽然本章的动态结构化模型相较于静态模型，可以做出准确的数量上的判断，但是其涉及的参数过多，模型中的公司价值等公式在最终代入计算时可能会产生较大的误差，故本章在借鉴模型的基础上，主要关注模型中参数的估计，用参数的变化及其大小来说明行业异质化竞争的变化，并通过部分假设简化相关计算，利用数值模拟分析 IPO 后竞争投入的最终变化，而不侧重于对上市公司 IPO 前后的企业价值进行计算分析。

在实证检验方面，本章选取我国 A 股市场上 1996 年至 2016 年的上市公司数据(包括营业收入和销售成本等数据)，结合我国资本市场实际，以申万三级行业分类为标准，基于模型中的主要变量和参数估计，利用 Python 编程非线性估计得到顾客敏感度、利润转化率的变动速率等重要变量的估计值，进而对本章的研究假设进行检验，一方面根据不同板块中的 IPO 事件，分析 IPO 前后产品市场异质化倾向的差异，另一方面，依据数值分析了 IPO 后产品市场竞争支出的变化。进一步地，基于不同板块的特征，简要地探讨其他可能影响因素，如行业分化、IPO 规模等，对这种变化的影响。最后，通过对不同行业分类标准(Wind 四级)和研究期间（$T-3$ 至 $T+3$ 期间）的选择进行稳健性检验，使所得的结论更加具有可靠性和说服力。

本章将金融市场和产品市场纳入统一的研究，特别地，进一步梳理了 IPO 前后产品市场竞争的变化，不仅体现在 IPO 后经营业绩、市场份额的变化上，也体现在 IPO 后产品市场异质化倾向及竞争投入的变化上。本章借鉴 Spiegel 和 Tookes(2014)中的动态模型和参数估计方法，选择性地分析主要变量，对 IPO 事件后产品市场竞争变化进行了研究，即 IPO 后产品异质化倾向及竞争投入的变化，并结合我国资本市场的多层次现状，深入探讨了不同板块中的 IPO 事件后竞争变化的差异性，基于不同板块中的上市公司特点、管理制度和行业分化进行解释，进一步将 IPO 规模及上市时间加入本章的研究中，丰富相关的文献研究。具体地，本章的创新点体现在：

第一，本章对 IPO 后产品市场竞争变化的研究，侧重于分析 IPO 后产品市场异质化竞争的倾向与竞争投入的变化。同时，结合我国多层次资本市场，着重探讨了不同板块中的 IPO 事件后行业竞争变化的差异，并从上市公司特征、管理制度和行业分化等板块差异对此进行了分析。

第二，基于不同板块的特征，探讨其他可能影响 IPO 后产品市场竞争变化的因素，将 IPO 规模和 IPO 时间加入本章的分析中，对板块差异成因进行补充，丰富相关的研究。同时，本章选取我国沪深证券市场上所有满足筛选条件的非 ST 上市公司作为样本，凭借大样本的优势使得本章结论更加可靠。

第三，本章在开展 IPO 后行业竞争变化的研究时，有选择性地对 Spiegel 和 Tookes(2014)中的模型变量进行侧重分析，通过静态分析以及数值模拟等方法对竞争支出(u_i)进行分析，对利润转化率变化(k)的估计方法进行了简化和改进，在一定程度上有效规避了模型参数过多及估计误差等方面的不足，更好地开展本章的研究。

10.1.2　板块差异对 IPO 后产品市场竞争的影响分析

早期关于 IPO 的研究主要关注其作为融资渠道的功能，随着金融理论和市场的发展及完善，有关学者提出了 IPO 的三大异象，并分别从信息不对称理论、行为金融理论等多角度对这些现象进行了探索研究。近年来 IPO 的研究又有了新的热点，包括对 IPO 行业集聚和时间集聚导致的 IPO 浪潮以及从上市主体博弈和外部环境角度探讨的 IPO 时机选择的研究。尤其是最近几年，诸多学者研究了 IPO 与产品市场竞争之间的影响，也就是说 IPO 不仅可以帮助企业融资，对企业的上市决策、上市时机选择、长期绩效及市场份额等方面造成影响，还有可能影响同行业的其他竞争对手，甚至改变整个行业的竞争格局。同时，针对这些现象，学者们分别从信息效应、竞争效应及预示效应等角度对其影响机制进行了深入的研究。

10.1.2.1 基于产品市场竞争的IPO决策研究

有关IPO决策以及时机选择，较多的文献仅从金融市场的角度进行了分析。Bustamante(2008)通过构建信号传递博弈模型，认为公司会利用IPO时机、股票发行结构及抑价程度等信号来揭示公司类型，研究发现热销市场上更易出现IPO浪潮，且较好的公司会较早地进行IPO。部分文献(Bouis，2009；Plotnicki和Szyszka，2014)研究了企业对IPO时机的策略性选择，着重分析了股票市场条件对排队IPO等待时间的影响，并发现有较高的股票市场估值、较低的市场波动率以及较低的市场收益时，企业倾向于加快IPO的进程。而Çolak和Günay(2011)从IPO企业质量的角度分析了IPO企业的策略性等待倾向，实证研究结果表明质量较高的公司IPO等待时间比质量较低的公司显著较长，即质量较高的公司会选择增加相应的上市等待时间。

Stoughton、Wong和Zechner(2001)基于信号传导的逻辑，认为预期公司未来盈利的信息可以在市场价格中得以体现，并会对公司产品市场竞争策略的选择有所影响，较早地将两个市场(产品市场和金融市场)联系起来进行研究。他们指出企业会通过权衡竞争对手在IPO后受到市场份额抢夺的冲击与行业规模扩张的好处来进行IPO决策，并通过研究发现，对产品的质量越有信心、产品的差异化程度越大的IPO公司越有可能会选择上市，而当具有相对较高的首日溢价率时，IPO企业会更有优势地对产品市场份额进行争夺。Alt(2005)则在一个包含内生信息溢出效应的离散时间模型中，假定IPO公司的股价包含市场估值的信息，从而通过降低后期的上市成本来激励公司上市。他们发现早期的IPO具有较高定价时，往往更容易形成IPO浪潮，此时会有更多的公司选择上市，同时上市公司质量及这种信息溢出在热销市场早晚期的显著性不同。进一步地，Ruan和Qian(2014)在Stoughton、Wong和Zechner(2001)研究的基础上，同样从信号角度出发，利用信噪比来对竞争对手盈利信息可能带来的总体影响进行了衡量，重点研究了其对IPO定价及完成情况的影响，并发现信噪比较高的公司会产生退出IPO进程的倾向。Aghamolla和Guttman(2015)则在Alt(2005)等人的基础上，进行细分和深化的研究。他们指出，最优的上市时机策略是实物期权价值和延迟上市成本之间进行权衡的结果。研究发现，高质量公司会更早地进行 IPO，且伴随着第一期 IPO 的成功，在第二期会有更多企业进行 IPO，并进一步将 IPO 的延迟及集聚与市场的不确定性联系起来。

Spiegel 和 Tookes(2006)构建了寡头竞争的动态时间模型，利用公司创新决策这个中间桥梁，联系产品市场竞争与公司融资决策这两个变量开展研究。研究发现，公司融资方式的选择会受到技术创新的程度，以及其他创新公司由于其不上市的选择而获得竞争优势的时间长短的影响，而公司的创新决策则很大程度上受到其规模以及盈利水平的影响。与 Spiegel 和 Tookes(2006)利用模型进行研究不同，Chemmanur、He 和 Nandy(2010)凭借美国大样本的数据，分析了 IPO 前的产品市场特征(销售额增长、市场份额、资本密集度和规模等)与 IPO 决策的关系，以及 IPO 对企业 IPO 后经营和产品市场表现的影响。研究发现，在控制其他融资途径后，私有企业的产品市场特征会对其上市概率产生较为显著的影响；私有企业的内部信息透明度较高时，其更倾向于上市；当行业内有更多企业选择上市时，行业集中度在随后几年会有所增加。另有学者(Chemmanur 和 He，2012；Hsu，2014)从 IPO 浪潮的角度进行了相关的研究。其中，Chemmanur 和 He(2012)假设存在两家具有不同生产率水平的未上市企业，且行业内面临正向的技术冲击，通过构建模型对存在技术冲击的产品市场中的竞争均衡进行了较为深入的研究。他们指出上市可以为企业带来低成本资金，也可以帮助企业争夺市场份额，并发现如果公司选择在 IPO 浪潮中进行 IPO，其 IPO 后的生产力和盈利水平会较低；Hsu(2014)则研究了行业内技术创新对 IPO 发行量和 IPO 时机选择的影响，利用与专利相关的度量法，研究发现当行业内的技术创新水平较高时会有更多的 IPO 事件发生，同时在竞争更为激烈的行业内这种现象更为明显，并指出这可能是因为技术创新会导致生产率和投资机会的提高，进而激励公司选择上市为未来的投资进行融资。而 Chod 和 Lyandres(2011)从风险分散和容忍度的角度进行了研究。他们认为如果企业选择上市，就意味着其能更好地进行风险分散，对盈利波动率的容忍度也较高，这使得企业倾向于在产品市场上选择具有较大风险的产出策略。此外，Jong 等(2012)利用英国市场数据，从公司视角出发，结合产品市场特征与上市决策进行了相关的研究。他们指出，上市时信息被强制披露会给公司带来额外的成本，但上市也会给公司带来廉价的外部资金，公司往往通过对两者的权衡来决定是否上市，并发现当前拥有越高的市场份额时，公司更愿意选择上市，且行业内产品市场竞争程度、平均销售净利润以及行业竞争壁垒等方面也会影响公司的上市概率。

上述文献多将公司决策局限于上市和保持私有化两种可能，随着研究的深入，部分学者也开始纳入并购决策，并开展较为丰富的研究。Gao、Ritter 和 Zhu(2013)发现在 1980 年至 2000 年的美国市场上，平均每年有 310 家公司上市，但随着 2000 年技术泡沫的破灭，IPO 的平均数量在随后的十年内呈现下降趋势，并提出有风险投资背景或实力较弱的公司被并购是导致这个现象产生的可能原因。Spiegel 和 Tookes (2013)则通过将企业的并购行为置于包含产品市场竞争的动态结构化模型中进行探讨，对公司何时进行并购做出预测，并对公司并购后的最终市场份额以及达到的时间进行预测。Amor 和 Kooli(2015)通过区分公司在 IPO 后并购行为的频繁程度，研究了并购行为对 IPO 后公司自身表现的影响。他们发现投资者对公司在 IPO 后第一年的并购决定持过分乐观的态度，且 IPO 后并购频繁的公司的经营业绩和生存率在 IPO 后的五年时间内均相对较低。Chemmanur 和 He 等(2016)则基于美国的普查数据集，分析了创业企业的规模、TFP、资本支出、市场份额等产品市场特点对 IPO 决策、并购决策以及私有化决策都有显著的影响，同时发现在信息透明度以及股票流动性较高的行业内，企业上市的倾向优于并购的倾向。

国内研究 IPO 决策与产品市场之间互相影响的文献相对于外文文献较少。部分学者(张耀辉和万水林，2005；张萍和翟银霞，2010)针对产品市场竞争与资本结构的战略性决策之间的交互影响进行了探讨，研究指出企业关于公司内部资本结构的决策(债务融资)较大程度取决于产品市场上的竞争环境，当企业的资本决策和产品市场竞争状态(如竞争战略及能力等)相互协调时，企业在产品市场上会获得更为明显的竞争优势进而获得价值提升。胡志强、陈钰君和王一竹(2013)将政府和市场参与者的特点引入 IPO 周期的模型框架中，研究上市公司质量在我国 IPO 浪潮中的离散性，发现热销市场上公司质量的差别大于冷销市场。除此之外，吴昊旻、杨兴全和魏卉(2012)分析了公司在产品市场上的竞争状况对其在金融市场上的特质性风险的影响，研究发现当行业结构较为集中时，公司股票特质性风险能够有所减弱，从而使得公司的回报更为稳健。

10.1.2.2　IPO 后行业内竞争对手的产品市场表现

随着研究不断深入，也有较多的文献将研究的重心放在 IPO 对竞争对手乃至整个行业竞争的影响。IPO 行为使得公司运营、财务和产品市场等方面的信息透明度更高，为其提供外部融资渠道的同时，有助于其夺取更多的市场份额、获得竞争优势，对行业内的竞争状态产生或大或小的影响。Akhigbe、Borde 和 Whyte(2003)通过美国市场数据实证分析了企业 IPO 对行业内其他竞争对手的平均影响，却发现这种估值上的影响并不显著，并将其归因于统计上显著为正的信息效应与显著为负的竞争效应互相抵消的结果，Akhigbe、Johnston 和 Madura(2006)进一步发现，行业内竞争对手在 IPO 后的三年之内都面临负的平均收益，且同样会受到行业管制程度的影响，并指出 IPO 的竞争效应及时机选择策略可以对此进行解释。Hsu、Reed 和 Rocholl(2010)对 IPO 后竞争对手的长期经营绩效的变化进行了研究，采用重大事件研究法，实证发现 IPO 成功后行业内的公司会经历负向的股价变动，并将其归因于与 IPO 相关的融资约束及金融机构认证放松等竞争优势。Foucault 和 Fresard(2013)在研究同行股价和公司投资之间的相互关系时，发现同行估值标准差增加时对应公司投资也会增加，且 IPO 后公司投资对同行估值更加敏感。同时，当公司在产品市场竞争中采取差异化竞争的策略时，可以降低不同企业同类产品之间的替代性，并吸引顾客的消费偏好，从而获得产品市场的竞争优势。Spiegel 和 Tookes(2014)通过微分博弈模型，对 IPO 前后主要变量的变化规律进行归纳总结，研究发现 IPO 后行业内会出现一个更加同质化的产品市场，从而使得行业利润水平呈现下降的趋势，为 IPO 后产品市场竞争的研究提供了新的方向。进一步地，部分文献分析了 IPO 对竞争对手的竞争效应的影响因素，他们分别从 IPO 规模(Akhigbe、Johnston 和 Madura，2006)、IPO 公司是否属于高科技行业(Kohers 和 Kohers，2000)及行业集中度(Jong 等，

2012)等角度进行了分析，研究发现，IPO规模越大，行业集中度越低和归属于高科技行业的IPO公司，其上市行为于竞争对手而言的潜在威胁也会越大。

不同的学者对IPO后竞争对手及整个行业竞争变化的成因，从不同的角度提出了相应的看法。部分学者(Akhigbe、Borde和Whyte，2003；Akhigbe，Johnston和Madura，2006)用信息效应来解释这种变化，认为IPO可能会包括与行业竞争相关的信息，从而使得竞争对手公司股价出现重新估值的现象进而发生变化。也有学者(Chod和Lyandres，2011；Chemmanur和He，2012)强调了IPO行为带来的竞争意识及动机，分析了IPO对行业内的企业竞争行为的影响，进而影响到产品市场的竞争均衡，即影响机制以IPO的竞争效应为主。而Spiegel和Tookes(2014)通过引入一个动态的结构化模型，对IPO预示了行业竞争的变化(预示效应)还是IPO导致了行业竞争的变化(竞争效应)提供了新的验证方式。他们认为，当特定产品更加受到消费者的偏爱时，行业内的企业对这类产品的生产激励较大并试图以此来吸引消费者，使得企业由于私有信息价值的下降而倾向于上市。在这种情况下，影响机制以IPO的预示效应为主。马文博(2016)在此基础上结合我国市场上的数据，通过观察IPO企业和竞争对手市场价值(盈利能力)之间的相关关系，对IPO后行业竞争变化的影响机制进行研究。通过对不同期间进行区别划分，分析发现在IPO后短期内占据主导地位的是IPO的竞争效应，而在IPO后的中长期内则主要用预示效应解释。因此，多种效应共同作用了IPO后产品市场的竞争变化，进而本章接下来的研究并不侧重于IPO前后行业竞争变化的影响机制的研究，而是另寻角度进行阐述。

国内关于IPO对竞争对手影响的研究较多集中于企业IPO对股票价格的影响，对产品市场份额或其他方面则较少涉及。部分文献(黄志勇，2012；周业安和杨腾，2011)从IPO对同行业其他所有在位公司股价产生影响的角度，发现IPO行业效应存在且显著为正，在不同年度和不同行业之间存在显著的差异。但是，更多的文献(张跃文和张舒杨，2009；刘烨和程冠政，2013)则认为IPO事件会使得同行业内竞争对手的股价出现负向的变化，并对影响这种负向冲击的因素(如发行规模、牛熊市等)进行了探讨。进一步地，较多的文献(龚强和张懿，2011；翁君奕，2005)往往在产品市场竞争的框架下研究产品策略。但随着研究的不断深入，也有学者将 IPO 行为与产品市场联系起来进行研究。王宜峰、张颜江和王燕鸣(2015)同时分析了 IPO 对本公司和同行业在位公司竞争的作用，研究发现 IPO 对本公司具有竞争促进作用，对在位公司具有竞争抑制作用，且发现 IPO 竞争作用具有显著的行业差异。王一竹(2015)借鉴 Chod 和 Lyandres(2011)，通过构建一个 IPO 时机选择模型，分析了 IPO 后企业市场份额、竞争对手短期股价及长期经营业绩的变化，并提出产品市场竞争程度、需求的不确定性及技术创新能力等会对这种变化产生不同的影响。唐卓瑶(2015)则先后利用静态博弈模型和动态博弈模型证实了 IPO 对同行业上市公司短期股价和长期经营业绩的影响，并认为公司和行业层面上的不同特征对 IPO 的行业竞争效应产生影响也会有所差异。

10.1.2.3　多层次资本市场的 IPO 与产品市场研究

国外基于不同板块上市的研究，往往基于国内不同地方 IPO 事件或国内外 IPO 事件的差异。部分文献(Melvin 和 Valero，2009；Melvin 和 Valerotonone，2003)研究了美国的企业在海外上市的行为对国内同行业中的竞争对手的影响，发现由于国内外上市板块的差异，国外上市的 IPO 企业相对于国内的其他竞争对手更能抓住成长机会和减少控股股东的代理成本，从而会冲击国内市场中竞争对手的股价。也有文献(Liang，2009；Ragunathan、Clarkson 和 Nowland，2010)对跨境上市带来的溢价现象进行了研究，发现跨境上市的企业会有更高的估值，并对此进行解释。此外，Baschieri、Carosi 和 Mengoli(2015)基于美国国内不同市场中的 IPO 事件，研究了地方性 IPO、退市以及公司溢价之间的关系，发现上市以及退市行为会影响邻近上市公司的市场价值，且上市公司会得到一个与公司隔离及地方投资者财富相关的地方性溢价。

我国是典型的多层次资本市场，分为主板、中小企业板、创业板三个层次，不同上市板块中的上市企业特点和板块监管制度等方面具有差异。在研究产品市场和金融市场之间的交互关系时，大多数文献以我国 A 股市场作为一个整体进行研究，而不对板块差异进行区分。其中，部分文献(黄继承和姜付秀，2015；姜付秀、屈耀辉和陆正飞等，2008)以我国A股市场上的全部上市公司为样本，研究发现产品市场竞争的激烈程度会对企业资本结构的调整速度产生影响，也会对企业当前资本结构与目标资本结构的偏离幅度大小产生作用。此外，也有文献针对特定的板块进行相关课题的研究。例如，在研究IPO后企业经营业绩的变化趋势进行分析时，周孝华和吴宏亮(2010)与梁建敏和吴江(2012)分别针对深交所的中小板和创业板市场进行了研究。伊志宏、姜付秀和秦义虎(2010)探讨公司治理对IPO信息披露质量的影响，基于深交所的公司数据，实证发现产品市场竞争在某种程度上可以作为公司治理的替代或补充手段，而合理的公司治理结构有助于信息的顺利披露，故行业内产品市场竞争效率的提高也会在一定程度上提高IPO所披露的信息质量。

也有文献将不同的研究课题置于不同上市板块中进行了较为全面的研究。石碧坤(2014)从被强制披露的信息质量的板块差异出发进行了研究，通过探讨深交所中不同上市板块中IPO公司信息披露质量的影响因素，得到了创业板中IPO公司的信息披露质量比中小板和主板中高的研究结论。吴国鼎(2015)以我国2008年至2012年上市的公司为样本，对不同上市板块中企业股权结构对企业绩效的影响进行了研究。发现对于主板以及中小板中的上市企业，实际控制人的持股比例与企业绩效具有正向变动的关系且显著，但对于创业板并不显著，并针对这种现象从不同板块上市企业特征和板块监督规则等方面进行成因分析。陈策和吕长江(2011)以主板和中小企业板为例，认为两者之间存在风险及监管上的差异，并基于行业因素和总资产等，分析上市板块差异对会计稳健性的影响，研究发现配对主板的企业具有较为明显的会计稳健性需求，是由于较高的资产负债率等，而配对中小板的企业表现出更高的会计稳健性，则是由于深交所针对中小板专门制定的行政法令。还有部分文献(蔡伟毅和邓光宏，2014；卿小权、李百兴和曹丰，2015)分别在研究上市公司现金分红影响因素和上市公司盈余质量等不同课题时将上市板块的差异纳入了研究中。

综上可得，虽然结合我国多层次资本市场的研究中，也有部分文献涉及金融市场与产品市场之间交互影响的研究，但是多为涉及产品市场与资本结构和信息披露之间的相关研究，较少有文献将 IPO 后产品市场竞争的变化置于我国多层次资本市场的现实背景中进行区分研究，本章在一定程度上对这方面的研究进行了补充。

最近几年，产品市场竞争在 IPO 决策及 IPO 时机选择中的作用和 IPO 后股价及产品市场竞争表现的变化得到了诸多研究的证实：部分文献从静态或动态模型出发，研究了产品市场竞争环境对私有企业 IPO 决策的影响，以及对拟上市企业上市时机的影响；另一部分文献则着重研究了 IPO 后产品市场表现的变化，一方面分析了 IPO 后上市企业自身在股价、经营绩效和产品市场竞争力等方面的变化，另一方面分析了 IPO 后行业内竞争对手的股价和产品市场表现等方面，乃至行业整体上的变化。至此，本章对 IPO 与产品市场竞争之间的交互影响进行了较为全面的梳理。同时，本章将对研究不同板块差异的文献进行简单的梳理。

由上文可知，从研究内容上来说，尽管大量的文献从上市企业自身、竞争对手及整个行业的角度研究了 IPO 后产品市场的表现，但主要侧重于对经营绩效、市场份额、股价及估值等方面的研究，或者着重分析了 IPO 对产品市场的影响机制，较少对 IPO 后产品市场异质化竞争倾向及企业竞争投入的变化进行研究。同时，鲜有文献将 IPO 与产品市场之间的关系置于多层次资本市场的现实背景下进行研究，对不同板块中的 IPO 事件后产品市场竞争变化的差异进行探讨。对此，本章结合我国多层次的资本市场，研究了不同板块中的 IPO 事件后产品市场异质化竞争倾向的差异，以及 IPO 后企业在产品市场上的竞争投入变化的差异，并补充说明了其他因素，如 IPO 规模及上市时间在 IPO 后产品市场竞争变化中的作用，对板块差异进行补充，丰富相关的研究。从研究方法上来讲，基于动态时间模型的方法进行研究的学者相对较少。而动态时间模型可以突破静态时间模型在变量选择和关系分析中的局限性，能更好地衡量产品市场竞争的动态变化。本章借鉴 Spiegel 和 Tookes(2014)中的模型，不仅对行业内的 IPO 行为和企业的动态竞争过程同时进行了充分的考虑，也给出了模型中主要变量的估计方法，提供了结合现实情境中的数据进行实证分析的有效途径，进而使得研究结论的信服力更高。

综上所述，在现有文献的基础上，本章利用我国A股市场上1996年至2016年所有非ST上市公司的数据，借鉴Spiegel和Tookes(2014)中的结构化模型和参数估计方法，对IPO后行业竞争的变化特征进行了探讨，其中侧重分析了IPO后产品市场异质化竞争倾向的变化，以及IPO后企业竞争投入的变化。同时，基于我国多层次资本市场的现状，对比分析不同板块中的IPO事件后产品市场竞争变化的差异，并结合不同板块中上市公司特点、管理制度和行业分化等方面的差异，对此进行简单的说明。进一步地，基于不同板块的特点，将IPO规模及上市时间等因素加入本章的研究之中进行补充说明。本章的研究在一定程度上揭示了IPO后产品市场竞争的变化规律，为行业内企业产品市场策略选择提供了参考，并根据不同板块的研究结果，为我国多层次资本市场的进一步完善提出具有参考价值的意见和建议。

10.2　理论模型与研究假设

10.2.1　随机微分博弈模型与参数设计

此处，本文对Spiegel和Tookes(2013)与Spiegel和Tookes(2014)中的模型进行了整理：前者将产品市场竞争和投资估值纳入动态寡头模型中，将当前企业和行业的特点与金融决策，如是否并购联系起来进行研究；后者则在前者的基础上，将行业内的IPO因素纳入，分析了IPO对竞争对手的影响。

首先，考虑产品市场竞争的衡量。在产品市场上，企业会通过研发、营销、定价等途径提高市场份额，来达到利润最大化的目标。HHI指标(赫芬达尔-赫西曼指数)，即行业内各个企业收入占比的平方和，是较为常见的用来衡量竞争程度的指标(陈信元、靳庆鲁和肖土盛等，2013)。CSM指标衡量了行业内的企业之间竞争互动程度，结合本章的研究可以将其定义为$\mathrm{CSM}_i=\mathrm{corr}\left[\frac{\Delta\pi_i}{\Delta S_i},\ \Delta S_{-i}\right]$，其中$\Delta\pi_i$代表企业自身的净利润变动，$\Delta S_i$和$\Delta S_{-i}$则分别代表企业自身和竞争对手的营收变化，也常被用来衡量产品市场的竞争程度(Chod和Lyandres，2011)，但由其定义可知 CSM 指标易受单位限制。因此，本章在现有文献的基础上，继续采用市场份额的概念对产品市场的竞争程度进行衡量，并将其置于动态结构化模型的背景中。

借鉴 Spiegel 和 Tookes(2013)的模型，本章假定在一个进行寡头竞争的行业内，存在 n 家具有风险中性的企业，它们通过生产异质化的产品，吸引特定的消费者，抢夺对手的市场份额，达到价值最大化的最终目标。现定义：$m_i(t)$ 为企业 i 的市场份额，利用营业收入的占比来衡量，在连续时间下的初始值为 $m_i(0)$ ，企业通过市场份额的抢夺来最大化自身的利润；$u_i(t)$ 为企业 i 在产品市场中争夺市场份额的竞争支出，包括广告、研发和策略营销等，在一定程度上衡量了企业的竞争动机与意愿以及产品市场竞争的活跃度；s_i 为企业 i 的支出效率，衡量了企业 i 在产品市场中的每单位竞争支出抢夺市场份额(或是吸引顾客)的能力；$\phi \geqslant 0$ 为行业层面的顾客敏感度，衡量了行业内抢夺市场份额的容易程度，也衡量了产品市场的异质化(同质化)程度，比如说快消行业一般比奢侈品行业具有更大的 ϕ 值，顾客流动性较高，产品异质化较为不明显。并假设市场份额随时间的变化而变化：

$$\mathrm{d}m_i(t) = \frac{\phi\left[(1 - m_i(t))\, s_i u_i(t) - m_i(t) \sum_{j \neq i} s_j u_j(t)\right]}{\sum_{j=1}^{n} s_j u_j} \mathrm{d}t \quad (10.1)$$

由(10.1)式可知：当企业 i 自身支出(u_i)和支出效率(s_i)的值较大时，或是竞争对手对应的变量值较小时，企业市场份额也较大；同时，当顾客敏感度(ϕ)较大，以及企业 i 自身当前的市场份额较大时，企业市场份额的变化也会较大。值得注意的是，(10.1)式不受单位的限制。

其次，考虑企业盈利能力与企业价值的衡量。在产品市场竞争中，不同的企业往往会采取不同的策略，如产品差异化、价格战和规模经济产出等，来达到自身的利润目标。并且，市场份额占比较大的企业，由于议价能力较出众以及生产成本较低等优势，可以获得较大的利润。据此，假设企业盈利能力与市场份额之间是正向相互变动的关系。同时，定义以下变量：α_i 为企业 i 的利润转化率，或是企业 i 的经营业绩，衡量了企业 i 将所得份额转化为营收的能力；f_i 为企业 i 的固定运营成本，衡量了企业正常运营所产生的成本；ζ 为行业的增长率。进一步地，假设利润由营业收入($\alpha_i m_i$)、竞争支出(u_i) 以及固定运营成本(f_i) 组成，且以上部分随行业发展的变化比率相同，得到：

$$\pi_i(t) = e^{\zeta t}[\alpha_i m_i(t) - u_i(t) - f_i] \tag{10.2}$$

上式给出了企业的利润等式，据此可以分析企业价值的变化。为了使模型更能拟合现实环境，假设行业增长规模 ζ 服从几何布朗运动：

$$\mathrm{d}\zeta = g\mathrm{d}t + \sigma \mathrm{d}w$$

其中，$\mathrm{d}w$ 为标准布朗运动。

在 Spiegel 和 Tookes(2013)的模型中，企业价值 V_i 可以通过对企业未来的利润进行贴现得到。这是因为，企业利润决定了企业现金流，而理论上企业价值又等于现金流的贴现之和。定义 r 为瞬时的贴现利率 $(r > g)$，$\delta = r - g$。结合(10.2)式，得到以下最优化问题：

$$\max_{u_i} E\left[\int_0^\infty (e^{-(\zeta - r)t}[\alpha_i m_i(\tau) - u_i(\tau) - f_i])\,\mathrm{d}\tau\right] \tag{10.3}$$

(10.3)式的最优化问题，意味着行业内的每家企业在产品市场中进行博弈，通过选择最优的竞争支出(u_i)来达到价值最大化的经营目标。其中，各个参数之间形成了较为完整的逻辑链条，即行业内的企业选择竞争支出(u_i)，生产异质的产品吸引顾客来对市场份额(m_i)进行抢夺，进而将其转化为企业的营收。定义 $\delta = r - g - \zeta$，(10.3)式的 HJB 方程为：

$$\max_{u_i} \alpha_i m_i - f_i - u_i + V_i'\phi\left[u_i s_i \Big/ \sum_{j=1}^{n} u_j s_j - m_i\right] - \delta V_i + 1/2 V_i \sigma^2 = 0$$

本章的研究，需要将 IPO 因素纳入产品市场一般均衡中进行分析，而其依据主要在于：一方面，当行业内企业进行 IPO 时，IPO 公司会被强制披露相关运营等的信息，不同的证券交易所乃至不同上市板块均有不同的要求。这些信息会帮助消费者，使其对自身的偏好和行业内的产品市场的了解更深入、更透彻，同时也可以帮助竞争对手公司根据这些披露的信息进行决策并提供产品，尤其是所披露的信息参考价值较高时，竞争对手复制“成功之处”的激励和可行性较高，产品市场同质化倾向也较高。另一方面，由上文可知，IPO 事件，尤其是规模较大、行业集中度较低以及归属于高科技的公司，会对行业内的竞争对手带来较大的潜在威胁，对整个行业的竞争状态也会带来较大的影响，加之本章的研究样本均取自我国的上市企业，区别于私有企业较为强烈的趋同激励，这使得行业内的其他企业为了维持现有的市场份额，倾向于选择异质化的竞争策略。

故借鉴 Spiegel 和 Tookes(2014)，假定模型中的主要变量在 IPO 前后存在一个变化的过程，将 IPO 因素纳入进来，并据此开展本文的相关研究。即，假设基础模型中的支出效率、市场份额利润转化率和固定运营成本这三个主要的变量在 IPO 前后是不一样的，令各企业的这三个变量在某个企业上市之前的值分别为 α^*、s^*、f^*，在某企业上市之后的值则分别变化为 α、s、f。同时，定义 ψ 为上述变量的指数变化率，对其动态变化过程进行说明。故可得，任意时点的实际利润转化率 $\breve{\alpha}$ 为：

$$\breve{\alpha} = [e^{-\psi t}\alpha^* + (1 - e^{-\psi t})\alpha] = \alpha + e^{-\psi t}\Delta\alpha \qquad (10.4)$$

支出效率 $\breve{s}$ 为：

$$\breve{s} = [e^{-\psi t}s^* + (1 - e^{-\psi t})s] = s + e^{-\psi t}\Delta s \qquad (10.5)$$

固定运营成本 $\breve{f}$ 为：

$$\breve{f} = [e^{-\psi t}f^* + (1 - e^{-\psi t})f] = f + e^{-\psi t}\Delta f \qquad (10.6)$$

其中，$\Delta\alpha = \alpha^* - \alpha$，$\Delta s = s^* - s$，$\Delta f = f^* - f$。不同的 IPO 事件发生前后，行业内上述变量往往对应着不同的变化过程。比如说，不同板块中的 IPO 事件，由于市场影响力、时点等方面的差异，上述变量在 IPO 前后具有差异的变化过程。但是由于下文的估计过程，针对每个 IPO 事件单独进行，进而在此处不对这些差异进行区别建模。

综上所述，在考虑 IPO 的情况下，HJB 方程可由下式来表示：

$$\max_{u_i}(\alpha_i + e^{-\psi t}\Delta\alpha_i)m_i - f_i - e^{-\psi t}\Delta f_i - u_i + V'_i\phi\left[u_i\bar{s}_i\Big/\sum_{j=1}^{n}u_j\bar{s}_j - m_i\right] - \delta V_i + V_i^t = 0 \qquad (10.7)$$

通过对(10.7)式进行求解，可以得到企业均衡状态下相关参数以及企业价值的表达式。类似地，行业内不同的企业生产异质的产品，进行持续的博弈，最终通过选择一个最优的竞争支出(u_i)来最大化企业价值。

本章根据上文的模型设定，对最优化问题(10.7)式进行求解，基于 Spiegel 和 Tookes(2013)与 Spiegel 和 Tookes(2014)中的推导过程，得到均衡状态下产品市场竞争投入以及企业价值的表达式，并在本章讨论的范围内对部分参数进行相关假设，分析竞争投入受多个因子影响的变化。

此处，对最优化问题(3.7)式进行求解，假设变量：

$$\widehat{\alpha}_i = (\phi + \delta + \psi)\alpha_i + (\phi + \delta)\Delta\alpha_i e^{-\psi t} \tag{10.8}$$

和

$$\widehat{z} = \sum_{j=1}^{n} (1/\widehat{\alpha}_j \breve{s}_j) \tag{10.9}$$

假设 $V_i(m, t) = a_i + b_i m_i$，解得 u_i 的表达式为：

$$u_i = \frac{\widehat{\alpha}_i \phi(n-1)[b_i \breve{s}_i \widehat{z} - (n-1)]}{(\phi + \delta + \psi)(\phi + \delta)(\widehat{\alpha}_i \breve{s}_i \widehat{z})^2} \tag{10.10}$$

进一步地，可分别解得 a_i 与 b_i 的表达式：

$$a_i = \frac{\phi\alpha_i[\alpha_i s_i z - (n-1)]^2}{\delta(\phi+\delta)(\alpha_i s_i z)^2} - \frac{f_i}{\delta} + e^{-\psi t}\left[\frac{\alpha_i k_\alpha \phi[\alpha_i s_i z - (n-1)]^2}{(\phi+\delta)(\phi+\delta+\psi)(\alpha_i s_i z)^2} - \frac{\Delta f_i}{\phi+\psi}\right] \tag{10.11}$$

$$b_i = \frac{\alpha_i}{\phi+\delta} + \frac{\Delta\alpha_i e^{-\psi}}{\phi+\delta+\psi} \tag{10.12}$$

以上求解得到了 IPO 情况下的产品市场均衡下，企业竞争支出、市场价值等的表达式，并由 IPO 前后的相关数据得到上述变量的变化特点，达到了本章的研究目的。由此可知，考虑 IPO 情况下的求解方法与一般情况下类似，但竞争支出以及企业价值的式子具有较大的差异。考虑 IPO 情况下，由于定义了变量的动态过程，参数 a_i 和 b_i 以及变量 u_i 的表达式，均加上了以 ψ 表示的指数调整部分，其中变量 u_i 的变化更为复杂。

10.2.2 比较静态分析与研究假设

10.2.2.1 竞争支出的比较静态分析

由上文中的模型可知，企业通过选择产品市场竞争中的最优投入来达到企业利润最大化的目标。从均衡状态下的(10.12)式来看，企业在产品市场竞争上的支出(投入)受到多个因素的影响，而部分参数在是否考虑 IPO 的情况下被赋予了不同的值。Spiegel 和 Tookes(2014)仅从理论上简要分析了竞争支出的变化，此处通过对个别参数求偏导的方式，进行较为全面的比较静态分析。

首先，对顾客敏感度(ϕ)求偏导，得到下式：

$$\frac{\partial u_i}{\partial \phi} = \frac{\alpha_i \delta(n-1)\left[\alpha_i s_i z - (n-1)\right](\alpha_i s_i z)^2}{\left[(\phi+\delta)(\alpha_i s_i z)^2\right]^2} \tag{10.13}$$

其次，对利润转化率(α_i)求偏导，得到下式：

$$\frac{\partial u_i}{\partial \alpha_i} = \frac{\phi(n-1)^2(\phi+\delta)(\alpha_i s_i z)^2}{\left[(\phi+\delta)(\alpha_i s_i z)^2\right]^2} \tag{10.14}$$

最后，保持 $\bar{z}$ 不变，将竞争支出(u_i)对行业内的企业数量(n)求偏导，得到下式：

$$\frac{\partial u_i}{\partial n} = \frac{\phi\left[n\alpha_i s_i \bar{z} + 2(1-n)\right]}{n^3(\phi+\delta)\alpha_i(s_i\bar{z})^2} \tag{10.15}$$

进而，对企业均衡状态下产品市场的竞争支出受各个因素的影响进行如下分析：其一，关于支出效率 s_i 。若企业支出效率(s_i)越高，意味着同等的竞争支出(u_i)可以得到更多顾客的青睐，进而占据更大的市场份额。因此，规模小、竞争力弱的企业就会在保持差异化竞争的基础上倾向于减少产品市场的竞争支出；而规模大、竞争力强的企业则相反。其二，关于净贴现率 δ 。由上文的最优化问题的式子(10.3)式可知，当净贴现率增加时，相应的贴现利润会降低，从而在一定程度上降低企业在产品市场竞争投入的激励，即竞争投入 u_i 关于净贴现率 δ 单调递减，这也可以从竞争投入的式子(10.12)式中直观地得到。其三，顾客敏感度 ϕ 。结合 $[\alpha_i s_i z - (n-1)] > 0$ 可知，(10.13)式恒大于零，这意味着当行业内的顾客敏感度越高，顾客的流动性也越大，企业会有增加竞争支出的倾向以吸引顾客，从而获得更大的市场份额。其四，利润转化率 α_i 。由(10.14)式可知，对 α_i 求偏导后的式子恒大于零。这意味着，具有较高的利润转化率(α_i)的企业，同样大小的市场份额对其来讲就具有较高的价值，因此这类企业会产生增加竞争支出的激励，即支出 u_i 关于参数 α_i 单调递增。

进一步地，分析产品市场的竞争程度，以行业内的企业数量 n 来衡量对竞争支出(u_i) 的影响。在一个标准的古诺模型中，增加竞争者会减少企业的均衡产出，每家企业减少获取客户的支出，进而获得一个较小的市场份额。然而，由于模型允许不同竞争能力的异质企业，假设增加的新企业处于平均水平，保持 $\bar{z}$ 不变，进一步将支出 u_i 对 n 求偏导。由此可知，对于“弱”的公司($\alpha_i s_i \bar{z} \leq 1$)，通过增加竞争支出来应对竞争对手数量的增加是件徒劳的事，因为它们很难或者不能从较强的竞争对手那抢夺市场份额，即它们的竞争支出变化严格为负。将(10.15) 式进一步对 α_i 求偏导可知，具有较大利润转化率 α_i 的公司更倾向于增加竞争支出来应对竞争对手数量的增加，对于具有较大支出效率 s_i 的公司也是如此。所以对于“强”的公司，通过增加支出可以达到抢夺市场份额的目的，故增加支出是值得的。

以上的分析直观地给出了产品市场竞争投入 u_i 随各个参数变动而可能发生的变化，但不能得到 IPO 前后竞争投入的最终变动。下文在对 IPO 后产品市场异质化竞争倾向进行研究时，主要对参数 α_i 和 ϕ 进行了参数估计和分析，进而利用数值模拟的方法，设定简化的假设，分析 IPO 后竞争投入 u_i 在上述两个因子变动下的最终变化，得到研究结论。

10.2.2.2 研究假设

由已有的研究可知，IPO 行为与产品市场之间是相互影响的。一方面，产品市场对于 IPO 决策及时机具有重要的参考价值，另一方面，IPO 后行业内各竞争主体都会发生方方面面的或大或小的变化。对此，不同的学者提出了不同的解释，如 IPO 竞争效应(Hsu、Reed 和 Rocholl，2010)、IPO 预示效应(Spiegel 和 Tookes，2014)等。基于现有的文献，结合我国多层次资本市场的现状，本章研究了 IPO 后产品市场竞争的变化及其板块差异，并实证分析了 IPO 后企业在产品市场中的竞争投入变化。

本章研究 IPO 后产品市场的竞争变化，一方面利用相关参数分析

IPO 后产品市场的同质化或异质化竞争倾向，另一方面利用均衡式子分析 IPO 后企业产品市场竞争支出的变化。首先，关于 IPO 后产品市场策略的选择，Spigiel 和 Tookes(2014)提出伴随着 IPO 后顾客敏感度估计值的增加，产品市场竞争有同质化的倾向，马文博(2016)在此基础上结合我国市场数据也得到了类似的结论。但狄晨晨(2016)在 Foucault 和 Fresard(2015)的理论研究基础上，研究股价信息、产品差异化及公司 IPO 决策时，则发现公司在上市后会选择差异化的产品市场策略，而维持私有的公司则不然。故本章基于现有文献的研究，对我国 IPO 后的产品倾向进行进一步的实证研究，以获得更具有普遍性的结论。其中，同质化倾向的逻辑在于，根据信息披露制度，公司进行 IPO 时会被强制披露关于销售以及运营的信息，竞争对手会对上市公司的“成功之处”进行模范，从而使得产品市场的竞争出现同质化的倾向；异质化的逻辑在于，当行业内公司进行 IPO 时所披露的信息内容不相关或含量较低时，竞争对手公司不能得到有关优势产品的信息并进行复制，反而会由于 IPO 企业上市后可能对其产生的潜在威胁，倾向于开发异质化产品的市场竞争策略，进而导致 IPO 后的产品市场出现异质化的倾向。

其次，关于 IPO 后企业在产品市场中竞争投入的变化。由上文的分析可知，均衡状态下企业在产品市场上的竞争投入受多个因素共同影响，但其最终大小变化不能从上文的分析中得到。竞争投入在一定程度上衡量了企业进行产品市场竞争的意愿，或者说竞争的活跃程度，当 $u_i = 0$ 时，企业不再积极地通过广告和建设新的分销点等方式在产品市场上抢夺顾客，而当 $u_i > 0$ 时，就可以保证市场份额严格为正。故下文选取我国 A 股市场上非 ST 的所有上市公司数据，利用模型中的顾客敏感度等参数来衡量 IPO 前后产品市场的同质化竞争倾向，并基于部分假设进行数值模拟，直观地分析 IPO 后产品市场竞争投入的变化。据此，结合本章的内容，提出以下研究假设：

H1a：IPO 后企业倾向于增加竞争投入，产品市场倾向于异质化竞争。

H1b：IPO 后企业倾向于增加竞争投入，产品市场倾向于同质化竞争。

进一步地，考虑到我国的证券市场是一个较为典型的多层次资本市场，不同层次(主板、中小板和创业板)的上市门槛要求不一样。A股市场上所有的上市企业都需要满足我国《公司法》和《证券法》的要求，但差异体现在上市门槛、监督管理制度和行业分化等多个方面，也体现在中国证监会对不同板块的差异化要求之中。以主板和创业板市场为例，从上市公司的特点及披露制度的角度进行说明，主板市场中多为规模较大且具有稳定盈利能力的成熟企业，而创业板上市的企业往往是未达到其他板块上市标准的成长型、科技型以及创新型企业，且有研究(石碧坤，2014)发现创业板中IPO事件的信息披露质量于主板而言较高。两者共同作用的结果，是否会使得创业板中的IPO事件后，所披露的信息相对更具有价值，使得行业内其他竞争对手复制优势产品的意愿更强，从而抵消行业内异质化竞争倾向(或加强行业内同质化竞争倾向)?

通过对文献的梳理发现，国内分析多层次资本市场的文献，更多地结合其他不同的课题进行研究(吴国鼎，2015)。有部分对产品市场和金融市场的交互影响进行研究的文献，也多为分析产品市场竞争与企业资本结构及信息披露质量之间影响的研究(黄继承和姜付秀，2015；石碧坤，2014)，鲜有文献将IPO与产品市场之间的关系置于多层次资本市场这个具有中国特色的背景下进行研究。但不同的交易所板块，由于不同的公司特点和制度管理，IPO前后产品市场竞争的变化也有较大可能会有所不同。故本章在实证分析时，进一步将不同的IPO事件根据上市板块进行区分研究，以期通过不同板块的比较研究，得到一般性的结论。据此，提出以下研究假设：

H2a：不同板块中的IPO事件后产品市场都倾向于异质化竞争，只存在程度上的差异。

H2b：不是所有板块中的IPO事件后产品市场都倾向于异质化竞争，也存在同质化倾向。

我国证券市场不同板块的对比如表10-1所示。

表 10-1　　　　　　　　不同板块的对比分析

变量	全部 A 股	上海主板	深圳主板	创业板	中小企业板
上市企业数量(家)	3164	1243	515	581	825
平均总市值(亿元)	178	270	159	85	117
运营开始时间	/	1990 年	1990 年	2009 年	2004 年

本章考虑到我国资本市场多层次的基本现状，研究了 IPO 后行业竞争变化的板块差异。但是除了上市板块差异这个表象外，必然还有基于板块特点的其他因素也会对 IPO 后的产品市场竞争变化产生影响，并在一定程度上对板块差异的成因进行补充。

首先，不同的 IPO 事件在 IPO 规模上也会有较大的差异，且一般来说主板上市的 IPO 平均规模大于创业板和中小企业板。有文献(Spiegel 和 Tookes，2014)指出 IPO 事件的规模大小，会影响 IPO 行为在产品市场竞争中作用的大小。对于规模较大的 IPO 事件，例如中国工商银行、中国石油等超大型公司的 IPO 事件，对应的上市公司更具有市场权威和话语权，其上市披露的信息相对也更具有引导意义，使得行业内其他竞争对手进行模仿，抵消了部分差异化竞争的倾向(或加强了同质化竞争的倾向)，从而对 IPO 后的行业竞争变化产生影响。其次，不同的 IPO 事件，往往对应不同的上市时间，且主板设立的时间先于中小板和创业板。不同时点行业内上市公司数量、市场份额、信息透明度等方面有所不同，从而会影响到上市所披露信息的参考价值，使得不同上市时间的 IPO 事件后产品市场竞争变化也可能产生差异。

据此，本章将 IPO 规模大小和上市时间先后加入本章的研究之中，提出以下研究假设：

H3a：不同 IPO 规模下的 IPO 事件后产品市场竞争的异质化倾向也存在程度上的差异。

H3b：不同上市时间下的 IPO 事件后产品市场竞争的异质化倾向也存在程度上的差异。

10.3 实证研究

10.3.1 样本选择及参数估计

在这个部分，首先阐述本章的研究对象，并对涉及的行业分类标准以及研究样本的筛选条件进行较为详细的说明；其次，对本章的参数估计进行说明，通过参数估计方程(10.21)式和(10.22)式分别估计本章研究所需的参数，并对估计方程(10.21)式由于估计参数过多导致的估计误差问题，提出较为简单的解决方案。

10.3.1.1 样本选择

本章基于申万三级行业的分类标准，以我国1996年至2016年间上市的非ST公司(总样本2997家)为样本，并进行一定的筛选。

第一，本章中的模型仅适用于寡头行业，故剔除样本中企业数量大于50家的行业。同时，由于每个IPO事件在行业内发生的时点不同，故针对行业内不同的IPO事件，所包含的相应竞争对手数量也是有所不同的。

第二，Spiegel和Tookes(2014)分别选取了IPO前三年至IPO后三年、后五年及后十年的样本来研究IPO对竞争对手在短期、中期及长期内的影响。基于此，本章选取目标企业IPO前三年至IPO后五年为研究期限，来研究不同板块中的IPO事件后产品市场竞争变化的差异。同时，为了避免数据的不完整性，考虑到ST公司有被退市的可能性，故在样本中剔除ST公司，并只将在研究期间内具有连续财务数据的公司作为研究样本。

第三，本章研究样本中的上市公司数据以及板块信息均来自Wind数据库，而参数估计和实证分析则借助Python编程及Excel回归得以实现。

最终，符合上述条件的IPO事件一共有1544个，其中上海主板的IPO事件有482个，深圳主板的IPO事件有176个，深圳创业板的IPO事件有296个，深圳中小板的IPO事件有590个。对于每个IPO事件单独进行估计，每个 IPO 事件得到一组估计值，并根据不同研究目的对 IPO 事件进行划分归类，从而总结出本章的结论。

10.3.1.2　参数估计

本章重点关注利润转化率(α_i^*)、竞争支出(u_i)和顾客敏感度(ϕ)等变量，借鉴 Spiegel 和 Tookes(2013)中参数的估计方法进行说明。同时，考虑到部分参数估计方程估计能力的有限性，为避免误差过大，对此提出本文的改进方案。

由上文可知，利润式子为 $\pi_i(t) = e^{gt}[\alpha_i m_i(t) - u_i(t) - f_i]$ ，此处，据此估计公司和行业层面的参数。借鉴现有文献的做法，假设 $\pi_i(t) + e^{gt}u_i(t) \equiv \hat{\pi}_i(t)$ =营业收入-销售成本，且有 $f_i^* = f_i$ ，$s_i^* = s_i$ 。假设行业内的每家企业 i 均有 $\alpha_i = k\alpha_i^*$ ，得到第一个估计方程：

$$\pi_i(t) + e^{gt}u_i(t) = e^{gt}(((k - (k - 1)e^{-\psi t})\alpha_i^*)m_i(t) - f_i^*) \tag{10.16}$$

仅根据上市企业的营业收入和销售成本数据，即可估计得到参数 ψ 、g 、α_i^* 和 f_i^* 等的值。由上文的分析可知，参数 ψ 对利润转化率的转移速率进行了衡量，可将其称为转换率或广义的“信息披露”。

(10.16)式仅利用较少的原始数据(如营业收入和销售费用数据)就可得到众多参数的估计值。但在估计过程中，一方面需要给定合适的初始值，另一方面需要拟合众多参数的局部最优，从而会累积过多的误差。所以仅靠(10.16)式来估计这些参数，所得估计值的精准度会有所不足，尤其是 k 值的估计，受参数 α_i^* 及 f_i^* 给定初始值的影响较大，而式子中 g 和 ψ 的估计值由于位于指数函数中，其估计值相对于 k 值较具有意义。因此，为了得到较为准确的结果，对于 k 值的估计，本章利用式子 $\alpha_i = k\alpha_i^*$ 进行估计来改进。具体来说，对于每一个 IPO 事件，计算得到行业内符合筛选条件的公司在 IPO 时点前后每个时点对应的利润转化率 α_i，以 $T-1$ 时点的利润转化率为自变量，分别以 $T+5$ 至 $T+1$ 时点的利润转化率为因变量，进行回归得到一系列系数估计值(k)，从而对部分问题进行补充说明。

进一步地，对行业层面的顾客敏感度(ϕ)进行估计。一般来说，如果行业内消费者的忠诚度较低时，则意味着产品市场的异质化程度较低，也意味着相同的竞争支出下消费者的偏好更易改变。由(10.1)式可知，$(1-m_i(t))s_iu_i(t)$ 代表了企业 i 从竞争对手抢夺的市场份额，$m_i(t)\sum_{j\neq i}s_ju_j(t)$ 则代表了竞争对手通过产品市场竞争从企业 i 抢夺的市场份额。当 ϕ 值较大时，两者之差的变动导致市场份额的变动也会更大，即企业会更容易抢夺其竞争对手拥有的市场份额。

已知，由于所有企业的利润转化率以共同的变化率 ψ 变化，故 α_i^* 到 α_i 的转化对 α_is_iz 无影响。令 $\overline{m_i}$ 为企业 i 的均衡市场份额，利用等式 $\mathrm{d}m=\phi(\overline{m_i}-m_i(t))$，得到 $m_i(t)$ 的解：

$$m_i(t)=\overline{m_i}+(m_i(0)-\overline{m_i})e^{-\phi t} \tag{10.17}$$

利用(10.17)式进行非线性的最小二乘估计，进而获得企业的均衡市场份额($\overline{m_i}$)和行业的顾客敏感度(ϕ)。在均衡状态下，满足 $\mathrm{d}m/\mathrm{d}t=0$，即有 $m_i=\dfrac{s_iu_i}{\sum_{j=1}^{n}s_ju_j}$，并由 $z=\sum_{j=1}^{n}(1/\alpha_js_j)$ 和 $\bar{z}=z/n$，可得均衡下的市场份额为：$\overline{m_i}=1-\dfrac{n-1}{\alpha_is_in\bar{z}}$，进而也可推导得到公司竞争能力的表达式：$\alpha_is_iz=(n-1)/(1-\overline{m_i})$。因此，利用行业内 IPO 前后对应时点的数据，可以分别得到 IPO 前后行业层面的顾客敏感度 ϕ_0 和 ϕ 的值。

进一步地，可以计算市场份额的半周期 (h)，定义 $h=\ln(2)/\phi$，意味着当企业不再投入产品市场竞争时，即 $u_i=0$ 时，市场份额衰减到原来的一半所需要的时间。值得注意的是，为了使所得结果具有合理性，在实证的过程中，要求 $0\leqslant\phi\leqslant 25$。

10.3.2 IPO 对产品市场竞争影响的板块差异分析

本章先从 Wind 数据库获得符合上述筛选条件的 1544 家上市公司自上市以来的营业收入和销售费用数据，以及上市板块、IPO 规模、上市时间等相关信息，并以 IPO 前三年一直到 IPO 后五年为研究期间，利用 Python 计算上市公司在研究期间内各个时点的市场份额(定义为时点 t 公司自身的营收除以行业总营收)和营业利润(定义为营业收入减去销售费用)数据，进而根据本章的参数估计方程就可以得到相应的参数估计值。在参数的估计过程中存在极端值，均值指标易受数列分布的极值影响，而中位数在一定程度上可以代表分布数列的一般性特征，故下文均选用中位数来进行分析。同时，本章对每个 IPO 事件进行单独估计，每个 IPO 事件对应一组估计值，故根据研究目的按不同板块、不同 IPO 规模及不同上市时间进行划分归类，进而得到本章的研究结论。进一步地，为了得到企业在 IPO 前后竞争投入的变化，直观地对企业的竞争意愿进行衡量，利用 Excel 的数值调节钮进行简单的数值模拟。

10. 3. 2. 1　IPO 后产品市场竞争的变化

此处，利用全部 IPO 事件的估计值，分析产品市场竞争变化的整体规律。首先，任意时点有 $\breve{\alpha} = [e^{-\psi t}\alpha^* + (1 - e^{-\psi t})\alpha] = \alpha + e^{-\psi t}\Delta\alpha$，参数 ψ 代表 IPO 前后利润转化率的转移速率。由表 10-2 的估计结果可知，以全部 A 股为样本得到的参数 ψ 估计值的中位数为 0. 0035，这表明从 IPO 前利润转化率 α_i^* 到 IPO 后利润转化率 α_i 在第一个季度的转移率大概为 0. 35%，在一年之后的转移率约为 1. 39%，在两年之后将达到约 2. 76%。同时，从估计的结果来看，存在较为明显的行业分化。ψ 估计值的 25% 分位数为 1. 5E－05，75% 分位数则为 1. 6159，这表明市场份额利润转化率的转移率较低的行业在一个季度后平均只有 0. 001%从 α_i^* 转移到了 α_i，而转移率较高的行业这个比率高达 80. 13%。

表 10-2　　**不同板块中关键参数的估计结果**

上市板块	均值	最小值	25%	中位数	75%	最大值	标准误差
g							
上海主板	0. 0410	－0. 1011	0. 0133	0. 0380	0. 0659	0. 8491	0. 0029
深圳主板	0. 0365	－0. 1298	0. 0051	0. 0353	0. 0679	0. 2790	0. 0042
创业板	0. 0209	－0. 0720	－0. 0014	0. 0285	0. 0451	0. 2838	0. 0025
中小板	0. 0265	－0. 0775	0. 0061	0. 0283	0. 0440	1. 2121	0. 0027
合　计	0. 0311	－0. 1298	0. 0066	0. 0315	0. 0506	1. 2121	0. 0015
ϕ							

续表

上市板块	均值	最小值	25%	中位数	75%	最大值	标准误差
上海主板	0.0477	6.8E-18	0.0054	0.0234	0.0408	2.3114	0.0077
深圳主板	0.0676	9.2E-13	0.0096	0.0304	0.0655	1.9828	0.0125
创业板	0.0448	2.0E-19	0.0092	0.0255	0.0546	0.3634	0.0034
中小板	0.0361	2.1E-17	0.0073	0.0200	0.0447	2.2902	0.0042
合　计	0.0450	2.0E-19	0.0073	0.0231	0.0486	2.3114	0.0033
ϕ_0							
上海主板	0.0587	3.0E-17	0.0055	0.0332	0.0614	2.3115	0.0078
深圳主板	0.0839	1.1E-14	0.0114	0.0520	0.1008	1.9828	0.0126
创业板	0.0534	6.9E-16	0.0136	0.0351	0.0667	0.3623	0.0036
中小板	0.0448	4.8E-17	0.0091	0.0274	0.0578	2.2905	0.0043
合　计	0.0552	3.0E-17	0.0099	0.0333	0.0654	2.3115	0.0033
ψ							
上海主板	3.8E+07	1.0E-11	2.7E-06	0.0003	1.5010	1.8E+10	3.6E+07
深圳主板	2.6E+01	4.8E-12	5.8E-07	1.1E-05	0.0005	1.8E+03	1.3E+01
创业板	2.7E+07	2.4E-15	2.6E-04	0.2539	1.9844	7.8E+09	2.6E+07
中小板	1.2E+06	1.1E-11	9.8E-05	0.1391	1.8786	4.1E+08	8.3E+05
合　计	1.7E+07	2.4E-15	1.5E-05	0.0035	1.6159	1.8E+10	1.2E+07

其次，IPO 前后行业层面的顾客敏感度(ϕ)变化也呈现出一定的规律性。由上文可知，ϕ 值越大代表越容易从竞争对手那里抢夺顾客，ϕ 值在一定程度上可以衡量行业内同质化竞争的程度，揭示 IPO 后行业竞争的变化。由表 10-2 可知，总体来看，IPO 后顾客敏感度 ϕ 估计值的中位数为 0.0231，这意味着如果企业选择中断产品市场的竞争投入，则竞争对手夺取其一半的顾客仅约需 30 个季度，即市场份额的“半衰期”为 30 个季度。IPO 前顾客敏感度 ϕ_0 估计值的中位数为 0.0333，对应市场份额的“半衰期”约为 20 个季度。IPO 后对应的顾客敏感度下降，顾客流动性也随之下降，产品市场竞争倾向于异质化。这意味着，随着 IPO 企业被强制披露私有信息，消费者对产品范围选择和自身偏好有更

加深入的了解。但是对于行业内的竞争对手而言，上市企业所披露的信息中关于其产品市场的内容较少或涉及其核心竞争力的信息量较低，不足以产生“复制成功”的激励而选择同质化的产品策略，反而会由于 IPO 公司上市后可能带来的潜在威胁，而选择通过差异化的产品策略来维持或提高相应的市场份额。同时对于上市主体公司而言，上市强制披露了部分信息，上市后采取差异化策略是其优先考虑的，加之上市带来的融资等优势也使得其有能力进行差异化竞争。显然，从三级行业来看，IPO 前后行业的异质化倾向也存在较为明显的行业分化现象。以仪器仪表Ⅲ为例，行业内 IPO 事件后顾客敏感度多数增大，即在该行业内有 IPO 事件发生后，产品市场有同质化的倾向，意味着该行业内上市公司披露的信息对于其他上市公司在产品市场的决策会有较大的影响，竞争对手倾向于复制上市公司的“成功”产品；再以 LED 行业为例，所得结果则更类似于全部样本的估计结果，IPO 后行业内更倾向于异质化竞争；也有很多其他行业，IPO 前后顾客敏感度或变大或变小，但总体以变小居多。

由上可知，IPO 后行业内的产品市场具有差异化的倾向，产品市场异质化竞争会更加激烈。狄晨晨（2016）在 Foucault 和 Fresard（2015）的基础上研究发现，在中国的股票市场上，上市后的公司会选择差异化的决策，而维持私有的公司则不然。由上文可知，样本来自我国 A 股市场上的上市公司，故本章的研究结论与其有吻合的部分。同时，一般来说，当 IPO 后产品市场倾向于同质化时，对应行业内单位市场份额的利润转化率也会趋于下降（Spiegel 和 Tookes，2014；马文博，2016）。本章研究发现，IPO 后行业倾向于异质化竞争，对应利润转化率则应该有增大的趋势。为了验证估计的相对正确性，保持严谨的态度，利用得到的市场份额及营业利润（=营业收入-销售费用）的中间数据，大致估算 k 值（$\alpha_i = k\alpha_i^*$）的大小。首先，随机抽取部分 IPO 事件进行估计，将 $T+1$ 时点的利润转化率与 $T-1$ 时点的利润转化率之比近似为 k 值，发现绝大多数的 k 值均位于 1 至 2 的区间范围内，这意味着 IPO 后行业内单位市场份额的利润转化率具有增大的倾向。进一步地，将进行 IPO 的上市公司在区间内的利润转化率进行整理，分别将 $T+5$ 至 $T+1$ 时点的利润转化率对 $T-1$ 时点的利润转化率进行回归，得到一系列估计系数(k 值) 见表 10-3。从中可以看出，以 $T+1$ 时点为因变量得到的系数估计值为 1.5911，以 $T+5$ 时点的利润转化率为因变量得到的系数估计值为 2.0318，即不论选取 IPO 后什么时点的利润转化率作为因变量进行回归，自变量的估计系数 k 值均为大于 1 的值，且随着 IPO 后时点的递增，k 的估计值先增大后减小，并基本上处于 1 至 2 的区间范围内。

表 10-3　　**k 值的回归估计结果**

因变量	自变量	系　数	标准误差	t 值	R^2	观测值
$T+5$	截距项	9.7E+07	1.8E+07	5.5085	0.8892	1165
	$T-1$	2.0318	0.0210	96.6031		
$T+4$	截距项	-1.1E+05	9.5E+06	-0.0120	0.9631	1387
	$T-1$	2.2232	0.0117	190.0166		
$T+3$	截距项	-2.9E+07	7.4E+06	-3.8911	0.9701	1514
	$T-1$	2.038	0.0092	221.4562		
$T+2$	截距项	-3.5E+07	7.6E+06	-4.5975	0.9602	1517
	$T-1$	1.8070	0.0095	191.1891		
$T+1$	截距项	-3.0E+07	7.2E+06	-4.1446	0.9545	1521
	$T-1$	1.5911	0.0089	178.4584		

10.3.2.2　不同板块中异质化倾向的差异

以上分析了我国 A 股市场上的 IPO 事件后产品市场竞争的整体变化，现对 IPO 后产品市场异质化竞争倾向的板块差异进行深入的探讨。

首先，从参数 ψ 的估计值来看，上海主板和深圳主板中参数 ψ 估计值的中位数分别为 0.0003 和 1.1E-05，这意味着在 IPO 后第一个季度市场份额利润转化率的转移率分别约为 0.03%和 0.001%，均极不明显。深圳创业板中 ψ 估计值的中位数为 0.2539，对应在 IPO 后第一季度的转移率为 22.42%，深圳中小企业板中 ψ 估计值的中位数为 0.1391，对应在 IPO 后第一季度的转移率为 12.99%。从中可以看出，

IPO 后特定的期间内，单位市场份额利润转化率的变动在创业板最明显，其次为中小企业板，主板中的变化最小。

其次，从参数 ϕ 来看，由表 10-2 可知，上海主板中 IPO 事件前后的顾客敏感度分别为 0.0332 和 0.0234，即当公司放弃在产品市场竞争中的投入时，其被竞争对手抢夺一半的市场份额分别约需 20 个季度和 29 个季度，深圳主板 IPO 前后顾客敏感度分别为 0.0520 和 0.0304，对应市场份额的"半衰期"分别约为 13 个季度和 22 个季度，深圳创业板 IPO 前后顾客敏感度分别为 0.0351 和 0.0255，对应市场份额的"半衰期"分别约为 19 个季度和 27 个季度，深圳中小企业板 IPO 前后顾客敏感度分别为 0.0274 和 0.0200，对应市场份额的"半衰期"约为 25 个季度和 34 个季度。即在不同的上市板块中，IPO 后顾客敏感度均下降。从绝对值大小来看，主板中的 IPO 事件前后的行业内的顾客敏感度，大于创业板中的 IPO 事件前后的顾客敏感度，大于中小企业板中的 IPO 事件前后的顾客敏感度，而对应市场份额的"半衰期"依次增加。这意味着当行业内经历主板中的 IPO 事件前后，顾客敏感度较大，即此时行业内顾客的流动性较大，顾客的品牌选择更易改变，行业内的市场份额可能会更频繁地进行重新分配。

为了更好地比较不同板块中的 IPO 事件前后的顾客敏感度，以 IPO 前后行业顾客敏感度变化的绝对值为标准进行分析，深圳主板中的 IPO 事件前后顾客敏感度变化的绝对值最大为 0.0216，上海主板中的 IPO 事件前后变化为 0.0099，创业板中的 IPO 事件前后的变化为 0.0096，深圳中小板的 IPO 事件前后变化最小为 0.0074。这可能是因为，不同板块市场上市的公司往往具有不同的特点，以主板和创业板的差异为例，相对于主板，在创业板市场上市的多为高科技及成长型企业，且基于不同板块信息披露质量的差异，在创业板上市的公司所披露的信息内容及含量更具有模仿价值，从而更容易引导部分较为弱势的竞争对手复制上市公司的"成功之处"，抵消了部分异质化的倾向，从而使得异质化的倾向反而显得较为不明显。除此之外，不同板块中的 IPO 事件还存在众多或可衡量或只可描述的其他特征，比如说 IPO 规模、上市先后、溢价程度等方面的差异。下文，对 IPO 规模及上市先后不同的 IPO 事件后的行业竞争变化差异进行探讨，在分析其他因素对 IPO 后行业竞争变化影响的同时，对板块差异的成因进行一定的补充说明。

10.3.2.3 产品市场竞争投入的变化

以上，本章研究了 IPO 后竞争变化的一个方面——产品异质化倾向，并结合多层次资本市场进行了区分。此处对 IPO 后竞争变化的另一个方面——企业产品市场竞争支出变化(或是竞争意愿变化)进行分析。在模型构建中，本章简单地分析了均衡时产品市场竞争支出随公式中各个参数的变化而可能发生的变化，但是对于 IPO 前后竞争支出的变化无法给出具体的结论。本章的结构化模型给出了参数估计的方法，但是在进行实证的过程中也发现，模型涉及的参数过多，一方面使得估计方程的估计能力大大下降，部分参数的估计值失去解释意义，另一方面也会使得如企业价值、竞争投入等受多个参数影响的式子在计算过程中由于不断累积的误差而失去意义。因此，为了避免估计误差的不断累积，本章利用部分参数的估计值和相关假设，简化对产品市场竞争投入的计算过程，侧重分析 IPO 后竞争投入变化的绝对值。

由上文可知，考虑 IPO 情况下的最优化问题，解得的竞争支出为 $u_i = \dfrac{\widehat{\alpha}_i\phi(n-1)\,[b_i\breve{s}_i\widehat{z}-(n-1)]}{(\phi+\delta+\psi)(\phi+\delta)(\widehat{\alpha}_i\breve{s}_i\widehat{z})^2}$，其中 $\widehat{\alpha}_i = (\phi+\delta+\psi)\alpha_i + (\phi+\delta)\Delta\alpha_i e^{-\psi t}$，$b_i = \dfrac{\alpha_i}{\phi+\delta} + \dfrac{\Delta\alpha_i e^{-\psi t}}{\phi+\delta+\psi}$，且有 $\widehat{\alpha}_i\breve{s}_i\widehat{z} = \alpha_i s_i z = (n-1)/(1-\overline{m}_i)$。同时，为了简化 u_i 的计算过程，做以下假定和处理：其一，关于参数 δ 的值。参照 Spiegel 和 Tookes(2014)中的做法，结合我国金融市场现状，将其定义为沪深 300 收益率减去 GDP 增长率加上无风险利率(一年定期存款率)在不同时点上的平均值。其二，关于参数 ϕ 的值。根据(10.17)式得到估计值，顾客敏感度在 IPO 前后对应不同的值，故在计算 IPO 前后竞争投入时分别代入对应参数的估计值。其三，关于 $\Delta\alpha_i$ 的计算。由上文可知，$\Delta\alpha = \alpha^* - \alpha$，$\alpha_i = k\alpha_i^*$，以此来改进参数 k 的估计方式，令 $T-1$ 时点的利润转化率近似为 IPO 前利润转化率 α_i^*，并分别将 $T+5$ 至 $T+1$ 时刻的 α_i 对 α_i^* 进行回归得到 k 值的估计值。由于所得 k 和 α_i^* 的估计值均置于一定范围区间内，利用 Excel 中的数值调节钮进行调整，分析不同设定值下 u_i 的变化。其四，关于行

业内公司数量 n。由上文可知，本章的模型适用于寡头市场，实证中将 n 限定为小于 50 的数。由此可知，n 也在一定区间范围内变动，故类似于 α_i^* 的处理方式，对其进行数值调节，分析不同设定值下的变化情况。其五，关于式子 $\widehat{\alpha}_i$ 和 b_i 的计算。借鉴已有文献中企业价值的计算方式，令 t 取 0 时代表 IPO 前的值，t 取无穷大时代表 IPO 后的值，即 $\widehat{\alpha}_i$ 在 IPO 前后的值分别为 $\widehat{\alpha}_i = (\phi_0 + \delta + \psi)\alpha_i + (\phi_0 + \delta)\Delta\alpha_i$ 和 $\widehat{\alpha}_i = (\phi + \delta + \psi)\alpha_i$，$b_i$ 在 IPO 前后的值分别为 $b_i = \dfrac{\alpha_i}{\phi_0 + \delta} + \dfrac{\Delta\alpha_i}{\phi_0 + \delta + \psi}$ 和 $b_i = \dfrac{\alpha_i}{\phi + \delta}$。

表 10-4　**竞争投入 u_i 的估计值**

竞争投入(u_i)	全部 A 股	上海主板	深圳主板	创业板	中小板
IPO 前	366367465	242891588	131805534	306052598	299700654
IPO 后	475772007	308984191	154042587	312433138	302766057
变化值	109404543	66092603	22237053	6380540	3065403

据此，可以对 IPO 前后产品市场竞争投入 u_i 进行估计。首先，从大小关系来看，将各参数在区间内进行调节，IPO 后企业在产品市场的均衡竞争投入显著大于 IPO 前的均衡竞争投入(见表 10-4)。这意味着，当行业内发生 IPO 事件后，企业会增加在产品市场的竞争投入，企业在产品市场的竞争动机更加明显，表现为产品市场竞争愈发激烈。结合上文的研究结论，IPO 事件发生后，企业均会有增加竞争投入进行差异化产品竞争的倾向，从而使得 IPO 后的行业异质化竞争更加激烈。

进一步地，利用不同板块相关参数估计值的中位数，分析不同板块中的 IPO 事件前后竞争投入变化的差异性(见表 10-4)。根据估计结果我们发现，在上海主板中的 IPO 事件前后竞争投入的变化值，大于深圳主板的 IPO 事件，大于深圳创业板的 IPO 事件，大于中小板的 IPO 事件。这一结果与上文的研究结果较为一致。一般来说，对于相同程度的竞争变化，异质化竞争对应的企业在产品市场上的竞争投入往往要大于同质化竞争。因此，企业产品市场的竞争投入在主板市场中的 IPO 事件后的变化大于创业板和中小板中的 IPO 事件后的变化，与上文主板中 IPO 事件后异质化倾向显著于创业板和中小板中的 IPO 事件的结论较为一致。

10.3.2.4 以上海主板为例的行业分化分析

上文在对 IPO 事件后产品市场竞争变化的整体规律进行分析时，利用申万三级行业分类，指出了行业分化现象的存在，即在不同行业内 IPO 后行业竞争的变化存在差异。此处，以上海主板中的 IPO 事件为例，利用各参数估计值的中位数，重点探讨其在申万一级行业的分化情况，也对板块差异进行一定的补充说明。

本章主要对各个行业内顾客敏感度(ϕ)估计值的中位数进行了统计，分析上海主板中的 IPO 事件后产品市场竞争变化的行业分化情况。由此可知，在绝大多数的行业内，在经历 IPO 事件之后，产品市场都会倾向于异质化竞争。但也存在少数的行业，IPO 后产品市场出现了同质化的竞争倾向，如在非银金融、计算机和农林牧渔一级行业内，经历主板上市的 IPO 事件后，行业内出现了同质化竞争的倾向。这说明了，虽然 IPO 后产品市场在整体上倾向于异质化竞争，但也存在行业分化的情况。

本章主要对各个行业内的上市公司数量、样本中的 IPO 事件在各个行业以及各个板块中的分布情况进行了简单的统计。各行业内的上市公司在不同板块中的分布数量及权重有所不同，比如说电子行业内的 IPO 事件主要分布在创业板和中小企业板，采掘行业内的 IPO 事件分布则以上海主板为主，这一方面是由于行业自身以及企业的特色使得其在不同板块的分布不同，另一方面是由于未能将行业内全部的 IPO 事件纳入分析，导致了数据的不完整性。更重要的是，这也在一定程度上解释了板块差异的成因，即板块差异也与不同板块中的 IPO 事件在不同行业内的分布情况有关。

10.3.2.5 不同 IPO 规模及时间下的探讨

上文研究了 IPO 后行业竞争的变化，一方面 IPO 后企业倾向于增加产品市场竞争支出，另一方面 IPO 后的产品市场倾向于异质化竞争，且两者之间是相互联系的，共同预示着 IPO 后更加激烈的产品市场竞争。同时，不同板块中的 IPO 事件后产品市场竞争的变化具有差异性。其一，IPO 后特定观察期内单位市场份额利润转化率的转移率在创业板最大，其次为中小企业板，主板最小；其二，主板中的 IPO 事件前后顾客敏感度变化的绝对值，大于创业板和中小企业板中的 IPO 事件，即 IPO 后产品市场的异质化倾向在主板市场较为明显；其三，IPO 后企业倾向于增加在产品市场的竞争投入，且主板中的 IPO 事件后这种变化大于中小板和创业板中的 IPO 事件。进一步地，为了得到更深层次的结论，本章基于不同板块的特色探讨了其他可能影响 IPO 后行业竞争变化的因素，并在一定程度上对板块差异的成因进行补充说明。

首先，讨论了不同规模的 IPO 事件后产品市场竞争变化的差异。将所有的 IPO 事件按 IPO 规模从小到大的顺序进行排列，归类为规模较小 50%和规模较大 50%的 IPO 事件，分别计算转移率 ψ 和顾客敏感度 ϕ 估计值的各项描述性指标，包括均值、中位数和标准差等，进而分析不同 IPO 规模下 IPO 后行业竞争变化的差异性。IPO 规模属于较大 50%的 IPO 事件 ψ 估计值的中位数为 0.0265，大于 IPO 规模属于较小 50%的 IPO 事件 ψ 估计值的中位数 0.0013，对应从 IPO 前利润转化率 α_i^* 到 IPO 后利润转化率 α_i 在 IPO 后第一个季度的转移率分别约为 2.62%和 0.13%。这意味着，行业内 IPO 规模较大的 IPO 事件发生时单位市场份额利润转化率的转移率大于 IPO 规模较小的 IPO 事件发生时的转移比率，即规模较大的 IPO 事件前后利润转化率的变动较快。

同时，IPO 规模较小的 IPO 事件后顾客敏感度估计值的中位数为 0.0206，小于 IPO 规模较大的 IPO 事件后顾客敏感度的中位数 0.0248，对应市场份额的“半衰期”分别约为 33 个季度和 27 个季度；IPO 规模较小的 IPO 事件前顾客敏感度的中位数为 0.0328，也小于 IPO 规模较大的 IPO 事件前顾客敏感度的中位数 0.0336，对应市场份额的“半衰期”分别约为 21 个季度和 20 个季度。由此可以看出，IPO 规模较大的 IPO 事件前后顾客敏感度均大于 IPO 规模较小的 IPO 事件，也意味着较大规模的 IPO 事件前后对应着较小的市场份额“半衰期”，即此时顾客流动性较大，抢夺市场份额更加容易。进一步地，从 IPO 前后顾客敏感度变化的绝对值来看，IPO 规模较小的 IPO 事件前后顾客敏感度的绝对值变化为 0.0122，大于 IPO 规模较大的 IPO 事件前后的绝对值变化率 0.0088，意味着 IPO 规模较小的 IPO 事件后产品市场的异质化倾向更为明显。

一般来说，IPO 规模较大的 IPO 事件，对应上市公司具有较大的市场占有率，对竞争对手乃至整个行业的影响较大。但同时，在本章的研究范畴中，IPO 规模较大的 IPO 事件所披露的信息具有较大的影响力，行业内竞争对手会更关注其上市所披露的信息，来选择自身产品市场竞争的策略，即使得一部分相对弱势的竞争对手复制 IPO 公司的优势产品，抵消了部分产品异质化的倾向，从而导致 IPO 规模较大的 IPO 事件后顾客敏感度绝对值变化反而较小，异质化竞争倾向较为不显著。进一步地，一般来说创业板中的 IPO 事件规模小于主板中的 IPO 事件，即仅以 IPO 规模的逻辑来看，创业板中的 IPO 事件后产品市场的异质化倾向更为明显，但会得到与上文中不同板块中的研究结论不一致的结论。这说明，不同规模的 IPO 事件后行业竞争变化确实存在差异，但板块差异的成因不全由 IPO 规模导致。

其次，讨论不同上市时间的 IPO 事件后产品市场变化的差异。按 IPO 事件的上市时间先后进行排序，分为较早的和较晚的两类 IPO 事件，分别计算各参数估计值的描述性统计值。较早的 IPO 事件对应 ψ 估计值的中位数为 0.0001，远小于较晚的 IPO 事件对应 ψ 估计值的中位数 0.2559，对应从 IPO 前利润转化率 α_i^* 到 IPO 后利润转化率 α_i 在第一个季度的转移率分别约为 0.01%和 22.57%，这意味着较早的 IPO 事件后市场份额的利润转化率在特定时期内的转移速率小于较晚的 IPO 事件，即较早的 IPO 事件前后利润转化率的变化较慢。

同时，较早的 IPO 事件在 IPO 后的顾客敏感度估计值的中位数为 0.0234，大于较晚的 IPO 事件后顾客敏感度的中位数 0.0227，相应市场份额的“半衰期”分别约为 29 个季度和 30 个季度；较早的 IPO 事件前估计值中位数为 0.0322，小于较晚的 IPO 事件前估计值的中位数 0.0342，相应“半衰期”分别约为 21 个季度和 20 个季度。由此可以看出，从估计值中位数的绝对数值来看，较早和较晚的 IPO 事件前后顾客敏感度估计值之间的规律性并不明显。同样地，比较 IPO 前后顾客敏感度变化的绝对值，较早上市的 IPO 事件前后顾客敏感度的绝对值变化为 0.0089，小于较晚上市的 IPO 前后的绝对值变化 0.0115，即较晚的 IPO 事件后产品市场异质化竞争变化会更加明显。

一般来说，不同时点上市的公司，对应时点行业内上市公司数量、信息透明度、市场份额等方面均有所不同，从而使得 IPO 后产品市场竞争变化也可能产生差异。对于较早时点的 IPO 事件，一方面对应时点行业内的上市公司数量相对较小，上市公司对应具有较大的市场占有率，另一方面较早时点的产品市场信息相对较为不透明，这些原因共同导致了较早时点的 IPO 事件，相对于较晚的 IPO 事件，披露的信息价值更大，竞争对手会更倾向于利用这些披露的信息进行优势产品复制，消除部分异质化竞争的倾向，从而使得较早的 IPO 事件后产品市场异质化竞争变化反而较为不明显。进一步地，一般来说创业板中 IPO 事件的上市时间整体上晚于主板中的 IPO 事件，即仅以上市时间的逻辑，创业板中的 IPO 事件后产品市场的异质化倾向更为明显，与上文研究结论较为符合，但不能解释中小板和创业板的关系。因此也说明，不同上市时间的 IPO 事件后行业竞争变化确实存在差异，但板块差异的成因不全由上市时间导致。

10.3.2.6　稳健性检验

合理地选择行业分类标准及目标行业，对于研究 IPO 后行业竞争的变化很重要。如果行业分类过于宽泛，虽然可以简化计算，但是在研究 IPO 后行业竞争变化时，可能将不存在产品市场竞争的企业纳入竞争对手的范畴，从而影响研究结果的可信度；如果行业分类过细，可能会带来不必要的烦琐计算，也会排除掉部分竞争对手，影响研究结果。据此，本章以申万三级行业为分类标准进行研究。但是，除了申万行业分类外，国内学者也较常使用 Wind 四级行业分类进行研究。因此，现以 Wind 四级行业为标准再次开展数值模拟和实证检验的过程。由于 Wind 四级行业较为粗略，因此删除行业内公司数量大于 50 个的行业数据之后，总样本由 2997 家变为 1606 家上市公司，并最终对 921 个 IPO 事件进行了估计，其中上海主板的 IPO 事件有 330 个，深圳主板的 IPO 事件有 126 个，创业板的 IPO 事件有 147 个，中小板的 IPO 事件有 318

个。据此，得到了与上文较为一致的结论。

Wind 四级行业分类标准下的估计结果，与上文类似。其一，关于参数 ψ 。上海主板、深圳主板、创业板和中小企业板上市的 IPO 事件得到的 ψ 估计值的中位数分别为 0.2077、0.00004、0.4281 和 1.3026，意味着 IPO 后的第一个季度从 α_i^* 到 α_i 分别转移了 18.75%、0.0044%、34.83%和 72.82%。其二，关于参数 ϕ 。全部 A 股在 IPO 前后顾客敏感度分别为 0.0225 和 0.0164，即 IPO 后顾客敏感度下降，行业内异质化竞争更加激烈，与上文的结论一致。从板块来看，上海主板 IPO 前后的顾客忠诚度分别为 0.0295 和 0.0225，深圳主板 IPO 前后顾客忠诚度分别为 0.0677 和 0.0391，深圳创业板 IPO 前后顾客敏感度分别为 0.0203 和 0.0101，深圳中小企业板 IPO 前后顾客敏感度分别为 0.0112 和 0.0087。从绝对值来看，经历主板中的 IPO 事件时行业内 IPO 前后的顾客敏感度，大于经历创业板中 IPO 事件时行业内 IPO 前后的顾客敏感度，大于经历中小企业板中 IPO 事件时行业内 IPO 前后的顾客敏感度，而对应市场份额的“半衰期”依次增加。从 IPO 前后的绝对值变化来看，深圳主板中的 IPO 事件前后顾客敏感度的变化最大，为 0.0287，大于深圳创业板的 IPO 事件前后的变化 0.0103，大于深圳中小板的 IPO 事件前后的变化 0.0025。同时，在 Wind 四级行业分类下，给出了对应 IPO 事件 k 值的估计结果。由估计结果可知，k 也均为大于 1 的值。

不同的研究期限，一方面会影响适用的样本数量，另一方面也会影响参数的估计精度以及相关现象的显著程度。在上文中，本章参照 Spiegel 和 Tookes(2014)中三个研究期限，择中选取 $T-3$ 至 $T+5$ 作为研究期限(T 为 IPO 时点)。为了避免期间选择的主观问题，进一步选取 $T-3$ 至 $T+3$ 作为研究期间，对本章的研究结果进行稳健性检验。

$T-3$ 至 $T+3$ 研究期限下的相关参数估计结果与上文 $T-3$ 至 $T+5$ 研究期限下的结果相对一致。其一，关于参数 ψ 。全部 A 股的 IPO 事件得到的 ψ 估计值的中位数为 0.1477，对应利润转化率的转移率为 13.731%，其中上海主板、深圳主板、创业板和中小企业板上市的 IPO 事件得到的 ψ 估计值的中位数分别为 0.0004、0.0001、1.4410 和 0.5336，对应利润转化率的转移率分别为 0.0400%、0.0100%、

41.3510%和 76.3309%，与上文的研究结果较为一致。其二，关于参数 ϕ 。全部 A 股在 IPO 前后顾客敏感度分别为 0.0333 和 0.0255，即 IPO 后顾客敏感度下降，行业内异质化竞争更加激烈，与上文的结论一致。同时，深圳主板 IPO 前后顾客忠诚度分别为 0.0520 和 0.0380，深圳创业板 IPO 前后顾客敏感度分别为 0.0351 和 0.0259，深圳中小企业板 IPO 前后顾客敏感度分别为 0.0274 和 0.0223。从绝对值来看，经历主板中的 IPO 事件前后行业内的顾客敏感度，大于经历创业板中 IPO 事件，大于经历中小企业板中 IPO 事件，而对应市场份额的"半衰期"依次增加。从 IPO 前后的绝对值变化来看，深圳主板中的 IPO 事件前后顾客敏感度的变化最大，为 0.0140，深圳创业板中的 IPO 事件前后变化其次，为 0.0092，深圳中小板的 IPO 事件前后变化最小，为 0.0051，与上文所得结论较为一致。同时，给出了在 $T-3$ 至 $T+3$ 研究期限内，对应 IPO 事件 k 值的估计结果。由估计结果可知，k 也均为大于 1 的值。

10.4　研究结论与政策建议

本章借鉴 Spiegel 和 Tookes(2014)中的动态结构化模型和参数估计方法，利用我国非 ST 上市公司数据对主要变量进行估计，通过其变化过程研究 IPO 事件前后异质化竞争的变化趋势，并结合简化的数值计算，直观地得到 IPO 后产品市场竞争投入的变化。进一步地，结合多层次的资本市场，分析不同板块中的 IPO 事件后行业竞争变化的差异，并从板块中管理制度、上市企业特点和行业分化等角度，对板块差异进行解释。同时，为了丰富相关的研究，基于不同板块的特点，将 IPO 规模及上市时间纳入本章的研究中，分析不同 IPO 规模及不同上市时间的 IPO 事件后行业竞争变化的差异性，并对板块差异的成因进行补充说明。具体来说，本章主要得到以下结论。

第一，基于全部 IPO 事件的估计结果，对 IPO 后产品市场的整体变化进行分析。由上可知，参数 ψ 衡量了利润转化率的转移速率，估计结果显示出较为明显的行业分化，即不同行业中的市场份额转移率具有较大的差异。同时，观察参数 ϕ 在 IPO 前后的变化，行业层面上的顾客敏感度在 IPO 后下降，即 IPO 后行业内倾向于异质化竞争。这可能是因为当IPO企业被强制披露信息时，消费者会更了解行业内的产品情况和自己的消费偏好，但是对于行业内的其他竞争对手，由于所披露的信息中关于产品市场信息的内容及含量不足以产生复制优势产品的激励而选择同质化的产品策略，反而会导致由于IPO公司上市后可能带来的潜在威胁而选择通过差异化的产品策略来维持或提高相应的市场份额。但是值得注意的是，产品市场竞争的变化存在行业分化，以申万一级行业来看，就存在少数行业在经历IPO事件后产品市场出现了同质化的倾向。进一步地，利用部分参数的估计值和相关假设，进行简单的数值分析，直观地估计IPO后企业在产品市场竞争投入的变化，以此来衡量IPO后企业的竞争动机。研究发现，IPO后企业在产品市场上的竞争投入会增加，产品市场的竞争意愿显得更为强烈。综上所述，IPO事件后行业内的企业会增加产品市场上的竞争投入，产品市场的异质化竞争也会更加激烈。

第二，结合资本市场的多层次现状，研究IPO事件后竞争变化的板块差异。将不同的IPO事件按上市的板块进行分类统计，研究发现利润转化率的转移率在不同板块的IPO事件中具有不同的值，从其大小关系来看，创业板IPO事件的转移率最大，其次为中小企业板，最后为主板。同时，发现主板中的IPO事件后顾客敏感度变化的绝对值比创业板和中小板中的IPO事件大，即主板中的IPO事件后产品市场的异质化竞争倾向更明显。这可能是因为，以主板和创业板为例，结合板块中的上市公司特点及管理制度的差异来说，相对于主板，在创业板市场上市的以成长型及创新型企业居多，其在进行IPO时所强制披露的信息具有更高的参考价值，从而易吸引部分相对弱势的竞争对手复制上市企业的优势产品，抵消部分差异化竞争的倾向，从而使得差异化竞争的倾向较为不明显。显然，不同上市板块中IPO事件的行业分化，也能在一定程度上解释板块差异的成因。进一步地，利用不同板块中相关参数估计值的中位数，对IPO后企业在产品市场竞争投入变化的板块差异进行分析。研究发现，主板中的IPO事件前后竞争投入的变化大于创业板和中小企业板中的IPO事件，与不同板块中异质化竞争倾向的差异较为一致。因为一般来说，企业开发异质化竞争策略，相对于同质化竞争策略，更需要产品市场竞争的投入。

第三，基于不同板块的特点，分析不同 IPO 规模及不同上市时间的 IPO 事件后行业竞争变化的差异性。研究发现，规模较大的 IPO 事件后异质化竞争倾向反而小于 IPO 规模较小的 IPO 事件。这可能是因为，规模较大的 IPO 事件，对应上市公司具有较大的市场占有率，行业内竞争对手会更关注其上市所披露的信息来选择自身产品市场竞争的策略，使得部分相对弱势的竞争对手对其优势产品进行复制，抵消部分异质化竞争的倾向，从而使得规模较大的 IPO 事件后，同质化竞争的倾向反而更加明显。同时，较早的 IPO 事件后产品市场的异质化竞争倾向反而小于较晚的 IPO 事件。这可能是因为，较早的 IPO 事件，对应时点行业内上市公司数量较少，上市公司对应具有较大的市场占有率，加之此时产品市场信息相对较为不透明，这使得相对于较晚的 IPO 事件，竞争对手会更倾向于利用这些所披露的价值更高的信息，抵消部分异质化竞争的倾向，从而使得较早的 IPO 事件后产品市场异质化竞争倾向反而不明显。同时，研究发现 IPO 后产品市场竞争变化的板块差异虽然与板块的规模及时间差异有关，但 IPO 规模和上市时间不足以对板块差异的全部成因进行解释，即板块差异的成因需要结合经验分析以及板块的其他特点共同进行说明。

第四，通过行业分类标准和研究期间的重新选择进行稳健性的检验，巩固本章得到的上述成果。由稳健性检验结果来看，在 Wind 四级行业分类标准下以及 $T-3$ 至 $T+3$ 的研究期限下的所得结论，与在申万三级行业分类标准下以及 $T-3$ 至 $T+5$ 的研究期限下的结论较为一致，尤其是对于深圳证券交易所三个板块之间的差异规律，具有一定的稳健性。

本章的研究揭示了 IPO 事件后行业竞争的变化，表现为 IPO 后产品市场异质化竞争倾向及竞争投入的变化，结合我国典型的多层次资本市场，深入探讨了不同板块的 IPO 事件后行业竞争变化的差异及成因，并将 IPO 规模及上市时间纳入本章的研究之中，对板块差异成因进行补充。本章的研究一方面丰富了现有的理论研究，另一方面对于企业 IPO 后产品市场策略的选择和我国资本市场的完善等都具有较大的现实意义。简单来说，对于 IPO 公司及已上市的同行业竞争对手来说，可以明确 IPO 后行业竞争的变化，从而选择合适的产品市场策略进行应对；对于仍未上市的企业，可以据此对上市与否、上市地点以及时机进行更为有效的决策；对于政府来说，对于理解现实中板块和上市公司的差异，更好地开展资本市场假设，意义重大。具体来说：

首先，本章发现IPO后产品市场倾向于异质化竞争，表现为顾客敏感度的下降和利润转化率的增加。一方面，这可能意味着我国A股市场上的信息披露制度不够完善以及中国A股市场的上市企业的核心竞争力不够明显，所强制披露的信息中涉及产品方面的内容较少、含量(参考价值)较低，行业内其他的竞争对手很难就此对上市公司的优势产品及策略进行复制，反而会由于IPO企业上市后所可能带来的各种威胁，选择通过增加竞争投入、进行异质化竞争来维持或提高原有的市场份额。另一方面，也意味着随着经济的发展，产品市场上不断涌现出各种创新类的产品，消费者的需求和偏好也随之不断地发生变化，逐渐地形成并巩固行业的技术壁垒，IPO在一定程度上会激励行业内的企业重视创新研发的经营方式，避免同质化竞争可能造成的无序化竞争，促进行业健康有序地发展，从而为我国的供给侧改革提供新的可能路径。

其次，本章实证发现企业在IPO后会倾向于增加产品市场的竞争投入，并通过异质化的产品市场竞争策略来争夺有限的客户资源。因此，考虑到IPO后企业竞争投入的增加，单位投入利用效率的相应提升也会直接影响到企业在行业内的竞争地位。所以，IPO后随着企业在产品市场上竞争投入的增加，如何积极提高支出的效率以获得更大的市场份额，也是每家企业必须思考和解决的问题。

最后，通过对不同板块下行业竞争变化的差异性进行研究，本章发现不同板块中的IPO事件后均存在异质化竞争的倾向，同时主板中IPO事件后产品市场的差异化倾向及竞争投入变化，均显著于创业板和中小企业板中的IPO事件。为了满足不同“实力”的企业在融资等多方面的需求，我国致力于构建多层次的资本市场，不同板块的上市门槛等有所不同，通过对不同板块中的IPO事件的研究，可以进一步理解板块差异，为企业选择不同的板块上市及在行业内IPO事件后应选择的产品策略提供参考，并有助于我国资本市场的完善。进一步地，对不同IPO规模以及不同IPO时间下行业竞争变化的差异进行研究，发现IPO规模较大的IPO事件以及上市时间较早的IPO事件后，产品市场的异质化竞争倾向反而较为不明显，揭示了不同 IPO 规模以及不同发展时期的 IPO 事件所披露的信息具有差异性，对板块差异的成因进行了实证上的补充，这也在一定程度上为多层次资本市场建设中 IPO 规模要求以及不同时期制度的灵活性要求提供了理论参考。

参考文献

英文参考文献：

[1] Acharya V, Xu Z. Financial dependence and innovation: The case of public versus private firms [J]. Journal of Financial Economics, 2017, 124(2): 223-243.

[2] Audretsch D B, Acs Z J. Innovation and Size at the Firm Level [J]. The Review of Economics and Statistics, 1991, 57(3): 739-744.

[3] Aggarwal R, Rivoli P. Fads in the Initial Public Offering Market [J]. Financial Management, 1990, 19(4): 45-57.

[4] Aggarwal R K, Samwick A. Executive Compensation, Strategic Competition, and Relative Performance Evaluation: Theory and Evidence [J]. Journal of Finance, 1999, 54(6): 1999-2043.

[5] Aggarwal V A, Hsu D H. Entrepreneurial Exits and Innovation [J]. Management Science, 2014, 60(4): 867-887.

[6] Aghion P, Bloom N, Blundell R, et al. Competition and Innovation: An Inverted-U Relationship [J]. Quarterly Journal of Economics, 2005, 120(2): 701-728.

[7] AghionP, Harris C, Howitt P. Competition, Imitation and Growth with Step-by-Step Innovation [J]. Review of Economics Studies, 2001, 68: 467-469.

[8] Ahmad A. Ownership Structure and the Operating Performance of Malaysia Companies [J]. International Review of Business Research Papers, 2011, 7(6): 1-14.

[9] Ahmad-Zaluki N A, Campbell K, Goodacre A. Earnings Management in

Malaysian IPOs: The East Asian Crisis, Ownership Control, and Post-IPO Performance[J]. The International Journal of Accounting, 2011, 46(2): 111-137.

[10] Aigner D, Lovell C A K, Schmidt P. Formulation and Estimation of Stochastic Frontier Production Function Models [J]. Journal of Econometrics, 1977, 6(1): 21-37.

[11] Akhigbe A, Borde S F, Whyte A M. Does an Industry Effect Exist for Initial Public Offerings [J]. Financial Review, 2003, 38 (4): 531-551.

[12] Akhigbe A, Johnston J, Madura J. Long-term Industry Performance Following IPOs[J]. The Quarterly Review of Economics and Finance, 2006, 46(4): 638-651.

[13] Akhigbe A, Madura J, and Whyte A M. Intra-industry effects of bond rating adjustments[J]. Journal of Finance, 1997, 20: 545-561.

[14] Allen F, Faulhaber G R. 1989. Signaling by Underpricing the IPO Market[J]. Journal of Financial Economics, 23(2): 303-323.

[15] Allen F, Qian J, Qian M. Law, finance, and economic growth in China[J]. Journal of Financial Economics, 2005, 77(1): 57-116.

[16] Almeida, Leal. A joint experimental analysis of investor behavior in ipo pricing methods[J]. Revista De Administração De Empresas, 2015, 55(1): 14-25.

[17] Alti A. IPO Market Timing[J]. Review of Financial Studies, 2005, 18 (3): 1105-1138.

[18] Alti A. How sensitive is investment to cash flow when financing is frictionless[J]. The Journal of Finance, 2003, 58(2): 707-722.

[19] Alti A, Sulaeman J. When do high stock returns trigger equity issues[J]. Journal of Financial Economics, 2012, 103(1): 61-87.

[20] Amihud Y, Mendelson H. Asset pricing and the bid-ask spread[J]. Journal of financial Economics, 1986, 17(2): 223-249.

[21] Amir R, Evstigneev I V, Schenk-Hoppé K R. Asset market games of survival: a synthesis of evolutionary and dynamic games[J]. Annals of

Finance, 2013, 9(2): 121-144.

[22] Amor S B, Kooli M. Do acquisitions affect IPO long-run performance? Evidence from single vs. multiple acquirers [J]. Journal of International Financial Markets Institutions & Money, 2015, 40: 63-79.

[23] Ang J S, Brau J C. Concealing and Confounding Adverse signals: Insider Wealth-maximizing Behavior in the IPO Process[J]. Journal of Financial Economics, 2003, 67(1): 149-172.

[24] Anthony D. Wilbon. Competitive posture and IPO performance in high technology firms [J]. Journal of Engineering and Technology Management , 2003, 20: 231-244.

[25] Arcand J L, Berkes E, Panizza U. Too much finance[J]. Journal of Economic Growth, 2015, 20(2): 105-148.

[26] Arrow K J. The Economic Implications of Learning by Doing[J]. Review of Economic Studies, 1962, 29(3): 155-173.

[27] Asquith D, Jones J D, Kieschnick R. Evidence on Price Stabilization and Underpricing in Early IPO Returns[J]. The Journal of Finance, 1998, 53(5): 1759-1773.

[28] Aucejo A, Orchillés A, Berna A, et al. Information, Competition, and Investment Sensitivity to Peer Stock Prices [J]. Social Science Electronic Publishing, 2013, 61(5): 745-752.

[29] Audretsch D B, Lehmann E E. Do locational spillovers pay? Empirical evidence from German IPO data[J]. Economics of Innovation and New Technology, 2006, 15(1): 71-81.

[30] Auret C J, Britten J. Post-issue operating performance of firms listing on the JSE[J]. Investment Analysts Journal, 2008, 68(68): 21-30.

[31] Azizjon Alimov, Wayne Mikkelson. Does Favorable Investor Sentiment Lead to Costly Decisions to Go Public [J]. Journal of Corporate Finance, 2012, 18(3): 519-540.

[32] Bagnoli C, Redigolo G. Business model in IPO prospectuses: insights from Italian Innovation Companies [J]. Journal of Management & Governance, 2016, 20(2): 261-294.

[33]Bai J, Philippon T, Savov A. Have Financial Markets Become More Informative[J]. Ssrn Electronic Journal, 2016, 122(3): 625-654.
[34]Baker M, Wurgler. Market timing and capital structure[J]. Journal of Finance, 2002, 57: 1-32.
[35]Baker M, Stein J C, Wurgler J. When Does the Market Matter? Stock Prices and the Investment of Equity-Dependent Firms [J]. Nber Working Papers, 2003, 118(3): 969-1005.
[36]Balakrishnan K, Billings M B, Kelly B, et al. Shaping Liquidity: On the Causal Effects of Voluntary Disclosure[J]. Nber Working Papers, 2013, 69(5): 2237-2278.
[37]Balvers R, Wu Y, GillilandE. Mean Reversion across National Stock Markets and Parametric Contrarian Investment Strategies [J]. The Journal of Finance, 2000, 55(2): 745-772.
[38]Baranchuk N, Kieschnick R, Moussawi R. Motivating innovation in newly public firms [J]. Journal of Financial Economics, 2014, 111 (3): 578-588.
[39]Barber B, Lehavy R, Mcnichols M, et al. Can Investors Profit from the Prophets? Security Analyst Recommendations and Stock Returns[J]. Journal of Finance, 2006, 56(2): 531-563.
[40]Barron O E, Kile C O, O'Keefe T B. MD&A Quality as Measured by the SEC and Analysts' Earnings Forecasts[J]. Contemporary Accounting Research, 1999, 16(1): 75-109.
[41]Barton D. Core capabilities and core rigidities: a paradox in managing new product development[J]. Strategic Management Journal, 1992, 13(S1): 111-125.
[42]Baschieri G, Carosi A, Mengoli S. Local IPOs, local delistings, and the firm location premium[J]. Journal of Banking & Finance, 2015, 53: 67-83.
[43]Basu S. Investment Performance of Common Stocks in Relation to Their Price-Earnings Ratios: A Test of the Efficient Market Hypothesis[J]. The Journal of Finance, 1977, 32(3): 663-682.

[44] Beatty R P, Ritter J R. Investment Banking, Reputation, and the Underpricing of Initial Public Offerings [J]. Journal of Financial Economics, 1986, 15(1-2): 213-232.

[45] Beaver W, R Lambert, D Morse. The information content of security prices[J]. Joumal of Accounting and Eeonomics, 1980, 2(1): 3-28.

[46] Beck T, Ross. Levine, Norman Loayza. Finance and the Sources of Growth [J]. Journal of Financial Economics, 2000, 58 (00): 261-300.

[47] Ben-Nasr H, Alshwer A A. Does stock price informativeness affect labor investment efficiency [J]. Journal of Corporate Finance, 2016, 38: 249-271.

[48] Benninga S, Helmantel M, Sarig O. The timing of initial public offerings [J]. Journal of Financial Economics, 2005, 75 (1): 115-132.

[49] Benveniste L M, Busaba W . Information Externalities and the Role of Underwriters in Primary Equity Markets [J]. Journal of Financial Intermediation, 2002, 11(1): 61-86.

[50] Benveniste L M, Spindt P A. How investment bankers determine the offer price and allocation of new issues [J]. Journal of Financial Economics , 1989, 24 (2): 343-361.

[51] Benveniste L M, Wihelm W J. A comparative analysis of IPO proceeds under alternative regulat-ory environments [J]. Journal of Financial Economics, 1990(28): 173-207.

[52] Bessembinder H, Coughenour J F, Seguin P J, et al. Mean Reversion in Equilibrium Asset Prices: Evidence from the Futures Term Structure[J]. The Journal of Finance, 1995, 50(1): 361-375.

[53] Benveniste L, W Busaba, W Wilhelm. Information Externalities and the Role of Underwriters in Primary Equity Markets [J]. Journal of Financial Intermediation, 2002, 11: 61-86.

[54] Bernstein S. Does Going Public Affect Innovation [J]. Journal of Finance, 2015, 70(4): 1365-1403.

[55] Bhagat S, Rangan S. IPO Valuation in the New and Old Economies[DB/OL]. https://ssm.com/abstract=479541, 2004-02-02.

[56] Bharath S T, Pasquariello P, Wu G. Does Asymmetric Information Drive Capital Structure Decisions[J]. Review of Financial Studies, 2009, 22(8): 3211-3243.

[57] Bhattacharya S. and J. Ritter. Innovation and Communication: Signalling with Partial Disclosure [J]. Review of Economic Studies, 1983, 50: 331-346.

[58] Bianconi M, Tan L. Cross-listing premium in the US and the UK destination[J]. International Review of Economics & Finance, 2010, 19(2): 244-259.

[59] Blass A, Yafeh Y. Vagabond shoes longing to stray: Why foreign firms list in the United States[J]. Journal of Banking & Finance, 2001, 25(3): 555-572.

[60] Blum R. IPO timing determinants[D]. Duke University Durham, 2011.

[61] Bodnaruk A, Kandel E, Massa M, et al. Shareholder Diversification and the Decision to Go Public[J]. Review of Financial Studies, 2008, 21(6): 2779-2824.

[62] Boehmer E, A Ljungqvst. On the Decision to Go Public: Evidence from Privately-Held Firms. [D]. New York University, 2004.

[63] Bolton P, Chen H. Debt, Taxes, and Liquidity[DB/OL]. https://www.nber.org/papers/w20009, 2014-03.

[64] Bolton P, Scharfstein D S. A Theory of Predation Based on Agency Problem in Financial Contracting [J]. American Economic Review, 1990, 80(1): 93-106.

[65] Bond P, Edmans A, Goldstein I. The Real Effects of Financial Markets[J]. Annual Review of Financial Economics, 2011, 67(3): 933-971.

[66] Boone J. Intensity of competition and the incentive to innovate[J]. International Journal ofIndustrial Organization, 2004, 19(5):

705-726.
[67] Boot A W A, Thakor A V. Security Design[J]. Journal of Finance, 1993, 48(4): 1349-78.
[68] Bouis R. Optimistic Investors, IPOs Cycle, and Real Investment[EB/OL]. http://citeseerx. ist. psu. edu/viewdoc/download? doi = 10. 1. 1. 322. 2045&rep=rep1&type=pdf, 2003-04.
[69] Boone A L, Floros I V, Johnson S A. Redacting Proprietary Information at the Initial Public Offering[J]. Journal of Financial Economics, 2016, 120(1): 102-123.
[70] Borisova G, Yadav P K. Government ownership, informed trading, and private information[J]. Journal of Corporate Finance, 2015, 33: 196-211.
[71] Bouis R. The short-term timing of initial public offerings[J]. Social Science Electronic Publishing, 2009, 15(5): 587-601.
[72] Bradford B, Martin A D, Myte A M. Competitive and information effects of cross-border stock listings[J]. Journal of Financial Research, 2002, 25: 399-413.
[73] Bramante R, Petrella G, Zappa D. On the use of the market model R-square as a measure of stock price efficiency[J]. Review of Quantitative Finance and Accounting, 2015, 44(2): 379-391.
[74] Brander J A, Lewis T R. Oligopoly and Financial Structure: The Limited Liability Effect[J]. American Economic Review, 1986, 76(5): 956-970.
[75] Brau J C, Fawcett S E. Initial Public Offerings: An Analysis of Theory and Practice[J]. The Journal of Finance, 2006, 61(1): 399-436.
[76] Braun M, Larrain B. Do IPOs affect the prices of other stocks? Evidence from emerging markets[J]. Review of Financial Studies, 2007, 22(4): 1505-1544.
[77] Brav A, Gompers. Myth or Reality? The Long-Run Underperformance of Initial Public Offerings: Evidence from Venture and Nonventure Capital-Backed Companies[J]. Journal of Finance, 1997, 52(5):

1791-1821.
[78] Brett A. Gilbert, Patricia P. McDougall, David B. Audretsch. Clusters, Knowledge Spillovers and New Venture Performance: An Empirical Examination[J]. Journal of Business Venturing, 2008, 23: 405-422.
[79] Brown J R, Fazzari S M, Petersen B C. Financing Innovation and Growth: Cash Flow, External Equity, and the 1990s R&D Boom[J]. Journal of Finance, 2009, 64(1): 151-185.
[80] Bruner R, Chaplinsky S, Ramchand L. US-bound IPOs: issue costs and selective entry[J]. Financial Management, 2004, 33(3): 39-60.
[81] Bubna A, Prabhala N R. IPOs with and without allocation discretion: Empirical evidence[J]. Journal of Financial Intermediation, 2011, 20(4): 530-561.
[82] Busaba W Y, Li D, Yang G. Market Volatility and the Timing of IPO Filings [EB/OL]. http://citeseerx.ist.psu.edu/viewdoc/download? doi=10.1.1.624.4653&rep=rep1&type=pdf, 2010-11.
[83] Bustamante M C. Strategic Investment and Industry Risk Dynamics[J]. Ssrn Electronic Journal, 2013, 28(2).
[84] Bustamante M C. The Dynamics of Going Public[J]. Ssrn Electronic Journal, 2008, 16(8-46): 577-618.
[85] Butler A W, Keefe M, Kieschnick R. Robust Determinants of IPO Underpricing and Their Implications for IPO Research[J]. Journal of Corporate Finance, 2014, 27: 367-383.
[86] Cabrer-Borrás B, Serrano-Domingo G. Innovation and R&D spillover effects in Spanish regions: A spatial approach[J]. Research Policy, 2007, 36(9): 1357-1371.
[87] Cai J, Wei k. The Investment and Operating Performance of Japanese Initial Public Offerings[J]. Pacific-basin Finance Journal, 1997, 5: 389-417.
[88] Camerer C. Bubbles and Fads in Asset Prices: A Review of Theory and Evidence[J]. Journal of Economic Surveys, 1987, 3(1): 3-41.

[89]Campbell J Y, Hentschel L. No News is Good News : An Asymmetric Model of Changing Volatility in Stock Returns[J]. Journal of Financial Economics, 1992, 31(3): 281-318.

[90]Campbell J Y, Lettau M, Malkiel B G, et al. Have Individual Stocks Become More Volatile? An Empirical Exploration of Idiosyncratic Risk[J]. The Journal of Finance, 2001, 56(1): 1-43.

[91] Campello M. Capital structure and product markets interactions: evidence from business cycles [J]. Journal of Financial Economics, 2003, 68(3): 353-378.

[92]Cao J, Jiang F, Ritter J R. Patent-and Innovation-driven Performance in Venture Capital-backed IPOs [J]. Available at SSRN 2364668, 2013.

[93]Carpenter R E, Rondi L. Going Public to Grow? Evidence from a Panel of Italian Firms [J]. Small Business Economics, 2006, 27 (4): 387-407.

[94] Carter R, Manaster S. Initial Public Offerings and Underwriter Reputation[J]. The Journal of Finance, 1990, 45(4): 1045-1067.

[95]Carsten Sørensen. An Equilibrium Approach to Pricing Foreign Currency Options[J]. European Financial Management1997, 3(1): 63-84.

[96]Casassus J, Villalon M. Optimal IPO timing in an exchange economy [EB/OL]. http: //www. realoptions. org/papers2011/56. pdf , 2010-02.

[97]Cecchetti S G, Lam P S, Mark N C. Mean Reversion in Equilibrium Asset Prices [J]. American Economic Review, 1990, 80 (3): 398-418.

[98]Chamberlin E. The Theory of Monopolistic Competition[J]. Southern Economic Journal, 1957, 24(2).

[99]Chan K, Hameed A. Stock price synchronicity and analyst coverage in emerging markets [J]. Ssrn Electronic Journal, 2006, 80 (1): 115-147.

[100]Chan L K C, Lakonishok J, Sougiannis T. The stock market valuation

of research and development expenditures[J]. The Journal of Finance, 2001, 56(6): 2431-2456.

[101] Chauvin K W, Hirschey M. Advertising, R&D Expenditures and the Market Value of the Firm[J]. Financial Management, 1993, 22(4): 128-140.

[102] Chemmanur T J, Fulghieri P. A Theory of the Going-Public Decision[J]. Review of Financial Studies, 1999, 12(2): 249-279.

[103] Chemmanur T J, Fulghieri P. Investment bank reputation, information production, and financial intermediation[J]. The Journal of Finance, 1993, 49(1): 57-79.

[104] Chemmanur T J, Krishnan K, Nandy D. How does Venture Capital Financing Improve Efficiency in Private Firms? A look beneath the surface[J]. The Review of Financial Studies, 2011, 24(12): 4037-4090.

[105] Chemmanur T J, He J. IPO Waves, Product Market Competition, and the Going Public Decision: Theory and Evidence[J]. Social Science Electronic Publishing, 2012, 101(2): 382-412.

[106] Chemmanur T J, He J, He S, et al. Product Market Characteristics and the Choice between IPOs and Acquisitions[J]. Journal of Financial and Quantitative Analysis, 2018, 53(2): 681-721.

[107] Chemmanur T J, He S, Nandy D K. The Going-Public Decision and the Product Market[J]. Social Science Electronic Publishing, 2010, 23(5): 1855-1908.

[108] Chemmanur T J, Hu G, Huang J. Institutional Investors and the Information Production Theory of Stock Splits[J]. Journal of Financial and Quantitative Analysis, 2015, 50(3): 413-445.

[109] Chemmanur T J, Fulghieri P. A Theory of the Going-Public Decision[J]. Review of Financial Studies, 1999, 12(2): 249-279.

[110] Chemmanur T, Yan A. Product Market Advertising and New Equity Issues[J]. Journal of Financial Economics, 2009, 92(1): 40-65.

[111] Chemmanur T. and Yan A. . Product market Reputation, IPO

valuation, and long-run stock returns [DB/OL]. https://papers.ssrn.com/sol3/papers.cfm? abstract_ id=1101780, 2010-03-16.

[112] Chen K T. Product market competition and firms' narrative disclosures: evidence from risk factor disclosures [J]. Asia-Pacific Journal of Accounting & Economics, 2016, 23(1): 1-32.

[113] Chen Q, Jiang W. Price Informativeness and Investment Sensitivity to Stock Price [J]. Review of Financial Studies, 2007, 20 (3): 619-650.

[114] Cheung Y, Ouyang Z, Weiqiang T A N. How regulatory changes affect IPO underpricing in China[J]. China Economic Review, 2009, 20(4): 692-702.

[115] Chi J, Padgett C. Short-run underpricing and its characteristics in Chinese initial public offering (IPO) markets [J]. Research in International Business and Finance, 2005, 19(1): 71-93.

[116] Chiang Y M, Qian Y M, Sherman A E. Endogenous En-try and Partial Adjustment in IPO Auctions: Are Institutional Investors Better Informed [J]. Review of Financial Studies, 2010, 23 (0): 1200-1230.

[117] Chiesa V, Coughlan P, Voss C A. Development of a technical innovation audit [J]. Journal of Product Innovation Management, 1996, 13(2): 105-136.

[118] Chin C L, Lee P, Kleinman G, et al. IPO anomalies and innovation capital[J]. Review of Quantitative Finance and Accounting, 2006, 27(1): 67-91.

[119] Chod J, Lyandres E. Strategic IPOs and product market competition [J]. Ssrn Electronic Journal, 2011, 100(1): 45-67.

[120] Choe H, R Masulis, V Nanda. Common Stock Offering Across the Business Cycle: Theory and Evidence [J]. Journal of Empirical Finance, 1993, 1: 3-31.

[121] Clarke J E, Fee C E, Thomas S. Corporate diversification and asymmetric information: evidence from stock market trading

characteristics[J]. Journal of Corporate Finance, 2004, 10(1): 105-129.

[122] Clementi G L. IPOs and the Growth of Firms[DB/OL]. https://papers.ssrn.com/sol3/papers.cfm?abstract_id=314277, 2002-06-09.

[123] Cockburn I, Griliches Z. Industry Effects and Appropriability Measures in the Stock Markets Valuation of R&D and Patents[J]. Nber Working Papers, 1987, 78(2): 419-23.

[124] Cohen L, Diether K, Malloy C. Misvaluing Innovation[J]. Review of Financial Studies, 2013, 26(3): 635-666.

[125] Cohen, W. M., Levinthal, D. A. Absorptive Capacity: A New Perspective on Learning and Innovation[J]. Administrative Science Quarterly, 1990, 35(3): 128-152.

[126] Çolak G, Günay H. Strategic waiting in the IPO markets[J]. Journal of Corporate Finance, 2011, 17(3): 555-583.

[127] Collins D W, Kothari S P. An Analysis of Intertemporal and Cross-Sectional Determinants of Earnings Response Coefficients[J]. Journal of Accounting and Economics, 1989, 11(2): 143-181.

[128] Collins D W, Kothari S P, Shanken J, et al. Lack of timeliness and noise as explanations for the low contemporaneuos return-earnings association[J]. Journal of Accounting & Economics, 1994, 18(3): 289-324.

[129] Cooney J W, Singh A K, Carter R B, et al. Dark, IPO Initial Returns and Underwriter Reputation: Has the Inverse Relation Flipped in the 1990s[R]. Working Paper, 2001.

[130] Cornelli and Goldreich. Bookbuilding: how informative is the order book[J]. Journal of Finance, 2003, 58(4): 1415-1443.

[131] Croci E, Giudice A D. Delistings, controlling shareholders and firm performance in Europe[J]. European Financial Management, 2014, 20(2): 374-405.

[132] Daniel K D, Hirshleifer D, Subrahmanyam A. Overconfidence,

Arbitrage, and Equilibrium Asset Pricing [J]. The Journal of Finance, 2001, 56(3): 921-965.

[133] Dastgir M, Izadinia N, Momeni M, et al. A pattern of factors influencing the information transparency and disclosure of listed companies in Tehran Stock Exchange[J]. Asian Journal of Research in Banking & Finance, 2014, 4(11): 79.

[134] Datta S, Mai I D, Singh V. Product market power, industry structure, and corporate earnings management[J]. Journal of Banking & Finance, 2013, 37(8): 3273-3285.

[135] D'Aspremont C, Thisse J F. On Hotelling's "Stability in Competition" [J]. Econometrica, 1979, 47(47): 1145-50.

[136] Defond M L, Hung M. Investor Protection and Corporate Governance: Evidence from Worldwide CEO Turnover [J]. Journal of Accounting Research, 2004, 42(2): 269-312.

[137] Defond M, Hung M, Trezevant R. Investor protection and the information content of annual earnings announcements: International evidence [J]. Journal of Accounting & Economics, 2007, 43(1): 37-67.

[138] Deng Z, Lev B, Narin F. Science and technology as predictors of stock performance [J]. Financial Analysts Journal, 1999, 55(3): 20-32.

[139] Derrien, Francois. IPO Pricing in "Hot" Market Conditions: Who Leaves Money on the Table [J]. Journal of Finance, 2005, 60: 487-521.

[140] Derrien F, Kecske A. The initial public offerings of listed firms [J]. Journal of Finance, 2007, 62: 447-479.

[141] Derrien F, Kecskés A. The Real Effects of Financial Shocks: Evidence from Exogenous Changes in Analyst Coverage [J]. The Journal of Finance, 2013, 68(4): 1407-1440.

[142] Dessaint O, Foucault T, Frésard L, et al. Ripple Effects of Noise on Corporate Investment [DB/OL]. https: //papers. ssrn. com/sol3/

papers. cfm? abstract_ id=2726561, 2016-02-02.

[143] Ding, Haina. Innovation strategies and stock price informativeness[DB/OL]. https: //epub. ub. uni-muenchen. de/22798/, 2015-08-31.

[144] Ding Y, Nowak E, Zhang H. Foreign vs. domestic listing: An entrepreneurial decision[J]. Journal of Business Venturing, 2010, 25(2): 175-191.

[145] Dixit A K, Stiglitz J E. Monopolistic Competition and Optimum Product Diversity[J]. American Economic Review, 1975, 67(67): 297-308.

[146] Dockner E. Differential Games in Economics and Management Science[M]. Cambridge University Press, 2000.

[147] Doukas J, Switzer L. The Stock Market's Valuation of R&D Spending and Market Concentration[J]. Journal of Economics & Business, 1992, 44(2): 95-114.

[148] Dow J, Gorton G. Stock Market Efficiency and Economic Efficiency: Is There a Connection[J]. Journal of Finance, 1997, 52(3): 1087-1129.

[149] Dow J, Goldstein I, Guembel A. Incentives for Information Production in Markets Where Prices Affect Real Investment[J]. Journal of the European Economic Association, 2017, 15(4): 877-909.

[150] Draho J. The Timing of Initial Public Offerings: A Real Option Approach[J]. SSRN 271351, 2000.

[151] Durnev A, Morck R, Yeung B, et al. Does Greater Firm-Specific Return Variation Mean More or Less Informed Stock Pricing[J]. Journal of Accounting Research, 2003, 41(5): 797-836.

[152] Duysters G, Hagedoorn J. Extemal Appropriation of Innovation Capabilities: the Choice between Strategic Partnering and Mergers and Acquisitions[J]. Journal of Management Studies, 2002, 39: 167-188.

[153] Easley D, Kiefer N M, O'hara M, et al. Liquidity, information, and infrequently traded stocks [J]. The Journal of Finance, 1996, 51 (4): 1405-1436.

[154] Easley D, Hvidkjaer S, O'Hara M. Is information risk a determinant of asset returns [J]. Journal of Finance, 2002, 57: 2185-2221.

[155] Easley B D, Kiefer N M, O'Hara M. Cream-Skimming or Profit-Sharing? The Curios Role of Purchased Order Flow [J]. Journal of Finance, 1997, 51(3): 811-33.

[156] Easley D, Kiefer N M, O'Hara M. The information content of the trading process [J]. Journal of Empirical Finance, 1997, 4(2-3): 159-186.

[157] Eberhart A C, Maxwell W F, Siddique A R. An Examination of Long-Term Abnormal Stock Returns and Operating Performance Following R&D Increases [J]. Journal of Finance, 2004, 59(2): 623-650.

[158] Edmans A. Blockholder Trading, Market Efficiency, and Managerial Myopia [J]. Journal of Finance, 2009, 64(6): 2481-2513.

[159] Edmans A, Goldstein I, Jiang W. The Real Effects of Financial Markets: The Impact of Prices on Takeovers [J]. Journal of Finance, 2011, 67(3): 933-971.

[160] Edmans A, Goldstein I, Jiang W. Feedback Effects, Asymmetric Trading, and the Limits to Arbitrage [J]. Social Science Electronic Publishing, 2015, 105(12): 3766-3797.

[161] Ellul A, Pagano M. IPO underpricing and aftermarket liquidity [J]. Review of Financial Studies, 2006, 19(2): 381-421.

[162] Elston J, Yang J J. Venture capital, ownership structure, accounting standards and IPO underpricing: Evidence from Germany [J]. Journal of Economics and Business, 2010, 62(6): 517-536.

[163] Errunza V, Losq E. International asset pricing under mild segmentation: Theory and test [J]. The Journal of Finance, 1985, 40 (1): 105-124.

[164] Eugene F. Fama. Multiperiod Consumption-Investment Decisions [J].

American Economic Review, 1970, 60(1): 163-74.

[165] Fama E F. Efficient Capital Markets: A Review of Theory and Empirical Work [J]. The Journal of Finance, 1970, 25 (2): 383-417.

[166] Fama E F, French K R. Permanent and Temporary Components of Stock Prices [J]. Journal of Political Economy, 1988, 96 (2): 246-273.

[167] Fama, French. Industry costs of equity [J]. Journal of Financial Economics, 1997, 43(2): 153-193.

[168] Fan J P H, Wong T J, Zhang T. Politically Connected CEOs, Corporate Governance, and the Post-IPO Performance of China's Partially Privatized Firms[J]. Journal of Applied Corporate Finance, 2014, 26(3): 85-95.

[169] Fang L, Peress J. Media Coverage and the Cross-section of Stock Returns[J]. The Journal of Finance, 2009, 64(5): 2023-2052.

[170] Fang V W, Tian X, Tice S. Does Stock Liquidity Enhance or Impede Firm Innovation [J]. The Journal of Finance, 2014, 69 (5): 2085-2125.

[171] Farinós J E, García C J, Ibáñez A M. Is the long-run underperformance of seasoned equity issues irrational? Evidence from Spain[J]. International Review of Financial Analysis, 2007, 16(2): 183-199.

[172] Farinos J E, Garcia C J, Ibanez A M. Operating and Stock Market Performance of State-OwnedEnterprise Privatizations: the Spanish Experience[J]. International Review of Financial Analysis, 2007, 16 (4): 367-389.

[173] Ferreira D, Manso G, Silva A C. Incentives to innovate and the decision to go public or private [J]. Review of Financial Studies, 2014, 27(1): 256-300.

[174] Ferreira M A, Laux P A. Corporate Governance, Idiosyncratic Risk, and Information Flow [J]. Journal of Finance, 2007, 62 (2): 951-989.

[175] Fischer C. Why do Companies Go Public? Empirical Evidence from Germany's Neuer Markt[DB/OL]. https://papers.ssrn.com/sol3/papers.cfm?abstract_id=229529, 2000-07-13.

[176] Fishman M J, Hagerty K M. Disclosure Decisions by Firms and the Competition for Price Efficiency[J]. Journal of Finance, 1989, 44(3): 633-646.

[177] Foerster S R, Karolyi G A. The effects of market segmentation and investor recognition on asset prices: Evidence from foreign stocks listing in the United States[J]. The Journal of Finance, 1999, 54(3): 981-1013.

[178] Foucault T, Gehrig T. Stock price informativeness, cross-listings, and investment decisions[J]. Journal of Financial Economics, 2008, 88(1): 146-168.

[179] Foucault T, Fresard L. Learning from peers' stock prices and corporate investment[J]. Journal of Financial Economics, 2013, 111(3): 554-577.

[180] Francis B B, Hasan I, Sun X. Political connections and the process of going public: Evidence from China[J]. Journal of International Money and Finance, 2009, 28(4): 696-719.

[181] French K, Roll R. Stock Return Variances [J]. Journal of Financial Economics, 1986, 17(1): 5-26.

[182] Fung S, Tsai S C. Stock market-driven investment: new evidence on information, financing and agency effects[J]. Applied Economics, 2015, 47(27): 2821-2843.

[183] Gabszewicz J J, Shaked A, Sutton J, et al. Segmenting the market: The monopolist's optimal product mix [J]. Journal of Economic Theory, 1986, 39(2): 273-289.

[184] Gao X, Ritter J R, Zhu Z. Where Have all the IPOs Gone[J]. Journal of Financial and Quantitative Analysis, 2013, 48(6): 1663-1692.

[185] Gao Y. What comprises IPO initial returns: Evidence from the Chinese

market[J]. Pacific-Basin Finance Journal, 2010(18): 77-89.

[186] Geertsema P, Lu H. A Game-Theoretic Model of Underpricing and Over-Subscription in Chin-ese IPO's[J]. Finance Research Letters, 2016, 17(c): 93-96.

[187] Gelb D S, Zarowin P. Corporate disclosure policy and the informativeness of stock prices[J]. Review of Accounting Studies, 2002, 7(1): 33-52.

[188] Gilbert R J, Newbery D M G. Preemptive Patenting and the Persistence of Monopoly[J]. American Economic Review, 1984, 74(3): 514-526.

[189] Gilje E P, Taillard J P. Do Private Firms Invest Differently than Public Firms? Taking Cues from the Natural Gas Industry[J]. The Journal of Finance, 2016, 71(4): 1733-1778.

[190] Glosten L R, Milgrom P R. Bid, ask and transaction prices in a specialist market with heterogeneously informed traders [J]. Journal of Financial Economics, 1985, 14(1): 71-100.

[191] GonulColak, Hikmet Gunay. Strategic Waiting in the IPO Market[J]. Journal of Corporate Finance, 2011, 17(3): 555-583.

[192] Goudldey B K. Uncertain demand, heterogeneous expectations, and unintentional IPO underpricing[J]. The Finance Review, 2006, 41(1), 33-54.

[193] Grabowski H G, Mueller D C. Industrial Research and Development, Intangible Capital Stocks, and Firm Profit Rates[J]. Bell Journal of Economics, 1978, 9(2): 328-343.

[194] Graham J R, Harvey C R. The theory and practice of corporate finance: Evidence from the field[J]. Journal of Financial Economics, 2001, 60(2): 187-243.

[195] Griffith R, Huergo E, Mairesse J, et al. Innovation and Productivity Across Four European Countries [J]. Oxford Review of Economic Policy, 2006, 22(4): 483-498.

[196] Griffiths W E, Jensen P H, Webster E. The Effects on Firm Profits of

the Stock of Intellectual Property Rights [DB/OL]. https://econpapers.repec.org/paper/iaeiaewps/wp2005n04.htm, 2005-04.
[197] Griliches Z. Market value, R&D, and patents[J]. Economics letters, 1981, 7(2): 183-187.
[198] Griliches Z. R&D, Patents and Productivity[J]. Canadian Journal of Economics/revue Canadienne D'economique, 1984, 95 (379): 209-232.
[199] Grinblatt M, Hwang C Y. Signalling and the Pricing of New Issues[J]. The Journal of Finance, 1989, 44(2): 393-420.
[200] Grossman G, Helpman E. Innovation and Growth in the Global Economy[M]. Cambridge: MIT Press, 1992.
[201] Grossman G M, Helpman E. Quality Ladders in the Theory of Growth[J]. Review of Economic Studies, 1991, 58(1): 43-61.
[202] Grossman S, Stiglitz J. On the Impossibility of Informationally Efficient Markets: Reply [J]. American Economic Review, 1982, 72(4): 875-875.
[203] Gu L. Product market competition, R&D investment, and stock returns [J]. Journal of Financial Economics, 2016, 119(2): 441-455.
[204] Guiso L, Parigi G. Investment and Demand Uncertainty [J]. Quarterly Journal of Economics, 1999, 114(1): 185-227.
[205] Guo R J, Zhou N. Innovation capability and post-IPO performance [J]. Review of Quantitative Finance and Accounting, 2016, 46(2): 1-23.
[206] Günter Strobl. Stock-based managerial compensation, price informativeness, and the incentive to overinvest [J]. Journal of Corporate Finance, 2014, 29(C): 594-606.
[207] Guo R, Lev B, Zhou N. The Valuation of Biotech IPOs[J]. Journal of Accounting Auditing & Finance, 2005, 20(4): 423-459.
[208] Guo R J, Zhou N. Innovation capability and post-IPO performance [J]. Review of Quantitative Finance and Accounting, 2016, 46(2):

1-23.

[209] Hadass L, Coakley J, Wood A. UK IPO Underpricing: Venture Capitalists, High-prestige Underwriters and the Bubble Period[DB/OL]. https://papers.ssrn.com/sol3/papers.cfm?abstract_id=675101, 2005-02-27.

[210] Halling M, Pagano M, Randl O, et al. Where is the market? Evidence from cross-listings in the United States[J]. Review of Financial Studies, 2008, 21(2): 725-761.

[211] Hand J R M. The value relevance of financial statements in the venture capital market[J]. The Accounting Review, 2005, 80(2): 613-648.

[212] Harhoff D, Henkel J, Hippel E V. Profiting from voluntary information spillovers: how users benefit by freely revealing their innovations[J]. Research Policy, 2009, 32(10): 1753-1769.

[213] Hart O D. The Market Mechanism as an Incentive Scheme[J]. Bell Journal of Economics, 1983, 14(2): 366-382.

[214] Hart O, Moore J. Debt and Seniority: An Analysis of the Role of Hard Claims in Constraining Management[J]. American Economic Review, 1995, 85(3): 567-585.

[215] Hart O, Moore J. Default and Renegotiation: A Dynamic Model of Debt[J]. Quarterly Journal of Economics, 1998, 113(1): 1-41.

[216] Hassan M K, Sanchez B, Yu J S. Financial development and economic growth: New evidence from panel data[J]. Quarterly Review of Economics & Finance, 2011, 51(1): 88-104.

[217] He P. A Theory of IPO Waves[J]. Review of Financial Studies, 2007, 20(4): 983-1020.

[218] Healy P M, Palepu K G. Information asymmetry, corporate disclosure, and the capital markets: A review of the empirical disclosure literature[J]. Journal of Accounting and Economics, 2001, 31(1): 405-440.

[219] Helwege J, Liang N. Initial Public Offerings in Hot and Cold Markets[J]. Journal of Financial and Quantitative Analysis, 2004,

39: 541-569.

[220]Hertzel M G. Huson, R. Parrino. Public Market Staging: The Timing of Capital Infusions in Newly Public Firms[J]. Journal of Financial Economics, 2012, 106: 72-90.

[221]Hertzel M G. The Effects of Stock Repurchases on Rival Firms[J]. Journal of Finance, 1991, 46(2): 707-716.

[222]Heger D, T Tykvova. Kick It Like Beckham: The Impact of Venture Capitalists on Management Turnover[R]. ZEW Mannheim Discussion Papers, 2005.

[223]Heston S L, Rouwenhorst K G. Does industrial structure explain the benefits of international diversification [J]. Journal of Financial Economics, 1994, 36(1): 3-27.

[224] Hirshleifer D, Hsu P H, Li D. Innovative efficiency and stock returns [J]. Journal of Financial Economics, 2013, 107 (3): 632-654.

[225]Ho K C, Lee S C, Lin C T, et al. Information Disclosure, Product Market Competition, and Firm Value [DB/OL]. https://papers.ssrn.com/sol3/papers.cfm?abstract_id=2717997, 2016-01-19.

[226] Ho P H. Overconfident CEOs, product market competition, and corporate investment decisions [C] Economics and Finance Conferences. International Institute of Social and Economic Sciences, 2016.

[227]Ho S J. Information leakage in innovation outsourcing[J]. R & D Management, 2009, 39(5): 431-443.

[228]Hoberg G, Phillips G M. Product Market Uniqueness, Organizational Form and Stock Market Valuations[DB/OL]. https://papers.ssrn.com/sol3/papers.cfm?abstract_id=2160846, 2014-09-01.

[229]Hoberg G, Phillips G. Text-based network industries and endogenous product differentiation[J]. Nber Working Papers, 2009, 124(5): 1423-1465.

[230]Hofbauer J, Sigmund K. Evolutionary Games and Population Dynamics

[M]. Cambridge University Press, 1998.

[231] Hoffmann-Burchardi U. Clustering of initial public offerings, information revelation and underpricing [J]. European Economic Review, 2001, 45(2): 353-383.

[232] Holmstrom B. Moral Hazard in Teams[J]. Bell Journal of Economics, 1982, 13(2): 324-340.

[233] Hotelling B H. Stability in Competition[J]. The Economic Journal, 1929, 39(153): 41-57.

[234] Hou K, Robinson D T. Industry Concentration and Average Stock Returns[J]. Journal of Finance, 2006, 61(4): 1927-1956.

[235] Howe J S, Kelm K. The stock price impacts of overseas listings[J]. Financial Management, 1987, 42(2): 51-56.

[236] Howe J S, Shen Y P. Information Associated with Dividend Initiations: Firm-Specific or Industry-Wide [J]. Financial Management, 1999, 27(3): 17-26.

[237] Hsu H C. Industry Technological Innovations and Initial Public Offerings: An Empirical Analysis [J]. Journal of Accounting & Finance, 2014, 14(1): 2158-3625.

[238] Hsu H C, Reed A V, Rocholl J. The New Game in Town: Competitive Effects of IPOs[J]. Journal of Finance, 2010, 65(2): 495-528.

[239] Hsu H C . Technology Timing of IPOs and Venture Capital Incubation [J]. Journal of Corporate Finance, 2013, 19: 36-55.

[240] Hsu D H, Ziedonis R H. Patents as Quality Signals for Entrepreneurial Ventures[J]. Academy of Management Annual Meeting Proceedings, 2013, 2008(1).

[241] Jain B A, Kini O. Venture capitalist participation and the post-issue operating performance of IPO firms [J]. Managerial and decision economics, 1995, 16(6): 593-606.

[242] Huang R, Ritter J R. Testing the market timing theory of capital structure[J]. Journal of Financial and Quantitative Analysis, 2009,

44(2): 237-271.

[243] Huang S, Zeng Y. Investment Waves under Cross Learning[DB/OL]. http://citeseerx. ist. psu. edu/viewdoc/download? doi = 10. 1. 1. 653. 4682&rep=rep1&type, 2014-09.

[244] Hung M, Wong T J, Zhang T. Political considerations in the decision of Chinese SOEs to list in Hong Kong[J]. Journal of Accounting and Economics, 2012, 53(1): 435-449.

[245] Hunt-McCool J, Koh S C, Francis B B. Testing for Deliberate Underpricing in the IPO Premarket: A Stochastic Frontier Approach[J]. Review of Financial Studies, 1996, 9(4): 1251-1269.

[246] Ibbotson R G, J F Jaffe. Hot issue markets[J]. Journal of Finance, 1975, 30: 1027-1042.

[247] Ibbotson R G. Price Performance of Common Stock New Issues[J]. Journal of Financial Economics, 1975, 2(3): 235-272.

[248] Ibbotson RG, Sindelar J L, Jay R Ritter. Initial Public Offerings[J]. Journal of Applied Corporate Finance, 1988, 1(2): 37-45.

[249] Irvine P J, Pontiff J. Idiosyncratic Return Volatility Cash Flows and Product Market Competition[J]. Review of Financial Studies, 2009, 22(3): 1149-1177.

[250] Jaffe A. Technological Opportunity and Spillovers of R&D: Evidence from Firms´ Patents, Profits, and Market Value[J]. American Economic Review, 1986, 76(5): 984-1001.

[251] Jain B A, Kini O. Industry clustering of initial public offerings[J]. Managerial & Decision Economics, 2006, 27(1): 1-20.

[252] Jain B A, Kini O. The Post-Issue Operating Performance of IPO firms[J]. The Journal of Finance, 1994, 49(5): 1699-1726.

[253] Jain B A, Kini O. Venture Capitalist Participation and the Post-Issue Operating Performance of IPO Firms[J]. Managerial and Decision Economics, 1995, 16(6): 593-606.

[254] Jain B A, Kini O. Industry Clustering of Initial Public Offerings[J]. Managerial and Decision Economics, 2006, 27(1): 1-20.

[255] Jain N, Padmavathi C. Underpricing of Initial Public Offerings in Indian Capital Market[J]. The Journal For Decision Makers, 2012; 37(1): 83-95.

[256] Jenkinson T, Ljungqvist A. Going Public: The Theory and Evidence on How Companies Raise Equity Finance[J]. Oup Catalogue, 2001, 65(260): 619-620.

[257] Jenkinson T J, Jones H. IPO pricing and allocation: a survey of the views of institutional inve-stors [J]. Review of Financial Studies, 2009, 22(4): 1477-1504.

[258] Jiang F, Kim K A, Nofsinger J R, et al. Product market competition and corporate investment: Evidence from China [J]. Journal of Corporate Finance, 2015, 35: 196-210.

[259] Jiao Y. Investor Competition over Information and Stock Returns[DB/OL]. https: //papers. ssrn. com/sol3/papers. cfm? abstract_ id = 2448536, 2015-04-23.

[260] Johan S A. Listing standards as a signal of IPO preparedness and quality[J]. International Review of Law & Economics, 2010, 30 (30): 128-144.

[261] Jong A, Huijgen C A, Marra T A, et al. Why do firms go public? The role of the product market[J]. Journal of Business Finance & Accounting, 2012, 39(1-2): 165-192.

[262] Jorion P. Mean Reversion in Real Exchange Rates: Evidence and Implications for Forecasting [J]. Journal of International Money & Finance, 1996, 15(4): 535-550.

[263] Kana S P. The efficiency of the Johannesburg Stock Exchange with respect to takeover information [DB/OL]. http: //nrfnexus. nrf. ac. za/handle/20. 500. 11892/117705, 2014-11-10.

[264] Kao J L, Wu D, Yang Z. Regulations, Earnings Management, and Post-IPO Performance: The Chinese Evidence[J]. Journal of Banking & Finance, 2009, 33(1): 63-76.

[265] Karuna C. Industry product market competition and managerial

incentives [J]. Ssrn Electronic Journal, 2007, 43(2): 275-297.

[266] Kaufmann A, Tödtling F. How effective is innovation support for SMEs? An analysis of the region of Upper Austria[J]. Technovation, 2002, 22(3): 147-159.

[267] Kayhan A, Titman S. Firms' histories and their capital structures[J]. Journal of Financial Economics, 2007, 83(1): 1-32.

[268] Kelikume I. New evidence from the efficient market hypothesis for the Nigerian stockindex using the wavelet unit root test approach [J]. Journal of Developing Areas, 2016, 50(5): 185-197.

[269] Kester CW. Today's Options for Tomorrow's Growth [J]. Harvard Business Review, 1984, 62(1-2): 15-24.

[270] Kim K, Gopal A, Hoberg G. Does Product Market Competition Drive CVC Investment? Evidence from the U. S. IT Industry[J]. Information Systems Research, 2016, 27(2).

[271] Kim K A, Kitsabunnarat P, Nofsinger J R. Ownership and Operating Performance in An Emerging Market: Evidence from Thai IPO Firms[J]. Journal of Corporate Finance, 2004, 10(3): 355-381.

[272] Kim W, Weisbach M S. Motivations for public equity offers: An international perspective[J]. Journal of Financial Economics, 2008, 87(2): 281-307.

[273] Kim Y C, Stulz R M. The Eurobond market and corporate financial policy: A test of the clientele hypothesis [J]. Journal of Financial Economics, 1988, 22(2): 189-205.

[274] Anel' Akhmetovna K. Differentiated organizational and economic mechanisms of industrial-innovation development of the regions of Kazakhstan[J]. Economic and Social Changes: Facts, 2015, 1(37): 214-229.

[275] Kocoglu I, Imamoglu S Z, Ince H, et al. Learning, R&D and Manufacturing Capabilities as Determinants of Technological Learning: Enhancing Innovation and Firm Performance[J]. Procedia -Social and Behavioral Sciences, 2012, 58: 842-852.

[276] Kohers N. The Industry-Wide Implications of Dividend Omission and Initiation Announcements and the Determinants of Information Transfer[J]. Financial Review, 1999, 34(1): 137-58.

[277] Kohers N, Kohers T. The Value Creation Potential of High-Tech Mergers[J]. Financial Analysts Journal, 2000, 56(3): 40-51.

[278] Kohers, Ninon, Kohers, et al. Takeovers of Technology Firms: Expectations vs. Reality[J]. Financial Management, 2001, 30(3): 35-54.

[279] Korajczyk R A, Lucas D, McDonald R L. Understanding Stock Price Behavior around the Time of Equity Issues[J]. NBER Chapters, 1990, 42(4): 257-278.

[280] Korajczyk R A, Lucas D J, McDonald R L. The effect of information releases on the pricing and timing of equity issues[J]. Review of financial studies, 1991, 4(4): 685-708.

[281] Kortum S, Lerner J. Assessing the Contribution of Venture Capital to Innovation[J]. Rand Journal of Economics, 2000, 31(4): 674-692.

[282] Kortum S S. Research, Patenting, and Technological Change[J]. Econométrica Journal of the Econometric Society, 1997, 65(6): 1389-1419.

[283] Kothari S P, Laguerre T E, Leone A J. Capitalization versus expensing: Evidence on the uncertainty of future earnings from capital expenditures versus R&D outlays[J]. Review ofaccounting Studies, 2002, 7(4): 355-382.

[284] Krishnan C N V, Ivanov V I, Masulis R W, et al. Venture Capital Reputation, Post-IPO Performance, and Corporate Governance[J]. Journal of Financial and Quantitative Analysis, 2011, 46(5): 1295-1333.

[285] Krohe A, Willner A P. Predisclosure Information, Firm Capitalization, and Security Price Behavior Around Earnings Announcements[J]. Journal of Accounting Research, 1986, 23(1): 21-36.

[286] Kumbhakar S, Christopher F. The effects of bargaining on market

outcomes: evidence from buyer and seller specific estimates[J]. J Prod Anal, 2009, 31(1).

[287]Kyle A S. Continuous Auctions and Insider Trading[J]. Econometrica, 1985, 53(6): 1315-1335.

[288]Landres E, Palazzo B. Cash Holdings, Competition, and Innovation [J]. Journal of Financial & Quantitative Analysis, 2016, 51(6): 1823-1861.

[289] Landsman W R, Maydew E L. Has the Information Content of Quarterly Earnings Announcements Declined in the Past Three Decades [J]. Journal of Accounting Research, 2002, 40 (3): 797-808.

[290]Lang L H, Stulz R. Contagion and Competitive Intra-Industry Effects of Bankruptcy Announcements : An Empirical Analysis[J]. Journal of Financial Economics, 1992, 32(1): 45-60.

[291] Lang L H, Stulz R, Walkling R A. A Test of the Free Flow Hypothesis: The Case of Bidder Returns [J]. Journal of Financial Economics, 1991, 29(2): 315-335.

[292]Lang M, Lundholm R. Cross-Sectional Determinants of Analyst Ratings of Corporate Disclosures[J]. Journal of Accounting Research, 1994, 31(2): 246-271.

[293]Laux P, L T Starks, P Yoon. The relative importance of competition and contagion in intra-industry information transfers [J]. Financial Management, 1998, 27: 315-335.

[294]Lee D W. Why Does Shareholder Wealth Increase When Non-US Firms Announce their Listing in the US [J]. Available at SSRN 422960, 2004.

[295]Leland H E, D Pyle. Information Asymmetries, Financial Structure, and Financial Intermediation [J]. Journal of Finance, 1977, 32: 371-387.

[296] Lerner J. Venture Capitalists and the Decision to Go Public [J]. Journal of Financial Economics, 1994, 35(3): 293-316.

[297] Lerner J, Shane H, Tsai A. Do equity financing cycles matter? evidence from biotechnology alliances [J]. Journal of Financial Economics, 2003, 67(3): 411-446.

[298] Lettau M, Campbell J Y. Dispersion and Volatility in Stock Returns: An Empirical Investigation[DB/OL]. https://ssrn.com/abstract=129249, 1998-09-21.

[299] Leuz C, Oberholzer-Gee F. Political relationships, global financing, and corporate transparency: Evidence from Indonesia[J]. Journal of Financial Economics, 2006, 81(2): 411-439.

[300] Leuz C, Verrecchia R E. The Economic Consequences of Increased Disclosure[J]. Journal of Accounting Research, 1999, 38(5): 91-124.

[301] Lev B, Sougiannis T. The capitalization, amortization, and value-relevance of R&D[J]. Industrial Health, 1996, 53(6): 498-504.

[302] Levine R. Finance and Growth: Theory and Evidence[J]. Ideas Help Page, 2004, 1(5): 37-40.

[303] Licht A N. Cross-listing and corporate governance: bonding or avoiding [J]. Chicago Journal of Inte national Law, 2003, 4(1): 141.

[304] Li G, Zhou H. Political Connections and Access to IPO Markets in China[J]. China Economic Review, 2015(1): 84-89.

[305] Li J, Myers S C. R2 around the world: New theory and new tests [J]. Journal of Financial Economics, 2006, 79(2): 257-292.

[306] Liang T. Cross-listing Premium in the US and the UK Destination[C]. Department of Economics, Tufts University, 2009.

[307] Lieberman M B, Asaba S. Why Do Firms Imitate Each Other[J]. Academy of Management Review, 2004, 31(2): 366-385.

[308] Liew J, Vassalou M. Can book-to-market, size and momentum be risk factors that predict economic growth [J]. Journal of Financial Economics, 2000, 57(2): 221-245.

[309] Lisic L L, Silveri S D, Song Y, et al. Accounting fraud, auditing, and

the role of government sanctions in China[J]. Journal of Business Research, 2015, 68(6): 1186-1195.

[310] Liu S. International cross-listing and stock pricing efficiency: An empirical study [J]. Emerging Markets Review, 2007, 8 (4): 251-263.

[311] Liu X, Ritter J R. Local underwriter oligopolies and IPO underpricing[J]. Journal of Financial Economics, 2011, 102(3): 579-601.

[312] Ljungqvist A, Nanda V, Singh R. 2001. Hot Markets, Investor Sentiment, and IPO Pricing [J]. Journal of Business, 79 (4): 1667-1702.

[313] Ljungqvist A, Wilhelm W J. IPO Pricing in the Dot-Com Bubble: Complacency or Incentives[J]. Social Science Electronic Publishing, 2001, 58(2): 723-752.

[314] Logueann C. The efficient market hypothesis and its critics[J]. Journal of economic perspectives, 2003, 17(1): 59-82.

[315] Llorente G, Michaely R, Saar G, et al. Dynamic Volume-Return Relation of Individual Stocks[J]. Review of Financial Studies, 2002, 15(4): 1005-1047.

[316] Lobo G J, Mahmoud A. Relationship Between Differential Amounts of Prior Information and Security Return Variability [J]. Journal of Accounting Research, 1989, 27(1): 116-134.

[317] Logue E. On the Pricing of Unseasoned Equity Issues: 1965-1969. [J]. Journal of Financial and Quantitative Analysis, 1973, 8 (1): 91-103.

[318] Long J B D, Shleifer A, Summers L H, et al. Noise Trader Risk in Financial Markets[J]. Journal of Political Economy, 1990, 98(4): 703-738.

[319] Loughran T, Ritter J R, Rydqvist K. Initial Public Offerings: International Insights [J]. Pacific-Basin Finance Journal, 1994, 2 (2-3): 165-199.

[320]Loughran T, Ritter J R. The New Issues Puzzle[J]. The Journal of Finance, 1995, 50(1): 23-51.

[321]Loughran T, Ritter J R. The Operating Performance of Firms Conducting Seasoned Equity Offerings[J]. The Journal of Finance, 1997, 52(5): 1823-1850.

[322] Loughran T, Ritter J. Why has IPO underpricing changed over time[J]. Financial Management, 2004, 33(3): 5-37.

[323] Loughran T, Schultz P. Asymmetric information, firm location, and equity issuance [EB/OL]. https: //www3. nd. edu/~ pschultz/capstructure_ and_ %20location_ jfqa. pdf, 2006-03-27.

[324] Lowry M, Schwert G W. Is the IPO pricing process efficient[J]. Journal of Financial Economics, 2004, 71(1): 3-26.

[325] Lowry M. Why does IPO Volume Fluctuate So Much[J]. Journal of Financial Economics, 2003, 67(1): 3-40.

[326] Lowry M, Schwert G W. IPO Market Cycles: Bubbles or Sequential Learning[J]. The Journal of Finance, 2002, 57(3): 1171-1200.

[327] L'uboš Pástor, Taylor L A, Veronesi P. Entrepreneurial Learning, the IPO Decision, and the Post-IPO Drop in Firm Profitability[J]. Review of Financial Studies, 2007, 22(8): 3005-3046.

[328] L'uboš Pástor, Veronesi P. Rational IPO Waves[J]. The Journal of Finance, 2005, 60(4): 1713-1757.

[329] Lucas D J, McDonald R L. Equity issues and stock price dynamics[J]. The Journal of Finance, 1990, 45(4): 1019-1043.

[330] Luo C, Ouyang Z. Estimating IPO Pricing Efficiency by Bayesian Stochastic Frontier Analysis: The ChiNext Market Case[J]. Economic Modelling, 2014, 40: 152-157.

[331]Lucas D J, Mcdonald R L. Equity Issues and Stock Price Dynamics [J]. The Journal of Finance, 1990, 45(4): 1019-1043.

[332]Lowry M. Wy does IPO volume fluctuate so much? [J]. Journal of Financial Economics, 2003, 67: 3-40.

[333] Luo C, Ouyang Z. Estimating IPO pricing efficiency by Bayesian

stochastic frontier analysis: The ChiNext market case[J]. Economic Modelling, 2014, 40(40): 152-157.

[334] Luo Y, Fang F, Esqueda O A. The overseas listing puzzle: Post-IPO performance of Chinese stocks and ADRs in the US market[J]. Journal of Multinational Financial Management, 2012, 22(5): 193-211.

[335] Luo Y. Do Insiders Learn from Outsiders? Evidence from Mergers and Acquisitions[J]. Journal of Finance, 2005, 60(4): 1951-1982.

[336] Maksimovic V. Capital Structure in Repeated Oligopolies[J]. Rand Journal of Economics, 1988, 19(3): 389-407.

[337] Maksimovic V, Pichler P. Technological Innovation and Initial Public Offerings[J]. Social Science Electronic Publishing, 2001, 14(2): 459-494.

[338] Maksimovic, Picher. Structuring the Initial Offering: Who to Sell to, and How to Do It[J]. Review of Finance, 2006, 10(10): 353-387.

[339] Malakhova. The Role of Uninformed Investors in An Optimal IPO Mechanism [R]. Working Paper, 2007.

[340] Malkiel B G. The Efficient Market Hypothesis and Its Critics[J]. Journal of Economic Perspectives, 2003, 17(17): 59-82.

[341] Mamduh M Hanafi. Fixed Price and Book Building Methods Under Exogenous Environment: Evidence from Indonesia Stock Market[DB/OL]. https://papers.ssrn.com/sol3/papers.cfm?abstract_id=2760715, 2016-04-09.

[342] Manapol E, Pengniti T. Governance reform and IPO underpricing[J]. Journal of Corporate Finance, 2012, 18(2): 238-253.

[343] Mansfield E. Basic research and productivity increase in manufacturing [J]. The American Economic Review, 1980, 71(5): 863-873.

[344] Mansfield E. Industrial research and development: Characteristics, costs, and diffusion of results[J]. The American Economic Review, 1969, 59(2): 65-71.

[345] Matthew S, Heather T. Dynamic Competition, Valuation, and Merger Activity[J]. Journal of Finance, 2013, 68(1): 125-172.

[346] McGilvery A, Faff R, Pathan S. Competitive Valuation Effects of Australian IPOs [J]. International Review of Financial Analysis, 2012, 24(3): 74-83.

[347] Mclean R D, Pontiff J. Does Academic Research Destroy Stock Return Predictability[J]. The Journal of Finance, 2016, 71(1).

[348] Melvin M, Valero M. The Dark Side of International Cross-Listing: Effects on Rival Firms at Home[J]. European Financial Management, 2009, 15(1): 66-91.

[349] Melvin M, Valerotonone M. The Effects of International Cross-Listing on Rival Firms[J]. Ssrn Electronic Journal, 2003, 10(1): 91-3.

[350] Mikkelson W H, Partch M M, Shah K. Ownership and Operating Performance of Companies that Go Public [J]. Journal of financial economics, 1997, 44(3): 281-307.

[351] Milgrom P, Holmstrom B. The Firm as Incentive System [J]. American Economic Review, 1994, 84(4): 972-991.

[352] Miller E M. Risk, Uncertainty, and Divergence of Opinion[J]. The Journal of Finance, 1977, 32(4): 1151-1168.

[353] Miller D. The Market Reaction to International Cross-Listings: Evidence from Depositary Receipts [J]. Journal of Financial Economics, 1999, 51: 103-123.

[354] Mitra S K, Chattopadhyay M, Charan P, et al. Identifying periods of market inefficiency for return predictability [J]. Applied Economics Letters, 2017, 24(10): 668-671.

[355] Morck R, Nakamura M, Shivdasani A. Banks, Ownership Structure, and Firm Value in Japan[J]. Journal of Business, 2000, 73(4): 539-567.

[356] Morck R, Shleifer A, Vishny R W, et al. The stock market and investment: Is the market a sideshow [J]. Brookings papers on economic Activity, 1990, 1990(2): 157-215.

[357] Morck R, Poterba J M. The Stock Market and Investment: Is the Market a Sideshow [J]. Brookings Papers on Economic Activity,

1990, 21(2): 157-216.

[358] Morck R, Yeung B, Yu W. The information content of stock markets: why do emerging markets have synchronous stock price movements? [J]. Journal of Financial Economics, 2000, 58(1-2): 215-260.

[359] Moskowitz T J, Vissing-Jørgensen A. The Returns to Entrepreneurial Investment: A Private Equity Premium Puzzle[J]. American Economic Review, 2002, 92(4): 745-778.

[360] Murphy K M, Shleifer A, Vishny R W. Why is rent-seeking so costly to growth [J]. The American Economic Review, 1993, 83(2): 409-414.

[361] Myers S C. Determinants of Corporate Borrowing [J]. Journal of Financial Economics, 1977, 5(2): 147-175.

[362] Nanda R, Rhodes-Kropf M. Investment cycles and startup innovation [J]. Journal of Financial Economics, 2013, 110(2): 403-418.

[363] Neupane S, Poshakwale S. Transparency in IPO mechanism: Retail investors' participation, IPO pricing and returns [J]. Journal of Banking & Finance, 2012, 36(7): 2064-2076.

[364] Nickell S J. Competition and Corporate Performance[J]. Journal of Political Economy, 1993, 104(4): 724-746.

[365] Nickell S, Nicolitsas D, Dryden N. What makes firms perform well[J]. European Economic Review, 1997, 41(3-5): 783-796.

[366] Olsson L, Ostman M. Long-Run IPO Performance for Family Firms-A study on the Swedish market[D]. Lund University Libraries, 2015.

[367] Ornaghi C. Spillovers in product and process innovation: Evidence from manufacturing firms [J]. International Journal of Industrial Organization, 2006, 24(2): 349-380.

[368] Pagano M, Panetta F, Zingales L. Why Do Companies Go Public? An Empirical Analysis[J]. Journal of Finance, 2010, 53(1): 27-64.

[369] Pagano M, Röell A A, Zechner J. The geography of equity listing: why do companies list abroad [J]. Journal of Finance, 2002: 2651-2694.

[370] Pakes A. On patents, R&D, and the stock market rate of return[J]. Journal of Political Economy, 1985, 93(2): 390-409.

[371] Pan F, Brooker D. Going global? Examining the geography of Chinese firms' overseas listings on international stock exchanges[J]. Geoforum, 2014, 52: 1-11.

[372] Parlour C A, Rajan U. Rationing in IPOs [J]. Social Science Electronic Publishing, 2005, 9(26): 33-63.

[373] Parnell J A. Strategic philosophy and management level [J]. Management Decision, 2005, 43(2): 157-170.

[374] Pástor L, Taylor L A, Veronesi P. Entrepreneurial Learning, the IPO Decision, and the Post-IPO Drop in Firm Profitability[J]. Cepr Discussion Papers, 2007, 22(8): 3005-3046.

[375] Pástor L', Veronesi P. Technological Revolutions and Stock Prices[J]. Cepr Discussion Papers, 2009, 99(4): 1451-1483.

[376] Pástor L', Veronesi P. Rational IPO Waves [J]. The Journal of Finance, 2005, 60(4): 1713-1757.

[377] Peng Y, Wang K. IPO Underpricing and Flotation Methods in Taiwan-a Stochastic Frontier Approach [J]. Applied Economics, 2007, 39 (21): 2785-2796.

[378] Penman S H, Zhang X J. Modeling Sustainable Earnings and P/E Ratios with Financial Statement Analysis [DB/OL]. https://papers.ssrn.com/sol3/papers.cfm?abstract_id=318967, 2002-07-31.

[379] Peress J. Product Market Competition, Insider Trading, and Stock Market Efficiency[J]. Journal of Finance, 2010, 65(1): 1-43.

[380] Persons J C, Warther V A. Boom and Bust Patterns in the Adoption of Financial Innovations. [J]. Review of Financial Studies, 1997, 51 (10): 939-967.

[381] Phillips K L, Wrase J. Is Schumpeterian "Creative Destruction" a Plausible Source of Endogenous Real Business Cycle Shocks [J]. Journal of Economic Dynamics & Control, 2006, 30 (11): 1885-1913.

[382] Piotroski J D, Roulstone D T. The Influence of Analysts, Institutional Investors, and Insiders on the Incorporation of Market, Industry, and Firm Specific Information into Stock Prices[J]. Accounting Review, 2011, 79(4): 1119-1151.

[383] Piotroski J D, Wong T J, Zhang T. Political Incentives to Suppress Negative Information: Evidence from Chinese Listed Firms[J]. Journal of Accounting Research, 2015, 53(2): 405-459.

[384] Plotnicki M, Szyszka A. IPO market timing. The evidence of the disposition effect among corporate managers [J]. Global Finance Journal, 2014, 25(1): 48-55.

[385] Porter M E. The Competitive Advantage of Nations. New York, The Free Press[J]. Competitive Intelligence Review, 1990, 1(1): 427.

[386] Poterba J M, Summers L H. Mean Reversion in Stock Prices[J]. Journal of Financial Economics, 1987, 22(1): 27-59.

[387] Pukthuanthong K. Underwriter Learning about Unfamiliar Firms: Evidence from the History of Biotech IPOs[J]. Journal of Financial Markets, 2006, 9(4): 366-407.

[388] Pungulescu C. Real effects of financial market integration: does lower home bias lead to welfare benefits [J]. The European Journal of Finance, 2015, 21(10-11): 893-911.

[389] Ragunathan V, Clarkson P, Nowland J. Is the Cross-Listing Premium an SEO Effect[DB/OL]. https://papers.ssrn.com/sol3/papers.cfm?abstract_id=1571026, 2010-03-15.

[390] Rajan R, H Servaes. Analyst Following of Initial Public Offerings[J]. Journal of Finance, 1997, 52: 507-529.

[391] Ramachandran K M, Tsokos C P. Stochastic Differential Games. Theory and Applications [M]. Springer Science & Business Media, 2012.

[392] Reuter J. Are IPO allocations for sale? Evidence from mutual funds[J]. Journal of Finance, 2006, 61(5): 2289-2324.

[393] Ritter J R. The "Hot Issue" Market of 1980[J]. Journal of Business, 1984, 57(2): 215-240.

[394] Ritter J R. The Long-Run Performance of initial Public Offerings [J]. Journal of Finance, 1991, 46(1): 3-27.

[395] Ritter J R. Differences between European and American IPO Markets [J]. European Financial Management, 2003, 9 (4): 421-434.

[396] Ritter J R, Bakshi X G, Zhu Z. Where Have All the IPOs Gone[J]. Journal of Financial and Quantitative Analysis, 2013, 48 (6): 1663-1692.

[397] RochollJ. A friend in need is a friend indeed: Allocation and demand in IPO bookbuilding[J]. Journal of Financial Intermediation, 2009. 18(2): 284-310.

[398] Rock K. Why new issues are underpriced[J]. Journal of Financial Economics, 1986, 15(1-2): 187-212.

[399] Roll R. Industrial Structure and the Comparative Behavior of International Stock Market Indices[J]. The Journal of Finance, 1992, 47(1): 3-41.

[400] Roll R W. R-squared [J]. Journal of Finance, 1988, 82 (4): 2697-2713.

[401] Rossi M. The efficient market hypothesis and calendar anomalies: a literature review[J]. International Journal of Managerial & Financial Accounting, 2015, 7(3/4): 285.

[402] Ruan T, Qian H. The Competitive Effect of Rivals' Earnings News on Initial Public Offerings[DB/OL]. https://papers.ssrn.com/sol3/papers.cfm?abstract_id=1508482, 2009-10-21.

[403] Rush H, Bessant J, Hobday M. Assessing the technological capabilities of firms: developing a policy tool[J]. R&D Management, 2007, 37(3): 221-236.

[404] Salop S. Monopolistic competition reconstituted; or, circular fashions in economic thought [J]. Nihonseigaku Zasshi Japanese Journal of

Hygiene, 1977, 36(4): 701-711.
[405] Sami H, Zhou H. The Economic Consequences of Increased Disclosure: Evidence from Cross-Listings of Chinese Firms[J]. Journal of International Financial Management & Accounting, 2008, 19(1): 1-27.
[406] Saudagaran S M. An Empirical Study of Selected Factors Influencing the Decision to List on ForeignStock Exchanges [J]. Journal of International Business Studies, 1988, 19(1): 101-127.
[407] Saudagaran S M, Biddle G C. Foreign listing location: A study of MNCs and stock exchanges in eight countries [J]. Journal of International Business Studies, 1995, 26(2): 319-341.
[408] Scharfstein D S, Stein J C. Herd Behavior and Investment [J]. American Economic Review, 1990, 80(3): 465-479.
[409] Schultz P. Pseudo market timing and the long-run underperformance of IPOs[J]. The Journal of Finance, 2003, 58(2): 483-518.
[410] Schumpeter J A. Capitalism, socialism and democracy [M]. University of Notre Dame Press, 1985: 596.
[411] Shleifer A, Vishny R W. The Limits of Arbitrage[J]. The Journal of Finance, 1997, 52(1): 35-55.
[412] Schumpeter J A. The theory of economic development: An inquiry into profits, capital, credit, interest, and the business cycle [M]. Transaction Publishers, 1934.
[413] Seham. Tinic. Anatomy of Initial Public Offerings of Common Stock[J]. The Journal of Finance, 1988. , 43(4): 789-822.
[414] Sermsiriviboon N, Supattarakul S. Dividend Initiations and IPO long-run performance [C]//Proceedings of International Academic Conferences. International Institute of Social and Economic Sciences, 2014 (0701800).
[415] Shah S, Thakor A V. Private Versus Public Ownership: Investment, Ownership Distribution, and Optimality[J]. The Journal of Finance, 1988, 43(1): 41-59.

[416] Shaver J M, Flyer F. Agglomeration Economies, Firm Heterogeneity, and Foreign Direct Investment in the United States [J]. Strategic Management Journal, 2000, 21(12): 1175-1193.

[417] Sherman A E. IPOs and Long-Term Relationships: An Advantage of Book Building [J]. Review of Financial Studies, 2000, 13(3): 697-714.

[418] Sherman A E, Titman S. Building the IPO order book: underpricing and participation limits with costly information[J]. Journal of Financial Economics, 2000, 65(1): 3-29.

[419] Sherman A E. Global Trends in IPO Methods: Book Building vs. Auctions [J]. Journal of Financial Economics, 2005, 78(3): 615-649.

[420] Shunlin Song, Siyuan Tang. Investor sentiment, underwriters' behaviour and IPO pricing: Empirical analysis from off-line institutional investors' bids[J]. China Journal of Accounting Studies, 2015, 3(4): 348-373.

[421] Siegel J. Can foreign firms bond themselves effectively by renting US securities laws[J]. Journal of Financial Economics, 2005, 75(2): 319-359.

[422] Slovin M B, Sushka M E, Ferraro S R. A Comparison of Information Conveyed by Equity Carve-Outs, Spin-Offs, and Asset Sell-Offs[J]. Journal of Financial Economics, 1995, 37(1): 89-104.

[423] Slovin M B, Sushka ME, Bendeck Y M. The Intra-industry effects of going-private transactions [J]. Journal of Finance, 1991, 46(4): 1537-1550.

[424] Smailović J, Grč ar M, Lavrač N, et al. Stream-based active learning for sentiment analysis in the financial domain [J]. Information Sciences, 2014, 285(1): 181-203.

[425] Spiegel M I, Tookes H. Dynamic Competition, Innovation and Strategic Financing[M]. Social Science Electronic Publishing, 2009.

[426] Spiegel M I, Tookes H. Dynamic Competition, Valuation, and

Merger Activity [J]. The Journal of Finance, 2013, 68 (1): 125-172.

[427]Spiegel M, Tookes H. An IPO's impact on rival firms[R]. Working Paper, Yale University, 2014.

[428] Stein J C. Rational Capital Budgeting In An Irrational World[J]. Journal of Business, 1996, 69(4): 429-455.

[429] Stewart Thornhill. Knowledge, innovation and firm performance in high-and low-technology regimes[J]. Journal of Business Venturing, 2006, 21(5): 687-703.

[430]Stigler G J. The Theory of Economic Regulation[J]. Bell Journal of Economics & Management Science, 1971, 2(1): 3-21.

[431]Stoughton N M, Wong K P, Zechner J. IPOs and Product Quality. [J]. Journal of Business, 2001, 74(3): 375-408.

[432]Su D. Adverse-selection Versus Signaling: Evidence from the Pricing of Chinese IPOs[J]. Journal of Economics & Business, 2004, 56 (1): 1-19.

[433] Subrahmanyam A, Titman S. The Going-Public Decision and the Development of Financial Markets[J]. Journal of Finance, 2010, 54 (3): 1045-1082.

[434]Sundaram A K, John T A, John K. An Empirical Analysis of Strategic Competition and Firm Values: The Case of R&D Competition[J]. Journal of Financial Economics, 1996, 40(3): 459-486.

[435]Telser L G. Cutthroat Competition and the Long Purse[J]. Journal of Law & Economics, 1966, 9(1): 259-277.

[436]Teoh S H, Welch I, Wong T J. Earnings Management and the Long-Run Market Performance of Initial Public Offerings[J]. The Journal of Finance, 1998, 53(6): 1935-1974.

[437]Tetlock P C. Giving Content to Investor Sentiment: The Role of Media in the Stock Market[J]. The Journal of Finance, 2007, 62(3): 1139-1168.

[438]Thakor R T, Lo A W. Optimal financing for R&D-intensive firms[R].

National Bureau ofEconomic Research, 2017.
[439] Thakor R T, Lo A W. Competition and R&D financing decisions: evidence from the biopharmaceutical industry [R]. Working Paper, 2016.
[440] Thompson R W, Beatty R P, Susan Riffe. Log-Linear Stock Valuation Based on Accounting Information [DB/OL]. https: //papers. ssrn. com/sol3/papers. cfm? abstract_ id=311079, 2002-03-27.
[441] Tian L. Regulatory underpricing: Determinants of Chinese extreme IPO returns[J]. Journal of Empirical Finance, 2011, 18(1): 78-90.
[442] Tinic S M. Anatomy of initial public offerings of common stock[J]. The Journal of Finance, 1988, 43(4): 789-822.
[443] Tishler A, Milstein I. R&D wars and the effects of innovation on the success and survivability of firms in oligopoly markets[J]. International Journal of Industrial Organization, 2009, 27(4): 519-531.
[444] Titman S. The effect of capital structure on a firm's liquidation decision [J]. Journal of Financial Economics, 1984, 13 (1): 137-151.
[445] Titman S, Trueman B. Information Quality and the Valuation of New Issues [J]. Journal of Accounting & Economics, 1986, 8 (2): 159-172.
[446] Thornhill S. Knowledge, innovation and firm performance in high-and low-technology regimes[J]. Journal of Business Venturing, 2006, 21 (5): 687-703.
[447] Tobin D, Sun L. International listing as a means to mobilize the benefits of financial globalization: Micro-level evidence from China[J]. World Development, 2009, 37(4): 825-838.
[448] Tookes H E. Information, Trading, and Product Market Interactions: Cross-sectional Implications of Informed Trading [J]. Journal of Finance, 2008, 63(1): 379-413.
[449] Tourani-Rad A, Gilbert A, Chen J. Are foreign IPOs really foreign? Price efficiency and information asymmetry of Chinese foreign

IPOs[J]. Journal of Banking & Finance, 2016, 63: 95-106.

[450]Trauten A, Schulz R C. IPO Investment Strategies and Pseudo Market Timing[J]. Working Papers, 2006, 44(32): 1-43.

[451]Trauten A, Schulz R, Dierkes M. The Performance of IPO Investment Strategies and Pseudo Market Timing Evidence from Germany[DB/OL]. https: //papers. ssrn. com/sol3/papers. cfm? abstract_ id = 967420, 2007-03-06.

[452]Tsai W. Knowledge transfer in intraorganizational networks: Effects of network position and absorptive capacity on business unit innovation and performance. [J]. Academy of Management Journal, 2001, 44(5): 996-1004.

[453] Useche D. Are patents signals for the IPO market? An EU-US comparison for the software industry[J]. Research Policy, 2014, 43(8): 1299-1311.

[454]Durnev A, Morck R, Yeung B. Value-Enhancing Capital Budgeting and Firm-specific Stock Return Variation[J]. Journal of Finance, 2004, 59(1): 65-105.

[455]Veronesi P. Stock Market Overreactions to Bad News in Good Times: A Rational Expectations Equilibrium Model[J]. Review of Financial Studies, 1999, 12(5): 975-1007.

[456] Veshosky D. Managing Innovation Information in Engineering and Construction Firms[J]. Journal of Management in Engineering, 1998, 14(1): 58-66.

[457]Vita G D. International strengthen of intellectual property rights, and financial markets development[J]. Journal of Economics and Finance, 2016, 40(1): 60-67.

[458] Vojislav Maksimovic, Pegaret Pichler. Technological Innovation and Initial Public Offerings [J]. The Review of Financial Studies, 2001, 14(2): 459-494.

[459]Wang C. Ownership and Operating Performance of Chinese IPOs[J]. Journal of Banking & Finance, 2005, 29(7): 1835-1856.

[460] Wang T Y. Investment, shareholder monitoring and the economics of corporate securities fraud[J]. Journal of Productivity Analysis, 2012, 38(1): 1-9.

[461] Weiss K. The Post-Offering Price Performance of Closed-End Funds[J]. Financial Management, 1989, 18(3): 57-67.

[462] Welch I. Sequential sales, learning, and cascades[J]. The Journal of finance, 1992, 47(2): 695-732.

[463] Welch I. Seasoned Offerings, Imitation Costs, and the Underpricing of Initial Public Offerings[J]. The Journal of Finance, 1989, 44(2): 421-449.

[464] Wong J. Operating Performance of Initial Public Offering Companies in Hong Kong[J]. Journal of Modern Accounting and Auditing, 2012, 8(1): 48-67.

[465] Wong S K, Wei Q, Chau K W. IPO Location as a Quality Signal: The Case of Chinese Developers[J]. The Journal of Real Estate Finance and Economics, 2014, 49(4): 551-567.

[466] Wu G A. The Effect of Going Public on Innovative Productivity and Exploratory Search[J]. Organization Science, 2012, 23(4): 928-950.

[467] Xiaoli L I. The Research on China IPO Mechanism Existence Question and Countermeasure[J]. International Business & Management, 2012, 5(1).

[468] Wies S, Moorman C. Going Public: How Stock Market Listing Changes Firm Innovation Behavior[J]. Journal of Marketing Research, 2015, 52(5): 694-709.

[469] Xu B, Magnan M L, André P E. The Stock Market Valuation of R&D Information in Biotech Firms[J]. Contemporary Accounting Research, 2007, 24(4): 1291-1318.

[470] Yan D. Do Private Firms (MIS) Learn from the Stock Market[M]. Social Science Electronic Publishing, 2015.

[471] Yang T, Lau S T. Choice of foreign listing location: Experience of

Chinese firms [J]. Pacific-Basin Finance Journal, 2006, 14 (3): 311-326.

[472]Yen J C, Li S H, Chen K T. Product market competition and firms' narrative disclosures: evidence from risk factor disclosures[J]. Asia-Pacific Journal of Accounting & Economics, 2016, 23(1): 43-74.

[473] Yeung D W K, Petrosyan L. Dynamically Stable Corporate Joint Ventures[J]. Automatica, 2006, 42(3): 365-370.

[474]Young B E. Optimal IPO Timing[R]. working paper, Ariaona State University Finance Department, 2007.

[475]Yung C, Çolak G, Wang W. Cycles in the IPO market[J]. Journal of Financial Economics, 2008, 89(1): 192-208.

[476]YusufA. Environmental Uncertainty, the Entrepreneurial Orientation of Business Ventures and Performance [J]. International Journal of Commerce and Management, 2002, 12(3&4): 83-103.

[477]Zhang C X, King T H D. The decision to list abroad: The case of ADRs and foreign IPOs by Chinese companies [J]. Journal of Multinational Financial Management, 2010, 20(1): 71-92.

[478] Zhdanov A. Competitive Equilibrium with Debt [J]. Journal of Financial and Quantitative Analysis, 2007, 42(3): 709-734.

[479] Zingales L. Insider Ownership and the Decision to Go Public [J]. Review of Economic Studies, 1995, 62(3): 425-448.

中文参考文献

[1]蔡卫星，高明华. 审计委员会与信息披露质量：来自中国上市公司的经验证据[J]. 南开管理评论，2009，12(4)：120-127.

[2]蔡伟毅，邓光宏. 我国上市公司现金分红影响因素的非参数分析及板块差异[J]. 中国经济问题，2014(5)：48-58.

[3]操绪江. 企业技术创新的金融支持模式[J]. 当代经济，2009，17(1)：58-59.

[4]曹凤岐，董秀良. 我国 IPO 定价合理性的实证分析[J]. 财经研究，2006，32(6)：4-14.

[5]曹昀. 产品市场竞争对我国上市公司资本结构的影响研究[D]. 西南财经大学 2012.
[6]陈策，吕长江. 上市板块差异对会计稳健性的影响——来自 A 股主板和中小板民营企业的实证检验[J]. 会计研究，2011(9)：32-39.
[7]陈工孟，高宁. 中国股票一级市场发行抑价的程度与原因[J]. 金融研究，2000，8(1)：12.
[8]陈国宏，王丽丽，蔡猷花. 基于 Bass 修正模型的产业集群技术创新扩散研究[J]. 中国管理科学，2018，8(5)：179-183.
[9]陈海明，李东. 灰色预测模型在股票价格中的应用[J]. 科研管理，2003，24(2)：28-31.
[10]陈健，贾隽. 研发投入强度和专利数量对 IPO 定价的影响[J]. 西安工业大学学报，2014(9)：732-740.
[11]陈俊，陈汉文. IPO 价格上限管制的激励效应与中介机构的声誉价值——来自我国新股发行市场化改革初期的经验证据(2001-2004)[J]. 会计研究，2010(12)：41-48.
[12]陈昆玉. 企业自主创新的融资行为及其对成长的影响：来自中国 A 股市场的经验证据[J]. 管理工程学报，2015，29(2)：10-18.
[13]陈文斌，陈超. 新股上市后盈利能力下滑及募集资金使用分析[J]. 管理科学学报，2007，10(4)：49-55.
[14]陈祥有. A 股发行公司 IPO 前盈余管理与 IPO 后经营业绩的实证研究[J]. 财经理论与实践，2010，31(1)：62-65.
[15]陈晓，江东. 股权多元化、公司业绩与行业竞争性[J]. 经济研究，2000(8)：28-35.
[16]陈晓红，彭子晟，韩文强. 我国中小企业技术创新影响因素模型及实证研究[J]. 中国科技论坛，2008，7(1)：74-78.
[17]陈信元，陈冬华. 净资产、剩余收益与市场定价：会计信息的价值相关性[J]. 金融研究，2002(4)：59-70.
[18]陈信元，靳庆鲁，肖土盛，等. 行业竞争、管理层投资决策与公司增长/清算期权价值[J]. 经济学，2013，13(4)：305-332.
[19]陈艳，梁烁，于洪鉴. 会计信息质量、分析师预测与 IPO 股价信息含量[J]. 宏观经济研究，2015(11)：131-141.

[20]陈钰君. 技术创新、新股发行周期与公司 IPO 后表现[D]. 武汉大学，2013.

[21]程蕾，韩忠雪. 风险投资对提高公司成长期权的价值——来自创业板上市公司的经验证据[J]. 技术经济，2013，32(1)：35-39.

[22]董静，苟燕楠. 研发投入与上市公司业绩——基于机械设备业和生物医药业的比较研究[J]. 科技进步与对策，2010，27(20)：56-60.

[23]董秀良，曹凤岐. 交叉上市、股价反应与投资者预期——基于 H 股回归 A 股的经验研究[J]. 财贸经济，2009(8)：29-35.

[24]杜兴强，赖少娟，杜颖洁. "发审委" 联系，潜规则与 IPO 市场的资源配置效率[J]. 金融研究，2013 (3)：143-156.

[25]段进东，陈海明. 我国新股发行定价的信息效率实证研究[J]. 金融研究，2004(2)：87-94.

[26]狄晨晨. 股票价格信息、产品差异化与公司 IPO 决策研究[D]. 武汉大学，2016.

[27]樊纲，王小鲁，马光荣. 中国市场化进程对经济增长的贡献. 经济研究，2011(9)：4-16.

[28]樊琦，韩民春. 政府 R&D 补贴对国家及区域自主创新产出影响绩效研究——基于中国 28 个省域面板数据的实证分析[J]. 管理工程学报，2011，25(3)：183-188.

[29]房四海，王成. 创业企业定价的复合实物期权模型[J]. 数量经济技术经济研究，2003，20(9)：63-68.

[30]龚强，张懿. 企业的最优产品差异化选择[J]. 经济学，2011(2)：619-634.

[31]冯金丽，詹浩勇. 我国 IPO 抑价与政府管制关系研究[J]. 价格月刊，2009 (1)：9-11.

[32]冯梓洋，张显峰，唐亮. 创业板公司自主创新与企业绩效、股价波动的关联分析[J]. 证券市场导报，2014(3)：41-45.

[33]甘露润，张淑慧. 企业治理、分析师关注与股票市场信息含量[J]. 财经问题研究，2013(6)：58-65.

[34]高启杰. 农业科技企业技术创新能力及其影响因素的实证分析[J]. 中国农村经济，2008(7)：32-38.

[35]高少臣，姜顺其. 一级市场新股发行询价制度研究——基于多层次资本市场的数据[J]. 公司金融研究，2015(3)：71-87.
[36]何玉润，林慧婷，王茂林. 产品市场竞争、高管激励与企业创新——基于中国上市企业的经验证据[J]. 财贸经济，2015，36(2)：125-135.
[37]郭国雄，陈玲，栾长福，等. 回归分析在新股股价预测建模中的应用[J]. 华南理工大学学报(自然科学版)，2003，31(3)：57-59.
[38]郭海星，万迪昉. 创业板 IPO 发行定价合理吗[J]. 中国软科学，2011(9)：156-166.
[39]郭泓，赵震宇. 承销商声誉对 IPO 公司定价、初始和长期回报影响实证研究[J]. 管理世界，2006(3)：122-128.
[40]郭杰，张英博. 企业择时还是政府择时？——中国特定制度背景下 IPO 市场时机选择对资本结构的影响[J]. 金融研究，2012(7)：137-153.
[41]韩德宗，陈静. 中国 IPO 定价偏低的实证研究[J]. 统计研究，2001(4)：29-35.
[42]韩国文. 金融制度创新的演化博弈分析[J]. 武汉理工大学学报，2008(10)：156-159.
[43]韩立岩，伍燕然. 投资者情绪与 IPOs 之谜——抑价或者溢价[J]. 管理世界，2017(3)：51-61.
[44]郭杰，张英博. 企业择时还是政府择时？——中国特定制度背景下 IPO 市场时机选择对资本结构的影响[J]. 金融研究，2012(7)：137-153.
[45]韩忠雪，周婷婷. 产品市场竞争、融资约束与公司现金持有：基于中国制造业上市公司的实证分析[J]. 南开管理评论，2011，14(4)：149-160.
[46]何程颖. 中国股市“板块现象”分析[J]. 经济研究，2001(12)：82-87.
[47]何健生. 差异化战略案例研究[J]. 中国商界(上半月)，2010(6)：251-252.
[48]何巍巍. 投资者情绪、信息不对称对 IPO 抑价的影响——基于深圳

创业板的实证研究[J]. 中国证券期货，2011(11)：10-12.
[49]何玉润，林慧婷，王茂林. 产品市场竞争、高管激励与企业创新——基于中国上市公司的经验证据[J]. 财贸经济，2015，36(2)：125-135.
[50]胡志强，陈钰君，王一竹. 新股发行周期影响上市公司质量吗[J]. 经济评论，2013 (4)：124-134.
[51]胡志强，马文博. IPO 后上市公司经营业绩为什么会下降[J]. 商业研究，2016(1)：63-76.
[52]胡志强，万朝辉，张云云. 政府管制下企业的 IPO 时机和资本结构[J]. 技术经济，2014，33(6)：124-129.
[53]胡志强，喻雅文. 技术创新效率对企业 IPO 后长期绩效的影响研究 ——基于创业板高科技企业样本的实证研究[J]. 北京工商大学学报(社会科学版)，2017，32(5)：87-96.
[54]胡志强，张云云，韩利娜. 基于中国产品市场竞争的 IPO 浪潮实证研究[J]. 武汉大学学报(哲学社会科学版)，2012，65(4)：110-115.
[55]胡志强，卓琳玲. IPO 市场时机选择与资本结构关系研究——基于中国市场面板数据的实证研究[J]. 金融研究，2008(10)：136-149.
[56]胡志强，卓琳玲. 首次公开股票发行市场时机选择理论述评[J]. 武汉大学学报(哲学社会科学版)，2007，60(5)：657-662.
[57]黄贵海，宋敏. 资本结构的决定因素——来自中国的证据[J]. 经济学，2004，3(1)：395-414.
[58]黄贵海，宋敏. H 股公司上市前后绩效变化的实证研究[J]. 管理世界，2005，17(5)：117-126.
[59]黄继承，姜付秀. 产品市场竞争与资本结构调整速度[J]. 世界经济，2015(7)：99-119.
[60]黄蕾. 产品市场竞争、董事会与企业技术创新的实证检验[J]. 金融与经济，2011(9)：54-57.
[61]黄顺武，胡贵平. 创业板 IPO 定价影响因素的实证研究[J]. 长春理工大学学报(社会科学版)，2012，25(7)：92-95.

[62]黄泽勇. 中国创业板 IPO 定价效率研究——基于双边随机前沿模型[J]. 广东财经大学学报，2013，28(2)：21-29.
[63]贾生华，疏礼兵，邬爱其. 民营企业技术创新能力的影响因素及其差异分析 [J]. 管理学报，2006，3(1)：103-108.
[64]江洪波. 基于非有效市场的 A 股 IPO 价格行为分析[J]. 金融研究，2007(8)：90-102.
[65]姜付秀，黄磊，张敏. 产品市场竞争、公司治理与代理成本[J]. 世界经济，2009(10)：46-59.
[66]姜付秀，屈耀辉，陆正飞，等. 产品市场竞争与资本结构动态调整[J]. 经济研究，2008(4)：99-110.
[67]姜婷. 新股询价配给规则与 IPO 价格形成的演化博弈分析[J]. 中国管理科学，2014(6)：10-16.
[68]姜婷. "窗口指导"淡化前后新股折价行为比较研究[J]. 技术经济与管理研究，2014(8)：101-104.
[69]姜婷，周孝华. 询价机构报价行为与 IPO 价格形成的演化博弈[J]. 系统工程学报，2015(5)：642-649.
[70]蒋顺才，蒋永明，胡琦. 不同发行制度下我国新股首日收益率研究[J]. 管理世界，2006 (7)：132-138.
[71]金宏，夏国恩，董大勇. 农村信用社股东行为与政府行为的演化博弈研究[J]. 金融研究，2007(2a)：166-173.
[72]黄继承，姜付秀. 产品市场竞争与资本结构调整速度[J]. 世界经济，2015(7)：99-119.
[73]黄志勇. IPO 的行业效应：从竞争和关注的角度[D]. 北京大学，2012.
[74]蒋军锋，盛昭瀚，王修来. 基于能力不对称的企业技术创新合作模型[J]. 系统工程学报，2009，24(3)：335-342.
[75]晋军刚. 屈臣氏的差异化竞争战略[J]. 出国与就业(就业版)，2011(6)：83.
[76]鞠晓生，卢荻，虞义华. 融资约束、营运资本管理与企业创新可持续性[J]. 经济研究，2013(1)：4-16.
[77]孔东民，王亚男，代昀昊. 为何企业上市降低了生产效率？——基

于制度激励视角的研究[J]. 金融研究，2015(7)：76-97.

[78]孔令艺，肖慧娟，任颋. 股权结构、上市地点选择与 IPO 绩效——以中国创业企业为例[J]. 当代经济科学，2014(7)：58-68.

[79]孔宁宁，李书超. 境外上市有助于公司成长吗？——基于中国赴美上市公司的经验证据[J]. 经济与管理研究，2010(10)：102-108.

[80]孔宁宁，闫希. 交叉上市与公司成长——来自中国"A+H"股的经验数据[J]. 金融研究，2009(7)：134-145.

[81]寇文煜，杨安怀. 关于跨国公司研究开发国际化的实证研究[J]. 统计与决策，2004(3)：45-47.

[82]李常青，刘清昌. 沪市公司 IPO 业绩效应研究[J]. 南开管理评论，2005，8(1)：96-100.

[83]李冬昕，李心丹，俞红海，朱伟骅. 询价机构报价中的意见分歧与 IPO 定价机制研究[J]. 经济研究，2014(7)：151-164.

[84]李健，薛辉蓉，潘镇. 制造业企业产品市场竞争、组织冗余与技术创新[J]. 中国经济问题，2016(2)：112-125.

[85]李建军，李丹蒙. 创业团队人力资本特征与高新技术企业研发投入——基于我国创业板公司的实证研究[J]. 软科学，2015，29(3)：79-83.

[86]李科，徐龙炳. 融资约束、债务能力与公司业绩[J]. 经济研究，2011 (5)：61-73.

[87]李培馨. 海外上市地点、融资约束和企业成长[J]. 南开经济评论，2014(5)：72-91.

[88]李善民，叶会. 股权结构与公司绩效的差异分析[J]. 证券市场导报，2007(4)：35-43.

[89]李培馨，李发昇，陈运森，王宝链. 海外单独上市、信息成本和股票价格——理论和实证分析[J]. 管理科学学报，2013，16(12)：79-92.

[90]李双燕. 海外上市研究的路径变迁——兼评新时期赴美上市[J]. 兰州学刊，2014(6)：117-124.

[91]李文颖，马广奇，卢世闯. 创业板 IPO 折价及其影响因素分析[J]. 财会月刊，2013(16)：24-28.

[92]李忆朋，孟庆军，郭章翠. 关于提高创业板上市企业信息披露质量的思考[J]. 企业经济，2012(8)：154-157.
[93]李远鹏. 经济周期与上市公司经营绩效背离之谜[J]. 经济研究，2009(3)：99-109.
[94]李增泉. 所有权安排与股票价格的同步性——来自中国股票市场的证据[A]//中国会计学会，中国会计学会教育分会. 中国会计学会2005 年学术年会论文集(下)[C]. 中国会计学会、中国会计学会教育分会，2005：13.
[95]梁建敏，吴江. 创业板公司 IPO 前后业绩变化及风险投资的影响[J]. 证券市场导报，2012(4)：64-69.
[96]梁莱歆，张永榜. 我国高新技术企业 R&D 投入与绩效现状调查分析[J]. 研究与发展管理，2006，18(1)：47-51.
[97]廖菁. 差异化战略与企业绩效——基于项目管理的中介效应研究[J]. 现代商贸工业，2016(2)：84-85.
[98]林千惠，刘善存，宋殿宇. 机构投资者串谋、IPO 抑价与定价策略分析[J]. 系统工程，2012(7)：1-7.
[99]林瑞松. 国内差异化战略近期研究综述[J]. 中国商贸，2012(13)：246-247.
[100]林珊. 基于创业板 IPO 价格：上市公司、承销商与机构投资者的博弈分析[J]. 中国证券期货，2010(3)：34-36.
[101]刘春玲. 我国 A 股市场 IPO 定价影响因素的实证分析[J]. 海南金融，2009，7(3)：74-77.
[102]刘东，杜占元. 中小企业技术创新的理论考察[J]. 当代经济科学，1997(4)：39-43.
[103]刘澜飚，李贡敏. 市场择时理论的中国适用性——基于 1998—2003 年上市公司的实证分析[J]. 财经研究，2005(11)：19-30.
[104]刘凤委，孙铮，李增泉. 政府干预、行业竞争与薪酬契约——来自国有上市公司的经验证据[J]. 管理世界，2007(9)：76-84+128.
[105]刘骏民，刘晓欣. 经济增长理论创新及其对中国经济的实践意义——兼论如何重开中国经济高增长之门[J]. 政治经济学评论，

2016，7(6)：74-112.
[106]刘澜飚，李贡敏. 市场择时理论的中国适用性——基于1998—2003年上市公司的实证分析[J]. 财经研究，2006，31(11)：17-28.
[107]刘瑞，陈收，陈健. 市场时机资本结构影响的持续度研究[J]. 管理学报，2006，3(1)：85-90.
[108]刘善存，林千惠，宋殿宇，高雅琴. 机构投资者串谋对IPO价格的影响[J]. 管理评论，2013(12)：15-24.
[109]刘烨，程冠政. IPO对同行业股票价格的影响：兼论对IPO重启的启示[J]. 江淮论坛，2013(6)：88-92.
[110]刘烨，蒋毅，方立兵. 投行政治联系与民营IPO盈余质量为何正相关——基于双边匹配的理论和证据[J]. 南大商学评论，2013(3)：5.
[111]刘晓峰，李梅. IPO询价制在中美实施效果的比较及博弈分析[J]. 国际金融研究，2007(2)：37-42.
[112]刘晓明，胡文伟，李湛. 中国股票市场IPO折价实证研究[J]. 管理科学，2009(4)：87-96.
[113]刘煜辉，沈可挺. 是一级市场抑价，还是二级市场溢价——关于中国新股 高抑价的一种检验和一个解释[J]. 金融研究，2011，377(11)：183-196.
[114]刘煜辉，熊鹏. 股权分置，政府管制和中国IPO抑价[J]. 经济研究，2005，5(2)：4-4.
[115]刘展，陈宏民. 我国企业优化技术创新模式策略研究[J]. 管理工程学报，2009，23(3)：35-39.
[116]刘照德，周木生. 现实期权在高科技企业风险投资中的应用[J]. 重庆师范大学学报(自然科学版)，2002，19(1)：30-32.
[117]刘志远，郑凯，何亚南. 询价制度第一阶段改革有效吗[J]. 金融研究，2011(4)：158-173.
[118]罗延发. 产品差异化视角下的中国家庭轿车市场研究[D]. 浙江大学，2007.
[119]逯东，万丽梅，杨丹. 创业板公司上市后为何业绩变脸[J]. 经济

研究，2015(2)：132-144.
[120]鲁桐，党印. 公司治理与技术创新：分行业比较[J]. 经济研究，2014(6)：115-128.
[121]罗婷，朱青，李丹. 解析 R&D 投入和公司价值之间的关系[J]. 金融研究，2009(6)：100-110.
[122]卢珊，赵黎明. 基于协同理论的创业投资机构与科技型中小企业演化博弈分析[J]. 科学学与科学技术管理，2011(7)：120-123+179.
[123]卢文彬，朱红军. IPO 公司经营业绩变动与股权结构研究[J]. 财经研究，2001，27(7)：45-52.
[124]罗党论，刘晓龙. 政治关系，进入壁垒与企业绩效——来自中国民营上市公司的经验证据[J]. 管理世界，2009 (5)：97-106.
[125]雒庆举，吕鹏博. 主成分法构建投资者情绪指标研究[J]. 云南财经大学学报，2010，26(2)：114-120.
[126]闵丽菁，甘胜军. 娃哈哈饮料产品差异化战略误区浅析[J]. 全国商情(理论研究)，2010(11)：33-34.
[127]邵新建，巫和懋，覃家琦，王道平. 中国 IPO 市场周期：基于投资者情绪与政府择时发行的分析[J]. 金融研究，2010(11)：123-143.
[128]沈弋，徐光华，钱明. 双元创新动因、研发投入与企业绩效——基于产权异质性的比较视角[J]. 经济管理，2016(2)：69-80.
[129]盛文军，廖晓燕. 垂直专业化贸易、公司内贸易与产业内贸易：兼论中国企业的竞争战略选择[J]. 世界经济，2002(2)：58-63.
[130]潘玮. IPO 会影响其他股票的价格吗？——来自中国沪深股市的实证研究[D]. 浙江工商大学，2011.
[131]潘越，戴亦一，吴超鹏，等. 社会资本，政治关系与公司投资决策[J]. 经济研究，2009，11(2)：223-246.
[132]彭文平，刘健强. 推荐类询价机构友情报价了吗？——基于新股询价制度第二阶段改革的研究[J]. 经济评论，2015(6)：144-158.
[133]浦军，范丽，刘娟. 转轨经济下 IPO 发行抑价问题研究——基于

中国 A 股市场的实证分析[J]. 管理世界，2010 (7)：180-181.
[134]覃家琦，邵新建，赵映雪. 双重上市、IPO 绩效与大规模融资行为——来自中国公司 IPO 的证据[J]. 当代经济科学，2012(3)：193-206.
[135]秦天程. 询价制下新股“三高”发行与 IPO 抑价研究——基于发行人与机构投资者新股定价博弈的视角[J]. 山东工商学院学报，2014(5)：79-83.
[136]卿小权，李百兴，曹丰. 创业板上市公司的盈余质量更低么？——板块比较与动态分析视角[J]. 会计与经济研究，2015，29(2)：3-24.
[137]邵新建，巫和懋. 中国 IPO 中的机构投资者配售、锁定制度研究[J]. 管理世界，2009(10)：28-41.
[138]邵新建，巫和懋，覃家琦，等. 中国 IPO 市场周期：基于投资者情绪与政府择时发行的分析[J]. 金融研究，2010(11)：123-143.
[139]沈红波，廖冠民，廖理. 境外上市、投资者监督与盈余质量[J]. 世界经济，2009(3)：72-81.
[140]沈艺峰，陈雪颖. 我国首次公开发行股票的实证研究[J]. 厦门大学学报（哲学社会科学版），2002(2)：79-87.
[141]施东晖. 转轨经济中的所有权与竞争：来自中国上市公司的经验证据[J]. 经济研究，2003(8)：46-54+92.
[142]沈皓. 我国新股发行制度变迁下的抑价研究[D]. 复旦大学，2012.
[143]石碧坤. 深交所不同板块上市公司信息披露质量影响因素对比研究[D]. 山西财经大学，2014.
[144]宋顺林，王彦超. 投资者情绪如何影响股票定价？—基于 IPO 公司的实证研究[J]. 管理科学学报，2016，19(5)：41-55.
[145]孙恺. 机构投资者行为、网络开源信息与 IPO 定价[D]. 天津大学，2014.
[146]孙坚强，陈宜家. 中国国有上市公司上市前后经营绩效的实证分析[J]. 南方经济，2007(5)：42-52.
[147]孙巍，赵奚. 市场结构对企业研发行为的影响研究——1996—2009 年我国制造业数据实证分析[J]. 财经问题研究，2013(1)：

112-116.

[148]孙烨，许艳. 产品市场竞争与融资约束关系研究——基于董事会成员背景特征的中介作用[J]. 产业经济研究，2016(1)：100-110.

[149]檀向球，周维颖，夏宽云. "绩优成长股"股票定价模型研究[J]. 财经研究，2001，27(6)：36-42.

[150]唐卓瑶. IPO 行业竞争效应——基于中国 A 股市场的实证研究[D]. 武汉大学，2015.

[151]汤海溶，张凤. 股票市场时机选择与资本结构[J]. 统计与决策，2006(8)：110-112.

[152]陶洪亮. 产品市场竞争对股票市场影响研究[D]. 西南财经大学，2012.

[153]陶冶，马健. 基于聚类分析的 IPO 定价实证研究[J]. 湖南大学学报(社会科学版)，2006，20(4)：74-78.

[154]田利辉. 金融管制，投资风险和新股发行的超额抑价[J]. 金融研究，2010 (4)：85-100.

[155]田利辉，张伟. 政企关联和我国股票发行抑价："政企不分"如何影响证券市场[J]. 财经研究，2014(6)：2.

[156]田利辉，张伟，王冠英. 新股发行：渐进式市场化改革是否可行[J]. 南开管理评论，2013(2)：116-132.

[157]田依林. 企业技术创新能力评价指标体系模型研究[J]. 科技管理研究，2009(7)：173-175.

[158]田原，王宗军，王山慧. 产品市场竞争对企业技术创新影响的实证研究——基于中国上市企业的经验证据[J]. 工业工程与管理，2013，18(2)：104-110.

[159]汪昌云，武佳薇. 媒体语气、投资者情绪与 IPO 定价[J]. 金融研究，2015(9)：174-189.

[160]汪宜霞，夏新平. IPO 首日超额收益：基于抑价和溢价的研究综述[J]. 当代经济管理，2008，30(4)：72-77.

[161]汪宜霞，夏新平，程梦群. 投资者情绪与 IPO 溢价的实证研究[J]. 武汉理工大学学报(信息与管理工程版)，2009，31(5)：

821-824.
[162]王冰辉. 价格管制与 IPO 时机选择[J]. 经济学, 2013, 12(1): 407-428.
[163]王成方, 叶若慧. 国有股权、政府定价管制与 IPO 长期收益率[J]. 财经论丛(浙江财经大学学报), 2014, 182(6): 46-52.
[164]王成方, 宋夏云, 蒋巍. 承销费用、政府定价管制与 IPO 抑价——来自中国首次公开发行公司的经验证据[J]. 财经论丛(浙江财经大学学报), 2015, 196(7): 33-40.
[165]王凤荣, 李靖. 上市公司与非上市公司的绩效对比: 一个产业视角的分析[J]. 南开经济研究, 2006(6): 99-104.
[166]王福胜, 周文娟. 会计信息影响股票价格的简化模型的实证研究[J]. 管理科学, 2007, 20(2): 74-79.
[167]王皓, 周黎安. 中国轿车行业的合谋与价格战[J]. 金融研究, 2007(2): 156-165.
[168]王华, 张程睿. 信息不对称与 IPO 筹资成本——来自中国一级市场的经验数据[J]. 经济管理, 2005(6): 13-20.
[169]王晋斌. 新股申购预期超额报酬率的测度及其可能原因的解释[J]. 经济研究, 1997, 12(6).
[170]王军, 唐柳. 民营企业上市时机选择研究——基于上市公司的证据[J]. 经济问题, 2009(10): 63-66.
[171]王君彩, 王淑芳. 企业研发投入与业绩的相关性——基于电子信息行业的实证分析[J]. 中央财经大学学报, 2008(12): 57-62.
[172]王莉婷. 基于投资者情绪的我国创业板 IPO 抑价实证研究[J]. 西南金融, 2013(3): 10-13.
[173]王榴, 陈建明, 孙恺. IPO 询价制竞价博弈分析[J]. 重庆理工大学学报(自然科学版), 2014(6) : 117-121.
[174]王美今, 张松. 中国新股弱势问题研究[J]. 经济研究, 2000(9): 49-56.
[175]王攀. 基于有限注意的 IPO 溢出效应研究[D]. 中南大学, 2010.
[176]王婷. IPO 浪潮和最优上市时机[D]. 武汉大学, 2011, 119-121.
[177]王希, 徐慧玲. 资本结构与产品市场竞争之间的交互作用研

究[J]. 管理科学，2008(5)：19-26.
[178]王先甲，全吉，刘伟兵. 有限理性下的演化博弈与合作机制研究[J]. 系统工程理论与实践，2011(S1)：82-93.
[179]王小锋，张剑. 创业板 IPO 中的配售机制与定价效率研究[J]. 投资研究，2012(7)：118-130.
[180]王新，李彦霖，毛洪涛. 企业国际化经营、股价信息含量与股权激励有效性[J]. 会计研究，2014(11)：46-53.
[181]王亚平，刘慧龙，吴联生. 信息透明度、机构投资者与股价同步性[J]. 金融研究，2009(12)：162-174.
[182]王燕鸣，楚庆峰. 沪深股市 IPO 行业板块效应研究[J]. 金融研究，2009 (1)：151-164.
[183]王宜峰，张颜江，王燕鸣. IPO 竞争作用研究[J]. 投资研究，2015(4)：143-159.
[184]王一竹. 产品市场竞争与企业 IPO 的竞争作用——A 股市场的证据[D]. 武汉大学，2015.
[185]王忠波. 高科技企业估值的实物期权方法研究[J]. 证券市场导报，2002(1)：25-29.
[186]万朝辉. 技术创新、上市时机与 IPO 后长期绩效表现研究[D]. 武汉大学，2015.
[187]魏建，马富强. 新股发行制度改革前后定价效率的实证分析[J]. 经济与管理评论，2011，27(3)：94-100.
[188]翁君奕. 差别产品的动态完全竞争[J]. 中国工业经济，2005(9)：106-113.
[189]吴国鼎. 股权结构、上市板块与企业绩效[J]. 金融评论，2015(1)：89-99.
[190]吴昊，杨梅英，陈良猷. 合作竞争博弈中的复杂性与演化均衡的稳定性分析[J]. 系统工程理论与实践，2004(2)：90-94.
[191]吴昊旻，杨兴全，魏卉. 产品市场竞争与公司股票特质性风险——基于我国上市公司的经验证据[J]. 经济研究，2012(6)：101-115.
[192]吴江林，唐健，周孝华. 增长期权理论下创业板公司 IPO 估值模

型研究[J]. 统计与决策，2010(6)：136-137.
[193]吴满意，戚安邦. 询价制下 IPO 抑价的成因分析[J]. 证券市场导报，2007(11)：49-51.
[194]吴勇，马月. 博弈论在 IPO 定价机制中的运用[J]. 科技与企业，2012(20504)：6-7.
[195]武龙. 信息不对称、噪声交易与 IPO 首日收益[J]. 管理评论，2011，23(7)：43-52.
[196]肖曙光，蒋顺才. 我国 A 股市场高 IPO 抑价现象的制度因素分析[J]. 会计研究，2006(6)：70-75.
[197]谢军，何子琳. 信息不对称视角下的 IPO 抑价实证研究述评[J]. 财会研究，2012(8)：55-57.
[198]谢科进. 技术水平对 FDI 溢出与引进技术消化的影响研究[J]. 管理世界，2015(11)：176-177.
[199]谢识予. 经济博弈论[M]. 复旦大学出版社，2002.
[200]熊虎，孟卫东，周孝华. 非理性投资者行为的 IPO 抑价理论分析[J]. 重庆大学学报(社会科学版)，2007(10)：138-143.
[201]熊家财，苏冬蔚. 股票流动性与代理成本——基于随机前沿模型的实证研究[J]. 南开管理评论，2016(1)：84-96.
[202]熊林. 产品市场竞争、资本市场条件与最优 IPO 时机[D]. 武汉大学，2011.
[203]熊胜绪. 基于顾客价值的企业差异化战略路径探析[J]. 中南财经政法大学学报，2009(2)：95-100.
[204]熊维勤，孟卫东，周孝华. 新股询价发行中的配售规则对 IPO 抑价的影响[J]. 中国管理科学，2006，14(4)：100-107.
[205]熊艳，李常青，魏志华. 媒体报道与 IPO 定价效率：基于信息不对称与行为金融视角[J]. 世界经济，2014(5)：135-160.
[206]许海. IPO 前后公司财务业绩变化趋势的实证研究[J]. 山西财经大学学报，2001，23(5)：84-87.
[207]许敏，朱艳华. 中小板企业 R&D 信息披露情况分析[J]. 财会月刊，2012(29)：18-19.
[208]徐浩萍，陈超. 会计盈余质量，新股定价与长期绩效——来自中

国 IPO 市场发行制度改革后的证据[J]. 管理世界，2009（8）：25-38.

[209]徐信忠，张璐，张峥. 行业配置的羊群现象——中国开放式基金的实证研究[J]. 金融研究，2011，31(4)：174-186.

[210]许良超. 多维度产品市场竞争与股票异常收益——中国的行业证据[J]. 东北财经大学学报，2015(2)：73-80.

[211]许琳. 投资者法律保护与公司上市后长期业绩表现——基于法和金融理论的实证分析[J]. 南开管理评论，2006，9(2)：96-101.

[212]薛明皋，李楚霖. 高科技公司的合理定价[J]. 大学数学，2002，18(5)：18-22.

[213]薛有志，吴超，周杰. 代理成本、信息不对称与 IPO 前媒体报道[J]. 管理科学，2014(5)：80-90.

[214]严小洋. IPO 中的价格管制及其后果[J]. 北京大学学报(哲学社会科学版)，2008，45(6)：141-147.

[215]杨丹，林茂. 我国 IPO 长期市场表现的实证研究——基于超常收益率不同测度方法的比较分析[J]. 会计研究，2006(11)：61-68.

[216]杨丹，王莉. 中国新股发行抑价：一个假说的检验[J]. 复旦学报社会科学版，2001(5)：85-90.

[217]杨宏进. 企业技术创新能力评价指标的实证分析[J]. 统计研究，1998(1)：53-58.

[218]杨记军，赵昌文. 定价机制、承销方式与发行成本：来自中国 IPO 市场的证据[J]. 金融研究，2006(5)：51-60.

[219]杨继伟. 股价信息含量与资本配置效率研究[D]. 中南大学，2011.

[220]杨继伟，聂顺江. 股价信息含量与企业资本配置效率研究[J]. 管理科学，2010(6)：81-90.

[221]杨洁，孔玉生. 上市公司资本结构与产品市场竞争实证研究 [J]. 财会通讯，2010(9)：84-87.

[222]杨中环. 研发投入对企业价值影响的相关性研究——基于我国上市公司实施新会计准则后的实证检验[J]. 科技管理研究，2013，33(10)：49-52.

[223]杨卓尔，高山行，江旭. 原始创新的资源基础及其对企业竞争力

的影响研究[J]. 管理评论，2014，26(7)：72-81.
[224]姚海鑫. 我国上市公司 IPO 定价问题的一个实证研究[J]. 辽宁大学学报(哲学社会科学版)，2004，32(3)：2-10.
[225]尹自永，王新宇，崔益嘉. IPO 定价市场化时期的询价机构报价行为研究——基于中小板 IPO 询价簿记信息的证据[J]. 山西财经大学学报，2015(7)：11-22.
[226]伊志宏，姜付秀，秦义虎. 产品市场竞争、公司治理与信息披露质量[J]. 管理世界，2010(1)：133-141.
[227]俞红海，刘烨，李心丹. 询价制度改革与中国股市 IPO"三高"问题——基于网下机构投资者报价视角的研究[J]. 金融研究，2013(10)：167-180.
[228]俞红海，李心丹，耿子扬. 投资者情绪、意见分歧与中国股市 IPO 之谜[J]. 管理科学学报，2015(3)：78-89.
[229]俞颖，佟德庆. 我国新股发行定价效率的实证分析[J]. 生产力研究，2005(4)：57-59.
[230]余峰燕. IPO 行业竞争效应及机理分析[D]. 南开大学，2011.
[231]余明桂，潘红波. 政治关系、制度环境与民营企业银行贷款[J]. 管理世界，2008 (8)：9-21.
[232]于富生，王成方. 国有股权与 IPO 抑价——政府定价管制视角[J]. 金融研究，2012(9)：155-167.
[233]袁知柱，鞠晓峰. 制度环境、公司治理与股价信息含量[J]. 管理科学，2009(1)：17-29.
[234]曾建明，肖洁. 略论我国乡村旅游产品开发的差异化战略——以农家乐为典型业态[J]. 改革与战略，2010，26(8)：94-96.
[235]詹雷，王瑶瑶. 管理层激励、过度投资与企业价值[J]. 南开管理评论，2013，16(3)：36-46.
[236]詹欣，叶可，陈伟忠. 配股权对询价效率影响的博弈分析[J]. 同济大学学报(自然科学版)，2009，37(6)：847-850.
[237]张博. 中国证券市场股价信息含量研究[D]. 暨南大学，2011.
[238]张国良，陈宏民. 国内外技术创新能力指数化评价比较分析[J]. 系统工程，2006，15(5)：385-392.

[239]张航，刘艳妮. 从演化博弈理论角度分析我国新股发行制度改革[J]. 中央财经大学学报，2009(12)：48-52.
[240]张剑. 中国询价制度下询价机构的报价行为——基于 IPO 网下申购报价特征的实证分析[J]. 技术经济，2014(2)：104-111.
[241]张萍，翟银霞. 产品市场竞争对资本结构决策的影响[J]. 云南社会科学，2010(5)：97-101.
[242]张小成，孟卫东，熊维勤. 投资者行为对 IPO 抑价影响的比较研究[J]. 中国管理科学，2009(5)：175-182.
[243]张小成，孟卫东，周孝华. 询价下异质预期对 IPO 抑价的影响[J]. 中国管理科学，2008，16(6)：168-175.
[244]张新立，杨德礼. 非对称信息条件下风险投资契约机理研究[D]. 大连理工大学，2005.
[245]张耀辉，万水林. 产品市场竞争与资本结构的战略决策[J]. 财贸研究，2005，16(5)：88-93.
[246]张跃文，孙舒杨. 中国股市新股发行的市场冲击研究[J]. 金融评论，2009，1(1)：109-115.
[247]张益明. 产品市场势力、公司治理与股票价格信息含量[J]. 南方经济. 2011(12).
[248]张益明. 产品市场势力与持股者交易行为[D]. 复旦大学，2012.
[249]张元智，马鸣萧. 企业规模，规模经济与产业集群[J]. 中国工业经济，2004(6)：29-35.
[250]张占东. 企业竞争中的产品差异化战略研究[J]. 经济经纬，2002(3)：51-53.
[251]王福胜，吉姗姗，程富. 盈余管理对上市公司未来经营业绩的影响研究——基于应计盈余管理与真实盈余管理比较视角[J]. 南开管理评论，2014，17(2)：95-106.
[252]张晓岚，沈豪杰，杨默. 内部控制信息披露质量与公司经营状况——基于面板数据的实证研究[J]. 审计与经济研究，2012，27(2)：64-73.
[253]张学勇，廖理. 风险投资背景与公司 IPO：市场表现与内在机理[J]. 经济研究，2011(6)：118-132.

[254]张雅慧，万迪昉，付雷鸣. 媒体报道与IPO绩效：信息不对称还是投资者情绪？——基于创业板上市公司的研究[J]. 证券市场导报，2012(1)：70-77.
[255]张岩，吴芳. 发行价格管制下的IPO盈余管理[J]. 财贸经济，2016，37(9)：67-80.
[256]张跃文，孙舒杨. 中国股市新股发行的市场冲击研究[J]. 金融评论，2009，1(1)：109-115.
[257]张峥，欧阳珊. 发行定价制度与IPO折价[J]. 经济科学，2012(1)：73-85.
[258]张峥，吴偎立，黄志勇. IPO的行业效应——从竞争和关注的角度[J]. 金融研究，2013(9)：180-192.
[259]张宗庆，郑江淮. 技术无限供给条件下企业创新行为——基于中国工业企业创新调查的实证分析[J]. 管理世界，2013(1)：115-132.
[260]张宗益，郑志丹. 融资约束与代理成本对上市公司非效率投资的影响——基于双边随机边界模型的实证度量[J]. 管理工程学报，2012，26(2)：119-126.
[261]张座铭，刘玮，易明. 开放式创新与企业创新能力的“倒U形”关系实证研究[J]. 工业技术经济，2014(1)：75-81.
[262]赵德余，顾海英，刘晨. 双寡头垄断市场的价格竞争与产品差异化策略——一个博弈论模型及其扩展[J]. 管理科学学报，2006，9(5)：1-7.
[263]赵伟，韩媛媛，赵金亮. 异质性、出口与中国企业技术创新[J]. 经济理论与经济管理，2012(4)：5-15.
[264]赵骅，丁丽英. 技术溢出对企业集群技术创新能力的影响分析[J]. 中国管理科学，2009，17(1)：176-182.
[265]郑君君，韩笑，邹祖绪，范文涛. IPO市场中风险投资家策略的演化博弈分析[J]. 管理科学学报，2012(2)：72-82.
[266]郑晓亚，刘飞. 信息不对称条件下我国中小板上市公司IPO定价效率测度[J]. 投资研究，2014(6)：107-123.
[267]郑志刚，成为，许荣. 对上市与企业绩效改善关系的再检验——

基于我国制造业配对样本的证据[J]. 金融研究，2014(9)：143-157.
[268]周凡. 上市地点选择、产品市场竞争与公司绩效表现[D]. 武汉大学，2016.
[269]周铭山，张倩倩，杨丹. 创业板上市公司创新投入与市场表现：基于公司内外部的视角[J]. 经济研究，2017(11).
[270]周松. 基于差异化战略的微利时代企业领先战略研究[J]. 财会通讯，2010(11)：87-88.
[271]周孝华，柏骥，吴江林. 创业板高科技公司估值与定价[J]. 统计与信息论坛，2010，25(11)：46-50.
[272]周孝华，赵炜科，刘星. 我国股票发行审批制与核准制下 IPO 定价效率的比较研究[J]. 管理世界，2006(11)：13-18.
[273]周孝华，孙川，陈鹏程. 机构投资者异质预期下 IPO 配售策略[J]. 经济与管理研究，2016(4)：127-135.
[274]周孝华，吴宏亮. 基于中小板上市公司 IPO 前后业绩变化的实证研究[J]. 技术经济与管理研究，2010(S2)：19-22.
[275]周伍阳，马冰. 我国新股发行改革的动态路径与特征——基于演化博弈视角[J]. 征信，2012(6)：73-76.
[276]周业安，杨腾. 公司 IPO 会对已上市公司的股价产生影响吗[J]. 南开经济研究，2011(5)：33-49.
[277]朱红军，何贤杰，陶林. 中国的证券分析师能够提高资本市场的效率吗——基于股价同步性和股价信息含量的经验证据[J]. 金融研究，2007(2)：110-121.
[278]朱红军，钱友文. 中国 IPO 高抑价之谜："定价效率观"还是"租金分配观"[J]. 管理世界，2010 (6)：28-40.
[279]朱绍辉，杜晓燕. IPO 数量波动影响因素的实证分析[J]. 财经科学，2004(s1)：282-285.
[280]朱勇，刘培. 企业差异化战略的选择——哈根达斯国际化战略分析及启示[J]. 技术与创新管理，2009，30(2)：200-202.
[281]朱武祥，陈寒梅，吴迅. 产品市场竞争与财务保守行为——以燕京啤酒为例的分析[J]. 经济研究，2002(8)：28-36.

[282]朱武祥，张帆. 公司上市前后经营业绩变化的经验分析[J]. 世界经济，2001(11)：11-18.
[283]庄子银. 南方模仿、企业家精神和长期增长[J]. 经济研究，2003(1)：62-70.
[284]庄子银. 创新、企业家活动配置与长期经济增长[J]. 经济研究，2007(8)：82-94.
[285]邹高峰，张维，常中阳. 询价制度下中国 IPO 长期表现[J]. 管理科学学报，2012(11)：66-75.

后　　记

当自科基金的主要成果之一——这部专著出版的时候，心中自然是非常感慨和充满感激之情。从动笔整理、提炼到撰写历时一年有余，但实际上从四年前自科基金获批开始着手研究，也就是在为专著的写作做准备。因此，这部五十余万字的书，与其说是一部专著，还不如说是四年多来这个项目课题组集体智慧的结晶。

首先，要感谢我们所处的新时代、新发展理念和中国经济迈向高质量的发展战略为我们的研究提供了指引。我们的研究在这一指引下，结合中国 IPO 的实际并吸收国内外的前沿研究理论和方法，作了一些新的探索，希望能贡献一点我们的绵薄力量。

其次，要感谢国家自然科学基金委的资助，让我们可以全身心地从事研究，感谢武汉大学、武汉大学科发院、武汉大学经济与管理学院为研究提供的支持和帮助，创造了良好的学术环境，推动我们的探索和研究。

本书是这个项目团队集体研究的成果，感谢参与其中的每一个成员。在我们开始研究时，赵贵玉博士、研究生王一竹、万朝晖、狄晨晨和詹承启同学，从撰写自科申请书到着手研究具体的问题，体现出了认真的精神，取得了初步的成果。接下来为了进一步研究产品市场竞争、技术创新以及随机微分博弈方法，祝文达、胡渊、裴开兵等博士研究生，马文博、陈赛飞、姜雨杉、赵美娟等研究生，又进一步深化了我们的研究和探索，并取得了有一定新意的成果。在集中提炼、修改、完善书稿的一年多时间里，研究生邱胜、曾思琨、庞一帆和盛梦君等同学，冒着武汉的盛夏高温，逐字逐句地校对文字和数据，力求准确，体现了认真细致的精神。

本书的出版，要感谢武汉大学出版社及范绪泉编辑、唐伟编辑的大力支持和辛勤劳动。他们的中肯建议和卓有成效的工作，进一步完善了本书。

项目研究是一项艰苦的工作，但在研究的过程中也充满了研究的乐趣和温暖。每年有许多学术会议的机会，与国内外的同仁交流，从他们身上学到了很多研究方法，对我们研究的有益建议，使我受益匪浅，感谢前辈的指导和同仁的帮助。武汉大学、武汉大学经济与管理学院和金融系，提供了良好的学术氛围和工作环境，受益于前辈的帮助和同仁的交流，我置身于这一环境中，学术研究不敢停步，坚持一直往前走。对所有帮助和关心我的人心怀感激。

特别要感谢我的妻子和女儿，她们全力支持我的工作，为我做好后勤工作，在我遇到困难时为我排忧解难，高兴时与我分享喜悦，感谢她们对我的理解和支持。

虽然这部研究心得出版了，但我们深知还有许多的不足，还需要进一步深入研究、探索，还请国内同仁提出宝贵的意见批评指正。希望后面的研究者进一步完善提高。

胡志强

2018 年 12 月 22 日于珞珈山